知的財産権訴訟要論
（不正競業・商標編）

竹田 稔　服部 誠　著

発明推進協会

第4版へのはしがき

　本書は、知的財産権侵害要論（不正競業編）第3版に、知的財産権訴訟要論（特許・意匠・商標編）の中の商標編を合体させ、それぞれの刊行以後に行われた法改正に伴う記述を盛り込むとともに、新たな判例、学説などの最新の資料を追加補充し、「知的財産権訴訟要論(不正競業・商標編)」として刊行するに至ったものである。

　今般の刊行にあたり、これまで両編の著作に全面的にご協力頂いてきた服部誠弁護士を加え、竹田・服部の共同著作とした。両編を合体することとしたのは、第1章において解説する不正競争防止法における不正競争行為中の不正な表示に関する規制や、会社法による不正商号の規制及び景品表示法による表示規制は、第2章において解説する商標法による規制と交錯する場面があり、実務的にも重畳的に問題となる事例が多いことがその主たる理由である。

　本書を通読することにより、不正競争防止法及び独占禁止法による不正競業行為の規律と、不正競争防止法、会社法、景品表示法及び商標法による表示に関わる規律、並びに、それらに関わる訴訟実務の全体像とその最新動向を把握することができるものと考えている。

　改訂に際し、法改正については、「第1章　不正競争」において、平成21年、平成23年及び平成27年の不正競争防止法改正による営業秘密に関する規制強化、消費者庁への移管に伴う平成20年の景品表示法改正、課徴金制度等の見直し等に関する平成21年の独占禁止法改正、審判制度の廃止・排除措置命令等に係る訴訟手続の整備等に関する平成25年の独占禁止法の改正、さらに、「第2章　商標編」において、平成26年改正による新しい商標としての音・色彩・動き・ポログラム・位置の追加の導入、商標の定義規定の改正、使用の定義の改正等について解説した。また、判例については、パブリシティ権に関する平成24年最高裁判例、前回の改訂以降に公表された実務的に意義があると認められる知財高裁及び地裁の判例を多数追加した。

本書の改訂作業に当たっては、阿部・井窪・片山法律事務所に所属する次の方々に、全面的にご協力頂いた。
　弁護士　中村　　閑　先生
　弁護士　牧　恵美子　先生
　弁護士　大西ひとみ　先生
　諸先生方、及び、本書の出版にあたりご尽力いただいた発明推進協会出版チームの各位に心から感謝する次第である。

平成30年1月

竹田　稔

服部　誠

はしがき

　本書は、知的財産権侵害要論［特許・意匠・商標編］の続編であって、不正競業に関する法律問題を集大成したものである。

　特許権、意匠権、商標権等の侵害論は、国家が私人に付与した排他的支配的な権利侵害に対する救済保護の問題であるのに対し、不正競業に関する法律問題は、公正かつ自由な経済秩序維持という国家政策的見地から、このような経済秩序を破壊する行為を規制することによって、営業活動を中心にした知的生産活動を保護するという点に特色がある。もとより排他的支配的な権利の保護も、結果的に経済秩序の維持に役立つものではあるが、それ自体を目的とするものでない。公正かつ自由な経済秩序の維持には、これらの知的財産権とは別個に、不正競業を規制して知的生産活動から生じた成果を保護する必要がある。したがって、不正競業の規制は広範な経済領域全般に及ぶものであって、現行法制のもとにおいても、検討すべき多くの課題がある。

　本書は、このような視点に立って、不正競争防止法の規定する不正競争を中心に、商号権侵害、財産的価値としての氏名・肖像、不公正な取引行為等、不正競業全般にわたる諸問題を取り上げ、学説、判例を概観しつつ、これに対する著者の見解を開示したものである。

　本書の出版にあたり、ご尽力いただいた発明協会出版課の各位に心からお礼申し上げる。

　　　　　　　　　　　　　　　　　　　平成9年3月　　　　著者

改訂版へのはしがき

1　本書の初版を上梓した平成9年6月以来約6年を経過した。この間いわゆるプロパテント政策の強化が推進され、知的財産権法は権利行使の保護へと向けられてきたが、平成14年国の基本施策として知的財産制度の充実強化が取り上げられたことを契機に「知的財産戦略会議」、総合技術会議の「知的財産戦略専門調査会」等によって知的財産戦略の具体的構想が検討され、我が国は知財立国を目指して知的財産権制度の強化に乗り出し同年7月3日知的財産戦略大綱は、平成15年通常国会までに、「知的財産基本法」を制定して知的財産戦略本部を設置し、具体的な行動計画を実施に移すことを基本的方向とし、具体的な行動計画の内容と平成17年度までを目途にそれぞれの計画について達成期限を明示している。

　そして、知的財産基本法は、平成14年の臨時国会において同年法律第122号として成立し、知的財産戦略本部が設置されて、「知的財産の創造、保護及び活用に関する施策を集中的かつ計画的に推進すること」（1条）となった。我が国は、産業社会の活性化と発展を目指して知財立国のための具体的な施策の実行・法律の制定へ向かって第1歩を踏み出したといえよう。

2　不正競争防止法は、平成5年法律第47号による全面改正が行われた後も、社会的経済的状況の変化に対応して部分的改正が行われてきたが、平成10年及び11年の知的財産権四法の改正による権利侵害に対する救済措置の強化が図られたのに対応して基本的に同趣旨の規定の導入の必要性が指摘されており、また、前記知的財産戦略大綱においても営業秘密の保護の強化、ネットワークへの対応、訴訟上の営業秘密の保護強化等が具体的行動計画とり取り上げられ、その実施に向けた準備が進められ、今般平成15年改正法（平成15年法律第46号）により、これらの具体的立法化が実現するに至った。

3　このような状況に鑑み、本書をアップ・ツー・デートするために、本書の見直しと初版以後の判例学説の動向を踏まえた改正が望まれていた

が、今般平成15年法改正の成立を契機に改正内容を織り込んだ最新の資料に基づく改訂版の刊行を実現することができた。

　このような時宜を得た本書の刊行が可能となったのは多くの方々のご協力に負うところが多い。特に筆者は、平成10年4月に裁判官を退職し、知的財産関係専門の弁護士となったが、本来の弁護士業務のほか、総合科学技術会議、産業構造審議会、工業所有権審議会、知的財産研究所等の委員としての公的業務に関与する機会が多く、常に最先端の知的財産制度の在り方について的確な問題意識を持つことができるものの、これを著作に現す時間を見出すことが困難な状況にあった際、阿部・井窪・片山法律事務所に所属する弁護士・弁理士の諸先生からの好意的申出により、本書改正作業に全面的にご協力頂けることになった。本書の改訂作業に当たって頂いた先生は次の方々である。

弁護士　　服部　　誠　先生
同　　　　大月　　雅博先生
同　　　　佐々木英人先生
同　　　　広瀬　　史乃先生
同　　　　江幡　　奈歩先生
同　　　　廣瀬　　隆行先生

　本書はこれらの諸先生のご協力なしは、このような適切な時期に刊行することは困難であった。諸先生のご協力に深く感謝する次第である。

　　　　　　　　　　　　　　　　　　　　平成15年7月　　著者

第3版へのはしがき

　本書改訂版を上梓したのは平成15年10月であるが、「改訂版へのはしがき」で述べた知的財産制度の改革は、その後も毎年発表される「推進計画」に基づいて着々と進められ、特に平成17年4月「知的財産高等裁判所設置法」の施行によって、知財立国にふさわしい世界有数のシステムが構築されるに至った。

　これを本書改訂版上梓後の不正競業法関係についてみると、まず、「第1章　不正競争」については、不正競争防止法の改正として、平成16年改正法により、秘密保持命令関連、営業秘密に関する当事者尋問等の公開停止の新設などの改正が行われ、平成17年改正法により、商品形態模倣行為（2条1項3号）について定義を明確にするなど不正競争行為の拡充を図るとともに、営業秘密の保護強化をはじめとする罰則規定の拡充強化を図り、次いで平成18年改正法により罰則の強化が図られた。

　また、「第2章　その他の不正競業」については、平成17年改正法により、会社制度の抜本的改正が行われ、新たに会社法が新設されたことに伴い、商法「第4章　商号」の規定が改正された。さらに、独占禁止法については、平成17年改正法により、審判手続が従前の違反行為の排除措置等を命ずるための事前審理手続から排除措置等の事後不服審査手続へ変更されることに伴う大幅な改正が行われた。

　第3版は、これらの法改正に伴う記述を織り込むとともに、改訂版以後の新たな判例、学説など最新の資料を追加補充し、かつ模倣品・海賊版対策に関連して、第1章に「第6節　税関における差止制度」を設け、充実を図った。

　不正競争防止法をはじめとする不正競業関係諸法規は、自由かつ公正な経済秩序の維持発展に必要不可欠な法規範であり、殊に金融資本制度の破綻から世界的経済不安に陥っている状況において、これらの諸法規の適正な運用が期待されている。本書の活用がその一助となれば幸いである。

　今回の改正に当たっては、改訂版同様、阿部・井窪・片山法律事務所に

所属する弁護士・弁理士の諸先生に判例の収集、整理など全面的なご協力を頂いた。第3版の改訂作業に当たって頂いた先生は次の方々である。

　弁護士　　服部　　誠　先生
　同　　　　大月　雅博　先生
　同　　　　江幡　奈歩　先生
　同　　　　岡本　尚美　先生
　同　　　　中村　　閑　先生
　同　　　　牧　　恵美子先生
　同　　　　黒田　　薫　先生
　同　　　　加藤志麻子先生

諸先生のご協力に深く感謝する次第である。

　　　　　　　　　　　　　　　　　　　平成21年1月　著者

凡　　例

法令略語表

法

民訴法　民事訴訟法

独占禁止法　私的独占の禁止及び構成取引の確保に関する法律

景品表示法　不当景品類及び不当表示防止法

労基法　労働基準法

刑訴法　刑事訴訟法

民訴規則　民事訴訟規則

審判規則　公正取引委員会の審判に関する規則

判例集等略語表

民集　最高裁判所民事判例集

刑集　最高裁判所刑事判例集

無体集　無体財産権関係民事・行政裁判集

知的裁集　知的財産権関係民事・行政裁判集

判時　判例時報

判タ　判例タイムズ

審決集　公正取引委員会審決

　文献は、最初の引用は筆者氏名、文献名、引用頁を表示し、2度目以降の引用は、筆者姓の次に「前掲」と略称する。

目　　次

序 …………………………………………………………………… 1
  Ⅰ　現代経済社会における営業の自由 ………………………… 1
  Ⅱ　不正競業の意義 ……………………………………………… 2
第1章　不正競争 …………………………………………………… 3
  第1節　概　　説 ………………………………………………… 3
    Ⅰ　不正競争防止法の沿革 …………………………………… 3
      1　制定と改正の経緯 …………………………………………… 3
      2　全面改正とその概要 ………………………………………… 6
      3　立法政策上の課題 …………………………………………… 13
    Ⅱ　不正競争防止法の目的と機能 …………………………… 15
      1　不正競争防止法の目的と保護法益 ………………………… 15
      2　不正競争防止法の法的機能 ………………………………… 18
    Ⅲ　不正競争防止法の規制対象とする不正競争行為 ……… 21
      1　不正競争行為の概念 ………………………………………… 21
      2　不正競争行為の類型概要 …………………………………… 22
  第2節　不正競争行為の類型 …………………………………… 23
    Ⅰ　商品・営業主体混同行為 ………………………………… 23
      1　商品等表示の保護と行為の概要 …………………………… 23
      2　商品等表示と「人の業務」 ………………………………… 24
      3　商品表示 ……………………………………………………… 25
      4　営業表示 ……………………………………………………… 45
      5　周知性の要件 ………………………………………………… 51
      6　表示の同一・類似 …………………………………………… 58

		7	表示の使用等と混同 ……………………………………	65

- II 著名表示不正使用行為 ……………………………………… 83
  - 1 著名表示の保護と行為の概要…………………………… 83
  - 2 著名表示 ………………………………………………… 86
  - 3 表示の同一・類似 ……………………………………… 88
  - 4 表示の使用等……………………………………………… 89
- III 商品形態模倣行為 …………………………………………… 90
  - 1 模倣からの知的財産の保護と不正競争行為…………… 90
  - 2 商品の形態 ……………………………………………… 101
  - 3 模倣 ……………………………………………………… 108
  - 4 模倣商品の使用等 ……………………………………… 112
- IV 営業秘密侵害行為 …………………………………………… 112
  - 1 営業秘密の民事法上の保護と不正競争行為…………… 112
  - 2 不正競争防止法における「営業秘密」………………… 130
  - 3 営業秘密侵害行為の各類型 …………………………… 142
- V 技術的制限手段に対する不正競争行為 …………………… 152
  - 1 概要 ……………………………………………………… 152
  - 2 技術的制限手段 ………………………………………… 153
  - 3 無効化行為 ……………………………………………… 154
- VI ドメイン名に関する不正競争行為 ………………………… 155
  - 1 概要 ……………………………………………………… 155
  - 2 図利加害目的…………………………………………… 168
  - 3 特定商品等表示………………………………………… 170
  - 4 ドメイン名 ……………………………………………… 171
  - 5 表示と同一・類似のドメイン名 ……………………… 171

	6	ドメイン名を使用する権利の取得等 ……………………………	173
	7	ドメイン名紛争に関する裁判外紛争処理手続と裁判手続との関係 …	174
Ⅶ	原産地・質量等誤認惹起行為……………………………………		176
	1	概要 ………………………………………………………………	176
	2	商品・役務・その広告・取引書類・通信 …………………………	177
	3	誤認表示の対象 …………………………………………………	178
	4	誤認表示 ……………………………………………………………	179
	5	誤認表示商品の譲渡等と役務の提供 ……………………………	188
Ⅷ	営業上の信用毀損行為 ………………………………………………		188
	1	概要 ………………………………………………………………	188
	2	競争関係 …………………………………………………………	189
	3	他人の営業上の信用の侵害 ……………………………………	190
	4	虚偽事実の告知、流布 …………………………………………	191
Ⅸ	代理人等の商標不正使用行為………………………………………		205
	1	概要 ………………………………………………………………	205
	2	行為の主体と行為の内容 …………………………………………	206
Ⅹ	その他の不正競争行為 ……………………………………………		207
	1	外国国旗等類似記章の使用行為 …………………………………	207
	2	国際機関類似標章の使用行為……………………………………	208
	3	外国公務員に対する不正の利益の供与等の禁止 ………………	209

第3節 不正競争訴訟総論………………………………………………… 211
  Ⅰ 不正競争に対する民事上の救済手段 …………………………… 211
    1 概要 ……………………………………………………………… 211
    2 民訴法の改正と不正競争訴訟……………………………………… 212
  Ⅱ 訴訟の提起 ………………………………………………………… 215

			1	当事者	215
			2	管轄裁判所	216
			3	訴状の記載事項	218
		Ⅲ	訴訟の審理		218
			1	基本的法理	218
			2	主張・立証責任	218
			3	不正競争行為の特定	235
			4	口頭弁論・準備手続	240
		Ⅳ	訴訟の終了と判決の執行		241
			1	判決と上訴	241
			2	判決の執行	241
			3	判決以外の訴訟の終了	242
		Ⅴ	保全命令		243
			1	保全命令の申立て	243
			2	審理	244
			3	保全命令の発令と執行	245
			4	保全命令に対する不服申立て等	245
第4節	不正競争訴訟各論				247
	Ⅰ	差止請求			247
			1	差止請求権の概要	247
			2	差止請求の要件	247
			3	差止請求権者	249
			4	差止請求の相手方	253
			5	差止請求訴訟の提起	254
			6	請求の特定と営業秘密の記載方法	255

		7 営業秘密に係る不正競争と被告の抗弁 …………………………… 257
		8 廃棄・除去請求 …………………………………………………… 259
		9 判決の確定と執行 ………………………………………………… 259
Ⅱ	損害賠償請求 …………………………………………………………… 260
		1 損害賠償請求権の概要 …………………………………………… 260
		2 損害賠償請求の要件 ……………………………………………… 261
		3 損害賠償請求権者 ………………………………………………… 262
		4 損害賠償請求の相手方 …………………………………………… 263
		5 損害賠償請求訴訟の提起 ………………………………………… 263
		6 原告の主張・立証責任 …………………………………………… 264
		7 被告の主張・立証責任 …………………………………………… 264
		8 損害賠償額の算定 ………………………………………………… 264
		9 書類の提出 ………………………………………………………… 278
		10 判決の確定と執行 ………………………………………………… 280
Ⅲ	信用回復措置請求 ……………………………………………………… 280
Ⅳ	混同防止措置請求 ……………………………………………………… 281
		1 概要 ………………………………………………………………… 281
		2 混同防止措置請求の内容 ………………………………………… 282
		3 判決の確定と執行 ………………………………………………… 282
Ⅴ	民事訴訟手続と営業秘密の保護 ……………………………………… 282
		1 概要 ………………………………………………………………… 282
		2 審理の非公開に関する従前の議論 ……………………………… 284
		3 秘密保持命令 ……………………………………………………… 286
		4 当事者尋問等の公開停止制度の創設 …………………………… 295
		5 営業秘密に係る民事訴訟運営上の問題点 ……………………… 298

第5節　不正競争と刑事責任 …………………………………… 305
　Ⅰ　犯罪論概説 ……………………………………………………… 305
　　1　罪刑法定主義 …………………………………………………… 305
　　2　一般刑法と特別刑法 …………………………………………… 305
　　3　犯罪の成立 ……………………………………………………… 305
　　4　刑罰及び刑の加重・軽減 ……………………………………… 307
　Ⅱ　刑事訴訟手続 …………………………………………………… 308
　　1　犯罪の捜査と公訴の提起 ……………………………………… 308
　　2　公判手続 ………………………………………………………… 310
　　3　不正競争防止法における刑事訴訟手続の特例 ……………… 311
　　4　犯罪収益の任意的没収・追徴（21条10項、同条12項） ……… 318
　Ⅲ　不正競争に関する犯罪 ………………………………………… 319
　　1　概説 ……………………………………………………………… 319
　　2　刑事罰の対象となる不正競争行為 …………………………… 320

第6節　税関における不正競争防止法違反物品の差止制度 … 333
　Ⅰ　税関における知的財産権侵害物品の差止制度 ……………… 333
　　1　概要 ……………………………………………………………… 333
　　2　沿革 ……………………………………………………………… 333
　Ⅱ　輸入差止制度 …………………………………………………… 335
　　1　輸入差止申立制度 ……………………………………………… 335
　　2　認定手続 ………………………………………………………… 338
　　3　認定手続後の処分 ……………………………………………… 342
　Ⅲ　輸出差止制度 …………………………………………………… 342
　　1　税関における輸出差止制度の新設 …………………………… 342
　　2　概要 ……………………………………………………………… 342

Ⅳ　税関による知的財産権侵害物品の差止制度と司法判断 ………… 343

　Ⅴ　認定処分をめぐる行政訴訟 ……………………………………… 345

第7節　商号権侵害 …………………………………………………… 347

　Ⅰ　商号の意義 ………………………………………………………… 347

　　1　商人の名称としての商号 ……………………………………… 347

　　2　営業活動上の名称としての商号 ……………………………… 347

　　3　営業の終了と商号の消滅 ……………………………………… 348

　　4　商号に用いる名称 ……………………………………………… 348

　Ⅱ　商号の一般的保護 ………………………………………………… 349

　　1　商号権 …………………………………………………………… 349

　　2　商号権侵害 ……………………………………………………… 349

　Ⅲ　登記商号の保護 …………………………………………………… 354

　Ⅳ　商法12条・会社法8条に基づく請求訴訟 ……………………… 354

　　1　差止請求 ………………………………………………………… 354

　　2　損害賠償請求 …………………………………………………… 356

　Ⅴ　商法・会社法による商号の保護と不正競争防止法による商号の保護 … 357

第8節　財産的価値としての氏名・肖像の侵害 …………………… 359

　Ⅰ　人格権としての氏名・肖像 ……………………………………… 359

　　1　氏名権 …………………………………………………………… 359

　　2　肖像権 …………………………………………………………… 359

　Ⅱ　知的財産権としての氏名・肖像 ………………………………… 361

　　1　氏名・肖像の財産的保護 ……………………………………… 361

　　2　パブリシティの権利 …………………………………………… 364

　Ⅲ　関連問題―キャラクターの法的保護― ………………………… 374

　　1　概説 ……………………………………………………………… 374

xvii

2　キャラクターの法的保護の態様 …………………………………… 374
第9節　不公正な取引行為 ………………………………………………… 379
　Ⅰ　独占禁止法における不公正な取引方法 ……………………………… 379
　　1　概説 ………………………………………………………………… 379
　　2　競争手段の不公正 ………………………………………………… 383
　Ⅱ　不公正な取引方法に対する行政措置と私法上の救済手段 ……… 391
　　1　行政措置 …………………………………………………………… 391
　　2　不公正な取引方法に対する私法上の救済手段 ………………… 396

第2章　商標編 …………………………………………………………… 413
第1節　商標法における「商標」とその機能 ……………………………… 413
　Ⅰ　商標の定義 …………………………………………………………… 413
　　1　概説 ………………………………………………………………… 413
　　2　商標法における「商品」 …………………………………………… 423
　　3　商標法における「役務」 …………………………………………… 423
　Ⅱ　標章の使用 …………………………………………………………… 426
　　1　概説 ………………………………………………………………… 426
　　2　標章の使用の諸形態 ……………………………………………… 430
　Ⅲ　商標の機能 …………………………………………………………… 437
　　1　概説 ………………………………………………………………… 437
　　2　出所表示機能 ……………………………………………………… 438
　　3　品質保証機能 ……………………………………………………… 439
　　4　広告機能 …………………………………………………………… 439
第2節　商標登録と商標権の効力 ………………………………………… 440
　Ⅰ　商標登録の要件 ……………………………………………………… 440
　　1　商標登録の積極的要件 …………………………………………… 440

2　指定商品と指定役務 …………………………………… 446
　　3　商標登録の消極的要件（登録障害事由）………………… 447
　　4　立体商標の登録要件 …………………………………… 459
　　5　地域団体商標の登録要件 ……………………………… 465
　Ⅱ　商標権の効力 ……………………………………………… 467
　　1　商標権の効力とその範囲 ……………………………… 467
　　2　商標権の存続期間と更新登録 ………………………… 471
　　3　連合商標の廃止と商標権の分離分割・防護標章 ……… 473
　　4　商標権の制限 …………………………………………… 477
第3節　商標及び商品・役務の類似 …………………………… 481
　Ⅰ　概説 ………………………………………………………… 481
　Ⅱ　商標の類似 ………………………………………………… 482
　　1　「商標の類似」の概念 ………………………………… 482
　　2　学説とその検討 ………………………………………… 483
　　3　外観、称呼、観念と類否の判断手法 ………………… 487
　　4　新しい商標と類否判断 ………………………………… 493
　　5　役務に係る商標の類似 ………………………………… 501
　Ⅲ　商品の類似 ………………………………………………… 501
　　1　「商品の類似」の概念 ………………………………… 501
　　2　判例に現れた商品の類似 ……………………………… 503
　Ⅳ　役務の類似 ………………………………………………… 505
第4節　商標権侵害行為 ………………………………………… 510
　Ⅰ　直接侵害 …………………………………………………… 510
　Ⅱ　侵害とみなす行為 ………………………………………… 514
　Ⅲ　真正商品の並行輸入と商標権侵害 ……………………… 517

xix

Ⅳ　いわゆる商標的使用について ……………………………………… 522
第5節　商標権侵害訴訟 ……………………………………………………… 528
　　Ⅰ　総論 …………………………………………………………………… 528
　　　1　概説 ………………………………………………………………… 528
　　　2　訴訟の提起 ………………………………………………………… 529
　　　3　保全命令 …………………………………………………………… 529
　　Ⅱ　商標権侵害訴訟における主張・立証 ……………………………… 530
　　　1　原告の主張・立証責任 …………………………………………… 530
　　　2　被告の主張・立証責任 …………………………………………… 531
　　Ⅲ　侵害標章（イ号標章）と使用商品・役務の特定 ………………… 546
　　　1　侵害標章の特定 …………………………………………………… 546
　　　2　使用商品・役務の特定 …………………………………………… 547
　　Ⅳ　差止請求 ……………………………………………………………… 548
　　Ⅴ　損害賠償請求 ………………………………………………………… 549
　　　1　38条1項について ………………………………………………… 550
　　　2　38条2項について ………………………………………………… 551
　　　3　38条3項について ………………………………………………… 553
　　Ⅵ　商標権侵害に基づくその他の請求 ………………………………… 553
　　Ⅶ　判決と執行 …………………………………………………………… 555
　　Ⅷ　相手方の対抗手段としての訴訟 …………………………………… 556
第6節　税関における差止制度 ……………………………………………… 558
第7節　商標登録取消審判請求と無効審判請求 …………………………… 560
　　Ⅰ　不使用による商標登録取消審判請求 ……………………………… 560
　　　1　概説 ………………………………………………………………… 560
　　　2　審判請求の利益 …………………………………………………… 561

	3	使用の証明 …………………………………………………	562
	4	「使用」の要件 ………………………………………………	565
	5	登録商標と同一と認められる標章の使用 …………………	567
	6	不使用についての正当理由 …………………………………	571
	7	駆込み使用の防止 ……………………………………………	572
	8	商品商標と小売等役務商標の異同 …………………………	574
	9	取消の効果 ……………………………………………………	575
Ⅱ	不正使用による商標登録取消審判請求 …………………………		576
	1	概説 ……………………………………………………………	576
	2	商標登録取消の要件 …………………………………………	577
	3	使用権者の不正使用 …………………………………………	580
	4	商標権移転後の不正使用 ……………………………………	581
	5	外国商標権者等の代理人による不正登録 …………………	582
	6	取消の効果 ……………………………………………………	582
Ⅲ	無効審判請求 …………………………………………………………		583
Ⅳ	商標権付与後異議申立制度 …………………………………………		586
	1	付与後異議申立制度の創設 …………………………………	586
	2	付与後異議申立制度の概要 …………………………………	587

第8節　商標権侵害等と刑事責任 ……………………………………… 589

事項索引 ……………………………………………………………………… 593
判決索引 ……………………………………………………………………… 599

著者紹介 ……………………………………………………………………… 639

不正競業編

序

I　現代経済社会における営業の自由

　現代経済社会は、産業革命を経て成立した資本を商品生産及び交換関係の媒介・結合とする自由な経済活動に基づいて成り立つ資本主義経済社会であり、それ故にこそ、この経済社会に即して形成される法制度は、一方において自由な経済活動（経済の自由）の保障を、他方において所有権を始めとする私権の保障を基本理念とするものである。

　このことは、最高の法規範である憲法が「何人も、（中略）居住、移転及び職業選択の自由を有する」（憲法22条1項。ここにいう「職業選択の自由」は、自己の従事する職業を選択し、その職業を行う自由、すなわち「営業の自由」を含むとするのが通説である）、「財産権は、これを侵してはならない」（憲法29条1項）と規定し、営業の自由と私有財産制を国民の基本的人権として保障していることからも明らかである。

　しかしながら、現代経済社会をどのような経済学説から分析するにせよ、19世紀から20世紀にかけての資本主義経済の高度の発展が自由経済競争において有利な地位を占めた側への富の偏在、資本の集中、資本の巨大化を生み出し、その反面、専ら労働を提供して商品の生産に携わる側の経済力の弱化をもたらすという矛盾を顕在化させたことは否定できない事実である。

　そこから、古典的自由主義経済では解決できない現実に対応するため、修正資本主義の原理が生まれ、さらには国家的統制経済の導入といった政策が実施されるようになったといえよう。これが法制度に反映して、私権の行使はある程度の制限を受けざるを得ないものとされ、自由経済秩序における公正を担保するための政策的立法が行われるようになった。その具体的現れが、私的財産権や営業の自由の公共の福祉による制約であり（憲法22条1項の「公共の福祉に反しない限り」、同29条2項の「財産権の内容は、公共の福祉に適合するやうに、法律でこれを定める」等の規定。民法における私権の行使を信義誠実になすべきものとする原則や権利濫用の法理もその一環である）、経済活動に対し、国家的立場から私的独占や事業支配の集中を排除し、あるいは不正な

経済競争を禁止するいわゆる経済法の制定である。

　　Ⅱ　不正競業の意義

　このようにして、公正な自由経済秩序を維持するための政策的立法は、経済社会全体を規制するものとして実施されるようになったが、これを営業活動の側面から見た場合、公正な営業活動は自由に行われることが保障される反面、不正な手段方法によって自由経済秩序を破壊する行為、すなわち、不正競業行為は法的に規制されることになる。したがって、ここに「不正競業」とは、公正かつ自由な営業活動を中心とした経済秩序を不正に破壊することを意味する。

　そして、不正競業を規制する主たる法規範は、いうまでもなく不正競争防止法であるが、これに止まるものではない。商法11条ないし13条及び会社法6条ないし8条の規定は、商号の不正使用から商号権者を保護するものであり、私的独占の禁止及び公正取引の確保に関する法律（以下「独占禁止法」と略称する）の不公正な取引行為に関する諸規定、さらには不当景品類及び不当表示防止法（以下「景品表示法」と略称する）は、不正な競争による営業活動を禁止する意味において、不正競業を規制する法規範といえる。また、財産的価値としての氏名、肖像等は法的保護の対象となり（いわゆる「パブリシテイの権利」等）、その侵害は不正競業の範疇に属する。

　本書は、「不正競業」の法的位置付けをこのように把握し、第1章において、不正競争防止法の規定する「不正競争」について検討し、第2章において、「その他の不正競業」について逐次検討することとする。

第1章　不正競争

第1節　概　　説

I　不正競争防止法の沿革

1　制定と改正の経緯
(1)　不正競争防止法の制定

　不正競争防止法案は、第65回帝国議会に、不正競争を防止して誠実な営業者の利益を保護し、併せて消費者に不測の損害を蒙らせないようにして産業の健全な発展を図ることを理由として提案され（山本庸幸著「要説　不正競争防止法第四版」5頁）、昭和9年法律第14号として公布され、昭和10年1月1日から施行された。

　同法は、不正競争行為による被害者に損害賠償請求権、差止請求権及び信用回復措置請求権を認めたが、不正競争行為の要件として「不正ノ競争ノ目的ヲ以テ」という主観的要件を必要とし、かつその類型を

　　a「本法施行ノ地域内ニ於テ取引上広ク認識セラルル他人ノ氏名、商号、商標、商品ノ容器包装其ノ他他人ノ商品タルコトヲ示ス表示ト同一若ハ類似ノモノヲ使用シ又ハ使用シタル商品ヲ販売若ハ拡布シテ他人ノ商品ト混同ヲ生ゼシムル行為」（商品表示の混同惹起行為）

　　b「仮設若ハ借用ノ商号ニ附加シテ商品ニ虚偽ノ原産地ノ表示ヲ為シ又ハ之ヲ表示シタル商品ヲ販売若ハ拡布シテ原産地ノ誤認ヲ生ゼシムル行為」（原産地誤認惹起行為）

　　c「他人ノ商品ノ信用ヲ害スル虚偽ノ事実ヲ陳述シ又ハ之ヲ流布スル行為」（他人の商品の信用毀損行為）をなすことに限定していた。

(2)　不正競争防止法（昭和9年法）の改正

　その後の同法の不正競争行為及びこれに関連する主要な改正経過は次のとおりである。

第1節　I

① 昭和13年改正法

新たに商品表示と並び

d「本法施行ノ地域内ニ於テ広ク認識セラルル他人ノ氏名、商号、商標、標章其ノ他他人ノ営業タルコトヲ示ス表示ト同一若ハ類似ノモノヲ使用シテ他人ノ営業上ノ施設又ハ活動ト混同ヲ生ゼシムル行為」（営業表示の混同惹起行為）を不正競争行為とし、

cを「他人ノ営業上ノ信用ヲ害スル」に改める等。

② 昭和25年改正法

「不正ノ競争ノ目的」を削除し、「被害者」を「営業上ノ利益ヲ害セラルル虞アル者」に改める。新たに

e「商品若ハ其ノ広告ニ其ノ商品ガ産出、製造若ハ加工セラレタル国以外ノ国ニ於テ産出、製造若ハ加工セラレタル旨ノ誤認ヲ生ゼシムル表示ヲ為シ又ハ之ヲ表示シタル商品ヲ販売、拡布若ハ輸出スル行為」（出所地誤認惹起行為）

f「商品若ハ其ノ広告ニ其ノ商品ノ品質、内容若ハ数量ニ付誤認ヲ生ゼシムル表示ヲ為シ又ハ之ヲ表示シタル商品ヲ販売、拡布、若ハ輸出スル行為」（品質等誤認惹起行為）を不正競争行為とし、bの誤認惹起行為に新たに「輸出」を加え、不正競争行為者に対する刑罰規定を新設する等。

③ 昭和28年改正法

b・eの誤認惹起行為につき「商品若ハ其ノ広告ニ」の次に「公衆ノ知リ得ベキ方法ヲ以テ取引上ノ書類若ハ通信ニ」を加える等。

④ 昭和40年改正法

新たに

g「（前略）パリ条約ノ同盟国ニ於テ商標ニ関スル権利ヲ有スル者ハ其ノ代理人若ハ代表者又ハ代理人若ハ代表者タリシ者ニシテ正当ノ理由ナキニ拘ラズ当該商標ニ関スル権利ヲ有スル者ノ承諾ナクシテ当該権利ニ係ル商標ト同一若ハ類似ノ商標ヲ同一若ハ類似ノ商品ニ使用シ又ハ之ヲ使用シタル同一若ハ類似ノ商品ヲ販売、拡布若ハ輸出スル」行為（代理人等の商標冒用行為）について差止請求権を認める規定を設け、eの誤認惹起行為の「其ノ商品ガ産出、製造、加工セラレタル国」を「地」に改め、品質等誤認惹

起行為に「製造方法、用途」を加える。
⑤　昭和50年改正法
　パリ条約のストックホルム改正に伴う字句の修正
⑥　平成2年改正法
　ｈ営業秘密、すなわち「秘密トシテ管理セラルル生産方法、販売方法其ノ他ノ事業活動ニ有用ナル技術上又ハ営業上ノ情報ニシテ公然知ラレザルモノ」保護規定が新設され、

　「窃取、詐欺、強迫其ノ他ノ不正ナル手段ニ依リ営業秘密ヲ取得スル行為（以下営業秘密ノ不正取得行為ト称ス）又ハ其ノ取得ニ係ル営業秘密ヲ使用スル行為若ハ之ヲ開示スル行為」（営業秘密の不正取得及び使用）

　「其ノ営業秘密ニ付営業秘密ノ不正取得行為ガ介在シタルコトヲ知リテ若ハ知ラザリシコトニ付重大ナル過失アリテ営業秘密ヲ取得スル行為又ハ其ノ取得ニ係ル営業秘密ヲ使用スル行為若ハ之ヲ開示スル行為」（不正取得営業秘密の悪意・重大な過失による転得及び使用・開示）

　「営業秘密ヲ取得シタル後ニ其ノ営業秘密ニ付営業秘密ノ不正取得行為ガ介在シタルコトヲ知リテ又ハ知ラザリシコトニ付重大ナル過失アリテ当該営業秘密ヲ使用スル行為若ハ之ヲ開示スル行為」（不正取得営業秘密転得後の悪意・重大な過失による使用・開示）

　「保有者ヨリ示サレタル営業秘密ヲ不正ノ競業其ノ他ノ不正ノ利益ヲ図ル行為ヲ為シ若ハ保有者ニ損害ヲ加フル目的ヲ以テ使用スル行為又ハ其ノ目的ヲ以テ之ヲ開示スル行為」（営業秘密の不正使用・開示）

　「其ノ営業秘密ニ付営業秘密ノ不正開示行為（中略）タルコト若ハ営業秘密ノ不正開示行為ガ介在シタルコトヲ知リテ若ハ知ラザリシコトニ付重大ナル過失アリテ営業秘密ヲ取得スル行為又ハ其ノ取得ニ係ル営業秘密ヲ使用スル行為若ハ之ヲ開示スル行為」（不正開示営業秘密の悪意又は重大な過失による転得行為及び使用・開示）

　「営業秘密ヲ取得シタル後ニ其ノ営業秘密ニ付営業秘密ノ不正開示行為タルコト若ハ営業秘密ノ不正開示行為ガ介在シタルコトヲ知リテ又ハ知ラザリシコトニ付重大ナル過失アリテ当該営業秘密ヲ使用スル行為又ハ之ヲ開示スル行為」（不正開示営業秘密転得後の悪意又は重大な過失による使用・開示）

を不正競争行為とし、営業秘密を保有する事業者に差止請求権・不正行為組成物等の廃棄請求権及び損害賠償請求権を認めた。

2　全面改正とその概要
(1)　改正への動向

　不正競争防止法は、パリ条約のヘーグ改正条約を批准したわが国が同改正条約に規定された不正競争行為を防止する義務を果たすため必要限度の規定を定めて発足したものであり、制定当初は、経済社会の実際において不正競争の防止という機能を果たすことはできなかった。

　その後、パリ条約の改正に伴う昭和13年改正法を始めとして前述の数次にわたる改正を経て、規定自体も実効性を持ち得る規定となり、また学説・判例も積極的な解釈運用（例えば、周知性要件の緩和、広義の混同概念の導入等）を試みた結果、次第に経済社会において不正競争の防止を図る有力な法的手段として機能し得るようになってきた。

　しかし、産業界を始めとする各方面から、不正競争防止法の現行規定では知的財産権の保護として不十分であり、一層の充実を図るため全面的な改正が必要であるとする指摘がなされ、次第に抜本的見直しの機運が高まってきた。

　その主要な論点を要約すると、次のとおりである。

　経済社会は、技術革新や国際的取引の活発化を背景として著しい発展をみせており、不正競争防止法の不正競争行為の類型だけでは、不正取引の防止に対応できない。

　特に、商品形態の模倣（デッドコピー）、著名な商品表示、営業表示等の無断使用行為（フリー・ライドとダイリューション）は不正競争行為として規制の対象とすべきであり、さらに不正な比較広告・寄生広告や不当廉売・不当顧客勧誘行為等も規制の対象として検討すべきである。

　不正競争防止法の規定する不正競争行為の要件についても、1条1項1号・2号における「周知性」、「混同」の要件、1号の「商品表示と形態との関係」を見直す必要があり、また不正競争行為に対する救済も不十分であり、規定を改正して適切な救済を図る必要がある。

不正競争防止法は、前述のような数次の改正を経た結果、全体としての統一を欠いており、また片仮名書きであるため一般人には馴染みにくいので、規定全体を見直し、整備する必要がある。

　このような状況において、不正競争防止法の改正問題を審議してきた産業構造審議会知的財産政策部会は、平成4年12月14日「不正競争防止法の見直しの方向」と題する中間答申をまとめ、「不正競争防止法が我が国経済社会の環境変化に対応する不正競争行為に機動的、実効的に対処することを可能とし、知的財産保護の一層の充実を図ること」を基本的視点とし、「我が国産業経済の実状を踏まえ、これまでに集積された判例による運用実態を尊重しつつ、国際的調和をも念頭に置いて」検討した結果による見直しを提案し、これを受けて平成5年3月15日「不正競争防止法の全部を改正する」法案が国会に提出され、その議決を経て平成5年法律第47号として公布され、平成6年5月1日から施行された。

　以下、本書においては、この法律を「平成5年改正法」又は「法」といい（条文のみを括弧書きで引用する場合もある）、同法による改正前の不正競争防止法を「旧法」という。

(2) 平成5年改正法の概要
① 改正の要点
　平成5年改正法は、制定時14カ条より構成されており、旧法と比較して特徴的なことは、
　新たに不正競争防止法の目的規定を設けたこと（1条）
　不正競争防止法にいう「不正競争」を定義し、不正競争行為を拡充して新たな不正競争行為として、「著名な商品・営業表示の無断使用」、「他人の商品形態の模倣」、「役務（サービス）の不当表示」を加えたこと（2条）
　不正競争行為に対する救済規定を充実して、損害額の推定規定（5条）及び損害計算のための必要書類の提出命令に関する規定を新設し（当時の6条、現7条）、併せて不正競争行為者に対する罰金額を引き上げ、両罰規定を設けたこと（当時の13条、現22条）である。
　その後、平成5年改正法について順次次の改正が行われた。

第1節　I

①平成6年改正法

　代理人等の商標不正使用行為（当時の2条1項12号、現同項16号）の保護対象国に「世界貿易機関の加盟国」を加えた。

②平成8年改正法

　前記代理人等の商標不正使用行為の保護対象国に「商標法条約の締約国」を加えた。

③平成10年改正法

　国際商取引における外国公務員に対する贈賄の防止に関する条約の批准に伴う国内法の整備として、外国公務員等に対する不正の利益供与等の禁止規定（当時の10条の2、現18条）を設け、違反者に対する刑罰規定を新設（当時の13条3号に現21条2項7号を追加）し、かつ法人に対する罰金額の上限を1億円から3億円に引き上げた（当時の15条の改正、現22条）。

④平成11年改正法

　不正競争行為として、新たに、映像や音楽等を影像、音の視聴、プログラムの実行等により消費者に提供する技術的制限手段の効果を妨げる行為を設け（2条1項10号・11号、現同項11号・12号）、「通商産業省令」を「経済産業省令」に改めた（当時の9条・10条、現16条・17条）。

⑤平成13年改正法

　不正競争行為として、新たに、ドメイン名の不正取得等行為を設け（2条1項12号、現同項13号）、外国公務員等に対する不正の利益供与等の禁止規定を当時の11条（現18条）に繰り下げるとともに、その適用除外規定を削除し（3項）、適用範囲を「国際的な商取引に関して」に限定し（同条1項の改正）、かつ外国政府又は地方公共団体から権益を付与された企業職員の範囲を政令で定めることができるものとした（同条2項3号）。

⑥平成15年改正法

　商品・営業主体混同行為（2条1項1号）及び著名表示不正使用行為（同項2号）、原産地・質量等誤認行為（当時の同項13号、現同項14号）、代理人等の商標不正使用行為（当時の同項15号、現同項16号）、外国国旗等類似記章の使用行為（当時の9条、現16条）、国際機関類似標章の使用行為（当時の10条、現17条）、適用除外規定（当時の12条1項1号ないし4号・7号・2項各号、現19条1項1号ないし4号・7号・

2項各号)について「電気通信回線を通じて提供」を追加し、2条8項(現2条10項)として「この法律にいう「物」には、プログラムを含むものとする」旨の規定を新設し、不正競争に係る訴訟における損害賠償額の立証について逸失利益の立証容易化規定(5条1項)の新設(この新設に伴い3条2項の「侵害の行為により生じた物を含む」の次に「第5条第1項において同じ」と加え)、実施料相当額認定の規定における「通常」文言の削除(5条3項)、具体的態様の明示義務(当時の5条の2、現6条)の新設、侵害行為立証容易化のための文書提出命令の充実(当時の6条1項の改正、現7条1項)及びインカメラ手続(当時の6条2項、3項、現7条2項、3項)の新設、損害計算のため鑑定制度(当時の6条の2、現8条)の新設、立証が極めて困難な場合の損害賠償額認定規定(当時の6条の3、現9条)の新設のほか、営業秘密の刑事的保護のための刑罰規定(当時の14条3号ないし6号及び2項・3項、現21条1項各号)を新設した。

⑦平成16年改正法

外国公務員不正利益供与等の罪(当時の21条2項6号、現同項7号)について、日本国民の国外犯処罰規定(当時の14条3項、現21条6項)が設けられた(平成17年1月1日施行)。

裁判所法等の一部を改正する法律による平成16年改正により、秘密保持命令(当時の6条の4、現10条)、文書提出命令に関し書類の所持者に提出を拒む正当な理由があるか否かについて当事者等の意見を聴くための書類開示の手続(当時の6条3項、現7条3項)、営業秘密に関する当事者尋問等の公開停止(当時の6条の7、現13条)が新設された。また、秘密保持命令違反の罪(当時の14条1項6号の2、現21条2項6号)が新設され、罰金額の上限を1億円とする同罪についての法人処罰規定(当時の15条1項1号・2項、現22条1項3号)が新設された。

⑧平成17年改正法

不正競争防止法違反の罪について、3年以下の懲役又は300万円以下の罰金から、原則として、5年以下の懲役又は500万円以下の罰金に引き上げるとともに、その併科規定が新設された(21条1項本文)。また、模倣品・海賊版対策として、商品形態模倣行為(2条1項3号)について定義を明確にするとともに、著名表示等不正使用の罪(当時の21条1項2号、現同条2項2号)及び

商品形態模倣の罪（当時の21条2項、現同項3号）が新設された。さらに、営業秘密の保護強化を目的として、日本国内で管理されていた営業秘密について、日本国外で不正使用・不正開示する行為を処罰する規定（当時の21条4項、現21条3項）、日本国外で秘密保持命令違反の罪を犯した場合の処罰規定（当時の21条5項、現同条7項）が新設され、退任者の不正使用・不正開示の罪（当時の21条1項8号、現同項6号）、不正開示後の不正使用・不正開示の罪（当時の21条1項9号、現同項7号）が新設された。加えて、商品形態模倣の罪について罰金額の上限を1億円とし、営業秘密に関する罪について罰金額の上限を1億5000万円とする法人処罰規定が新設され、秘密保持命令違反の罪についての法人処罰規定の罰金額の上限が1億円から1億5000万円に引き上げられた。

⑨平成18年改正法

　営業秘密に関する罪の罰則の上限が10年以下の懲役又は1000万円以下の罰金に引き上げられ（21条1項）、商品形態模倣の罪の罰則も5年以下の懲役又は500万円以下の罰金に引き上げられた（同条2項3号）。また、法人処罰規定の罰金額の上限がすべて3億円に引き上げられた（22条1項）。

⑩平成21年改正

　平成15年改正によって、営業秘密侵害に関する刑事罰が導入されたものの、(1)営業秘密侵害罪が成立するためには「不正の競争の目的」が主観的な目的要件とされており、競争関係の存在を前提としない加害目的や外国政府を利する目的等による営業秘密の不正な使用・開示等が処罰の対象とされておらず、また、(2)営業秘密の不正な使用・開示が営業秘密侵害罪の中心的な対象行為と捉えられていたことにより、事業者の内部管理体制上の痕跡から営業秘密が不正に持ち出された事実が明らかであったとしても、その使用・開示は当該事業者の外部で秘密裏に行われるためにその立証が困難であるなどの問題点が指摘されていた。このような問題点を解消して営業秘密のより適切な保護を図るため、以下の改正が行なわれた。

①　営業秘密侵害罪の目的要件の変更

　改正前の営業秘密侵害罪の目的要件が「不正の利益を得る目的で、又はその保有者に損害を加える目的で」（図利加害目的）に改められた（21条1項各

② 第三者等による営業秘密の不正な取得に対する刑事罰の対象範囲の拡大

改正により、第三者等による営業秘密の不正な取得行為について、「詐欺等行為又は管理侵害行為により、営業秘密記録媒体等を取得する場合又は営業秘密記録媒体等の記載等の複製を作成する場合」という限定がなくなり、図利加害目的をもって詐欺等行為又は管理侵害行為によって営業秘密を不正に取得する行為一般が対象となった（21条1項1号、2号等）。

③ 従業者等による営業秘密の領得自体への刑事罰の導入

改正前の「営業秘密を保有者から示された者」については、営業秘密を不正に持ち出すなどした段階では処罰対象とせず、不正な使用・開示の段階に至って初めて処罰対象とされていたが、一定の方法による営業秘密の領得に処罰対象を限定した上で、営業秘密を保有者から示された者が、営業秘密の管理に係る任務に背き、図利加害目的をもって営業秘密を領得する行為が、新たに営業秘密侵害罪の処罰対象とされた（21条1項3号）。

⑪平成23年改正

平成11年改正によってコピーコントロールやアクセスコントロールといった技術的制限手段を無効化する装置等を提供する行為を不正競争とし、民事的措置の対象としたが、違法な海賊版ゲームソフト等の使用を可能にする装置等の流通が横行し、コンテンツ提供事業者に甚大な被害が生じていたことから、こうした状況に対処すべく、以下の改正が行なわれた。

① 技術的制限手段を無効化する機能以外の機能を有する一定の装置等の提供行為についても差止請求等を行い得るようにするため、規制の対象装置等の要件（「のみ要件」）が緩和された（2条1項11号、12号）。

② 技術的制限手段を無効化する装置等の提供行為に対し、刑事罰が導入された（21条2項4号）。

また、平成21年改正時の国会における附帯決議等において、営業秘密侵害罪に係る刑事訴訟手続において営業秘密の内容が公になることを恐れて被害企業が告訴を躊躇する事態が生じていると指摘されており、こうした事態に対処すべく、以下の改正が行なわれた。

第 1 節　I

①　裁判所は、被害者等の申出に応じて、営業秘密の内容を特定させることとなる事項を公開の法廷で明らかにしない旨の決定（秘匿決定）をすることができる（23条1項、3項）。

②　裁判所は、秘匿決定をした場合には、当該事項につき、呼称等の決定をすることができる（23条5項）。

③　裁判所は、秘匿決定をした場合において、一定の要件が認められるときは、公判期日外において証人等の尋問又は被告人質問をすることができる（26条）。

さらに、平成21年改正により条文数が30を超えるとともに、内容も多岐にわたる事項を規定するに至ったことから、目次及び章名を設け、全体を6章に分けることにより、体系的な整備が行なわれた。

⑫平成24年改正（「不正アクセス行為の禁止等に関する法律の一部を改正する法律」による一部改正）

不正アクセス行為の手口の変化に対応し、その禁止の実効性を確保するため、他人の識別符号を不正に取得する行為等を禁止するほか、不正アクセス行為に係る罰則の法定刑を引き上げる等の措置を講ずるため、関係規定の整備を行う必要があったことから、「不正アクセス行為の禁止等に関する法律の一部を改正する法律」により不正アクセス行為の定義規定の引用条文を改める改正が行なわれた。

⑬平成27年改正

企業の知財戦略としての「オープン&クローズ戦略」の広まりに伴い、知的財産の秘匿化（営業秘密）の価値が再認識される一方で、情報通信技術の高度化等の社会状況の変化を背景として営業秘密侵害の危険性が高まっていること、実際に営業秘密漏えい事案が顕在化し、営業秘密侵害による損害額も高騰する傾向にあることなどの状況を踏まえ、より実効的な刑事罰による抑止と民事的救済を実現するため、営業秘密に関して以下の改正が行なわれた。

①　刑事上・民事上の保護範囲0の拡大

営業秘密の転得者に対する処罰規定の整備（21条1項8号）、営業秘密侵害品の流通規制の導入（21条1項10号、21条1項9号）、国外犯処罰の範囲拡大

（営業秘密の取得・領得も国外犯の対象）（21条6項）、営業秘密侵害罪の未遂罪の導入（21条4項）が行なわれた。
② 罰則の強化等による抑止力の向上
　営業秘密侵害罪の罰金刑の上限の引上げ（21条1項、3項、22条1項1号、2号）、営業秘密侵害罪に係る海外重罰規定の導入、犯罪収益の任意的没収・追徴規定の導入（21条10項、12項）、営業秘密侵害罪の非親告罪化（21条5項）が行なわれた。
③ 民事救済の実効性の向上
　民事訴訟における営業秘密の不正使用の事実に係る推定規定の導入（5条の2）、差止請求に係る除斥期間の10年から20年への延長が行われた（15条）。

3　立法政策上の課題
(1)　秘密保護措置規定

　平成15年改正法は、新たに損害額の推定規定及び損害計算のための必要書類の提出命令に関する規定を新設したが、不正競争行為に対する救済としての差止請求権、損害賠償請求権の行使は、民事訴訟法の規定に基づいて行うという基本はそのままである。

　この点については、特に営業秘密の侵害行為に対する救済のために、不正競争防止法に、裁判の公開に対する例外規定や秘密保持義務に関する規定（いわゆるプロテクティブ・オーダー）等の民事訴訟法に対する特則を設けるべきだとの見解が有力に主張された。

　民事訴訟法の改正とも関連した議論であるが、知的財産戦略会議が、平成14年7月に公表した知的財産戦略大綱は、「営業秘密の保護強化に関し、我が国では裁判の公開原則が強く意識されているため、裁判において営業秘密が公開され、かえって権利者の不利益が生じることもあることから、現実には営業秘密に関する訴訟は少ない。裁判の公開は憲法上の要請であるが、この問題に目をつぶっていたのでは、裁判において営業秘密が適切に保護されることはあり得ない。営業秘密が産業界で重要性を高めている現在、欧米に比して我が国の営業秘密保護の水準が低いということがない

第1節　Ⅰ

よう、必要な対策を講ずるべきである」とし、産業構造審議会の不正競争防止法小委員会の報告書（平成15年2月）にも「営業秘密に係る訴訟においては、実体法上秘密が保護されても、訴訟手続上営業秘密が開示されてしまうおそれがあることから、権利者の保護が十分にはかれないとの指摘があるところ、これについて検討することが必要である」（36頁）と記載され、いずれも訴訟手続における営業秘密の保護が図られるような対策を講ずるべきであるとしていた。こうしたなかで、司法制度改革の一貫として、平成16年に裁判所法等の一部を改正する法律が成立し、これに基づく平成16年改正により、秘密保持命令（当時の6条の4（現10条））、文書提出命令に関し書類の所持者に提出を拒む正当な理由があるか否かについて当事者等の意見を聴くための書類開示の手続（当時の6条3項（現7条3項））、営業秘密に関する当事者尋問等の公開停止（当時の6条の7（現13条））が新設された。これらの規定については、第1章第4節5において詳述する。

(2)　一般条項

　不正競争防止法の改正をめぐる議論の一つとして、従来の不正競争行為の限定列挙によっては、経済社会の進展に伴って生起する新たな不正競争行為に対応することができない等の理由から、一般条項を設けるべきであるとする意見があった。

　一般条項とは、法律上の要件や権利行使、義務の履行等について一般的、抽象的内容を掲げた規定であって、民法90条の「公ノ秩序善良ノ風俗」、同法1条3項の「権利ノ濫用」、借地借家法6条・28条の「正当の理由」等がこれに当たる。

　一般条項は、具体的事案に法を適用するに当たり、法の基本的理念に即した解決を図るための規定であり、その機能は裁判を通じて実現されるものである。したがって、一般条項は、その適用が適切妥当であれば、市民の法意識や経済社会の実情に適合した優れた機能を発揮できるとともに、その判断が裁判官に委ねられることになり、経済活動を行う者にとって、予測が困難となるだけでなく、濫訴の弊害が生じることも懸念される。

　これを不正競争防止法の一般条項についてみると、ドイツ法をはじめ一

般条項を採用している立法例もあり、我が国においても採用に積極的な見解（例えば、松尾和子「不正競争防止法における一般条項」ジュリ1005号16頁以下。日弁連「不正競争防止法改正要綱」は、一般条項を設けた上、不正競争行為の類型を例示する）がある。

しかし、一般条項に基づいて権利行使を認めることは、前述の問題点からみて、適切な立法措置であるか疑問であり、その必要性の最も大きな理由とされている模倣については、現行知的財産権法と不法行為法により規制することが可能であり、さらにはデッド・コピーを不正競争行為の一類型として規制することも平成5年改正法により立法的に解決された（2条1項3号）。

産業構造審議会知的財産政策部会の前記中間答申は、一般条項の可否について「我が国の実態がこれを受け入れる機が熟しているとは言い難く、法制上解決すべき問題もあることにかんがみれば、現時点で結論を出すことは適当ではないと考えられるため、今後の我が国経済取引社会の実態の推移を慎重に見守りつつ、解決すべき問題を十分に検討し、必要に応じ、立法措置を講ずることが適切である」（「中間答申」特許ニュース8511号4頁）としている。

平成5年改正法は、この答申を受けて、旧法と比べ、不正競争行為類型を拡大しているが、具体的に限定列挙する方式を採り、一般条項の採用を見送った。

同改正法以降の法改正も同様の方式を踏襲しており、その解釈運用に当たっては、これらの点を考慮し、限定列挙方式の長所を生かし、かつ流動的な経済社会の発展に十分対応できるものとしていくことが肝要であり、前述の法改正は正にこの要請に応えるものであった（同旨　山本・前掲要説32頁）。

II　不正競争防止法の目的と機能

1　不正競争防止法の目的と保護法益

(1)　目的

1条は、「この法律は、事業者間の公正な競争及びこれに関する国際約束

の的確な実施を確保するため、不正競争の防止及び不正競争に係る損害賠償に関する措置等を講じ、もって国民経済の健全な発展に寄与することを目的とする」と規定している。

旧法には、このような目的規定は設けられていなかったが、不正競争防止法は従来から営業の自由を基本理念とする経済社会において営業者間の公正な競争を保障するための法制度であると考えられていたこと（満田重昭著「不正競業法の研究」4頁）、また、この法律がパリ条約に加入することの前提として昭和9年法律第14号をもって制定されたことは、周知の事実であり、パリ条約には「1　各同盟国は、同盟国の国民を不正競争から有効に保護する。2　工業上又は商業上の公正な慣習に反するすべての競争行為は、不正競争行為を構成する」（10条の2）と規定されていること、さらに我が国が加入しているマドリッド協定においても、原産国・原産地表示が虚偽であるか又は誤認を生じさせるものであるときの輸入生産物等の差押え等の規定が存すること等からみて、「事業者間の公正な競争及びこれに関する国際約束の的確な実施の確保」という新法の掲げる目的は、従来からその目的として承認されていたことを規定上明確にしたものであるが、さらに「もって国民経済の健全な発展に寄与することを目的とする」と規定することによって、不正競争防止法が単なる事業者の利益保護ではなく、広く自由かつ公正な経済秩序の確立を目指している法律であることを明らかにしているといえよう。

経済的自由（営業の自由を含む）は、現代経済社会の成立基盤であり、現行憲法も「何人も、公共の福祉に反しない限り、居住、移転及び職業選択の自由を有する」（22条1項）、「財産権は、これを侵してはならない。財産権の内容は、公共の福祉に適合するやうに、法律でこれを定める」（29条1項・2項）と規定し、これを国民の基本的人権として保障する。

しかし、基本的人権に関する個別規定の中で22条1項と29条2項のみが「公共の福祉」を理由とする自由の制約を明示的に容認していることからも明らかなように、経済的自由が実質的に確保されるためには、自由かつ公正な競争原理によって経済秩序が維持されていることを必要とするものであり、ここに国家による公正な自由競争の確保のための立法措置が要請され

るのである。

　不正競争防止法が不正競争行為を規制することによって、結果的に不正な商品・サービスの提供から消費者を保護することになるが、それは公正な競争が確保されることによりもたらされるものであり、国民経済の健全な発展に寄与することの一側面として把握できよう。

　なお、ウルグアイランドにおけるTRIPS協定（知的所有権の貿易関連の側面に関する協定）は、商品の原産地に関する地理的表示の保護等の合意を含んでおり、その発効は1条にいう「国際約束」に含まれるものであり、その的確な実施が求められる（平成6年法律第116号による商標法4条1項17号の新設はその一環である）。

(2)　保護法益

　不正競争防止法は、同法によって特定の権利を創設し、これを支配的権利として保護するものではなく、同法が自由かつ公正な経済秩序の維持発展のために不正競争と規定した行為を規制することによって、知的財産（Intellectual Property）、すなわち、知的生産活動から生じる成果をはじめとする具体的利益を保護するものである。

　不正競争防止法の保護法益については、平成5年改正前の記述であるが、我が国の法は「営業上ノ利益ヲ害セラルル虞アル者」にだけ不正競争行為の差止請求を許しているから、市場地位を有する者すべてではなく、競争地位を有する者だけが救済を受ける権利主体であり、そのことを理由に営業者団体、消費者の利益擁護団体による団体訴訟制度を認めて、公正な競争秩序の確立に貢献させるべきであるとする見解（旧法につき、満田・前掲研究21頁）がある一方、このような見解や営業権ないし企業権等の支配的権利を観念する見解では、品質誤認行為等の特定の企業の利益侵害に還元しがたい禁止行為の説明に窮することになるとし、不正競争行為の判定基準の設定に繋げるには、抽象的かつ多義的な競争秩序という概念の意味を明らかにする必要があるとする見解（田村善之著「不正競争防止法概説第二版」10頁）がある。

　不正競争防止法は、前述のとおり、一般条項を採用せず、不正競争行為

を具体的制限的に列挙する規定を設けているから、不正競争行為の類型によって、保護法益は異なってくる。すなわち、2条1項1号では需要者間に広く認識されている商品等表示であり、2号では著名な商品等表示であり、3号では商品の形態であり、4号ないし10号では営業秘密であり、11号、12号では技術的制限手段であり、13号ではドメイン名という特定の商品等表示であり、14号では原産地表示、品質表示等同号の保護する表示であり、15号では営業上の信用であり、16号では代理人等の無断使用行為の対象となった商標であって、それによって利益を得る者は、競争関係にある特定の企業等の営業者であることが多いとしても、それだけに限られるものではない。不正競争防止法は、これらの個別的利益を法的に保護することにより全体として自由かつ公正な競争秩序を維持し、もって国民経済の健全な発展を図っている。その意味で、不正競争防止法における保護法益を一義的に競業者の利益と限定することはできない。

2 不正競争防止法の法的機能
(1) 経済取引と知的財産権の保護

我が国は、成文法により特許権、実用新案権、意匠権、商標権、商号権、著作権等排他的な支配権を設けて知的財産権の保護を図っており、知的生産活動から生じた成果の多くは、これらの権利として設定されることにより、間接的に自由かつ公正な競争原理に支配された経済秩序の維持に寄与している。

経済社会における取引対象である商品についていえば、営業者が商品に付する表示（製造業者が自己の製造した商品であることを示すために商品に付する製造標や販売業者が自己の販売する商品であることを示すために商品に付する販売標）は、標章として商標登録することができ、特許権又は実用新案権あるいは意匠権、さらには平成8年法律第68号（平成9年4月1日施行）により新たに制度化された立体商標権の実施の結果が特定の商品表示としての形態に現れることも少なくない。表示を模倣して混同を生じさせる行為がなされた場合、知的財産権の行使によりこれを差し止め、あるいは損害を賠償させることにより結果的に経済秩序の維持が図られる。また、いわゆるサービス・

マークは、営業主体を表示するものとして経済的価値を有するが、商取引の目的物たる商品に付されるものでないため、商標登録の対象とならなかったので、その保護は周知営業表示である場合に不正競争防止法により保護されるほかなかったが、平成3年法律第65号による商標法の改正により、役務に係る商標、すなわち、自己の提供するサービスを他人の提供するサービスと識別するために自己のサービスについて使用する標章についても、商標登録が認められることとなった結果、サービス・マークも排他的支配権として経済社会に機能することが可能となったから、役務商標として登録されれば、周知性を問われることなく、自己の営業表示と混同させる行為を排除することができる。

(2) 不正競争防止法の補完的機能

このようにみてくると、知的生産活動から生じる成果のうち法的保護の対象となるものは、一次的には、成文法が設定した排他的支配権として設定されることにより、これを経済社会に機能させていくのが、現行法の予定するところといえよう。

しかし、知的生産活動の成果であれば、すべてこれら知的財産権の保護対象になるとはいえないし、また、保護対象となるものであっても権利として設定又は登録されるとは限らない（これらの権利は、更新登録が認められる商標権を除いて有限であるという問題もある）。しかも、これら知的財産権はそれぞれの法規の目的を達成するために設けられたものであって、結果的に経済秩序の維持に役立つとはいっても、それ自体を目的とするものではない。そこに、これらの知的財産権とは別個に知的生産活動から生じた成果を不正競争行為から保護することにより自由かつ公正な競争原理に支配された経済秩序の維持を図るための特別法が必要となるのであり、不正競争防止法はその意味でこれを知的財産権法体系から機能的にみた場合、他の知的財産権法に対する補完的機能を果たすものといえよう（中山信弘「不正競争防止法の改正に向けて」ジュリ1005号10頁は、不正競争防止法は他の知的財産法の補完的役割を担っている、と指摘する）。平成5年改正法以降は特許権、実用新案権、意匠権、商標権の行使について不正競争防止法の規定の適用を除

外した旧法6条のような規定を設けていないが、このことは同法の補完的機能を否定するものとはいえない。その意味で、不正競争防止法が知的財産権法の基本法であるという見解には賛同しがたい。ただ排他的支配権の行使だからといって、自由かつ公正な競争原理に反してよいとする積極的理由はなく、判例理論が旧法6条の適用除外を権利濫用理論によって制限してきたことに留意しなければならない。

(3) 他の知的財産権との制度的調整

不正競争防止法の全面的改正（平成5年改正）に当たり、不正競争防止法の知的財産権法及び経済法における基本的位置付けを明確にし、少なくとも、出願から審査・審判等の手続を経た上で設定・登録される知的財産権と、これらの手続を要することなく法的保護を得ることのできる不正競争防止法上の法益との制度的振分けをすべきであることを指摘した（竹田稔「不正競争防止法の概要」発明89巻11号90頁。田村・前掲概説15頁も「工業所有権法との関係では、ある行為類型を禁止すべき場合に登録、出願を要求するか否かといった観点からの制度の振分けの議論が必要となる」と指摘する）。

不正競争防止法の知的財産権に対する補完的機能からすれば、人が知的創作活動から得た成果としての知的財産の保護は、第一義的には特許権・実用新案権・意匠権・商標権等によって保護されるべきであり、不正競争防止法は、主としてこれらの制度によっては保護されない知的創作を保護するという機能を果たすものでなければならない（その意味では、一般条項の導入を検討する必要があるが、営業秘密の保護は、その典型であり、平成5年改正法が「他人の商品形態の模倣」行為を規制対象に加えたことには大きな意味がある）。

(4) 経済法的機能

「序 Ⅰ現代経済社会における営業の自由」において述べたように、資本主義経済の高度の発展は、経済活動に対し、国家的立場から私的独占や事業支配の集中を排除し、あるいは不正な経済競争を禁止するいわゆる経済法の制定を生み出した。経済法の定義は、学説として確定しているわけではないが、自由主義経済に対する国家による規制を定めた法規範を総括

した法体系と理解し得よう（金沢良雄著「経済法」21頁は、「経済的＝社会調和的要求に応ずるもの、すなわち、主として、経済循環に関連して生ずる矛盾・困難を、社会調和的に解決するためのもの」としている）。経済法の一つであって、国家による公正な自由競争の確保のための立法措置としての代表的法律は、独占禁止法であり、そのうち不正な取引方法規制の特例を定めた法律として、景品表示法がある。

不正競争防止法をこのような観点からみると、不正な競争を防止して自由かつ公正な競争原理に支配された経済秩序の維持のため、不正競争を禁止し、所期の目的達成を図っているものである点においては独占禁止法と共通した経済法的側面を持っている（稗貫俊文著「知的財産権と独占禁止法」74頁は、知的財産権法と独占禁止法とを不正競業の排除という側面から捉え、両者は国民経済の発展に寄与するものとして相互補完的に併存する、としている）。特に、独占禁止法が禁止する不公正な取引方法は、不正競争防止法にいう不正競争と互いに重なり合う行為を含んでいることは否定できない。

しかし、独占禁止法は、独占禁止政策という経済社会の根幹に関わるグローバルな国家政策達成のための法律であり、同法において不公正な取引方法の禁止は、これを達成するための一つにすぎない。しかも、独占禁止法はその目的達成のために公正取引委員会という行政機関を設け、専ら同委員会に強制処分も含めた措置権限を与えることにより私的独占、不当取引の制限、不公正な取引方法の規制等を行うのに対し、不正競争防止法は一定範囲の不正競争行為の規制を専ら営業者等私人による請求権の行使に委ねている点に違いがある。

なお、「独占禁止法の不公正な取引方法と不正競業」の問題については、その私法的効力、救済手段を含めて第9節において、詳述する。

Ⅲ　不正競争防止法の規制対象とする不正競争行為

1　不正競争行為の概念

不正競争行為は、自由かつ公正な競争原理に支配された経済秩序の維持を妨げる行為である（小野昌延・松村信夫著「新・不正競争防止法概説〔第2版〕」12頁以下は、不正競業は、競業秩序を破壊する不正ないし不公正な行為であり、競業秩

序を破壊する行為というのは、自由競争の範囲を逸脱した行為であるとする）。

　現代の経済取引社会において、このような不正競争行為は極めて広範囲に及ぶものであり、これを規制する法律としては、不正競争防止法に限らず、独占禁止法等の経済法規のあることは前述のとおりである。不正競争防止法は、これらの不正競争行為のうち、対象とする行為を類型的に限定列挙している。

2　不正競争行為の類型概要
(1)　不正競争防止法における不正競争行為

　法2条1項本文は「この法律において、「不正競争」とは、次に掲げるものをいう」と規定し、同項1号ないし16号において不正競争行為を定義している。

　このほか、前記不正競争行為とは性質を異にするが、国際的信用維持のために、外国の国旗等の商業上の使用行為（16条）、国際機関の標章等の商業上の使用行為（17条）、外国公務員等に対する贈賄行為（18条）を禁止している。これらの行為も国際的見地からの不正競業を規制するものとして、広い意味で不正競業に含まれるといえよう。

(2)　不正競争行為の類型化

　不正競争行為をどのように類型化するかについては、さまざまな分類があるが、不正競争防止法は、営業秘密に係る不正競争行為について詳細に行為を分類しているほか、ほぼ規制する不正競争行為によって保護される法益、行為の類似性、関連性から順次、①商品・営業主体混同行為（1号）、②著名表示不正使用行為（2号）、③商品形態模倣行為（3号）、④営業秘密に関する不正競争行為（4号ないし10号）、⑤技術的制限手段に関する不正競争行為（11号、12号）、⑥ドメイン名に関する不正競争行為（13号）、⑦原産地・品質等誤認惹起行為（14号）、⑧営業信用侵害行為（15号）、⑨代理人等の商標不正使用行為（16号）に類型化している。

　本書においても、この規定に従って、順次不正競争行為について、その解釈を示し、問題点を検討することにしたい。

第2節　不正競争行為の類型

I　商品・営業主体混同行為

1　商品等表示の保護と行為の概要

　不正競争防止法が不正競争行為の第一の類型として規定しているのは、他人の商品等表示、すなわち「人の業務に係る氏名、商号、商標、標章、商品の容器若しくは包装その他の商品又は営業を表示するもの」（以下、これを総称する場合「商品等表示」といい、商品を表示するものを「商品表示」、営業を表示するものを「営業表示」という。）と「同一若しくは類似の商品等表示」の使用等によって他人の商品又は営業と混同を生じさせる行為（2条1項1号）である。

　旧法は、商品表示、すなわち「他人ノ氏名、商号、商標、商品ノ容器包装其ノ他他人ノ商品タルコトヲ示ス表示ト同一若ハ類似ノモノ」の使用等によって他人の商品と混同を生じさせる行為（1条1項1号）と、営業表示、すなわち「他人ノ氏名、商号、標章其ノ他他人ノ営業タルコトヲ示ス表示」の使用によって他人の営業上の施設又は活動と混同を生じさせる行為（1条1項2号）とを別個に規定していたが、平成5年改正法は、これを併せて一つの不正競争行為とした。

　このような商品表示あるいは営業表示が不正競争防止法によって保護されるためには、それが「需要者の間に広く認識されているもの」であることを必要とする（旧法は、「本法ノ施行区域内ニ於テ広ク認識セラルル」ものであること、すなわち、周知性を要件としていたが、この要件のうち、「本法ノ施行区域内ニ於テ」が「需要者の間に」と改められた。）。

　そして、不正競争防止法が規制対象とする具体的行為は、商品表示又は営業表示と「同一若しくは類似の商品等表示を使用し、又はその商品等表示を使用した商品を譲渡し、引き渡し、譲渡若しくは引渡しのために展示し、輸出し、輸入し、若しくは電気通信回線を通じて提供して、他人の商品又は営業と混同を生じさせる行為」である。

　商品・営業主体混同行為が不正競争行為として規制されるのは、他人が

その企業努力等によってその商品表示又は営業表示を取引者、需要者に広く認識させ、これによって経済的信用と利益を得ている場合に、第三者がこれと同一又は類似の表示を使用し、商品の出所又は営業の主体の混同を惹き起こすことによってこの表示を使用してきた者の利益を侵害し、もって公正かつ自由な競争原理に支配された経済秩序を乱す行為を禁止することにある。

したがって、商品・営業主体混同行為についての規定の解釈・運用に当たっては、前記の規定の趣旨を踏まえ、常にこの視点から考察することが必要である。

2 商品等表示と「人の業務」

商品等表示は、「人の業務」に係る表示であることを要する。ここにいう「人」には、自然人、法人のほか、権利能力なき社団その他独立して経済活動を行う団体、企業集団としてのグループ等を含む。このことは、ある者がその経済活動によってその商品等表示を取引者、需要者に広く認識させ、これによって経済的信用と利益を得ている場合に、その者の利益を侵害し、公正かつ自由な競争原理に支配された経済秩序を乱す行為を禁止しようとする規定の趣旨からいって当然のことである。この点についての詳細は、第4節「1」「3」を参照されたい。

「人の業務」における「業務」とは、事業として継続的、反復的に行われる行為をいう。一回的、偶発的行為を含まない。

人の商品等表示のうち、商品・営業主体混同行為の対象となるのは、「他人の商品等表示」、すなわち行為者以外の人の商品等表示である。東京高判決平成17.3.16裁判所HP「アザレ東京事件」は、一つのグループ内において、ともに組織的かつ対外的に中核的な地位を占めてきた原告と被告が袂を分かち、傘下の各本舗等を含めてグループ組織が分裂することとなった場合には、その商品等表示については、原告被告のいずれもが、グループ分裂後も、その商品等表示の帰属主体となり得るとし、その商品等表示は互いに「他人の」商品等表示には当たらないとした。東京地判決平成26.1.20裁判所HP「FUKI事件」も、一部の標章について原告と被告の双方

に帰属すると判断した。

3　商品表示
(1)　商品の概念

　不正競争防止法は、商品について定義規定は設けていない。しかし、不正競争防止法は公正かつ自由な競争原理に支配された経済秩序の維持をその目的とするものであることは、第1節で説明したとおりであるから、同法により規制対象となる商品は、市場において流通するものであることを意味するというべきである。

　したがって、商品とは、一般市場で流通に供されることを目的として生産され、又は取引される有体物をいうものと解されてきたが、平成15年改正法により「この法律にいう「物」には、プログラムを含むものとする」(当時の2条8項、現2条10項)と規定された。プログラム(電子計算機に対する指令であって、一の結果を得ることができるように組み合わされたもの)は無体物であっても支配管理が可能なことによる。

　東京高判決昭和57.4.28無体集14巻1号351頁「タイポス書体事件」は「一般に、『商品』の語は、取引市場における流通に置かれるべきものとして生産、加工され、それ自身経済的価値を有すべき前記のような有体の動産ないし物件をいうものと解するのが、社会通念に合致する」と判示する。

　無体物は、上記東京高判決のいうように本来「それ自体に、商品表示をすることがもともと不可能と考えられる」ものであり、それが独立して取引の対象とされる場合(例えば、前記プログラムや容器に収納されて取引される無定形物)を除いて商品と認めることはできない。その意味において、タイポス書体が商品性を有するか問題となる。前掲東京高昭和57.4.28判決はタイポス書体について、文字は国民共通の財産であり、無限に存する書体の私有化を認めることはできないとし、これを旧法1条1項1号にいう商品表示に当たらないと判示したが、東京高決定平成5.12.24判時1505号136頁「モリサワタイプフェース事件」は、「無体物であっても、その経済的価値が社会的に承認され、独立して取引の対象とされている場合」には商品と認められるとし、「書体とは、抽象的な観念である字体を基礎にし、これを

製作者が自ら創作したデザイン上の一定のルールに従い様式化した文字群であって、字体とは異なる概念」であって、「抗告人らの書体メーカーによって開発された特定の書体」は商品に該当すると判断している（東京地判決平成12.1.17判時1708号146頁「ポップ書体事件」も、書体が商品であることを前提として、ポップ書体が商品の形態として独特の特徴を有し、出所表示機能等を発揮しつつ周知となった場合は商品等表示に該当するとしている。紋谷暢男・判例批評ジュリ489号109頁は、無体物であっても継続して取引の対象となるものは商品に含まれるとする。)。しかし、上記東京高決定の原決定（東京地決定平成5.6.26判時1505号144頁）が指摘するように、「実用的文字書体は、本来、それ自体の形態だけで自他識別力や出所表示機能を備えにくいものであり」、書体の独占的使用許容の可否もからんで、今後さらに検討されるべき問題である。

また、流通性のない物は、商品に当たらない。大阪地判決昭和61.12.25無体集18巻3号599頁「中納言事件」は、飲食店において顧客に提供される料理は、流通性を有しないから、旧法1条1項1号にいう商品表示に当たらないとする（商標法とは異なり、広範な識別の態様が予想される不正競争防止法では、流通性を有しない物も商品に含まれるとする見解として、飯村敏明「田倉整・元木伸編実務相談不正競争防止法」90頁がある。同旨　木棚照一「小野還暦記念判例不正競業法」35頁等）。

これに対し、流通性及び有体物のいずれについてもこれを商品の要件とすることに疑問があるとし、不正競争防止法上は、商品とは取引の対象となるものであるという程度に理解しておけば十分であるとする見解（田村・前掲概説67頁以下）がある。飲食店内で提供される料理に付された標章や証券会社の投資信託、保険会社の生命保険等の金融商品の名称の保護の必要性等をその理由とする。確かに、前述の商品・営業主体混同行為を不正競争行為として規制する趣旨からすれば、これらが法の保護対象外に置かれることは不正競争防止法の趣旨に沿わないであろう。しかし、役務（サービス）は通常商品概念とは区別されるものであるし、不正競争防止法は、商品表示と並んで営業表示も規制の対象としており、前者を営業に含めることにより法的保護に欠けることはない（山本・前掲要説59頁は、法は「商品又は営業」を表示するものと一括して定義することにより仮に商品から漏れるものが

あったとしても営業として考えられる余地があるとする)。

　有体物であれば、動産に限らず、不動産（プレハブ住宅、建売住宅等）もそれが独立して取引の対象とされるものであれば、商品に含まれると解すべきである（松尾和子「豊崎等共著 不正競争防止法」134頁、飯村・前掲実務相談90頁)。前掲東京地平成16.7.2判決は、不動産であっても、大量生産にし大量供給が行われるマンション等の建築物は、市場における流通が予定されており、マンション自体に表示を使用してその出所が識別される性質を備えていることを理由に、同法2条1項1号にいう「商品」に該当するとしている。

(2)　商品表示の機能

　商品表示は、特定の事業者（製造業者・販売業者・輸入業者等）の商品であることを示す表示、すなわち特定の事業者の営業に係る商品を他の者の営業に係る商品から識別する機能を有する表示でなければならない。

　商品表示は、このような自他商品の識別機能を基本としてそこから出所表示機能（特定の表示を商品に使用することによりその出所を表示する機能)、品質保証機能（特定の表示を商品に付して使用することにより、取引者、需要者はその商品が一定の品質を有するものと認識するようになり、その結果その表示が商品の品質を保証する機能)、広告（宣伝）機能（取引者、需要者にその商品を印象付け、さらに他の取引者、需要者にその出所、品質を広く認識させる機能）等が生じ、その結果顧客吸引力を取得する。

　「普通名称」とは、取引者、需要者に商品又は役務の一般的名称として認識されていることを意味し、商標法3条1項1号の趣旨に照らしても、普通名称を普通に表示する標章のみからなる商標は、ここにいう出所表示機能を有しない。しかし、普通名称化した商品表示であってもその後の使用状況によっては、商品表示機能を取得することはあり得ないではない。

　大阪高判決平成19.10.11判時1986号132頁「正露丸事件」は、一度普通名称化した商品表示も、同業他者が消滅し、当該特定の者のみが当該名称を使用して当該商品ないしサービスを提供するような事態が継続する等により、当該名称が当該特定の者の商品等表示と認識されるようになったこと等を要件として、商品等出所表示へ転移しうるとしたうえで、当該事案に

ついては、その要件を満たしていないとして商品表示性を認めなかった。他方、大阪高判決平成25.9.26裁判所HP「セイロガン事件（控訴審）」は、「自他商品識別力は表示の構成のみによって生じるのではなく、取引の実情に応じて獲得されるものであるから、普通名称を本来の意味どおりに使用した場合であっても、使用の態様や取引の実情から自他商品識別力を獲得し得る場合があるはずである。」と判示した上、当該表示は「多年にわたる販売、広告宣伝により、その本来の意味内容を超えて、控訴人商品を指称する表示として周知著名なものとなっていることが認められる」とした。

(3) 商品表示の類型
① 氏名

　固有の意味の氏名は、自然人が自己を他と区別するために用いるものであり、氏名権は、氏名を独占的排他的に使用することができる人格権である。ここでは、その氏名を経済的価値として把握し、経済活動に利用し、自他商品の識別機能として商品について使用する場合を意味する。芸名、ペンネーム、雅号等の変名もここにいう氏名に当たる。

　舞踏・華道・茶道等の団体における流派の名称、宗教団体における宗派等社会経済的活動を営む団体の名称、さらには特定の企業グループを示す名称等は、固有の意味の氏名ではない。

　しかし、これらの名称が商品に使用されて自他識別機能を持つとき、商品表示として保護の対象となることは当然である（前掲最高三小判決昭和59.5.29民集38巻7号920頁「プロフットボール・シンボルマーク事件」）。
② 商号

　商号は、商人が営業活動を行うため自己を表彰する名称であり、個人商人についてはその氏、氏名その他の名称（商法11条1号）、会社においてはその名称（会社法6条1項）である。個人商人及び会社は、他人に妨害されることなくその商号を使用できる権利と、他人が不正の目的で商号を使用し、その使用によって営業上の利益を侵害され、又は侵害されるおそれがあるときは、これを排斥する（侵害を停止又は予防する）権利を有する（商法12条、会社法8条）が、この商号を商品について使用することにより自他商品の識

別機能を果たすときは、商品表示として保護の対象となる。

　商号登記の有無は問わない。また、商号の略称もここにいう商号に含まれる（松尾・前掲不競法113頁）。

③　商標・標章

「商標」とは、商標法2条1項に規定する商標をいい、「標章」とは、同項に規定する標章をいう（法2条2項・3項）。これらは、自他商品又は役務を識別する標識として商品又は役務について使用される。商標法は、平成3年法律第65号により改正され（平成4年4月1日施行）、商品に係る商標のほか、役務（サービスマーク）に係る商標についても商標登録が認められることになった。法は、商標と標章を並列的に表示しているが、サービスマークについても商標登録がみとめられた以上、商標とは別個に標章を規定する実質的意味はない。

　商標は、その構成に基づいて、文字商標（文字のみからなる標章）、図形商標（図形のみからなる標章）、記号商標（文字を符号化した屋号紋章等の記号からなる標章）、結合商標（文字・図形・記号のすべて又はいずれかを組み合わせた標章、あるいは観念又は構成を異にする文字・図形・記号同士を組み合わせた標章）、色彩商標（文字・図形・記号等に色彩を加えた標章）等に分類される。

　平成8年法律第68号による商標法改正により、新たに立体商標制度が設けられることになった。立体商標とは、立体的形状からなる標章をいい、ここにいう商標に含まれる。加えて、平成26年5月14日法律第36号による商標法改正により、新たに、動き商標、ホログラム商標、色彩のみからなる商標、音商標及び位置商標についても登録ができるようになった。詳細については商標編で述べる。また、商品に係る商標はその機能に基づいて、商品商標（商品の標識として用いられる標章）、営業商標（営業主体の営業表示として使用される標章が商品にも付せられる標章）、等級商標（特定の事業者がその製造販売する商品の規格・品質等を表すものとして商品に付する標章）等に分類される。さらに、平成8年法律第68号による改正商標法は、団体商標（一般社団法人、特別の法律により設立された組合又はこれらに相当する外国の法人がその構成員に使用させる標章）制度を導入した（商標法7条）。また、平成17年法律第56号による改正商標法は、地域団体商標（事業協同組合等がその構成員に使用させる商標

であって、地域の名称及び商品（役務）の名称等からなり、地域との密接な関連性を有する商品（役務）に使用され、需要者の間で広く認識されている商標）の制度を導入した。

不正競争防止法の保護対象としての商標については、それが商品に用いられるものであれば、商品及び役務の区分はもとより商標登録の有無をも問わない（松尾・前掲不競法116頁、大阪高判決昭和38.8.27下民集14巻8号1610頁「本家田辺家事件」）し、商標法3条の規定する商標登録の要件の存否も問わない（東京高判決昭和45.4.28無体集2巻1号213頁「長崎タンメン事件」）とされているが、登録のない標章は、その他の商品表示として保護すべきものであろう。

④ 商品の容器・包装

容器・包装とは、商品を他の商品と識別する機能を営む包装用紙（うわづつみ）、袋、器（うつわ）、箱、缶、瓶等をいう。

商品の自他識別は、まずその商品自体の個別化を図ることによりなされる。容器包装は、商品を収納するためのものであって、商品表示を第一義とするものではない。しかし、商品自体の個別化には商品の性質からくる制約があるから、自由競争原理の支配する経済社会において商品の売上げを伸ばすためには、商品を収納する容器包装の図柄・模様・形状等を個別化し、これにより商品に自他商品の識別機能を持たせることも少なくない。

金沢地決定平成7.6.8知的裁集27巻2号472頁「セブンスター事件」は、たばこ会社が製造する製品であるたばこ「セブンスター」のパッケージデザインを周知の商品表示と認めている。また、大阪地決定平成8.3.29知的裁集28巻1号140頁「サンダル事件」は、商品であるサンダルにタグで付けられている商品説明書及びサンダルの外箱に商品表示性を認める。

容器包装の形状等がありふれた形状か特殊な形状かは商品表示機能の程度の差であるといえる（同旨前橋地決定昭和50.10.29無体集7巻2号411頁「インスタント焼そば容器事件」）が、ありふれた形状の包装容器が自他商品の識別機能を持つことは少ないであろう。

札幌地判決昭和51.12.8無体集8巻2号462頁「バター飴容器事件」は、商品であるバター飴を牛乳缶型容器に収納して販売している場合に容器も自他商品の識別機能を備え、商品になり得るとする。また、東京地判決平成

18.5.25判タ1234号222頁「PTPシート事件」は、医療用医薬品の包装につき、「特定の商品の包装の形状・模様及びこれらと色彩との結合が独自の特徴を有し、かつ、この包装の形状・模様・色彩が長期間継続的かつ独占的に使用されるか、又は短期間でも強力な宣伝等が伴って使用されることにより、その包装の形状・模様・色彩が特定の者の商品であることを示す表示であると需要者の間で広く認識されるようになった場合」には、当該包装の形状・模様・色彩が周知商品表示として保護されるとしつつ、医療用医薬品の取引の実情を考慮すれば、取引者・需要者にとって製品を識別し選択する際には医療用医薬品の名称が重要であることから、包装の単純な色彩や形状の組み合わせが特定の者の周知商品等表示となる場合は極めて例外的な場合に限定されるべきとする。

⑤ その他の商品表示

以上の氏名、商号、商標、商品の容器包装以外のもの、例えば、商品に施された模様・色彩であっても、それが商品に使用されて自他商品の識別機能を持つときは商品表示として保護される。

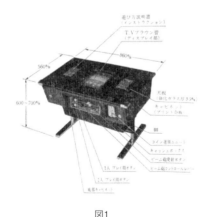

図1

東京地判決昭和57.9.27無体集14巻3号593頁「スペース・インベーダー事件」は、テレビ型ゲームマシンの受像機に映し出されるインベーダーを主体とする各種影像とゲームの進行に応じたこれらの影像の変化の態様を商品表示と認め（図1参照）、知財高判決平成24.8.8判時2165号42頁「釣り★

スタ事件（控訴審）」は、影像の商品等表示性について、「ゲームの影像が他に例を見ない独創的な特徴を有する構成であり、かつ、そのような特徴を備えた影像が特定のゲームの全過程にわたって繰り返されて長時間にわたって画面に表示されること等により、当該影像が需要者の間に広く知られているような場合には、当該影像が不正競争防止法2条1項1号にいう「商品等表示」に該当することがあり得るものと解される。」と判示した上、原告影像の商品等表示性を否定した（その原審である東京地判決平成24.2.23裁判所HP「釣り★スタ事件」も結論同旨）。東京地判決平成25.11.29裁判所HP「プロ野球カードゲーム事件」も、ソーシャルネットワーキングサービス上で提供・配信されるゲームについて同様に周知な商品等表示性を否定している。また、大阪地判決昭和58.12.23無体集15巻3号894頁「ウエット スーツ事件」は、ウエットスーツに施された複数の色彩とその配列が、新規なもので需要者に特定人の商品であることを識別されるに至った場合に当たるとして、これを商品表示と認める（控訴審の大阪高判決昭和60.5.28無体集17巻2号270頁も同旨の判断を示す）。ほかに、商品に施された色彩を商品表示と認めた事例として、大阪地判決昭和41.6.29下民集17巻5・6号562頁「オレンジ色戸車コマ事件」、模様を商品表示と認めた事例として、大阪地判決昭和56.1.30無体集13巻1号22頁等「ロンシャン図柄事件」、正倉院に伝わる古代裂等を復元した高級織物の図柄、模様、色合いを商品表示と認めた事例として、京都地判決平成5.2.18判タ829号219頁「古美術事件」、ジーンズの刺しゅう模様を商品表示として認めた事例として、東京地判決平成12.6.28判時1713号115頁「ジーンズ事件」（控訴審の東京高判決平成13.12.26判時1780号103頁も同旨の判断を示す。）がある。これに対し、大阪地判決平成7.5.30知的裁集27巻2号427頁「its事件」は、主として大学生等の単身者を販売対象とする家電製品に用いられている濃紺色の色彩は出所表示機能を取得するに至っていないと判示する。また、東京地判決平成18.1.13判時1938号123頁「PTPシート事件」は、医薬品のカプセルやPTPシートの色彩構成につき、商品形態と同様に捉え、商品等表示に該当するためには、「そのカプセルやPTPシートの色彩が客観的に他の同種商品とは異なる顕著な特徴を有しており（特別顕著性）」、かつ「特定の事業者によって長期間独占的に使用

され、又は極めて強力な宣伝広告や爆発的な販売実績等により、需要者において、その色彩を有するカプセルやPTPシートが特定の事業者の出所を表示するものとして周知になっていること（周知性）を要する」とする（同旨　東京地判決平成18.1.18判時1938号123頁「PTPシート事件」は、商品の配色は商品の形態の一要素であるとする）。

　また、書籍、雑誌のタイトルも商品表示たり得る。東京地判決平成11.2.19判時1688号163頁は、書籍の題号「スイングジャーナル青春録・大阪編」について、本件書籍を表示し、他の商品と区別するために付されていることを理由に商品表示性を認め（同旨東京地判決平成11.8.31判時1702号145頁）、大阪地判決平成24.6.7判時2173号127頁「HEΛRT nursing事件」は、「ハートナーシング」ないし「HEΛRT nursing」という雑誌の題号について、「HEΛRT」の文字の部分に商品表示性を認めた。もっとも、東京地判決平成26.8.29裁判所HP「巻くだけダイエットその1事件」、東京地判決平成26.8.29裁判所HP「巻くだけダイエットその2事件」は、「書籍の題号は、普通は、出所の識別表示として用いられるものではなく、その書籍の内容を表示するものとして用いられるものである。そして、需要者も、普通の場合は、書籍の題号を、その書籍の内容を表示するものとして認識するが、出所の識別表示としては認識しないものと解される。もっとも、書籍の題号として用いられている表示であっても、使用された結果、需要者が何人かの業務に係る商品又は営業であることを認識することができるような自他識別力又は出所識別機能を備えるに至ったと認められるような特段の事情がある場合については、商品等表示性を認めることができることもあり得ると解される（大阪高裁平成20年（ネ）第1700号・平成20.10.8判決［「時効の管理」事件］参照）。」と判示した上、書籍の題号の中の「巻くだけダイエット」という表示の商品等表示性を否定した（東京地判決平成26.8.29「巻くだけダイエットその2事件」の控訴審である知財高判決平成27.1.29裁判所HP「巻くだけダイエットその2事件（控訴審）」も同旨）。東京地判決平成26.8.29「巻くだけダイエットその1事件」の控訴審である知財高判決平成27.2.25裁判所HP「巻くだけダイエットその1事件（控訴審）」は、原審の判示した規範は引用した上、控訴人書籍の題号における「巻くだけダイエット」の表示は、書籍の題号

として広く認識されていたのみならず、控訴人が提唱しているダイエット方法自体をも表示するものとして、その需要者に広く知られていたと認めたが、「巻くだけ」と「ダイエット」の各単独の用語では、自他識別機能を有するとまではいえないとして、被控訴人書籍の題号における「巻くだけでやせる！」等という表示が被控訴人の商品等表示として使用していたとは認められず、類似性も認められないと判断した。

知財高判決平成17.10.27裁判所HP「超時空要塞マクロス事件」は、映画の題名について、商品等表示に該当しないとしている。

架空の人物・動物等のフィクショナル・キャラクターも、マス・コミュニケーションを通じて広く知れ渡ると、顧客吸引力を取得して優れた商品価値を認められるようになる。商品にキャラクターが使用され、これが商品表示として広く認識されると、不正競争防止法によって保護されるべき地位を取得する。東京地判決平成2.2.19無体集22巻1号34頁は、ポパイのキャラクターについて、また東京地判決平成2.2.28判時1345号116頁はミッキーマウス等のキャラクター（図2参照）について、それぞれ特定企業グループの商品表示として周知となったことを認めた。キャラクターの問題については、本章第8節Ⅲを参照されたい。

図2

その他の商品表示の例示として、立体商標、音響マーク（松尾・前掲不競法120頁。）等が挙げられている。

なお、名古屋地判決平成15.7.24判時1853号142頁「刺しゅう糸事件」は、刺しゅう糸の色ごとに付された色番号（4桁の数値）について、東京高判決

平成16.3.31判時1865号122頁「流通用ハンガー事件」は、流通用ハンガーに付されたローマ字2字の組み合わせについて、それぞれ自他識別力ないし出所表示機能を有すると認めることができないとし、商品表示性を認めなかった。

　キャッチフレーズの商品等表示性について、知財高判決平成27.11.10裁判所HP「スピードラーニング事件（控訴審）」は、「キャッチフレーズ自体には独自の自他識別機能又は出所表示機能を生じないのが、通常である。」と述べた上、「もっとも、当該キャッチフレーズが、当該商品や役務の構造、用途や効果に関する以外のものであったり、一般的にキャッチフレーズとして使用されないような語句が使用されたりして、当該キャッチフレーズの需要者に対する訴求力が高い場合や、広告や宣伝で長期間にわたって繰り返し使用されるなどして需要者に当該キャッチフレーズが広く浸透した場合等には、当該キャッチフレーズの文言と、当該商品や役務との結び付きが強くなり、当該商品や製造・販売し、又は当該役務を担当する特定の主体と関連付けられ、特定の主体の営業を表示するものと認識され、自他識別機能又は出所表示機能を有するに至る場合があるというべきである。」と判示し、結論としては、「音楽を聞くように英語を聞き流すだけ英語がどんどん好きになる」、「ある日突然、英語が口から飛び出した！」等のキャッチフレーズの営業表示性を否定した（その原審である東京地判決平成27.3.20裁判所HP「スピードラーニング事件」も結論同旨）。

　東京地判決平成26.1.24裁判所HP「全国共通お食事券事件」は、「ジェフグルメカード　全国共通お食事券」のうち、「全国共通お食事券」の部分のみで識別力や出所表示機能を有するとは認められないとして、「全国共通お食事券」の部分の商品等表示性を否定した（その控訴審である知財高判決平成26.10.30裁判所HP「全国共通お食事券事件（控訴審）」も同旨）。

　商品表示を構成する要素は単一のものでなくてはならないかという点につき、神戸地判決平成18.8.4判時1960号125頁「ダニ捕りマット事件」は、「商品等表示に該当するためには、一つの要素のみによる必要はなく、複数の要素の結合であっても、これを商品等表示と認める余地はある」とする。

第 2 節　I

⑥　商品の形態

Ⓐ　商品の形態と商品表示

　商品の形態、すなわち、商品の形状あるいは模様、色彩（山本・前掲要説136頁は、「形態」とは、商品の外見であり、具体的には、形状、模様、色彩、質量感、光沢感であるとする）は、本来商品の機能を発揮させ、あるいはその美感を取引者、需要者に訴えるために選択使用されるもの（設楽隆一・前掲実務相談46頁）であるが、同時に商品の形態の個別化を図ることにより商品に自他商品の識別機能を持たせることも少なくない。この商品の形態がその商品を表示するものとして自他商品の識別機能を持つとき、商品表示となることは、通説・判例であり、現在ではほとんど異論をみない。例えば、バレンタイン商品であるローズ形チョコレート菓子の形態について東京高決定平成3.9.12判時1397号109頁「チョコレート菓子事件」（図3参照）、金網のキャップと金属リングとベースからなり、それぞれの部分に特徴があるガスセンサの形態について大阪地判決平成8.2.29判時1573号113頁「ガスセンサ事件」、シャベルカーの玩具の形態について東京地判決平成9.2.21判時1617号120頁「キッズシャベル事件」、着物の帯等の裂地の模様について東京地判決平成9.3.31判時1607号94頁「龍村帯事件」、婦人服のデザインについて東京地判決平成11.6.29判時1693号139頁「プリーツ・プリーズ事件」、パソコンの形態について東京地決定平成11.9.20判時1696号76頁「iMac事件」、角質除去具の形態について東京地判決平成22.9.17裁判所HP「SCRATCH事件」（その控訴審である知財高判決平成23.3.24裁判所HP「SCRATCH事件（控訴審）」も同旨）、子ども用のいすの形態について東京地判決平成22.11.18裁判所HP「TRIPP　TRAPP（平成22年）事件」、東京地判決平成26.4.17裁判所HP「TRIPP　TRAPP（平成26年）事件」（その控訴審である知財高判決平成27.4.14判時2267号91頁「TRIPP　TRAPP（平成26年）事件（控訴審）」も同旨）が商品表示性を認めている。大阪地判決平成28.5.24裁判所HP「スーツケース事件」は、スーツケースの形態について、3つの形態の特徴を備えた場合には商品等表示性が認められるが、原告が主張する形態の特徴だけでは商品等表示性は認められないとした。

第1章 不正競争

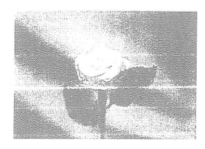

図3

　なお、大阪地判決平成7.7.11判時1160号116頁「テーブル事件」は、カー・レースで使用済みのタイヤをフレームとし、円形の強化ガラスをテーブル面として使用したテーブルが相当に特異な形態であるが、短期間に少数のカーレースマニアにのみ販売されていることを理由に商品表示性を否定しているところ、自他商品の識別機能を獲得するに至っていない以上、商品の形態に商品表示性を認めることができないとしたことは、当然の帰結である（同旨電路支持材の形態につき東京地判決平成11.12.21判時1709号83頁「電路支持材事件」（但し、その控訴審である東京高判決平成14.5.31判時1819号121頁は、一部の電路支持材につき商品表示性を認め、原判決を変更している）、商品陳列用システム什器の形態につき東京地判決平成13.3.27判時1750号135頁「システム什器事件」、パイプ・ジョイントの形態につき東京地判決平成14.1.30判時1782号117頁「パイプ・ジョイント事件」、ユニット家具の形態につき東京地判決平成15.7.9判時1833号142頁「ユニット家具事件」、マットレス等につき大阪地判決平成22.1.19裁判所HP「インテリジェル事件」、半球状の集光鏡を備えたランプにつき東京地判決平成22.11.12裁判所HP「交換ランプ事件」（その控訴審である知財高判決平成23.5.19裁判所HP「交換ランプ事件（控訴審）」も同旨）、金箔を素材とした美容パックにつき東京地判決平成23.2.25裁判所HP「美顔パック事件」、書道用和紙につき大阪地判決平成23.6.23裁判所HP「書道用和紙事件」、薬袋プリンター専用の薬袋につき東京地判決平成23.6.30裁判所HP「プリンター用薬袋事件」、眼鏡型ルーペにつき、東京地判決平成24.7.4裁判所HP「ペアルーペ第1事件」、東京地判決平成24.7.30判タ1390号345頁「ペアルーペ第2事件」（これらの控訴審である知財高判決平成25.2.6裁判所HP「ペアルーペ第1事件（控訴審）」、知財高判決平成24.12.26判時2178号99頁「ペアルーペ第2事件（控訴審）」も同旨）、ヘアードライヤーにつき大阪地判決平成

24.9.20裁判所HP「ヘアードライヤー事件」、カラーコンタクトレンズにつき大阪地判決平成24.10.23裁判所HP「カラーコンタクトレンズ事件」、カスタマイズドール用ボディ素体につき東京地判決平成24.11.29裁判所HP「カスタマイズドール事件」、デザインポストにつき大阪地判決平成24.4.19裁判所HP「デザインポスト事件」（その控訴審である大阪高判決平成24.12.7裁判所HP「デザインポスト事件（控訴審）」も同旨）、台所用品につき東京地判決平成26.4.17裁判所HP「TATSUYA　IDEA　KITCHEN事件」、付録付き書籍につき、東京地判決平成26.8.29裁判所HP「巻くだけダイエットその1事件」、東京地判決平成26.8.29裁判所HP「巻くだけダイエットその2事件」、防災用キャリーバッグにつき東京地判決平成27.11.11裁判所HP「防災用キャリーバッグ事件」、吸水パイプにつき東京地判決平成27.12.10裁判所HP「吸水パイプ事件」、フェイスマスクにつき東京地判決平成28.7.19判時2319号106頁「フェイスマスク事件」等）。知財高判決平成24.12.26判時2178号99頁「ペアルーペ第2事件（控訴審）」は、「商品の形態は、商標等と異なり、本来的には商品の出所を表示する目的を有するものではないが、商品の形態自体が特定の出所を表示する二次的意味を有するに至る場合がある。そして、このように商品の形態自体が特定の出所を表示する二次的意味を有し、不正競争防止法2条1項1号にいう「商品等表示」に該当するためには、①商品の形態が客観的に他の同種商品とは異なる顕著な特徴を有しており（特別顕著性）、かつ、②その形態が特定の事業者によって長期間独占的に使用され、又は極めて強力な宣伝広告や爆発的な販売実績等により（周知性）、需要者においてその形態を有する商品が特定の事業者の出所を表示するものとして周知になっていることを要すると解するのが相当である。」と判示している。

問題は、商品の形態がその技術的機能に由来する場合であり、この問題については、項を改めて検討する（商品の形態と不正競争についての比較法的考察については、小泉直樹「模倣の自由と不正競争」参照）。

Ⓑ　商品の技術的形態

商品の技術的形態が不正競争防止法にいう商品表示に該当するかについては、旧法の適用について、学説・判例ともに積極・消極の両説に分かれていた。

ⅰ　学説

消極説（技術的形態除外説）は、次のように指摘する。

「発明や考案の奨励等相当の根拠により、国家は、法律にもとづき、技術の発明者や考案者に対し、一定の条件のもとに、特許権や実用新案権といった工業所有権を付与し、ある限定された存続期間内においてのみ、技術を排他的に独占使用できる特権を許している。この法意を没却しないように、商品の形態がその技術的機能に由来する必然的、不可選択的な結果であるときは、たとえそれが特定人の商品であることを表示していても、不正競争防止法による保護を与えることは許されない。」（松尾・前掲不競法121頁。同旨　古関敏正「商標・商号・不正競争判例百選」193頁、紋谷暢男・判例批評ジュリ804号113頁、内田敏彦・前掲判例不正競業法306頁）

これに対し、積極説としては、不正競争防止法と工業所有権各法とはその立法趣旨、建前、保護法益を異にするものであり、技術的形態除外説には無理があると指摘する見解（畑郁夫・判例批評判タ367号315頁）や、技術的形態が商品表示の性質を具備し、周知性を獲得したときは周知商品表示として保護することに格別不合理はないとする見解（水野武「商品形態」裁判実務大系9巻495頁）がある（技術的形態除外説に批判的なものとして、佐藤恵太・前掲判例不正競業法261頁）。

第三説として、模倣盗用であるか否かによって区別し、模倣盗用がない場合は、期待可能な混同防止手段を尽くしている限り、たとえ技術的機能に由来する唯一無二の商品形態であっても、これと同一のものを採用することが許されるが、模倣盗用のおそれがある場合は、たとえ混同防止手段を尽くしていても、混同のおそれが残存する以上、同一または酷似的商品形態の採用は許されないとする見解（渋谷達紀「財産的成果の模倣盗用行為と判例理論」判評405号151頁、渋谷達紀著「知的財産法講義Ⅲ〔第2版〕」51頁は、この見解を「違法性阻却説」と称している）がある（小野・松村・前掲概説140頁は、技術的制約から必然的な形態について、期待可能な混同回避手段のすべてを尽くしている場合は、技術の自由の原則を考慮せざるを得ないとする）。

ⅱ　判例

消極説（技術的形態除外説）に立つ判例として、ⓐ東京地判決昭和41.11.22

判時476号45頁「組立式押たんすセット事件」、ⓑ東京地判決昭和52.12.23無体集9巻2号769頁「第一次伝票会計用伝票事件」、ⓒ東京地判決昭和53.10.30無体集10巻2号509頁「投釣り用天秤事件」、ⓓ大阪地決定昭和55.9.19無体集12巻2号535頁「ボトル・キャビネット事件」等があり、特許権制度との整合性、特に一種の永久権を認める結果となること等を理由とする。

これに対し、明確に技術的形態を除外するとはしていないが、ⓔ大阪地判決平成4.1.30知的裁集24巻1号70頁「籾袋事件」は、原告製品の籾袋の形態がコンバイン用穀類収納袋としての機能に由来するものであって格別特異なところはないこと、及びその表面に表示された販売業者の名称ないし商標により商品が識別されていることを加え、その商品表示性を否定し、ⓕ東京地判決平成5.12.22知的裁集25巻3号546頁「折りたたみコンテナ事件」は、折りたたみコンテナの実用新案権に基づいて製造販売された原告製品が多くの企業に採用され、多数製造販売されていた場合において、その権利期間満了後に被告ら数社が類似の製品の製造販売を開始した事案について、原告製品の形態が独自の意匠的特徴を有しないとして商品表示としての自他識別力を否定した（図4参照）。しかし、ⓕ事件において、原告製品は、その技術的機能に基づく商品形態に特徴があり、実用新案の権利期間中独占的に販売され周知となっていたといえる事案であって、意匠的特徴がないとの理由で周知商品表示に当たらないとした点は疑問であり、実質的に技術的機能否定説に立つとみるべきであろう。同一の折りたたみコンテナに関する別件のⓖ東京地判決平成6.9.21知的裁集26巻3号1095頁「折りたたみコンテナ事件」は、商品の形態が長期間継続的かつ独占的に使用され、又は短期間でも強力に宣伝されたことにより出所表示機能を有するに至ったときは商品表示に当たるとしつつ、商品の実質的機能を達成するための構成に由来する形態を保護することは規定の趣旨に反するとしてその商品表示性を否定する。ⓗ知財高判決平成28.7.27判時2320号113頁「エジソンのお箸事件（控訴審）」は、「商品の形態が商品の技術的な機能及び効用に由来するものであっても、他の形態を選択する余地がある場合は、当該商品の形態につき、……特別顕著性及び周知性が認められれば「商品等表示」

に該当し得る。」としつつ、「もっとも、商品の形態が商品の技術的な機能及び効用に由来する場合、同形態が客観的に他の同種商品とは異なる顕著な特徴を有していることはまれであり、同種商品の中でありふれたものとして特別顕著性が否定されることが多いものと思われる。」と判示し、原告商品の形態の商品等表示性を否定した（その原審である東京地判決平成28.2.5裁判所HP「エジソンのお箸事件」も結論同旨）。ⓘ東京地判決平成26.12.26裁判所HP「バケツ事件」も、原告商品の形態の特別顕著性を否定し、ⓙ大阪地判決平成25.9.19裁判所HP「テレビ台事件」も、原告商品は、特徴的な機能を有するものの、同機能に導かれる形態としては特徴的とはいえず、形態自体によって特別顕著性を取得しているということは困難であり、原告商品の形態が商品等表示性を獲得するに足りるだけの周知性を獲得していると認めることもできないと判断した。業務用の空気清浄加湿器に関するⓚ東京地判決平25.3.27裁判所HP「空気清浄加湿器事件」は、原告商品の特徴とされている点は、商品の機能上当然あり得る設計であるなどとして、その商品表示性を否定し、水切りざるに関するⓛ大阪地判決平成23.10.3判タ1380号212頁「水切りざる事件」も、原告商品の形態的特徴は商品の実質的機能を達成するための構成に由来する形態であるとして、その商品表示性を否定した。印章自動製作販売装置に関するⓜ東京地判決平成28.6.30裁判所HP「印章自動製作販売装置事件」も、原告製品の形態は自動販売装置を含む自動取引装置であれば通常備えるべき形態であるとして、その商品表示性を否定した。

図4

これに対し、技術的形態についても、商品表示としての保護を認める判例は、ⓞ東京高判決昭和58.11.15無体集15巻3号720頁「第一次伝票会計用

伝票事件」控訴審、ⓟ福岡地判昭和60.3.15判時1154号133頁「第二次伝票会計用伝票事件」、ⓠ東京高判平成4.3.17知的裁集24巻1号199頁「封緘具事件」等がある。ただし、これらの判例はいずれもその商品表示に周知性を認めず結論として不正競争行為の成立を否定している点に注意すべきである。

　注目すべき判例として、ⓡ東京高判平成6.3.23知的裁集26巻1号254頁「コイル状マット事件」がある。この判決は、基本的には技術的形態についても商品表示としての保護を認める立場に立つものであるが、不正競争防止法が保護する商品表示主体の正当な利益を害しない限度において競業行為を許容し、公衆が期待する自由競争による利益を維持するために必要な要件を検討すべきであり、「この要件は、機能的周知商品形態の持つ自他商品識別力の強弱を、競業者が採っている自他商品の混同防止手段との相関のうちに観察し、後者が混同を防止するために適切な手段を誠実に採り、前者の自他商品識別力を減殺して、混同のおそれを解消する場合において具備する」としている。渋谷説とほぼ同説といえよう。

　なお、ⓢ東京地判昭和61.1.24判時1179号111頁「第三次伝票会計用伝票事件」は、ⓑⓞと同一の伝票に係る事案であるが、当該伝票の形態的特徴には技術的必然的な部分もあるが、それらに特徴づけられる全体的形態は技術的形態に由来するものではないとし、その形態に商品表示としての周知性を認めている。

　ⅲ　商品の技術的形態と不正競争行為

　法2条1項3号は、新たな不正競争行為として、商品形態模倣行為を規定したが、これはいわゆるデッドコピーを規制するものであって、商品の形態に由来する商品と類似の表示使用行為自体を規制対象とするものではない。したがって、商品の技術的形態に由来する商品の問題は依然として残されているといえよう。

　従来の議論を踏まえた上、新たな論旨を展開するものとして、市場における競争性を判断基準とする見解（田村・前掲概説126頁）がある。この説は、2条1項1号は商品間の競争が行われることを前提としていると捉え、「技術的制約その他の理由により、市場において商品として競合するためには似

ざるを得ないところの差止めを認容してしまうと、それは差止権者以外、その商品を販売することができなくなることを意味するから、商品の出所識別表示ではなく、商品自体を保護することになり、同号の趣旨に悖ることになる。すると、かように似ざるをえないものは同号の出所を識別する商品表示には該当せず、1号の差止請求は否定されるべきである」としている。また、従来の技術的機能説を見直すべきであるとする立場（小野・松村・前掲概論145頁）からは、「①商品の形態が専らその技術的機能に由来するか、②長年の使用などによって商品表示としての機能を獲得したか、③当該形態の採択が回避可能の場合か、回避不可能の場合か、④回避不可能の場合でも混同防止の義務を尽くしているかという問題は、本来それぞれ別問題」であって、「技術的機能除外説か否かと、ひとくくりで分類すべきではない」との指摘がある。

　不正競争防止法の全面改正により2条1項3号が新設され、技術的形態の問題の多くはその要件を満たす限り、事実上の解決を見たと評価できる。その影響もあってか、技術的形態の問題を新たな視点から見直す判例が現れている。東京高判決平成13.12.19判時1781号142頁「ルービック・キューブ事件」は、存続期間のある工業所有権法との調整論を否定した上、2条1項3号の規定の調整をも考慮して同種の商品に共通してその特有の機能及び効用を発揮するために不可避的に採用せざるを得ない形態は、1号にいう商品等表示には該当しないとし、正六面体の大きさと色彩の配置にのみ商品等表示性を認めた。また、前掲東京地平成11.6.29判決は、商品形態について、「特定の商品形態が同種の商品と識別し得る独特の特徴を有し、かつ、右商品形態が長期継続的に使用されるか、又は短期間でも強力な宣伝等が伴って使用された場合」それが「当該商品の技術的機能に由来する必然的、不可避的なものでない限り」1号にいう商品等表示性を認めている（同旨　コンクリート製斜面受圧板の形態につき東京地判決平成14.12.19判時1823号135頁「コンクリート製斜面受圧板事件」、大阪地判決平成16.11.9判時1897号103頁「ミーリングチャック事件」、東京地判決平成17.2.15判時1891号147頁「マンホール足掛具事件」、東京地判決平成17.5.24判時1933号107頁「マンホール用足掛け具事件」）。なお、東京地判決平成18.9.28判時1954号137頁「耳かき事件」は、「当該商品の技術的

第2節　I

機能に由来する必然的、不可避的なものでない限り」との点について特に触れていないが、これは、問題となった原告製品が、耳かきとしては、独特な機能・形状を有していたために上記点を検討する必要がなかったからと考えることができる。さらに、大阪地判決平成19.4.26判時2006号118頁「連結ピン事件」は、原告の販売する連結ピンは、長年にわたる継続的かつ独占的使用により、全国の取引者・需要者に原告を中核とするグループの商品を表示するものとして広く認識されていると認めるとともに、商品の機能ないし効果に由来する形態については、これを無期限に保護すると第三者への市場への参入を阻害し自由競争のもたらす公衆の利益を阻害するとの理由で保護は及ばないとし、これに由来しない商品の形態にのみ商品表示性を認めている。

　iii　私見

　知的財産権の見地からみた場合、商品表示の不正競争防止法による保護は、知的生産活動の成果として事業者が当該表示を商品について使用することにより、自己の商品を他の者の営業に係る商品から識別する機能を取得したものであって、知的財産の保護とみることができる。

　一方、特許権、意匠権等は、出願と厳正な審査・審判手続を経ていわば技術公開の代償として設定登録が認められ、排他的独占的権利を行使し得るものであり、これらの権利の実施が技術的な形態として商品に表示されることもあり得る。実用新案権については、平成5年法律第26号による同法改正がなされ、新規性、進歩性等についての実体審査は行われないことになったが、基礎的要件審査は行われるし、登録後の権利行使には、当事者の無過失責任等の実質的制約がある。その場合に技術的形態が商品に表示されているという理由だけで保護されるのであれば、まさに一種の永久権を認めることになりかねないであろう。

　しかし、前掲東京高平成4.3.17判決が判示しているように、旧法「1条1項1号の趣旨は、周知となっている他人の商品と混同するような商品の販売等を防止して、商品の使用を保護し、取引秩序の維持を図るものであるのに対し、特許法や実用新案法は、技術的思想の創作である発明や考案を保護するものであり、それぞれ法の目的や保護の要件が異なるものであり、

不正競争防止法の要件を満たす限り（特許を得ただけで、その発明の実施による商品の形態が周知性を獲得するものではなく、そのためには、広範な宣伝、広告や取引上の実績の積重ね等の営業努力が必要である）、それによる保護は与えられるべきものであって技術的機能に由来する必然的な形態であるからといって、その保護を否定することは妥当でない」。

　しかも、周知商品表示の保護は、これと同一若しくは類似の表示を商品に使用等して商品の混同を生ぜしめたことを要件とし、かつこれにより営業上の利益を侵害され、あるいは侵害されるおそれがある場合に権利行使が認められる。前掲小野説からすると、技術的機能に由来する商品形態が長年の使用により商品表示としての能力を獲得し、かつ周知になったとき、はじめて保護されることになるのであり、また、前掲渋谷説のいう混同防止措置が尽くされていれば、商品の混同は生じないことになる（前掲東京高平成6.3.23判決の説示は説得力を持つ）。この場合、前掲田村説のように、市場において商品として競合するためには似ざるを得ないものの差止めを許すべきでないとすると、最も優れたものと競争して市場性を獲得するためには似ざるを得ないとして、これを模倣する行為も許される結果となり、妥当性があるか疑問が残る。

　その意味では、商品の技術的形態に商品表示性を認めても、特許制度等との整合性は保たれているといえよう（水野・前掲大系495頁が指摘するように、技術的形態が商品表示として周知性を獲得することは実際上多いとは思われない。積極説に立つ判例がいずれも周知性を否定していることは前述のとおりである）。

4　営業表示
(1)　営業の概念

　不正競争防止法は、営業についても定義規定は設けていないが、前述の不正競争防止法の目的に照らし、経済活動の一環として継続的、反復的に行われる活動を意味し、その意味で固有の営業の概念、すなわち、利益を得る目的をもって継続的、反復的に行われる営利活動より広いものと理解すべきである（松尾・前掲不競法160頁、飯村・前掲実務相談129頁等）。

　判例は、当初営業を営利活動と同意義に解していた（予備校の業務について、

営業に当たらないとして不正競争防止法の適用を否定した東京地判決昭和36.7.15下民集12巻7号1707頁「東京研数学館事件」）が、次第に営利目的の有無を問わず、広く経済上の収支決算の上に立って行われる事業であれば足りるとする傾向にある。個人病院につき東京地判決昭和37.11.28下民集13巻11号2395頁「京橋中央病院事件」、拳法の普及発展等を目的とする公益社団法人につき大阪地判決昭和55.3.18無体集12巻1号65頁「少林寺拳法事件」等がその例である。

最高二小判決平成18.1.20民集60巻1号137頁「天理教豊文分教会事件」は、不正競争防止法にいう「事業」は営利目的を問わないことを是認しつつ、「不正競争防止法は、営業の自由の保障の下で自由競争が行われる取引社会を前提に、経済活動を行う事業者間の競争が自由競争の範囲を逸脱して濫用的に行われ、あるいは、社会全体の公正な競争秩序を破壊するものである場合に、これを不正競争として防止しようとするものにほかならないと解される。そうすると、同法の適用は、上記のような意味での競争秩序を維持すべき分野に広く認める必要があり、社会通念上営利事業といえないものであるからといって、当然に同法の適用を免れるものではないが、他方、そもそも取引社会における事業活動と評価することができないようなものについてまで同法による規律が及ぶものではないというべきである。」と判示して、宗教法人の本来的な宗教活動及びこれと密接不可分の関係にある事業を含まないとしている。

したがって、不正競争防止法にいう営業には、営利目的を問わず、広く経済上の収支決算の下に継続的、反復的に行われ、取引社会における事業活動と評価できるものが含まれるといえよう。

(2) 営業表示の機能

営業表示は、特定の事業者（営業主体）の営業であることを示す表示、すなわち特定の事業者の営業を他の者の営業から識別する機能を有する表示でなければならない。

営業表示は、このような自他営業の識別機能を基本として商品表示と同様にそこから出所表示機能（特定の表示を営業に使用することによりその主体を

表示する機能)、品質保証機能(特定の表示を使用することにより、取引者、需要者はその営業が特定の営業主体によって営まれるものと認識するようになった結果、その表示が営業の質を保証する機能)、広告(宣伝)機能(取引者、需要者にその表示を印象付け、さらに他の取引者、需要者にその営業主体、営業の質を広く認識させる機能)等が生じ、その結果顧客吸引力を取得する。

(3) 営業表示の類型

　不正競争防止法の保護対象となる営業表示は、前述の意味の営業活動ないしその活動を実現するための営業上の諸施設を表示する名称である。

① 氏名

　氏名を前述の意味の営業活動ないしその活動を実現するための営業上の諸施設を表示する名称として使用する場合を意味する。

　芸名、ペンネーム、雅号等の変名もここにいう氏名に当たること、社会経済的活動を営む団体の名称、さらには特定の企業グループを示す名称等も、営業表示として保護の対象となることは商品表示で述べたとおりである。名取の名称につき大阪地判決昭和56.3.30無体集13巻1号507頁「花柳流名取事件」、日本舞踊の家元の名称につき大阪高判決平成9.3.25判時1626号132頁「音羽流事件」、三菱のマークと三菱グループの表示につき大阪高判決昭和41.4.5高民集19巻3号215頁「三菱建設事件」、シャネルの表示につき東京地判決平成23.9.7裁判所HP「シャネル事件」、米国のプロフットボールチームの名称につき大阪地判決昭和55.7.15無体集12巻2号321頁「フットボール・シンボルマーク事件」、タレントの芸名につき東京地判決平成10.3.13判時1639号115頁「東急高知事件」、浮世絵の流派・家元の名称につき大阪高判決平成14.7.5判タ1113号245頁「歌川事件」がその例である。

　しかし、複数の営業主体を包括的に示す名称の場合、それが、不正競争防止法によって保護される営業表示といえるためには、その営業主体が客観的にみて一つの共同体ないしグループを構成しているものであることを要し、単に一定の地域にある別個独立の営業主体を包括的に呼称するものでは足りない。名古屋地判決平成2.3.16判時1361号123頁「アメ横事件」は、そのような趣旨で「アメ横」の名称は営業表示に当たらないと判示したも

のである（同旨　河野愛・判評388号187頁）。また、大阪地判決平成22.6.17裁判所.HP「日本拳法事件」は、「日本拳法」という名称をグループ関係にはない複数の団体が使用していたことなどから、その表示を原告の営業表示とは認めなかった（その控訴審である大阪高判決平成23.2.17裁判所HP「日本拳法事件（控訴審）」も同旨）。

　判例は、東京地判決昭和47.11.27無体集4巻2号635頁「札幌ラーメンどさん子事件」において、フランチャイズの名称についてもこれを営業表示と認めている。その場合の営業表示の主体は、営業表示を使用して事業（商品の販売等）を行う権利を付与するフランチャイザーか、その付与を受けて実際に営業をしているフランチャイジーかの問題がある。フランチャイズ・システムが一つの包括的な営業体として継続的に事業を行うものであることに鑑みれば、実際の営業者であるフランチャイジーはもとより、フランチャイザーも営業主体と認めるべきであろう。

② 　商号

　商号は、商人が営業活動を行うため自己を表彰する名称（商法11条）である。

　個人商人及び会社は、前述のとおり、他人に妨害されることなくその商号を使用できる権利と、他人が不正の目的で商号を使用することを排斥する権利を有する（商法12条、会社法8条）。旧商法下では、不正競争目的の商号使用行為（旧商法20条）及び不正目的で営業主体の誤認を惹起する商号使用行為（旧商法21条）に対する差止請求権が規定されていた。これらの規定については、不正競争防止法による保護が、商法の要件とする不正競争の目的（旧商法20条）、不正の目的（旧商法21条）等の主観的要件を必要としないこと、商法では認められない信用回復措置が認められること等要件と効果を若干異にするが、不正競争防止法による保護とかなりの部分において重複しているため、その関係が議論されていた。しかし、平成17年法律第87号による商法改正で、旧商法20条が廃止されたため、前者については問題がなくなった。もっとも、旧商法21条の規定については、改正後の商法12条及び会社法8条に引き継がれ、旧商法下の場合と同様に、商号権者や相手方の商号使用の実情に応じて不正競争防止法に基づく差止請求権、損

害賠償研との選択的な権利行使が可能となっている。
③　商標・標章その他の営業表示
　ここに商標・標章とは、商標法2条1項に規定する「商標」、「標章」をいい、広く営業の表示として用いられる文字、図形、記号、立体的形状若しくは色彩又はこれらの結合、音等（商標法2条1項本文参照）を意味する。それが営業表示として用いられる限りここにいう営業表示に含まれ、商標登録の有無を問わない。

　いわゆるサービスマークは、サービスの提供を業務とする者が自己の提供するサービスと他人の提供する同種のサービスを識別するために使用する標識であって、営業活動の主体を表示するものをいう。従前は、サービスマークについての商標登録は認められなかったため、その保護は専ら不正競争防止法による営業表示の保護に頼らざるを得なかった。しかし、商標法は、サービス取引が著しく発展していること、商品と異なり無形の存在であるから、その品質内容をサービスマークによって確認しその出所を識別する必要性が高いこと、国際的協調等から平成3年法律第65号（平成4年4月1日施行）により、役務商標の登録を認める改正を行った（その詳細は、商標編第2章第1節1参照）。したがって、サービスマークについては、商標登録により周知性の立証を必要とせず、過失があったものとの推定の下に専用権のみならず、禁止権の範囲についてまで損害賠償請求権、差止請求権を行使することが可能となったが、このことは、サービスマークについて商標登録の有無を問わず、不正競争防止法による保護がなされることに影響を及ぼすものではない。

　不正競争防止法は、標章以外のものであっても、それが営業活動の主体を識別する標識であれば、「その他の営業表示」としてこれを保護する。従来から商標法の登録対象とならない立体的標識もこれに含まれると解され（満田重昭・前掲実務相談72頁）、大阪地判決昭和62.5.27無体集19巻2号174頁「かに将軍事件」は、電気仕掛けで動く立体のかに看板は営業表示に該当すると判示している。また、大阪地判決平成19.7.3判時2003号130頁「めしや食堂事件」は、「特徴的な店舗外観全体も特定の営業主体を識別する営業表示性を取得し得る余地があること自体は否定することができない。」

とした上で主要な構成要素として需要者の目を惹くのは、店舗看板とポール看板であるとして、被告店舗と同看板と対比し、誤認混同を生ずるおそれはないと判示している。大阪地判決平成22.12.16判時2118号120頁「西松屋事件」は、商品陳列デザインについて、営業表示性を取得するためには、「本来的な営業表示である看板やサインマークと同様、それだけでも売場の他の視覚的要素から切り離されて認識記憶されるような極めて特徴的なものであることが少なくとも必要であると考えられる」と判示した上、原告の商品陳列デザインの営業表示性を否定した。

　テレビ・ラジオ放送等の番組の名称であっても、その放送会社の営業表示として広く周知となることにより不正競争防止法によって保護されることもあり得ないではない。東京地決定平成2.2.28無体集23巻1号108頁「究極の選択事件」は、ラジオ番組中で「どちらも選択したくない二つの事柄を設問し、相手にその一つを無理に選ばせて会話を楽しむというクイズないし言葉遊び」を「究極の選択」という名称で放送し、これが学生・若者の間で言葉遊びとして流行した場合に、「究極の選択」は一般名称として社会に定着していったことを理由に放送会社の営業表示であることを否定したが、これがその放送会社の営業上の名称として定着したのであれば、営業表示性を獲得できるといえよう。

　他方、東京地判決平成20.11.6裁判所HP「Make People Happy」事件は、「英文であるとはいえ、このような平易かつありふれた短文の標語そのものは、本来的には、自他識別力を有するものではない」として、原告が広告宣伝活動などに長年にわたって使用してきた「We make people happy」なる文言の営業表示性を否定した。

　インターネットが盛んとなってからは、ウェブサイトを用いた営業活動が行われるようになった。その特定のウェブサイトのアドレス（住所）を表すドメイン名は、利用者をそのウェブサイトへ導く機能を有している。富山地判決平成12.12.6判時1734号3頁「JACCS事件」は、ドメイン名を、ウェブサイトにおいて表れる商品や役務の出所を識別する機能をも具備するとして営業表示に該当するとし、ドメイン名というインターネット上の標識に対して不正競争防止法の適用を肯定した。そして、平成13年改正法は、

新たにドメイン名の不正取得等行為を不正競争行為とする改正を行ったので、同法の施行後は、この規定によって保護されることになった。

5　周知性の要件
(1) 周知性要件存続の意義

旧法1条1項1・2号は、「本法施行ノ地域内ニ於テ広ク認識セラルル」商品表示、営業表示のみを保護することを規定していた。

不正競争防止法は、公正かつ自由な競争原理に支配された経済秩序の維持をその目的とするものであるから、取引者、需要者にあまり知られていない商品表示、営業表示はこれを保護するに値しない（それだけの経済的価値がない）といえるし、これを保護しないことで取引者、需要者の利益を害する可能性も低い。

この点に関して、パリ条約10条の2・3項は「特に、次の行為、主張及び表示は、禁止される。

1　いかなる方法によるかを問わず、競争者の営業所、産品又は工業上若しくは商業上の活動との混同を生じさせるようなすべての行為（以下省略）」

このとおり、禁止すべき不正競争行為について周知性を要件としていない。

そこで、パリ条約との関連において、周知性を必要不可欠とする限定を疑問とし、周知性は混同行為認定の一資料と解すべきものとする見解（紋谷暢男「商号の保護」民事研修269号16頁・19頁）、周知表示に限定すべき理由はなく、これを削除すべきとする見解（土肥一史「不正競争防止法における周知性」ジュリ1005号27頁）等がある。

しかし、前述のように取引者、需要者にあまり知られていない商品表示、営業表示はこれを保護するに値しないといえるし、これを保護しないことで取引者、需要者の利益を害する可能性も低い。かえって、営業の自由を必要以上に制限し、経済活動の活性化を失わせるおそれなしとしない。

また、周知性を混同行為認定の資料とするといってもそれをどのようにして混同認定の判断基準に持ち込むのか問題が残る（単純に周知でなければ

混同しないというのでは、周知性の要件を削除する意味がない)。

　さらに、不正競争防止法の基本的位置付けを明確にし、少なくとも、出願から審査・審判等の手続を経た上設定・登録される知的財産権と、これらの手続を要することなく法的保護を得ることのできる不正競争防止法上の法益との制度的振分けをすべきであって、この点を無視して不正競争防止法の改正を図るときは、制度的な混乱を招きかねない。周知性の要件に関しては、商標法による商標の保護との関連が問題であり、周知性を外すことは、商標登録をした場合の権利行使と殆ど同じ要件で登録のない商標を保護することにならないか、商品の技術的形態の不正競争防止法による保護も周知性を要件とすることによって特許権保護との均衡が図られていることをどのように調整するか等の検討も重要である。条約が法律より上位の規範であることは、学説上異論がない。しかし、パリ条約10条の2・3項は、2項の「工業上又は商業上の公正な慣習に反するすべての競争行為は、不正競争行為を構成する」との規定を受けたものであって、公正な慣習はその国の実情に応じて判断されるべきことである。

　周知性の要件は、事業者にとって立証が困難なうえ、どのような基準で周知と認めるか統一的基準の確立が困難という指摘もある。確かに、不正競争防止法による保護だけを他の法律による保護と切り離して考えるときは、現行法の保護で十分といえるか、問題はあろう。しかし、特許法その他の知的財産権法や不法行為法等も含めた法体系の中でこの問題を考えたとき、はたして、周知性を要件とすることによって救済されるべきものが法的保護の範囲外に放置されているか疑問であるし、周知性の要件も、これを単純に杓子定規に解釈することなく、不正競争防止法の目的に沿った解釈運用を図ることにより、公正かつ自由な競争原理に支配された経済秩序の維持に機能させることは可能である。現に判例も周知性の地域的限定や取引の実態等に則した具体的事情を考慮することによりこの方向での解釈運用を図ってきたといえよう（茶園成樹「周知性要件」NBL499号31頁以下は、これらの問題点を検討した上、「周知性要件を削除すべきか否かは、標識に関する法制の枠組みにかかる困難な問題であるが、存続させるとしても、不正競争の目的で他人の表示を使用する者に対しては、その他人の表示は周知であることを要さずに、保護すべ

きであろう」とする）。

　このような議論を経て、改正問題を審議してきた産業構造審議会の知的財産政策部会は、その答申において、「周知性要件は、このような事実状態（筆者注・ある標章が保護に値する一定の事実状態）が形成されているか否かを判断しようとするものであり、仮に現行条文の文言が誤解を生むものであるならば、要件の削除によってではなく、文言を修正し、その上で適切な解釈・運用を図ることにより対応することが適切である」（中間答申骨子1頁）とし、これを踏まえて、2条1項1号は、旧法の「本法施行ノ地域内ニ於テ」を削除し、単に「需要者の間に広く認識されているもの」と規定した。

(2) 周知性の解釈基準

　「需要者の間に広く認識されているもの」とは、商品表示については特定の事業者の商品であることを示す表示、営業表示については営業活動ないしその活動を実現するための営業上の諸施設を表示する名称がそのような識別機能を有するものとして、取引者、需要者の間に広く認識されていることをいう（小野・松村・前掲概説176頁は、「当該表示を混同させる行為が営業上の信義則に反するような事態が生ずるほどであればよいという程度に、広く知られたものでよい」とする）。前掲東京地平成11.6.29判決は短期間でも同種の商品と識別し得る独自の特徴を有しており、強力な宣伝等が伴って使用された場合について周知性を肯定する。

① 地域的範囲

　平成5年改正前は、前述のように「本法施行ノ地域内ニ於テ」と規定していたが、判例は、日本国内の特定の地方において認識されていれば、日本国内全域に亘って広く知られていることを要しない、としていた。最高二小決定昭和34.5.20刑集13巻5号755頁「ニューアマモト事件」は、「本法施行ノ地域内ニ於テ広ク認識セラルルの意義についての原解釈（筆者注—周知の商品表示とは、日本全国に広く認識されることを要するものでなく、一地方においても広く認識された商品表示であれば足る）は正当である」とし、下級審判例もすべてこの解釈に従っていた。周知の範囲が特定の地域に限定されると

きは、周知でない地域での同一又は類似の商品表示の使用は不正競争行為にはならない。この点は、現行法の解釈としても同様であって、その地域的範囲は、当該商品・営業の性質、取引規模等具体的事案に即して判断されることになる。ただ、新法においては、「本法施行ノ地域内ニ於テ」が削除された結果、②において述べるように、どの範囲で外国周知を含むかが問題となる。

近時の裁判例として、東京地判決平成21.5.14裁判所HP「シェ・ピエール事件」は、被告商品（ワイン）は全国的な一般消費者を需要者とする商品であるから、原告表示が周知であるというためには、全国的な一般消費者の間に広く認識されていることを要するとした上、その周知性を否定した。東京地判決平成22.4.23裁判所HP「樹液シートgenki21事件」は、インターネット上におけるオークションサイトでの商品販売における周知性の獲得について、日本全国の需要者を販売対象とすることを理由に、基本的に原告標章が全国的に周知であることが必要であるとした。また、知財高判決平成26.11.19裁判所HP「熱海ふふ事件（控訴審）」は、静岡県熱海市の旅館の表示として使用されていた「熱海　ふふ」等の表示について、当該旅館の利用者数等と全国の宿泊施設の利用者数等との関係等に係る証拠が提出されていないことなどから、その表示が需要者の間に広く認識されていたとまでは認められないとして、周知性を否定した。

周知商品等表示として不正競争防止法による保護を受けるためには、当該商品を識別する表示あるいは営業主体の営業表示として周知であることを必要とする。名古屋地判決平成2.3.16判時1361号123頁「アメ横事件」は、「アメ横」の通称はJR上野駅から御徒町駅に至るガード下及びその周辺の地域の通称であり、同地域に店舗を構える商店群を示す通称として全国的に知られるようになったが、本訴原告である「アメ横商店街連合会」の営業表示として周知になったものとはいえない、として営業表示の使用差止請求を認めなかった。

また、当該営業主体の営業表示が相手方の営業地域において周知性があることを要する（大阪地判決平成元.10.9無体集21巻3号776頁「元禄寿司事件」）。したがって、ある表示がA会社の営業表示として全国的知名度が高い場合で

あっても、特定の地域ではB会社の営業表示として周知であるときは、その地域では、B会社の営業表示が保護されるべき地位にある（東京高判決平成3.7.4知的裁集23巻2号555頁「ジェトスリムクリニック事件」）。

② 外国周知

外国の著名表示が付された商品が我が国に輸入されることによって、あるいは外国の著名営業表示が我が国でも広く認識されることによって、周知性を獲得すれば、不正競争防止法上保護されるべき地位を獲得することは、問題がない（札幌地判決昭和59.3.28判タ536号284頁「コンピュータランド事件」）。

反面、旧法では、周知性は、日本国内における周知を意味するから、外国において周知というだけでは保護の対象とならないとされてきた。しかし、国際的取引の発達した経済社会の実情からすると、外国の周知表示を保護しないことは、我が国の国際的信用にかかわる問題である。この点から、平成5年改正法は、2条1項2号で著名な外国商品等表示を保護する一方、同項1号で周知性の要件から旧法の「本法施行ノ地域内ニ於テ」を削除した結果、国外において周知の場合を含むことになり、輸出商品については、国外において周知であれば足りることになった。すなわち、輸出行為または電気通信回線を通じて提供する行為については、商品等表示が国内で周知である必要がなく、外国でのみ周知であっても当該外国で混同を生ずるおそれがあれば本号が適用されると解される（小野・山上・松村編「不正競争の法律相談Ⅰ」239頁、経済産業省知的財産政策室「一問一答不正競争防止法〔平成17年改正版〕」6頁は、「本号においては『輸出』も規制の対象に含まれており、仕向国で周知な商品等表示を付した商品を日本から輸出し、その国で混同を生じさせる場合には、本号の規制の対象となる場合があります」としている）。

この点につき、商品の形態等が、外国（サウジアラビア王国等）において周知性を獲得しているとして、本号の適用を認めた大阪地判決平成12.8.29裁判所HP「ガス点火器事件」がある。一方、海外でのみ周知であっても日本国内で周知でない限り周知性は認められないとした東京地判決平成10.2.27判タ974号215頁「エレクトリックギター事件」がある。

③ 認識の主体

周知性を認識する主体は、取引者から最終的需要者までを含めた意味で

の取引者・需要者である。2条1項1号は、「需要者の間に」とのみ規定しているが、取引者を除外する趣旨ではない。

　従来の判例は、「取引者又は需要者」、「取引者及び需要者」と表現することが多かったが、商品表示については当該商品、営業表示については当該営業の種類、性質、さらには取引の実情等により個々具体的に判断すべきものであって、認識の主体が常に取引者及び需要者であるとは限らないし、そのいずれか一方であればよいということもできない（東京地判決平成9.3.31判時1607号94頁「龍村帯事件」は、「需要者とは、原告及び被告が販売する商品が共通している場合は、当該商品の取引者ないし消費者をいう」と判示する）。前掲東京高平成3.9.12決定がバレンタイン商品たるチョコレート菓子について、関係業者の間で商品表示として広く認識されていたことを主たる理由とし、商品の出所にあまり関心を示さない若年の需要者の認識を補充的理由として周知性を判断しているのは、その一例である。知財高判決平成26.12.17判時2275号109頁「マスターマインド事件」は、商標が洋服等の商品を表示するものとして消費者やファッション関係者である需要者に周知されていたと判断した。

④　判断基準

　周知性は、公正かつ自由な競争原理に支配された経済秩序の維持という不正競争防止法の目的からみて同法による保護に値するかの視点に立って、当該商品表示又は営業表示が継続的に使用されている期間・地域、広告宣伝の方法・程度、表示の新規性・社会的注目度、商品や営業についての社会的評価、商品についてはその製造・販売数量等、営業活動の具体的実情に基づいて一定地域の取引者、需要者に商品表示又は営業表示として広く認識されているかによって判断される。仙台地判決平成7.7.28判時1547号121頁「東北アイチ事件」は、椅子の製造・販売を業とする会社の商号の周知性について、その直接の契約先は、建設会社、設計事務所に限られる等の営業の実態、営業の規模・収益額、広告宣伝の方法等を具体的に認定し、これらの総合判断に基づき原告商号の周知性を否定している。福岡高判決平成26.1.29判時2273号116頁「博多帯事件」は、商標法7条の2第1項の要件を満たすとして地域団体商標として登録されている商標の周

知性を否定した。

　なお、周知というためには、特定の商品、営業を表示するものとして周知であることを要するが、具体的に誰の表示であるかまで周知であることを要しない（佐藤治隆・前掲大系9巻472頁）。

　周知性の取得は、営業主体が自らこれを使用した場合に限らず、第三者の使用によって取引者・需要者に広く認識されるに至った場合でもよい。最高一小判決平成5.12.16判時1480号146頁「アメックス事件」は、新聞記事等により「アメックス」の表示が「アメリカン・エキスプレス・インターナショナル・インコーポレーテッド」の営業表示として使用され、広く認識されるに至った場合にこれを認める。知財高判決平成25.3.28裁判所HP「日本車両事件（控訴審）」も、同判決を引用しており、「日本車両」という表示の周知性を認めている（その原審である東京地判決平成24.7.19裁判所HP「日本車両事件」は、その周知性を否定していた）。

　周知性の判断基準時は、差止請求の関係では差止請求訴訟の事実審の口頭弁論終結時、損害賠償請求の関係では当該混同行為がなされた時である。最高三小判決昭和63.7.19民集42巻6号489頁「アースベルト事件」は、商品表示につき同旨の判示をしている。なお、本件の差戻後の仙台高判決平成4.2.12判タ793号239頁は、不正競争防止法は競業秩序における反良俗的行為を防止することにより、公正な競争秩序を維持することを目的としているとの理由で、反良俗的行為により周知性を獲得したときは、同法に基づき損害賠償及び謝罪広告請求をすることができないと判示している。しかし、法の目的から周知性要件をこのように限定的に解釈できるか問題である。むしろ、権利濫用論で構成した方が無理のない判断であろう。

(3)　周知表示の承継

　周知商品表示又は営業表示を有する企業の営業主体に形式的な人格変更があった場合（会社の組織変更、合併等）には、周知性も継続企業に承継されることは異論がない。これに対し、これらの周知表示が第三者に承継された場合、周知表示とともに企業者のグッドウィル（企業者の経済活動によって得られた種々の関係）の移転があれば承継を認める見解（松尾・前掲不競法104頁）、

それが法律上保護される営業譲渡に伴うものであれば新営業主体の承継を認める見解（小林正・前掲実務相談112頁等）、さらに、一般論として不正競争防止法上保護される地位の譲渡可能性を否定し、ただ営業譲渡を伴う場合別に考える必要があるとする見解（中山信弘・前掲判例不正競業法49頁）等がある。

　不正競争防止法において保護されるべきものは、物権的なものでも、法律上の権利とされるものでもない。同法が周知表示の混同行為に差止請求権を認めるのは、専ら政策的見地に基づくものである。また、商標権や商号権の登録、登記による移転については種々の規制がされているのに対し、不正競争防止法には譲渡に伴う対抗要件等の規定がない（中山・前掲判例不正競業法46頁以下）。これらの点を考慮すると、周知性の承継は、実質的にみて周知主体の同一性が変更されない場合のみ認めるべきではなかろうか。その意味において、東京地判決平成15.6.27判時1839号143頁「AFTO事件」は、営業譲渡の前後において営業形態も事務所の所在地も同一である事実につき、営業活動の継続性が認められるとして、営業譲渡による周知性の承認を認め、一方前掲名古屋地平成2.3.16判決が「アメ横商店街連合会」の事業目的は個々の商店ないしその集合としての商店群とは全く異なるとして個々の商店からの営業表示の承継を否定しているのは正当である。

　周知性の承継を否定すれば、札幌高決昭和56.1.31無体集13巻1号36頁「バター飴容器抗告事件」が判示するように、譲受人の商品表示として周知性を取得しているか否かが問題であって、周知表示の譲渡がなされたかどうかは譲受人が差止請求権等を行使するにつき意味をもたないことになるであろう（これに対し、小林・前掲実務相談113頁以下は、先使用権との関係で、譲受人の表示として周知であるか否かについては、譲渡人のもとでその表示が周知であったことも考慮できるとする）。

6　表示の同一・類似

　不正競争行為となるのは、他人の周知商品等表示と「同一若しくは類似の商品等表示を使用し、又はその商品等表示を使用した商品の譲渡」等をして、「他人の商品又は営業と混同を生じさせる行為」であるから、使用

される表示は、周知商品表示又は周知営業表示と同一又は類似の表示であることを要する。

(1) 表示の同一

使用された商品表示又は営業表示が他人のそれと同一であるか否かの判断は、両表示を対比することによって比較的容易になし得る。もっとも、どこまでを実質的に同一とみるかの判断は、困難を伴うことがあるが、不正競争防止法では、商標法と異なり、同一のみを要件とする場合がない（商標法では、類似とは別に、64条の規定する防護商標登録の要件としての「その登録商標と同一の標章」、50条の規定する商標登録取消の要件としての「登録商標の使用」等、登録商標との同一が問題となる場合がある）から、類似の範囲について検討すれば足りる。

(2) 表示の類似

類否判断の主体は、周知性の認識主体と同じく取引者、需要者である。商品表示については当該商品、営業表示については当該営業の種類、性質、さらには取引の実情等により、取引者及び需要者が主体であることもあり、取引者又は需要者が主体であることもある。

学説は、類否判断は、商標の類否と同様に対比する両表示の外観、称呼、観念により考察すべきものとする（松尾・前掲不競法141頁・202頁、小野・松村・前掲概説195頁は、商標法での類似判断より混同を重視しつつ、両表示の称呼、外観、観念の類似を用いながら全体的に弾力的に判断すべきものとする）。

従来の下級審判例には、東京地判決昭和41.10.27不正競業判例集945頁「ワイキキパール事件」のように「特段の事情がなければ商標法における商標の同一又は類似と不正競争防止法のそれとを同意義に解しても差支えあるまい」とする判示（同旨　長崎地佐世保支判決昭和41.2.21判タ190号95頁「山縣西部駐車場事件」）もみられるが、商標権侵害と異なり、不正競争防止法では類似の表示の使用と商品の出所又は営業主体の混同とが差止請求の要件とされることから、商品の出所又は営業主体の混同の有無に重点を置く判断をする傾向にあった。この点について、最高二小判決昭和58.10.7民集37巻8

第2節　I

号1082頁「マンパワー事件」は、「ある営業表示が不正競争防止法1条1項2号にいう他人の営業表示と類似のものか否かを判断するに当たっては、取引の実情のもとにおいて、取引者、需要者が、両者の外観、称呼、又は観念に基づく印象、記憶、連想等から両者を全体的に類似のものとして受け取るおそれがあるか否かを基準として判断するのを相当とする」と判示した。

　この判決は、旧法1条1項2号の規定する要件を類似の営業表示の使用と営業主体の混同とに分け、それぞれ独立の要件として位置付けるとともに、類否判断の基準について商標の類否判断と同じく、両表示の外観、称呼、観念により類否判断の主体は、取引者、需要者であること、その判断手法は、両表示の外観、称呼、観念の各観点から類似のものとして受け取るおそれがあるか否かによるべきことを明らかにしたものである。

　そこで、商標の類否判断の基準として用いられている手法を不正競争防止法の規定する商品表示、営業表示に置き換えて説明する。

　表示の類否判断は、二つの表示（周知商品表示又は周知営業表示と使用された表示）を対比観察することによって行われる。

　「外観の類似」とは、視覚を通して文字、図形、記号、色彩（商品表示については、さらに形態、容器、包装等。称呼、観念についても同じ）等外観に現れた形象を観察した場合、両表示が相紛らわしいことをいい、「称呼の類似」とは、文字、図形、記号、色彩等の表示の構成からその表示を読みかつ呼ぶ場合、その読み方呼び方において両表示が相紛らわしいことをいい、「観念の類似」とは、文字、図形、記号、色彩等の表示の構成から一定の意味を把握する場合、その意味において両表示が相紛らわしいことをいう。東京地判決平成20.12.26判時2032号11頁「黒烏龍茶事件」は、これら全ての観点から表示の類似性を検討し、「サントリー黒烏龍茶OTPP」という名称の原告商品の表示は、「黒烏龍茶」という名称の被告商品の表示とは類似性が認められるが、「黒濃烏龍茶」という名称の被告商品の表示とは類似性が認められないと判断した。前掲知財高判決平成26.11.19裁判所HP「熱海ふふ事件（控訴審）」は、「熱海　ふふ」等の表示と「月ヶ瀬温泉　雲風々-うふふ-」等の表示との類似性を、同様に検討し、結論として類似性を否定した（その原審である東京地判決平成25.10.23裁判所HP「熱海ふふ事件」も結論

同旨)。同様に、大阪地判決平成23.9.15裁判所.HP「黒糖ドーナツ棒事件」は、「黒糖ドーナツ棒」等の標章と「棒でドーナツ黒糖」等の標章との類似性を否定し、東京地判決平成27.11.13判時2313号100頁「DHC事件」は、「DHC」の名称等と「DHC-DS」の名称等との類似性を否定している。

　特に「称呼の類似」については、商標法における類否判断について、多くの判例が集積しているが、東京地判決平成5.10.22判時1497号122頁「エヌ・ジー・エス事件」は、「NGF日本」及びその略称である「NGF」と被告商号「株式会社エヌ・ジー・エス」の要部であり、被告営業表示である「エヌ・ジー・エス」とは、類似しないとしているが、最も問題となるのは、エフとエスの一音のみが異なる称呼であり、同判決が我が国におけるローマ字教育及び英語教育の普及の程度等を参酌してFとSは異なる文字として認識識別され、称呼として類似しないと判断した点が注目される(同旨の事例として、東京地判決平成6.3.28判時1498号121頁「AsaX事件」は、「Asahi」の営業表示と「AsaX」の標章は称呼においても類似しないとしている。控訴審である東京高判決平成8.1.25知的裁集28巻1号1頁も両者は外観、称呼及び観念のいずれにおいても類似しているとはいえないとする。同様に、東京地判決平成15.8.29判時1886号106頁「エノテカ事件」はワインショップ・イタリヤ料理レストランの営業表示である「ENOTECA」は、同じイタリヤ料理レストランにおいて使用する「ENOTECA KIORA」といずれの点からも類似しないとしている)。

　商品形態の商品等表示性も問題となった東京地判決平成22.11.18裁判所HP「TRIPP　TRAPP(平成22年)事件」、東京地判決平成26.4.17裁判所HP「TRIPP　TRAPP(平成26年)事件」では、同じ原告製品(子ども用のいす)について、前者は被告製品との類似性を肯定し、後者は被告製品(前者事件の被告製品とは別の製品)との類似性を否定した(その控訴審である知財高判決平成27.4.14判時2267号91頁「TRIPP　TRAPP(平成26年)事件(控訴審)」も同旨)。

　両表示を対比観察した場合、外観、称呼、観念において共通するか否かは、具体的事案に基づいてこれらの点から取引者、需要者が両者を全体的に類似のものとして受け取るおそれがあるか否かを基準として判断するが、重要と思われる諸点を挙げると次のとおりである。

　ⓐ　表示の類否の判断は、当該表示が使用された商品又は営業に関係す

る取引者、需要者が通常払う注意力を基準としてなされなければならない。

　ⓑ　表示の類否の判断は、対比する表示の全体を離隔的に観察してなされるべきであり、かつ全体としての一体性が弱く、付加的と認められる部分があるときは、これを除いた要部について観察してなされるべきである。

　大阪高判決昭和43.12.13判時564号85頁「バイトセブン事件」が、「両者の容器と紙箱とを同時に並べ注意して比較するときは、その相異点がないとはいえないが、一べつしただけではその相異点に気がつきにくく、さらに、両者を各別に時と場所とを異にして観察するときは（中略）一見、両者の表示の差異を認識することは困難で相まぎれるおそれが十分にある」と判示しているのはその好適な一例である。東京地判決平成23.10.13裁判所HP「べったら漬事件」は、商品の包装について、色相、文章、図絵の細部等において相違はあるものの、構図や色彩に共通点が多く存在し、包装の大きさもほぼ同一であることなどから、類似性を肯定している。また、大阪地判決昭和55.3.18無体集12巻1号65頁「少林寺拳法事件」は、「不動禅少林寺拳法道院」又は「日本古伝総本山不動禅少林寺拳法道院」なる事業表示の要部は「少林寺拳法」又は「少林寺拳法道院」と解すべきであって、その要部は原告の周知表示である「少林寺拳法」と同一であり、それ故全体としてはこれと類似する、と判示し（大阪高判決昭和59.3.23無体集16巻1号164頁は前記判断を支持）、東京地判決平成22.7.16判時2104号111頁「シルバーヴィラ事件」は、「シルバーヴィラ向山」の要部は「シルバーヴィラ」であるとして、「シルバーヴィラ揖保川」、「シルバーヴィラ居宅介護支援事業所」との類似性を肯定した。

　また、表示が「株式会社○○」のように会社・組合・CO・KK等の文字部分を含む場合、これを除外して要部を認定するのが通常である。名古屋地判決昭和51.4.27判時842号95頁「中部機械商事事件」は、「中部機械商事株式会社」と「株式会社中部化学機械製作所」の表示は、主要部分との比較、異同を考慮に入れて全体として観察判断した場合外観、称呼、観念において類似すると判示する。大阪地判決平成24.9.13裁判所HP「阪急住宅株式会社事件」は、「阪急住宅株式会社」の要部は「阪急」であり、原告営業表示と外観、称呼、観念において同一であるとしている。

ただ、安易な分離観察は取引者、需要者の通常の認識と遊離する危険があり、表示が複数の語の結合より構成されている場合は特にその点に留意する必要がある。東京高判決昭和59.11.29無体集16巻3号740頁「ゴールデン・ホース事件」が、著名なスコッチウイスキーの表示である「ホワイト・ホース」も国産ウイスキーの表示である「ゴールデン・ホース」も一連に称呼され一体に認識されるものであり、取引者又は需要者においてこれらの商品表示の外観、称呼、観念に基づく印象、記憶から両表示を類似のものとして受け取るおそれがあるとはいえない、と判示しているのはその一例である。また、大阪地判決平成22.6.17裁判所HP「日本拳法事件」は、「日本拳法会」、「日本拳法全国連名」の名称のうち「日本拳法」の部分を分離してこれを要部として認めることはできないとして、「全日本拳法連盟」との類似性を否定し（その控訴審である大阪高判決平成23.2.17裁判所HP「日本拳法事件（控訴審）」も同旨）、大阪高判決平成25.9.26裁判所HP「セイロガン事件（控訴審）」は、「セイロガン糖衣A」の表示と「正露丸糖衣S」の表示との類似性を否定している（その原審である大阪地判決平成24.9.20判タ3194号330頁「セイロガン事件」も原告の請求をいずれも棄却していた）。大阪地判決平成27.9.29裁判所.HP「モーノポンプ事件」も、「モーノポンプ」と「モーノマスター」は、「モーノ」部分が要部とはいえず、類似しているとは認められないとした（その控訴審である大阪高判決平成28.5.13裁判所HP「モーノポンプ事件（控訴審）」も結論同旨）。

　ⓒ　一個の表示から生じる称呼、観念は一個とは限らない。特に、商品の品質を表す部分は出所識別機能を有しないのが通常であるから、一連に称呼されるだけでなく、品質に係る部分を略して称呼されることも多いのが通常である。

(3)　表示の類似と混同を生じさせる行為との関係
　2条1項1号に規定する不正競争行為が成立するためには、周知商品表示又は周知営業表示と同一又は類似の表示を使用して商品の出所又は営業主体に混同を生じさせることを要件とする。
　ところで、周知商品表示又は周知営業表示と同一の表示を使用すれば取

引者、需要者に商品の出所又は営業主体に混同を生ぜしむるのが通常であるし、類似の表示の使用であっても、多くの場合その混同を生じるとみられる。その意味では、表示の類似は、混同発生の主要な要因である（松尾・前掲不競法134頁・195頁）ということができる。

　そこで、学説は、表示の類否に独立の意味を持たせることなく、混同のおそれが生じるときは表示も類似するとする傾向が強い。代表的見解としては、「表示の類似は、出所の混同とまったく同一の概念ではない。しかし、表示の類否は、出所混同のおそれを判断の中核に据えるべきであって、表示そのものの形式的対比でなすべきものではない」（小野・松村・前掲概説194頁）、「表示の類否判断は、動的、かつ具体的に行なわれるべきであり、現実の使用状況その他取引社会の実情を考慮して、取引市場において、両表示を通じ、営業主体の混同が生じるといえるか否かという見地から類否を判断することになる」（松尾・前掲不競法195頁）、「不正競争防止法においては、要するに混同行為の防止が究極の目的とされているのであるから、同法の解釈上、表示の類似という要件に対して、あまり実質的な意味を持たせることは適当でないと考える。むしろ、混同のおそれが認められるときは、表示も類似すると解して差し支えないとさえ言えるのではなかろうか」（渋谷達紀・前記最高裁判決批評判評303号45頁）等がある（ほかにこれらと同旨の見解として、紋谷暢男・判例解説ジュリ815号242頁等）。

　この点について、前掲最高二小昭和58.10.7判決は、旧法1条1項2号にいう他人の営業表示と類似のものか否かの判断と、「混同ヲ生ゼシムル行為」とは何かの判断を明確に分離し、それぞれの解釈を示している。この判決に従えば、この規定による不正競争行為の成立を判断するに当たっては、被告の使用する営業表示が原告の周知営業表示に類似するか否かを判断し、次にこれが営業主体を誤認混同させるおそれがあるか否かを判断することになる（商品表示についても同様である）。この判決は、当然のことながら、下級審に対する指導的役割を果たすものであり、下級審判決はこの手法に従ってその要件を判断しており、その例として、大阪地判決昭和63.7.28無体集20巻2号360頁「スリックカート事件」、東京高判決平成3.7.4知的裁集23巻2号555頁「ジェットスリムクリニック事件」等が挙げられる。

表示の類似は、混同発生の主要な要因であることは肯定されるとしても、類似の表示の使用によっても、商品の出所や営業主体に混同を生じない場合もないとはいえない。類似の営業表示の使用によっても営業主体の誤認混同がないとされた事例として、大阪地判決昭和48.9.21無体集5巻2号321頁「大阪第一ホテル事件」、京都地判決平成8.9.5判決速報257号12頁「コトブキ事件」がある。混同を生じても、その混同が表示の類似に基づかない場合もあり得るのであるから、法2条1項1号の規定の仕方からみても、前掲最高二小昭和58.10.7判決は正当であり、この判決はこのような結論を生じることがあり得ることを間接的に承認したものといえよう（石井彦寿・最高裁判例解説昭和58年度民事篇406頁は、「営業表示の類似性の判断について、他の営業主体との混同を生ずるおそれを基準とする見解を採ると広義の混同のおそれがある場合には、常に「類似」しているということになるであろう。多くの場合には類似しているといえるにしても、すべての場合に類似しているといえるかどうかについては、「類似」を独立の要件としている我が法制の下においては、なお検討を要すると思われる」とし、清永利亮・最高裁判例解説昭和59年度民事篇311頁は、私見と同旨の見解を述べている。なお、前掲最高裁判決の詳細な判例評釈については、前記の諸論文のほか、竹田稔・前掲判例不正競業法429頁以下を参照されたい）。

　東京地判決平成元.12.28無体集21巻3号1073頁「配線カバー事件」が、梯形六面体構造の配線カバーの外観形状及び断面形状は、商品表示の要部であり、被告商品は周知の商品表示である「原告の商品表示と形態において類似するものであるから、特段の事情のない限り、両者は、商品の出所について混同のおそれがあるものといわなければならない。右特段の事情の有無について被告の主張に即して以下検討する」とし、その主張を具体的に検討して、認定事実によっては「商品の出所について混同のおそれがあるとの前認定判断を左右するものとは認められない」との判断を示しているのは、前記の趣旨からみて、適切な判断手法といえよう。

7　表示の使用等と混同

(1)　表示の使用等

　2条1項1号の不正競争行為は、他人の周知商品等表示と同一又は類似の

表示を「使用し、又はその商品等表示を使用した商品を譲渡し、引き渡し、譲渡若しくは引渡しのために展示し、輸出し、輸入し、若しくは電気通信回線を通じて提供して、他人の商品又は営業と混同を生じさせる行為」である。

① 使用

この規定の趣旨は、周知商品等表示と同一又は類似の表示の使用による混同行為を規制することにあるから、ここに「使用」とは、その方法態様を問わず広く前記表示を用いることによって商品又は営業と混同を生じさせる行為を意味する（旧法につき、松尾・前掲不競法143頁、飯村・前掲実務相談132頁等。山本・前掲要説86頁は、本号の使用とは、「商品等表示をその商品又は営業との関連においてその業務に用いることをいう」と定義している）。

商品表示の使用については、商品自体に表示を付する行為はもとより、その包装に表示を付する行為、商品に関する広告、取引書類等に表示を付して展示、頒布する行為等（商標法2条3項参照）も含まれる。商品の形態が商品表示となる場合は、その商品自体の製造・販売等が商品表示の使用に該当する。

商標法では、登録商標と同一又は類似の標章が商品に使用されても、いわゆる商標的使用、すなわち、出所表示機能を有する態様での標章の使用に該当しないときは商標権侵害にならないとする理論があり、多くの判例がこれを是認していた（その詳細については、商標編を参照されたい）。不正競争防止法においては、商品主体の誤認混同が要件とされるので使用の意義についてこのような機能、目的からの限定は必要でないとされている（飯村・前掲実務相談136頁）が、商品表示の機能は自他商品の識別機能を基本とするものであり、そこから出所表示機能等が生じることからすれば、出所表示機能を有する態様での表示の使用に該当しないときは、商品主体の混同を生じないのが通常であろう。東京地判決平成22.10.21判時2120号112頁「ドーナツクッション事件」は、「ドーナツクッション」という標章が被告商品の出所識別表示として使用されているものではないとして、商品表示にあたらないと判断している（その控訴審である知財高判決平成23.3.28判時2120号103頁「ドーナツクッション事件（控訴審）」も同旨）。

営業表示の使用については、営業表示を営業上の施設、すなわち、営業（ここでは広く経済上の収支決算の下に継続的、反復的に行われる事業を意味する）を行うために必要な諸設備に使用する場合と、営業活動、すなわち、事業遂行のために一定の目的と計画に基づいて行われる役務を含む一切の経済的活動に使用する場合とがある。

② 譲渡・引き渡し・展示・輸出・輸入

「譲渡」とは、商品等表示を使用した商品の所有権を事業活動として移転する行為（一回的行為を含む）をいい、有償であると無償であるとを問わない（旧法では、有償行為としての「販売」と無償行為としての「拡布」を区別していた）。大阪地判決平成8.2.29判時1573号113頁「ガスセンサ事件」は、廃棄処分にする目的で第三者に引き渡した不良品であっても、その再生品を販売した行為は2条1項1号にいう「販売」に当たり、違法性を阻却しないとしている。東京地判決平成22.8.31判時2127号87頁「Chupa Chups事件」は、インターネットショッピングモールの出店者ではなく、その主催者に対して、出店されている商品の譲渡の差止めが請求され、「譲渡」の主体について争われた事例であり、主催者と顧客との間で売買契約の成立や所有権移転はなされておらず、また、各出店者は主催者とは別個独立の主体として商品販売を行っており、主催者が販売の主体として直接的利益を得ているともいえないから、主催者は「譲渡」の主体にあたらないとの判断がなされている。

「引き渡し」とは、物に対する支配の現実的な移転をいい、「展示」とは、商品を譲渡又は引渡しのために公開し展覧に供することをいい、「輸出」とは、商品を日本国内から外国に向けて送り出す行為をいい、「輸入」とは、外国から我が国に到着した貨物又は輸出の許可を受けた貨物を我が国に引き取ること（関税法2条1項1号参照）をいう。東京地判決平成14.3.26判時1805号140頁（バイアグラ事件）はバイアグラの標章を記載した取引書類を用いて注文を受けた錠剤を輸入し、錠剤を引き渡す行為は、商品等表示を使用した商品を輸入し、引き渡す行為に当たるとする。

大阪地判昭和59.6.28判タ536号266頁「アサヒベンベルグ事件」は、「輸出」を不正競争行為とする趣旨について、旧法の「1条1項1号がその対象

とする行為に『輸出』を加えた（昭和25年改正）のは、本邦内で周知の他人の商品表示を使用することにより、外国で他人の商品との間に混同行為が発生するのを輸出の段階で防止し、以て国内企業者間の輸出に関連した不正競業行為を阻止しようとするものである」と判示する。

③ 電気通信回線を通じて提供

プログラムについては、インターネット等の電気通信回線を通じて提供されることから、平成15年改正法により、不正競争行為に加えられた。

(2) 混同

① 狭義の混同

法2条1項1号にいう「他人の商品と混同を生じさせる」とは、狭義では商品の出所（商品主体）が同一であると誤認させることをいい、「他人の営業と混同を生じさせる」とは、狭義では営業主体が同一であると誤認させることをいう。

旧法では、当初「混同」とはこのような狭義の混同を意味するものと理解されていた。そして、狭義の混同概念によれば、商品がその種類を異にすれば混同は生じないし、営業についても同様である。すなわち、混同は、本来競業関係にある事業者が製造販売する同種の商品、あるいは同種の営業施設・営業活動の間に誤認混同を生じさせる行為であり、旧法1条1項1号及び2号はこれにより公正かつ自由な競業秩序を乱すことを禁止する趣旨と理解されていた。東京地判決昭和40.12.21不正競業法判例集826頁「永大産業事件」が1条1項2号は営業が競業関係にあることを前提としており「競業関係のないところに、不正競争ないし不正競業はあり得ない」と判示しているのがその典型であろう。

② 広義の混同・稀釈化に対する規制・

しかし、経済取引が複雑多様化してくると、従来の混同概念を維持していたのでは、公正かつ自由な競争原理に支配された経済秩序の維持は困難となる。第二次大戦後欧米において、著名な商品表示や営業表示をそれが使用されている商品、営業とは関連のないものに利用して利益を得る行為が出現し、これに対して著名表示の顧客吸引力の稀釈化（ダイリューション）

を防止し、また著名表示の主体の名声や努力に対する只（ただ）乗り（フリーライド）を禁止して著名な商品表示や営業表示を保護すべきであるとする理論が台頭してきた（これらの理論について、満田・前掲実務相談147頁以下参照）。

このような観点から、我が国の不正競争防止法の解釈にも実質的にこの理論を取り入れ、「混同」概念を拡張して広義に解釈する学説（小野昌延「詳解不正競争防止法」128頁、松尾・前掲不競法147頁等）が有力となった。

ここに、広義の「混同」とは、周知の他人の商品表示又は営業表示と同一又は類似のものを使用することにより、取引者、需要者をして当該商品表示又は営業表示の主体と使用者との間に何らかの密接な関係（資本ないし資金の密接なつながり、組織ないし人事上の密接なつながり等）があるのではないかと誤信させることをいう（同旨 松尾・前掲不競法148頁・205頁）。

このように「混同」を広く解して、周知の営業表示を保護しようとする考えは、早くから下級審判例に現れている。

東京地判決昭和41.8.30下民集17巻7・8号729頁「ヤシカ事件」は、カメラについての著名標章であり営業表示である「ヤシカ」を第三者が化粧品及びその営業に用いた事件において、「該化粧品は原告の製品であるか、少なくともその系列会社の製品であるとの印象を一般に与えるものと推認するのが相当である」とし、この使用によって営業上の利益が害されるおそれについて、「このような表示と同一又は類似の表示を化粧品に使用することは、該表示のもつイメージを稀釈化し、カメラとの結びつきを弱めて、一般人をして一般大衆向きのカメラを想起せしめる機能、換言すれば、カメラについての顧客吸引力、広告力を減殺して該表示が持つ無体財産権としての価値を減少させることは一般に経験則の教えるところである」と判示し、上記営業表示の使用及び同表示を使用した化粧品の販売禁止等の請求を認めた。

次いで、大阪地判決昭和46.6.28無体集3巻1号245頁「積水開発事件」は、「不正競争防止法1条1項2号の法意は、（中略）他人が永年に亘り多額の費用を投じ不断の努力によって築き上げた取引上の名声を何等の対価を支払うことなく自己のため利用するものであるとともに、右他人に対し、その意思に出でずまた支配の及ばない無関係の営業活動について不当に関係づけ

られる迷惑を蒙らしめ、またひいては周知表示の取引通用性の稀釈化その他営業上の利益を害する結果をもたらす虞れのあるものであるから、営業上許される自由競争の範囲を逸脱し、取引上の信義則に違反するものとしてこれを禁ぜんとするにある」と判示し、積水開発株式会社という商号の使用は積水化学工業株式会社の商号と類似し、積水系会社の一員であるかのような誤った印象を公衆に与えるとして上記商号の使用禁止請求と登記抹消請求を認めた。この判決は、稀釈化の理論を営業の利益を害する虞れの側面で把握している点に特徴がある。その他、広義の混同概念を認めた判例として、大阪高判決昭和56.7.28無体集13巻2号560頁等「プロフットボール・シンボルマーク事件」、神戸地判決昭和62.3.25無体集19巻1号72頁「ホテルシャネル事件」、名古屋高金沢支判決昭和62.12.7無体集19巻3号530頁「ポルシェ事件」がある（混同に関する判決例については、芦田幸子・「小野昌延編新・注解不正競争防止法〔第3版〕（上巻）」387頁以下及び後記判例①ないし㊼参照）。

　そして、最高二小判決昭和58.10.7民集37巻8号1082頁「マンパワー事件」は、「1条1項2号にいう『混同ヲ生ゼシムル行為』は、他人の周知の営業表示と同一又は類似のものを使用する者が同人と右他人とを同一営業体として誤信させる行為のみならず、両者間にいわゆる親会社、子会社の関係や系列関係などの緊密な営業上の関係が存するものと誤信させる行為をも包含するものと解するのが相当である」と判示し、営業表示の主体と使用者との間に系列関係、すなわち組織的人的な結合関係があると誤信させる行為を混同行為と認めた。さらに、その後の最高三小判決昭和59.5.29民集38巻7号920頁「プロフットボール・シンボルマーク事件」は、旧法1条1項1号又は2号にいう混同を生ぜしめる行為には、「周知の他人の商品表示又は営業表示と同一又は類似のものを使用する者が自己と右他人とを同一の商品主体又は営業主体と誤信させる行為のみならず、自己と右他人との間に同一の商品化事業を営むグループに属する関係があると誤信させる行為をも包含し、混同を生ぜしめる行為というためには両者間に競争関係があることを要しない」と判示し、混同概念を商品化事業グループにも適用できることを明らかにした。

　混同概念を広義のものと把握する旧法の判例・学説は、現在の経済取引

社会の実情に照らし、公正な自由競争を確保するため正当性を持つということができ、平成5年改正法の2条1項1号は、特に「混同」を定義していないが、ここにいう「混同」は、このような意味での広義の混同を意味している（山本・前掲要説89頁）。平成5年改正法は、周知表示に関する2条1項1号に加え、著名表示に関する同項2号の規定（著名表示冒用行為）を新設した。そして、著名表示冒用行為については、「混同」を要件としないこととした。そのため、改正後は、著名表示の保護は専ら2号の著名表示冒用行為によるべきとする説もあった。この説によれば、同項1号の「混同」は、いわゆる狭義の混同に限られるとされた。しかしながら、同項2号が新設された趣旨は、著名表示の保護を従来にくらべ強化するためである。したがって、同項1号の周知表示の保護が改正前に比べ弱くなると解釈する必要はない。そこで、最高一小判決平成10.9.10判時1655号160頁「スナックシャネル事件」では、同項1号に規定する「混同を生じさせる行為」は、他人の周知の営業表示と同一又は類似のものを使用する者と当該他人との間にいわゆる親会社、子会社の関係や系列関係などの緊密な営業上の関係又は同一の表示の商品化事業を営むグループに属する関係が存すると誤信させるいわゆる広義の混同を生じさせる行為をも包含するとして、同項1号に所定の「混同」がいわゆる広義の混同であることを明らかにした。

③ 混同のおそれ

「混同を生じさせる行為」は、商品の出所あるいは営業主体について現実に混同の結果を生じた行為のほか、混同のおそれを招来する行為を含むと解するのが旧法からの通説・判例である。

「混同のおそれ」は、単に混同の可能性があるというのでは足りず、混同する蓋然性が高いことを要するが、どのような行為であれば、混同のおそれがあるといえるかは、取引者、需要者を判断主体として具体的に判断すべきである（松尾・前掲不競法150頁は「常識のある平均人」を判断主体とする）。一般的には、表示の周知性（著名性）の程度、表示の類似性の程度、商品・営業の近似性、競業関係の有無、使用の規模・形態・状況等が重要な判断資料となるであろう。

行為者に不正競争の意思があることを要しない。このことは、昭和25年

第2節 Ⅰ

の改正において、「不正競争の目的」という主観的要件が削除されたことからも明らかである。ただし、自己の氏名を不正の目的でなく使用する等の行為については、差止請求等の規定は適用されない（19条1項2号。旧法2条1項3号においてもいわゆる善意使用の抗弁として認められ、「善意」とは不正競争の目的がないことをいうとするのが通説であった）。

(3) 混同ないし混同のおそれを認めた判例

平成元年度以降の混同ないし混同のおそれを認めた主要判例は、次のとおりである。

商品表示

① 東京高判決平成元.1.24無体集21巻1号1頁「写真植字機用文字盤事件」——商品たる写真植字機用文字盤の形態が周知商品表示となっている場合に同一の形態を有する同文字盤を製造販売する行為は原告の同種製品であるとの混同を生じさせるおそれのある行為である。

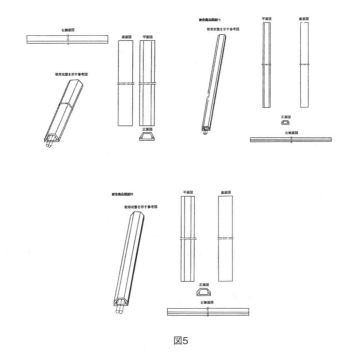

図5

② 東京地判決平成元.12.28無体集21巻3号1073頁「配線カバー事件」――梯形六面体構造の配線カバーの製造販売行為は、その形態が周知の商品表示と認められる原告商品と類似し、その出所について混同のおそれがある（要部である断面形状について類似しない商品については非類似と判断（**図5参照**）②の控訴審である東京高判決平成5.2.25知的裁集25巻1号33頁も類否の判断については同旨）。

③ 東京地判決平成2.2.19無体集22巻1号34頁「ポパイ・キャラクター使用事件」――漫画の主人公であるポパイのキャラクターを意味する図柄を付した商品を販売する行為は、その使用許諾を受けている企業グループの周知の商品表示を使用するものであり、同グループの商品であると誤認混同されるおそれがある（東京地判決平成2.2.28判時1345号116頁「ミッキーマウス・キャラクター使用事件」も、ほぼ同旨の判断を示す。③の控訴審である東京高判決平成4.5.14知的裁集24巻2号385頁も同旨）。

④ 東京地判決平成2.8.31特許管理別冊平成2年Ⅱ509頁「キーホルダー事件」――幼児形状及び牛形状のキーホルダーの製造販売行為は、形態が周知の商品表示と認められる原告商品と類似し（**図6参照**）、その出所の混同を生じている（東京地判決平成3.5.31特許管理別冊平成3年1255頁は、ニックネームキーホルダーの製造販売行為について同旨の判断を示す）。

図6

⑤ 京都地判決平成3.1.31特許管理別冊平成3年Ⅲ911頁「アパレル事件」――周知の商品表示である原告商標を使用してアパレル規格の衣料用繊維製品等を販売する行為は、原告商品と出所の混同を生じさせる。

⑥ 京都地判決平成3.4.25特許管理別冊平成3年Ⅲ918頁「アルミホイール事件」――カマボコ型八本のスポークタイプのアルミホイールを製造販売する行為は、形態が周知の商品表示と認められる原告商品と類似し、誤認、

混同を生じさせる（⑥の控訴審である大阪高判決平成5.11.30知的裁集25巻3号476頁も同旨の理由により控訴棄却）。

⑦　大阪地判決平成3.4.26知的裁集23巻1号264頁「クリスピー事件」——「チョコクリスピー」等の標章を付した食品の販売行為は、「シリアル食品」についての周知の商品表示である「クリスピーズ」に類似し、同一の出所の商品と誤認混同するおそれがある（⑦の控訴審である大阪高判平成4.9.30知的裁集24巻3号757頁も同旨の理由により控訴棄却）。

⑧　東京高決定平成3.9.12判時1397号109頁「チョコレート菓子事件」——ローズ形チョコレート菓子の製造販売行為は、形態が周知の商品表示と認められる原告商品と類似し、混同を生じ得る（ただし保全の必要性なしとし、結論として仮処分申請却下の原決定を維持）。本件の本案訴訟について、東京地判決平成7.2.27知的裁集27巻1号137頁は、同旨の理由により混同のおそれを認め、製造販売の差止請求を認容。

⑨　東京地判決平成3.11.27特許管理別冊平成3年Ⅰ570頁「泥砂防止用マット事件」——コイル状構造体の泥砂防止用マットを製造販売する行為は、形態が周知の商品表示と認められる原告商品と類似し、商品の出所について混同のおそれがある（図7参照）。しかし、控訴審である前掲東京高判決平成6.3.23知的裁集26巻1号254頁は、この商品形態は技術的機能に由来するところ、競業者が自社製品に自社の商標や商品名を付することにより出所混同のおそれは解消されたとして混同行為と認めず、差止めを求める原告の請求を棄却した。

図7

⑩　大阪地判決平成4.7.23判時1438号137頁「無線操縦用模型飛行機事件」——無線操縦用模型飛行機部品の販売行為は、形態が周知の商品表示と認められる原告商品と類似し、商品の出所について誤認混同のおそれがある。

⑪　大阪地判決平成4.9.22知的裁集24巻3号607頁「ミキスポーツ事件」——「mikiHOUSE」の文字を独特の書体で表してなる周知の商品（衣服）表示と同一の書体で表してなる「miKiSPORTS」の標章を使用してトレーナー等を製造販売する行為は、原告商品表示と類似し、商品の出所について誤認混同する。

⑫　京都地判決平成5.2.18判タ829号219頁「古美術事件」——正倉院に伝わる古代裂等の図柄、模様、色合いを復元した高級織物として周知の原告商品に酷似した織物の製造販売行為は、原告美術織物の商品と誤認混同を生じる。

⑬　大阪地判決平成5.7.20知的裁集25巻2号261頁「シャンパンワイン事件」——国際的に著名な登録商標の付されたフランス法人の製造販売するシャンパンワインの偽造品を輸入販売する行為は、被告商品を原告商品と誤認混同させる。

⑭　大阪地決定平成8.3.29知的裁集28巻1号140頁「サンダル事件」——保全異議申立事件について、サンダルに付せられた債権者商品表示に類似する商品説明書、外箱の使用は、債権者商品と混同を生じるとして、その使用差止仮処分決定を認可している。

⑮　東京地判決平成9.2.21判時1617号120頁「キッズシャベル事件」——シャベルカーの玩具の輸入販売行為について、原告商品の形態と極めて類似し、商品の出所の混同のおそれがある。

⑯　東京地判決平成9.3.31判時1607号94頁「龍村帯事件」——帯及び帯地の販売行為について、その模様が原告商品と酷似し、混同のおそれがある。

⑰　東京地判決平成11.6.29判時1693号139頁「プリーツ・プリーズ事件」——婦人服の販売行為について、独特の特徴のある原告商品のプリーツと類似し、混同のおそれがある。

⑱　東京地決定平成11.9.20判時1696号76頁「iMac事件」——パソコンの製造販売行為について、曲線を多様したデザイン、色彩、素材等が原告商品と類似し誤認混同のおそれがあるとして差止仮処分決定をした。

⑲　東京地判決平成12.6.28判時1713号115頁「ジーンズ事件」——ジーンズの販売行為について、後ろポケットに施された刺しゅうのデザインが類似

し、誤認混同のおそれがある（東京高判決平成13.12.26控訴棄却）。

⑳　大阪地判決平成12.8.29裁判所HP「ガス点火器事件」──商品の販売行為について、サウジアラビア王国等において周知の商品形態と類似し、混同のおそれがある。

㉑　東京地判決平成14.12.27判タ1136号237頁「ピーターラビット事件」──原告表示と同一又は類似する被告表示を付した商品の製造等行為について、被告が原告グループの一員であるとの誤信を生じさせるおそれがある。

㉒　東京地判決平成16.7.28判時1878号129頁「カルティエ事件」──被告らの製造販売行為について、形態上の特徴を具備する原告らの腕時計と類似し、出所の混同を生じるおそれがある。

㉓　東京地判決平成18.7.26判タ1241号306頁「ロレックス事件」──原告の腕時計の形態は商品等表示に該当し、これと類似する被告各製品を製造販売する行為は、出所の混同を生じるおそれがある。

㉔　大阪地判決平成20.10.14平成19年（ワ）1688号裁判所HP「毛化粧料容器・包装事件」──原告らの毛化粧料の容器及び包装が周知の商品表示であり、これと類似する被告製品の製造・納入行為は需要者である女性を原告ら商品と混同させるおそれがある。

㉕　大阪地判決平成21.9.17判時2047号140頁「スイブルスイーパー事件」──原告が電気掃除機の宣伝広告に使用する「スイブルスイーパー」という商品表示は周知であり、これと類似する被告標章の使用によって、需要者には、商品の出所について誤認混同のおそれが生じると認められる。

　商品表示及び営業表示

㉖　大阪地判決平成元.9.11判時1336号118頁「ヴォーグ事件」──「VOGUE」等の表示を用いたファッション関連商品の製造、販売行為は、世界的に著名なファッション雑誌「VOGUE」を使用する原告と何らかの関係があるとの観念を抱かせ、原告商品及び営業主体と広義の混同を生じさせるおそれがある。

㉗　東京地判決平成4.4.27判タ819号178頁「リッツ事件」──輸入品の被服・雑貨等の商品表示及び営業表示として「RITZ」等の表示を使用する行為は、「ザ　リッツ　ホテル　リミテッド」のホテル営業及びホテル内の店舗に

おいて販売する商品の表示として周知の「RITZ」の表示に類似し、その商品及び営業と誤認混同を生じる。

　営業表示

㉘　大阪地判決平成元.1.23特許管理別冊平成元年Ⅲ1頁「阪急綜合開発事件」——被告の商号「阪急総合開発株式会社」は原告の周知営業表示「阪急」に類似し、阪急グループに属する会社と業務上、組織上何らかの関係があるかのように誤認混同されるおそれがある（「ハンキュー警備保障有限会社」につき同旨大阪地判決平成元.5.31特許管理別冊平成元年Ⅲ383頁）

㉙　大阪地判決平成元.9.13判決無体集21巻3号677頁「森田ゴルフ事件」——「マッシー森田ゴルフ」等の営業表示を用いてゴルフクラブの小売販売を営む行為は、原告の周知営業表示「森田ゴルフ」ないし「森田ゴルフ株式会社」を用いてゴルフクラブの卸売業を営む原告の営業と誤認混同を生じるおそれがある。

㉚　大阪地判決平成2.3.29判時1353号111頁「ゲラン事件」——「株式会社ゲラン」の商号を使用して高級衣料品等の販売を業とする行為は、フランスの高級な香水会社の営業表示として周知の「ゲラン」を使用して香水、化粧品の製造販売を営む原告と営業上何らかの密接な関係があると誤信され、広義の混同を生じるおそれがある。

㉛　福岡地判決平成2.4.2判時1389号132頁「西日本ディズニー事件」——「西日本ディズニー株式会社」、「DISNEY」等の名称を使用してパチンコ営業を営む行為は、周知の「DISNEY」、「ディズニー」の営業表示を使用してキャラクターの商品化事業等を営む原告が営業に関し何らかの形で関与しているものと誤認混同されるおそれがある（仮処分異議申立事件、仮処分決定一部認可）。

㉜　東京地判決平成2.7.20特許管理別冊平成2年Ⅰ390頁「カシオ電気事件」——「カシオ電気株式会社」の商号を使用して電子機器を製造販売する行為は、周知営業表示である「カシオ計算機株式会社」の商号を使用して電子計算機等の製造販売を営む原告の営業活動と広義の混同を生じる。

㉝　東京高判決平成3.7.4知的裁集23巻2号555頁「ジェトスリムクリニック事件」——A会社とB会社が同じ「ジェトスリムクリニック」表示で痩身美

容の営業を行っている場合において、全国的にはB会社の表示が著名であっても、静岡県内ではA会社の表示が周知であるときは、A会社の表示に営業表示としての周知性が認められ、B会社の営業表示の使用はA会社の営業表示との誤認混同を生じる。

㉞　大阪地判決平成3.10.30知的裁集23巻3号775頁「ミキハウス事件」――「株式会社ミキハウス」の商号等を使用して不動産売買等を業とする行為は、周知の「miKiHOUSE」の営業表示を使用して衣料品等の製造販売を営む原告の営業と何らかの業務上、組織上の関係があると考えられるおそれ、すなわち広義の混同のおそれがある。

㉟　東京地判決平成4.6.29判時1480号150頁「アメックス事件」――「アメックス」、「アメックス・インターナショナル」等の表示を使用して広告代理業及び不動産業を営む行為は、「アメリカン・エキスプレス・インターナショナル・インコーポレーテッド」の周知の営業表示である「アメックス」に類似し、営業の誤認混同を生じる（控訴審である東京高判決平成5.4.28判時1480号153頁、上告審である前掲最高一小平成5.12.16判決は、同旨の理由によりそれぞれ控訴、上告棄却）。

㊱　東京地判決平成5.2.24判時1455号143頁「ワールドファイナンス事件」――「ワールド」「世界のワールド」等の表示を使用して金融業等を営む行為は、周知の「ワールド」の営業表示を使用して繊維製品の製造販売を営む原告の営業活動といわゆる広義の混同を生じさせる（控訴審である東京高判決平成7.2.22知的裁集27巻1号61頁は、同旨の理由により控訴棄却）。

㊲　東京地判決平成5.6.23判時1465号136頁「つぼはち事件」――「司つぼはち」の営業表示は「つぼはち」の営業表示に類似し、これを使用して和風飲食店を営む行為は、周知の「つぼ八」の営業表示を使用して居酒屋を営む原告の営業活動、とりわけフランチャイズ加盟店の一つと誤認するおそれがある。

㊳　神戸地判決平成5.6.30判タ841号248頁「神鋼不動産・開発事件」――「神鋼不動産株式会社」、「神鋼開発株式会社」の商号の使用行為は、「株式会社神戸製鋼所」の周知の営業表示である「神鋼」に類似し、その営業活動と混同させるおそれがある。

㊴　大阪地判決平成5.7.27判タ828号261頁「阪急電機事件」──「阪急電機株式会社」の商号及び「阪急電機」の営業表示の使用行為は、「阪急グループ」の周知の営業表示である「阪急」に類似し、その営業活動と混同させるおそれがある。

㊵　大阪地決定平成5.10.15知的裁集25巻3号455頁「M事件」──Mの文字をデザイン化した部分を含む図8の標章を使用してパチンコ店を営む行為は、周知のMの一文字をデザイン化した営業表示を使用してハンバーガーチェーンを営む債権者の営業と何らかの業務上、組織上の関係を有すると思わせ、誤認混同を生じるおそれが高い。

図8

㊶　大阪地判決平成7.9.28知的裁集27巻3号580頁「清流音羽流事件」──音羽流家元によって使用を許される「音羽」姓を冠した名取名は音羽流一門の営業表示に当たり、これと類似の「清流音羽流」なる表示、「音羽」の姓を冠した芸名の使用行為は、音羽流家元と業務上、組織上の関係があると誤認されるおそれがある（ただし、音羽流を退流して新流派を創設した者が音羽屋一門の当主から許されて上記表示の使用していたことを理由に違法性なしとして使用差止請求棄却）。

㊷　大阪地判決平成8.1.25判時1574号100頁「東京フレックス事件」──旧商号が「株式会社東京フレックス製作所」である場合において、相手方の「株式会社東京フレックス」の商号使用は、現商号「トーフレ株式会社」と類似し営業主体の誤認を生じるおそれがある。

㊸　神戸地判決平成8.11.25判時1603号115頁「ホテルゴーフルリッツ事件」──ホテルの営業施設及び営業活動に「RIT Z」等の表示を使用する行為

第2節　I

が、英国法人であるザリッツホテルリミテッドと混同のおそれがある（大阪高裁平成11.12.16控訴棄却）。

㊹　東京高判決平成8.9.12判決速報259号「リヴェール事件」――アパートの名称について、混同のおそれがある。

㊺　東京地判決平成10.3.13判時1639号115頁「高知東急事件」――タレントの芸名が、私鉄又は同グループ名称との間に混同を生ずるおそれがある。

㊻　東京地判決平成14.1.24裁判所HP「図書券事件」――図書券は、特定の加盟点において利用可能であるので、「図書券の利用が可能」という表示は営業表示であり、したがって、古本屋がその店舗内に「図書券をお使いいただけます」と掲示することは、不正競争である。

㊼　東京地判決平成19.1.26判タ1240号320頁「杏林ファルマ事件」――原告の周知商号である「杏林製薬株式会社」と類似する「杏林ファルマ株式会社」なる商号を使用する行為は、キョーリングループの一員あるいは原告との間に資本的な繋がりがあるなど、緊密な営業上の関係があると誤信されるおそれがある。

㊽　知財高判決平成20.3.19平成19年10057号裁判所HP「ELLE事件」――ファッション雑誌の商品表示として周知かつ著名なELLEと類似するELLEの部分を上段に大きく、GARDANの部分を下段に小さく表示した標章を音楽CDに使用する行為は、原告の業務に係る商品と誤認混同させるおそれがあるとして差止請求を認容。

㊾　大阪地判決平成21.4.23裁判所HP「ARK事件」――「ARK」「アーク」等の原告各表示と、「ARK-ANGELS」、「アーク・エンジェルズ」等の被告各表示は類似しており、しかも、その活動目的が動物愛護と同じであることから、誤認混同のおそれは高いというべきところ、被告と同一の団体であるか否か等について問い合わせが原告に多数寄せられたなどの事情からすれば、被告が被告各表示を用いることにより原告の営業との被告の営業との間に混同のおそれが生じているといえる。

㊿　東京地判決平成24.6.28裁判所HP「PLUS事件」――本件各標章の要部は「PLUS」、「Plus」の部分であって、本件各標章は周知の原告商品等表示である「PLUS」に類似するから、ウェブページ上でその営業を表示す

るものとして本件各標章を使用する行為は、原告の営業と混同を生じさせるものといえる。

(51)　東京地判決平成24.6.29裁判所HP「花柳流事件」――「一般社団法人花柳流花柳会」の名称は、周知の営業表示である「花柳流」及び「花柳」とそれぞれ類似するから、被告がその名称を使用する行為は、原告の営業と混同を生じさせる行為に該当する。

(52)　知財高判決平成25.3.28裁判所HP「日本車両事件（控訴審）」――「日本車両」と類似する「日本車両リサイクル株式会社」という商号を使用することで、親会社、子会社の関係や系列などの密接な営業上の関係が存すると誤信させるおそれがあると認められる。

(53)　東京地判決平成25.11.21裁判所HP「メディカルケアプランニング事件」――原告メディカルの商号に類似する「メディカルケアプランニング」又は「MEDICAL CARE PLANNING」（小文字の表記を含む）の名称を使用することは、原告の営業と混同を生じさせる。

(54)　東京地判決平成27.1.29判時2249号86頁「イケア事件」――「【IKEA STORE】」、「イケア通販」等の被告標章は、原告の商品等表示である「IKEA」ないし「イケア」に類似し、また、両者とも家具等の小売を目的とするウェブサイトで使用され、現に、被告サイトを原告サイトと勘違いした旨の意見が複数原告のもとに寄せられていることが認められるから、被告標章を使用する行為は、原告の営業等と混同を生じさせるものである。

⑷　混同ないし混同のおそれを否定した判例

これに対し、混同ないし混同のおそれを否定した平成元年度以降の主要判例は次のとおりである。

まず、商品表示について、東京地判決平成元.3.27無体集21巻1号200頁「ぺんたくん事件」は、被告の六角筒柱の幼児知育玩具の製造販売行為は、原告の製造販売する五角筒柱の同玩具とは形態が類似せず（図9参照）、販売方法、商品名も異なるから、誤認混同のおそれはないと判示し（東京高判決平成元.12.25無体集21巻3号1066頁は同旨の理由により控訴棄却）、東京地判決平成

4.4.27知的裁集24巻1号230頁「測定顕微鏡事件」は被告らの測定顕微鏡の製造販売行為は、原告が製造 販売する銅製品との形態が類似しない、同様に、前掲東京地平成11.2.19判決は、書籍の題号「スイングジャーナル青春録・大阪編」は、「スイングジャーナル」と類似しないと判示している。さらに、大阪地判決平成18.7.27判タ1229号317頁「正露丸事件」は、「正露丸」、「SEIROGAN」が表示され、瓢箪の図柄を付した包装を使用して胃腸薬を製造販売する行為について、原告製品の包装全体の表示態様において、自他商品識別機能を有するのは「ラッパの図柄」のみであり、これに対応する「瓢箪の図柄」とは類似しないことから、原告製品の表示は被告の表示と類似せず、誤認混同を生ずるおそれがないとした（控訴審の大阪高判決平成19.10.11判時1986号132頁も同旨の判断を示す）。

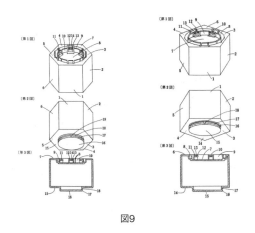

図9

また、営業表示について、東京地判決平成2.8.31無体集22巻2号518頁「ラジオ日本事件」は、「株式会社アール・エフ・ラジオ」の商号を使用してラジオ放送を営む行為は、「株式会社ニッポン放送」の商号を使用してラジオ放送を営む原告の営業活動等と混同のおそれはないと判示し、京都地判決平成7.6.22判タ893号277頁「アーバンホテル伏見事件」は、原告の営業表示である「アーバンホテル京都」と類似せず、誤認混同のおそれはないと判示する。なお、前掲東京地平成5.2.24判決は、原告の営業表示「ワールド」と被告の商号「ワールドファイナンス」との類似性を否定している。

また、東京地判決平成16.3.5判時1854号153頁「成城調剤薬局事件」は、ドラッグチェーンの営業表示である「セイジョー」と「成城調剤薬局」との類似性を否定し、東京地判決平成16.5.28判時1868号121頁「KITAMURA事件」は、「KITAMURA」と「KITAMURA MACHINE WORKS CO. LTD.」の類似性を否定している。

Ⅱ 著名表示不正使用行為

1 著名表示の保護と行為の概要

前述のとおり、広義の混同理論は、競業関係を前提にすることなく、周知商品表示や周知営業表示を使用することにより、取引者、需要者をして当該商品表示又は営業表示の主体と使用者との間に何らかの密接な関係があるのではないかと誤信させる行為を不正競争行為とするものである。したがって、商品・営業主体混同行為の規制により他人の著名な商品表示や営業表示に只（ただ）乗りする行為、いわゆる只乗り（フリーライド）や稀釈化（ダイリューション）もそれが当該著名表示に関連する商品又は営業に使用等される限り、これを規制することができる（小野・松村・前掲概説245頁は、フリーライドは信用・名声という価値の冒用であるから、無断使用者の主観面も関係するのに対し、ダイリューションは当該表示が著名でユニークさを有し、特別の顧客吸引力を有するときに、異業種であっても、無関係な表示使用が、表示の表示力・広告力を拡散させ傷つくというのであるから、客観面が中心である、と説明している）。

しかし、広義の混同概念によっては、通常そのような誤認混同が起こり得ないような形態での行為を規制することはできない。

しかし、近時不正競争行為は、このような形態における周知表示の使用に止まらず、著名表示を取引者、需要者が通常当該著名表示の主体と混同することが少ないと思われる商品・営業に使用する形態、例えば、著名商品表示を風俗営業の表示として用いる形態（安倉孝弘・前掲実務相談156頁は、これを「パロディ的使用」と呼んでいる）で行われることがある。著名表示を有するような企業は、常に事業を拡大し、経営を多角化する傾向があることも悪質な表示の利用を生み出す背景となっている。

このため、旧法における判例でも、東京地八王子支判決昭和59.1.13判時

第2節 II

1101号109頁「ノーパン喫茶ニナ・リッチ事件」は、香水・婦人服の著名メーカーであるニナ・リッチの営業表示をノーパン喫茶の営業に用いた事案につき、東京地判決昭和59.1.18判時1101号110頁「ポルノランド・ディズニー事件」は、映画・キャラクターの商品化事業・遊園地経営で著名なディズニーの営業表示をポルノショップに用いた事案につき、福岡地判決平成3.7.19平成2年1732号「西日本ディズニー事件」は、同じくディズニーの営業表示をパチンコ遊技場に用いた事案につき、それぞれ旧法1条1項2号を適用して表示の使用差止請求及び損害賠償請求を認容し、神戸地判決昭和62.3.25無体集19巻1号72頁「ホテルシャネル事件」は、香料類等のいわゆるブティック商品の製造販売で著名なシャネルの表示をラブホテルに使用した事案につき旧法1条の2・1項を適用して損害賠償請求を認容した。特に前掲神戸地判決が「原告と被告とはその業種を全く異にし、当面競業関係に立つことはないものと認められる」と認定しながら、「一般消費者において本件ホテルが原告らシャネルグループと業務上、経済上又は組織上何らかの連携関係のある企業の経営に係るものと誤信する虞を否定することはできず」と判断している点が注目される。

　これらの事例は、第三者が無断で著名表示の持つ顧客吸引力を利用するものであり、その著名表示の社会的評価（経済的信用）を害するものであって、自由取引を基本とする経済社会においても到底許容される余地のないものである。稀釈化理論の一適用といえるが、これを旧法の「混同ヲ生ゼシムル行為」に該当するというには、その限度を越える疑いが強い（満田・前掲研究124頁以下は、混同のおそれの概念は公衆に誤認を生じさせることを前提とするのに対し、標識の稀釈は公衆が特定の標識について抱いている特定の観念が損なわれることを前提とするにすぎないとし、「著名標識について、標識が稀釈されることを根拠として、混同の危険のない場合にまで保護の範囲を拡大することが近年提唱されているが、（中略）そのためには特別の根拠が必要である」と指摘する）。

　東京高判決平成7.3.1知的裁集27巻1号17頁「歌謡スナックシャネル事件」が駅近くのガード下で「歌謡スナックシャネル」の名称で酒類・軽食を提供する行為につき、高級婦人服等の製造販売により著名なシャネル社の営業と混同を生じるとしたのに対し、東京高判決平成6.9.29知的裁集26巻3号

1133頁「スナックシャネル事件」が、「スナックシャネル」の名称を使用して従業者3名の店舗で1日数組の客に種類及び軽食を提供する程度の飲食店を営む行為が世界的に著名な企業であり、高級品のイメージを持たれている商品を扱うシャネル社と業務上、経済上あるいは組織上何らかの関係を有すると消費者に誤認されるとは認められないとし、このような場合に「不正競争行為の責任を問い得ないとすると、他人の著名な営業表示の有する信用や経済的価値を自己の営業に無断で利用することや、他人の著名な営業表示を利用することによって、その著名な営業表示の品質保証機能、宣伝広告機能、顧客吸引力を希釈化することを禁止することができず、著名な営業表示を有する者の保護に欠ける場合が生ずることは否定できないが、旧法1条1項2号が「混同を生ぜしめる行為」を要件としている以上、同条項の解釈としてはやむを得ないことといわざるを得ない」と判示したのは、この理論の限界を示すものであろう。ただし、前掲最高一小平成10.9.10判決は、本件については、平成5年改正法附則2条により法2条1項1号が適用されるとした上、同号の「混同を生じさせる行為」には広義の混同惹起行為を含むとして、破棄差戻している。

　著名表示の悪質な利用行為は、名誉（信用）侵害として差止請求権を行使し得る可能性もあるが、より根本的な立法による解決を望む意見が多かった。そこで、産業構造審議会知的財産政策部会は前記中間答申「不正競争防止法の見直しの方向」において「著名表示を冒用する行為によって、たとえ混同を生じない場合であっても、冒用者は自らが本来行うべき営業上の努力を払うことなく著名表示の有している顧客吸引力に、『ただのり（フリーライド）』することができる一方で、永年の営業上の努力により高い信用・名声・評判を有するに至った著名表示とそれを本来使用してきた者との結びつきが薄められ、表示の持つ高い信用・名声・評判が損なわれる（ダイリューション）ことになる」と指摘し、このような著名表示の冒用行為についての判例による規制は解釈論の限界を超えているとの指摘があることに言及した上、「むしろ端的に、著名表示の冒用行為については、混同を要件としない新たな不正競争行為類型として位置づけることが適切である」（「中間答申骨子」特許ニュース8511号3頁）とし、この答申を受けて、不正

第2節　Ⅱ

競争防止法の改正に当たり、2条1項2号に著名表示の冒用行為を不正競争行為とする規定が新設された。

2　著名表示

　不正競争防止法が不正競争行為の第二の類型として規定しているのは、他人の「著名な」商品等表示、すなわち、人の業務に係る氏名、商号、商標、商品の容器若しくは包装其の他の商品又は営業を表示するものを冒用する行為である。東京地判決平成12.7.18判時1729号116頁「リズシャルメル事件」は、その趣旨は、「著名な商品等表示について、顧客吸引力を利用するただ乗りを防止するとともに、その出所表示機能及び品質表示機能が稀釈化により害されることを防止するところにある」としている。

　ここに「著名な商品等表示」とは、我が国において、当該表示が商品又は営業に使用されてきた結果、取引者、需要者に高い信用・名声・評価を得て広く知られた表示をいう。したがって、表示の知名度の高さが信用・名声・評価の高さに結びついたものでなければならない。その意味で取引者、需要者の間での商品等表示としての認識度合は、周知性より高度であることを必要とする（同旨　田村・前掲概説240頁）。

　著名性は、全国的なものであることを要し、一部の地域で広く知られているだけでは足りない（その意味で1号の「広く認識されている」より地域的に広範囲であることを要する）が、我が国の相当広範囲において知られていれば、限定された小範囲の地域において知られていないことがあっても、著名性の要件を満たす、というべきであろう。そうでなければ、長年の営業努力によって名声と信用を勝ち得た表示へのダイリューション行為を規制する目的を達成できない（小野・松村・前掲概説237頁は、地理的に全国でなくても、商品の性格や、取引対象者の性格などから、一部の地域は入らなくても相当広範囲の地域であればよいとし、その例として寒冷地では絶対使用しない製品では寒冷地は取引対象に入らないと述べている）。

　商品等表示の著名性を認めた主要判例は以下のとおりである。

① 　東京地判決平成10.3.20判例不競法1162‐2‐35頁「トラサルディ事件」
──原告は、日本国内においても積極的に原告各標章及びそれを使用した

原告製品の宣伝広告活動を行い、全国的に著名になっていた。
② 大阪地判決平成11.3.11判タ1023号257頁「セイロガン糖衣A事件」──表示全体は、宣伝広告の成果もあって著名な商品等表示となっている。
③ 大阪高判決平成25.9.26裁判所HP「セイロガン事件（控訴審）」──控訴人表示は、多年にわたる販売、広告宣伝により、その本来の意味内容を超えて、控訴人商品を指称する表示として周知著名なものとなっていることが認められる。
④ 大阪地判決平成11.9.16判タ1044号246頁「アリナミン事件」──著名表示と類似する表示を同一商品に使用する行為について、著名表示の信用・名声にただ乗りする意図があったとして著名表示の冒用を認めた。
⑤ 富山地判決平成12.12.6判時1734号3頁「JACCS事件」──原告の発行するクレジットカード、新聞広告、パンフレット、テレビコマーシャル及び原告従業員の名刺等には必ず本件商標を表示しており、原告の営業表示として著名となっていたものと認められる。
⑥ 東京地判決平成14.10.15判時1821号132頁「Budweiser事件」──「Budweiser」は、原告の製造するビールを示すものとして名酒事典、英和辞典等に紹介され、有名雑誌や日刊紙に各種広告を掲載していたことから、原告のビール等の商品を示す商品表示として、かつ原告又はその関連会社の営業表示として著名になっていた。
⑦ 東京地判決平成13.7.19判時1815号148頁「呉青山学院事件」──学校の名称である「青山学院」を著名な営業表示と認めた。
⑧ 東京地判決平成26.5.21裁判所HP「バーキン事件」──商品の形態である標章を著名な商品等表示と認めた。
⑨ 東京地判決平成22.1.29裁判所HP「三菱事件（第一審）」──「三菱」の標章は、企業グループ及びこれに属する企業を表すものとして著名となり、その著名性は現在に至るまで継続していると認めた（その控訴審である知財高判決平成22.7.28裁判所HP「三菱事件（控訴審）」も同旨。東京地判決平成25.12.19裁判所HP「三菱合同丸漁業事件」も、被告商号のうち「三菱」の部分が原告らの著名な営業表示と同一であるとした。）。

これに対し、著名性を認めなかった判例として、東京地判決平成

11.11.17判決速報296号16頁「キューピー事件」は、本件商品等表示が、原告ないしローズ・オニール関係者の商品ないし営業を示す商品等表示として著名であることを認めるに足りる証拠はないとして著名性を認めなかった。また前掲東京地平成14.10.15判決は、「Bedweiser」の略称である「Bud」につき、「Bedweiser」に比べると字数が少ないものであることから、著名性を認めず、周知性を認めるにとどめた。東京地判決平成20.12.26判時2032号11頁「黒烏龍茶事件」も、原告が「サントリー黒烏龍茶OTPP」という名称の原告商品の表示につき、同商品が発売後2か月半程度しか経過していなかったことなどから、著名性を認めず、周知性を認めるにとどめた。

3　表示の同一・類似

著名表示不正使用行為においては、使用される表示は、著名な商品表示又は営業表示と同一又は類似の表示であることを要する。

(1)　表示の同一

使用された著名な商品表示又は営業表示が他人のそれと同一であるか否かの判断は、両表示を対比することによって比較的容易になし得ること、どこまでを実質的に同一とみるかの判断は、困難を伴うことがあるが、この点は、類似の範囲を検討することにより解決できることは、商品・営業主体混同行為と異ならない。

(2)　表示の類似

類否判断の主体は、当該商品又は営業についての取引者、及び又は、需要者であることは、商品・営業主体混同行為の場合と同様である。注意すべきことは、商品・営業主体混同行為が成立するためには、類似する商品等表示を使用する等して「他人の商品又は営業と混同を生じさせる行為」であることを要するが、著名表示不正使用行為は、著名表示と類似する商品等表示を使用する等により成立し、出所の混同を要件としない点である。このことは、著名表示の不正使用行為を不正競争行為として規制する目的が広義の混同理論では解決できない、他人の著名な商品表示や営業表示への只（ただ）乗り（いわゆるフリーライドやダイリューション）を規制すること

にあることの当然の帰結である。

　商品等表示との類似性と混同とを明確に区別する考えからすれば、商品・営業主体混同行為における表示の類似のみをここでの判断基準とすれば足りることになるが、表示の類否は出所混同を判断の中核に据える見解では、1号と2号は保護の趣旨を異にすることを理由として、ここでは「当該表示が著名表示を認識させるかどうかで判断すべき」ことになる（小野・松村・前掲概説249頁）。

　東京地判決平成20.9.30平成19年35028号「tokyu事件」は、原告の営業表示である「東急」は「他人の著名な営業表示に該当するが、被告の営業表示である「TOKYU」、「tokyu」とは呼称では共通点があるものの、外観・観念において異なり、全体的に類似のものとして受け取るおそれがあるとは認められない」と判示している。前掲東京地判決平成27.11.13判時2313号100頁「DHC事件」は、「不正競争防止法2条1項2号における類似性の判断基準も、同項1号におけるそれと基本的には同様であるが、同規定の趣旨に鑑み、同項1号においては、混同が発生する可能性があるのか否かが重視されるべきであるのに対し、同項2号にあっては、著名な商品等表示とそれを有する著名な事業主との一対一の対応関係を崩し、希釈化を引き起こすような程度に類似しているような表示か否か、すなわち、容易に著名な商品等表示を想起させるほど類似しているような表示か否かを検討すべきものと解するのが相当である。」と判示した上、「DHC」の名称等と「DHC-DS」の名称等との類似性を否定した。

4　表示の使用等

　不正競争行為となるのは、他人の著名な商品等表示と「同一若しくは類似のものを使用し、又はその商品等表示を使用した商品を譲渡し、引き渡し、譲渡若しくは引渡しのために展示し、輸出し、輸入し、若しくは電気通信回線を通じて提供する行為」である。ここにいう「使用」、「譲渡」、「引き渡し」、「展示」、「輸出」、「輸入」、「電気通信回線を通じて提供」の意味は、商品・営業主体混同行為において解説したとおりである。

III 商品形態模倣行為

1 模倣からの知的財産の保護と不正競争行為

(1) 模倣からの知的財産の保護

　私たちが人間社会の発展の歴史を学ぶとき、社会の進歩はパイオニア（先駆者）の残した業績を模倣し、その上に立ってこれを改良し、改善することによって得られることを知るであろう。その意味では、模倣は、社会の発展にとって必要なこととさえいえる。

　しかし、一方、その業績がパイオニアの知的生産活動の成果である場合、パイオニアはこれを得るために英知を絞り、そこに多額の資金と労力と時間を費やすことが多い。殊に技術が高度化し、経済社会の仕組みが複雑多様化してくるに従ってその傾向は一層顕著になっているといえよう。そのために、現代国家は、知的生産活動の成果であって法的保護に値するものは、これを知的財産として保護する立法措置を講じているのである。

(2) 商品等の模倣と知的財産権法による保護

　このような第三者による他人の知的生産活動の成果の模倣的使用を商品とこれに関連するものに限定して考察した場合、周知商品表示と同一又は類似の表示を商品（容器や形態を含む）に使用することによって混同を生じさせる行為が不正競争行為として不正競争防止法の規制対象となることは、これまで述べたとおりである。

　また、商品（物品）の形状、模様、色彩又はこれらの結合であって、視覚を通じて美感を起こさせるもの（意匠法2条）については、意匠登録の要件を具備する場合、意匠権の設定登録が認められており、意匠権者は、その意匠又は類似の意匠の模倣を意匠権侵害とし、差止請求権、損害賠償請求権等を行使することができる。さらに、平成8年法律第68号による商標法の改正により新たに立体商標制度が認められ、立体的形状からなる標章も商標登録できることになり、かかる形状の模倣は商標権侵害として、前同様の権利を行使することができる。

　商品の技術的形態が自然法則を利用した技術的思想の創作（特許法2条・

実用新案法2条)であれば、特許又は登録要件を具備することにより特許権又は実用新案権の設定登録が認められ、その技術的範囲に属する模倣は権利侵害となり、差止請求権、損害賠償請求権等を行使することができる。

商品の形態に純粋美術(専ら鑑賞を目的とする美の表現)の技法感覚等を応用した、いわゆる応用美術については、少なくとも、極少量製作される美術工芸品であれば、著作権の保護対象となる(著作権法2条1項1号)から、その模倣は著作権侵害となり、差止請求権、損害賠償請求権等を行使することができる。

(3) 知的財産権法によって保護されない商品等の模倣

しかし、商品表示と同一又は類似の表示の模倣的使用であっても、その商品表示が周知でないときは不正競争行為には該当せず、それが商標権、商号権として保護される商品表示でないときは、これらいずれの法規によっても保護することができない。商品表示の類否と混同を区別する立場からは、極く稀にではあるが、周知の商品表示に類似する表示の使用による模倣行為であっても、混同を生じないときは不正競争行為に該当しない場合がある。周知性がない商品表示の模倣は取引者、需要者に与える影響が高いとはいえないし、これをすべて規制することが経済秩序の維持に必要不可欠とまではいえない。しかし、第三者が新たに開発された他人の商品の市場性の高さに注目し、その改良のための努力を払うことなしに、これを模倣し利益を図る行為は、多額の資本と労力を投下して当該商品を開発し、市場性の獲得のために努力している者の利益を不当に侵害するものであり、公正かつ自由な競争原理に支配された経済秩序を破壊するものといえよう。

また、不正競争防止法において商品とは、一般市場で流通に供されることを目的として生産され、又は取引される物をいうことは前述したとおりである。また、流通性のない物は商品といえない。飲食店において顧客に提供される料理がその典型である。しかし、流通性のない物でもその形態等の新規性から高い経済価値を持つことが少なくない。そのような物の不当な模倣行為は法的保護の範囲外に置かれてもよいとはいえない。

第2節 Ⅲ

　さらに、前述の応用美術については著作権法の保護を受けることはできない場合もあるが、その不当な模倣行為から法的保護を図る必要がある。
　これらの不当な模倣行為から先行者の利益を保護するためには、不正競争防止法にいわゆる一般条項を設け、不正競争行為の限定列挙では対応できない侵害行為から知的財産の保護を図る立法措置もあり得よう。しかし、私的財産関係を規律する基本法である民法は、人（自然人たると法人たるとを問わない）の権利ないしは利益が違法に侵害されることによって損害が発生した場合これを救済するために不法行為制度を設けており、まず不法行為法によって前述の先行者の利益を保護することができるかを検討する必要がある。

(4)　模倣による不法行為
①　不法行為の成立要件
　民法709条は「故意又は過失によって他人の権利又は法律上保護される利益を侵害した者は、これによって生じた損害を賠償する責任を負う。」と規定している。従前は「他人ノ権利」とのみ規定されていたが、大審院判決大正14.11.28民集4巻670頁「大学湯事件」以来、判例は法的保護に値すると認められる利益の侵害をもって足りるとする立場をとっており、通説もこれを承認してきた。そこで平成16年の民法の改正法により「法律上保護される利益」を加えたものである。
　したがって、不法行為の成立には、行為者に故意又は過失があることと、他人の権利又は法律上保護される利益を侵害したことが必要であり（幾代通「不法行為」59頁は、このような要件を定めたことが、社会における各個人や企業の活動の自由や経済的な自由競争の場を裏から広く保障する制度的根拠になったことは否定できない、とする）、さらに不法行為を理由に損害賠償を請求するには、侵害行為と損害の発生との間に因果関係が必要である。
②　デッド・コピーと不法行為の成否
　そこで、模倣について不法行為の成立を認めるためには、まず模倣によって侵害される法的保護に値する利益が存在しなければならない。
　東京高判決平成3.12.17知的裁集23巻3号808頁「木目化粧紙事件」は、応

用美術の範疇に属するが大量生産されている木目化粧紙のデッド・コピーに関する事案である。原告は、原告の製造販売する木目化粧紙について原告が著作権を有すること、及びその原版について所有権を有することを前提として、原告製品をそのまま写真撮影して製版印刷し、木目化粧紙として販売している行為の差止と損害賠償を請求して訴訟を提起した。第一審である東京地判決平成2.7.20無体集22巻2号430頁は、木目化粧紙の原画は産業用に利用される実用品の模様であり、純粋美術とは同視できないとして、美術の著作物であることは認めず、さらに原版上に表現された有体物の面の利用行為は原版の所有権を侵害するものでないとして、原告の請求を棄却した。原告は、控訴し、予備的に被告製品の販売は原告の公正な価格による販売を阻害し、原告の営業を侵害したもので、不法行為が成立するとの主張を追加した。

前掲東京高平成3.12.17判決は、著作権と原画の所有権に基づく請求について、第一審とほぼ同様の判断を示したが、不法行為に基づく請求について、「被告製品の模様は、色調の微妙な差異を除けば、原告製品の模様と寸分違わぬ、完全な模倣（いわゆるデッドコピイ）である」と認定した上、次のように判示して不法行為の成立を認めた。

「控訴人は、原告製品に創作的な模様を施しその創作的要素によって商品としての価値を高め、この物品を製造販売することによって営業活動を行っているものであるが、被控訴人は、原告製品の模様と寸分違わぬ完全な模倣である被告製品を製作し、これを控訴人の販売地域と競合する地域において廉価で販売することによって原告製品の販売価格の維持を困難ならしめる行為をしたものであって、控訴人の右行為は、取引における公正かつ自由な競争として許される範囲を甚だしく逸脱し、法的保護に値する控訴人の営業活動を侵害するものとして不法行為を構成するというべきである」（損害賠償請求1454万3200円認容。本判決批評として、土肥一史・判例評論408号60頁他）。

判例は、これまでも営業活動の侵害について不法行為の成立を認めているが、公正かつ自由な競争原理に支配される経済社会において、営業活動の侵害が違法性を帯びるためには、強度の反社会性が必要と解されている

（幾代・前掲不法行為78頁。同様に加藤一郎「不法行為増補版」122頁は、営業利益の侵害について不法行為の成否は侵害行為の態様の程度に左右される、としている）。

　前記判決も基本的には従来の判例の流れに沿うものであるが、全く創作性のない完全な模倣、すなわちデッド・コピーの製作販売行為を営業活動の侵害と構成した点が注目されている。しかし、デッド・コピーからの知的財産の保護という観点からみれば、さらに一歩進んでデッド・コピーされた知的財産（この場合は量産された応用美術品である木目化粧紙）そのものを不法行為法上の法的保護に値する法的利益とし、その知的財産の侵害による不法行為の成立を認めることができるかを検討しなければならない（前記事案では、控訴人はそのような主張はしていない）。デッド・コピーの対象たる知的財産がどのようなものであるかによるが、理論的にはこれを是認することも可能である。

③　改変的模倣と不法行為の成否

　デッド・コピーとはいえない改変的模倣について不法行為の成立を認め得るか。前述のように、社会の進歩はパイオニア（先駆者）の残した業績を模倣し、その上に立ってこれを改良し、改善することによって得られることを考えれば、何らかの改良や創意工夫を伴う模倣行為をすべて違法とすることは、経済社会のあり方として妥当性を持つとはいえないし、不法行為法の観点からみても、このような行為をもって反社会性が強度ともいい難い。

　しかし、少なくとも不正競争的意図をもって、市場性の高い先行製品に若干の改変を施し、これを販売することによって利益を得る行為については、営業活動の侵害として（場合によっては模倣の対象となった知的財産の侵害として）不法行為の成立を認め得るというべきである。

　京都地判決平成元.6.15判時1327号123頁「袋帯事件」は、原告の製造販売する袋帯の図柄と類似の図柄を用いた品質の劣る袋帯の販売行為について、旧法1条1項1号に基づく請求は周知性がないこと、著作権に基づく請求は美術の著作物と認められないことを理由に失当としたが、不法行為に基づく請求については、被告製品の図柄は原告製品の図柄の模倣であって、二重桧垣の色・形はほぼ同一、枝垂れ桜・梅の色・形に類似点が多く、丸

紋五個の大きさ・配列・縁取りが類似し、丸紋の中の花柄が相違するものの全体としては原告製品と類似していると認定した（図10参照）上、「原告は、被告の本件袋帯乙の製造販売により、問屋から原告が本件袋帯甲に類似した品質の劣る袋帯を安価で別途に販売しているように誤解されて多数の苦情を受け、本件袋帯甲に関する営業活動及び原告の営業上の信用を侵害された」として、不法行為の成立を認めた（信用毀損を謝罪する意を表す謝罪広告請求を認容し、損害賠償請求については、被告製品の製造販売行為と原告製品の製造販売の中止との因果関係及び損害の発生を認めるべき証拠がないとして棄却）。

図10

東京地判決昭和63.7.1判時1281号129頁「電子楽器事件」も模倣品の製造販売に関する事案であって、原告会社が開発した独創的な携帯用電子楽器（スピーロン）の販売委託を申し込んだ被告会社が原告会社から購入した同製品を分解して知り得た知識に基づいてこれに類似する製品（チェストロン）を製造販売した行為は、原告会社の営業上の利益を故意に侵害したものとして不法行為の成立を認め、損害賠償請求を認容している。

東京高判決平成12.2.24判時1719号122頁「エレキギター事件」は、著名な米国製のエレキギターを模倣して製造販売した行為について、不正競争防止法2条1項1号の不正競争の請求を、いったん獲得した出所表示性が既に消失しているとした上、予備的に主張した不法行為の請求を、商品形態の模倣行為は自由競争として許される範囲を逸脱するものであるが、模倣

品の存在を放置したこと、その形態が業界に参入することは困難であること、模倣行為が存在することによりオリジナルの名声が高められた面もあることなど、状況の変化を考慮すると、模倣行為に違法性を認めることはできず、不法行為は成立しないと判示した。

また、東京地判決平成11.12.21判時1709号83頁「電路支持材事件」は、電炉支持材の形態を模倣して製造販売した行為について、その商品形態に特別顕著性がないとした上、予備的に主張した不法行為の請求を、全国で90％近いシェアを占める電路支持材の形態につき、形態的特徴の主な部分が技術的機能に由来するものであることや基本的形状を同じくする製品が数多く存在することを理由に、その形態は独占可能性を欠くものであるとして、不法行為性を否定した。東京地判決平成15.10.31判時1849号80頁「換気口用フィルタ事件」は、被告の換気口用フルタの形態を模倣して製造販売する行為が、①意匠権侵害に該当せず、②不正競争行為にも該当しない場合において、予備的に主張した不法行為の請求につき、「このような場合において不法行為が成立するためには、（中略）先行者が費用、労力及び時間をかけて開発した成果にフリーライドし、ことさら先行者に損害を与えることを意図して、法律上保護に値する営業上の利益を著しく不公正な方法により侵害した場合には、自由競争の範囲を逸脱して不法行為を構成するというべきであるが、他方、市場における競争は、本来自由であり、新規商品が開発されて市場に出された後、知的財産権を侵害しない同種の商品を販売することにより先行者との間で競争関係が生じること自体は自由競争の範囲内の行為」であると判示し、当該事案について、形態に大きな差異があること、先行技術をもとに、知的財産権を侵害しないよう独自の商品開発をすることは非難されるべきものではないこと、同じ種類の商品である以上、商品用途及び商品機能デザインの類似は不可避であること等から、ことさら相手方に損害を与えることを意図して、法律上保護に値する相手方の営業上の利益を、著しく不公正な方法により侵害したとはいえないとした。東京地判決平成13.9.6判時1804号117頁「宅配鮨事件」も、殊更に相手方に損害を与えることのみを目的としてなされたような特段の事情が存在しない限り、一般不法行為を構成することもないとして、特段

の事情を認めず不法行為の成立を否定した。

　不正競争防止法上の保護要件は充足しないとしつつ、民法709条の不法行為に該当するとして、損害賠償請求を認めた判例もある。大阪地判決平成16.11.9判時1897号103頁「ミーリングチャック事件」は、切削加工を行う工具を把持する取付具であるミーリングチャックの形態に、商品等表示としての周知性がなく、不正競争防止法2条1項1号に該当しないとした上、「一連の営業活動行為の態様が、全体として、公正な競争秩序を破壊する著しく不公正な方法で行われ、行為者に害意が存在するような場合には、当該行為が全体として違法と評価され、民法上の不法行為を構成することもあり得る」とし、具体的な事実関係の下で、不法行為性を肯定した。

　さらに、知財高判決平成17.10.6裁判所HP「ヨミウリ・オンライン事件」は、新聞社（原告・控訴人）が運営するHP上にニュース記事及びその記事見出しを掲出していたところ、自社（被告・被控訴人）の開設するHPのタグにおいて同一の見出し語句を複製して使用し、かつタグを無償で第三者に配布した行為について、「無断で、営利の目的をもって、かつ、反復継続して、しかも、YOL見出し記事に依拠して、特段の労力を要することもなくこれらをデッドコピーないし実質的にデッドコピーしてLTリンク見出しを作成し、これらを自らのHP上のLT表示部分のみならず、2万サイト程度にも及ぶ設置登録ユーザーのHP上のLT表示部分に表示させるなど、実質的にLTリンク見出しを配信しているもので」、「社会的に許容される限度を超えたものであって、控訴人の法的保護に値する利益を違法に侵害したものとして不法行為を構成する」と判示して損害賠償義務を認めた（差止請求は棄却）。

④　無体物の模倣と不法行為の成否

　①ないし③において述べたところは、不正競争防止法の規定する商品と認められない無体物についても、ほぼ同様の判断基準をもって妥当するであろう。

　東京高判決昭和57.4.28無体集14巻1号351頁「タイポス書体事件」は、タイポス書体と呼ばれる無体物は旧法1条1項1号にいう商品表示に当たらないとした上（なお、現在では、前述のとおり無体物も一定の範囲で不正競争防止法の

「商品」に含まれており、特定の書体が1条1項1号の「商品」に当たるとする判例も見受けられる。)、原告製品の書体及び母型を模倣した写植機用文字盤の販売による不法行為の成否について「もともと、文字の書体は、線の一定の配列により特定の音又は意味内容を伝達するものであるから、当然一定の形態をとることになる。したがって、そのような一定の形態をとる一つ一つの文字自体における個々の形態ないしその創作も保護しなければならず、法律上の保護に値する利益があるものとすれば、無限に存する書体自体の私有化を認めるに等しい結果となり、本来国民共有の財産たるべきはずの文字は、僅かな者の独占的使用に委ねられ、国民による文字の自由使用は不可能になってしまうのであって、帰結するところは明らかに不当である」と判示して不法行為の成立を否定した(本判決の批評として、牛木理一・前掲判例不正競業法241頁以下。同250頁によれば上告審で被告製品を製作・販売しない旨の和解が成立している)。

　判例は、書の著作物性は肯定するが、書体の著作物性は原則として否定する傾向にある。東京高判決昭和58.4.26無体集15巻1号340頁「ヤギ・ボールド事件」は、文字及びこれに付随して用いられる記号は著作物性を有しないとし、最高一小判決平成12.9.7民集54巻7号2848l頁「ゴナ書体事件」は、印刷用書体一般に著作物性を肯定した場合の弊害を論じた上で、印刷用書体が著作権法2条1項1号にいう著作物に該当するための要件として、「従来の印刷用書体に比して顕著な特徴を有するといった独創性を備えていることが必要であり、かつ、それ自体が美術鑑賞の対象となり得る美的特性を備えていなければならない」と判示した上、本件書体は従来からあるゴシック体のデザインから大きく外れるものではなく、上記要件を備えていないとして著作物性を否定した。これに対し、東京地判決昭和60.10.30無体集17巻3号520頁「私の散歩道事件」、東京地判決平成元.11.10無体集21巻3号845頁「動書事件」は、いずれも書家による書が思想又は感情を表現したものとして著作物性を認める。しかし、墨の濃淡・筆勢、字全体の形等による表現に著作物性を認めることと書体の著作物性を否定することを明確に区別できるか問題が残るだけでなく、創作性のある書体を用いた製品を模倣して営業活動が侵害された場合に不法行為の成立を認めること(さら

にはその書体に法的利益を認め、これを用いた製品の不当な模倣販売行為に不法行為の成立を認めること）は決して国民による文字の自由使用を不可能にするものではない。

　大阪地判決平成元.3.8無体集21巻1号93頁「モリサワ・タイプフェイス事件」は、写植機用文字盤に搭載するために製作された亜細亜中明朝体文字及び亜細亜太ゴシック体文字の書体について著作物性を認めなかったが、これと類似する書体を搭載した写植機用文字盤の製作販売による不法行為の成否について「著作物性の認められない書体であっても、真に創作性のある書体が、他人によって、そっくりそのまま無断で使用されているような場合には、これについて不法行為の法理を適用して保護する余地はあると解するのが相当である」と判示している（本件事案については創作性の内容が明らかでなく、被告書体は原告書体をそっくりそのまま流用したとはいえないとして、請求を棄却した）。

⑤　不法行為の成立と差止請求権の存否

　模倣による不法行為が成立する場合、これにより法的利益（営業活動ないし知的財産）を侵害された者は、損害賠償請求権を取得する（民法709条・710条）。損害賠償としては、財産的損害と精神的損害（法人については無形の損害）の賠償がある。

　しかし、不法行為による差止請求権や営業上の信用回復措置請求（信用毀損として民法723条の適用がある場合を除く）は認められない。不法行為の効果として差止請求権を認める見解もある（例えば、浜田稔「不法行為の効果に関する一考察」私法15号91頁）が、判例は排他的支配的な権利としての物権的請求権であることを原則とし、人格権であっても生命・身体・名誉等の極めて重大な法益については物権と同様排他性のある権利として差止請求権を認め（最高大法廷判決昭和61.6.11民集40巻4号872頁「北方ジャーナル事件」）、不法行為の効果として差止請求権を認めるには至っていない。前掲東京高平成3.12.17判決が「相手方の不法行為を理由に物の製造、販売及び頒布を差止める請求は、特別にこれを認める法律上の規定が存しない限り、右不法行為により侵害された権利が排他性のある支配的権利である場合のみ許されるのであって、本件のように不法行為による被侵害利益がこのような権利

ではなく、取引社会において法的に保護される営業活動にとどまるときは、相手方の不法行為を理由に物の製造、販売及び頒布を差止める請求をすることはできない」と判示しているのは、このような判例理論を踏襲したものである。この点が不正競争防止法による商品表示や営業表示の保護とは大きな相違点となる。

(5) デッド・コピーの規制と不正競争防止法の改正

　このように見てくると、知的財産の模倣は、それが特許権・実用新案権・意匠権・商標権・著作権の侵害に当たらず、また、不正競争防止法の保護対象とならない場合でも、不法行為法による保護を受け得る。しかし、不法行為を理由に相手方の物の製造、販売及び頒布を差止める請求をすることはできないから、知的財産の保護として十分といえない場合が生じることを理由に、模倣、特にデッド・コピーについて不正競争防止法の改正によりこれを不正競争行為として規制すべきである、という意見が台頭してきた（模倣の規制について諸外国の立法と不正競争防止法の改正の方向を検討した論稿として、小泉直樹「他人の商品等の不当な模倣」NBL502号68頁以下がある）。

　産業構造審議会知的財産政策部会の平成4年12月14日付中間答申「不正競争防止法の見直しの方向」は、この点について、「デッドコピーの規制」の一項目を設け、「複写・複製技術の進歩、流通システムの発展により、先行開発者の成果物の模倣により模倣者がコストやリスクを大幅に軽減でき、模倣者と先行開発者との間に競争上の著しい不均衡が生じ、先行者に回復不能な損害を与えるおそれが高まっている。競争事業者が開発・マーケッティング等に投下した資金・労力を冒用し、自ら負担すべき固有の費用、労力やビジネスリスクを負担することなく、市場へ参入する行為については、それらを負担する先行者に対する自己の競争上の地位を不正に高め、先行者から市場における先行の利益を奪うものであり、公正な商慣習に反するものと考えられる。このような観点から、特に、他人の商品形態を完全に模倣し、当該他人と競争する行為を規制する規定を導入することが適切である。その際、技術的に不可避な形態その他の正当な理由がある場合の適用除外、取引上の安全の確保について検討するとともに、請求権

の行使に期間的制限を設けることについても併せて検討することが適切である」（「中間答申骨子」特許ニュース8511号4頁）とした。

　平成5年改正法は、この答申を受けて、2条1項3号に商品形態模倣行為、すなわち、「他人の商品（最初に販売された日から起算して3年を経過したものを除く）の形態（当該他人の商品と同種の商品（同種の商品がない場合にあっては、当該他人の商品とその機能及び効用が同一又は類似の商品）が有する通常の形態を除く）を模倣した商品を譲渡し、貸し渡し、譲渡若しくは貸渡しのために展示し、輸出し、若しくは輸入する行為」を不正競争行為として規制する規定を新設し、平成17年改正法は、同号を「他人の商品の形態（当該商品の機能を確保するために不可欠な形態を除く。）を模倣した商品を譲渡し、貸し渡し、譲渡若しくは貸渡しのために展示し、輸出し、又は輸入する行為」と改正し、かつ、2条4項に「商品の形態」について、同条5項に「模倣する」について、定義規定を新設した。

2　商品の形態

　商品形態模倣行為における「商品」とは、一般市場で流通に供されることを目的として生産され、又は取引される物をいい、有体物に限らず、無体物であっても、例えばプログラムなどの管理可能なものを含む。知財高判決平成28.11.30裁判所HP「スティック加湿器事件（控訴審）」は、商品展示会に出展されたが販売には至っていなかった加湿器の「商品」該当性が争点となった事案において、商品開発者が商品化に当たって資金又は労力を投下した成果を保護するとの形態模倣の禁止の趣旨から、「他人の商品」とは、「資金又は労力を投下して取引の対象となし得ること、すなわち、「商品化」を完了した物品であると解するのが相当であり、当該物品が販売されているまでの必要はないものと解される」、「取引の対象とし得る商品化は、客観的に確認できるものであって、かつ、販売に向けたものであるべきであり、量産品製造又は量産態勢の整備をする段階に至っているまでの必要はないとしても、商品としての本来の機能が発揮できるなど販売を可能とする段階に至っており、かつ、それが外見的に明らかになっている必要があると解される」と判示した上、展示会に出展された加湿器は「他人

の商品」に該当すると判断した（その原審である東京地判決平成28.1.14判時2307号111頁「スティック加湿器事件」は「商品」該当性を否定していた。）。

なお、原告商品が被告にとって「他人の」商品に該当するかが問題となった事例として、東京地判決平成21.3.27裁判所HP「ハッピーラッキーボンバー事件」があり、同判決は、原告が原告商品に特有の形態的特徴であると主張する点について、原告代表者及び被告の従業員が共同で発案した可能性を否定できないとして、原告商品の「他人の商品」該当性を否定した。

また、商品の「形態」とは、「需要者が通常の用法に従った使用に際して知覚によって認識することができる商品の外部及び内部の形状並びにその形状に結合した模様、色彩、光沢及び質感」をいう（2条4項）。同定義規定は、商品の外観だけでなく、需要者に容易に認識され得る商品の内部の構造まで「商品の形態」に含まれるとする判例の解釈をふまえ、「商品の形態」の意義を明確化するため、平成17年改正法において、新設された。スケジュール管理ソフトウェアについて、東京地判決平成15.1.28判時1828号121頁「PIM事件」は、「形態が同一又は実質的に同一であるかどうかを判断するに当たっては、当該商品と同種の商品が通常有する形態を除外した上で、製品全体を比較して判断すべきである」と判示し、ソフトウェアの個々及び全体の画面表示を商品の「形態」と捉えて、2条1項3号の該当性（結論としては否定）について、検討を行っている。商品の「形態」は、本来商品の機能性を高め、又はその美感を取引者、需要者に訴えるために選択使用されるものであるが、同時にその個別化を図ることにより商品に自他商品の識別機能を持たせるものであることは、商品・営業主体混同行為について述べたとおりである。

商品は、我が国内において流通するものであれば、我が国において生産されたものであるか外国において生産されたものであるかを問わない。平成17年改正法前は「最初に販売された日から3年を経過したもの」は商品形態模倣行為の規制対象から除くと規定されていたが、この規定部分は平成17年改正法により削除され、新たに適用除外として「日本国内において最初に販売された日から起算して3年を経過した商品」についての譲渡等の行為（19条1項5号イ）が追加された（経済産業省知的財産政策室・前掲一問一答

31頁は「適用除外規定に移行することにより、立証責任が保護期間が終了したことを主張する者にあることを明確にしました。」としている）。

　商品の形態は、当該商品の性質、目的、用途等からみて、特徴のある形態であることを要し、「当該商品の機能を確保するために不可欠な形態」（その商品であれば当然有しているようなありふれた形態を含む）は、不正競争行為とはならない。この点に関し、平成17年改正法前の2条1項3号は、「当該他人の商品と同種の商品（同種の商品がない場合にあっては、当該他人の商品とその機能及び効用が同一又は類似の商品）が通常有する形態を除く」と規定していたが、「通常有する形態」の意義が不明確であるとの指摘がなされていたため、これを明確化する趣旨で、平成17年改正法において、「当該商品の機能を確保するために不可欠な形態を除く」と文言が改められた（山本・前掲要説123頁は、「これはその種類の商品の特有の機能を発揮するために一義的に決まってくる形態、すなわちどうしても採らざるを得ない形態をいう」とし、「たとえば、カメラであれば、被写体を撮るにはその外見上、一定のボディ、レンズ、シャッター・ボタン、ストロボ発光部などはどうしても必要であり、このようなものを指す」と例示している）。なお、産業構造審議会知的財産政策部会不正競争防止小委員会の平成17年2月報告書「不正競争防止法の見直しの方向性について」では、「当該商品の機能を確保するために不可欠な形態及びありふれた形態を除く」との改正案が提案されていた。「ありふれた形態」が改正時に削除された理由は不明であるが、条文の趣旨からすれば、「ありふれた形態」も「当該商品の機能を確保するために不可欠な形態」に含まれると考えるべきであろう（経済産業省知的財産政策室・前掲一問一答29頁も改正による実質的変更はないとしている）。前掲東京地判平成28.7.19「フェイスマスク事件」は、不正競争防止法2条1項3号が「商品の形態」を保護する趣旨に鑑みれば、「同種の商品にしばしば見られるありふれた形態は、特段の資金や労力を投下することなく作り出すことができるから、同号の保護対象となる「商品の形態」にはあたらない」と判示し、知財高判決平成26.2.26裁判所HP「小型携帯電気マッサージ器事件（控訴審）」は、「模倣品を規制することにより、市場における先行者の利益を保護し、先行者の商品開発及び市場開拓のインセンティブを確保し、公正な競業秩序を維持するとの不正競争防止法の

趣旨に照らせば、同法2条1項3号によって保護される「商品の形態」とは、広く商品全体の形態をいうものであって、商品の機能を確保するために不可欠の形態及びありふれた形態は除外されるものの、形態自体が高い独創性を有することが必要とされるものではない」と判示している。

まず、2条1項3号にいう「商品の形態」に当たるかについては、具体的な商品を離れたアイディアや、商品の形態の抽象的な特徴は、「商品の形態」として保護されない（東京地判決平成9.6.27判時1610号112頁「キャリーバッグ事件」）。東京地判決平成27.9.30裁判所HP「デザイン画事件」は、衣料品のデザイン画が「商品の形態」にあたり、被告の販売する衣料品等がこれを「模倣した商品」であると主張された事案において、「「商品の形態」とは、これに依拠して実質的に同一の形態の商品である「模倣した商品」を作り出すことが可能となるような、商品それ自体についての具体的な形状をいう」、「不競法2条1項3号の商品形態の保護が、実際に商品の販売が開始される前には一切及ばない趣旨とまでは解されないものとしても、そこでいう商品の形態は、前記のとおり具体的なものであることが前提であるものと解される」と判示し、「本件デザイン画は、衣料品の観念的、概略的なデザインにすぎず、いずれもその品目に示された衣料品等の具体的な形状を示すものではないから、被告の販売する衣料品等は、不競法2条1項3号にいう「他人の商品の形態……を模倣した商品」には当たらない」と判断している。

また、大阪地決定平成8.3.29知的裁集28巻1号140頁「サンダル事件」は、商品であるサンダルにタグで付されている商品説明書の類でも商品自体と一体となり、容易に切り離し得ない態様で結び付いているものは2条1項3号の「商品の形態」に含まれるが、債務者商品のサンダル自体の形状は商品が通常有する形態にすぎず、前記商品表示がサンダル本体と前記態様で結び付いているとはいえないとして販売差止仮処分申請を却下した（同旨東京地判決平成13.9.6判時1804号118頁「宅配鮨事件」、東京地判決平成15.7.9判時1833号142頁「ユニット家具事件」）。

商品に限られるから、「役務」の模倣は規制対象とならない（小野・松村・前掲概説266頁は、役務提供の模倣などにも他人の成果の不当利用はあるものの、無形

の役務の模倣からの保護と無形のアイデアの保護とは区別し難いこともあり、役務の模倣の禁止は見送られたと説明している)。

　機械装置等の組成部品であっても、それ自体独立して商取引の目的物として流通性を有するときは、ここにいう商品たり得るが、当該機械装置等に組み込まれ、その一要素を成すときは商品としての独立性を失っており、当該機械装置自体の形態の部分的特徴を形成するにすぎない。東京地判決平成17.5.24判時1933号107頁「マンホール用足掛具事件」は、商品の形態の一部分が、独立した譲渡、貸渡し等の対象でなく、販売の単位となる商品の一部分を構成しているにすぎない場合には、当該一部分に商品の形態の特徴があって、その模倣が全体としての「商品の形態」の模倣と評価し得るなど特段の事情がない限り、原則として、その一部分の形態をもって「商品の形態」ということはできないとしている（東京地判決平成24.1.25裁判所HP「編みぐるみバックチャーム事件」も同旨）。商品の内部にあって、外部から視認することができない形態も同様である。大阪地判決平成8.11.28知的裁集28巻4号720頁「長尺ホース事件」は、商品の機能、性能を実現するための構造であっても、外観に顕れない内部構造に止まる限りは2条1項3号の「商品の形態」に当たらないと判示する（前掲名古屋地判決平成14.6.28「防災平板瓦事件」、前掲東京地判決平成28.7.19「フェイスマスク事件」も同旨）。なお、東京高判決平成13.9.26判時1770号136頁「小型ショルダーバッグ事件」は、「この種の実用的な小型ショルダーバッグにおいては、需要者は、その内部構造も観察、確認するなどした上で購入するかどうかを決定するのが通常であると考えられ（中略）広告等において、その内部構造がむしろ重要なセールスポイントとして示されている」とし、内部構造に係る形態であっても、需要者が購入にあたり注目し、容易に視認できる場合は「商品の形態」としての保護を受け得ると判示した（同旨の見解として、山本・前掲要説119頁。これに対し経済産業省知的財産政策室編「逐条解説　不正競争防止法（平成27年改正版）」38頁は、「外部の形状に実質的同一性が認められない場合には、内部の形状のみをもって保護を受けることはできない」としている)。

　また、商品そのものでも、組み込まれた部品でもない、商品の容器や包装が「商品の形態」の一部と認められるかについて、大阪地判決平成

14.4.9判時1826号132頁「ワイヤーブラシセット事件」は、「商品の容器や包装についても、商品と一体となっていて、商品自体と容易に切り離せない態様で結びついている場合」には、「商品の形態」に含まれると解すべきであるとし、また、前掲東京地判決平成15.10.31「換気口用フィルタ事件」は、「商品自体のみならず、その包装袋をも含めて一体として商品の形態と捉える余地がないとはいえない」とし、包装袋のデザインや、商品の収納状態を「商品の形態」ととらえ、対比を行っている。前掲東京地判決平成13.9.6「宅配鮨事件」は、宅配鮨につき、一般論として、「容器の形状や、これに詰められた複数の鮨の組合せ・配置に、従来の宅配鮨に見られないような独自の特徴が存するような場合」には、「商品の形態」となり得ると判示している。東京地判決平成15.10.30判時1861号110頁「モデルハウス事件」は、「ここにいう『商品の形態』とは、流通に置かれる当該商品全体の形態を指すものと解すべきである」とした上で、居住用建物の場合、玄関側外観は当該商品の形態として無意味にならないという観点から検討して原告建物と被告建物が同一ないし実質的に同一といえるほどに類似していないと判示して、不正競争行為とは認めなかった。

　また、「同種の商品が通常有する形態」であるか否かの判断の基礎資料について、大阪高判決平成18.4.19平成17年2866号裁判所HP「ヌーブラ事件」（原審大阪地判決平成17.9.8判時1927号134頁）は、「実際に商品化されたものに基づいて判断すべきであり、単に特許公報に図面が記載されているだけでは足りないというべきである」として、特許公報の記載を判断の基礎から除外し、控訴人（原告）商品は「同種の商品が通常有する形態」であるとはいえないとした。これに対し、公開特許公報等に記載された実施例の形態も参照の上、「同種の商品が通常有する形態」か否かを判断しているものとして、名古屋地判決平成14.6.28裁判所HP「防災平板瓦事件」、大阪地判決平成18.1.23裁判所HP「ヌーブラ事件」がある。不正競争防止法が規制する不正競争行為は、取引社会における物の流通を前提にしているものであるから、「商品の通常有する形態」に該当するかは、実際に商品化されて取引社会に流通している商品の形態に基づいて判断すべきものであろう。

また、東京地判決平成11.2.25判時1682号124頁「エアソフトガン事件」では、モデルガンの製品本体に当初から組み込まれる部品と同一の形態の部品（純正部品）について、①商品の性質上その形態が一義的に決まるものであり、先行者が形態開発のために投下した費用・労力を保護するという立法趣旨が妥当しない、②純正部品は、特定の製品のみを本体として使用するという性質上、取付部位や係合する部品との関係などから形状が一義的に決まるものであり、独立した商品としての純正部品自体には形態につき創意工夫が働く余地がない、③特許権、意匠権などを通じて純正部品の製造・販売について法的保護を受けることが可能である、④純正部品の形態の模倣を許さないと、互換性部品が先に販売されたときは、本体の製造者による純正部品の販売が制限されかねないなどの理由から、純正部品の形態は、法2条1項3号の「通常有する形態」に該当するとして、互換性部品の販売業者に対する損害賠償請求を棄却している。これに対し、控訴審である東京高判決平成14.1.31判時1815号123頁は、互換性部品も「通常有する形態」に該当しないとして同部品の販売業者に損害賠償責任を認めた。

　ありふれた形態の組み合わせであると認められる商品については、商品の部分的形態のみならず、商品の形態を全体的に観察する必要がある。知財高判決平成17.12.5裁判所HP「ノースリーブ型カットソー事件」は、「同種の商品が通常有する形態」に該当するかどうかは、「商品を全体として観察して判断すべき」であるとして、原告商品の販売以前に、丸首ネックとホルターネックを組み合わせた商品は見当たらないと判示した（東京地判決平成16.9.29裁判所HP「チェーン付カットソー形態模倣事件」も同旨）。原審である東京地判決平成17.3.30判時1899号137頁が、個々の部分的形状を取り出し、それがありふれたものであるかを判断した上、各形状を組み合せることが容易かどうかを問題とする判断手法を採ったことについて、誤りであるとし、原判決を変更したものである（同旨　知財高判決平成20.1.17裁判所HP「婦人服デザイン事件」は、「問題となるのは、商品全体の形態が同一であるかどうかであり、個々の要素がありふれたものであることやその組合せが容易であるか否かではない」と判示する。東京地判決平成24.12.25判時2192号122頁「携帯ゲーム機用タッチペン事件」も同旨。）。

輸入品の形態模倣に関し、日本においては一般的な形態とまではいえないが、外国においては一般的な形態である場合について、大阪地判決平成27.10.29裁判所HP「草刈機保護カバー事件」は、「両商品の形態の特徴の共通点は、少なくとも韓国においては、同種商品の間において、よく見られた形態の一態様にすぎないものであった」と認定した上、「原告商品及び被告商品がいずれも韓国で開発製造され日本国内に輸入された商品であることを考慮するならば、先行開発者の開発利益を保護するという不正競争防止法2条1項3号の趣旨に照らし、そのような形態の特徴の共通性に重きをおいて両商品の形態が酷似していると評価して原告商品の形態に保護を与えることは相当ではない」と判示している。

3　模倣

商品形態模倣行為における「模倣する」とは、「他人の商品の形態に依拠して、これと実質的に同一の形態の商品を作り出すこと」(2条5項)をいう。

商品形態も自他識別機能を備えることによって2条1項1号にいう商品表示と認められる。2条1項1号による規制には、その商品形態に周知性が認められ、かつその商品形態と類似の商品表示が使用される等して混同のおそれが生じることを要するのに対し、2条1項3号による規制は、周知性も混同のおそれも要件としない反面、その商品形態の模倣行為に限られる。したがって、両者は、互いに一部ずれて重なり合う関係にあるといえよう。

平成5年改正法によって新設された2条1項3号にいう「模倣」がいわゆるデッド・コピー行為を規制することを意図したものであることは疑いない。しかし、デッド・コピーを厳密な意味で、同一商品形態をそのまま創出することをいうと理解すれば、これに当たるものは極めて少数例外的になるであろうし、同一性を失わない程度に改変して不当な利益を得る行為を規制できないことになり、不正競争を防止して健全な国民経済の発展を期するという不正競争防止法の目的を達成することはできない。その反面、模倣の範囲を拡張することは新しい商品開発を抑止し、市場の活性化が阻害されるおそれも生ずる。その意味で模倣を客観的側面からみた場合、実質的同一性を模倣の判断基準とする見解が有力であった（例えば、山本・前掲

要説125頁、田村善之「機能的知的財産法の理論」44頁は、「模倣」とは、デッド・コピーのこと、すなわち商品の形態が酷似していることであると定義しているが、酷似と実質的同一との間に規制対象範囲に差があるとは考えられない)。かかる観点から、平成17年改正法前の判例・通説も、「模倣」の意味について「実質的同一性説」を採用していたところ、これを明文化したのが、平成17年改正により新設された2条5項の定義規定である。

　実質的同一の範囲は、具体的事案に即して判断すべきものであるが、その判断主体は当該商品の取引者・需要者であり、具体的な商品ごとに取引者・需要者が先行商品の形態と同じものと認識するか否かを基準とすべきであろう。

　東京高判決平成10.2.26判時1644号153頁「ドラゴン・ソードキーホルダー事件」は、「『模倣』とは、既に存在する他人の商品の形態をまねてこれと同一または実質的に同一の形態の商品を作り出すことをいい、客観的には、他人の商品と作り出された商品とを対比して観察した場合に、形態が同一であるか実質的に同一といえる程に酷似していることを要し、主観的には、当該他人の商品形態を知り、これを形態が同一であるか実質的に同一といえる程に酷似した形態の商品と客観的に評価される形態の商品を作り出すことを認識していることを要する」と判断し、客観要件としての「実質的同一性」と、主観要件としての「模倣の意図」が必要であると述べている。ただし、これまでの判例において、客観要件である実質的同一性を認めた上で、「模倣の意図」が存在しないから模倣とはいえないと判断したケースは存在しない。

　これまで、「実質的同一性」があるものとして模倣を認めた事例として、東京地判決平10.2.25判タ973号238頁「たまごっち事件」では、X商品とイ号商品とは、その形態のほとんどの特徴を共通し、とりわけ、本体部分全体の輪郭形状や寸法、正面に設けられた液晶表示画面の寸法、操作ボタンの配置や形状といった形態の基本的な構成要素において、全くといっていいほどの同一性を有するのに対し、両者の形態の唯一の相異点である液晶表示画面周囲のギザギザ状の窪みについては、X商品全体の形態において、液晶ゲーム機としての重要な構成要素とはいえず、付随的な部分にすぎな

いものと認められることを考慮すれば、X商品とイ号商品とは、実質的に同一の形態を有するものと評価し得るなどと述べ、さらにX商品が爆発的なヒット商品となり、その後4ヶ月以上が経過してからイ号商品が発売されていること、イ号商品の商品名「ニュータマゴウォッチ」が、原告商品の「たまごっち」と呼称及び観念において類似していることなどの事情を考慮して、イ号商品がX商品に依拠して作成されてものであることを推認できるとした。前掲知財高判決平成26.2.26裁判所HP「小型携帯電気マッサージ器事件（控訴審）」は、「商品の形態を比較した場合、問題とされている商品の形態に他人の商品の形態と相違する部分があるとしても、当該相違部分についての改変の内容・程度、改変の着想の難易、改変が商品全体の形態に与える効果等を総合的に判断した上で、その相違がわずかな改変に基づくものであって、商品の全体的形態に与える変化が乏しく、商品全体から見て些細な相違にとどまると評価されるときには、当該商品は他人の商品と実質的に同一の形態というべきである。」と判示している（東京地判決平成25.11.13裁判所HP「ストッキング事件」等も同旨）。なお、東京地判決平成12.12.26判時1742号128頁「磁気活水機事件」は、「看者に強い印象を与えるか否か」を実質的同一性の判断基準の一要素としている。

　前掲大阪高判決平成18.4.19「ヌーブラ事件」は、「商品の基本的形態のみならず具体的形態においても実質的に同一であることが必要」という基準により、カップ部分の質感や艶の相違をもって、実質的同一性を否定した。

　その他実質的同一性があると判断した判例として、大阪地判決平成10.9.10判時1659号105頁「タオルセット事件」、大阪地判決平成10.9.17判タ1021号258頁「オーブントースター用網焼プレート事件」、東京地判決平成11.6.29判時1692号129頁「プリッツ・プリーズ事件」、東京地判決平成13.1.30判時1742号128頁「小型ショルダーバッグ事件」（東京高判決平成13.9.26判時1770号136頁により控訴棄却）、東京地判決平成14.11.27判時1823号138頁「カタログ販売衣料事件」、東京地判決平成23.6.17裁判所HP「デジタル歩数計事件」、東京地判決平成23.3.10裁判所HP「冬虫夏草事件」、大阪地判決平成24.6.7裁判所HP「ウィンカー装飾品事件」、前掲東京地判決平成24.12.25判時2192号122頁「携帯ゲーム機用タッチペン事件」、大阪地判決

平成25.5.30裁判所HP「婦人用ハンドバッグ事件」、前掲大阪地判決平成23.10.3判タ1380号212頁「水切りざる事件」、東京地判決平成25.7.19裁判所HP「小型携帯電気マッサージ器事件」(その控訴審である前掲知財高判決平成26.2.26裁判所HP「小型携帯電気マッサージ器事件(控訴審)」も同旨)、東京地判決平成23.3.31判タ1399号335頁「青色婦人服事件」(ただし、実質的同一性が否定された商品もある。)、大阪地判決平成26.8.21裁判所HP「シュエッティーベアその2事件」(他方、同一原告による類似事案である大阪地判決平成26.4.22裁判所HP「シュエッティーベアその1事件」は、実質的同一性を否定している。)、東京地判決平成27.7.16裁判所HP「婦人服事件」等がある。

　他方、実質的同一性がないと判断したものは、東京地判決平成9.3.7判時1613号134頁「ピアス孔用保護具事件」、前掲東京高平成10.2.26判決(商品形態模倣行為と認めた原判決取消、請求棄却)、東京地判決平成12.12.26判時1742号128頁「磁気活水機事件」、前掲東京地判決平成15.10.31「換気口用フィルタ事件」、大阪地判決平成17.9.8判時1927号134頁「ヌーブラ事件」、大阪地判決平成18.11.16判時1978号141頁「背負いリック事件」、東京地判決平成19.10.23裁判所HP「人工魚礁事件」、大阪地判決平成21.6.9判タ1315号171頁「アトシステム事件」、大阪地判決平成21.12.10裁判所HP「フロントテーブル事件」、東京地判決平成23.4.26裁判所HP「青色デニムパンツ事件」、大阪地判決平成24.12.20裁判所HP「自動車用ホイール事件」、東京地判決平成25.4.12裁判所HP「キャディバッグ事件」、前掲東京地判決平成25.11.13裁判所HP「ストッキング事件」、前掲東京地判決平成26.4.17裁判所HP「TATSUYA　IDEA　KITCHEN事件」、東京地判決平成27.11.11裁判所HP「防災用キャリーバッグ事件」等がある。

　また、模倣という概念は、それ自体「まねる(似せる)」という主観的側面を含んでいる。その意味では、創作の結果が先行商品と実質的に同一と認識されるものであっても、他人の商品の形態に依拠した創作、すなわち行為者に先行商品をまねるという主観的意図がなければ、模倣行為は成立しない(同旨前掲東京高平成10.2.26判決)。ただ、現実に後発商品が先行商品の形態に酷似するような場合、それだけで、模倣の意図が事実上推定されるといえるのであって、後発商品の創出者にその推定を覆す反証の提出が必

要となるであろう。その場合、後発商品の創出者が当該先行商品にアクセスする機会があった否かは重要な判断資料となるものと思われる。なお、大阪地判決平成21.6.4裁判所HP「マグボトル事件」においては、被告は中国の会社から輸入した商品を被告物件として日本国内で販売しており、被告物件は原告物件より先に中国国内において製造販売されていたものと認められるから、被告物件が原告物件の形態に依拠して作り出されたものでなく、被告物件が原告物件の形態を模倣した商品に該当しないことは明らかであると判断されている。

4　模倣商品の使用等

不正競争行為となるのは、他人の商品の形態を「模倣した商品を譲渡し、貸し渡し、譲渡若しくは貸渡しのために展示し、輸出し、若しくは輸入する行為」である。

ここにいう「譲渡」、「展示」、「輸出」、「輸入」の意味は、商品・営業主体混同行為において解説したとおりであり、「貸し渡し」は、契約関係等による権利設定に基づく占有の移転をいい（有償、無償は問わない）、単なる占有の移転を含まない点で「引き渡し」と異なる。

なお、不正競争行為に基づく差止請求権等の請求主体については、第4節「1」「3」を参照されたい。

IV　営業秘密侵害行為

1　営業秘密の民事法上の保護と不正競争行為
　　―不正競争防止法による営業秘密保護に至る経過―
不正競争防止法による営業秘密保護に至る経過

ある人ないし企業が、画期的な新規製品（例えば、光ファイバー、半導体、液晶）を開発した場合、あるいは物の製造技術について、従来技術に比べて技術的熟練を必要とせず、簡単な工程でしかも安い価格で物を製造できる方法を発明した場合、選択できる手段は通常二つある。

一つは、技術を公開することにより法的保護を求める手段であって、特許出願・実用新案出願等がこれに当たる。

もう一つは、技術の公開を避け、秘密にしておくことにより技術を独占する手段で、いわゆるノウ・ハウがこれに当たる。

　ノウ・ハウの定義については、ノウ・ハウが成文法上の用語でないため、論者によって若干の差異があるものの、広義においては、「工業技術に使用されるすべての知識」であり、通常ノウ・ハウの法的保護の問題として論じるときは、これら技術的知識のうち、現行知的財産権制度による権利として保護されるもの（特許権、実用新案権等の対象である技術的思想の創作）を除き、かつその技術的知識が秘密性をもつことを要件とするものと理解してよいであろう（竹田稔「名誉・プライバシー・企業秘密侵害保護の法律実務」192頁）。

　特許制度は、中世のイギリスの専売条例、ヴェネチア共和国の特許法等に始まり、我が国においても、明治4年の専売略規則、明治18年の専売特許条例等を経て、現行法に至ったものであるが、特許権は、特許発明の技術的範囲（特許法70条1項）において、権利を独占的に行使することができ、権利侵害に対しては、差止請求、損害賠償請求等が認められ、法律的に厚く保護される反面、その代償として技術はすべて特許公報によって公開され、その権利期間も特許出願の日から20年をもって終了すると定められている（特許法67条1項）。

　この点、ノウ・ハウとしておけば、技術内容を公開することなく、しかも期間的制限を受けることもなく、利益を独占することができる。しかし、そのためには、秘密保持のための措置（取引先・従業員に対する秘密保持義務の設定、製造工場における技術管理の徹底等）が必要であり、第三者によって、ノウ・ハウが侵害されたとき、講じ得る法的手段について法律上の明文を欠き、契約不履行の場合には契約内容によっては損害賠償請求のほか差止請求も可能であるが、不法行為による場合には損害賠償請求に頼らざるを得なかった。

　いわゆる先進国の多くは、ノウ・ハウを含む営業秘密を広く法律によって保護している。例えば、アメリカの統一トレード・シークレット法（1979年、1985年一部改正）は、方式、様式、編集、プログラム、考案、方法、技術又はプロセスを含む情報であって、「一般に知られておらず、かつ、正

第2節 Ⅳ

当な手段によっては容易に確かめ得ないもの」をトレード・シークレットとし、その不正な手段による取得、使用等を不正行為として、使用の差止め、損害賠償請求等を認める。また、ドイツ不正競争防止法は、「競業の目的で善良の風俗に反する行為をする者に対しては、中止及び損害賠償を請求することができる」旨規定し、営業秘密の開示、使用行為等は刑事罰の対象にもなる（以上通商産業省知的財産政策室（以下「通産省知財室」と略称する）監修「営業秘密」206頁以下による）。

　この点、我が国の立ち遅れを指摘する国際的視野からの強い批判がみられたが、不正競争防止法に営業秘密の保護規定を設ける直接の契機となったのはガットのウルグアイラウンドTRIPS交渉であったといわれている（通産省知財室・前掲営業秘密20頁）。そして、平成2年改正法によって、広く営業秘密の保護規定が設けられることになったが、前記のような事情を反映してその立法作業は極めて短期間に行われ（渋谷達紀「営業秘密の保護」法曹時報45巻2号2頁）、関連法規、特に民事訴訟制度との調整等は全く行われることがなかった。それでも、営業秘密を保護する立法がなされたことは、我が国における知的財産権制度の充実を期し、国際的協調を図る上からもこれを積極的に評価する見解が一般的である。

　平成2年改正法は、保護対象たる営業秘密を「秘密トシテ管理セラルル生産方法、販売方法其ノ他ノ事業活動ニ有用ナル技術上又ハ営業上ノ情報ニシテ公然知ラレザルモノ」（1条3項柱書）と規定し、この法益を侵害する不正行為として六つの類型を設け（同項1ないし6号）、この不正行為によって営業上の利益を害されるおそれのある者に不正行為の停止又は予防、すなわち差止請求権（1条3項柱書）及びこれに付随する廃棄・除去等の措置請求権（1条4項）を認め、さらに営業上の利益を害された者に損害賠償請求権（1条ノ2・3項）、営業上の信用を害された者に信用回復措置の請求権（1条ノ2・4項）を認めた。

　また、重要なことは、営業秘密の侵害行為がなされた場合、秘密の保有者は、侵害者に対して、損害賠償の請求をすることができる（1条ノ2・3項）が、営業秘密を侵害する不正行為を事前に差し止めること（1条3項各号）によって初めて実効性のある法的措置を講ずることができることである。

しかし、この差止請求の規定がどの程度実効性を持つかは、訴訟手続との関係で問題がある。秘密の保有者は、1条3項各号に定める営業秘密の侵害行為がなされ、あるいはなされようとしている場合、訴訟手続によってその差止めを求めるには、保護の対象たる当該営業秘密がいかなる内容であるか特定しない限り請求の特定ができないから、営業秘密を守るためにこれを開示しなければならないという自己矛盾に陥る。保全処分によるときは、密行性という要請があるが、事案の性質上相手方を呼び出して審尋手続をとることは避けられないし、口頭弁論を開く必要がある場合もあろう。裁判の公開は、憲法上の要請であって、仮に本案訴訟において準備手続を活用したり、裁判官が訴訟運営上適切な配慮をしたとしても、訴訟指揮権によって在廷者に守秘義務を課することもできないであろう。しかも、訴訟記録は原則として誰でも閲覧できる（旧民訴法151条1項）。判決、決定の刊行物への掲載も避けられない。

そのような状況において、平成8年改正の民事訴訟法で訴訟記録の閲覧制限（民訴法92条）の規定が設けられ（平成15年の民訴法改正では、秘密保護のための閲覧等の制限に、132条の2の規定による訴え提起前の営業秘密に関する事項についての照会が加えられた）、さらに不正競争防止法においても、平成16年改正法により、証拠調べ等における秘密保持命令、訴訟記録等の閲覧等の請求の通知、及び当事者尋問等の公開停止の規定が設けられた。詳細は、本書第1章第4節5を参照されたい。

(2) 営業秘密の民事法上の保護
―不正競争防止法によらない営業秘密の民事法上の保護について―
① 営業秘密を保護すべき理由
現代経済社会は、個人の所有と経済活動の自由の原則の上に成り立っており（憲法22条1項、29条1項・2項）、企業間の自由な競争を保障するものであるが、経済的自由は、それが実質的に確保されるためには、自由かつ公正な競争原理によって経済秩序が維持されていることを必要とするものであり、現代法は、決して無秩序で恣意的な自由競争を保障するものではない。

企業間の競争が自由であるからといって、ある企業の技術スタッフが多

年の苦労を重ね、多額の投資をして完成した技術を盗み出し、あるいはこれを不正に買い受けて、自らの企業に使用することが放任されてよい理由はなく、このような経済秩序を乱し信義に反する行為については、民事上の損害賠償、差止め、さらには刑事上の処罰の問題が検討されて当然である。

平成2年法律第66号（平成3年6月15日施行）による不正競争防止法改正前は、営業秘密についての民事上の保護規定は存しなかった。しかし、判例は、知的財産権法の諸規定との調和、これらによって保護される法益との権衡等を考慮しながら、公正妥当な解決を図ってきたということができる。

その代表的な事例は、当事者間に契約関係がある場合の契約不履行責任と、契約関係がない場合の不法行為責任に関する（渋谷達紀「企業秘密侵害行為の諸類型と判例の対応」特許研究7号14頁以下は、侵害行為を秘密の拡散行為、再拡散行為、利用行為に分類して判例を整理しているが、営業秘密侵害と民事法上の責任は、契約関係の有無によって異なるので、この視点から検討する）。

② 営業秘密の侵害と契約不履行

ⓐ 企業間の契約と秘密保持義務違反

企業間の技術援助に伴う契約、特に外国企業との技術交流ないし外国企業からの技術援助は、ノウ・ハウの実施許諾（ライセンス）を契約内容とすることが多く、その場合特約の有無にかかわらず契約当事者に秘密保持義務（ノウ・ハウを第三者に開示せず、秘密を保持する義務）のあることは当然である。この秘密保持義務は、被許諾者（ライセンシー）はもちろん、許諾者（ライセンサー）も負う双務的なものである。けだし、高額の実施料を支払ってノウ・ハウの実施許諾を受けた後に、許諾者によって特許出願されたり、他の企業に実施許諾されると（許諾に地域的限定がある場合の地域外の実施許諾や、特約によって競合的な実施許諾ができる場合を除く）、契約締結の目的が失われ、経済的に多額の損失を蒙る結果になるからである。

また、下請け契約に基づいて、下請業者が元請である営業秘密の保有者から営業秘密を示されてこれを使用する場合には、下請業者が元請たる保有者に対し、使用する営業秘密の秘密を保持する義務を負うのが通例であろう。

浦和地判決昭和58.6.24判タ509号177頁「リバーカウンター事件」は、水

力と円舟によるリバーカウンターの製造技術をノウ・ハウとし、これを使用し得る施設を限定し、使用に対する対価を支払う契約が存する場合において、被許諾者が約定に反し当該装置を許諾者の承諾なく他の店舗に設置したときは、許諾者に対し債務不履行による使用対価相当の損害を賠償すべきである、と判示する。

このような秘密保持義務は、ノウ・ハウの実施契約に限らず、契約内容が営業上の秘密事項に関連する場合にも生じる。東京地判決昭和48.2.19判時713号83頁「日経マグロウヒル事件」は、顧客名簿の製作管理・郵便物の発送等を業とする会社であるX社が雑誌社から雑誌購読者の住所氏名を収めたコンピュータ用磁気アドレステープ（その作成には多額の費用と時間を要し、高い利用価値がある）を受け取って封筒に住所氏名を印刷し、読者に発送する業務を請負った事案に関する。X社はテープをY社に交付して下請けさせたが、テープがコピーされ（原因不明）、訴外会社がこれを買受け、このため秘密情報が外部に漏出したことを理由として雑誌社との契約を解除され、かつこの事実が新聞に報道されたため、信用低下・利益喪失を招いたとして損害賠償を請求した。これに対し、前掲東京地判決は、Y社は請負契約に基づき、テープを善良な管理者として保管すべき注意義務があるのに、これを怠ったとして無形損害の賠償を認めた（本判決の評釈として、滝井朋子・前掲判例不正競業法665頁以下）。

なお、知財高判決平成23.6.30判時2121号55頁「LPガス供給顧客名簿事件」は、LPガス供給契約の合意解除後に受託者が委託者の顧客に対して営業活動を行った事案において、既に終了した契約に基づく付随義務として守秘義務及び競業避止義務を負うとまで解することはできず、また、両社の間の従前の関係を前提として信義則上の競業避止義務を認めることもできないと判断した。

他方、製品の売買契約のように契約内容自体からは直接に営業秘密事項に関連するとはいえない場合には、当事者間に営業秘密に関する特約があることが要求される場合もある。このような判例として、東京地判決平成12.4.26判時1716号118頁「紙幣印刷機事件」がある。国に納入された紙幣印刷機に関する技術情報が問題となった事案に関するものであるが、売買

の対象となる目的物に売主のノウ・ハウとして留保された秘密の技術情報が含まれている場合に、当該技術情報が漏泄される事態を売主が回避するためには、目的物の引渡し等に先だって、包括的あるいは具体的に特定した技術情報を開示しないよう特約を締結することにより、買主に対して、その旨の義務を負担させることが必要であり、そのような特約を締結しない以上、売主は、買主がその目的物に含まれる技術情報を第三者に開示することを防ぐことはできない、と判示して売主側の差止及び損害賠償請求を棄却した。売買当事者間に明示の合意がなされていない場合の技術情報の開示についてどの限度で秘密保持義務を負うかは、事案毎に判断されることになる。

ⓑ 従業員の秘密保持義務違反

秘密保持義務違反のもう一つの問題は、企業と従業員との間の雇用契約に関連する。

従業員は、使用者との間で雇用契約を締結し、労務を提供するが、契約の性質上当然善良な管理者としての注意をもって誠実に労務に服することを要求される。したがって、従業員はその労務の内容から当然に知ることができた営業秘密を保持すべき義務を負い、また、その継続中は使用者と競業的行為をしない義務を負っている。この義務は、雇用契約の性質から当然に生じるものであって、特約を必要としないが、その趣旨を明確にするため、就業規則によって従業員共通の規律とすることも、労働協約によって労使間の合意とすることも、雇用契約の一内容として個別的に合意すること（例えば「甲は乙会社において薬品の製造業務に従事するに際し職務上知り得る薬品の製法及びこれに関連する事項についての秘密を他に漏らさない」との約定）もできる。

名古屋地判決昭和61.9.29判時1224号66頁「美濃窯業炉事件」は、就業規則にX社の同意を得ないで社外の業務に従事しないこと及びX社の不利益になる事項を漏洩しないことの定めがある場合において、X社の従業員Yが無断で台湾の窯業者に技術的指導助言を行ったとして損害賠償を請求した事案に関し、Yの雇用契約上の義務違反を認めた（X社主張の損害との因果関係を認めるに足りないとして、Xの請求を棄却）。

また、東京地判決昭和62.3.10判時1265号103頁「アイ・シー・エス事件」は、X社がA社からロボット製造に関する技術援助を受ける契約を締結し、Y1社に対し上記技術を10年間第三者に公開しない約定でロボット製造の下請けをさせ、Y1社がこれをさらにB社に下請けさせ、一方Xの従業員Y2においてX社に対し契約期間満了後5年間、Aから開示を受けた技術機密を第三者に漏洩しないとの誓約書を差し入れた場合に、その後Y2がY3社を設立して取締役に就任した上B社との間でロボットの販売契約を締結し、前記製造技術を開示させた事案について、Y2の機密保持義務違反による債務不履行責任を認めた（X社が販売の機会を喪失したことによる損害賠償として1700万円の請求を認容）。

　東京地判決平成21.1.19判時2049号135頁「ソリューション事件」は、従業員が会社に雇用されるにあたり、機密保持契約を締結し、会社の事業と競合し又は会社の利益と相反する事業活動に従事、投資又は支援しない義務を負っていたとした上、在職中に競業他社の代表取締役に就任するなどした行為は、同義務に違反するものと認めたが、同義務違反による損害の発生は認められないと判断した。

　しかし、使用者が雇用契約の不履行について、違約金を定めたり、損害賠償を予定することは禁止されており（労基法16条）、東京地判決昭和59.11.28判時1157号129頁「外務調査員転職違約金事件」は、名鑑等の予約出版を業とするX社が外務調査員Yとの間でXに競業避止義務・営業秘密保持義務を課するとともに義務違反による違約金の約定をした場合にYの義務違反を理由として約定違約金を請求することは労基法16条の趣旨に照らし無効であると判示する。

　さらに、従業員が正当な理由により営業秘密を開示するときは、義務不履行の責任を負わない。正当な理由があると認められるのは、一般に営業秘密に優先する別個の社会的利益を擁護するために必要である場合や営業秘密の開示による義務不履行の責任を負わせることが公序良俗に反する場合等であろう。例えば、企業の経理に不正があって、経理の秘密を保持することが株主や債権者の利益に著しく反する場合の開示、企業の工場管理、労働条件等が労働基準法や労働安全衛生法に違反する場合の開示、企業の

第2節　Ⅳ

操業が公害の原因であることが明確であるのにこれが営業秘密とされている場合の開示等である（竹田・前掲法律実務233頁以下参照、京都地峰山支判昭和46.3.10判時625号38頁「日本計算器労組員解雇事件」は、勤務先の会社が公害の発生原因となっているとの趣旨のビラの配布を正当な組合活動と認め、解雇を無効とした）。

ⓒ　従業員の退職後の秘密保持義務の存否

　従業員は、長年勤務した企業を退職する場合、職務上知り得た知識、習得した技術等から、企業が秘密として取り扱っている多くの事項を知っている立場にある。もし、従業員が営業秘密を第三者に開示し、あるいは他の企業に転職してその営業秘密を活用するならば、企業にとって大きな打撃を受けるおそれがある。

　しかし、従業員には職業選択の自由（憲法22条1項）があり、また本来職務上習得した知識・経験・技術は退職後自由に活用できるものであって、モラルとしては使用者と従業員との間に退職後も営業秘密が保持されていくだけの信頼関係が確立されることが望ましいといえても、これを法的義務として認めることはできないと考えられていた。

　金沢地判昭和43.3.27判時522号83頁「中部機械製作所事件」は、雇用関係継続中に習得した業務上の知識・経験・技術は労働者の人格的財産の一部をなすもので退職後どのように生かすかは各人の自由に属し、特約がない限り退職後の企業秘密保持義務、競業行為禁止義務はないとし、東京地判昭和47.11.7判時706号99頁「日本軽金属事件」は、従業員が競争企業に転職することを防ぐために就業規則で「退職には企業の承認を必要とする」との特約は労働者が解約により契約から解放される自由を制約されることになり無効と解すべきものとし、東京地判昭和47.11.1労働判例165号61頁「久田製作所事件」は、特別の合意なしに従業員が退職して同種の製造業務に従事し製法上の秘密が洩れるおそれがあることを理由とする懲戒解雇は無効であると判示している。また、大阪地判平成元.12.5判時1363号104頁「学習塾開設事件」は、Mゼミナール（学習塾）講師が退職後にMゼミナールの近くに新たな学習塾を開設したため、講師、生徒の一部がその塾に移り、それがMゼミナール倒産の一因になった事案につき、適正な自由競争の範囲内であって違法とはいえないと判示している。

東京地判決平成20.11.26判時2040号126頁「仕入先情報事件」は、「従業員が退職した後においては、その職業選択の自由が保障されるべきであるから、契約上の秘密保持義務の範囲については、その義務を課すのが合理的であるといえる内容に限定して解釈するのが相当である」と判示した上、いかなる情報が秘密保持合意によって保護される機密事項等に当たるのか不明であること、仕入先情報が営業秘密として保護されているということを従業員が認識できる状況に置かれていたとはいえないことから、元従業員である被告に秘密保持義務を負わせることは予測可能性を著しく害し、退職後の行動を不当に制限する結果をもたらすものであって、不合理であると判断している。

　また、東京地判決平成24.6.11判タ1404号323頁「印刷用フィルム事件」は、退職した元従業員によって顧客情報の持出し等が行われたと主張された事案において、顧客情報のうち、個人に帰属する部分（個人の記憶や個人的な手控えとして残る部分）を含めた情報が、退職後に自由な使用が許されなくなる営業秘密として、就業規則所定の秘密保持義務の対象となるというためには、事業主体者が保有し蓄積するに至った情報全体が営業秘密として管理されているのみでは足りず、当該情報が、上記のような個人に帰属するとみることのできる部分も含めて開示等が禁止される営業秘密であることが、当該従業員らにとって明確に認識することができるような形で管理されている必要があると判示している。

　それでは、退職後の一定期間に限って秘密を保持し、競業関係にある企業に就職しない旨の契約の効力はどうか。判例、学説は、保持すべき営業秘密は職務上知り得た秘密に限ること、期間が合理的制限期間（2ないし3年程度）内であること、当該企業の営業区域内であること、従業員の経済生活を不当に困難にしないこと、秘密保持に対する代償が支給されること等の条件を満たすときは有効とし、これを満たさないときは、民法90条の規定する公序良俗に反し無効とする傾向にあるといえよう（雇用と企業秘密の問題点は、後藤清「転職の自由と企業秘密の防衛」に詳しい。山本・前掲要説165頁が指摘するように、特約の有効性が認められる限り、契約に基づく差止請求の道が開かれるので、図利加害目的を立証して不正競争防止法に基づく差止請求をする実際的必要性に乏し

い)。

　広島高判決昭和32.8.28判時132号16頁「原田商店事件」は、百貨店の従業員が同店舗内の服生地部の他の商店に就職しないとの約定に反した事案について、「本件の就職の制限は場所的に特定されているとしても、被用者の生活権を脅かすおそれが十分あり、公序良俗に反して無効である」と判示し、奈良地判決昭和45.10.23判時624号78頁「フォセコ・ジャパン事件」は、従業員が職務上知り得た秘密の漏洩を禁止し、退職後2年間他の企業への就業を禁止する契約に違反し、競業会社に就職して同種製品を販売し得意先を侵食した事案について、かかる制限は、制限の期間・場所的範囲・対象職種の範囲、在職中の機密保持手当の支給等からみて合理的範囲のものとして有効と認め、競業行為の差止（金属鋳造用副資材の製造販売業務従事禁止）請求を認容した。また、東京地判決平成2.4.17判時1369号112頁「進学塾開設事件」は、T学習協力会の就業規則に退職後3年間の競業避止義務が定められている場合において、年度の途中で同会の講師を退職した後、他の講師を勧誘してA進学研究会を開設し、T学習協力会の講師として職務上入手した情報に基づいて同会の生徒に対しA進学研究会への入会を勧誘した事案について、競業避止義務違反による損害賠償責任を認めた。大阪地判決平成3.10.15労働判例596号21頁「新大阪貿易事件」は、競業避止義務負担特約の効力を無限定に認めると、従業員の退職後の新たな職業、営業の選択を不当に制約してその従業員の行う公正な取引を害することにもなりかねないから、特約を有効と判断するには慎重でなければならないとしつつ、退職後3年間の競業避止を約した特約の有効性を認め、元従業員による競業行為を差止めた仮処分決定を認可した。

　以上のほか、①競業禁止条項制定の目的、②労働者の従前の地位、③競業禁止の期間、地域、職種、④競業禁止に対する代償措置等を総合的に考慮して、労働者の職業選択の自由を不当に害しないかという判断基準の下、退職後の競業禁止の合意を有効なものと認めた事例として、東京地判決平成16.9.22判時1887号149頁「トーレラザールコミュニケーションズ事件」、東京地判決平成18.5.24判時1956号160頁「プロジェクトマネジメント業務事件」がある（いずれも競業禁止の期間は、退職後2年間であった）。東京地判決

平成20.11.18判タ1299号216頁「トータルサービス事件」は、同様の考慮要素を挙げた上、「競業禁止によって守られる利益が、営業秘密であることにあるのであれば、営業秘密はそれ自体保護に値するから、その他の要素に関しては比較的緩やかに解し得る」と判示して、原告の技術及び顧客情報は不正競争防止法にいう営業秘密には厳密には当たらないが、それに準じる程度には保護に値するということができるとして、判決確定後2年間の事業の差止めを認めた。大阪地判決平成27.3.12裁判所HP「学習塾事件」も、原告退職後2年間は指導を担当していた教室から半径2キロメートル以内に自塾を開設することを禁ずる規定の制限は合理的なものであるとして、原告の元従業員に対する講師業務行為の差止めを認めた。

東京地判決平成17.2.23判タ1182号337頁「アートネイチャー事件」は、秘密保持誓約書による競業避止義務の範囲を、「競業行為を制約する合理性を基礎づける必要最小限の内容に限定して効力を認めるのが相当である。(中略) 必要最小限の内容の確定に当たっては、従業員が就業中に実施していた業務の内容、使用者が保有している技術上及び営業上の情報の性質、使用者の従業員に対する処遇や代償等の程度等、諸般の事情を総合して判断すべきである。」とし、競業避止義務の範囲を限定解釈して、競業避止義務違反を否定した。東京地判決平成20.11.26判時2040号126頁「仕入先情報事件」も、同様に判示した上、必要最小限の内容の確定に当たっては「特に、転職後の業務が従前の使用者の保有している特有の技術上又は営業上の重要な情報等を用いることによって行われているか否かという点を重視すべき」として、競業避止の合意に違反したとはいえないと判断している。

東京地決定平成7.10.16判時1556号83頁「司法試験塾開業事件」は、X株式会社は、その経営する司法試験予備校の専任講師であり監査役であった及びその代表取締役を務めた後に監査役となった、Y1、Y2らが退職後司法試験受験塾を開業したことは、競業避止義務を定めた従業員規則、役員就業規則及び特約に違反するとしてその営業差止仮処分を申し立てた事案に関する。同決定は、競業行為の差止請求は、平成5年改正法3条1項の趣旨からして、実体上の要件として当該営業上の利益を現に侵害され、又

第2節　Ⅳ

は侵害される具体的なおそれがあることを要するとした上、Y1について従業員性を認めて労働者の退職後の競業避止義務について判断し、「労働者は、労働契約終了後は、職業選択の自由の行使として競業行為であってもこれを行うことができるのが原則であり、労働契約終了後まで一般的に競業避止義務を負うものではない」が、就業規則を変更して退職後2年間に限定して競業避止義務を定めたことには合理性があるとした（その後Xとの間でこれを事前の協議に緩和する約定が成立したとして差止請求権は否定）。さらに、同決定は、会社役員との間で締結された退職後2年間の競業避止義務を定める特約は、監査役については公序良俗に反し無効であり（したがって、差止請求の被保全権利が存しない）、営業秘密を取り扱い得る地位にあった代表取締役Y2については有効であるが、Y2が入手した営業秘密を使用し、又は使用するおそれがあるとの疎明がない（したがって、保全の必要性を欠く）として仮処分申請を却下した。

また、大阪地判決平成10.12.22知的裁集30巻4号1000頁「タンク事件」は、会社の従業員が退職後に設立した新会社に対して技術情報を開示し、新会社において当該情報を使用して製品の製造を行った事案に関するものであるが、元の会社の役員及び従業員が会社に提出していた「会社を退職した後5年間は、会社の営業の部類に属する事業を営む他企業への勤務又は自家営業を行わず、その他会社の技術、情報等を利用して会社に損害を及ぼす行為を一切行わないこと」との誓約書の競業避止の約定について、対象について非常に広範であること、場所的限定がないこと、期間が長期に過ぎること、代償措置がないか不十分であることを考慮すると、営業秘密の開示、使用の禁止以上に競業避止を認める合理性に欠け、公序良俗に反し無効であると判示している。

ⓓ　取締役の会社法上の義務違反

株式会社と取締役等役員との関係は、委任に関する規定に従う（会社法330条）から、取締役は会社に対し、善良な管理者としての注意義務を負い（民法644条）、会社のため忠実にその職務を遂行する義務を負う（旧商法254条ノ3、現会社法355条。この忠実義務について、最高大法廷判決昭和45.6.24民集24巻6号652頁「八幡製鉄政治献金事件」は、通常の委任に伴う善管義務を敷衍し明確にした

ものでこれとは別個の高度の義務を課するものではないと判示する)。

　したがって、取締役が職務上知り得た秘密を他に開示する行為は、取締役としての忠実義務に違反する。大阪高判決昭和58.3.3判時1084号122頁「コルム貿易事件」は、その一例であって、X社の取締役Y1がその在任中にY2社を設立して代表取締役となり、X社の従業員Aに同社の秘密資料や得意先名簿等を持ち出させ、これを利用してX社と同種営業を行った事案について、Y1の忠実義務違反による損害賠償責任を認める。

　大阪高判決平成6.12.26判時1553号133頁「三和化工事件」は、平成2年改正法適用前の行為に関し、X会社の取締役であり、会社の「ポリオレフィン気泡体の製造方法」に関する技術開発の責任者であったYが、当該技術や生産設備の中国への輸出交渉を担当していたところ、その途中で取締役を退任して新会社を設立し、同一内容の技術の中国への輸出契約を締結した事案について、退任後の秘密保持義務に関する定めや特約がない場合であっても、信義則上一定の範囲では、その在職中に知り得た会社の営業秘密をみだりに漏洩してはならない義務を負うとし、損害賠償責任を認めた。この点、不正競争防止法の平成2年改正法施行後は、不正の競業その他の不正の利益を得る目的で、又はその保有者に損害を加える目的で、その営業秘密を使用し、開示する行為を不正競争行為として規制している（平成2年改正法の1条3項4号、平成5年改正法の2条1項7号）から、立法的に解決されており、本判決は同法施行以前の事案に関するが、従業員が自ら開発した営業秘密についてこの規定が適用されるかについてはなお解釈上問題がある（後記3参照）。

　ⓔ　秘密保持義務違反と差止請求

　前記ないしにおいて秘密保持義務を負う者がその義務に違反し秘密を漏洩しようとしているとき、又は秘密を漏洩するおそれが客観的に認められるときは、秘密保持者は秘密の漏洩行為を中止させ、あるいは事前に差止める、いわゆる差止請求権を行使することが可能である。しかし、平成2年改正法前の営業秘密漏洩に関する民事判例として、このような差止請求訴訟は見当たらない（前掲奈良地昭和45.10.23判決は競業行為の差止請求を容認したもので、営業秘密の漏洩差止ではない）。

第2節 Ⅳ

　その理由は明らかではないが、前述のように営業秘密保有者は、営業秘密の侵害行為がなされ、あるいはなされようとしている場合、訴訟手続によってその差止めを求めるには、請求の特定のために保護の対象たる営業秘密の内容を特定してこれを開示しなければならないことと無関係ではないと推察される。そのため、どのような要件のもとに、差止請求が認められるかの検討は、十分なされているとはいえないが、前掲東京地平成7.10.16決定は、競業行為の差止請求についてであるが、「差止請求をするに当たっては、実体上の要件として当該競業行為により使用者が営業上の利益を現に侵害され、侵害されるおそれがあることを要し、右の要件を備えているときに限り、競業行為の差止を請求することができる」とし、具体的事案については、その要件の疎明資料がないとして差止請求を却下していることが注目される。

③　第三者の営業秘密侵害と不法行為
ⓐ　不法行為の成立と損害賠償請求

　民法709条は「故意又は過失によって他人の権利又は法律上保護される権利を侵害した者は、これによって生じた損害を賠償する責任を負う。」と規定している。従前は「他人ノ権利」とのみ規定していたが、大審院判決大正14.11.28民集4巻670頁「大学湯事件」以来、判例は法的保護に値する利益の侵害をもって足りるとする立場をとっており、通説もこれを承認してきた。そこで平成16年の民法の改正により「法律上保護される利益」を加えたものである。

　したがって、不法行為の成立には、行為者に故意又は過失があること、他人の権利又は法律上保護される利益を侵害したことが必要であり、また不法行為を理由に損害賠償を請求するには、侵害行為と損害の発生との間に因果関係が必要である。

　いわゆる営業秘密、特にノウ・ハウは企業の技術スタッフが多年の苦労を重ね、多額の投資をして完成した技術であることが多く、これを活用して物を製造販売することにより利益を得ることができるものであるから、これが法律上保護すべき価値を持つことは前述のとおりである。

　したがって、このような営業秘密を盗み出し、あるいはこれを不正に買

い受けて、自らの企業に使用する行為は不法行為を構成するというべきである。

前掲東京地昭和62.3.10判決は、前述のとおり、Y2の機密保持義務違反による債務不履行責任を認めるとともに、Y3社の代表取締役及びY2の行為は、「Y2がX社に対し、本件ノウ・ハウに関し秘密保持義務を負っていることを知りながら、機密漏洩行為をさせた点において（中略）企業間の自由競争の限界を逸脱し違法性を帯び、不法行為を構成する」と判示している（本判決の評釈として、茶園成樹・前掲判例不正競業法651頁以下）。

また、前掲大阪高昭和58.3.3判決は、Y2社の代表取締役たるY1の前記行為は、Y1及びY2社の不法行為を構成することが明らかであると判示する。

さらに、東京地判決昭和63.7.1判時1281号129頁「電子楽器事件」は、X社が開発した独創的な携帯用電子楽器の販売委託を申し込んだY社がX社において契約の締結を期待して同製品の販売を控えていたのを悪用し、X社から購入した同製品を分解して知り得た情報に基づいてこれに類似する製品を製造販売した事案について、何がノウ・ハウに該当するかの主張立証がないとして、ノウ・ハウ料相当損害の事実は認めなかったが、X社の営業上の利益を故意に侵害したものとして不法行為の成立を認め、損害賠償請求を認容している。

大阪地判決平成17.8.25判時1931号92頁「文化自動車部品工業事件」は、自動車部品に関する情報等が営業秘密として管理されていたとはいえないとしつつ、当該情報等には財産的価値があり、同情報等を不正な手段により入手し、これを利用して製造販売する行為は、営業上の利益に対する違法な侵害になるとして、不法行為に基づく損害賠償請求を認めた。また、大阪高判決平成19.12.20裁判所HP「東京データキャリ事件」は、派遣会社の顧客情報や派遣スタッフの情報に秘密管理性を認めなかったが、派遣会社の元従業員4名が、故意又は重過失によりシフト漏れを起こし、さらに一斉退職したことによりシフト配置に混乱が生じたことに乗じて、顧客の派遣元を被告会社に変更させ、派遣スタッフを勧誘して被告会社に登録させた行為が、信義則に反するとして、不法行為に基づく損害賠償請求を認めた。東京地判決平成22.3.4裁判所HP「エンジニア引抜事件」は、原告所

属の派遣労働者を引き抜いた行為について、営業秘密の使用等の不正競争防止法違反に基づく損害賠償請求は認められないが、共謀に基づく不法行為に該当すると判断した。

競業避止義務に関する特約等がなく退職した元従業員が競業行為をした事案に関する最高裁判所の判決としては、最高一小平成22.3.25民集64巻2号562頁「取引先奪取事件」がある。一審判決（名古屋地一宮支判決平成20.8.28）は、元従業員が会社の取引先から継続的に仕事を受注したことは不法行為にあたらないとしたのに対し、原判決（名古屋高判決平成21.3.5裁判所HP）は、社会通念上自由競争の範囲を逸脱したものであり不法行為にあたると判断していたところ、同最高裁判決は、元従業員は、会社の取引先の営業担当であったことに基づく人的関係等を利用することを超えて、会社の営業秘密に係る情報を用いたり、会社の信用をおとしめたりするなどの不当な方法で営業活動を行ったことは認められず、また、会社の取引先3社との取引は退職から5か月ほど経過した後に始まったもので、退職直後から取引が始まった取引先については、会社が営業に消極的な面もあったものであって、会社と取引先との自由な取引が競業行為によって阻害されたという事情はうかがわれず、元従業員において、その退職直後に会社の営業が弱体化した状況を殊更利用したともいい難いなどとして、競業行為は社会通念上自由競争の範囲を逸脱した違法なものということはできず、会社に対する不法行為に当たらないと判示した。

予備的主張としてなされた不法行為の成立を否定した判例としては、大阪地判決平成17.5.24裁判所HP「工業用刃物事件」（取引先の必要とする刃物、価格等の情報、刃物の製作図面につき、秘密管理性を否定し、さらにこれらの情報は、各取引先との過去の取引条件がその主体をなすものであって、その有用性自体は否定できないとしてもその程度は必ずしも高くないとする）、東京地判決平成16.9.30裁判所HP「ペットサロン開業事件」（退職とほぼ同時に近隣にペットサロンを設立した行為について、自由競争の範囲を逸脱したおよそ許されない行為であるとまではいえないとする）、東京地判決平成14.10.1裁判所HP「クレープハウス・ユニ事件」（クレープ材料とその配合割合の同一性は、不正競争行為に該当せず、クレープの焼き方に関するマニュアルの類似性は、競業者において見られる類似の範囲を出るものでは

ないとする)、知財高判決平成23.6.30判時2121号55頁「LPガス供給顧客名簿事件」(LPガス供給契約の合意解除後に受託者が委託者の顧客に対して行った営業活動が自由競争の範囲を逸脱したとまでは認められないとする)等がある。

ⓑ 不法行為の成立と差止請求権の成否

契約関係に基づいて営業秘密を開示された契約当事者や従業員等がこれを第三者に開示し、あるいは開示するおそれがある場合、営業秘密保持者は、相手方に対し開示の差止を請求することができることは前述のとおりである。

しかし、不法にノウ・ハウを取得した第三者は契約関係に立つものでないから、この第三者に対しては契約上の差止請求権を行使することはできない。このような第三者は不法行為責任を負うことはあるが、この場合を含め、一般に営業秘密が不法に侵害された場合、被侵害者は不法行為を理由として損害賠償を請求することができるが、差止請求権は認められない。

不法行為の効果として差止請求権を認める見解もある。しかし、判例は、排他的支配的な権利としての物権的請求権であることを原則とし、人格権であっても生命・身体・名誉等の極めて重大な法益については物権と同様排他性のある権利として差止請求権を認めるが、不法行為の効果として差止請求権を認めるには至っていない。

侵害行為を理由に物の製造、販売及び頒布を差止める請求は、特別にこれを認める法律上の規定が存しない限り、不法行為により侵害された権利が排他性のある支配的権利である場合のみ許されるのであって、不法行為による被侵害利益がこのような権利ではなく、取引社会において法的に保護される利益に止まるときは、相手方の不法行為を理由に物の製造、販売及び頒布を差止める請求をすることはできない。

東京高決定昭和41.9.5判時464号34頁「ワウケシヤ事件」は、X社は船舶のプロペラ軸の軸封装置であるシーリングの製造についてのノウ・ハウを有するものであって、A社に対しノウ・ハウの実施を許諾する契約を締結していたが、A社が日本において自らシーリングを製造販売すべくY社を設立し、X社のノウ・ハウに係るシーリングの製造販売に着手しようとしているとし、ノウ・ハウを被保全権利としてY社に対しシーリングの製造

第2節 Ⅳ

販売禁止の仮処分を申請した事案に関する。原審の東京地裁は、Y社は契約外の第三者であって、X社はY社に対し妨害排除ないし予防の請求権はない、として申請を却下し、抗告審である東京高決定も「ノウ・ハウ契約（技術援助契約）により被援助者である締結当事者は右契約により知得したノウ・ハウを契約で限定された範囲外に洩らしてはならない義務を負担することは当然であるが、右義務は契約上の債務であり（中略）第三者が債務者より教示され、又は偶然の事情等によりノウ・ハウを知得した場合、右ノウ・ハウを使用して製作をする場合、これが差止めをすることは、現行法上、特段の規定がないので、できないものと解するを相当とする。けだし、ノウ・ハウは財産的価値のものであるが、権利（無体財産権であるか、債権であるかを問わず）的なものとして第三者にも強制的にこれを認めさせるだけの効力を法律が許容しているとまで現在のところ、解し得ないからである。ノウ・ハウの用語はこれを保持する者が産業上の秘密として他に漏洩することを事実上防止する外ないと云わざるを得ない」としている。

結局契約上の秘密保持義務を負わない者については、ノウ・ハウを含む営業秘密の保持者は、不法な開示に対し、不法行為による損害賠償を請求することはできるものの、差止請求権を行使することはできない、とするのが平成2年改正法前の通説・判例であり、このことが法改正へと発展したものといえよう。

2　不正競争防止法における「営業秘密」

不正競争防止法は、「この法律において『営業秘密』とは、秘密として管理されている生産方法、販売方法その他の事業活動に有用な技術上又は営業上の情報であって、公然と知られていないものをいう。」（2条6項）との定義規定を設けている。

(1)　技術上又は営業上の情報であること

技術上の情報とは、工業技術に使用されるすべての知識である。製品の製造に用いる機械とその機械を用いた物の製造方法の情報には、機械の設計図、原材料表、仕様書、機械の操作方法・原材料の使用量・使用条件等に関する説明書等が含まれる。現に研究開発中の技術の研究報告書、将来

の生産計画書等も技術上の情報である。これらの技術情報は、文書化又はデータ化されているものであると、情報そのものであるとを問わず、また保有者自らが開発したものであると、第三者が開発しノウ・ハウの実施契約等により第三者から取得したものであるとを問わない。

　営業上の情報とは、当該事業の遂行に必要な経済活動に関する情報をいう（渋谷・前掲営業秘密4頁は、「営業上の情報とは、技術上の情報を除くすべての情報を含む広い概念である」とする）。

　ⓐ　営業取引に直接必要な情報としては、原材料の注文書、製品の見積書、顧客リスト等の原材料の調達・製品の製造・販売に関する諸文書、
　ⓑ　事業組織に関する情報としては、組織の改編計画書、他事業との合併・投資・経営参加計画書、人事配置・異動計画書等、
　ⓒ　財務に関する情報としては、事業者の経営状態・融資状況・資金計画・新規資産の購入計画・設備投資・予算配分に関する諸文書等がある。

　大阪地判決平成8.4.16判タ920号232頁「かつら顧客名簿事件」は、男性用かつら販売業者が作成した顧客名簿（長年にわたる獲得顧客の氏名、頭髪状況等を記載したもの）は、営業情報としての営業秘密に当たると判示する。

　顧客情報に関して、東京地判決平成11.7.23判時1694号138頁「美術工芸品顧客名簿事件」は、美術工芸品の販売等を行う会社がデータベース化して保有・管理する顧客情報（顧客の住所・氏名・購入暦等の情報を蓄積したもの）は、営業秘密に該当すると判示し、同様に東京地判決平成12.10.31判タ1097号275頁「放射線測定機械器具顧客名簿事件」、東京地判決平成12.11.13判時1736号118頁「墓石顧客名簿事件」も顧客名簿が効率的な営業活動に当たり有用な情報であって、営業秘密に該当するとしている。

　営業秘密の対象である技術上又は営業上の情報には、思想又は感情の創作的表現としての著作物性や、自然法則を利用した技術的思想の創作としての発明性等は要求されない。ただし、当該情報が著作物性を有する場合において、複製の方法により営業秘密の不正取得がなされるときは、不正競争防止法による保護とは別個に著作権に基づく差止請求が可能である。

　なお、自己の情報を使用、開示する行為が、不正競争行為に当たらない

ことはいうまでもない。東京地判決平成14.2.5判時1802号145頁「ダイコク原価セール事件」は、ドラッグストアが、仕入価格を消費者に開示して商品を販売した事案について、商品の仕入価格（卸売価格）は、売買契約の当事者たる買主としての地位に基づき、売主との間の売買契約締結行為ないし売買価格の合意を通じて原始的に取得し、自己の固有の情報として保有していたものであり、営業秘密を消費者に開示したことにはならないと判示する。また、東京地判決平成13.12.27裁判所HP「医師保管情報事件」は、輸入代行業者の保有する顧客名簿に基いて発送されたダイレクトメールを受け取った顧客から当該業者と提携していた医師が所属するクリニック宛に返送された問診表の写しについて、医師が有する情報は、医師としての職務に基づいて得た患者の個人情報であり、輸入代行業者の保有する営業秘密に当たらないとする。さらに、東京地判決平成18.3.30判時1958号115頁「平成電電事件」は、LS交換機に関するノウ・ハウの一部に、メーカーと発注者が共同で開発し保有する営業秘密が含まれるとしても、メーカーが単独でこれを実施し得る場合は、その開発されたLS交換機をメーカーから譲り受けた者に対して、不正競争防止法に基づく差し止めは認められないとした。

(2) 秘密として管理されていること

　保有者（原始的保有者のみならず、その承継者、転得者等不正行為によらず秘密を保有する者を含む）が秘密にしておく必要があると判断し（秘密保持の意思）、かつ客観的にも秘密にされていると認識できる状態でその管理下に置くことを意味する（通産省知財室・前掲営業秘密55頁、渋谷・前掲営業秘密6頁等）。

　秘密に管理されているというためには、特定場所に保管して関係者以外の立入りを禁止すること、文書に「秘密取扱」と刻印して関係者以外の閲読を禁止すること（当該情報にアクセスした者にそれが営業秘密であると認識できるようにすること）等である。単に特定の場所に保管し、「部外秘」扱いとしても、関係者以外の従業員が自由にその情報に接することができるとすれば、秘密として管理されているとはいえないが、秘密として管理されているかどうかは、秘密とされた情報の種類・内容や管理状態に基づき具体

また、企業業務では、情報をパーソナルコンピュータあるいは磁気ディスク等に保管することが多いが、前掲東京地平成11.7.23判決は、顧客情報を社内の専用コンピューター内にデータベース化して格納し、①役員・従業員に毎月変更される個別のパスワードを与え、パスワードを使用しない限り顧客情報を取り出すことができず、必要最小限度の顧客情報しかディスプレーに表示されないシステムを採用したこと、②顧客情報の出力・印字には、依頼書への記入や役員の押印といった一定の手続を経たうえで、情報管理室の限定された人数の操作担当者に作業依頼するよう定められていたこと、③印字された顧客名簿の処分、保存は厳格になされ、持ち出しについては社長の決裁が必要であったこと、④就業規則において、従業員の秘密保持義務が規定されていたこと、という管理状況に照らし、秘密として管理していたと認定している（同旨　東京地判決平成12.10.31判時1768号107頁「放射線器具販売等顧客情報事件」）。同様に、前掲東京地平成12.11.13判決は、営業資料が施錠可能なロッカーや机の引出しに保管され、従業員に対しては営業資料の営業活動以外への使用の禁止を徹底指導していた事案において、秘密として管理されていたと認めている。前掲東京地判決平成22.3.4裁判所HP「エンジニア引抜事件」も、情報を保有するデータベースについては、アクセス権限を制限し、権限を与える際には多くの決裁者による慎重な決裁を必要としていたこと、書類については、施錠することができる倉庫又はキャビネットに保管し、その鍵を責任者により管理台帳を用いるなどして管理していたことから、秘密管理性を肯定している。知財高判決平成28.4.27判時2321号85頁「接触角計算プログラム事件（控訴審）」も、プログラムのソースコードについて、それを保管するフォルダをパスワード管理した上でアクセス権限を限定するとともに、従業員に管理体制の周知などを行っていたことから、秘密管理性を肯定し、その原審である東京地判決平成26.4.24裁判所HP「接触角計算プログラム事件」の判決を変更した。

　東京地判決平成20.11.26判時2040号126頁「仕入先情報事件」は、「秘密管理性の認定においては、主として、当該情報にアクセスした者に当該情

第 2 節　Ⅳ

報が営業秘密であると認識できるようにされているか、当該情報にアクセスできる者が制限されているか等が、その判断要素とされるべきであり、その判断に当たっては、当該情報の性質、保有形態、情報を保有する企業等の規模のほか、情報を利用しようとする者が誰であるか、従業者であるか外部者であるか等も考慮されるべきである」と判示した上、仕入先情報について営業秘密性を否定している。同様に、大阪地判決平成22.6.8裁判所HP「電話占い事件」、東京地判決平成22.3.30裁判所HP「PCプラントその1事件」及びその控訴審である知財高判決平成23.9.27裁判所HP「PCプラントその1事件（控訴審）」、東京地判決平成23.4.26判タ1360号220頁「PCプラントその2事件」、東京地判決平成23.11.8裁判所HP「投資用マンション事件」及びその控訴審である知財高判決平成24.7.4裁判所HP「投資用マンション事件（控訴審）」、大阪地判決平成25.4.11判時2210号94頁「中古車顧客情報事件」、東京地判決平成25.10.17裁判所HP「販売先顧客情報事件」及びその控訴審である知財高判決平成27.2.19裁判所HP「販売先顧客情報事件（控訴審）」も、情報にアクセスできる者が制限されており、また、アクセスする権限を有する者は当該情報が秘密であることを認識していたことから、秘密管理性を肯定している。登録モデル情報について同様に秘密管理性を肯定した事案として、東京地判決平成26.4.17裁判所HP「登録モデル情報事件」がある。大阪地判決平成15.2.27知財管理54巻1号69頁「セラミックコンデンサー設計図事件」は、「当該情報にアクセスした者に当該情報が営業秘密であることを認識できるようにしていること、当該情報にアクセスできる者が制限されていることなどが必要であり、要求される情報管理の程度や態様は、秘密として管理される情報の性質、保有形態、企業の規模等に応じて決せられるものというべきである」とし、パスワード管理のされていないメインコンピューターのサーバーに保存されていた設計図の電子データについて、会社の規模や他の管理状況に基づき、秘密管理性を肯定した。また、大阪高平成20.7.18「袋物製品営業情報」は、本件営業情報（商品の販売業者名、販売数量、販売価格、仕入れ価格、利益額）について、知りうる立場にあると判断された営業関係の従業員全員に誓約書を作成させて秘密保持義務を課した場合に、従業員との関係で客観的に認識

できる程度に対外的に漏出しないように情報が秘密として管理されていたものであり、不正競争防止法2条6項所定の営業秘密に該当すると判示している。

東京地判決平成18.9.15判時1973号131頁「パルナパリンナトリウム注射薬事件」は、後発医薬品の輸入承認申請書に添付した資料につき、すべての社員に守秘義務が課され、社内及びその前身である訴外会社において秘密に管理されているということに加え、非公開で行われる薬事法上の承認審査に要するものであって、厚生労働省等の担当職員にも守秘義務が課され、その性質上一般には公開されず、仮に、第三者から開示の請求がされた場合であっても、不開示事由に該当し行政機関において開示されないものであることも考慮して、秘密管理性を肯定している。

また、大阪地判決平成19.5.24判時1999号129頁「減速機部品図事件」は、水門開閉用減速機の部品図と機械効率データについて、社内的に秘密とする旨を認識させる措置を採っていた場合に秘密管理性を認めるとした（ただし、被告の使用する部品図や機械効率データがこれら秘密とされる情報を利用して作成されたものとは認められず、7号・8号の開示・使用行為には該当しないとして請求を棄却した）。

これに対し、東京地判決平成10.9.10判時1656号137頁「水処理装置構造情報事件」は、当該装置の構造は、原告が営業活動のために全国の自治体等に配布したパンフレット等に配布され公然知られていたとして秘密管理性を否定し、東京地判決平成12.9.28判時1764号104頁「医療器具顧客名簿事件」は、「マル秘」の表示がない顧客名簿等の情報について、当該情報にアクセスした者に当該情報が秘密情報であることを認識できるようになっていないこと、アクセスできる者が制限されていないことから、秘密として管理されていたといえないとし、また、東京地判決平成12.12.7判時1771号111頁「運行管理業務顧客情報事件」も、アクセス制限がないこと及び秘密情報であることを示す標識が付されていたと認められないこと等から秘密管理性を否定する（同旨　東京地判決平成13.8.27裁判所HP「消防試験情報事件」、東京地判決平成17.2.25判時1897号98頁「薬品リスト事件」、大阪地判決平成20.7.30裁判所HP「馬券予想情報事件」）。大阪地判決平成22.10.21裁判所HP「不

動産顧客情報事件」は、情報を日々利用して営業活動に携わる従業員にとって、退職後に使用が許されなくなる事業者の「営業秘密」であると明確に認識できるような形で十分な管理がされていたとはいえないとして、秘密管理性を否定した。

　東京地判決平成16.4.13判時1862号168頁「ノックスエンタテインメント事件」は、イベントの企画制作会社の顧客リスト、登録アルバイト員リスト及び見積書等について、ファイルの背表紙に赤文字で「社外秘」と記載されていても、パソコン及びファイルへのアクセス制限や、第三者への漏洩を厳格に禁止する等の措置を執っていないということから秘密管理性を否定し、前掲大阪地判決平成17.5.24裁判所HP「工業用刃物事件」は、工業用刃物の受注原票に記載の営業情報を、パソコン端末機を通じてサーバーに集積させている場合に、たとえサーバーへのアクセス制限があっても、受注原票自体に秘密であることを認識させ得るような保管管理措置が採られているとはいえないとして、秘密管理性を否定した。東京地判決平成24.4.26裁判所HP「水門凍結防止装置事件」は、少なくとも原告の社内においては、水門凍結防止装置の完成図書記載の情報が「秘密情報管理規程」に則った管理をされていたものと推認されるが、少なくとも被告らとの関係において、客観的にみて、秘密情報であることを認識し得る程度に管理されていたとはいえないとして、秘密管理性を否定している。

　知財高判決平成23.6.30判時2121号55頁「LPガス顧客名簿事件」、東京地判決平成23.9.29裁判所HP「ディーラー名簿事件」、東京地判決平成23.9.14裁判所HP「服飾品販売業者名簿事件」、東京地判決平成28.2.15裁判所HP「美容室顧客情報事件」は、顧客情報について、東京地判決平成21.11.27判時2072号135頁「マンション売買仲介業情報事件」は、不動産買取業者に関する情報を集積した名簿について、東京地判決平成25.12.25裁判所HP「パチンコ・スロット用呼出ランプ事件」及びその控訴審である知財高判決平成26.8.6裁判所HP「パチンコ・スロット用呼出ランプ事件（控訴審）」は、ソースプログラム及び図面について、東京地判決平成22.4.28判タ1396号331頁「コエンザイムQ10事件」は、製造ノウハウ等に関する情報について、秘密管理性を否定した。

(3) 事業活動に有用であること

　不正競争防止法における「事業」は、同法の目的に照らし、経済活動の一環として継続的・反復的に行われる活動を意味するものと解され、ここに「事業活動に有用である」とは、このような事業活動に有益な情報であることをいう（通産省知財室・前掲営業秘密58頁は、ここでいう「有用性のある」ものとは、当該情報自身が事業活動に使用・利用されたり、又はこのように使用・利用されることによって費用の節約、経営効率の改善に役立つものという意味である、という）。

　そして、事業活動にとって有用であるとは、正当な事業活動にとって客観的な経済価値が認められることを意味する、とするのが通説である（通産省知財室・前掲営業秘密58頁、渋谷・前掲営業秘密5頁等。小野・松村・前掲概説341頁は、秘密の保護のためには「その利益の保持が社会的に是認されることが必要である」という意味においても、同じ結論になるとする）。

　前掲大阪地平成8.4.16判決は、男性用かつらの販売業においては、顧客の獲得が困難であり、多額の宣伝費用を投下して獲得した顧客の氏名、頭髪の状況等を記載した顧客名簿は、同業他社と競争していく上で多大の財産的価値を有する有用な営業情報であると判示する。大阪地判決平成28.6.23裁判所HP「臨床検査顧客情報事件」は、顧客情報について、これらの情報を仮に各医療機関から個別に取得できたとしても、多数の医療機関の情報を一体として取得できるわけではないから、営業先を選択するに当たり、取引条件が有利な医療機関を選択しながら営業活動を展開できるという本件情報の有用性が否定されるものではないと判示している。正当な事業活動に限定する理由は、不正競争防止法が正当な事業者の活動を保護することにある以上当然の要件であって、違法ないし反社会的活動はそれが事業にとって利益をもたらすものであっても、有用な情報とはいえないことにある（鎌田薫「営業秘密の保護」判タ793号55頁は、公害の垂れ流しや脱税等の社会正義に反する内容の情報については、不正競争防止法が違法な行為の保護を目的とすることはあり得ないから、営業秘密に当たらない、利益を害するおそれがない、違法性がないなどを理由に保護されないとしているが、端的に事業活動に有用な情報に該当しないと解することができよう。経済産業省知的財産政策室.前掲一問一答40頁は、「企業の脱税、有害物質の垂流し等といった、反社会的な行為は、法文上明示されてい

ませんが、法が保護すべき『正当な事業活動』とは考えられず、事業活動に『有用』な情報であるとはいえません。」としている。この定義に基づき、12社のハウスメーカーの営業担当者の氏名、所属部署、連絡先等の情報の非公知性を否定したものとして、東京地判決平成19.10.30裁判所HP「ハウスメーカー営業担当者情報事件」がある。）

　従来も従業員が営業秘密に優先する別個の社会的利益を擁護するために企業の情報を開示しても義務不履行の責任を負わないとされてきたことは、前述のとおりであるが、違法ないし反社会的活動を不正競争防止法の保護対象から除外することにより、この点はより明確になったといえよう。東京地判決平成14.2.14裁判所HP「公共土木工事情報事件」は、「不正競争防止法はこのように秘密として管理されている情報のうち、財やサービスの生産、販売、研究開発に役立つなど事業活動にとって有用なものに限り保護の対象としているが、この趣旨は、事業者の有する秘密であればどのようなものでも保護されるというのではなく、保護されることに一定の社会的意義と必要性のあるものに保護の対象を限定するということである」とし、公共土木工事の積算システムのコンピュータソフトウェアを販売する会社が自己の営業秘密であると主張した埼玉県庁土木部に属する者のみが知り得る非公開の情報（公共工事設計単価等の情報）について、公共の利益に反する性質を有するものであり、上記法の趣旨に照らし、営業秘密として保護されるべき要件を欠くと判示している。

　また、その情報に客観的な経済価値が認められることが必要であって、保有者が主観的に有用と判断していても、客観的に当該事業にとって役立つ情報でない限り、その侵害から保有者を保護する必要は存しない。前掲東京地平成12.12.7判決は、顧客との契約内容に関する情報について、これらをまとめた資料があれば便利であるが、なくても別の方法で取得することは可能であって営業秘密の要件としての有用性まで認められないとしている。また、大阪地判決平成20.11.4裁判所HP「発熱セメント体情報事件」は、原告の保有する融雪瓦及び融雪歩道板に係る情報は、公知又は有用性を欠く情報を単に寄せ集めただけのものであり、その組み合せにより予測外の特別に優れた作用効果を奏するとは認められないので、全体として独自の有用性があるといえない旨判示している。また、東京地判決平成27.10.22

裁判所HP「名刺帳事件」は、2639枚の名刺が収納された名刺帳について、それを集合体としてみた場合には非公知性を認める余地があるとしても、本件名刺帳は、入手した名刺を会社別に分類して収納したにとどまることなどに加え、原告においては顧客リストが本件名刺帳とは別途作成されており、原告がその事業活動に有用な顧客に関する営業上の情報として管理していたのは上記顧客リストであったというべきであるから、名刺帳について顧客名簿に類するような有用性を認め得る場合があるとしても、本件名刺帳については、有用性があると認めることはできないと判示した。東京地判決平成27.8.27裁判所HP「二重打刻鍵事件」は、顧客情報について、その対象顧客数がわずか13にすぎない上、その多くが金融機関や大手警備会社などであり、しかも、その内容は顧客名及び所在地のみであるから、原告の名簿によらずとも第三者が容易に入手可能な情報というべきであって、経済的有用性を有する情報に当たるとは認め難いと判断し、知財高判決平成28.6.13裁判所HP「DNA会員名簿事件」は、会員名簿等について、その記載内容は連絡先に係る情報を含まないため、これらを使用しても会員名簿等に記載された者に対して連絡を取ることはできず、連絡を取るためには会員名簿等以外の情報源に基づくほかないから、その有用性は極めて乏しいと判断した。

　スキャンダル情報もそれを取材した週刊誌業者等にとっては事業活動上の経済的価値があることを理由に不正競争防止法による差止請求を認める見解（鎌田・前掲論文56頁）がある。人はすべて他人に知られたくない私生活上の事実、情報を公開されない権利としてのプライバシーの権利を有し（竹田・前掲プライバシー104頁）、ただ表現の自由と国民の知る権利等の関連で一定の限度でその公開が法的に許容されるにとどまる（同150頁以下）から、当該情報が公開を法的に許容される範囲内のものでない限り、事業活動に有用な情報とはいえない。

(4)　公然と知られていないものであること

　保有者が秘密として管理していても、当該情報の内容が既に一般に知られているときは、この要件を満たさない。ただし、複数の事業者がある情

報をそれぞれ独自に秘密に管理することにより非公知であってもよい（小野・松村・前掲概説344頁は、それは法的保護の対象となるのは相対的秘密であることによると説明する）。

　当該情報が一般に知られているかどうかは、保有者の属する事業分野において事業に従事する者一般を基準にして判断すべきであり、保有者の事業に関係する者や保有者以外の少数の事業者に知られていても、公然知られているとはいえない。東京地判決平成21.11.27判時2072号135頁「マンション売買仲介業情報事件」は、会社が業務で使用する契約書類等の書式は、不特定かつ多数の者に示されており、これらの書式を示された者がその守秘義務を負うものとは認められないから、非公知性を欠くとしている。

　内容的には公知の情報であっても、情報を使用している事実が未公知であれば足りるとする見解（渋谷・前掲営業秘密8頁）があるが、既に社会に流通している情報である以上、これを営業秘密として保護することはできないであろう。ただし、公知の情報を基に創意工夫により独自の経済的価値を付加した場合には未公知の情報として保護の対象となる。

　製品の製法が秘密情報として管理されている場合、第三者がその製品を分析することによりその情報内容が広く知られるに至ったときは、非公知性を失う（鎌田・前掲論文58頁は、リヴァースが可能であるというだけでは非公知性を失わないとするが、製品を分析してその製法を知ろうとする行為自体を差止めることは困難であろう）。このような可能性がある情報（ノウ・ハウ）は特許出願等により排他性のある権利とすることが必要である（その場合でも出願に基づき技術内容が公開されるまでは営業秘密として保護対象となる）。東京地判決平成23.2.3裁判所HP「セキュアガード事件」は、光通風雨戸の製品からその形状を正確に把握して図面に起こすことは決して容易ではないとして、同製品が流通していたとしても非公知性は失われないと判断したが、その控訴審である知財高判決平成23.7.21判時2132号118頁「セキュアガード事件（控訴審）」は、被告に交付された図面等は、一般的な技術的手段を用いれば製品自体から再製することが容易なものであるとして、非公知性を否定している。また、大阪地判決平成24.12.6裁判所HP「攪拌造粒装置事件」は、一般にある製品が市場に流通しているからといって、その製品が内包する

ノウハウが一律に公知となるわけでないが、原告が営業秘密に当たると主張するノウハウは、いずれも原告製品の形状・寸法・構造に帰するものばかりであり、それらを知るために特別の技術等が必要とされるわけでもないのであるから、原告製品が守秘義務を課すことなく顧客に販売され、市場に流通したことをもって、公知になったと見るほかないと判断した。大阪地判決平成28.7.21裁判所HP「錫合金組成事件」も、分析法や分析費用等について事実認定を行った上、錫器の製造に使用する合金は、原告製品の分析により第三者が容易に知ることができるもので、非公知性を欠くとした。

東京地判決平成9.10.6判時1630号127頁「塩酸セトラキサート事件」は、医薬品等の後発品の製造承認申請を行う行為について、被告製剤と対照すべき原告製剤が市販されており、原告製剤に関する物性、組成、安定性等に関する情報が公表されていることからすれば、その審査に当たり先発品の製造承認資料を利用しても、営業秘密の不正取得に当たらないとする。また、前掲大阪地判決平成15.2.27「セラミックコンデンサー設計図事件」は、「リバースエンジニアリングによって、本件電子データと同じ情報を得るのは困難であるものと考えられ、仮にリバースエンジニアリングによって本件電子データに近い情報を得ようとすれば、専門家により、多額の費用をかけ、長期間にわたって分析することが必要であるものと推認される」として、公知になったとはいえないと判断した。

秘密であることは、我が国内における状況のみから判断することはできない。国際的取引においては、A国内企業のノウ・ハウについて、我が国の企業とB国内企業とがそれぞれ実施契約を設定した場合、B国内企業がこれを公開し、あるいは特許出願して公開公報に掲載されれば、その情報は非公知性を失う（小野・松村・前掲概説344頁は、「営業秘密に対する保護は、事実状態に対する競業的利益が対象となっているために、事実状態の影響は海外に及ぶ」と説明する）。

(5) 要件存在の基準日

これらの要件の有無は、損害賠償請求については、不正行為が行われた

日、差止請求については事実審の口頭弁論終結の日を基準とする。ただし、後者の場合、営業秘密の内容を特定するため訴訟上これを開示しても、公然知られていないという要件を失うことにはならない（そうでなければ営業秘密の保護はその実質的意味を失う）。

3　営業秘密侵害行為の各類型
(1)　営業秘密不正取得・使用開示行為

窃取、詐欺、強迫その他の不正の手段により営業秘密を取得する行為（以下「不正取得行為」という）又は不正取得行為により取得した営業秘密を使用し、若しくは開示する行為（秘密を保持しつつ特定の者に示すことを含む。以下同じ）（2条1項4号）。

前段は営業秘密の不正取得行為であって、当該営業秘密を事実上管理している者からの不正取得行為であれば足りる。したがって、営業秘密が正当な保有者、保有者から営業秘密を示された者によって管理されている場合はもとより、不正取得者が管理している営業秘密を不正に取得する行為も含まれる。

ここに「不正な手段」とは、窃取（刑法235条）、詐欺（刑法246条）、脅迫（刑法222条）、恐喝（刑法249条）、強盗（刑法236条）、信書開披（刑法133条）、盗聴等電気通信事業者の取り扱い中の通信の秘密の侵害（電気通信事業法104条）等の刑事犯罪行為のほか、事業者間の公正かつ自由な競争原理に支配された経済秩序を乱す反社会的行為、例えば、管理者の意思に反する文書の複写（前掲大阪地平成8.4.16判決）、文書を閲覧してその内容を記憶する行為等を含む（渋谷・前掲営業秘密13頁は、不正な手段とは取引通念上不正と観念される競争手段であれば足りるとする）。

ここに「取得」とは、営業秘密の内容を知ることをいい、物として取得すると、記憶としてこれを取得するとを問わない。

東京地判決昭和62.9.30判時1250号144頁「京王百貨店事件」は、コンピューター技術者が勤務会社の電算室から顧客名簿（京王友の会会員名簿）が入力されたコンピューター用磁気テープを窃取した事案に関し、前掲東京地平成12.11.13判決は、従業員が会社に無断で営業秘密に当たる資料を複写し

て社外に持ち出し、窃取した事案に関するが、これらは不正取得行為の一例である。また、同判決では、他の従業員が、「来山者名簿」を自宅に持ち帰り、他の会社にファックス送信した行為について、不正の手段により営業秘密を特定の者に示す行為に該当すると判示している。また、前掲東京地平成11.7.23判決は、従業員が、営業秘密である顧客情報を管理する情報管理室の操作担当者に虚偽の技術を述べ、顧客情報を取得して、社外に持ち出し、これを売却した事案であり、詐欺により営業秘密を取得、又は開示・使用する行為に該当すると判示し、前掲大阪地平成8.4.16判決は、独立を決めた理容師が、顧客名簿を持ち出して、そこに記載された顧客に電話をかけ、これによって来店した客に理髪や男性用かつらの受注等の業務を行った行為について、不正の手段により営業秘密を取得し、かつそれを使用したと判示している（同旨　前掲東京地平成12.10.31判決も顧客名簿記載の者に対し契約の勧誘をする行為を営業秘密を使用する行為と認めている）。東京地判決平成28.4.27裁判所HP「電子データ持ち出し事件」は、原告退職後に設立予定の新会社における製品設計に用いるため、原告の製品の設計データをまとめてダウンロードし持ち去った行為が、不正の手段により営業秘密を取得する行為に当たるとし、東京地判決平成22.4.28判タ1396号331頁「コエンザイムQ10事件」は、従業員が社内からコエンザイムQ10の生産菌等を無断で持ち出し、その後被告会社に提供した行為が、不正競争防止法2条1項4号の不正競争行為に該当すると判断した。他方、東京地判決平成21.11.27判時2072号135頁「マンション売買仲介業情報事件」は、マンションの所有者に関する情報等を集積したデータベースに記録されている情報を、取得したとは認められないとした。

　後段は、不正取得行為により取得した営業秘密を使用し、若しくは開示する行為である。

　ここに「使用」とは、取得した営業秘密をその目的に従って使用する行為（例えば、顧客名簿を利用して行う物品の販売活動）をいい、「開示」とは、公然と知られたものとする（例えば営業秘密を刊行物に掲載する）という本来の意味のほか、秘密を保持しつつ特定の者に示す（例えば営業秘密を秘密状態を保持したまま第三者に売却する）ことを含む（小野・松村・前掲概説356頁）。開示

第2節 Ⅳ

の手段を問わない（口頭・書面による開示のほか、知られることを放任する不作為を含む）。取得した情報をそのまま使用することなく改変して使用した場合であっても、実質的に同一の情報と認められる限り、ここにいう使用に当たる。

　第三者の不正取得による営業秘密侵害行為については、平成2年改正法以前は不法行為に基づく損害賠償を請求するほかなかったが、この不正取得行為及び(2)の不正取得者からの悪意・重過失転得行為、(3)の取得後の悪意・重過失による使用開示行為が不正競争とされることにより、第三者に対する営業秘密の使用開示の差止請求が可能となった。

(2)　不正取得営業秘密の転得・使用開示行為

　その営業秘密について不正取得行為が介在したことを知って、若しくは重大な過失により知らないで営業秘密を取得し、又はその取得した営業秘密を使用し、若しくは開示する行為（2条1項5号）。

　不正取得行為の介在について転得者に故意又は重大な過失がある場合の取得行為及びその使用、開示行為である。

　ここに「重大な過失」があるとは、営業秘密が不正な手段によって取得されたことを認識できたのに甚だしく注意を欠いたため認識しなかったことをいう（前掲東京地判決平成11.7.23は、従業員から営業秘密を購入した会社については、悪意及び重大な過失の存在を認めなかった）。

　東京地判決昭和40.6.26判時419号14頁「大日本印刷事件」は、企業情報の調査収集等を業としていた者が総務部秘書課勤務の従業員を示唆して大口受注報告書、採算検討書等を窃取させ、その事情を知りながら同人からこれらの文書の交付を受け贓物収受等の罪に問われた事案に関するが、不正取得行為が介在したことを知って営業秘密を取得した一例である。また、福岡地判決平成14.12.24判タ1156号225頁「半導体全自動封止機械装置等技術情報事件」は、従業員の引き抜きに伴い、営業秘密の不正取得及びそれを知って営業秘密の不正使用が行われたと認定された事例である。前掲東京地判決平成22.4.28判タ1396号331頁「コエンザイムQ10事件」は、原告の従業員が社内から持ち出した各生産菌が無断で持ち出されたものである

144

ことを知りながら、それらを取得した行為が、不正競争防止法2条1項5号の不正競争行為に該当すると判断した。

　不正取得行為が介在する以上、中間の転得者が善意又は無重過失でも、当該転得者に悪意又は重過失があれば、不正競争行為となる（例えばBがAの保有するノウ・ハウを不正取得し、CがBからこれを善意で取得し、DがCから重過失でこれを取得した場合、Dの行為は不正競争行為に該当する）。

(3)　転得後の不正取得営業秘密の使用開示行為

　その取得した後にその営業秘密について不正取得行為が介在したことを知って、又は重大な過失により知らないでその取得した営業秘密を使用し、又は開示する行為（2条1項6号）。

　第三者が営業秘密を取得した時点では不正取得行為の介在について善意であり、又は重大な過失がなかったが、取得後においてその事実を知った場合、又は知らないことに重大な過失ある場合の営業秘密の使用又は開示行為を規定する。保有者から取得した情報が営業秘密に属し、正当に使用できないことの警告を受けた場合がその一例である。取得物が動産であって、民法192条の善意取得の要件を具備していても、取得者はその内容である営業秘密について権利を行使することができない。

　(3)の事後的不正競争行為が認められたことにより、営業秘密取得時の悪意、重過失を立証することの困難さを解消することができる。

(4)　保有者から示された営業秘密の不正使用開示行為

　営業秘密を保有する事業者（以下「保有者」という）からその営業秘密を示された場合において、不正の利益を得る目的で、又はその保有者に損害を加える目的で、その営業秘密を使用し、又は開示する行為（2条1項7号）。

　保有者から債権関係に基づいて営業秘密を示される典型的事例としては、前述したように次のような場合がある。

　　ⓐ　企業間の技術援助に伴う契約であって、ノウ・ハウ等の営業秘密の実施許諾（ライセンス）を契約内容とする場合の実施者

　この場合、契約当事者は、特約の有無にかかわらず、営業秘密を第三者

に開示せず、秘密を保持する義務を負う。
　　ⓑ　保有者と下請け契約を締結し、営業秘密を使用する場合の下請業者
　　ⓒ　保有者たる使用者と雇用契約を締結した場合の従業員
　従業員は、使用者との間で雇用契約を締結し、労務を提供するが、契約の性質上当然善良な管理者としての注意をもって誠実に労務に服することを要求されるから、その労務の内容から当然に知ることができた営業秘密を保持すべき義務を負い、また、その継続中は使用者と競業的行為をしない義務を負う。この義務は従業員固有の義務であるから、従業員の家族、友人等には及ばない（小野・松村・前掲概説362頁は、妻、親族、友人などは、一般的には秘密保持について道徳的な義務しかないとする）。
　　ⓓ　会社のため忠実に職務を遂行する義務（会社法355条の規定による委任関係に基づく善良な管理者としての注意義務）を負う取締役
　　ⓔ　その他債権関係等に基づき善良な管理者として営業秘密を保持又は使用する者
　これらの場合、契約の趣旨に従って営業秘密を使用できることは当然であり、契約内容によっては営業秘密を使用する必要上秘密を保持しつつ特定の者に示すという意味での開示ができることもある。その意味では、前記の契約関係により営業秘密を使用する正当な権原を有する事業者は、実施許諾者に対する関係では営業秘密を示された者であるが、同時にその営業秘密の使用に当たっては、ここにいう「保有者」となる（渋谷・前掲営業秘密22頁以下は、ここにいう保有者は営業秘密につき処分権を有する者に限る必要はなく、他人が制作した営業秘密につき正当な使用収益権を有する事業者も保有者に含まれるとし、その類型として、1 契約等による使用収益権の承継取得者、2 秘密の実施権者、3 不正取得又は不正開示に係る秘密の善意無重過失による転得者を挙げている）。
　保有者から営業秘密を示された者は、債権関係を支配する信義誠実の原則に従う義務ないし善良な管理者としての義務を負うから、これを不正に使用開示することは契約に違反する。したがって、保有者は、契約関係の継続中は、違反者に対して、民法414条の規定に基づいて使用ないし開示の差止を請求することができ、また民法415条の規定に基づいて損害賠償の請求をすることができるが、契約終了後は契約上の義務違反を理由とす

る請求は認められない（雇用契約終了後の従業員の秘密保持義務について特約がある場合の問題点については1②において説明した）。

　そこで、不正競争防止法は、事業者間の公正な競争の確保の面から一定の類型に属する行為を不正競争行為としたものである（この意味で、通産省知財室・前掲営業秘密86頁はこの規定を信義則違反類型と呼んでいる）。この結果、雇用契約終了後の従業員の秘密保持義務について特約がない場合又は特約があっても法的効果が認められないとされてきた場合でも、この規定に該当する場合は営業秘密の使用開示の差止請求が可能となった。仙台地判決平成7.12.22判時1589号103頁「コメット事件」は、元従業員が無断で顧客名簿を持ち出して同一営業を開始したとして2条1項7号に基づき損害賠償を請求した事案について、労働者が雇用関係中に知りえた業務上の秘密を不当に利用してはならないという義務は同関係の終了後にも残存するが、これを不正、不法と評価するには職業選択の自由、営業の自由から導かれる自由競争の原理を十分斟酌すべきであるとし、開業の際の宣伝活動として従前の顧客をも含めて開業の挨拶をすることは上記義務に違反するものではなく、また顧客名簿持ち出しの事実は認められないとして、請求を棄却している（同種事案につき、営業秘密漏洩の疎明なしとして、ダイヤモンド製工具に関する営業秘密開示禁止仮処分申請を却下した事例として、横浜地川崎支決定平成7.2.15審決取消訴訟判決集55号326頁「オリエンタルダイヤ事件」がある）。

　不正競争防止法に基づく請求と民法414条、415条の規定に基づく請求は、いわゆる請求権競合（一個の事実から経済的目的を同じくする数個の請求権が同時に成立し、存在すること）の関係に立つ。したがって、前述のように従来契約上の秘密保持義務が認められる場合には、この規定の要件を満たす限り、不正競争防止法と民法のいずれかを選択して請求することが可能となる（もっとも、前者によるときは、「不正の利益を得る目的」又は「保有者に損害を加える目的」が必要となる）。

　営業秘密を示した者は、事業者であることを要する（不正競争防止法が事業者間の公正な競争を確保することを目的とすることによる）が、ここにいう「事業」の意義を前述のように経済活動の一環として継続的・反復的に行われる活動を意味するものと広く解すれば、このように限定することの不都合はな

いであろう。

　主観的要件として、営業秘密を示された者に「不正の利益を得る目的」、又は「その保有者に損害を加える目的」が存することを要する。ここに「不正」とは、前記の契約関係に基づく信義誠実の原則ないし善良な管理者としての義務に違反することをいう。退職と同時に行う営業秘密を利用しての競業行為がその典型であり、その他自己又は他人の利益を図る目的をもって営業秘密を利用又は開示する行為を含む。「損害を加える」とは、積極的に保有者を害することを目的とすることをいう。

　東京地判決昭和60.3.6判時1147号162頁「綜合コンピューター事件」は、コンピュータープログラムの開発販売等を業とする会社において、営業課長が自己の管理するフロッピーシートを使用してそこに記録されたオブジェクトプログラムを自らが独自に販売するコンピューターに入力し、会社に多額の財産上の損害を加えた事案に関するが、保有者から示された営業秘密を不正の利益を得る目的で使用する行為の一例である。また、大阪高判決平成6.12.26判時1553号133頁「三和化工事件」が会社取締役退任後に設立した新会社が営業秘密を不正使用した事案について損害賠償責任を認めたことは前述した。前掲大阪地平成10.12.22判決は、タンク製造会社従業員が退職後に設立した同種事業を行う会社において、元の会社の技術情報を開示した行為をもって2条1項7号に該当するとしている。また、派遣スタッフの管理名簿及び派遣先の事業所リストを営業秘密と認め、同じく2条1項7号該当性を認めたものとして、東京地判決平成15.11.13判例百選196頁「人材派遣業顧客名簿事件」がある。東京地判決平成23.11.8裁判所HP「投資用マンション事件」も、顧客名簿の使用につき、2条1項7号該当性を認めている（その控訴審である知財高判決平成24.7.4裁判所HP「投資用マンション事件（控訴審）」も同旨）。

　他方、東京高判決平成16.4.22知財管理55巻6号699頁「武蔵情報システム事件」は、営業秘密に該当するデータの内容を、3回にわたり、パソコンの画面に一時的に表示して開示した行為につき、不正の競業その他の不正の利益を得る目的、ないしは営業秘密の保有者に損害を加える目的を有していたことまで認めるに足りる証拠はないとして、2条1項7号所定の営業

秘密の不正開示に該当しないと判示している。前掲東京地判決平成23.2.3裁判所HP「セキュアガード事件」は、保有者から示された営業秘密を使用して製品を製造、販売する行為につき2条1項7号該当性を認めたが、その控訴審である知財高判決平成23.7.21判時2132号118頁「セキュアガード事件（控訴審）」は、製品に関する図面等の一部や製造ノウハウが被告に対して開示された事実を認めず、また、被告に開示された情報について営業秘密性を否定し、不正競争防止法に基づく請求を認めなかった。大阪地判決平成25.7.16判時2264号94頁「ソースコード事件」は、ソフトウェアのソースコードが営業秘密として保護されるとしたが、2条1項7号にいう「使用」に該当するのは、ソースコードをそのまま複製した場合や、異なる環境に移植する場合に逐一翻訳したような場合などであるとして、「使用」該当性を否定した。

　ある事業の従業員がその職務に関しある秘密を創作し、これを自ら使用又は開示した場合、2条1項7号に該当するかについては、積極説（鎌田・前掲論文60頁・山本・前掲要説162頁等）と消極説（通産省知財室・前掲営業秘密88頁、渋谷・前掲営業秘密28頁、田村・前掲概説344頁）に分れているが、同号の不正競争行為には該当しないが、事業者にこれを移転し従業員として使用している場合には雇用契約上の秘密を守るべき義務を負担するというべきであり、この義務に違反する使用開示は債務不履行責任を生じるという見解に賛成したい。

(5) 不正開示営業秘密の転得・使用開示行為

　その営業秘密について不正開示行為（前号に規定する場合において同号に規定する目的でその営業秘密を開示する行為又は秘密を守る法律上の義務に違反してその営業秘密を開示する行為をいう）であること若しくはその営業秘密について不正開示行為が介在したことを知って、若しくは重大な過失により知らないで営業秘密を取得し、又はその取得した営業秘密を使用し、若しくは開示する行為（2条1項8号）。

　不正開示行為又はその介在について悪意又は重大な過失ある場合の営業秘密の取得、使用、開示行為であって、不正開示行為の直接の相手方、転

得者の行為を対象とする。

　ここにいう不正開示行為には、2条1項7号の不正目的による営業秘密の開示行為と、秘密を守るべき法律上の義務（前記(4)ⓐないしⓔの場合等）に違反しての開示行為とを含む。したがって、営業秘密の受け手（相手方・転得者）に不正・加害目的がなくとも、開示する者が同目的を有することないし義務違反していることの認識があり、又は認識がないことに重大な過失があれば不正競争行為となる。

　ロボット製造会社の従業員が同種事業を営む会社を設立し、取締役に就任した上、他社との間でロボットの販売契約を締結し、ロボット製造技術を開示した事案（前掲東京地昭和62.3.10判決「アイ・シー・エス事件」）は、その一例である。また、前掲大阪地判決平成10.12.22は、タンク製造会社の従業員が退職後設立した会社において、従業員から開示を受けたノウ・ハウを使用してタンクを製造した行為をもって、2条1項8号に該当するとした。前掲東京地判決平成15.11.13「人材派遣業顧客名簿事件」は、従業員が退職後設立した会社における、営業秘密の使用行為について、2条1項8号該当性を認め、前掲東京地判決平成23.11.8裁判所HP「投資用マンション事件」も、元従業員から取得した顧客名簿の使用につき、2条1項8号該当性を認めた（その控訴審である知財高判決平成24.7.4裁判所HP「投資用マンション事件（控訴審）」も同旨）。また、知財高判決平成27.2.19裁判所HP「販売先顧客情報事件（控訴審）」は、顧客情報の開示行為につき、2条1項8号該当性を認め、前掲東京地判決平成22.3.30裁判所HP「PCプラントその1事件」及びこの控訴審である知財高判決平成23.9.27裁判所HP「PCプラントその1事件（控訴審）」は、持ち出し図面の取得及び開示に関し、2条1項8号該当性を認めている（東京地判決平成23.4.26判タ1360号220頁「PCプラントその2事件」も結論同旨）。

　当事者間に前記2条1項7号該当の契約関係がある場合、第三者がこれに違反して営業秘密を取得・使用・開示する行為をしても、当該第三者は契約関係に立つものでないから、この第三者に対しては、不法行為による損害賠償請求が認められるにすぎず、差止請求権を行使することはできなかった（前述した東京高決昭和41.9.5判時464号34頁「ワウケシャ事件」はその一例である）が、この規定により不正競争行為として営業秘密の使用開示の差

止請求が可能となった。

(6) 転得後の不正開示営業秘密の使用開示行為

その取得した後にその営業秘密について不正開示行為があったこと若しくはその営業秘密について不正開示行為が介在したことを知って、又は重大な過失により知らないで営業秘密を使用し、若しくは開示する行為（2条1項9号）。

第三者の営業秘密取得時点では不正開示行為若しくはその介在について善意であり、又は重大な過失がなかったが、取得後においてその事実を知った場合、又は知らないことに重大な過失ある場合の営業秘密の使用又は開示行為を規定する。その趣旨は法2条1項5号と同様である（小野・松村・前掲概説374頁は善意取得者保護のため厳格な適用を求める）。

前掲知財高判決平成27.2.19裁判所HP「販売先顧客情報事件（控訴審）」は、顧客情報が許可なく使用されていることについて問い質されたにもかかわらず、当該顧客情報の使用を止めるような対策を何ら講ずることなく、使用等を継続させていたものであるから、顧客情報の使用は2条1項9号の不正競争行為に該当すると判断している。

(7) 営業秘密侵害品の譲渡・輸出入等の禁止（流通規制導入）

第4号から前号までに掲げる行為（技術上の秘密（営業秘密のうち、技術上の情報であるものをいう。以下同じ。）を使用する行為に限る。以下この号において「不正使用行為」という。）により生じた物を譲渡し、引き渡し、譲渡若しくは引渡しのために展示し、輸出し、輸入し、又は電気通信回線を通じて提供する行為（当該物を譲り受けた者（その譲り受けた時に当該物が不正使用行為により生じた物であることを知らず、かつ、知らないことにつき重大な過失がない者に限る。）が当該物を譲渡し、引き渡し、譲渡若しくは引渡しのために展示し、輸出し、輸入し、又は電気通信回線を通じて提供する行為を除く。）（2条1項10号）

本号は、平成27年改正により新設された規定である。旧法では、営業秘密侵害品（営業秘密を不正に使用して生産された物品）の譲渡・輸出入等は禁止の対象とはされていなかったが、平成27年改正により、故意ないし重過失

による営業秘密侵害品の譲渡・輸出入等が、差止め等の対象とされることとなった。例えば、営業秘密侵害品であるとの警告書を受領しておきながら、何ら調査しないで漫然と今までどおり当該被疑侵害品の譲渡行為を継続して行ったという場合には、重過失による営業秘密侵害品の譲渡に該当し得る。特許法においては、物の生産方法の発明について、その生産方法を実施して生産された物の譲渡行為について特許権の効力が及ぶ。本号は、それと同じような考え方を不正競争防止法の営業秘密の民事規制に導入したものといえよう。なお、輸出入については平成28年の関税法改正により、本号の営業秘密侵害品が水際規制として税関での差止めの対象となった。

V 技術的制限手段に対する不正競争行為

1 概要

記録媒体や記録媒体を再生しコンテンツを記録する機器などに、営業上の利益を確保するために、コンテンツの視聴や記録等を防止する技術的制限手段（2条7項）が施されている場合に、当該技術的制限手段の効果を妨げる機能を有する装置等を譲渡等する行為は禁止される（2条1項11号）。

また、営業上の利益を確保するために契約者等特定の者以外にコンテンツの視聴等を制限するための技術的制限手段の効果を妨げる機能を有する装置等を譲渡等する行為は禁止される（2条1項12号）。

この規定は、コンテンツ提供事業者の公正な競争を維持すべく、平成11年改正法により規定され、同年10月1日より施行されたものである。この結果、技術的制限手段（コピーガード等）を営業上用いてコンテンツを提供するコンテンツ提供事業者が、当該技術的制限手段を無効化する装置等を譲渡等する者により、営業上の利益を侵害され、又は侵害されるおそれがある場合には当該装置等の譲渡等の差止等を請求できることとなった。

もっとも、その後も、技術的制限手段を無効化し、違法な海賊版ゲームソフト等の使用を可能にする装置等の流通が横行し、コンテンツ提供事業者に甚大な被害が生じていたことから、コンテンツ提供事業者間の公正な競争秩序をより確実に確保するため、平成23年改正において、技術的制限手段に係る規律の強化が図られた。

なお、2条1項11号の規定は技術的制限手段に対する一般的規定であり、同12号の規定は特定の技術的制限手段を無効化する特別規定であって、一部重複しているが、両規定が重複して適用されないよう、2条1項11号において、「技術的制限手段（他人が特定の者以外の者に影像若しくは音の視聴若しくはプログラムの実行又は影像、音若しくはプログラムの記録をさせないために用いているものを除く。）」と規定され、同12号が適用される場合には同11号は適用されないことが明示されている。

2 技術的制限手段

技術的制限手段とは、「電磁的方法（電子的方法、磁気的方法その他の人の知覚によって認識することができない方法をいう。）により影像若しくは音の視聴若しくはプログラムの実行又は影像、音若しくはプログラムの記録を制限する手段であって、視聴等機器（影像若しくは音の視聴若しくはプログラムの実行又は影像、音若しくはプログラムの記録のために用いられる機器をいう。以下同じ。）が特定の反応をする信号を影像、音若しくはプログラムとともに記録媒体に記録し、若しくは送信する方式又は視聴等機器が特定の変換を必要とするよう影像、音若しくはプログラムを変換して記録媒体に記録し、若しくは送信する方式によるもの」をいうと定義される（2条7項）が、具体的には、映画等のビデオやDVD等に施されたダビング防止のためのコピーガードや、有線放送や有料ケーブルテレビ放送における契約者以外には観覧不能にするためのスクランブル（暗号化）等が挙げられる。平成23年改正前の事案ではあるが、東京地判決平成21.2.27裁判所HP「マジックコンピュータ事件」は、2条1項10号（現11号）の立法趣旨や立法経緯を踏まえ、「不正競争防止法2条7項の「技術的制限手段」とは、コンテンツ提供事業者が、コンテンツの保護のために、コンテンツの無断複製や無断視聴等を防止するために視聴等機器が特定の反応を示す信号等をコンテンツとともに記録媒体に記録等することにより、コンテンツの無断複製や無断視聴等を制限する電磁的方法を意味する」として、技術的制限手段には、信号を検知した場合にプログラム等の実行を制限する方式（検知→制限方式）のものだけでなく、信号を検知した場合にプログラム等の実行を可能とする方式（検

知→可能方式）のものも含まれると判示している。

3　無効化行為

　2条1項11号及び12号では、技術的制限手段の効果を妨げる機能を有する装置等を譲渡等する行為を「不正競争」として規定する。平成11年に技術的制限手段に対する不正行為についての規制が導入された当時は、他の目的で開発された装置等がたまたま技術的制限手段の効果を妨げる機能を有している場合まで不正競争として規制される事態を避けるため、無効化機能のみを有する装置等が規制対象とされていた（いわゆる「のみ要件」）。しかし、平成23年改正において、「のみ要件」は緩和され、技術的制限手段を無効化する機能とそれ以外の機能を併せて有する装置等について、当該装置等を無効化の用途に供するために譲渡等する行為は、不正競争として規制されることになり、規制対象範囲が拡大した。なお、平成23年改正においては、技術的制限手段を無効化する装置等の譲渡等について刑事罰の対象とする規定も導入されている。この点については第5節で述べる。

　法2条1項11号及び12号の規定においては、技術的制限手段の効果を妨げる機能を有するプログラムを電気通信回線を通じて提供する行為も規制の対象となる。これは、技術的制限手段を無効化するプログラムは、インターネットなど電気通信回線を通じても同様に提供できるが、かかる場合、有体物の譲渡と異なりプログラムを管理・支配する権利自体が移るわけでないため譲渡に該当するか疑義が生ずる可能性があることから、電気通信回線を通じてプログラムを提供する行為を規制対象行為として明記したものである。なお、技術的制限手段がID情報やパスワードの情報により無効化できる場合に、これらの情報を提供する行為については、規制の対象とすることが見送られた。

　2条1項11号、12号の技術的制限手段の無効化行為によって営業上の利益を害され、又は害されるおそれのある者は差止等を請求できる。前掲東京地判決平成21.2.27裁判所HP「マジックコンピュータ事件」は、携帯型ゲーム機を製造、販売する原告及び同ゲーム機用のゲームソフトを格納したゲーム・カードを製造、販売する原告らが、被告装置の輸入、販売等が不

正競争防止法2条1項10号（現11号）に違反すると主張して、同装置の輸入、販売等の差止め及び在庫品の廃棄を求め、これらの請求が認容された事案である。

もっとも、技術的制限手段を無効化する装置等を譲渡等した場合であっても、試験又は研究のための譲渡等であれば、民事上の制裁を免れる（19条1項8号）。

Ⅵ　ドメイン名に関する不正競争行為

1　概要

(1)　ドメイン名紛争

インターネットにおいては、接続されたコンピュータを特定するためにIPアドレス（インターネットプロトコル・アドレス）と呼ばれる32ビットで構成された数字列が用いられている。しかし、この数字列は人の記憶に残りにくいことから、これを文字・数字等の配列に置き換えたドメイン名（例えば、「jiii.or.jp」のように表現される）が利用されており、インターネット利用者は、ドメイン名を入力することによって、特定のHP等に到達することができる。ドメイン名は、ピリオドで区切られたラベルを連結した配列であり、ドメイン名を構成する最も右側のラベル（右の例でいえば「jp」）を「トップレベルドメイン（TLD）」と呼び、以下左へ順に「第二レベルドメイン」（右の例でいえば「or」）、「第三レベルドメイン」（右の例でいえば「jiii」）と呼ぶ。ドメイン名をトップレベルドメイン（TLD）で分類すると、大きく分けてgTLD（generic TLD）とccTLD（country code TLD）がある。gTLDは、ICANNの認定を受けたレジストラ（登録業者）が登録・管理を行っており、「.org」、「.net」、「.com」のように国籍に関係なく世界中の誰もが登録できるものと、「.gov」「.edu」のように登録に当たって一定の要件を満たす必要があるものがある。ccTLDは各国別の管理組織が管理するドメイン名であり、「.jp」などがそれである（ドメイン名の起源、種別、管理体制等の詳細については坪俊宏「ドメイン名について」「ドメインネーム紛争」1頁以下等参照）。

ドメイン名の登録は、先願主義に基づき申請者がドメイン名を自由に選択して登録機関に登録申請できるようになっており、登録に際して既存の

商標権や商品等表示等と抵触するか否かについての審査は行われていない。

　ドメイン名は人の記憶に残りやすいことから、自己の社名や商品名等と同一ないし類似の文字列を含むドメイン名を登録することが広く行われており、インターネットを利用する者は、ドメイン名が特定の固有名詞と同一ないし類似の文字列である場合には、当該固有名詞の主体がドメイン名の登録者であると考えるのが一般である。

　このように、ドメイン名は一定の出所識別機能を具有する場合があり、またその登録に際して厳格な審査が行われていないことから、ドメイン名登録制度を悪用して、著名な社名ないし商品名と同一ないし類似の文字列を含むドメイン名を取得し、事業者の信用にフリーライドするウェブサイトを開設したり、アダルトサイトを開設して事業者の信用を毀損したり、あるいは、不当に高額な価格でドメイン名を売りつけようとするといった行為（いわゆるサイバースクワッティング）が世界中で頻発するに至った。

　これに対し、米国政府、WIPO（世界知的所有権機関）及びドメイン名に関する世界規模の調整を行う民間の非営利法人であるICANN（the Internet Corporation for Assigned Names and Numbers）等によって、サイバースクワッティングを規制するための国際的な取り組みが行われた。すなわち、1998年6月、米国政府は、ホワイトペーパー「ドメインネームの運営システムの改善のための米国政府案」を公表した。WIPOは、これを受け、同年翌月から「インターネット・ドメインネーム・プロセス」の検討を開始し、翌年4月、濫用的なドメイン名登録を事後的に排除できるような紛争処理システムの導入を求める最終報告書を公表するとともに、同年9月、「周知商標の保護規則に関する共同勧告（Joint recommendation Concerning Provisions on the Protection of Well-Known Marks）」を採択して、ドメイン名を不正の目的で登録または使用する行為から周知商標を保護すべきであるとした。ICANNは、WIPO最終報告書を受け、同年10月、裁判外紛争処理のための方針である「統一ドメイン名紛争処理方針（Uniform Domain-Name Dispute-Resolution Policy, UDRP）」を策定した（現在WIPO Arbitration and Mediation Center等の4組織が仲裁機関として認定され、UDRPに基づく裁定が行われている）。同年11月、米国は、反サイバースクワッティング消費者保護法

(Anticybersquatting Consumer Protection Act）を制定し、ドメイン名紛争にかかる実体法を整備した（国際的な取り組みに関する経緯の詳細については、岡村久道・近藤剛史「インターネットの法律実務・新版」169頁以下等参照）。

わが国においては、平成12年7月、「.jp」ドメイン名を管理する一般社団法人日本ネットワークインフォメーションセンター（JPNIC）が、UDRPを日本にローカライズした「JPドメイン名紛争処理方針（JP-DRP）」を策定した。そして、同年10月から、日本弁理士会と日本弁護士連合会が共同で設立した日本知的財産仲裁センター（旧工業所有権仲裁センター。以下「仲裁センター」と略称する）において、JP-DRPに基づいた紛争処理が行われている。

(2) ドメイン名裁判外紛争処理手続

右のとおり、gTLDについてはUDRP、jpTLDについてはJP-DRPに基づいた裁判外紛争処理が行われている（裁定内容はそれぞれウェブサイト「http://www.icann.org/udrp/」、「http://www.ip-adr.gr.jp/」で閲覧することができる）。

以下では、JP-DRPに基づく裁定の拘束力の根拠、手続的及び実体的要件について説明しておく。

① 裁定の法的拘束力の根拠

まず、裁定の拘束力の法的根拠は、当事者の合意に求められている。すなわち、JPNICが定める「属性型（組織種別型）・地域型JPドメイン名登録等に関する規則40条、汎用JPドメイン名登録等に関する規則37条は、登録者がその登録にかかるドメイン名について第三者との間に紛争がある場合には、紛争処理方針に従った処理を行うことに同意する旨規定しており、ドメイン名を取得しようとする者は、同条の規定するところに同意の上、登録申請することとされている。そこで、第三者が、JP-DRPに基づく紛争処理手続を選択した場合には、双方間に紛争処理方針に従った紛争処理を行うことについての合意が成立したと見ることができるわけである（松尾和子「JPNIC」によるドメイン名紛争処理手続（JP-DRP）「ドメインネーム紛争」57頁以下は、「法律構成としては、第三者が、裁判所に訴訟提起等することなく、本JP-DRPを承認して登録者との間のドメイン名に係る紛争処理の手続を選択したとき、当該第三者は、先にJPNICと登録者が合意したところに、いわば、受益の意思表示をして、

当該手続を利用する地位を与えられることになる。言い換えれば、第三者は本件紛争処理手続に従うことを要求されていないが、簡便、迅速、効率的な本JP-DRPの手続を利用する意思表示をするなら、この手続に則った利益を享受できる地位を与えられるのである」とする)。

② 手続の概要

手続の概要は次のとおりである。

まず、申立人は、申立ての根拠・理由のほか、必要事項を記載した申立書を提出する(JPドメイン名紛争処理方針のための手続規則(以下「手続規則」という)3条)。申立書を受理した紛争処理機関は、方式審査を行い、不備がなければ、申立人が支払う費用の受領後3営業日以内に、説明入りの表書とともに申立書を登録者に送付する(手続規則4条(a)項)。なお、紛争処理機関とは、JPNICにより認定された紛争処理機関をいい、前述のとおり、現在のところ日本知的財産仲裁センターのみがこれに認定されている。登録者への送付は、郵送、ファクシミリ、電子メールの三方法により行われ、三つの送付完了日をもって手続開始日とされる(同4条(c)項、同2条(a)項)(すなわち、登録者に対する送付については、発信主義が採用されている)。これに対し登録者は、手続開始日から20日以内に答弁書を紛争処理機関に提出しなければならない(同5条(a)項、同(b)項)。例外的事件を除き、この期間に答弁書が提出されないときには、パネルは申立書に基づいて裁定を下す(同5条(f)項)。

この点、仲裁センター裁定平成13.3.30「icom.ne.jp事件」は、「手続規則によれば、パネルは、申立書に基づいて裁定を下すものとするとされている(同5条(f)項)一方、両当事者が平等に扱われ、各当事者のそれぞれの立場を表明する機会が公平に与えられるよう努力すること(同10条(b)項)、いずれかの当事者がパネルの要請を履行しないとしても、適切と思われる判断を下さなければならないこと(14条(b)項)と規定されている。これらの規定を総合的に判断するならば、パネルは、登録者が答弁書を提出しないという事実のみを理由として申立人の申立てを認容することが許されないことはもとより、申立書記載の事実主張および要件充足判断について登録者が全部自認したものと扱うこと(擬制自白方式)も許されず、申立人の主張する事実と処理方針および手続規則の定める要件が充足しているかどう

かの判断を、申立人の提出した証拠と両当事者の陳述内容とに基づいて認定しなければならないものと解される」としている。(仲裁センター裁定平成15.11.18「IBM-NET.CO.JP事件」、仲裁センター裁定平成18.11.6「STARBUCKS.JP事件」も同旨)。

　パネルとは、JPドメイン名紛争処理手続の申立てを審理・裁定するために、紛争処理機関により指名された紛争処理パネルをいい（同1条）、紛争処理機関によりパネルの構成員として指名された個人をパネリストという（同条(e)項）。当事者は、裁定を下すパネル構成の人数（1名または3名）を指定するとともに、3名構成のパネルを選択したときには、そのうちの1名を指名するための候補者3名をパネリスト名簿から選出することができる（同3条(b)項(iv)号、同5条(b)項(iv)号、同項(v)号、同条(c)項、同6条(d)項）。いずれかの当事者がパネリスト3名構成のパネルを選択したときには、紛争処理機関は両当事者が提出した各候補者名簿から各1名を指名するよう努力しなければならず、5営業日以内に指名できないときには、紛争処理機関が自ら維持・管理しているパネリスト名簿から指名する。3番目のパネリストは、紛争処理機関が指名する（同6条(e)項）。両当事者のいずれもが3名構成のパネルを選択しなかった場合、紛争処理機関は答弁書の受領日または提出期限満了日から5営業日以内にパネリストを指名しなければならない（同6条(b)項）。パネルは、書面審理を原則とし（同13条）、指名後原則として14営業日以内に裁定を下さなければならない（同15条(b)項）。申立てに理由があるとパネルが判断した場合、パネルの裁定に基づいて、ドメイン名登録の移転または取消の手続が行われる（JPドメイン名紛争処理方針（以下「処理方針」という）3条(c)項）。裁判手続との関係については、当事者は、紛争処理手続開始前、係属中または係属後（ただしパネルがドメイン名登録の移転または取消の裁定を下した場合には、裁定通知後10日以内に出訴し、裁判所受領印のある訴状等をJPRS（株式会社日本レジストサービス）に提出することを要する）のいずれの段階でも、当該ドメイン名の登録に関する紛争を裁判所に出訴することができる（処理方針4条(k)項）。

　このように、ドメイン名に関する裁判外紛争処理手続では、簡易かつ迅速な手続が予定されている。

③　実体的要件

　実体的な要件については、①登録者によって登録された「.jp」ドメイン名が、申立人が権利または正当な利益を有する商標その他表示と同一または混同を引き起こすほど類似し、②登録者が、当該ドメイン名の登録についての権利または正当な利益を有しておらず、かつ③当該ドメイン名が不正な目的で登録または使用されている場合には、当該ドメイン名の申立人への移転または登録の取消が認められるものと規定されている（処理方針3条、4条(a)項、(b)項、(c)項）。

　右①は、申立人が商標その他表示について権利または正当な利益を有することと、同表示と紛争ドメイン名が同一または混同を引き起こすほど類似していることという二つの内容を規定している。

　まず、前者については、手続規則3条(b)項(viii)号は、申立書において、申立ての基礎となる商標その他表示並びにその使用状況、将来における使用の意図を記載することとしている。

　例えば、仲裁センター裁定平成13.2.5「goo.co.jp事件」は、申立人が本件ドメイン名と類似の登録商標を有していること、それらの商標は主に申立人が運営するサイトを示すものとして使用されていること、さらに、同サイトは、申立人による宣伝広告の結果、インターネット利用者の間で著名となったことから、申立人の正当な利益を肯定している。

　なお、申立人の権利ないし正当な利益の存在を否定したUDRPに基づく裁定例として、WIPO Arbitration and Mediation Center（以下「WIPO AMC」と省略する）裁定2000.7.2「fuji.com事件」がある。同裁定は、登録者が1992年から申立人に取引の権利がある商品またはサービス以外の分野で、Fujiの名称を使用しまたは使用して取引を行っていたこと、申立人はFUJIの商標権を有するが、これは登録人の提供するインターネットサービス、ソフトウェア等の商品またはサービスの分野を包含するものではないこと等から、申立人は立証責任を果たしていないとし、申立人の請求を棄却している。

　商標その他表示と紛争ドメイン名が同一または混同を引き起こすほど類似していることという要件に関しては、基本的には登録商標の侵害におけ

る類似性の判断（商標法37条）と同様の判断を行うべきものであり、裁定例においては、ドメイン名のうち、国別コードや組織別コード等を除いた要部について対比の判断を行い、その際ハイフンの有無や大文字・小文字の別は類似性を否定するものではないとする判断枠組みが定着している。

例えば、前掲「goo.co.jp事件」は、「登録者ドメイン名「goo.co.jp」及び申立人サイトのドメイン名「goo.ne.jp」のうち、「.jp」の部分はトップレベルドメインを構成し国別コードからなり、「.co」、「.ne」の部分はセカンドレベルドメインを構成し組織の種別コードからなり、「goo」の部分は当該ドメイン名を使用する主体（ホスト）を示すコードからなるものであって、トップレベルドメイン及びセカンドレベルドメインはそれぞれホストが属する国及び組織を表示するものであるから、登録者ドメイン名及び申立人のgooサイトのドメイン名において主たる識別力を有するのは「goo」の部分にあるものと認められる。すなわち、両者の要部はともに「goo」であって同一であり、全体として類似するものである。また、申立人商標は、「goo」の文字を図案化したもの、または「GOO」及び「グー」の文字によって構成されており、これらと登録者ドメイン名の要部である「goo」とは、称呼において同一であり、外観において類似し、全体として類似の範囲を出ない」と判断している。

次に、「登録者が、当該ドメイン名に関係する権利または正当な利益を有していないこと」という要件については、処理方針は、それを否定する事情として、(ⅰ)「登録者が、当該ドメイン名に係わる紛争に関し、第三者または紛争処理機関から通知を受ける前に、商品またはサービスの提供を正当な目的を持って行うために、当該ドメイン名またはこれに対応する名称を使用していたとき、または明らかにその使用の準備をしていたとき」、(ⅱ)「登録者が、商標その他表示の登録等をしているか否かにかかわらず、当該ドメイン名の名称で一般に認識されていたとき」、(ⅲ)「登録者が、申立人の商標その他表示を利用して消費者の誤認を惹き起こすことにより商業上の利得を得る意図、または、申立人の商標その他表示の価値を毀損する意図を有することなく、当該ドメイン名を非商業的目的に使用し、または公正に使用しているとき」を例示的に規定している（4条c項）。

第2節　Ⅵ

　仲裁センター裁定平成18.11.21「RABITON.CO.JP事件」は、「権利または正当な利益」の有無に関する立証責任について、「権利または正当な利益」が存するか否かは登録者に固有の事情であるから、登録者がドメイン名の登録についての権利または正当な利益を有することについて立証責任を負うべきであるとする。

　また、処理方針は、「当該ドメイン名が不正な目的で登録または使用されていること」という要件については、それを肯定する事情として、(ⅰ)「登録者が、申立人または申立人の競業者に対して、当該ドメイン名に直接かかった金額（書面で確認できる金額）を超える対価を得るために、当該ドメイン名を販売、貸与または移転することを主たる目的として、当該ドメイン名を登録または取得しているとき」、(ⅱ)「申立人が権利を有する商標その他表示をドメイン名として使用できないように妨害するために、登録者が当該ドメイン名を登録し、当該登録者がそのような妨害行為を複数回行っているとき」、(ⅲ)「登録者が、競業者の事業を混乱させることを主たる目的として、当該ドメイン名を登録しているとき」、(ⅳ)「登録者が、商業上の利得を得る目的で、そのウェブサイトもしくはその他のオンラインロケーション、またはそれらに登場する商品およびサービスの出所、スポンサーシップ、取引提携関係、推奨関係などについて誤認混同を生ぜしめることを意図して、インターネット上のユーザーを、そのウェブサイトまたはその他のオンラインロケーションに誘引するために、当該ドメイン名を使用しているとき」を例示的に規定している（4条b項）。

　前掲「goo.co.jp事件」は、登録者サイトの転送先サイトには、多数のアダルト画像が掲載されていること、同事実が申立人のgooサイトが著名となった時より後のことであると推認できること、登録者ドメイン名と申立人サイトの表示及び申立人商標とが類似していること等を考慮し、不正の目的を認定している。また、「登録者ドメイン名の取得は申立人gooサイトの開設及び申立人商標権の登録に先立つものであるから、取得時において登録者が「goo.co.jp」としてドメイン名を登録することは自由であり、この登録に正当な利益を有していないとすることはできない。しかし、その後不正な目的でこれを使用する等の場合には、その登録を維持する正当

な利益は失われると解するのが相当である」とし、登録者の権利または正当な利益の存在を否定している。

　仲裁センター裁定平成13.3.12「itoyokado.co.jp事件」は、登録者が開設していたサイトは、いずれも登録者自身の営業行為とは全く無関係であること、登録者が同HP上で、本件ドメインを売却する旨の広告を行っていたこと等に基づき、不正の目的を認定している。また、登録者ドメイン名の取得が、ドメイン名取得代行業者の営業を受けたことに端を発していること、登録者による登録日前に申立人が商標権を取得している上、その営業表示について少なくとも周知性を獲得していること等から、登録者の権利または正当な利益の存在を否定している。また、同裁定は、「「正当な利益」は、本来の正当権利者に優先する権利又は利益が存在しなければならないと解すべきであり、単に登録者の代表者の個人的趣味であることをもって足りるものではない」としている。同様に、仲裁センター裁定平成17.8.10「WALMART.JP事件」は、登録者が本件ドメイン名を使用しないで保有し続けること自体、申立人のインターネット上での使用妨害となり、不正の目的での登録または使用の根拠となるとしている（仲裁センター裁定平成18.4.3「MERCEDES.JP事件」、仲裁センター裁定平成19.1.25「CYBERLINK.JP事件」、仲裁センター裁定平成19.12.14「MOZILLA.JP事件」も同旨。）。

　もっとも、仲裁センター裁定平成20.1.4「firefox.jp事件」は、ドメイン名不使用の事実から直ちに不正の目的があることが認められるわけではなく、不使用であってもその他の事情から不正の目的での登録または使用であると認定できるというにすぎないとして、同裁定は、本件においては、不正目的での登録または使用を認めることはできないとして申立人の請求を棄却した。さらに、仲裁センター裁定平成20.10.6「ALFAROMEO.JP事件」において、パネルは、定型的にサイバースクワッティング（ドメイン名不法占拠行為）として判断し得る行為に迅速に対処することが本件紛争処理方針及び手続規則の解釈適用では重要であり、事案の慎重な検討なくして判明しえないようなハードケースについては、標識法的規制の観点から裁判手続に委ねているとして、処理方針に列挙された類型的事実にほぼ匹敵するだけの具体的事実が当該ドメイン名登録者の現状において見当たら

ないにもかかわらず、列挙された類型的事実以外によって「不正の目的」が存在すると判断することは処理方針本来の趣旨を没却するものであるとした上で、「個人的な興味・関心」による「ALFAROMEO.JP」等のドメイン名の登録について、「不正の目的」があったというべき明白な事実の主張立証が不十分であるとして、申立人の請求を棄却した（同裁定を妥当と評価するものとして、島並良「ケース研究　JPドメイン名紛争処理手続に見られる傾向の変化について－ALFAROMEO.JP事件を素材に－」仲裁とADR4、37頁）。

　UDRPに基づく裁定について、ここでは日本企業が当事者となっている事件のうち本要件が争点となった主な事件を紹介しておく。

　WIPO AMC裁定2000.7.6「Bridgestone-firestone.net事件」は、登録者が申立人らの関連会社の元従業員で、紛争当時退職金の支払いに関して申立人らとの間で争っていた事案において、登録者は本件ドメイン名を申立人らについての批評・論評のためのウェブサイトを示すものとして使用しており、その使用は正当な非商業的使用であり、フェア・ユースであるとして、登録者の正当な利益を肯定し、また、登録者のウェブサイトでは、申立人らが退職金を支払った場合はその価格で本件ドメイン名を移転するとの記載があるが、本件ドメイン名の販売は登録者による本件ドメイン名の登録・使用についての主要な目的ではなく、主要な目的はむしろ申立人らを批判する言論の自由を行使することであり、正当な理由及び言論の自由の行使を証明する事実は、不正な目的の認定を打ち消すものであるとしている。

　WIPO AMC裁定2000.8.21「jal.com事件」は、本件ドメイン名に対応するメールアドレスへメールが送られてきていることから本件ドメイン名が申立人の顧客等に混同を与えていることは明らかであるが、登録者は、申立人の顧客等に申立人のメールアドレスを教えていること、「JAL」が登録者のイニシャルであること、登録者が本件ドメイン名を登録したのがインターネットが今日のように商業的に普及していない1993年であること、本件ドメイン名が登録者の登録した唯一のドメイン名であることから、申立人が登録者の不正の目的による登録を立証することは困難であるとし、また、登録者が、申立人に対して、ドメイン名の売却を望んだことは明ら

かであるが、本件ドメイン名の登録が善意でなされたことを考慮すると、その後、事後的に売却の申し入れがなされたとしても、そのこと自体が「不正の目的」を構成することにはならないとした。

　National Arbitration Forum裁定2000.10.2「MARUBENI.COM/MARUBENI.ORG事件」は、登録者がMarubeniとの標章により一般的に知られていること、あるいは登録者が本件ドメイン名を正当に商業的ないし非商業的に利用していることを主張立証していないとして、登録者の権利または正当な利益の存在を否定した。また、登録者が、ドメイン名を登録してこれを売却することに従事しており、最近においてあるドメイン名を高額で売却しようとしていること、登録者は他のドメイン名を使用していないことから、不正の目的を肯定した。

　WIPO AMC裁定2000.3.23「三共.com事件」は、登録者が本件ドメイン名を非商業的なウェブサイトで使用する目的で登録したと主張するが、その詳細に関する証拠を提出しないので、登録者の主張する活動は表面的であり、正当かつ公正な使用といえないこと、登録者が本件ドメイン名のほかに、「塩野義.com」、「田辺.com」などのドメイン名を登録していること等から、不正の目的を肯定している。

　WIPO ＡＭＣ裁定2001.6.28「morinaga.com事件」は、登録者が、本件ドメイン名を登録後ほぼ4年間にわたり使用していないことから、権利または正当な利益を有していないとしている。また、登録後長期間にわたりドメイン名を使用しないという事実は、特段の事情のない限り、登録者がドメイン名に関して権利または正当な利益を有していないことを推定させるのみならず、登録者において、不正の目的でドメイン名を使用していることをも推定させるものであること（二重の推定）、また、登録者が、他に「1800 superbowl.com」、「1800visa.com」、「yomiuri.com」のドメイン名を登録していることから、不正の目的を認めている。

　WIPO AMC裁定2005.7.21「日立.com事件」及びWIPO AMC裁定2004.7.5「hitachipowertools.com事件」は、登録者が虚偽の登録者に関する情報を使用していることを不正の目的があったと評価できる一つの要因としている。

第2節　Ⅵ

　WIPO　AMC裁定2004.7.23「hitachi.ws事件」は、申立人の商標が非常に著名であるときは、その商標と紛らわしいほど類似している名称をドメイン名として使用することは「便乗型」不正目的の表れであると評価している。なぜなら、申立人の商標が非常に著名である場合、その商標を知らずにドメイン名を選択することはほとんど考えられず、また、それと類似している名称をドメイン名として使用することにより、混乱や欺罔行為を生じさせることが念頭にあったと言わざるを得ないからである、としている。

　なお、前記仲裁センターの裁定を不服としてドメイン名の移転を命じられた者が提起した訴訟のうち、「SONYBANK.CO.JP事件」について東京地判決平成13.1.29裁判所HP、「goo.co.jp事件」について東京地判決平成14.4.26裁判所HPは、いずれも裁定を正当として請求を棄却している。また、仲裁センターにおいて申立てを棄却された者が提訴した訴訟のうち、東京地判決平成26.5.23裁判所HP「j-mpa.jp事件」は、裁定を正当として請求を棄却している。

(3)　不正競争防止法改正の経過

　上記のとおり、ドメイン名紛争については、裁判外紛争処理手続に基づく解決が行われているが、当事者は、当然に実体法に基づく裁判手続に紛争解決を求めることも可能である。

　しかし、実体法によるサイバースクワッティングの規制には限界があり、また、裁判外紛争処理方針に基づく裁定と実体法に基づく裁判の結果に齟齬が生じるおそれがあった。すなわち、サイバースクワッティングを規制する実体法上の根拠として不正競争防止法2条1項1号ないし2号、商標法37条等が考えられるが、不正競争防止法2条1項1号ないし2号の規定は、ドメイン名の使用が周知、ないし著名な「商品等表示」の「使用」に当たる場合のみ適用が可能であり（富山地判決平成12.12.6判時1734号3頁「JACCS事件」）、は、「ドメイン名がその登録者を識別する機能を有する場合があることからすれば、ドメイン名の登録者がその開設するHPにおいて商品の販売や役務の提供をするときには、ドメイン名が、当該HPにおいて表れる商品や役務の出所を識別する機能をも具備する場合があると解するのが

相当であり、ドメイン名の使用が商品や役務の出所を識別する機能を有するか否か、すなわち不正競争防止法2条1項1号、2号所定の「商品等表示」の「使用」に当たるか否かは、当該ドメイン名の文字列が有する意味（一般のインターネット利用者が通常そこから読みとるであろう意味）と当該ドメイン名により到達するHPの表示内容を総合して判断するのが相当である」と判示している（東京地判決平成13.4.24判時1755号43頁「J-PHONEドメイン事件」も同旨）。すなわち、「使用」行為を伴わない場合（例えばドメイン名を登録後、使用することはせずに商標権者等に高額な金銭での買取を要求する場合や、ポルノグラフィカルな内容を含むウェブサイトを開設するなど「商品等表示」としての「使用」が認められない場合）、また、自己の商品等表示が周知または著名であることを立証することが困難である場合には、不正競争防止法に基づいてサイバースクワッティング行為の差止を求めることが困難である。また、商標権に基づいて差止を求める場合には、登録商標と同一または類似の「商品」または「役務」の名称として当該ドメイン名が使用していると認められることが必要であり（商標法37条）、やはり規制には限界があった。

そこで、経済産業省産業構造審議会情報経済部会は、平成12年8月、「わが国においても、法的なルール整備（他人の商標等と同一又は類似のドメインネームの不正の目的の取得・使用の規整）が必要である」との提言をまとめた。また、情報通信技術（IT）戦略本部が、平成13年3月に発表したe-Japan重点計画においても、「2001年中に商標等と同一または類似のドメイン名の不正取得などの防止を図るため『不正競争防止法の一部を改正する法律案』を国会に提出するなど、ドメイン名利用の適正化を図るための所要の制度整備」をすべきであるという決定がなされた。

平成13年改正法は、このような国内要請、及びWIPOやICANNによる国際的なサイバースクワッティングの規制の状況を踏まえ、ドメイン名に関する不正競争行為、すなわち、「不正の利益を得る目的で、又は他人に損害を加える目的で、他人の特定商品等表示（人の業務に係る氏名、商号、標章その他の商品又は役務を表示するものをいう。）と同一若しくは類似のドメイン名を使用する権利を取得し、若しくは保有し、又はそのドメイン名を使用する行為」を不正競争行為として規制する規定（2条1項12号）を新設した。

その後、平成27年改正法により、営業秘密の不正使用行為により生じた物の譲渡等に関する10号が追加されたことから、1号ずつ繰り下がり、ドメイン名の不正競争行為に関する規定は2条1項13号となった。

2　図利加害目的

本号は、主観的要件として、「不正の利益を得る目的又は他人に損害を加える目的」（いわゆる図利加害目的）を規定している。「不正の利益を得る目的」とは、公序良俗に反する態様で自己又は他人の利益を不当に図る目的を、「他人に損害を加える目的」とは、他人に対して財産上の損害、信用の失墜といった有形無形の損害を与える目的をそれぞれ指す（経産省知財室編著「逐条解説不正競争防止法平成27年改正版」102頁）。本要件が設けられた趣旨について、本号を適用した最初の裁判例である東京地判決平成14.7.15判時1796号145頁「mp3.co.jp事件」は、「①誰でも原則として先着順で自由に登録ができるというドメイン名登録制度の簡易迅速性及び便利性という本来の長所を生かす要請、②企業が自由にドメイン名を取得して、広範な活動をすることを保証すべき要請、③ドメイン名の取得又は利用態様が濫用にわたる特殊な事情が存在した場合には、その取得又は使用等を禁止すべき要請等を総合考慮して、ドメイン名の正当な使用等の範囲を画すべきであるとの趣旨からであるということができる」としている。

同事件は、ドメイン名「mp3.co.jp」の登録者である原告が、不正競争防止法3条1項に基づく原告ドメイン名「mp3.co.jp」の使用差止請求権を有すると主張する被告に対し、当該使用差止請求権は存在しないことの確認を求めた事案において、被告に原告ドメイン名を不当に高額な値段で買い取らせたり、被告表示の顧客吸引力を不正に利用して原告の事業を行うなどの目的を有していたということはできないことから、「図利目的」の存在を否定し、原告が原告サイトにおいて被告を中傷する内容の情報やいかがわしい情報を掲載したことはないこと、及び、原告が原告サイトに被告を中傷する内容の情報等を掲載する方法以外の方法により被告に損害を加える目的を有しているというべき事情は認められないことから、「加害目的」の存在を否定している。なお、同事件は、主観的要件に関して、先

に同事案に対して下された仲裁センターの裁定例（仲裁センター裁定平成13.5.29「MP3.CO.JP事件」）とは異なる判断を示した点でも注目される。

　大阪地判決平成16.7.15判例百選198頁「maxellgrp.com事件」は、原告の商品等表示である「マクセル」、「maxell」及び「MAXELL」が遅くとも昭和50年ころには著名となっていたことが認められることに照らし、「既に著名となっている原告の商品等表示と類似する本件ドメイン名を使用してウェブサイトを開設して、その経営する飲食店の宣伝を行う行為は、著名な原告の商品等表示が獲得していた良いイメージを利用して利益を上げる目的があったものと推認される」として「不正の利益を得る目的」を認めた。

　大阪地判決平成16.2.19裁判所HP「jiyuuken.co.jp事件」は、「自由軒」という商品等表示は、被告（申立人）のものとして全国的に周知であると認められ、原告（登録者）が善意であるとは考え難いこと、原告が「自由軒」という名称で被告の営む洋食店の営業に隣接する営業を行えば、被告の営業との混同が生じるおそれが高いことは原告においても容易に予見することができたことなどから、原告には被告の商品等表示の周知性に乗じて利益を上げる目的があったと推認することができるとして「不正の利益を得る目的」を認めた。

　また、東京地判決平成19.3.13裁判所HP「dentsu.vc等事件」では、被告が、原告に対して、本件ドメイン名を、本件ドメイン名の登録ないし維持に要した費用を大幅に超過した10億円以上の譲渡代金で売却することを提示してきた事実を認定し、被告は「不正の利益を得る目的」で本件ドメイン名を使用する権利を取得したといえるとした。

　東京地判決平成25.7.10裁判所HP「CENTURY21.CO.JP事件」は、被告がフランチャイズ契約を解除され、類似名称、マーク等を含む一切の「センチュリー21マーク等」の使用を禁止された後も、原告の特定商品等表示である「ＣＥＮＴＵＲＹ２１」に類似する本件ドメイン「CENTURY21.CO.JP」を保有し、不動産業に使用していたとの事実を認定し、原告の特定商品等表示である「ＣＥＮＴＵＲＹ２１」の顧客吸引力にフリーライドして不当に自己の利益を図る目的で本件ドメインを保有しており、被告に

は「不正の利益を図る目的」が認められると判示した。

他方、東京地判決平成27.11.13裁判所HP「dhc-ds.com事件」は、化粧品の製造販売業等を営む原告が、台湾の会社である「DHC Specialty Corp」からバッテリーテスター等を輸入し販売する被告に対し、「dhc-ds.com」のドメイン名の使用差止めを求めた事案である。裁判所は、当該台湾会社の事業内容及び実績、バッテリーテスター等についての被告の輸入・販売実績等に照らせば、被告が当該ドメイン名を使用していることにつき、原告の社会的信用にフリーライドして不正の利益を得ようとする目的があるとは認め難いとして、原告の請求を棄却した。

3　特定商品等表示

ドメイン名に関する不正競争行為の保護対象は、「特定商品等表示（人の業務に係る氏名、商号、商標、標章その他の商品又は役務を表示するもの）」（2条1項13号）である。「人の業務に係る氏名、商号、商標、標章その他の商品」の意味については、商品・営業主体混同行為において解説したとおりである。また、「役務」とは、独立して商取引の対象となるサービスをいうことは、原産地・質量等誤認行為において後述するとおりである。

本号の保護対象である「特定商品等表示」と法2条1項1号、2号の保護対象である「商品等表示」との差異は、前者は後者の例示する「商品」の「容器・包装」が挙げられていないこと、前者が「役務表示」を対象としているのに対し、後者は「営業表示」を対象としていることにある。平成13年改正法が「商品等表示」とは異なる概念である「特定商品等表示」を保護対象としたのは、ドメイン名紛争に関する国際的ルールと整合性を確保すること等が考慮されたためであるとされる（経産省知財室・前掲平成27年改正版103頁）。

なお、「特定商品等表示」は、「商品等表示」と同様、自他の識別機能を有する表示を指し、このような機能を持たない普通名称等はこれに該当しないというべきである。

4　ドメイン名

「ドメイン名」とは、インターネットにおいて、個々の電子計算機を識別するために割り当てられる番号、記号又は文字の組合せに対応する文字、番号、記号その他の符号又はこれらの結合をいう（2条9項）。この定義は、WIPO勧告の「ドメイン名とは、インターネット上の数字のアドレスに対応するアルファベットの文字列を意味する」という規定をベースにしたものであるとされている（鈴木将文「ドメイン名紛争に関する不正競争防止法の改正」ドメインネーム紛争147頁）。「インターネットにおいて、個々の電子計算機を識別するために割り当てられる番号、記号又は文字の組合せ」とは、IPアドレスを指している。大阪地判決平成28.3.15裁判所HP「アクシスフォーマー .com事件」では、日本語ドメイン名が「ドメイン名」に該当するかが争われたが、裁判所は、当該日本語ドメイン名は、Punycode変換によって変換される当該ドメイン名を介してIPアドレスに対応していることを理由に、9項にいう「ドメイン名」に該当すると判示している。また、「ドメイン名」には、JPドメイン名のみならず、「.com」等のgTLD、他国のccTLDも含まれるが、事案によっては国際裁判管轄や準拠法の問題が生じうることに注意を要する。準拠法に関する従来の考え方に従えば、当事者双方の住居地が日本国内である場合や、登録者の住居地が海外であっても国内の在住者に対してドメイン名の移転に対する不当な対価要求などを行っているような場合には、不法行為に関する準拠法を定める法の適用に関する通則17条に基づき、日本の不正競争防止法が準拠法となるものと解される。

なお、特定の者のみがアクセス可能なアドレスに対応する文字列は本号の「ドメイン名」には含まれない。

5　表示と同一・類似のドメイン名

ドメイン名に関する不正競争行為においては、取得、保有ないし使用されるドメイン名は、「他人の特定商品等表示と同一若しくは類似のドメイン名」であることを要する。

同一ないし類似の判断については、商品・営業主体混同行為で述べたと

ころが基本的に妥当する。すなわち、取引者、需要者が、特定商品等表示とドメイン名を、外観、称呼、観念の各観点から類似のものとして受け取るおそれがあるか否かを基準として判断されるべきである。また、ドメイン名については、要部（例えば、「Hatsumeikyoukai.co.jp」であれば、当該ドメインがJPNIC管理のものであることを示す「jp」、登録者が会社組織であることを示す「co」を除いた第三レベルドメイン「Hatsumeikyoukai」の部分）について類似の判断がなされるべきである。

　この点、前掲富山地判決平成12.12.6は、「本件ドメイン名は、「http://www.jaccs.co.jp」であるが、前記のとおり、「http://www.」の部分は通信手段を示し、「co.jp」は、当該ドメインがJPNIC管理のものでかつ登録者が会社であることを示すにすぎず、多くのドメイン名に共通のものであり、商品又は役務の出所を表示する機能はなく要部とはいえず、本件ドメイン名と原告の営業表示が同一又は類似であるかどうかの判断は、要部である第三レベルドメインである「jaccs」を対象として行うべきである。そこで、「JACCS」と「jaccs」とを対比すると、アルファベットが大文字か小文字かの違いがあるほかは、同一である。そして、実際上、小文字のアルファベットで構成されているドメイン名がほとんどであることに照らせば、大文字か小文字かの外観の違いは重要ではないというべきである」として、著名表示「JACCS」とドメイン名「http://www.jaccs.co.jp」との類似性を肯定している（なお、「http://www」は通信手段であって、本法の「ドメイン名」には当たらない）。

　前掲東京地判決平成13.4.24は、「本件ドメイン名「j-phone」と本件サービス名称「J-PHONE」とを対比すると、アルファベットが大文字か小文字かの違いがあるほかは、全く同一であるから、本件ドメイン名は本件サービス表示と類似するというべきである」としている。

　名古屋地判決平成18.1.11裁判所HP「suzuken-fc.com事件」は、「suzuken-fc.com」のうち、「.com」の部分は一般ドメイン名であって識別力を有せず、「-fc」の部分も製薬会社を意味する英語の頭文字を組み合わせたものであって、原告の営業表示である「スズケン」ないし「SUZUKEN」に類似するとした。

東京地判決平26.12.18裁判所HP「ケノン.asia事件」は、「本件ドメイン名の「ケノン.asia」のうち、「.asia」の部分はいわゆるトップレベルドメインであって識別力が弱いから、本件ドメイン名の要部は、「ケノン」の部分であるところ、これは、原告表示と少なくとも外観及び称呼が同一又は類似するから、本件ドメイン名は、原告の特定商品表示である原告表示と類似のドメイン名であると認められる」と判示した。

6　ドメイン名を使用する権利の取得等

不正競争行為となるのは、図利加害目的で、他人の特定商品等表示と同一若しくは類似の「ドメイン名を使用する権利を取得し、若しくは保有し、又はそのドメイン名を使用する行為」である。

「ドメイン名を使用する権利」とは、ドメイン名登録機関に対してドメイン名をその本来の目的である、インターネット上で自己が管理するサーバーを識別するために用いることを請求できる権利を指す。ドメイン名を使用する権利を「取得」する行為とは、ドメイン名の登録機関に対する登録申請によってドメイン名を使用する権利を自己のものとする場合のほか、登録機関からドメイン名の登録を認められた第三者から移転を受けることによってドメイン名を使用する権利を自己のものとする場合、登録機関からドメイン名の登録を認められた第三者からドメイン名の使用許諾を受ける場合が含まれる（経産省知財室・前掲平成27年改正版104頁）。ドメイン名を使用する権利を「保有」する行為とは、ドメイン名を使用する権利を継続して有することを指す。「取得」に加えて「保有」が規制の対象とされているのは、ドメイン名を使用する権利を取得した後に図利加害目的を有する至った場合を捕捉するためである（鈴木・前掲149頁）。このように、取得、保有行為を規制の対象としていることから、使用行為を伴わないサイバースクワッティングについても不正競争行為として差止を求めることができる。ドメイン名の「使用」とは、ドメイン名をウェブサイト開設等の目的で用いる行為を指す（経産省知財室・前掲平成27年改正版104頁）。

7 ドメイン名紛争に関する裁判外紛争処理手続と裁判手続との関係

JP-DRPに基づく裁判外紛争処理手続と実体法に基づく裁判の相違について触れておく（以下ではJP-DRPとの対比を念頭に比較を行うが、基本的にUDRPにも同様のことがあてはまる）。

まず、平成13年改正法によってドメイン名紛争に関する実体法が整備された結果、救済が認められるための要件は、裁判外紛争処理基準と実体法とはほぼ整合性がとれた内容となったものといえる。もちろん、ドメイン名の使用行為が商標権侵害や周知ないし著名な商品等表示の使用行為に該当する場合には、JP-DRPの規定する要件の充足如何に関わらず、それら実体法を根拠に裁判手続において救済を求めることができる。

効果の面においては、いくつか相違点が見られる。まず、救済の内容として、裁判外紛争処理手続においては、申立人は、ドメイン名の登録取消のほかに、当該ドメイン名の自己への移転を請求することができる（処理方針4条(i)項。この点、仲裁センター裁定平成17.1.7「TOEIC.CO.JP事件」は、本来非営利団体を示すドメイン名（「or.jp」）と法人ドメイン（「co.jp」）を同時に取得することはできないが、裁定を理由とした場合には、申立人が非営利団体を示すドメイン名（「or.jp」）を取得していても、法人ドメイン（「co.jp」）の移転を求めることが可能であるとしている）。もっとも、裁判外紛争処理手続の判断は最終的拘束力ある判断ではなく、当事者は、手続の開始前、係属中または終結後のいずれの段階であっても、裁判所に出訴することができる（同4条(k)項）。

他方、実体法に基づく裁判手続においては、差止請求の内容を具体的に規定しておらず、原則として差止の内容として移転まで認められるのは困難であると解される。したがって、当該ドメイン名を取得しようとする場合には、当該ドメイン名の抹消後、登録機関に登録申請をするか（もっとも、現行の登録規則では、使用禁止の判決が確定すると登録機関は当該ドメイン名を抹消するが、一定の登録制限機関満了後に再度被告が登録を受けることもあり得る）、あるいは、別途裁判外紛争処理手続の申立てをして、移転の裁定を得る必要がある。但し、前掲「dentsu.vc等事件」の主文では、「被告は『dentsu』の文字を含むドメイン名又は別紙ドメイン名目録記載のドメイン名を取得し、保有し、又は、使用してはならない」としており、新たなドメイン名

の「取得」についても差止を命じている。登録者が将来、再度同様のドメイン名を登録するおそれがある場合には、「紛争の一回的解決という点において裁判手続の方が優れている」との指摘もある（服部謙太朗「JPドメイン紛争において、申立人の有する商標権が著名であるからといって直ちに商標権者を保護すべきではないとした裁定例－JIPAC　JP2008-0002(ALFAROMEO.JP及びALFAROMEO.CO.JP事件－」パテント63－1、58頁）。

　他方、裁判外紛争処理手続では、損害賠償請求は認められないのに対し、裁判手続では、法4条、5条に基づく損害賠償請求が可能である。平成13年の改正後は、ドメイン名の使用に関する通常の使用許諾料を損害額として請求できることとされた（5条3項4号）。

　さらに、手続面でも顕著な違いが見られる。すなわち、前述のとおり、裁判外紛争手続では書面審理が原則とされており、当事者審問は例外的な場合に限られている（手続規則13条）。また、申立書の送付から20営業日以内に答弁書を提出することが求められる（手続規則5条、パネルはパネルの指定から14営業日以内に紛争処理機関に裁定結果を通知することを要する（手続規則15条(a)項））など、手続の各段階について期限が定められている。このように、裁判外紛争手続は、簡易、迅速な手続を予定していることから、事案が複雑であり、より慎重な判断が望まれる場合には、裁判所に出訴する方がふさわしい事案もありえよう。

　前掲「ALFAROMEO.CO.JP事件」のように、処理方針に列挙された類型的事実に該当しないようなケースについては、申立てが棄却されることもありうる。

　もっとも、実体法の場合には、国際裁判管轄、準拠法の問題が生じうることに注意を要することは前述のとおりである。

　なお、裁判外紛争手続では、登録者からの申立ては予定していない。裁判手続においては、登録者が原告となって債務不存在確認訴訟を提起することが可能である。

　ドメイン名紛争当事者は、以上のような両手続の実体上、手続上の特徴を踏まえた上で、いずれの手続をどのようなタイミングで利用するか、判断していく必要があろう。

Ⅶ 原産地・質量等誤認惹起行為

1 概要

平成5年改正前の法は、次の行為を不正競争行為として規定していた。

原産地誤認惹起行為、「商品若ハ其ノ広告ニ若ハ公衆ノ知リ得ベキ方法ヲ以テ取引上ノ書類若ハ通信ニ虚偽ノ原産地ノ表示ヲ為シ又ハ之ヲ表示シタル商品ヲ販売、拡布若ハ輸出シテ原産地ノ誤認ヲ生ゼシメル行為」(1条1項3号)

出所地誤認惹起行為、「商品若ハ其ノ広告ニ若ハ公衆ノ知リ得ベキ方法ヲ以テ取引上ノ書類若ハ通信ニ其ノ商品ガ産出、製造若ハ加工セラレタル地以外ノ地ニ於テ産出、製造若ハ加工セラレタル旨ノ誤認ヲ生ゼシメル表示ヲ為シ又ハ之ヲ表示シタル商品ヲ販売、拡布若ハ輸出スル行為」(1条1項4号)

質量等誤認惹起行為、「商品若ハ其ノ広告ニ其ノ商品ノ品質、内容、製造方法、用途若ハ数量ニ付誤認ヲ生ゼシメル表示ヲ為シ又ハ之ヲ表示シタル商品ヲ販売、拡布若ハ輸出スル行為」(1条1項5号)

第1節1「1 制定と改正の経緯」で述べたように、これらの規定のうち、立法当初は3号の原産地誤認惹起行為（ただし、商号に付加したものに限る）のみが不正競争行為とされていたが、パリ条約の改正を先取りした昭和25年改正法により4号及び5号が新設された（併せて3号の商号に付加を削除）。

法が原産地誤認惹起行為を規制するのは、公正な競争の維持のためにその名称を使用する正当な権利者である営業者の利益を保護するのに対し、出所地誤認惹起行為を規制するのは、出所地について公衆に誤認が生じないようにして公衆を保護することにあり、両者はその保護目的を異にしているとの見解もある（満田・前掲研究160頁）。

しかし、質量等誤認惹起行為を含め、これらの行為は、公正な競争によって形成されている市場秩序を破壊する行為であって（小野・前掲概説412頁は、市場の一般的破壊を指向する行為という）、これを規制することにより、適正な表示を行う事業者の利益も取引者、需要者の利益も保護されることになる。東京高判決昭和50.4.28高刑集28巻2号200頁「清酒特級事件」も、原産地・質量等の誤認惹起行為の刑事罰を規定した平成2年改正法前の5条1号について、同号は「競業秩序の破壊行為を処罰することにより、競業の公正と

秩序を保護するとともに公衆の利益を保護するものである」と判示し（最高一小決定昭和53.3.22刑集32巻2号316頁は、この判決を支持して上告棄却）、大阪地判決平成7.2.28判時1530号96頁「ビル排煙ダクト用部材事件」は、さらに踏み込んで、平成5年改正法2条1項10号（現2条1項14号）の立法趣旨は、需要者の利益保護の色彩が強いとしている。

現行法は、これらの不正競争行為を一括して「商品若しくは役務若しくはその広告若しくは取引に用いる書類若しくは通信にその商品の原産地、品質、内容、製造方法、用途若しくは数量若しくはその役務の質、内容、用途若しくは数量について誤認させるような表示をし、又はその表示をした商品を譲渡し、引き渡し、譲渡若しくは引渡しのために展示し、輸出し、輸入し、若しくは電気通信回線を通じて提供し、若しくはその表示をして役務を提供する行為」（2条1項14号）と規定しているが、これは前記のようなこれらの不正競争行為に共通する法的性格に着目したものといえよう。

なお、営業秘密やドメイン名に関する不正競争行為の追加に伴い、原産地・質量等誤認惹起行為に関する規定は徐々に繰り下がり、平成11年改正法で2条1項12号、平成13年改正法で13号、平成27年改正法で14号となった（以下、本項においては、判決当時の号数にかかわらず、原産地・質量等誤認惹起行為に関する規定を「本号」と称することとする）。

2 商品・役務・その広告・取引書類・通信

原産地・質量等誤認惹起行為の対象は、「商品若しくは役務若しくはその広告若しくは取引に用いる書類若しくは通信」である。

ここに「商品」とは、一般市場で流通に供されることを目的として生産され、又は取引される有体物をいうことは、前述のとおりである。

また、「役務」とは、独立して商取引の対象となるサービスをいい、「その広告」とは、取引者、需要者に対し、顧客誘致の目的をもって商品又は役務の品質（質）、内容等を知らせることをいい、伝達の手段、方法を問わない。平成5年改正前の法には、役務は含まれていなかったため、不正競争防止法の適用を否定した判例（建物の修理、器材の取付につき、大阪地判決昭和58.10.14無体集15巻3号630頁「内外工芸事件」）もあったが、この点は規定上

解決された。

「取引に用いる書類」としては、商品見本カタログ・見積書・注文書・納品書・領収書等がある。「取引に用いる通信」としては、郵便・電話・ファクシミリ・パーソナルコンピュータを利用したインターネット通信等がある。

3　誤認表示の対象

誤認表示の対象となるのは、「商品の原産地、品質、内容、製造方法、用途若しくは数量若しくはその役務の質、内容、用途若しくは数量」である。

「原産地」とは、当該商品が製造、加工された特定の土地をいい、その土地の範囲を問わない（前掲経産省知財政策室・一問一答は、「商品の原産地については、各国との間で締結されている自由貿易協定（FTA）や他の法律において、定められている場合はそれに基づいて解釈されます。」としている）。東京高判決昭和49.7.29刑裁月報6巻7号814頁「洋服生地英国地名表示事件」における「ロンドン・マンチェスター」、東京地判決昭和58.12.23判タ519号259頁「ルイ・ヴィトン図柄事件」における「PARIS」、東京地判決平成6.11.30判時1521号139頁「京の柿茶事件」における「京の」、「KYONO」等がこれに該当する。前掲東京地判決平成6.11.30は、柿の葉を原料とした商品の表示について本号の適用が争われた事案であって、「京の」という表示はこの商品に込めたみやび、優雅のイメージを需要者に伝えようとしたもので、その使用は本号に該当しないとの被告の主張に対し、そのようなイメージでとらえる需要者もいるかもしれないが、「文字どおり素直に被告商品が京都で製造、加工されたとか、京都で採取された柿の葉を原材料として製造されたものであると誤認する需要者も決して少なくないと認められる」としてこれを原産地表示とした。また、大阪地判決平成8.9.26判決速報258号12頁「ヘアピン事件」は、商品（ヘアピン）の包装袋に外国国旗を表示したシールを貼付して販売する行為は原産地誤認表示に該当するとしている。

原産地以外の誤認表示の対象は、字句どおりに理解すればよい（山本・前掲要説210頁は、品質又は質とは、その商品又は役務の性質をいい、内容とは、その商品又は役務の実質や属性をいうが、特にこれらを区別する実益はないとしている）。この点、大阪地判決平成19.1.30判時1984号86頁「ファミリア・ピーターラ

ビット事件」は、「商品の内容」に関して絵本「ピーターラビットのおはなし」の著作権の存続期間が満了しているにもかかわらず、その絵柄が描かれたタオルにCマークを表示するなどして著作権が存続しているかのような表示をしたとしても、その商品の消費者は、その絵柄が著作権の保護を受ける著作物であるかによって商品を購入するか判断しているのではないから、かかる表示は「商品の内容」を誤認させる表示には該当しないとした。比較広告は、他人の商品の品質、内容等を自社のそれと比較し、自社製品が優れていることを告知して、顧客を勧誘する点において、誤認表示行為と関連する。知財高判決平成18.10.18判例百選206頁「キシリトールガム比較広告事件」は、菓子製造販売業者が、自己の製品が「一般的なキシリトールガムに比べ、約5倍の再石灰化効果を実現」した等と比較宣伝をした行為につき、自社販売のガムの品質を誤認させるものとして、本号に該当するとしている。もっとも、後述するように価格が「品質、内容」に含まれるか検討すべき重要な問題がある。また、「数量」は、商品が本来有すべき容積、重量等に限られるとする説（小林正・前掲実務相談211頁）があるが、通説は、商品に関する数値である限り、在庫量のような同種商品の数量を含む（渋谷・前掲不競法246頁、小野・前掲概説421頁）としている。

4　誤認表示

「誤認させるような表示」とは、当該商品又は役務の取引者、需要者に、原産地、質量等を誤って認識、理解させるような表示をいう（渋谷・前掲知的財産法159頁は、真実ではあるが、情報が十分に開示されていない広告は、欠けている情報が重要なものであるときは、その表示は誤認的であるとする）。

前掲大阪地判決平成7.2.28は、建設省から認定を受けた材料の用途とは異なる用途に用いるビル排煙ダクト用部材に右不燃番号を付して販売した事案について、需要者に不燃材料に該当することが公的に認知されたものと誤認させる表示であって、本号にいう誤認表示に該当すると判示する。

また、前掲東京地判決平成6.11.30は、「被告標章を付した被告商品に接した一般需要者は、被告標章のうちの「京の」、「KYONO」の部分は、被告商品の製造地あるいはその原材料の生産地が京都市及びその周辺あるい

は京都府であることを表示するものと理解する者が多いと認められるところ、被告商品は京都で製造、加工されたものでなく、またその原料も京都で産出されたものではないから、被告標章を被告商品やその宣伝広告に使用する行為は、商品又は広告にその商品の原産地、品質に誤認させるような表示をするもの」に該当すると判示している。

　外国の原産地表示に関する事案として、大阪地判決平成12.11.9裁判所HP「肩掛けカバン事件」は、中国製の肩掛けカバンの商品説明書等に原産地を明示する記載がない一方で、商品・説明書等に英語で「NEW YORK CITY, N.Y., U.S.A.」、「KIFFE U.S.A., established in 1875」、「We are a member of the Outdoor Recreation Coalition of America」、「Manhattan Passage division of kiffe U.S.A., P.O. Box 438. New York NY 10021」と記載して販売した事案について、原産地誤認表示に該当するとし、また225デニール以下のナイロン製カバンに付した600デニールポリエステル布地との英語の表示について品質誤認表示に該当するとし、これに対し、大阪地判決平成13.2.27裁判所HP「ブランドバッグ事件」は、ある表示が原産地誤認表示に当たるかの判断に当たっては、当該表示のみに着目するのではなく、当該表示が付された商品全体を観察し、商品の需要者が、当該表示を商品の原産地表示と認識し、真の原産地と異なる地域を原産地と認識するかどうかを検討する必要があると判示し、バッグのブランド名及びブランド名の所在地等に関する表示が表示された下げ札全体の記載及びバッグの内側にある「Made in China」と記載されたタグから、原産地誤認表示に該当しないと認定している。東京地判決19.10.25裁判所HP「モズライトギター事件」は、訴外第三者が製造するエレキギターに「mosrite of California」との表示を付す行為について、エレキギター等の楽器の取引者及び需要者に、訴外第三者がカリフォルニア州以外でも製造していることが知られていたと認定し、「of California」は、「カリフォルニア州製の」という意味というよりは、単に商品のイメージを表す付加的表示として、その上の「マルMマーク mosrite」と一体となって、訴外第三者が製造・販売したギターであることを示す周知著名な商標となっていったものであり、日本における取引者及び需要者もそのような商標として理解している

として、原産地誤認表示にはあたらないとした。

　また、東京地判決平成24.10.25裁判所HP「桜葉塩漬事件」は、和菓子などに用いられる桜葉塩漬である被告商品について、原産地が中国であるのに、「国産」「伊豆産」との表示をすることが本号に該当すると主張された事案であるが、裁判所は、被告商品の桜葉の原産地が中国であることを認めるに足りる証拠はないとして、請求を棄却した。

　質量等の表示に関する事案として、大阪地判決平成25.8.27裁判所HP「しっくい事件」は、被告製品の需要者及び取引者は、商品名に「しっくい」の文字が含まれていれば、「しっくい風」など漆喰そのものでないことを示す文字等と一体の場合でない限り、石灰又はドロマイトプラスターを含有するものと認識するのが通常と考えられるとした上で、石灰又はドロマイトプラスターを含有しない被告製品に、「しっくい」の文字を含み、かつ、漆喰そのものでないことを示す文字等を含まない「しっくいHR」「しっくいペイントAg+」との表示を付すことは本号の定める不正競争行為に該当すると判示した。

　また、東京地判決平成26.5.16裁判所HP「脱臭装置事件」は、本号の該当性は、「当該事案における表示の内容や取引の実情等の諸般の事情を考慮した上で、当該商品の取引者、需要者に商品の品質，内容等につき誤認を生じさせるおそれがあるか否かという観点で判断する」とした上で、被告商品の広告等における表示のうち，マグセライド又はその主成分である含水珪酸マグネシウム粘度鉱物が「触媒」である旨を表示した部分及び被告商品において「触媒作用」による分解が行われる旨を表示した部分は，化学的にみて正確さを欠くものであって、被告商品の需要者に、被告商品の品質等につき誤認を生じさせるものに当たると判示した。

　東京地判決平成25.12.6裁判所HP「株取引書籍事件」は、「平凡な大学生のボクがネット株で3億円稼いだ秘術教えます！」と題する書籍の表紙、帯、本文の表示が品質等誤認表示に該当すると主張された事案である。裁判所は、品質等誤認表示の該当性について、「当該表示の内容や取引業界の実情等の諸般の事情を考慮した上で、当該商品等の需要者に、当該商品等の品質、内容等につき、直接又は間接的に誤認を生じさせるおそれがあるか

どうかという観点で判断するのが相当である。」とした上で、本件書籍の内容又は品質が、需要者の認識と齟齬するものであるか否かという観点から検討した。そして、表紙及び帯については、著者の経験に基づいているものであると評価できるから需要者の認識と本件書籍の品質との間に齟齬はないとし、本文についても、被告が、大学生に相当する年齢のときに、株取引により、合計3億円を超える差益金を得たことが認められる以上、全体として事実と大きく異なるものではなく、本件書籍の品質及び内容を誤認させるものとは認められないと判示し、控訴審である知財高判決平成26.5.29もその結論を維持した。

　本号の表示は、誤認させるような表示であれば足り、その表示内容が虚偽であることを要件としない。この点は、刑事罰を規定した21条2項1号が誤認させるような表示については「不正の目的」という主観的要件を加え、同条2項5号が「不正の目的」という要件をはずし、誤認させるような「虚偽の」表示という要件を加えているのと異なる。

　したがって、明白な「虚偽広告」でなくとも、不当に顧客を勧誘する「誇大広告」や「おとり広告」が本号の適用を受ける場合がある。

　まず、「誇大広告」について、東京高判決昭和53.5.23刑裁月報10巻4・5号857頁「原石ベルギーダイヤ事件」は、宣伝用チラシに「原石ベルギー直輸入」「宣伝即売当日限の全商品市価の半額」という見出しを掲げ、保険会社による「盗難交通事故保証書」と「宝石品質保証書」が添付されるかのような表示をした上、販売価格と展示会価額を示し、後者は前者の二分の一ないし三分の一であると表示したが、その価格は実際の市場価格より安いものはなかった事案である。同判決は、ダイヤモンドは加工地を原産地というのが通常であるから、「原石ベルギー直輸入」との表示は原産地を偽るものではないとしたが、販売価格に相当する優良な品物が信用のおける品質保証書付で大幅に値引きされて販売されるようにみせかける場合における商品の価額等の表示は、実質的にみて商品の品質、内容についての表示と異なるところがないとして本号の適用を認めた。しかし、改正前の法も現行法も「価格」を誤認表示の対象としておらず、価格を「品質、内容」に含めることができるか問題は残る。不正競争行為に当たらないと

しても、景品表示法5条1項3号の「不当に顧客を誘引し、一般消費者による自主的かつ合理的な選択を阻害するおそれがあると認めて内閣総理大臣が指定する」表示に該当することは明らかであって、消費者庁等において措置命令を出すことができ、不正競争行為としての規制を価格の不当表示まで拡張する必要性が高いとはいえないからである（中島敏・前掲実務相談221頁は、平成2年改正前の法についてではあるが、不当な二重価格表示や閉店大売り出し、倒産在庫品一掃等の表示は、本号に該当しないとする）。

また、「おとり広告」について、名古屋地判決昭和57.10.15判タ490号155頁「ヤマハ特約店事件」は、数回にわたり新聞広告に、ⅰヤマハ特約店でないのに、同特約店であるかのような表示をし、ⅱ実際にはそのような大幅値引きは不可能であるのにヤマハピアノの品種番号につき標準小売価格とこれを20ないし25％値引きした金額を表示し、ⅲ少量のヤマハピアノの展示品、中古品のみ販売可能であるのに、特に数量等を限定することなく、「全店一斉値上げ前の在庫セール」等と表示した新聞広告をした事案である。同判決は、ⅰ及びⅱにつき、平成2年改正前の法1条1項2号の営業表示主体混同行為に当たる、としたが、ⅲの広告については、販売量、品質、内容などにつきその限定を明瞭に記載していないから、「おとり広告」に当たらないと判示した。同判決が「おとり広告」を三分類し、このうち、1 実際には販売できない商品の広告、2 実際には販売する意思のない商品の広告を、本号の質量等誤認惹起行為に該当すると解するのは無理であり、景品表示法4条3号（当時）に該当すると解され、3 実際には、販売量、品質、内容などが限定されているのに、その限定を明瞭に記載しないでする広告のみが質量等誤認惹起行為に該当すると判示している点が注目される（小林・前掲実務相談211頁は、おとり広告を本5号によって規制することはできないとしている）。

一方、「寄生広告」は、著名な他人の商品や役務に寄生し、これを利用して自己の商品・役務を宣伝する形態の広告であって、2条1項2号の要件を満たすときは、著名表示の冒用行為となり、寄生の態様によっては、商品又は役務の内容、品質（質）誤認行為となる場合もある。東京地判昭和55.1.28無体集12巻1号1頁「香りのタイプ事件」は、広告に自社販売の「ス

イトラバー」という香水と対応させて特定の世界的に著名な香水と、香りの調子、香りのタイプの点において同じであると広告した事案（図11参照）について、これに接する需要者が直ちに商品の内容に関し誤認、すなわち被告の各香水とこれに対応する原告らの各香水とが同一の香りを有するとの認識をするとは経験則上到底考えられないとして、本5号に当たらないと判示した。その控訴審である東京高判決昭和56.2.25無体集13巻1号134頁も、需要者が世界的に著名な控訴人らの香水と香りが似ていると認識して取引することがあっても商品そのものを誤認することは考えられないとして控訴を棄却した。このような広告を不正競争防止法によって規制すべきかについては、賛否両論がある（安倉・前掲実務相談206頁）が、仮に客観的にみて自社販売の香水の調子、タイプが対比した著名香水のそれと全く異なるものであるときは、商品の内容・品質誤認行為と評価される可能性が高い（田村・前掲概説424頁）。

SWEET LOVER	この香りは世界の名香のタイプで言えば…………
No. 120	Miss Dior
No. 121	Chanel No.5
No. 122	Rive Gauche
No. 123	Arpege
No. 124	Caleche
No. 125	Mitsuko
No. 126	Fidji
No. 127	Joy
No. 131	L'Interdit
No. 132	L'Air-du-Temps
No. 134	Chanel No.19
No. 136	Madame Rochas

図11

これに対して、「比較広告」について、大阪高判決平成17.4.28判例不正競業法1178号363頁「ろうそく比較広告事件」は、被告が販売するろうそくの新商品が自社の従来商品と比べて、すすの量が90％、消したときのにおいが50％減少している旨の表示はいずれも虚偽であるので、被告の行為は本号に該当するとした。同じく、前掲知財高判決平成18.10.18は、「ポス

カムは、一般的なキシリトールガムに比べ約5倍の再石灰化効果を実現」と表示した比較広告について、表示事実が客観的事実に基づかないとして本号の該当性を認めた。「比較広告」については、後述のとおり、いくつかの類型があり、消費者の商品選択の判断に資するものもあることから、その全てが違法とされるわけではない。しかし、たとえ自社商品同士の比較であっても虚偽の事実に基づく比較広告の場合には、品質誤認惹起行為となることに注意を要する。

　広告は、顧客誘致を目的とするものであるから、取引者・需要者の注目を引くためにある程度の誇張的表現を伴うものであり、そのこと自体直ちに違法性を帯びた行為と評価すべきではない。要は、当該広告が公正な市場秩序を破壊し、事業者や消費者の利益を損なうか否かにあり、具体的な事案の内容に即して法の適用を図るべきであろう。その場合に価格を即「品質、内容」に含めるのは、文理解釈上困難であろう。この点、東京高判決平成16.10.19判時1904号128頁「コジマ価格表示事件」は、大手家電量販店である被告がした同じく大手家電量販店である「原告よりも安くします」との表示は、同一商品について、被告の販売価格を原告のそれよりも安くする旨の表示であって、それにより一般消費者が商品の内容について誤認することはあり得ないから、商品の「価格」は「商品の内容」に含まれないと判示した。また、同判決は、現行の不正競争防止法の制定に際して、価格誤認惹起行為を不正競争行為とすること及び不正競争行為についての一般条項が見送られた経緯に加え、いったん不正競争行為に該当するとされると差止請求の対象とされたりするなどの強力な効力が生じることを考え併せると、価格誤認惹起行為について、法を拡張解釈や類推適用をすることもできないと判断している点において注目される。ただ、価格の誤認表示のみを切り離して判断するのでなく、当該広告のもつ顧客勧誘方法としての不公正さが市場秩序の破壊的行為として容認し得ないものであるかについての全体的考察が必要であり、これが「品質、内容」を含めた前記規制対象と関連する限り、質量誤認惹起行為として規制される場合もあり得るであろう。

　前記のほか、平成2年改正前の原産地表示の誤認惹起行為を認めた判例

第 2 節　Ⅶ

としては、前掲東京高判決昭和49.7.29「洋服生地英国地名表示事件」、東京地判決昭和58.12.23「ルイ・ヴィトン図柄事件」があり、質量表示の誤認行為を認めた判例としては、東京地判決昭和36.6.30下民集12巻6号1508頁「ライナービヤー事件」(発ぽう酒のラベルに「ライナービヤー」と表示し、「ビール界の横紙破り」と広告した事案)、前掲東京高判決昭和50.4.28「清酒特級事件」(級別審査未了のため税法上の清酒2級とされる酒に「清酒特級」と表示した事案)、京都地判決平成2.4.25判時1375号127頁「本みりん事件」(酒税法上の「みりん」、「本みりん」に当たらない商品のラベルに大きな書体で「本みりん」、その下に小さな書体で「タイプ」、「調味料」と表示した事案) 等、同改正後の判例として、東京地判決平成13.11.28裁判所HP「ペットフード事件」は「茶葉から抽出された」との表示を品質誤認惹起行為とした事案である。また、大阪高判決平成13.2.8裁判所HP「自動車補修用塗料事件」は、実際にはウレタンを微量にしか含まない自動車補修用塗料について、「ウレタンフォーミュラ」等の表示を使用した事案について、一般消費者に対して品質について誤認を生じさせるとし、名古屋高裁金沢支部判決平成19.10.24判時1992号117頁「氷見うどん事件」は、「氷見うどん」の表示は、「サツマイモ」や「佃煮」などのように「氷見」という地名がもはや原産地としての表示を失い、当該商品を一般的に示す名称ないし当該商品について一般的に慣用されている商品表示になっているとはいえないから、普通名称あるいは慣用表示として、法19条1項1号による適用除外にはならないとし、神戸地判決平成18.8.4判時1960号125頁「ダニ捕りマット事件」は、特許権を未取得であるにもかかわらず、これを国内特許取得と表示したこと、及び、実験結果等に照らして殺ダニ効果がないにもかかわらず、「安全・確実・有効」など殺ダニ効果があるように表示したことは、品質誤認表示行為にあたるとした。また、大阪地判決平成23.12.15裁判所HP「Gold Glitter事件」は、受賞したのは原告商品であるにもかかわらず、被告商品に「三栄書房カーグッズマガジン誌主催読者が選ぶ「2001 Car Goods of the year」[カーケア部門賞] 第1位」等の表示をしたことについて、本号にあたるとし、大阪地判決平成24.9.13判タ1392号304頁・同控訴審知財高裁判決平成25.3.28裁判所HP「電子ブレーカ事件」は、電気用品安全法の規定する技術基準に

適合することが証明されたことを示すPSE表示が「品質」についての表示に該当し、適合性検査の受検、証明書の交付及び保存といったPSE表示を付すための手続的要件を満たしていないにもかかわらず、これを付した製品を販売したことは本号に該当するとした。

　これに対し、質量表示の誤認惹起行為と認めなかった判例としては、前掲東京地判決昭和55.1.28のほか、東京地判決昭和58.6.27無体集15巻2号569頁「エーゲ海に捧ぐ事件」がある。同事件では、映画「エーゲ海に捧ぐ」の主題曲とは別にその宣伝活動のため製作されたレコードのジャケットのサブタイトルとして「エーゲ海のテーマ」なる表示をし、その広告に映画の「イメージソング」なる表示を使用した事案について、右各表示は、映画の主題曲であると誤認させるものでなく本号に該当しないと判示した。また、東京地判平成4.10.23判時1459号142頁「格安航空券事件」は、格安航空券の販売は商品の品質、内容を誤認させる暗示的な表示であって、本号に該当するとした請求を認めなかった。また、知財高判平成17.8.10等裁判所HP「カーワックス事件」は、自動車ワックスの広告に記載された「5年間完全ノーワックス実現」「新車の輝き保証」との表示について、「新車の輝き」かどうかは見る者の主観によるところが大きいため虚偽の記載とはいえず、品質誤認表示には当たらないとした。なお、その原審である大阪地判決平成16.6.1は、実験結果から裏付けられない事実について断定的な表現を用いている点で品質誤認表示に該当するとの判断をしていた。また、大阪地判決平成19.3.22判時1992号125頁「大阪みたらし元祖だんご事件」は、「元祖」との表示について、「製造販売を継続している中で最古のもの」を意味すると解した場合には、販売を継続できたのは品質において優れていたため顧客の支持を得たものと考えられ、品質の表示と解する余地があるが、本件においては、その表示が事実に反するとの証明がなされていないとして本号の該当性を否定した。さらに、東京地判決平成20.9.30裁判所HP「健康食品事件」は、健康食品のカタログにおける「β－グルカン」含有量の表示が、生化学の技術分野においては一般的ではないものの、一般消費者の関心事等を考慮すれば、商品の品質を誤認させる虚偽の表示であるとまで認めることはできないとして、本号の該当性を否

定した。これとは異なり、継続的な取引において構築された信頼関係を基礎とする極めて限られた特定の取引先の認識において品質等を誤認する余地はないと判断したものとして、知財高判決平成22.3.29判タ1335号255頁「塗料事件」がある。

5 誤認表示商品の譲渡等と役務の提供

不正競争行為となるのは、誤認表示をした「商品を譲渡し、引き渡し、譲渡若しくは引渡しのために展示し、輸出し、輸入し、若しくは電気通信回線を通じて提供し、若しくはその表示をして役務を提供する行為」である。

ここにいう「譲渡」「引き渡し」、「展示」、「輸出」、「輸入」、「電気通信回線を通じて提供」の意味は、商品・営業主体混同行為において説明したとおりであり、役務の「提供」とは、役務の提供に当たり、誤認表示を用いることであって、例えば、食堂の経営者が料理を盛りつけるための食器に他の事業者のサービスマークと誤認させるようなマークをつけて顧客に提供する行為をいう。

Ⅷ 営業上の信用毀損行為

1 概要

営業、すなわち継続的、反復的に経済活動を行う者にとって、営業上の信用を維持し、さらに高めることは極めて重要な意味をもつ。ここに、「営業上の信用」とは、特定の事業者の行う営業活動について社会が経済的意味で行う評価であり、その意味では名誉の一形態というべきものである。

このように信用も名誉の一形態であるから、これを毀損する行為は、不法行為法上の名誉毀損行為に当たり、被害者は、行為者に対して、損害賠償を請求し（民法709条）、又は損害賠償に代え、名誉を回復するのに適当な処分を請求することができる（同法723条）。

しかし、不法行為の成立には、行為者に故意又は過失があることが必要であり、事業者を批判攻撃するような営業上の信用毀損行為については、過失について事実上の推定が働く場合が多いとしても、その主張立証責任は事業者の側にある。また、不法行為の効果として差止請求権を認める見

解もあるが、判例は、差止請求権は排他的支配的な権利としての物権請求権であり、不法行為の効果として差止請求権を認めるに至っていないことは、模倣による不法行為（「3 商品形態模倣行為」1）において説明したとおりである。

　不正競争防止法は、営業上の信用を保護し、これを毀損する行為を不正競争行為として規制する必要性を重視し、その施行当初から他人の商品の使用毀損行為を不正競争行為とする規定を設け、さらに昭和13年改正法において、「他人ノ商品ノ使用」を「他人ノ営業上ノ信用」に改め、さらに昭和25年改正法において「不正ノ競争ノ目的」という主観的要件を削除し、現行法の「競争関係にある他人の営業上の信用を害する虚偽の事実を告知し、又は流布する行為」（2条1項15号）を不正競争行為とする規定に至っている（特許法106条は、特許権侵害による信用毀損について同様の趣旨から特別規定を設けている）。

　なお、営業秘密やドメイン名に関する不正競争行為の追加に伴い、営業上の信用毀損行為に関する規定は徐々に繰り下がり、平成11年改正法で2条1項13号、平成13年改正法で14号、平成27年改正法で15号となった（以下、本項においては、判決当時の号数にかかわらず、営業上の信用毀損行為に関する規定を「本号」と称することとする）。

2　競争関係

　不正競争行為となるのは、「競争関係にある」他人の営業上の信用毀損行為である。

　ここに、「競争関係にある」とは、営業活動上、顧客又は供給者を共通にすることをいうが、広く当該行為者にとって毀損行為の対象である他人の営業と顧客又は供給者が関連していれば足りる。したがって、直接の取引先に限定されるものでなく、行為者と相手方とが同種の製品を製造販売している場合はもとより、製品とその部品、総販売元と販売代理店等の間にも競争関係が認められる。用途が共通する商品の販売者と役務の提供者との間でもよい。また、現に行為者が営業活動を全く行っていないときは、「競争関係にある」とはいえないが、顧客又は供給者を共通にする営業活

動を行う準備を完了してこれに着手しようとしている場合も含めるべきであるし（渋谷・前掲知的財産法164頁は、現実の競争関係のほか、潜在的な競争関係も含まれるとする）、同種の営業活動を行っている法人はもとより、当該法人の代表者、その従業員であってもここにいう「競争関係」に含まれる（大阪高判決昭和55.7.15判タ427号174頁「階段止め事件」及び東京地判決平成26.12.18判時2253号97頁「流量制御弁事件」は、競争会社の代表取締役との間に競争関係を認める）。大阪地判決平成11.8.31判決速報294号17頁「コンクリート用連結枠事件」は、当事者間で相互に異なる地域を営業地域とする旨の契約があった事案において、「競争関係がある」とは、現実の市場における競合が存在しなくとも、市場における競合が生じるおそれがあれば足りると判示する。

なお、競争関係にない者の行為が不正競争行為とならない以上、競争関係にある者が当該行為に加担したとしても、不正競争行為とならない行為を共同して行ったにすぎないから、共同不法行為は成立しないとした事例がある（東京地判決平成21.4.27判時2051号132頁「アルゼ事件」）。

3　他人の営業上の信用の侵害

不正競争行為となるのは、「他人の営業上の信用を害する」行為である。

ここに「他人」とは、毀損行為の相手方をいい、もとより、法人、組合、団体であると個人であると問わず、経済活動としての営業を継続的、反復的に行っている者であればよい。毀損行為の相手方は、特定されることを要するが、毀損行為において相手方を明示しなくとも、取引者、需要者において特定の営業者であることが推認できる程度に明らかであれば足りる。

他人の営業上の信用を「害する」とは、社会が当該営業者に与えている経済的意味での社会的評価を低下させることをいう。信用は社会が当該営業者に与えている評価であるから、当該営業者が自ら評価している主観的評価とは異なるが、社会が与えている評価である以上その評価が真実と符合するかまでは問わない。もっとも、不正競争行為は、告知又は流布される事実が虚偽でない限り成立しないから、虚偽の立証責任は毀損行為の相手方にあるのに対し、不法行為法上の名誉毀損行為では、行為者が、公共の利害に関する事実であること、公益を図る目的に出たものであること、

及び真実ないしは真実であると信じたことに相当の事由があることを証明しない限り、免責されない。

4 虚偽事実の告知、流布

不正競争行為となるのは、相手方の営業上の信用を害する「虚偽の事実を陳述し、又は流布する行為」である。

「虚偽の事実」とは、客観的な真実に反する事実である（渋谷・前掲不競法267頁）。この点について、東京高判決平成14.6.26判時1792号115頁「パチスロ訴訟記者会見事件」は、「虚偽」であるかどうかは、その受け手が、陳述ないし掲載された事実について真実と反するような誤解をするかどうかによって決すべきであり、具体的には、受け手がどのような者であって、どの程度の予備知識を有していたか、当該陳述ないし掲載がどのような状況で行われていたか等の点を踏まえつつ、当該受け手の普通の注意と聞き方ないし読み方を基準として判断されるべきであって、「詐欺的な行為を行う異常な会社である」という事実に関して真実に反する誤解をするような陳述があったとはいえないとして、原判決を取消し、請求を棄却した。近時の裁判例の中には、名誉毀損に関する最高一小判平成16.7.15判時1870号15頁「新・ゴーマニズム宣言事件」を参照判例として挙げ、本号にいう「虚偽の事実」とは「客観的事実に反する事実をいうところ、そこにいう事実は証拠等により虚偽か否かが判断可能な客観的事項をいい、事実ではない主観的な見解ないし判断、証拠等による証明になじまない物事の価値、善悪、優劣についての批評や論議ないし法的な見解の表明は、事実を摘示するものではなく、意見ないし論評の表明の範ちゅうに属すると解すべきである」とするものがある（東京地判決平成27.9.25裁判所HP「ネット誹謗中傷対策事件」、知財高判決平成28.2.24により維持）。告知の内容が意見ないし意向を示したものにすぎず、「虚偽」ではないとして、請求を棄却している事例もある（例えば、東京地判決平成23.12.26裁判所HP「ごみ貯蔵機器事件」、東京地判決平成24.4.26裁判所HP「水門凍結防止装置事件」、知財高判決平成27.7.16裁判所HP「能力開発教室事件」、知財高判決平成25.9.25裁判所HP「行政書士ブログ事件」等）。

「告知」は虚偽の事実を特定人に伝達する行為、「流布」は不特定又は多

数人に伝達する行為をいう。

　虚偽事実の告知又は流布の方法、態様を問わないが、その典型的な事例は、警告と広告である。次に営業上の信用毀損行為の成立を認めた主要な判例を挙げる。

(1) 警告

　最も多いのは、特許権・実用新案権・商標権・意匠権等の知的財産権を有する者が、相手方の製造販売する商品、あるいは相手方の提供する役務が自己の知的財産権を侵害するものでないのに、これを侵害することを特定又は不特定の取引者、需要者に警告する場合である。この種の事案では、相手方の商品が行為者の知的財産権の権利範囲に属するか否かの判断が虚偽であるか否かの決め手となり、判断が分かれる場合をもたらす。東京高判決昭和48.9.25判夕301号205頁は、前記「フイゴ履事件」の控訴審判決であるが、実用新案権の技術的範囲について原審とは異なる判断をしたことにより、不正競争行為の成立を否定し、請求を棄却している。不正競争の目的という主観的要件を必要としないから、このことが結論を左右することは避けがたく、また、前掲名古屋地昭和59.8.31判決が指摘するように、第三者に対する警告は製造者に対する警告に比して、より高度の注意義務を要求されるとしても、権利範囲の判断の困難性や毀損行為の内容・態様等によっては、違法性は極めて軽微であって、不正競争行為が成立しない場合もあるといえる。

　警告行為が問題となった他の事例としては、以下のようなものがある。

① 大阪高判決昭和55.7.15判夕427号174頁「階段辷止め事件」（階段辷止めの意匠権者が相手方の取引先に対し相手方の商品が当該意匠権を侵害する旨の警告書を送付）

② 名古屋地判決昭和59.8.31無体集16巻2号568頁「マグネット式筆入れ事件」（マグネット式筆入れの実用新案権者が相手方の問屋、小売店に対し相手方の商品が当該実用新案権を侵害する旨警告書を送付）

③ 大阪地判決昭和59.10.26判夕543号171頁「競馬騎手用手袋事件」（競馬用品の販売業者が相手方の取引先に対し相手方の商品が第三者の特許権を侵害する旨は

第1章　不正競争

がきで通知）

④　大阪地判決昭和60.5.29判時1174号134頁「アルバム台紙事件」（写真・スクラップ用台紙の実用新案権者が相手方の取引先に対し相手方の商品が当該実用新案権を侵害する旨の内容証明郵便を郵送）

⑤　東京地判決平成14.4.24裁判所HP「パネル体事件」（木造家屋の外壁下地構造の実用新案権者が相手方の製品を製造・販売する相手方のフランチャイジーに対し相手方の製品が当該実用新案権を侵害すると警告書を送付）

⑥　東京地判決平成14.12.12判時1824号93頁「無洗米事件」（洗い米の製造方法に関する特許を有する特許権者が、相手方の取引先に対し、相手方装置を使用して製造される無洗米が当該技術的範囲に属する旨の通知書を送付）

⑦　東京地判決平成15.2.20判時1824号106頁「無洗米製造装置事件」（精米機の製造・販売を行う業者が、相手方の顧客である精米業者に対し、相手方の製造する無洗米製造装置に使用されているタピオカを原料とする熱付着材にはシアンが含まれており、人体に有害であるなどと記載した書簡を送付）

⑧　東京地判決平成16.1.28判時1847号60頁「常時接楽事件」（「常時接楽」という商標権を有し「携快電話6」という携帯電話のデータ用のパソコン編集ソフトウエアを販売する者が、「携帯接楽7」の商品名（後に「携帯万能8」に変更）で同種ソフトウエアを販売していた相手方の取引先に対して、相手方の行為が商標権侵害及び著作権侵害に当たる旨告知。著作権侵害の告知に関する不正競争行為のみ認容）

⑨　東京地判決平成16.3.15判時1871号113頁「さわやかさん事件」（汚泥改質機の特許権者が、相手方代表者が会長を務める調査会の会員に対して、当該特許の再実施を相手方に許諾したことはない旨の内容証明郵便を送付）

⑩　東京地判決平成16.3.31判時1860号119頁「ECHOR CLUB事件」（鞄用横襠芯の実用新案権者が、相手方の取引先に対して、自己の実用新案権を侵害する通学用鞄が最近多数流通しているとして、権利侵害に注意を促すお知らせを送付）

⑪　東京地判決平成16.6.23判時1868号131頁「耐震補強金具事件」（耐震診断の実施、耐震補強に関する啓蒙活動等を目的とする協同組合が、600を超える自己の組合員に対して、相手方の製造、販売にかかる耐震補強金具の性能について虚偽の内容を含む文書を配布）

⑫　東京地判決平成16.11.24判時1896号141頁「ドール用素体事件」（女性ドー

ル用素体等を製造販売している業者が相手方の取引先の社員に対して、相手方の製品が自己の製品に類似するので、相手方と取引をしている者を訴える旨業務の過程において告知）

⑬　大阪地判決平成17.9.22判時1935号148頁「レンジフードのフィルタ装置事件」（レンジフードのフィルタ装置の特許権者が、相手方の取引先に対し、相手方製品が特許製品の類似商品あるいはコピー商品であることを暗示するような文書を送付し、かつ、相手方製品が特許権を侵害する旨連絡）

⑭　東京地判決平成17.12.13判時1944号139頁「エスカレーターハンドレール広告フィルム事件」（エスカレーター用ハンドレール広告フィルムの特許権者の日本総代理店が、同種の広告フィルムを輸入、設置している相手方の取引先に対し、相手方が特許権を侵害している旨の文書を送付）

⑮　東京地判決平成18.7.6判時1951号106頁「養魚飼料用添加物事件」（養魚飼料用添加物等に関する特許を有する特許権者が、飼料製品を販売する相手方の取引先に対し、当該飼料製品に当該特許の技術的範囲に含まれる他社製品が含まれていることを指摘しかつその是正を促すなどの文書を送付）

⑯　東京地判決平成18.9.26判時1962号147頁「キューピー事件」（キューピーに関する著作権のライセンス業者が、日本におけるキューピーの著作物に係る著作権のうちローズ・オニールの著作物に係る著作権を有している相手方のライセンシー及びライセンス契約交渉中の会社に対して、別の会社がローズ・オニールの著作物に係る著作権を有しているとの内容を記載した書面を送付）

⑰　大阪地判決平成19.2.15裁判所HP「生理活性物質測定法事件」（生理活性物質測定法の特許権者が、相手方の取引先等に対し、相手方の製剤が当該特許権を侵害すること及び相手方の製剤には品質上の問題があることを告知）

⑱　大阪地判決平成20.5.20裁判所HP「建機・仮設レンタル業向けソフトウェア事件」（商標権侵害及び著作権侵害がないにもかかわらず、相手方が権利侵害行為をしていること等を記載した通知書を相手方との競合取引先に送付）

⑲　大阪地判決平成23.9.15裁判所HP「黒糖ドーナツ棒事件」（商標権侵害が成立せず、不正競争行為に該当しないのに、相手方の取引先に対し、相手方商品の販売差止を求める仮処分命令を申し立てたこと及び同申立てにおける主張内容を告知するとともに、相手方商品の販売中止等を求める警告書を送付）

第1章　不正競争

⑳　東京地判決平成24.3.21裁判所HP「ドライビングアシストコントローラー事件」（形態模倣品ではないにもかかわらず、相手方製品は告知者製品の形態を模倣した違法なものである旨記載した文書をHPに掲載し、相手方の取引先である多数の販売店等にファクシミリで送信）

㉑　知財高判決平成25.8.28裁判所HP「口紅事件」（特許発明について先使用権が認められる事案において、告知者が、「繰り出し容器」が特許権の技術的範囲に属する旨の特許庁の判定を得ており、また、先使用権に関する主張は告知行為の時点ではされていなかったとしても、相手方の取引先に対してなされた本件特許権を侵害するものであるとの告知の態様は、執拗かつ広汎で、脅迫的と評価し得るようなものであり、過失に基づく信用毀損行為である）

㉒　東京地判決平成25.10.10裁判所HP、知財高判決平成26.3.27裁判所HP「子連れ狼事件」（原作の独占的利用権が告知者に帰属すること、当該原作を基に実写映画及びこれに派生した実写テレビドラマシリーズを製作する相手方の行為が告知者の独占的利用権を侵害することを取引先に告知）

㉓　大阪地判決平成26.7.17裁判所HP「電子教材事件」（競合する教育事業への進出と教材の利用を許諾したにもかかわらず、相手方の教材利用行為一切が著作権侵害であることを、取引先、監査法人、証券取引所等に吹聴）

㉔　前掲「流量制御弁事件」（特許権侵害が成立する事案において、節水装置の製造販売が特許権侵害になる旨の特許権者による警告は正当な権利行使の範囲であり、この警告を誹謗中傷とする相手方による告知行為は本号に該当する）

㉕　東京地判決平成27.3.24裁判所HP・知財高判決平成27.9.29裁判所HP「コピーガード済み光記録媒体事件」（特許権侵害が成立しないのに、相手方の取引先が特許権を侵害していること等を当該取引先に通知）

㉖　大阪地判決平成27.3.26判時2271号113頁「高座椅子事件」（実用新案権者が、技術評価書において、当該実用新案の進歩性を否定する旨の判断を受けたにもかかわらず、技術評価書を提示することなく、相手方製品の販売業者に対し、相手方製品が当該実用新案権に抵触する旨を指摘した通知書を送付）

㉗　知財高判決平成28.7.20裁判所HP「畳塗料事件」（「本件製品に欠陥がある」、「いい加減な会社」「無責任会社」との虚偽の事実を記載した申入書を販売店に交付）

㉘　知財高判決平成29.2.23裁判所HP「吸水パイプ事件」（吸水パイプの販売

第2節 Ⅷ

業者が、競業者の取引先に対して、他社の類似品が悪質な場合に法的措置を含めた対応をしていること、実際に法に基づいて差止めが認められた事例があり、当該競業者に対して模倣品の販売の差止め等を求める警告文を送付したことを記載した文書を送付）

(2) 広告

新聞・雑誌・テレビ等のマスメディアを通じて相手方の信用を害する広告をする行為である。

広告行為が問題となった事例としては、以下のようなものがある。

㉙ 東京地判決昭和47.3.17無体集4巻1号98頁「フイゴ履事件」（履物台の実用新案権の専用実施権者が業界紙に相手方の製造販売する商品が自己の権利に抵触する旨の広告を掲載）

㉚ 大阪地判決昭和49.9.10無体集6巻2号217頁「チャコピー事件」（石鹸を主体としたチャコペーパーの特許権者が業界紙に相手方の製造販売する商品が自己の特許権を侵害する模造品・粗悪品であるとの広告を掲載）

㉛ 大阪地判決平成2.9.13無体集22巻3号573頁「模型レーシングカー用スターター事件」（模型レーシングカー用スターターの実用新案権者が雑誌に相手方において考案を無断実施しているとの広告を掲載し、かつ相手方の販売先にも同様の通知）

㉜ 大阪地判決平成12.3.30裁判所HP「プラスチック製ハンガー事件」（プラスチック製ハンガーの製造・販売業者が、相手方の得意先に対し、相手方は潰れる旨を触れ回り、また業務新聞に相手方の製品が自己の実用新案権を侵害する旨の広告を掲載）

㉝ 大阪地判決平成19.6.11裁判所HP「ジムニーパーツ事件」（軽4輪自動車ジムニー用のパーツの製造販売会社が、雑誌上に、相手製品が自社製品を模倣したとの事実を告知する内容の広告を掲載）

㉞ 東京地判決昭和56.12.21無体集13巻2号952頁「タクシー用社名表示灯事件」（社名表示灯等のタクシー用品の販売業者が業界紙に着脱容易な社名表示灯の装着は違法であるとの運輸省通達があった旨タクシー業者に通知し、かつ業界紙に広告を掲載）

㉟ 名古屋地判決昭和57.10.15判タ490号155頁「ヤマハ特約店事件」（顧客に対し相手方の販売するピアノの品質について虚偽の説明をし、かつ一般紙に、「一流

メーカー続々値上げ決定」との広告を掲載）

㊱　東京地判決平成11.1.28判時1670号75頁「ポロシャツ並行輸入事件」（日本における商標権者が、相手方がシンガポールにおける商標の使用許諾者から輸入したポロシャツについて、並行輸入品と称して偽造品が輸入され市場に出回っている等の広告を業界新聞に掲載）

㊲　大阪地判決平成11.8.31「コンクリート用連結枠事件」（相手方が独占的に製造する製品を北海道において販売している建設用資材の製造・販売業者が、北海道の業界新聞に自己を製造元と表示した製品の広告を掲載）

㊳　大阪高判決平成11.12.27裁判所HP「遊戯銃部品事件」（遊戯銃の部品の製造・販売業者が、相手方の取引先に対し、相手方製品はすべて不正競争防止法によって規制される自社の部品の形態の模倣品である旨を口頭で告知）

㊴　東京地判決平成12.5.30裁判所HP「フェロコンハード事件」（床材の製造・販売及び床仕上げ工事の施工を行う業者が、相手方の取引先に対し、相手方が床仕上げ工事に使用した床材の成分及び相手方の行為を非難する書面を送付）

㊵　東京地判決平成13.8.28判時1775号143頁「パチスロ訴訟記者会見事件（原審）」（パチスロ機メーカーの代表者が、記者会見において相手方との特許権の許諾契約が終了していることを前提として相手方の業務が詐欺的行為である旨発言。但し、前掲の控訴審においては、発言内容の虚偽性を否定し、営業上の信用毀損行為の成立を認めなかった）

㊶　東京地判決平成13.4.24判時1755号43頁「Ｊ-ＰＨＯＮＥドメイン名事件」（携帯電話会社の著名なサービス名称と類似するドメイン名を使用してウェブサイトを開設し、ウェブサイト上においていわゆる大人の玩具の販売広告や特定の企業を誹謗中傷する文書などを表示）

㊷　東京地判決平成19.5.25判時1989号113頁「ローソク事件」（ローソクの製造販売会社の代表取締役らが流通・販売業者に対する商品説明会において、相手方製造のローソクは倒れたり、グラついたりして火災事故の危険があるなどと告知）

㊸　大阪地判決平成19.7.26裁判所HP「ウェブサイトリンク設定事件」（美容機器の販売、美容室の経営を目的とする業者であって、営業上深い関係のある中国法人の日本語ウェブサイトのウェブページ上に当該中国法人の子会社であるかのような表示がされている業者が、同じ日本語ウェブページ上に、相手方が代理店であるかのよう

な表示をした上、さらに同ページに相手方のウェブサイトリンクを設定。中国法人との共同不法行為の成立が認められている)

㊹　東京地判決平成23.4.20裁判所HP「レンタルオフィス事件」(「相手方が、自らは営業行為における改善行為を行わず、告知者の顧客に対し、継続的、頻繁に、社会的に相当な範囲を超える営業行為を行ってきた」、「日本法人である相手方が、近時の経済環境の悪化に伴い、200を超える拠点を閉鎖し、会社更生法を申請したことから、10,000以上もの顧客がオフィス退去や住所利用停止を余儀なくされた」旨の虚偽の事実を告知)

㊺　知財高判決平成24.2.22判時2149号119頁「スペースチューブ事件」(体験型展示装置を使用したイベントの実施が著作権侵害である等とする虚偽の注意書をアップロード)

㊻　東京地判決平成25.1.18裁判所HP「JYJ事件」(韓国人アーティストの日本におけるアーティスト活動に関する専属契約を解除された告知者が、「本件専属契約は現在も有効に成立しており、相手方が告知者の承諾を得ることなく韓国人アーティストにアーティスト活動を行わせることは、日本における韓国人アーティストの独占的なマネジメント業務を遂行する告知者の権利を侵害する」旨の事実を、相手方の取引先に対し告知し、HPで公表)

㊼　東京地判決平成25.3.28裁判所HP「植物ミネラル含有清涼料水事件」(相手方の元従業員であり、相手方の競業会社の取締役であった者が、相手方の会員等に対し、相手方が、関係保健所から商品の回収命令があった事実を隠蔽したこと、通関書類において商品の原料の産地を偽装したこと、保有する鉱山は無価値であること、原料を採掘する鉱山は10数メートルしか採掘されていないこと等の虚偽の事実を告知)

㊽　知財高判決平成25.9.10判時2207号76頁「労働者派遣事業事件」(人材派遣会社である相手方の従業員であった者と競業者が共謀して、相手方の取引先に対し、相手方が事業規模を縮小し、スタッフを告知者に転籍させること等の虚偽の事実を告知)

　競争が激化すると、互いに相手を中傷・誹謗する広告・宣伝をすることも少なくない。このような場合、相手の毀損行為が先行するときはその態様によっては正当防衛的行為として違法性が阻却される場合や違法性が軽微で不正競争行為の成立が否定される場合もある。このような事案につき、

広島地判決昭和51.12.23判時858号91頁「寄生虫検査業者事件」は、行為者双方に相手方を誹謗する宣伝による不正競争行為の成立を認め（同旨大阪地判決平成7.8.31審決取消訴訟判決集53号382頁「ぬいぐるみ事件」）、大阪地判決昭和48.1.31判タ302号307頁「ピロビタン事件」は、多額の保証金を提供しながら少額の代金不払いにより商品の出荷停止を受けた者が相手方の営業所にその商品の販売中止を勧告しても違法ではないとしている。

　また、名古屋地豊橋支部判決平成11.2.24判タ1026号279頁「健康食品販売組織事件」は、健康食品の販売組織が内部抗争により分裂して新会社が設立され、新会社側の販売店が傘下の普及店を集めて内部抗争の過程を記した文書や比較広告を配布した行為について、かかる行為が内部抗争により双方が対立する中で互いに相手を非難抗争する過程において対抗上生じたものであるという経緯を考慮し、かつ違法性の判断につき同一組織体系内の普及店を基準として、当該行為は目的及び態様において社会通念上正当な企業活動及び自由競争の範囲内の行為であるというべきであり、これを逸脱した社会的に許されない行為であるとまでは認められないとして、不正競争防止法上の営業誹謗行為や不法行為に該当しないと認定している。東京地判決平成16.8.31判時1876号136頁「ジャストシステム事件」は、特許権者が原告製品をインストールしたパソコンの販売業者に対し、特許権侵害となる旨の警告をし、かつ特許権に基づく販売差止仮処分申請をした行為について、警告の形式・内容が社会的相当性を欠くといえない等の理由で権利行使の範囲を逸脱しないと判示しているのも、ほぼ同趣旨といえよう。

　さらに、東京地判決平成15.9.30判時1843号143頁「サイボウズ事件」は、ソフトウェア著作権侵害差止請求控訴事件における裁判上の和解の内容につき、和解の当事者の一方が新聞社に対して、和解に至ったのは相手方が非を認めたと判断したためであるとメールにより告知した事案について、和解条項上、相手方（本件訴訟原告）が当該ソフトウェアの開発に当たり、告知者（被告）ソフトを参考にした点があることを認めるなど和解契約上の文言を考慮すると、相手方が非を認めたものと主観的に判断するに至ったとしても、そのこと自体は不合理とはいえないから、虚偽の事実の告知

ということはできない、として請求を棄却した。

　特許権者が相手方の取引先に対して、特許権侵害の警告をした場合、警告行為が正当行為として評価されるか虚偽事実の告知として不正競争行為となるかは、相手方の製造販売行為が特許権侵害行為と評価されるかどうかと関連する。東京地判決平成19.12.20判時1998号114頁「プラスチックシート事件」は、特許権者（被告）が相手方（原告）の取引先に対し相手方の製造販売する製品が当該特許権を侵害している旨告知した行為が本号の「虚偽の事実」に当たるかについて、特許発明の明細書及び図面の記載などを詳細に検討して、本件製品は本件特許発明の技術的範囲に属し、また当該特許権に無効理由がないから、虚偽の事実に当たらないとし請求を棄却した。

　この点に関連して東京地判決平成13.9.20判時1801号113頁「金属粉末特許侵害告知事件」は、注目すべき判断を示した。同判決は、ⅰ「競業者に特許権等の知的財産権を侵害する行為があるとして、競業者の取引先等の第三者に対して警告を発し、あるいは競業者による侵害の旨を広告宣伝する行為は、その後に、特許庁又は裁判所の判断により当該特許権等が無効であるか、あるいは競業者の行為が当該特許権等を侵害しないことが確定した場合には、本号の不正競争行為に該当する」とした上、ⅱ「特許権者が競業者の取引先に対して行う前記告知は、競業者の取引先に対して特許権に基づく権利を真に行使することを前提として、権利行使の一環として警告行為を行ったのであれば、当該告知は知的財産権の行使として正当な行為というべきである。（中略）そして、当該告知が、真に権利行使の一環としてされたものか、それとも競業者の営業上の信用を毀損し市場での競争において優位に立つことを目的としてされたものかは、当該告知文書等の形式、文面のみによって決すべきものではなく、当該告知に先立つ経緯、告知部署等の配布時期・期間、配布先の数・範囲、告知文書等の配布先である取引先の業種・事業内容、事業規模、競業者との関係・取引態様、当該侵害被疑製品への関与の態様、特許侵害争訟への対応能力、告知文書等の配布への取引先の対応、その後の特許権者及び当該取引先の行動等、諸般の事情を総合して判断するのが相当である」とし、特許権侵害に当たらない旨の確定判決がなされた当該事案について、書簡の送付行為は正当行

為と評価すべきものとして本号に基づく請求を棄却した。控訴審である東京高判決平成14.8.29判時1807号128頁は、iについて原審と同旨の判断を示した上、「告知行為がその取引先自身に対する特許権等の正当な権利行使の一環としてなされたものであると認められる場合には、違法性が阻却されると解する」と判示し、原判決とほぼ同旨の諸般の事情を例示し、本件書簡の送付行為が不正競争行為に当たるとはいえないとして控訴を棄却した。

また、同種の行為の損害賠償請求につき、過失がないとされる事案もある。例えば、前掲「レンジフードのフィルタ装置事件」の控訴審である知財高判決平成19.5.15は、無効事由の内容と、被告製品が発明の技術的範囲に属することにかんがみると、特許権者が具体的な無効事由につき出願時又はそれ以降にその存在を疑って調査検討をすることを期待することができるような事情は認め難いとして、過失を否定した。また、知財高判決平成23.2.24判時2138号107頁「雄ねじ部品事件」において、特許権者が、特許発明の実施者に対し、特許権の侵害である旨の告知をした行為については、特許権者の権利行使というべきものであるところ、結果的に本件特許が無効にされるべきものとして権利行使が許されないとされる場合であっても、このような場合における本号による損害賠償責任の有無を検討するに当たっては、特許権者の権利行使を不必要に萎縮させるおそれの有無や、営業上の信用を害される競業者の利益を総合的に考慮した上で、違法性や故意過失の有無を判断すべきであるとした上で、無効理由が告知行為の時点で明らかではなく、新規性欠如といった明確なものではなかったことに照らすと、無効理由について特許権者が十分な検討をしなかったという注意義務違反を認めることはできないと判示した。さらに、東京地判決平成24.5.29裁判所HP「有機EL素子事件」では、過失の有無は、不正競争行為を行った時点を基準に判断すべきであるとし、無効理由に関する告知者の過失を否定した（但し同事件の控訴審判決である知財高判決平成25.3.25裁判所HPは、「虚偽の事実」に該当しないと判示し、過失の有無については判断しなかった）。製品の形態が商品等表示であり、競業者の行為が不正競争行為として認められると判断したことに過失がないとしたものとして、前掲「吸水パイプ事件」がある。

知財高判決平成28.2.9裁判所HP「発光ダイオード事件」は、発光ダイオードの特許権者による商社に関するプレスリリースの内容が虚偽であるかが争われた事例であり、商社は、実際には訴外第三者製品を取り扱っていなかったが、製造メーカーのウェブサイトにリンクを貼り、これを利用していた。知財高裁は、特許権者が、商社が訴外第三者製品について譲渡の申出をしていると理解したとしても無理からぬところであるとして、特許権者の過失を否定した。

もっとも、このような違法性阻却や過失の否定が軽々に行われることについては批判もあるところであり（高林龍「特許権侵害警告と虚偽事実の告知流布」「竹田稔先生傘寿記念　知財立国の発展へ」発明推進協会　2013年）、近時の裁判例は、誹謗者に高度な注意義務を要求しているとの指摘もある（小野昌延編「新・注解不正競争防止法（第3版）（上）」（青林書院、2012年）740頁）。

競業者の取引先に対する、特許権侵害に基づく訴訟提起や仮処分申立て、及びそれに付随する行為が虚偽の事実の告知に該当するかが争われることがある。知財高判決平成19.10.31判時2028号103頁「アクティブマトリクス型表示装置事件」において、知財高裁は、「仮処分の申立てが権利者が義務者に対して権利を実現するために設けられた仮の救済制度であって、かかる救済制度の利用及びこれに当然随伴する行為を差し止めることは不競法の予定するところではない点に鑑みれば、特許権侵害等を理由とする差止の仮処分など仮の地位を定める仮処分の申立てに伴って、申立書の内容を相手方に知らしめることを、不競法2条1項14号所定の告知行為であるとすることはできない。」と判示した。もっとも、この事案において、知財高裁は、事前交渉の状況、仮処分後の記者発表の態様、仮処分申立て前に実施可能要件違反や進歩性欠如の無効理由を容易に知り得たこと等によれば、仮処分申立て及びその後の記者発表は、「特許権侵害に基づく権利行使という外形を装っているものの、1審原告の取引先に対する信用を毀損し、契約締結上優位に立つこと等を目的とした行為であり、著しく相当性を欠く」として、不法行為の成立を認めた点で注目される。

さらに、特殊な形態ではあるが、FRAND宣言をしている特許権者による差止請求権が存在する旨の告知は、「虚偽の事実」の告知に該当しうる。

知財高大合議決定平成26.5.16判時2224号89頁「アップル対サムスン事件」により、FRAND宣言をしている特許権者による差止請求権の行使は、相手方において、特許権者が当該FRAND宣言をしたことに加えて、相手方がFRAND条件によるライセンスを受ける意思を有する者であることの主張立証に成功した場合は、権利の濫用に該当し、許されないことが示された。そのため、この主張立証に成功した場合に、差止請求権が存在するかのように告知することは「虚偽の事実」の告知となる（東京地判決平成27.2.18判時2257号87頁「ブルーレイディスク事件」）。同事件においては、告知行為が大合議決定前に行われたことを理由に過失がなかったとされたが、今後の実務対応としては留意が必要である。

(3) 比較広告

　経済社会における取引の多様化、特に取引情報の多様な発展は、然来あまりみられなかった不公正な取引態様を生み出している。

　その一つが不公正な広告であって、営業上の信用毀損行為との関係では、比較広告と寄生広告が問題とされている。

　比較広告とは、他人の商品の品質、内容等又は他人の役務の質、内容等と当該商品のそれとを比較し、自己の商品又は役務が優れていることを知らせ、顧客を勧誘する広告である。

　比較広告にも、いくつかの類型があり、㋐同種商品又は役務と比較して特に自社商品又は役務が優れていることを広告する類型の比較広告には、原則として（例外的事例として、競業者が特定の一社のみであることが周知の場合）営業上の信用毀損行為を含め民事法的問題は生じない。ただし、14号の「誤認させるような表示」に当たるかは別途検討しなければならなない。なお、知財高判決平成18.10.18判例百選206頁「キシリトールガム比較広告事件」は、菓子製造販売業者が、自己の製品が「一般的なキシリトールガムに比べ、約5倍の再石灰化効果を実現」した等の比較宣伝を行った行為につき、当該「一般的なキシリトールガム」が相手方製品を指すと解されることと、当該「約5倍の再石灰化効果」の根拠となる実験が合理性を欠くことを理由に、当該比較広告は客観的事実に沿わない虚偽の事実であるとして、当

該比較広告の実施行為が競争関係にある他人の営業上の信用を害する虚偽の事実を流布する行為であって13号及び14号（現14号及び15号）に該当するとして差止請求を認容した（ただし、当該不合理な実験結果についての直接の関与がなかったことから、故意・過失は認められないとして損害賠償請求は棄却）。

問題となるのは、特定の競業者の商品又は役務を明示し、又は明示しなくとも広告内容からこれを特定できる形式をもって、自社商品又は役務と比較し、自社商品又は役務が優れていることを広告する類型である。

この類型の中でも、㋑対比する両商品又は役務の優劣を判断するのに必要な品質、性能等について、客観的な資料に基づいて比較する広告は、虚偽の事実の告知とはいえないから、原則として民事法上の責任を負うことはない。

一方、㋒その商品又は役務の優劣の判断に必要な特定の競業者の商品又は役務の品質、性能等について、虚偽の事項を広告した場合には、営業上の信用を害する虚偽の事実の告知に該当する。前掲広島地昭和51.12.23判決は、寄生虫検査業者が互に相手を「無資格者」、「ずさんな検査をしている」等と誹謗する宣伝をした行為を営業上の信用を害する虚偽事実の陳述流布と認めたのは、その一例である。東京地判決平成20.12.26判時2032号11頁「黒烏龍茶事件」も、「烏龍茶ポリフェノール含有量2070mg　約70倍　サントリーなんかまだうすい！」等の表示が客観的事実に反する虚偽の事実であるとした。

これに対し、㋓特定の競業者の商品又は役務の品質、性能等については、事実と符合する（あるいは虚偽の事実を含まない）が、自社のそれを偽る場合には、自社の品質、性能が優れていることを誇張した結果、反射的に他社の営業上の信用を害する行為と評価されることがある。名古屋地判決昭和46.1.26無体集3巻1号1頁「モノフィラメント製造装置事件」が、自社販売の装置が「90％以上のシェアを占めている」、「他社製品と性能が優れていても劣るところはない」、「価格は20％程度安い」との虚偽の事実を記載した文書を送付した行為を営業上の信用を害する虚偽事実の陳述流布と認めたのは、その一例である。しかし、自社製品の独創性や斬新性を強調する程度の宣伝行為は虚偽事実の告知流布とはいえない（東京地判決昭和63.7.1判

時1281号129頁「電子楽器事件」）。ただし、誇大広告が品質誤認行為とされる場合があることは、既述のとおりである。結局、品質誤認行為や営業上の信用を害する行為と評価されるか否かは、それが経済取引において公正な競争秩序を破壊する程度のものであるか、自由競争の下において許容される範囲のものであるかにより判断されることになろう。

寄生広告は、著名な他人の商品や役務に寄生し、これを利用して自己の商品・役務を宣伝する形態の広告であって、2条1項2号の要件を満たすときは、著名表示の冒用行為となる。

IX　代理人等の商標不正使用行為

1　概要

パリ条約は、同盟国において商標に係る権利を有する者の代理人又は代表者が権利者の許諾を得ないで自己名義において商標の登録を出願し、あるいは権利者の許諾を得ないで商標を使用することを規制する規定（6条の7）を設けており、不正競争防止法は、これを受けて昭和40年改正法において、「パリ条約ノ同盟国ニ於テ商標ニ関スル権利ヲ有スル者ハ其ノ代理人若ハ代表者又ハ代理人若ハ代表者タリシ者ニシテ正当ノ理由ナキニ拘ラズ当該商標ニ関スル権利ヲ有スル者ノ承諾ナクシテ当該権利ニ係ル商標ト同一若ハ類似ノ商標ヲ同一若ハ類似ノ商品ニ使用シ又ハ之ヲ使用シタル同一若ハ類似ノ商品ヲ販売、拡布、若ハ輸出スル」行為について差止請求権を認める規定（旧法1条2項）を設けた。

現行の2条1項16号は、この規定を承継したものであって、「パリ条約（商標法（昭和34年法律第127号）第4条第1項第2号に規定するパリ条約をいう。）の同盟国、世界貿易機関の加盟国又は商標法条約の締結国において商標に関する権利（商標権に相当する権利に限る。以下この号において単に「権利」という。）を有する者の代理人若しくは代表者又はその行為の日前一年以内に代理人若しくは代表者であった者が、正当な理由がないのに、その権利を有する者の承諾を得ないでその権利に係る商標と同一若しくは類似の商標をその権利に係る商品若しくは役務と同一若しくは類似の商品若しくは役務に使用し、又は当該商標を使用したその権利に係る商品と同一若しくは類似の商品を譲

渡し、引き渡し、譲渡若しくは引渡しのために展示し、輸出し、輸入し、若しくは電気通信回線を通じて提供し、若しくは当該商標を使用してその権利に係る役務と同一若しくは類似の役務を提供する行為」を不正競争行為として規定している。なお、前記保護対象国のうち、「世界貿易機関の加盟国」は平成6年改正法により、「商標法条約の締結国」は平成8年改正法により追加された。本行為を不正競争行為として規制するのは、商標権者の保護のための国際約束の適格な実施を目的とするものであって、法1条の趣旨に沿うものである。

2　行為の主体と行為の内容

　行為者は、パリ条約の同盟国（規定の趣旨に照らし、我が国を含める意味はない）において商標に関する権利（我が国における商標権に相当する権利に限る）を有する者の代理人若しくは代表者又はその行為の日前1年以内に代理人若しくは代表者であった者である。パリ条約6条の7に規定されていない使用開始1年以内に代理人若しくは代表者であった者も含めている点に特徴がある。

　代理人とは、商標に関する権利を有する者から商品取引又は役務の提供についてその者を代理する権利を与えられている者をいい、代表者とは、同様に商標に関する権利を有する者から代表権を与えられている者をいう。代理人、代表者の範囲を広く解し、当該指定商品又は役務に限らないし、包括的であると、個別的であるとを問わず、また直接代理に限らず問屋（商法551条）、媒介代理商（同法27条、会社法16条）、仲立人（商法543条）等を含むとするのが通説（例えば、渋谷・前掲知的財産法171頁）である。

　不正競争行為となるのは、正当な理由なく、かつ商標に関する権利を有する者の承諾なく、商標を無断使用する等の行為である。「正当な理由」とは経済取引社会における信義則上当然許容される理由をいう（山本・前掲要説241頁は、社会通念上肯認し得るような理由としている）。例としては、商標に関する権利者が代理人、代表者に対し、権利放棄の意思表示をした場合や、我が国において権利を取得する意思がないことを告知していた場合等が挙げられている。大阪地判決平成12.12.14裁判所HP「舞茸栄養補助食品事件」は、本号は、パリ条約同盟国等の商標権者のためにその者の「代理

人若しくは代表者」として国内において商標権に関する商品ないし役務の取引をなす者による無断の商標使用行為という信義則違背行為を不正競争行為と規定したものであるところ、同号の趣旨が、外国の商標所有者の信頼を広く保護するところにあることを考慮すれば、同号にいう「代理人」の意義は、法律上の代理権の存否を要件とすることなく広く解されるべきであり、同盟国商標権者との間に特定商品の包括的な代理店関係を有する者に限ることなく、何らかの基礎となる代理関係があれば足りるものと解するのが相当であるとし、日本国内における米国商標に係る商品の販売の一部について、販売代理権を付与する旨の合意が形成されていたと推認されることから、「代理人」に該当すると認めている。

　行為の内容は、当該商標と同一・類似の商標を、同一・類似の商品、役務に使用する行為、右同一・類似の商標を使用した商品と同一・類似の商品を譲渡し、引き渡し、譲渡若しくは引渡のために展示し、輸出し、若しくは輸入する行為、右同一・類似の商標を使用して同一・類似の役務を提供する行為である。ここに、「譲渡」、「引き渡し」、「展示」、「輸出」、「輸入」の意味は、既述のとおりである。

X　その他の不正競争行為

1　外国国旗等類似記章の使用行為

　①外国国旗等類似記章、すなわち、経済産業省令で定める外国の国旗、国の紋章その他の記章と同一若しくは類似のものを、商標として使用する行為、右類似記章を商標として使用した商品を譲渡し、引き渡し、譲渡若しくは引渡しのために展示し、輸出し、輸入し、若しくは電気通信回線を通じて提供する行為、右類似記章を商標として使用して役務を提供する行為は禁止される（16条1項本文）。

　また、②商品の原産地を誤認させるような方法で、外国紋章、すなわち、経済産業省令で定める外国の国の紋章を使用する行為、右紋章を使用した商品を譲渡し、引き渡し、譲渡若しくは引渡しのために展示し、輸出し、輸入し、若しくは電気通信回線を通じて提供する行為、右紋章を使用して役務を提供する行為は禁止される（16条2項本文）。

さらに、③外国政府等類似記号、すなわち、経済産業省令で定める外国の政府、地方公共団体の監督用若しくは証明用の印章、記号と同一若しくは類似のものを、その外国政府等記号が用いられている商品若しくは役務と同一若しくは類似の商品若しくは役務の商標として使用する行為、外国政府等類似記号を当該商標として使用した商品を譲渡し、引き渡し、譲渡若しくは引渡しのために展示し、輸出し、輸入し、若しくは電気通信回線を通じて提供する行為、外国政府等類似記号を当該商標として使用して役務を提供する行為は禁止される（16条3項本文）。

この規定のうち、16条1項及び3項はパリ条約6条の3に、16条2項は同6条の3に、それぞれ対応するものであり、外国又はその政府等の名誉、威信を利用することにより行われる競争行為を禁止してその利益を保護することを目的とする。

ここに「外国の国旗」とは、独立の主権を有する日本国家以外の国家の「しるし」としての旗をいい、「外国の国の紋章」とは、独立の主権を有する日本国家以外の国家の主権紋章をいい、「その他の記章」とは、右国旗、紋章を含めた外国やその機関等を表す「しるし」をいう。

ただし、以上の①ないし③につき、それぞれ使用許可の権限を有する外国の官庁の許可を受けたときは、その国益等に反することがないから、禁止行為から除外される（16条各項の但し書）。

2　国際機関類似標章の使用行為

国際機関、すなわち、政府間の国際機関及びこれに準ずるものとして経済産業省令で定める国際機関と関係があると誤認させるような方法で、国際機関類似標章、すなわち、国際機関を表示する標章であって経済産業省令で定めるものと同一若しくは類似のものを、商標として使用する行為、国際機関等類似標章を商標として使用した商品を譲渡し、引き渡し、譲渡若しくは引渡しのために展示し、輸出し、輸入し、若しくは電気通信回線を通じて提供する行為、国際機関等類似標章を商標として使用して役務を提供する行為は禁止される（17条本文）。

この規定はパリ条約6条の3に対応するものであり、国際機関の名誉、威

信を利用することにより行われる競争行為を禁止してその利益を保護することを目的とする。

経済産業省令で定める政府間の国際機関としては、国際連合、欧州共同体、国際刑事警察機構、世界保健機関、世界気象機関、万国郵便連合、国際連合児童基金、欧州特許庁等、これに準ずるものとしては、国際オリンピック委員会（山本・前掲要説353頁）がある。ここに「国際機関を表示する標章」には、国際機関の略称（例えば、国際労働機関を表す「ＩＬＯ」）も含まれる。

ただし、その国際機関の許可を受けたときは、禁止行為に当たらない（17条但書）。

3　外国公務員に対する不正の利益の供与等の禁止

国際的な商取引に関して営業上の不正の利益を得るために行う、外国公務員等の職務に関する作為、不作為等をなさしめることを目的とした利益の供与、その申込みまたはその約束をする行為は禁止される（18条1項）。

この規定は、OECD（経済協力開発機構）の「国際商取引における外国公務員に対する贈賄の防止に関する条約」（1997年12月署名、1999年2月発効）に基づいて、平成10年に追加されたものである。

上記条約は、国際的な商取引における外国公務員への不正な利益の供与が、国際的な競争条件を歪めているとの認識のもとで、これを防止することにより国際的な商活動における公正な競争の確保を図ることを目的としているが、これは、事業者間の公正な競争及びこれに関する国際約束の的確な実施を確保することを目的とする不正競走防止法と趣旨を一にするものであるとして、同条約の国内的な実施に際して、本法の改正により規定された。

なお、平成13年には、条約加盟各国の国内実施法の制定の進展等を踏まえ、犯罪構成要件を国際的に整合的なものとし、条約をより効果的に実施する観点から、いわゆる適用除外規定（平成13年改正法18条1項中「国際的な商取引に関して」を追加し、平成13年改正前旧10条の2第3項［適用除外規定］を削除）及び外国公務員等の定義（同改正法10条の2第2項3号、現18条2項）に関する法

第2節　X

改正が行われた。

　さらにこの改正を受け、法の規定に準ずる者について定める政令(「不正競争防止法第11条2項3号の外国公務員等で政令で定める者を定める政令」(平成13年12月5日政令383号)が制定された。

　平成13年改正法により追加された「国際的な商取引に関して」とは、国際的な商活動を目的とする行為、すなわち貿易及び対外投資を含む国境を越えた経済活動を意味している。具体的には、①取引当事者間に渉外性が存する場合、②事業活動に渉外性が存する場合のいずれかであり、営利を目的として反復・継続して行われる事業活動に係る行為を意味しているものである。

　例えば、(1)日本に主たる事務所を有する商社が、X国内のODA事業(例・橋の建築)の受注を目的として、日本でX国公務員に贈賄する事例、(2)Y国に主たる事務所を有する日系の建設業者が、東京のY国の大使館の改築工事の受注を目的として、日本でY国公務員に贈賄する事例、などが国際的な商取引にあたるものとして、本規定の対象となるものと思われる。

　上記(1)の事例については、ODA事業に絡んで、日本の商社がモンゴル政府高官に現金数百万円を手渡した社員が本条違反容疑で捜査が進められたという実例もある。また、東京地検は、平成20年7月ベトナムでのODA事業を巡って、ホーチミン市幹部に数千万円を供与したとして、商社役員らを本違反罪で起訴し、東京地裁は、平成21年1月29日執行猶予付き懲役刑の有罪判決を言渡した。

第3節　不正競争訴訟総論

I　不正競争に対する民事上の救済手段

1　概要

　不正競争により営業上の利益を害された者あるいは営業の利益を害されるおそれのある者には、法3条の規定により差止請求権（これに付随して侵害行為組成物の廃棄、侵害行為に供した設備の除去等の請求権）、4条の規定により損害賠償請求権が認められる。

　また、不正競争により営業上の信用を害された者には、14条の規定により信用回復措置の請求権が認められる。

　さらに、形式上不正競争行為に該当するが、法の規定する違法性阻却事由により不正競争行為責任を問うことができない場合において、営業上の利益を害され、あるいは営業の利益を害されるおそれのある者は、19条2項の規定により、自己の商品又は営業との混同防止措置を請求することができる。

　取引における公正かつ自由な競争として許される範囲を逸脱し、営業者の営業活動を侵害する行為は民法上の不法行為を構成し（東京高判決平成3.12.17知的裁集23巻3号808頁「木目化粧紙事件」）、営業上の信用を毀損する行為も同様であるが、通説・判例はこのような態様の不法行為については、差止請求権や信用回復措置請求権を認めていない。したがって、不正競争防止法が公正かつ自由な競争秩序を乱す行為を不正競争として規制し、民法上の保護をさらに進めてこれらの請求権を行使できるとした意義は大きい。

　また、平成5年改正法は、新たに損害賠償額の算定などについて特許法と同様の特則（5条）を設け、さらに損害計算のために必要な書類の提出命令についても民訴法（223条1項）に対する特則（7条）を設け、さらに平成15年改正法は、逸失利益の立証を容易にするための特則（5条1項）、損害計算のための鑑定（8条）、相当な損害額の認定（9条）等を設けたので、営業上の利益を害された者の訴訟による損害賠償請求権の行使が容易となった。

　不正競争行為がなされた（あるいはなされるおそれがある）場合に当事者（営

業上の利益を侵害され、又は侵害されるおそれのある者、営業上の信用を侵害された者と侵害行為者）間で自主的に紛争を解決できないときは訴訟を提起して裁判所による公権的な紛争解決を求めるほかない。

　不正競争行為をめぐる訴訟は、営業上の利益を侵害されたことを主張する者等からの給付訴訟の形態をとるのが普通であるが、侵害を争う相手方から、先手をとって、確認訴訟（差止請求権不存在又は損害賠償債務不存在確認等）、あるいは逆に不正競争防止法に基づく虚偽事実陳述流布禁止訴訟の形態をとる場合もあり、双方が互いに相手の不正競争行為を主張して不正競争訴訟を別訴で、あるいは本訴、反訴で争う場合もある。

2　民訴法の改正と不正競争訴訟
(1)　平成8年改正に至る経過

　民訴法は、明治23年に制定され、大正15年に全面改正され、その後昭和23年に証拠調手続規定を中心に交互尋問制度の導入、職権証拠調べの廃止等の改正が行われたのを始め、数回の小規模改正を経たが、大正15年改正法による手続構造を基本とした。しかし、その間の経済社会の発展は著しく、これに伴い民事紛争も複雑、多様化した。

　法制審議会民事訴訟法部会は、平成2年7月「民事訴訟手続」の見直しを立法課題とする旨決定し、これを受けて法務省民事局参事官室は平成3年12月「民事訴訟手続に関する検討事項」を公表した。

　その後、この検討事項に対する関係各界の意見を参考として法制審議会民事訴訟法部会の審議が進められ、これを踏まえて法務省民事局参事官室は平成5年12月に「民事訴訟手続に関する改正要綱試案」を公表した。

　法制審議会は、前記要綱改正試案について、各界の意見を徴した上、平成8年2月16日法務大臣に対し、改正要綱を答申した。この答申に基づいて平成8年3月12日第136国会に「民事訴訟法案」及び「民事訴訟法の施行に伴う関係法律の整備等に関する法律案」が提出され、その審議を経て、同年6月18日可決成立し、前者は平成8年法律第109号として、後者は同年法律第110号として公布された。民訴法は、公布の日から2年を超えない範囲内において制令で定める日から施行される旨定められ（同法附則1条）、最高

裁判所規則により平成10年1月1日施行されることになった（改正の経過については、柳田幸三「新民事訴訟法について」ジュリ1098号17頁以下参照）。

(2) 平成8年改正民訴法の主要な改正点

平成8年改正民訴法は、「民事訴訟を国民に利用しやすく、分かりやすいものとし、訴訟手続を現在の社会の要請にかなった適切なものとする」ことを目的とするものであって、その要点は、「適正かつ迅速な裁判を実現すべく、事件の争点が何であるかを早期に明確にし、これに焦点を当てた集中的な証拠調べを行うことができるようにするために、ⓐ争点及び証拠の整理手続を整備すること、ⓑ当事者が十分な準備を尽くすことを可能にし、早期に争点を明確にして、充実した審理ができるようにするために、証拠収集手続を拡充すること、ⓒ少額事件を訴額に見合った経済的負担で迅速に解決するために、少額訴訟手続を創設すること、ⓓ最高裁判所がその機能を十分に果たすことができるように、最高裁判所に対する上訴制度を整備すること、その他所要の実質改正を行うとともに、現行の民事訴訟手続に関する規定の全文を、平仮名、口語体の表記による現代語文に改めること」（裁判所時報1166号11頁）である。

これを具体的な規定でみると、次のとおりである。

ⓐの争点及び証拠の整理手続として、専ら争点等整理を行う「準備的口頭弁論」(164条～167条)を新設し、充実した口頭弁論の準備を行うための「弁論準備手続」(168条～174条)とし、また、遠隔地に居住する当事者の裁判手続の利用性を高めるため、電話会議システムも活用できる「書面による準備手続」(175条～178条)を新設した。

ⓑの証拠収集手続の拡充として、文書提出命令制度の拡充強化(219条～225条)、訴訟係属中の相手方に対し、主張、立証準備のため書面による回答を求めることができる「当事者照会制度」(163条)の新設、遠隔地の証人の負担を軽減して証拠の収集を充実する「映像などの送受信による通話の方法による尋問（通称テレビ会議システム）」(204条)の制度を導入した。

ⓒの少額訴訟手続として、簡易裁判所の事件一般についての訴訟手続の特則とは別個に、訴訟の目的物の価格が30万円以下の金銭支払請求訴訟に

おいては、極めて簡易な手続で審理し判決できる制度（368条～381条）を新設した。

ⓓの上訴制度の整備として、最高裁判所への上告を憲法違反、重大な手続違背を絶対的上告理由とする（312条）ほかは、最高裁判例違背、その他の重要な法令解釈事項を含む事件について特に上告受理決定があった場合に限定する（318条）等の改正をした。

(3)平成15年改正民訴法の主要な改正点

　21世紀の我が国では、社会の複雑・多様化、国際化などに加え、規制緩和などの改革により、「事前規制型」から「事後監視・救済型」に移行するなど、社会の様々な変化に伴って、司法の役割はより一層重要なものとなるため、司法の機能を充実強化し、社会の法的ニーズに的確にこたえることができる司法制度を構築していくことが必要であるとの見地から、平成11年7月に内閣に「司法制度改革審議会」が設置され、平成13年6月に司法制度改革審議会意見書を取りまとめた。この意見書には、司法制度の機能を充実強化し、自由かつ公正な社会の形成に資するため、(1)国民の期待にこたえる司法制度の構築、(2)司法制度を支える法曹の在り方、(3)国民的基盤の確立を3つの柱として掲げた上で、司法制度の改革と基盤の整備に向けた広範な提言が盛り込まれた。政府は、この意見書を受け、平成13年12月に司法制度改革推進本部を設置した。かかる司法制度改革の一環として、民事裁判をより国民に利用しやすくするという観点から、その充実・迅速化を図るため、平成15年に次のとおり民事訴訟法の改正が行われた。

　さらに、平成15年民事訴訟法の一部改正が行われ、①不正競争による営業上の利益侵害訴訟について後述の管轄について東京地方裁判所、大阪地方裁判所に重畳的管轄が認められるほか、②専門委員制度（争点又は証拠の整理等をするに当たり、訴訟関係を明りょうにするなどの必要があるときに専門的知見に基づく説明を聴くため専門委員を手続に関与させる制度）、③訴え提起前の証拠収集処分制度（訴えの提起を予告通知した者が被告となるべき者に対してする事項照会と裁判所による訴え提起前の証拠収集の処分）、④計画審理（裁判所による攻撃

防御方法の提出期間の定め等審理計画の策定と期間内不提出の場合の却下決定等）の制度が新設された。

Ⅱ 訴訟の提起

1 当事者

訴訟における「当事者」とは、裁判所に対し、自己の名において裁判権の行使を求める者（原告）及びその相手方（被告）をいう。

不正競争訴訟において原告となる適格を有する者は、差止請求訴訟においては、不正競争により営業上の利益を害された者、又は害されるおそれのある者であり、損害賠償請求訴訟においては、不正競争により営業上の利益を害された者であり、さらに、信用回復措置請求訴訟では、不正競争により営業上の信用を害された者である。

不正競争防止法に係る訴訟については、国民経済の健全な発達を期するためには、消費者の利益保護が必要であるとの見地から、特に差止請求について事業者団体、消費者団体等に原告適格を認めるべきであるとの見解がある。不正競争行為の全類型が団体訴訟に親しむか問題があるとしても、自由かつ公正な競争秩序の維持発展は、消費者の利益にも直結することであるから、消費者団体にこれを認めるならば、判決に対世効を認めなくとも、実質的に消費者の利益につながる（ドイツ不正競争防止法は一定の限度で営業利益促進団体、消費者団体に差止請求権を認めており、スイス不正競争防止法にも同旨の規定がある）。平成5年改正法に関し、産業構造審議会知的財産政策部会の中間答申は、「現時点においては、事業者間において不正競争行為の適正化を図ることにより、水平的市場関係における公正な競争秩序を維持するとの現行法の目的を変えるコンセンサスはなく、事業者団体や消費者団体等に請求権を拡大することについては、今後の我が国経済取引社会の実態の推移を慎重に見守りつつ、検討し、必要に応じ、立法的措置を講ずることが適切である」（「中間答申」前掲特許ニュース4頁）とし、その立法化を見送った。団体訴訟の導入は、民事訴訟制度の全体との関連で考えるべきことであり、また、どのような要件のもとに原告適格を認めるか等検討すべきであり、さらに第三者にまで拡大すべきかどうかは経済取引を規制す

る法体系全般にかかわる問題であり、慎重に対応すべきであろう。近時の法改正により、消費者契約法、景品表示法、特定商取引法及び食品表示法に違反する不当な行為について、内閣総理大臣が認定した適格消費者団体が、不特定多数の消費者の利益を擁護するために差止めを求めることができる制度や、適格消費者団体の中から内閣総理大臣が指定した特定適格消費者団体が、消費者に代わって被害の集団的な回復を求めることができる制度が上記各法律において導入されたが、不正競争防止法に基づく不正競争行為は対象外とされている。

　被告は、原告から不正競争行為をした、あるいはするおそれがあるとされた相手方である。不正競争行為となる商品の製造販売が部品の製造に始まり、多数の関係者によって行われている場合には、部品、完成品を問わずその製造業者・卸売業者・小売業者のすべてが被告となり得る適格を有するが、その中の誰を被告として選択するかは紛争の抜本的解決や訴訟追行上の便宜等を考慮し、原告が選択すべき事項である。

2　管轄裁判所

　訴訟は、管轄裁判所に提起しなければならない。

　事物管轄、すなわち、どの審級の裁判所が裁判権を持つかについては、訴訟物の価格が140万円を超えないときは簡易裁判所、それ以外の事件は地方裁判所である（裁判所法24条1号・33条1項1号。ただし、民訴法18条等の規定により簡易裁判所の管轄とする事件が地方裁判所において審理される場合もある）。

　土地管轄、すなわち、どの所在地の地方裁判所に提起するかの定めは、人の住所地・法人の所在地（民訴法4条所定の普通裁判籍）のほか、特別裁判籍として、義務履行地（同法5条1号）、事務所・営業所所在地（同法5条5号）、不法行為地（同法5条9号）、特許権等に関する訴えの管轄（同法6条）等がある。また、当事者間の合意により本来の管轄以外の裁判所を管轄裁判所とすることができるし（民訴法11条）、原告が本来管轄権のない裁判所に訴を提起した場合であっても、被告がこれに応訴することにより管轄が認められること（民訴法12条）もある。

　不正競争（不正競争防止法2条1項に規定する不正競争）による営業上の利益の

侵害に係る訴えについては、前記民訴法4条及び5条の規定により地方裁判所が土地管轄権を有する（差止請求についても不法行為に関する訴えとして民訴法5条9号の適用を認めるべきであろう。）ほか、東京高等裁判所・名古屋高等裁判所・仙台高等裁判所・札幌高等裁判所の管内に所在する地方裁判所が管轄権を有する場合は、東京地方裁判所にも訴えを提起することができ、大阪高等裁判所・広島高等裁判所・福岡高等裁判所・高松高等裁判所の管内に所在する地方裁判所が管轄権を有する場合は、大阪地方裁判所にも訴えを提起することができる（民訴法6条の2）。審理の迅速・的確な進行を期するため東京地方裁判所と大阪地方裁判所にも競合的に管轄を認めたものである。東京地方裁判所又は大阪地方裁判所に提訴された場合において、訴訟の著しい遅滞を避け、又は当事者間の衡平を図る必要があるときは、移送（民訴法17条）の規定を活用して適切な解決を図ることになろう。

　訴訟を提起するには、民事訴訟費用法の定める手数料を納付することを要し、その額は「訴えで主張する利益」により算定する（民訴法8条1項）。損害賠償請求は金銭請求であるから、民事訴訟費用法別表第1に基づいて容易に訴額を算定することができる。しかし、差止請求についての訴額の算定は、被告の不正競争行為を差し止めることによって原告が受ける利益をどのような方法によって算定するかについて困難な問題がある。差止により原告が受ける利益は将来の利益であるから、結局過去に原告が受けた損害に基づいて将来受けるであろう損害を算定することとなるが、企業の収益は複雑な要素が複合しているから、訴額算定のための基準が必要となる。東京地方裁判所の知的財産部は、不正競争防止法に基づく請求についての訴額算定基準を公表しており（平成28年10月1日）、例えば、同法2条1項1号・2号の不正競争行為の差止請求については、「次のいずれかによる。」としている。「①訴え提起時の、原告の原告表示を使用した商品、営業、役務の年間売上減少額×原告の訴え提起時の利益率×10年×10分の1、②訴え提起時の、被告の被告表示を使用した商品、営業、役務の年間売上推定額×被告の訴え提起時の推定利益率×10年×10分の1、③原告表示の年間使用料相当額×10年×0.8」

3　訴状の記載事項

　訴訟の提起は、訴状を裁判所に提出してするが、訴状には、当事者、法定代理人並びに請求の趣旨及び請求の原因を記載しなければならない（民訴法133条1項2項）。

　請求の趣旨は、請求を認容する判決主文に対応するものであって、例えば、差止請求では「被告は別紙目録記載の〇〇を製造し、販売し、又は販売のため展示してはならない」、「被告は、その営業施設に〇〇の表示をしてはならない」、損害賠償請求では「被告は原告に対し〇〇万円及びこれに対する平成〇年〇月〇日から完済に至るまで年5分の割合による金員を支払え」等と表示する（継続的に行われている製品の製造、販売が不正競争行為として損害賠償請求の対象であるときは、製造、販売の都度損害が発生し、支払遅滞となるが、実務上は訴状送達の日の翌日から遅延損害金を請求するのが通常である。）。

　請求の原因は、原告が訴訟上の請求として主張する権利又は法律関係の成立原因事実であり、原告としての主張責任を満たすものでなければならない（この点は後述する）。

Ⅲ　訴訟の審理

1　基本的法理

　不正競争訴訟については、通常の民事訴訟であって、民事訴訟における基本的原理である当事者主義、弁論主義が機能する。すなわち、対等の立場にある当事者を前提として、判断の基礎となる事実は、専ら当事者の弁論からだけ採用し、その真偽も当事者に争いのある場合に限って判断し（当事者が自白した事実については証明を要しない）、その判断のための訴訟資料の供給も主として当事者に当たらせ、審理は原則として公開の法廷で所定の期日に裁判所において裁判官の面前で行う。

2　主張・立証責任

(1)　原告の主張・立証責任

　不正競争差止請求訴訟においては、不正競争行為があったこと、及びこれにより原告の営業上の利益が害されることは、原告の主張・立証責任に

属する。ここに「主張責任」とは、法律効果の要件をなす主要事実が当事者の弁論に現れない結果不利な判断が下される当事者の危険又は不利益をいい、「立証責任」（挙証責任・証明責任）とは、訴訟上裁判所がある事実の存否を確定できない結果、判決において有利な法律効果の発生又は不発生が認められなくなる危険又は不利益をいう。

　原告は、相手方が特定の不正競争行為を行っていることを主張し、相手方がこれを争うときは、その事実を証拠によって証明（立証）しなければならない。

　不正競争行為の内容は、その類型によって異なるが、2条1項各号の要件を満たす事実を主張することを要する。商品主体混同行為を例にとると、原告がその主張責任に基づいて請求の原因として主張すべき事実は、次のとおりである。

　原告は、ある業種（業務内容を明示）の営業者であって、その製造した商品（商品の品種・品名を特定）に「ＢＢ」の標章を付して販売していること。

　「ＢＢ」の標章を付した前記の商品は、平成〇〇年〇月頃より原告の商品として〇〇地方の取引者・需要者に広く認識されるに至っていること。

　被告は、業としてその製造した商品（商品の品種・品名を特定）に「Ｂｂ」の標章を付して〇〇地方において販売していること（差止予防請求では製造・販売するおそれがあること）。

　被告商品に付された「Ｂｂ」の標章は、原告商品に付された「ＢＢ」の標章に類似し、両商品の混同を生じさせること。

　被告の前記商品の製造販売により、原告の営業上の利益が害されること（差止予防請求では害されるおそれがあること）。

　差止請求訴訟において、付随的に廃棄等の請求をするときは、当該物件を被告において使用あるいは保管していること。

　不正競争損害賠償請求訴訟においては、前記の不正競争行為があったこと、及びこれにより原告が営業上の利益が害されることに加え、

　右不正競争行為をなすにつき被告に故意又は過失があること

　右不正競争行為により原告が損害を被ったこと及びその損害額（5条の損害の額の推定については、後述する）

なお、営業秘密に関する不正競争行為については、(3)において説明するとおり、平成27年改正により、一定の事実関係の立証があれば、不正競争行為がなされたものと推定される規定が導入された。また、営業秘密の具体的な内容を訴状に記載することは営業秘密を開示するのと同様の結果となるので、その場合にどの範囲で開示を要するかの問題があり、次節において検討する。

　被告が請求原因たる事実の全部又は一部を争うときは、原告は立証責任を果たすため、その事実を立証しなければならない。

　特許法には、特許権者の権利行使を容易にするため、「他人の特許権又は専用実施権を侵害した者は、その侵害の行為について過失があったものと推定」(特許法103条) される (その結果、侵害者の側で無過失であることを抗弁として主張立証しなければならない) 規定が存するが、不正競争防止法は、このような規定までは設けていないから、原告がこれを立証する必要がある。

(2)　被告の主張・立証責任

　被告が、不正競争行為に当たらないと主張し、あるいは原告の主張の損害の発生を争うのは、否認であって、そのために提出する証拠は反証である。

　また、被告は、抗弁として、原告が不正競争行為と主張する当該行為につきこれを実施する正当な理由があることを主張し、原告がこれを争うときは、その事実を立証してその責を免れることができる。

　正当な理由を有する場合の典型的行為は、不正競争防止法19条の規定する適用除外に該当する場合であるが、この規定以外にも、旧法6条の規定した知的財産権の行使や民法上の正当行為等の違法性阻却事由、さらに消滅時効の抗弁等がある。そこで、これら不正競争責任の免除については、項を改めて順次説明する。

(3)　推定規定の導入 (5条の2)

　技術上の営業秘密、すなわち物の生産方法などの技術の不正使用に関する営業秘密侵害訴訟においては、民事訴訟の主張立証責任の原則に基づき、

侵害事実の立証責任は原告に課せられている。しかるところ、証拠は通常被告側企業の内部領域に偏在しているため、被告側企業が不正取得した営業秘密を使用して物を生産したことの立証が極めて困難である一方で、文書提出命令（不競法7条）については、探索的な申立てのための濫用を防止する必要があるのと同時に、発令には通常一定の期間を要することなどから、実効性には限界があるとの指摘がなされていた。そこで、平成27年改正法は、原告の立証負担を軽減するため、①被告が（原告の）営業秘密を不正ないし悪意もしくは重過失で取得したこと、②当該営業秘密が物の生産方法に係るものであること又は政令指定の技術上の情報であること、③被告が、原告の技術を用いて生産することのできる物を生産していること又は原告の営業秘密を使用したことが明らかな行為として政令で指定された行為を行っていることを原告が立証した場合、当該営業秘密の使用が疑われる被告の製品は、被告が当該営業秘密を使用してこれを生産したものと推定されるとの規定（5条の2）を設けた。

　原告が、5条の2による推定の立証に成功した場合、被告としては、（ア）原告の情報は不競法2条6項に規定する「営業秘密」の要件を満たさない、（イ）被告は原告の営業秘密を善意・無重過失で取得した（前提事実たる主観要件の反証）、（ウ）仮に悪意重過失で営業秘密を取得したとしても、当該営業秘密を使用したところで被告の生産している物は生じえない（生ずる物の反証）、（エ）仮に原告の営業秘密を用いて被告の物が生産可能であったとしても、被告は原告の営業秘密を使用していない（被告の独自開発技術を使用していること等、推定事実たる使用行為を行っていないことの立証）などの反証ないし立証によって、推定規定の適用による不正競争行為の成立を阻むこととなる。被告がそれらの立証や反証に失敗した場合には、被告は当該営業秘密を使用して生産行為を行っていたものとして、不正競争責任を負うこととなる。

(4)　不正競争責任の免除
①　不正競争防止法の適用されない行為（適用除外）
　不正競争防止法は、不正競争を規制することによって自由かつ公正な経

済秩序の維持発展を図ることを目的としているから、形式的に不正競争に該当する行為であっても、実質的に自由かつ公正な経済秩序の維持発展を妨げる違法な行為といえないときは、これを規制の対象とすることはできない。

そこで、法は、19条1項本文において、「第3条から第15条（注—差止請求権・損害賠償・損害の額の推定等・損害計算書類の提出・信用回復措置・消滅時効等）まで、第21条（第2項第7号に係る部分を除く）及び第22条（注—罰則）の規定は、次の各号に掲げる不正競争の区分に応じて当該各号に定める行為については、適用しない」と規定し、六つの行為類型を規定している。

Ⓐ　普通名称等の使用

商品・営業主体混同行為（法2条1項1号）、著名表示不正使用行為（同項2号）、原産地・質量等誤認惹起行為（同項14号）、代理人等の商標不正使用行為（同項16号）については、「商品若しくは営業の普通名称（ぶどうを原料又は材料とする物の原産地の名称であって、普通名称となったものを除く。）若しくは同一若しくは類似の商品若しくは営業について慣用されている商品等表示（以下「普通名称等」と総称する。）を普通に用いられる方法で使用し、若しくは表示をし、又は普通名称等を普通に用いられる方法で使用し、若しくは表示をした商品を譲渡し、引き渡し、譲渡若しくは引渡しのために展示し、輸出し、輸入し、若しくは電気通信回線を通じて提供する行為（同項第14号及び第16号に掲げる不正競争の場合にあっては、普通名称等を普通に用いられる方法で表示をし、又は使用して役務を提供する行為を含む。）」（19条1項1号）は、不正競争防止法の適用から除外される。

ここに「普通名称等」とは、取引者、需要者に商品又は営業の普通名称、慣用表示として認識されていることを意味する。特定の地方又は取引区域において普通名称、あるいは慣用表示として使用されていれば、当該区域に限って適用除外となるが、当該商品又は営業に関する取引者、需要者の一部、例えば専門的取引業者にのみ普通名称あるいは慣用表示として認識されているだけでは足りない（同旨渋谷・前掲不正競争防止法317頁）。

商品の普通名称であることを認めた判例には、即席調味料の普通名称として「つゆの素」（名古屋地判決昭和40.8.6判時423号45頁「つゆの素事件」）、洋菓

子の普通名称として「アマンド」(東京地判決昭和42.9.27判タ218号236頁「アマンド事件」)、黒味を帯びた食酢の性状を示す普通名称として「くろず」、「黒酢」、「くろ酢」(鹿児島地判決昭和61.10.14無体集18巻3号334頁、福岡高宮崎支判決昭和62.9.7無体集19巻3号302頁「くろず事件」)等がある。

これに対し、福岡高宮崎支判決昭和59.1.30判タ530号225頁「ほっかほか弁当事件」は、「ほっかほか弁当」は、持ち帰り弁当に慣用されているとは認められないとし、大阪高決定昭和54.8.29判タ396号138頁「都山流尺八事件」は、「都山流」は、都山流尺八音楽及びその家元組織を示す固有名詞であり、尺八音楽の普通名称とは認められないと判示する。

営業に関する慣用表示と認めた判例には、演劇・映画等の入場券の販売等の斡旋を意味する営業上の慣用表示とした「プレイガイド」(東京地判決昭和28.10.20下民集4巻10号1503頁「プレイガイド事件」)があるが、大阪地判決昭和53.6.20無体集10巻1号237頁「公益社事件」は、「公益社」又は「公益」は葬儀請負営業の表示として慣用されていないとし、大阪地判決昭和55.3.18頁無体集12巻1号65頁、大阪高判決昭和59.3.23無体集16巻1号164頁「少林寺拳法事件」は、「少林寺拳法」、「少林寺拳法道院」は、特定の拳法普及事業を表示するものであって慣用表示に当たらないとし、大阪地判決昭和63.7.28無体集20巻2号360頁「スリックカート事件」は、「スリックカーレース」の語は特殊ゴーカートの走行ゲームの普通名称ないし慣用表示であることを否定する。

商品若しくは営業の普通名称であっても、ぶどう生産物の原産地の名称は除かれる。これは、我が国が加入するいわゆるマドリッド協定4条但書きに基づくものであって、この規定によりぶどう酒のみならず、これを原材料とするシャンパン、コニャック等に関する普通名称も保護されることになる。

普通名称等は、普通に用いられる方法で使用し、若しくは表示をし、又は普通名称等を普通に用いられる方法で使用若しくは表示した商品を譲渡等する行為のみが適用除外となる。ここに「普通に用いられる方法で使用し、表示する」とは、当該商品又は営業に関する取引者が通常用いる一般的方法により使用又は表示することをいう。普通名称であっても、特殊な

文字、形態により使用、表示することにより例えば他人の商品・営業主体との混同をもたらすときは不正競争行為となる。

Ⓑ　自己氏名の使用

商品・営業主体混同行為（2条1項1号）、著名表示不正使用行為（同項2号）、代理人等の商標不正使用行為（同項16号）については、「自己の氏名を不正の目的（不正の利益を得る目的、他人に損害を加える目的その他の不正の目的をいう。以下同じ。）でなく使用し、又は自己の氏名を不正の目的でなく使用した商品を譲渡し、引き渡し、譲渡若しくは引渡しのために展示し、輸出し、輸入し、若しくは電気通信回線を通じて提供する行為（同号に掲げる不正競争の場合にあつては、自己の氏名を不正の目的でなく使用して役務を提供する行為を含む。）」（19条1項2号）は、不正競争防止法の適用から除外される。

氏名は、自己を他と区別するために用いるものであり、氏名にはその者の人格が表されており、氏名権は、自己の氏名を独占的排他的に使用することができる人格権として承認されている。氏については、民法750・751・767条（夫婦）、790・791条（実子）、810・816条（養子）、戸籍法107条（変更）等の規定があり、名については戸籍法49・50条（出生）、107条の2（変更）等の規定がある。変名やペンネーム・雅号等も、その使用分野において周知となっているときは、氏名権としての保護を受けるから、不正競争防止法の適用についてもその使用分野に関する限り、自己の氏名に含めるべきであろう（小野・前掲概説484頁は、本条を類推するか、一般的違法性阻却原因となるとして同様の理論により処理すべきであるとする）。

自己の氏名の使用は、「不正の目的でなく使用」されることを要する。ここに「不正の目的」とは、不正の利益を得る目的、他人に損害を加える目的その他の不正の目的をいう、と規定されている。平成5年改正前は「善意ニ」と規定されていたのを平成5年改正法で「不正の目的でなく」と改めたが、その解釈に実質的な変更はない。

大阪地決定昭和56.3.30無体集13巻1号507頁「花柳流名取事件」は、日本舞踊花柳流の名取が芸名として自己の戸籍上の氏である「花柳」を使用して新流「芳門会」を興し事業活動を行うことは、自己の氏名の善意使用に該当すると判示している（大阪高決定昭和56.6.26無体集13巻1号503頁により抗

告棄却)。他方、知財高判決平成25.2.28裁判所HP「一般社団法人花柳流花柳会事件」は、「花柳流」、「花柳」又は「花柳流花柳会」の名称を含む個人ないし法人と実質的同一性を有さないのに、これらの表示が相手方の営業表示として周知となった後に、周知となった名称を知った上で使用する行為は、「自己の氏名」を「不正の目的」でなく使用するものには該当しないと判示した。大阪地判決平成21.7.23判時2073号117頁「診療所事件」は、被告(医師)の氏を被告診療所の名称に使用する行為について「不正の目的」を否定した事例である。

　ⓒ　先使用

　商品・営業主体混同行為 (2条1項1号) については、「他人の商品等表示が需要者の間に広く認識される前から」、著名表示不正使用行為 (2条1項2号) については、「他人の商品等表示が著名になる前から」、「その商品等表示と同一若しくは類似の商品等表示を使用する者又はその商品等表示に係る業務を承継した者がその商品等表示を不正の目的でなく使用し、又はその商品等表示を不正の目的でなく使用した商品を譲渡し、引き渡し、譲渡若しくは引渡しのために展示し、輸出し、輸入し、若しくは電気通信回線を通じて提供する行為」(19条1項3号・4号) は、不正競争防止法の適用から除外される。3号は、平成5年改正前の2条1項4号と同趣旨の規定であり、4号は、平成5年改正法が新たに著名表示不正使用行為を不正競争行為と規定したことに伴い新設された規定である。このような行為が不正競争行為から除外されるのは、そのいずれもが実質的にみて、自由かつ公正な経済取引秩序を乱す違法な行為に当たらないことにあり、この規定により周知表示及び著名表示の保護と公正な経済取引秩序の維持が可能となるのである。

　先使用が認められるためには、他人の商品等表示が周知となる前 (3号)、あるいは著名となる前 (4号) に現実に周知あるいは著名表示と同一又は類似の商品等表示を不正の目的なく使用する等の行為を継続してなした場合であることを要する (大阪地判決昭和52.3.4無体集9巻1号195頁「ミスターサンアイ事件」)。したがって、使用の準備的行為をなすに止まる場合や、一旦使用後中断した間に他人の商品等表示が周知となったような場合、さらには他人の表示が周知となる前から使用してきた商号を周知表示により近い表示

第3節 Ⅲ

のものに変更した場合（東京地判決昭和44.3.19判時559号60頁「フシマンバルブ事件」、東京地判決昭和49.1.30無体集6巻1号1頁「ユアサ事件」）を含まない。しかし、使用が他人の商品等表示の使用後であっても、それが周知性ないし著名性を得る前に不正の目的なく継続して使用されているときは、先使用によって不正競争行為の適用除外となり、周知表示の使用者から使用の差止めを請求されることはない（東京高判決平成3.7.4知的裁集23巻2号555頁「ジェットスリムクリニック事件」）。

Ⓓ　形態模倣商品の善意取得等

商品形態模倣行為（2条1項3号）については、「イ　日本国内において最初に販売された日から起算して3年を経過した商品について、その商品の形態を模倣した商品を譲渡し、貸し渡し、譲渡若しくは貸渡しのために展示し、輸出し、又は輸入する行為　ロ　他人の商品の形態を模倣した商品を譲り受けた者（その譲り受けた時に他人の商品の形態を模倣した商品であることを知らず、かつ、知らないことにつき重大な過失がない者に限る）がその商品を譲渡し、貸し渡し、譲渡若しくは貸渡しのために展示し、輸出し、若しくは輸入する行為」（19条1項5号）は、不正競争防止法の適用から除外される。

平成5年改正法は、商品形態模倣行為を不正競争行為としたが、その結果模倣された商品を善意無過失で購入した者があるときに、その者が当該商品を譲渡、輸出、輸入等の行為をできないとすることは、取引の安全を損ねることになるので、前記ロについて不正競争防止法の適用除外とし、さらに平成17年改正法は、2条1項3号から3年以内の要件を削除したことに伴い、前記イを追加したものである（旧規定に「日本国内において」が追加された。経産省知財政策室・前掲一問一答は、「適用除外規定に移行することにより、立証責任が保護期間が終了したことを主張する者にあることを明確にした」としている）。神戸地決定平成6.12.8知的裁集26巻3号1323頁「ハートカップ事件」は、「最初に販売された日から3年を経過した」における「販売」とは、利益を得る目的をもってする有償譲渡をいうが、一般市場を通じての販売に限らず、サンプル出荷を含むものであって、「最初に販売された日」とは商品の形態が確認できる状態での販売のための広告活動や営業活動を開始した日をいうと判示している。しかし、市場において商品として販売できる状態に

至らない前のサンプル出荷までも「販売」に含めることは、模倣からの商品形態保護の期間を必要以上に狭める結果となり、合理的な解釈といえるか疑問である（小泉直樹「改正不正競争防止法における商品形態模倣規制」日本工業所有権法学会年報18号35頁は、本法が「販売」の意義についての定義規定をおいていない以上、「販売」とは、営業又は事業としての反復・継続的に対価をえて財産権を他に移転することであり、したがって、保護の始期は商品化の時点であり、販売の日から3年をもって終了する、としている）。また、本格的出荷前のサンプル出荷なども含むとする見解（山本・前掲要説85頁）があるが、販売は通常営利目的をもって反復継続的に行われるものをいうから、これをもって「最初に販売された日」と解することはできない。また、東京高判決平成12.2.17判時1718号120頁「空調ユニット事件」判決は、モデルチェンジが行われた場合の「最初に販売された日」の解釈について、ごく僅かな形態変更を加えたにすぎない場合には、「最初に販売された日」は、変更後の後続商品が販売された日ではなく、基本的な形態のほぼ全てが具備されている最初の商品が販売された日であると判示している。東京地判決平成23.2.25裁判所HP「自動排泄処理装置事件」、大阪地判決平成23.7.14判時2148号124頁「コモバスケット事件」では、先行商品販売後3年が経過しているが、その後変更が加えられた現行品については変更が加えられてから3年が経過していないという事実関係のもと、「3年」の起算点は変更前の商品の販売開始時であるとされた。

　重過失の有無が争われた事案として、東京地判決平成20.7.4裁判所HP「プチホルダー事件」では、仕入先が被告に対して行う企画提案が膨大であること、膨大な数量の商品すべてについてその開発過程を確認するとともに形態が実質的に同一である同種商品がないかどうかを調査することは著しく困難であること、原告商品の宣伝、広告はウェブページや商品カタログに写真が掲載されている程度であって原告商品は一般に広く認知された商品とは認められないこと等からすると、被告が取引上要求される通常の注意を払ったとしても、原告商品の存在を知り、被告商品が原告商品の形態を模倣した事実を認識することはできなかったとして、重過失を否定した（東京地判決平成22.11.4裁判所HP「第2次プチホルダー事件」も同様に重過失を否定）。

他方、大阪高判決平成25.4.18裁判所HP「家庭用包丁研ぎ器事件」では、原告商品の販売本数が少なくないこと、原告商品が全国的に販売されており、被告商品の販売先やその転売先にも販売されていたこと等から、被告（控訴人）が、その想定し得る販路を調査すれば、原告商品を発見することは容易であったとして、適用除外は認められなかった。さらに、知財高判決平成25.12.26裁判所HP「ランプシェード事件」では、「一審被告において被告各商品の輸入時に被告各商品が原告各商品の形態を模倣した商品であることを知らなかったとしても、それは、被告各商品が他人の商品の形態を模倣した商品ではないことを調査確認すべき注意義務を怠ったことによるものであり、しかも、上記調査確認をすることにより被告各商品が原告各商品の形態を模倣した商品であることを容易に認識し得たにもかかわらず、一審被告には調査確認をしようとする意思すらなかったのであるから、一審被告において被告各商品の輸入時に被告各商品が原告各商品の形態を模倣した商品であることを知らなかったことにつき重大な過失がなかったものと認めることはできない。」と判示して、適用除外を否定した。

Ⓔ　営業秘密の善意取得・営業秘密使用行為差止請求権が時効消滅した後の営業秘密侵害品の譲渡等

営業秘密に係る不正競争行為のうち、営業秘密の不正取得等の不正競争行為（2条1項4号ないし9号）については、「取引によって営業秘密を取得した者（その取得した時にその営業秘密について不正開示行為であること又はその営業秘密について不正取得行為若しくは不正開示行為が介在したことを知らず、かつ、知らないことにつき重大な過失がない者に限る）がその取引によって取得した権原の範囲内においてその営業秘密を使用し、又は開示する行為」（19条1項6号）は不正競争防止法の適用から除外される。

営業秘密は取得後にそれが営業秘密であることを知った事後的悪意者の使用・開示をも不正競争行為とするが、その者からさらにこれを取得する善意の転得者を保護しなければ取引の安全が著しく損なわれることになるので、取引によって取得した権原の範囲内における秘密の使用、開示行為を適用除外としたものである。

また、前述のとおり、平成27年改正法により、営業秘密侵害品の流通を

規制することにより営業秘密の侵害行為に対する抑止力を高めることを目的として、技術上の秘密に係る営業秘密侵害品の譲渡等が新たに不正競争行為として規定された（2条1項10号）。他方、後述するとおり、営業秘密に係る不正行為に対する差止請求権の期間制限に関する15条は、継続的な不正使用行為に対する差止請求権について、侵害の「事実及びその行為を行う者を知った時」から3年間の消滅時効と、侵害行為の開始から20年の除斥期間を定めている。この15条に定める期間が経過した後は、使用行為そのものが差止請求の対象とならないのに対して、当該期間経過後の当該使用行為によって生産された営業秘密侵害品の譲渡等のみを規制することは均衡を失する。そこで、営業秘密の使用行為の差止請求権が時効消滅した後に、「その営業秘密を使用する行為により生じた物を譲渡し、引き渡し、譲渡若しくは引渡しのために展示し、輸出し、輸入し、又は電気通信回線を通じて提供する行為」（19条1項7号）は不正競争防止法の適用から除外される（経済産業省知的財産政策室編「逐条解説不正競争防止法-平成27年改正版-」）。

Ⓕ　技術的制限手段の試験又は研究

技術的制限手段の保護（2条1項11号及び12号）については、「技術的制限手段の試験又は研究のために用いられる第2条第1項第11号及び第12号に規定する装置若しくはこれらの号に規定するプログラムを記録した記憶媒体若しくは記憶した機器を譲渡し、引き渡し、譲渡若しくは引渡しのために展示し、輸出し、若しくは輸入し、又は当該プログラムを電気通信回線を通じて提供する行為」（19条1項8号）は不正競争防止法の適用から除外される。

より高性能な技術的制限手段を開発するための試験又は研究を行うにあたって、2条1項11号及び12号に規定する装置等を譲渡等することは、実質的にみて自由かつ公正な経済取引秩序を乱す違法な行為にあたらず、もはや不正競争目的があるとはいえないため、不正競争防止法の適用除外としたものである。

② 一般的違法性阻却

形式的には不正競争に該当する行為であっても、実質的に違法性を欠くため、不正競争責任を負わない場合がある。不正競争行為について違法性がないとされる行為の典型は、許諾と、法令に基づく行為、特に知的財産

権の行使であろう。理論的には、不法行為における正当防衛や緊急避難等の違法性阻却事由も考えられるが、特に取り上げて議論する実益は少ない。

Ⓐ　正当な権限

形式的には、不正競争に該当する行為であって、行為者にこれをする法律上の正当な権限があるときは、不正競争責任を負わない。広い意味での「許諾」がこれに当たる。

一般に許諾とは、処分権限のある者がその権限に属する範囲内において相手方に一定の権限を付与し、あるいは一定の行為をなすことを承諾することをいう。

商品・営業主体混同行為（2条1項1号）についていえば、商標権者が相手方に対し、当該商標の専用使用権や通常使用権を設定した場合（商標法30条、31条）、商号、氏名については、相手方に対し、自己の商号や氏名の使用を承諾した場合（名板貸人の責任について商法14条、会社法9条）等であり、著名表示不正使用行為（2条1項2号）については、著名表示の使用者が相手方と代理店契約を締結して当該表示を使用して商品を販売することを承諾したような場合である。

営業秘密に係る不正競争行為についていえば、保有者との債権関係に基づいて営業秘密を取得し、使用又は開示する場合は、当該契約関係の存在（企業間の技術援助契約等）がその典型である。

一般に許諾があれば、相手方がその許諾の範囲内において行う行為は違法性を阻却するが、本来このような許諾に親しまない場合がある。その代表的事例は、個人的利益とは異なった公の利益の保護が対象となる不正競争行為である。例えば、原産地・質量等誤認惹起行為（2条1項14号）については、許諾の問題は起こり得ない。

許諾の有無が争われた事案として、大阪高判決昭和58.10.18無体集15巻3号645頁「神戸フロインドリーブ事件」は、フロインドリーブの商号を使用してパンの製造販売を営む会社からの神戸フロインドリーブ有限会社に対する商号抹消請求につき、使用許諾を認めた上、その許諾は子会社でなくなることの解除条件付であり、これが成就したとして差止請求を認容し、東京地判決平成5.7.16特許管理別冊平成5年Ⅰ402頁「学研映像制作室事件」

は、周知の営業表示である「学研」の使用の許諾を否定し、「学研映像制作室」なる商号は、「学研」に類似するとしてその使用の差止請求を認容し、大阪地判決平成7.9.28知的裁集27巻3号580頁「清流音羽流事件」は、日本舞踊「音羽流」の家元から、「清流音羽流」の表示で舞踏活動をしている者に対する差止請求につき、歌舞伎の屋号「音羽家」の当主からその使用許諾を得ていることを理由に請求を棄却した。

Ⓑ　知的財産権の行使

　特許権者は、業として特許発明の実施をする権利を専有し（特許法68条）、その技術的範囲（同法70条1項）において独占的排他的権利を付与される。実用新案権者は、業として登録実用新案の実施をする権利を専有し（実用新案法16条）、その技術的範囲（同法26条、特許法70条1項）において独占的排他的権利を付与される。また、意匠権者は、業として登録意匠及びこれに類似する意匠の実施をする権利を専有し（意匠法23条）、同一又は類似の物品について、その権利範囲で独占的排他的権利を付与される。さらに、商標権者は、指定商品又は指定役務について登録商標の使用をする権利を専有し（商標法25条本文）、その専用権の範囲で独占的排他的権利を、また禁止権の範囲で類似商標の使用を禁止、排除する権利を付与される（商標法37条）。

　このように知的財産権は、独占的排他的権利であって、知的財産権相互間の調整規定を必要とするものの、本来その権利範囲内において他の規制を受けることのない権利である。このことは、不正競争防止法の規定する不正競争行為との関係においても例外でない。これら知的財産権法に基づく権利の行使と認められる行為は適法行為（法令に基づく行為の一つ）であって、これを不正競争行為とすることはできないからである。

　そこで、平成5年改正前は、「第1条第1項第1号及第2号並ニ第2項、第1条ノ2、第4条第1項乃至第3項、第4条ノ2並ニ第5条第2号ノ規定ハ特許法、実用新案法、意匠法又ハ商標法ニ依リ権利ノ行使ト認メラレル行為ニハ之ヲ適用セズ」（6条）と規定していた。

　この点について、産業構造審議会知的財産政策部会の前記中間答申は、「実務上も条文を機械的に適用するのではなく、権利濫用、信義則といっ

た一般法理を適用することにより、個々の事案に応じた調整（中略）を行う運用が定着しており、当初の立法趣旨とは異なり、権利の行使は濫用にわたらない限り許されるとの一般原則の確認規定として運用されている」ことを理由に「本規定は削除することが適切である」(中間答申骨子・前掲5頁)とし、これを受けて平成5年改正法は、旧法の6条を削除した。

その理由は、結局、現実の訴訟においてこの規定が適用された事例は極めて稀であり、その多くは権利濫用論によってこの規定の適用を排除していたという経過があり、むしろこの規定が権利の濫用者に対して不当な抗弁事由を与え、無用な論拠を与えることにあるといえよう(山本・前掲要説第3版465頁)。

不正競争行為を理由とする差止・損害賠償請求に対し、行為者側が知的財産権の行使を抗弁として主張した事案について、知的財産権の行使が権利の濫用に当たり許されないとした判例には、最高三小判決昭和59.5.29民集38巻7号920頁「プロフットボール・シンボルマーク事件」が、米国のフットボールチームの名称とフットボールのヘルメットを型取った周知の商品等表示を配列印刷したシートをもって被覆した組立ロッカーの販売差止等を請求した事案について、行為者のロッカーの形状と模様の結合意匠登録を理由とする意匠権行使の抗弁を権利の濫用として排斥したのをはじめとして、次のような判例がある。

㋐　大阪地判決昭和32.8.31下民集8巻8号1628頁「三国鉄工事件」(「三国重工業株式会社」から「三国鉄工株式会社」に対する商号の使用禁止・登記抹消、周知商品表示である「ORIGISON」の商標及びこの商標を付した商品の販売禁止等の請求について、これらの表示は被告の所有する登録商標であり、商標権の行使として旧法6条に該当するとの抗弁に対して、商標登録出願そのものが不正競争の目的を達成するための手段であり、権利行使と認められないと判示)

㋑　東京地判決昭和41.8.30下民集17巻7・8号729頁「ヤシカ事件」(株式会社ヤシカからの「ヤシカ」、「ヤシカ化粧品本舗」等の表示の使用禁止等の請求について、被告が被告代表者の有する「ヤシカ」の商標の専用使用権行使の抗弁を主張したのに対し、著名表示のただ乗りであり、商標権の濫用であると判示)

㋒　福岡地判決昭和57.5.31無体集14巻2号405頁「峰屋本陣事件」(「峰屋

の周知商品表示を有する有限会社新天町峰屋からの「峰屋」の表示の使用禁止請求について、被告が「峰屋」及び「峰屋のかまぼこ」の登録商標の使用権行使の抗弁を主張したのに対し、信義則に反し、旧法6条にいう権利の行使に当たらないと判示）

　知的財産権の行使としての適法行為と認められる範囲を狭く解釈して適正な紛争解決を図った事案としては、次の判例がある。

　㈢　最高三小判決昭和56.10.13民集35巻7号1129頁「マクドナルド事件」（周知の商品表示「マクドナルド」、「ビックマック」等の使用権を有する日本マクドナルド株式会社からの「マックバーガー」等の標章及び同標章を付した商品の販売禁止等の請求について、被告が「マック」、「バーガー」等の商標権行使の抗弁を主張したのに対し、商標権者が登録商標に類似する標章を使用する行為は、旧法6条にいう商標権の行使とは認められないと判示）

　㈣　東京地判決昭和63.1.22無体集20巻1号1頁「写真植字機用文字盤事件」（写真植字機用文字盤の形態が周知の商品表示となっている場合における類似文字盤の製造販売禁止請求について、意匠権の行使による適用除外の主張に対し、旧法6条にいう「権利ノ行使」とは周知の商品表示そのものについて工業所有権を有している場合をいい、これと無関係な部分又はその一部について権利を有しこれを行使している場合を含まないから、意匠権の対象たる意匠が周知の商品表示の一部を構成しているにすぎない本件では原告の表示を使用する権原を生じないと判示（東京高判決平成元.1.24無体集21巻1号1頁は同旨の理由により控訴棄却））

　平成5年改正法が旧法6条を削除したのは、適用除外の抗弁が提出される事案には、権利濫用的な場合が多いことにあり、この規定が削除されたからといって、知的財産権の行使の抗弁が許されないことになるのではない。これらの知的財産権による保護と不正競争防止法による営業者の保護が互いに抵触する場合に、原則として法が認めた排他的支配的権利の行使を優先させることに変わりはない（権利の行使が権利の濫用となる場合はこれを許さないということは、基本的には権利行使が優先することを意味する）。

　知的財産権の行使が適法行為と認められないのは、権利行使を主張する側にその権利の取得過程ないし使用の過程に公正な競争秩序に反する行為があり、その主張をすることが権利の濫用となると判断される場合である。

　ⓒ　真正商品の並行輸入

第3節 Ⅲ

　「真正商品の並行輸入」とは、広義では、外国において特許権、商標権等の知的財産権を有する者が我が国においても同一特許権あるいは商標権等について登録を受けている場合に、当該知的財産権者が外国において製造あるいは販売した商品を正当な手段で取得して我が国に輸入し、知的財産権者の許諾を得ることなくこれを販売することをいう。

　真正商品の並行輸入の問題は、商標権侵害について違法性を欠き、権利侵害とならないとする幾つかの判例が出され、これを肯定する見解が有力となっていた段階で、特許製品についても、一定の基準のもとに、並行輸入を特許権侵害に当たらないとする最高三小判決平成9.7.1民集51巻6号2299頁「ＢＢＳ事件」がなされ、一応の決着を見ている（その判旨は、特許権者又はこれと同視しうる者が国外において特許製品を譲渡した場合において、特許権者は、譲受人に対し、当該特許製品について販売先ないし使用地域から我が国を除外する旨を譲受人との間で合意した場合を除き、譲受人から当該特許製品を譲り受けた第三者及びその後の転得者に対しては、譲受人との間で右の旨の合意をしたうえ、当該特許製品にこれを明確に表示した場合を除いて、当該特許製品について我が国において特許権を行使することは許されない、とするものである。詳細は、竹田・松任谷「知的財産権訴訟要論特許編第7版」171頁参照）。

　周知の商品等表示が登録された商標権である場合や周知商品の技術的機能に由来する形態について特許権が設定されていた場合には、不正競争行為についても真正商品の並行輸入が不正競争行為としての違法性を欠くか問題となる。

　一般に、商標権侵害については、商標権者が一度商標を付した商品を頒布したときは、第三者のその後の頒布は商標権侵害にならないという商標権消尽論、あるいは偽造商品でない真正商品の並行輸入を商標権侵害と主張することは権利の濫用であるとする理論等に基づく制限的理論が有力であり、大阪地判決昭和45.2.27無体集2巻1号171頁「パーカー事件」をはじめとして実質的違法性を欠くとする幾つかの判例が出されているが、最高一小判決平成15.2.27民集57巻2号125頁（並行輸入商標権侵害事件）により実質的違法性を欠く要件が定立された（その詳細については、本書・商標編第2章第4節3参照）。

不正競争行為についても、大阪地判決平成7.9.28判タ901号245頁「バーキンセブン事件」は、南アフリカ共和国の自動車メーカーとの間でレーシングカータイプの乗用車の日本における一手輸入販売契約を締結し、これを輸入販売していたXが独自に英国の輸入業者を経由して同車を並行輸入し同一の商品表示を付して販売、広告を開始したYに対し、その販売、広告の差止と損害賠償を請求した事案について、次のとおり判示している。

「国内における周知商品表示と同一の商品表示を付した商品が海外から輸入され、国内で販売された場合、当該商品が右商品表示を適法に付された上で拡布されたものであって、かつ国内の周知商品表示の主体が右の海外で周知商品表示と同一の商品表示を適法に付して拡布した者と同一人又は同一人と同視されるような特殊な関係にある場合には、当該商品は真正商品ということができ、両商品表示が表示し又は保証する商品の出所、品質は同一ということができ、出所識別機能及び品質保証機能を何ら害するものではないから、当該商品を国内において販売等する行為は、真正商品の並行輸入として、不正競争行為としての違法性を欠き、許容されるというべきである。」

同判決は、さらに、「但し、国内の周知商品表示の主体が自らの商品に独自の改良を施したり固有の付加価値を加えるなどし、その周知商品表示と海外で適法に付された商品表示の表示し又は保証する出所、品質が異なるものであると認められるときは、前記周知商品表示の機能からして、真正商品の並行輸入として許容されるものでない」とし、具体的事案については、Xは国内需要者向けに仕様を変更していたが、Yが輸入販売していた乗用車も変更された仕様と同じ仕様であったと認定して、その違法性を否定した。真正商品の並行輸入の違法性阻却について、極めて適切詳細な判断を示したものとして注目される。

3　不正競争行為の特定
(1)　具体的態様の明示義務

不正競争によって営業上の利益を侵害された（又は侵害されるおそれがある）者が差止請求訴訟あるいは損害賠償請求訴訟を提起するには、当該不正競

争行為を特定して、当該不正競争行為によって営業上の利益が侵害されたことを主張し、相手方（被告）がこれを争うときは、その事実を立証しなければならない。

　不正競争防止法は、不正競争行為を商品・営業主体混同行為（2条1項1号）、著名表示不正使用行為（同2号）、商品形態模倣行為（同3号）、営業秘密に関する不正競争行為（同4号ないし10号）、技術的制限手段に関する不正競争行為（同11号・12号）、⑥ドメイン名に関する不正競争行為（同13号）、⑦原産地・質量等誤認行為（14号）、営業信用侵害行為（15号）、代理人等の商標不正使用行為（16号）に類型化しているが、訴訟の対象とするそれぞれの不正競争行為に応じて行為の内容を特定しなければならない。これらの不正競争行為の特定については、①②の商品表示・営業表示の使用のように使用の客体との関係で特定が比較的容易な態様もあるが、③における商品の形態の特定、④の営業秘密のようにその特定に困難を伴う（営業秘密の特定については、「第4節1差止請求」において詳述する）と同時に、被告において特定された態様を争い、この点が重要な訴訟上の争点となることも少なくない。

　平成15年改正法は、「不正競争による営業上の利益の侵害に係る訴訟において、不正競争によって営業上の利益を侵害され、又は侵害されるおそれがあると主張する者が侵害の行為を組成したものとして主張する物又は方法の具体的態様を否認するときは、相手方は、自己の行為の具体的態様を明らかにしなければならない。ただし、相手方において明らかにすることができない相当の理由があるときは、この限りではない。」（6条）との規定を設けた。

　民訴規則79条3項は、「準備書面において相手方の主張する事実を否認する場合には、その理由を記載しなければならない。」旨規定し、また同規則80条1項は、「答弁書には、請求の趣旨に対する答弁を記載するほか、訴状に記載された事実に対する認否及び抗弁事実を具体的に記載し、かつ、立証を要する事由ごとに、当該事実に関連する事実で重要なもの及び証拠を記載しなければならない。やむを得ない事由によりこれらを記載することができない場合は、答弁書の提出後速やかに、これらを記載した準備書面を提出しなければならない。」旨の規定を設け、早期に争点を明確にし、

審理の迅速化を図っている。しかし、不正競争による営業上の利益の侵害に係る訴訟において侵害行為の特定が困難である場合（営業秘密に係る訴訟では、そのような場合が当然予想されるし、2条1項1号ないし3号の規定に係る訴訟についても侵害品が市場に出回る前に事前に差し止める場合には特定が困難な場合がある）を考慮し、民訴規則より一歩進めて相手方にもその実施している行為の特定に積極的に関与させ訴訟の迅速化を図る必要があることから、不正競争防止法に特則を設けたものである。

この規定により、相手方が自己の行為の具体的態様を明らかにする義務を負うのは、権利者が「侵害の行為を組成したものとして主張する物件又は方法の具体的態様」を明らかにした場合であって、（この規定新設の契機となった工業所有権審議会損害賠償等小委員会での議論に照らすと）権利者が侵害とする行為を「商品名、型式、譲渡先、実施場所等により特定し、かつその認識している具体的構成態様をその根拠を明示して主張した場合」が一つの判断基準となるであろう。

相手方において明らかにすることができない相当の理由があるときは、相手方はその義務を負わないが、一般に民事訴訟においては当事者主義の法理が支配し、どこまで主張するかは当事者の任意の処分に委ねられること（そのことによる訴訟の利益不利益も当該当事者が負う）からすると、ここに「相当の理由」とは7条にいう「正当の理由」より広く解すべきものと考えられる。いずれにしても、どのような場合に具体的態様が明らかにされたといえるかを含め、結局裁判所の判断に委ねられることになるが、この規定に違反しても直接の不利益はない（弁論の全趣旨として参酌されることはあり得る）から、この規定がどの程度実効性を持ち得るかは、不正競争による営業上の利益の侵害に係る訴訟に関与する裁判所の訴訟指揮や当事者訴訟代理人の審理迅速化に対する基本的な理解と協力に負うところが多い。

(2) 不正競争行為の特定と文書提出命令

平成15年改正法は、侵害行為の立証を目的とする文書提出命令についての特則を設けた。すなわち、「裁判所は、不正競争による営業上の利益の侵害に係る訴訟においては、当事者の申立てにより、当事者に対し、当該

侵害の行為について立証するため、又は当該侵害の行為による損害の計算をするため必要な書類の提出を命ずることができる。ただし、その書類の所持者においてその提出を拒むことについて正当な理由があるときは、この限りでない。」(7条1項)。平成5年改正法は、産業財産権四法にならい、裁判所が当事者の申立てにより、当事者に対し、損害の計算をするために必要な書類の提出を命じることができるものとしたが、民訴法は、平成8年改正法において文書提出命令制度について提出義務文書の範囲を拡大し、申立要件を緩和し、かつインカメラ制度を取り入れたところ、不正競争行為、特に営業秘密の保護との関連において、その特定のための文書提出制度を十分に活用することができるかは問題といわざるを得ない。そこで、この問題に対応するため、特許法105条と同様、民訴法の特則として不正競争行為特定のための文書提出命令制度を設けたものである。

営業秘密に係る文書が文書提出命令により提出された場合においては、裁判所はその訴訟指揮として営業秘密保護のための適切な措置を採る必要があり、提示された書類の内容に当事者の保有する営業秘密が含まれ、当該営業秘密が開示されることにより事業活動に支障を生ずるおそれがある場合には、裁判所が当該当事者等に対し、後述する秘密保持命令(10条)を発令することとなる。

対象書類の例としては、設計図や仕様書、製造指示書などが挙げられる。また、文書提出命令は、対象が検証物の提示の場合についても準用される(7条4項)。

申立ての方式・効果等は、民訴法219条以下の規定に従う。

「裁判所は、前項ただし書に規定する正当な理由があるかどうかの判断をするため必要があると認めるときは、書類の所持者にその提示をさせることができる。この場合においては、何人も、その提示された書類の開示を求めることができない。」(7条2項)。すなわち、侵害行為立証のための文書提出命令の申立てがなされた場合、文書の所持者においてその提出を拒むことについて正当な理由があるかを裁判所においていわゆるインカメラ手続により判断することができ、裁判所は、この手続を採ることによって、書類中に記載されている営業秘密が不用意に開示されることなく提出義務

の存否を判断することが可能となる。当該文書が不正競争行為特定のために必要不可欠であるときは、営業秘密保護を優先できないような事由がない限り、正当な理由があるとはいえないものと解すべきであろう。インカメラ手続では裁判所のみによる審理が予定されており、提示された書類は、文書提出命令の申立人及びその代理人も含め、何人も開示を求めることができないが、インカメラ手続の際に、書類の所持者に説明をさせるのであれば、その説明が正確になされているかどうか、相手方当事者である書類提出命令の申立人にも提示された書類を開示させなければ不公平なのではないかとの指摘がなされていた。そこで、平成16年改正法は、「裁判所は、前項の場合において、第1項ただし書に規定する正当な理由があるかどうかについて前項後段の書類を開示してその意見を聴くことが必要であると認めるときは、当事者等（当事者（法人である場合にあっては、その代表者）又は当事者の代理人（訴訟代理人及び補佐人を除く。）、使用人その他の従業者をいう。以下同じ。）、訴訟代理人又は補佐人に対し、当該書類を開示することができる。」（7条3項）との規定を設けた。

　本規定は、主として営業秘密に該当するか否かの審理において、後述する秘密保持命令（10条）と併用して利用されることが想定されて規定されたものである（「近藤昌昭＝齊藤友嘉著「司法制度改革概説2　知的財産関係2法／労働審判法」38頁）。インカメラ手続の整備、秘密保持命令及び当事者尋問等の公開停止制度の導入を内容とする平成16年改正法により、裁判所による適切な訴訟指揮と当事者及び代理人の審理に対する協力のもと、営業秘密を守りながらより一層充実した審理が可能となるものと期待されるところである。

　なお、文書提出命令の申立があった場合に、裁判所が明示的に採否の裁判をすることなく、口頭弁論を終結したときは、黙示的に不採用の裁判がなされたというべく、即時抗告によってその当否を争うことはできない（意匠権侵害について東京高判決平成10.3.25知的裁集30巻1号102頁（意匠に係る物品名「ゴム紐」）は、上訴によってその当否を争うべきものとする）。

　提出命令を受けた当事者が命令に違反して文書を提出しないときは、裁判所は、文書に関する相手方の主張を真実と認めることができる（民訴法

224条)。真実と認めるかどうかは、文書の内容と当事者の主張との関係から裁判所が裁量で決める。東京高裁判決平成14.1.31判時1815号240頁「エアソフトガン事件」は、民訴法248条の法意を参酌して相手方の主張の一部を真実と認めた。

4 口頭弁論・準備手続

訴訟の審理は、裁判長が指定した口頭弁論期日（民訴法139条）に公開の法廷（憲法82条・裁判所法70条）において裁判官の面前で行われる。ただし、平成16年改正法は、当事者尋問等の公開停止の規定（6条の7、現13条）を新設したので、この規定が適用されるときは公開されない。

当事者は、その主張・立証責任に基づいて準備書面を提出し（民訴法161条以下）、証拠（証人尋問・鑑定・書証等）の申出を行い（同法180条）、裁判所は、当事者の申し出た証拠の採否を決定し（同法181条）、採用した証拠について証拠調べを行う（同法190条以下）。平成16年改正法は、秘密保持命令の規定（6条の4、現10条）を新設したので、この規定により命令を受けた者は証拠不開示義務を負う。

民訴法は、争点及び証拠の整理のための準備手続として、準備的口頭弁論（民訴法164条ないし167条）、弁論準備手続（同法168条ないし174条）、書面による準備手続（同法175条ないし178条）を規定している。準備的口頭弁論については、「裁判所は争点及び証拠の整理を行うため必要があると認めるときは、この款の定めるところにより、準備的口頭弁論を行うことができる」（同法164条）としており、これにより、争点等の整理を集中して行うことができる。この制度は、平成8年改正前の旧民訴法において実務的慣行となっていた弁論兼和解の問題点を解消するとともにその長所を活かすため、規定の充実が図られたものである。弁論準備手続については、「争点及び証拠の整理を行うため必要があると認めるとき」（同法168条）に非公開で開始され、争点整理の円滑化を図り、この手続に続く証拠調べの集中を可能とするものである（同法168条ないし174条）。書面による準備手続については、当事者が受訴裁判所から離れた遠隔地に居住しているとき、その他相当と認めるときに、事件を書面による準備手続に付することができ

るとするものである（同法175条）。この制度は、当事者の費用の負担を軽減し、審理の迅速化を図ることを目的とするものである。

なお、本来の証拠調を待っていたのでは、その取調べが不能又は困難になるおそれがあるとき（例えば、被告において不正競争行為の対象である商品等表示を変更し、あるいは帳簿類を隠匿、破棄するおそれがあるとき）は、訴訟提起の前後を問わずその証拠の保全を申し立てることができる（民訴法234条以下）。

Ⅳ　訴訟の終了と判決の執行

1　判決と上訴

裁判所は、訴訟が裁判をするのに熟したと認めたときは、口頭弁論を終結して判決を言渡す（民訴法243条1項）。

判決に不服の当事者は、地方裁判所のした判決に対しては高等裁判所に対する控訴、さらに控訴審判決に対しては最高裁判所に対する上告によってこれを争うことができる。控訴審においては、原判決の事実認定及び法律判断のいずれも争うことができ（民訴法281条1項）、その審理は続審主義（第一審の審理を続行して控訴審の口頭弁論終結時を基準として新たに判断する）による。

上告審はその当否を事後的に審査するにとどまるが、さらに上告理由が制限され、最高裁判所に対する上告は、憲法違反（同法312条1項）及び重大な手続違背等の絶対的上告理由（同法312条2項）以外は、最高裁判所が原判決に同裁判所の判例違背その他法令の解釈に関する重要な事項を含むものと認めて事件を受理した場合（いわゆる上告受理）に限りその審理を受けることができる（同法318条）ものとされている。

2　判決の執行

判決が確定したときは、給付判決としての執行力を持つ（和解調書、被告が請求を認諾したときの認諾調書も同様である）。確定前であっても、判決主文に仮執行の宣言が付されたときは、その判決は執行力を持つ。

判決がどのような執行力を持つかは、判決主文の内容によって決まる。

3条1項の差止請求権の行使としてなされた不作為（例えば、特定の商品を製造し、販売しない）を求める訴訟における請求認容の判決が確定した場合、

その執行方法は、不作為を目的とする債務の執行方法による。不作為義務違反が継続しているときは、期間を定めてその禁止を命じ、これに従わないときは、遅延の期間に応じて一定金額の支払いを命じる申立てをすることができ、執行裁判所は相手方を審尋の上その旨の決定をする（民事執行法172条）。

　差止請求権の行使が不正競争防止法3条2項に基づく侵害行為組成物の廃棄、侵害行為に供した設備の除去等作為を求める訴訟であるときは、その請求認容判決の執行方法は、代替執行の方法（民事執行法171条）による。なお、債権者は代替執行に代え、間接強制の方法を選択することもできる（同法173条1項）。

　不作為を命ずる判決が確定した場合（その口頭弁論終結後に）不作為義務に違反する結果が生じたときは、その判決の既判力が及ぶ限度で判決を債務名義として執行裁判所の授権決定を得て債務者の費用により違反結果の除去をなし得る（民法414条3項・民事執行法171条）と解されている。

　損害賠償請求又は不当利得返還請求を認容する判決が確定したときは、その執行は、金銭の支払いを目的とする債権についての強制執行（民事執行法43条以下）による。

3　判決以外の訴訟の終了

　訴訟は、原告が自己の持つ請求権の実現を目指して判決による公権力的解決を求めるものであり、その意味で終局判決は訴訟の最も典型的な終了原因であるといえるが、判決以外の原因で訴訟が終了する場合がある。

　その代表的なものが、訴訟上の和解である。訴訟上の和解は、当事者双方が互いにその主張を譲り合い、一致した解決方法を訴訟において陳述することをいう。当事者が遠隔地に居住している等の理由により出頭困難なときは期日に出頭しなくとも和解条項受領の書面を提出することにより和解が調ったものとみなされる（民訴法264条）。また、当事者の共同の申立てがあるときは、裁判所（受命又は受託裁判官）は、事件解決のため適当な和解条項を定めることができる（同法265条）。

　裁判上の和解が成立したときにはその内容が和解調書に記載され、右和

解調書は確定判決と同一の効力を持つ（民訴法267条）。和解は当事者双方の互譲によって成立するものであるから、事後の紛争処理が円滑に履行される場合が多く、時間的にも迅速な解決を得られるという利点があり、判決と並んで訴訟終了原因のうちの大きな比率を占めている。

訴訟の終了の原因としては、その他に、訴の取下（民訴法261条）、請求の認諾、放棄（同法266条）がある。請求の認諾とは、被告が請求の全部又は一部を認める訴訟上の陳述であり、請求の放棄とは、原告が自ら請求が理由がないことを認める訴訟上の陳述をいう。いずれも、調書に記載されると、確定判決と同一の効力を生じる（同法267条）。

V 保全命令

1 保全命令の申立て

不正競争行為がなされ、あるいはなされるおそれがある場合、裁判所は、申立てにより訴訟の前段階として、その権利を保全するための保全命令（係争物に関する仮処分・仮の地位を定める仮処分・仮差押）をすることができる（民事保全法2条1項）。

特に、物品の製造販売行為を差し止めるため差止請求訴訟を提起する必要がある場合、本案判決の確定を待ったのでは審理に時間を要し、その実効を期することができないことが少なくない。このような場合不正競争防止法3条に基づく差止請求権を被保全権利として、差止めを命ずる仮処分命令を得て、不正競争行為を暫定的に差し止める法律状態を形成することができる。

保全命令の申立てには、申立ての趣旨を明らかにして、これをしなければならない（民事保全法13条1項）。例えば、「債務者は、別紙図面及び説明書記載の商品を製造し、使用し、譲渡し、貸し渡し、譲渡もしくは貸渡のために展示、又は輸入してはならない」、さらに必要があれば、「債務者の前項記載の商品及び半製品に対する占有を解いて○○地方裁判所執行官にその保管を命ずる」旨の申立てをする。

管轄裁判所は、本案の管轄裁判所、又は仮に差し押さえるべき物若しくは係争物の所在地を管轄する地方裁判所である（同法12条）。

2 審理

申立人（仮処分債権者）は、被保全権利及び保全の必要性の二要件について疎明しなければならない（民事保全法13条2項）。

不正競争行為を理由とする保全命令の要件としての被保全権利は、不正競争防止法3条の規定する差止請求権であり、その具体的内容は、Ⅲ2「原告の主張・立証責任」において説明したとおりである。

また、保全の必要性は、係争物に関する仮処分については、「その現状の変更により、債権者が権利を実行することができなくなるおそれがあるとき、又は権利を実行するのに著しい困難があるとき」（同法23条1項）であり、仮の地位を定める仮処分については、「争いがある権利関係について債権者に生ずる著しい損害又は急迫の危険を避けるためにこれを必要とするとき」（同条2項）であり、仮差押については、「金銭の支払を目的とする債権について、強制執行をすることができなくなるおそれがあるとき、又は強制執行をするのに著しい困難を生ずるおそれがあるとき」（20条1項）である。

訴訟手続において、証明とは、ある事実の存在（又は不存在）について裁判官が確信の程度に達する心証を得ることをいい、疎明とは、その存在（又は不存在）について裁判官が一応確からしいという心証を得ることをいう。保全命令申立ての要件については、これを疎明することとされているが、断行ないし満足的仮処分（暫定的に権利の終局的実現状態をもたらす仮処分）については、高度の疎明を要するとするのが通説（西山俊彦「保全処分概論」95頁、赤塚信雄「丹野・青山編保全訴訟法」66頁等）である。ここに、高度の疎明とは、仮処分債務者に反証を許したとしても心証が覆る可能性が極めて小さい程度の疎明をいう。したがって、不正競争行為を理由とする差止仮処分命令についても、高度の疎明を要する。

保全手続は口頭弁論を経ないですることができる（同法3条）が、不正競争をめぐる紛争は複雑な判断作用を伴う争点を含む場合が多く、また債務者側に正当権原についての主張反証の機会を与える必要があるので、口頭弁論を開くか、少なくとも当事者双方の審尋（民訴法87条2項）の期日を定めて、審理するのが通常である。特に、差止仮処分等仮の地位を定める仮

処分命令は、口頭弁論又は債務者が立ち会うことができる審尋期日を経なければ発することができない（民事保全法23条4項。ただし同項但書きにより、その期日を経ると目的を達することができなくなる場合は右手続を経ることを要しない）。

　不正競争行為によって営業上の利益を侵害されたことに基づく損害賠償請求権を保全するための処分は、金銭債権の保全のための処分であり、不動産・動産・債権等の仮差押申立てによるのが通常である。その場合にも申立人は、被保全権利及び保全の必要性について疎明しなければならないが、仮処分が発布されることにより債務者に決定的な打撃を与えるのと異なり、財産の保全的措置であるから、手続はより迅速簡易に進行することが多い。

3　保全命令の発令と執行

　裁判所（急迫の事情があるときは裁判長）は被保全権利及び保全の必要性について疎明されたと認めるときは、担保を立てさせて、若しくは裁判所が相当と認める期間内に担保を立てることを条件として（担保の額は疎明の程度事案の内容等により裁判所の裁量により定められる）、又は担保を立てさせないで保全命令を発する（民事保全法14条1項、15条）。

　事実行為を禁止する不作為を命ずる仮処分命令（民事保全法52条2項により仮処分の執行については仮処分命令が債務名義とみなされる）は、相手方に送達されることによって効力を生じる。右仮処分にともなって債務者が任意に履行しない場合の特別な措置（仮処分執行後の侵害行為の除去等）を定めることも可能である。仮差押命令は、（動産を除き）特定の物について発せられ（同法21条）、その執行方法は、同法47条ないし51条に規定する方法による。

4　保全命令に対する不服申立て等

　債務者は、保全命令に対し不服があるときは、その命令を発した裁判所に保全異議を申し立てることができる（民事保全法26条）。保全異議は、被保全権利及び保全の必要性を再度審理し、保全命令の申立ての当否を判断する手続である。民事保全法施行前の旧法では、保全異議はすべて口頭弁論を開いて判決手続で行われたが、同法施行後は、口頭弁論によると審尋

によるとを問わずすべて決定手続で行われ、保全命令申立手続で提出された資料はすべて自動的に証拠資料となる（山崎潮「新民事保全法の解説」151頁はその意味で一種の続審である、とする）。

債務者はⓐ本案訴訟不提起（同法37条）又はⓑ事情変更（同法38条）による保全命令の取消し、ⓒ特別事情（同法39条）による仮処分命令の取消しを申し立てることができる。

ⓐは、保全命令が本案訴訟を提起してその確定を待っていたのでは権利の実現を期することができないことを防ぐための処分であるのに、保全命令を得ながら、本案訴訟を提起しない場合にその取消しを認めたものであり、ⓑは、保全処分後にこれを維持することが相当でない事情の変更が生じたとき（例えば、本案訴訟において原告敗訴の判決が言い渡され、その判決が確定したとき、又は控訴審において右判決が取り消されるおそれがないと判断されたとき）にその取消しを認めたものであり、ⓒは、仮処分命令により償うことができない損害を生じるおそれ等の特別の事情があるときに、仮処分命令の取消しを認めたものである。

第4節　不正競争訴訟各論

Ⅰ　差止請求

1　差止請求権の概要

　差止請求権には、現に継続する行為を停止させる権利としての停止請求権と、将来生じるおそれのある行為を事前に差し止める予防請求権とがある。
　平成5年法による改正前の旧不正競争防止法の1条1項柱書は「左ノ各号ノ1ニ該当スル行為ヲ為ス者アルトキハ」と規定していたので、規定上予防請求が認められるか明確でなかった。しかし、不正競争行為を差し止めて経済秩序の維持を図るという法の目的を達成するためには、誤認混同行為がなされるおそれがある段階で事前にその行為を差し止める必要があり、それによって差止請求権を認めた実効性が発揮できる。このような見地から、判例（代表的事例として、金沢地小松支判昭和48.10.30無体集5巻2号416頁「八番ラーメン事件」）は、誤認混同行為がなされるおそれがあれば差止請求権を認める傾向にあった。
　この点、平成5年改正法は、「不正競争によって営業上の利益を侵害され、又は侵害されるおそれがある者は、その営業上の利益を侵害する者又は侵害するおそれのある者に対し、その侵害の停止又は予防を請求することができる」（3条）と規定して、停止請求権と予防請求権があることを明確にした。

2　差止請求の要件

　差止請求の要件は、「不正競争によって営業上の利益を侵害され」、又はこれを「侵害されるおそれのある」ことである。
　不正競争防止法は、営業についての定義規定は設けていないが、固有の意味の営業（利益を得る目的をもって継続的、反復的に行われる営利活動）に限らず、広く経済上の収支決算の下に継続的、反復的に行われる事業を含むことは「第2節Ⅰ4　営業の概念」において説明した。
　「営業上の利益を侵害され」とは、現実に前記の意味での事業から享受

する利益を害されたことをいい、「営業上の利益を侵害されるおそれ」とは、この利益を侵害される蓋然性が客観的にみて高いことをいう。したがって、現段階（差止請求時）においては不正競争行為がなされていなくとも、過去に不正競争行為をなし、将来これを反復継続する蓋然性が高い場合や、営業者の警告を無視して不正競争の準備的行為に着手しているような場合にも侵害予防としての差止請求は認められる。

　侵害者に故意（不正の目的）・過失があることを要しない。

　営業上の利益は現存するものであれば事実上のもので足り、法律上の権利であることを要しない（松尾・前掲不競法29・35頁）。

　周知商品表示又は周知営業表示と同一又は類似の表示の使用と混同とは明確に区別すべきであるが、特段の事情のない限り、かかる表示の使用は商品主体又は営業主体に混同を生ぜしめるのが通常であることは、「第2節　16　表示の同一と類似」において説明した。そして、さらに最高三小判決昭和56.10.13民集35巻7号1129頁「マクドナルド事件」は、混同と営業上の利益の関係について旧法「1条1項1号にいう商品の混同の事実が認められる場合には特段の事情がない限り営業上の利益を害されるおそれがあるものというべきである」と判示している（篠田省二「最高裁判所裁判例解説民事篇昭和56年度」570頁は、「特段の事情としては、商品の販売形態も対象とする市場も全く異にするために営業利益を侵害しない場合が考えられる」とする）。仙台地判決平成7.7.28判時1547号121頁「東北アイチ事件」は、商品表示の対象を商号とする差止請求について、原告の業務は椅子・机・本棚の製作販売であり、被告の業務は高所作業車等の販売賃貸等であることを理由に具体的な競業関係になく、営業上の利益、信用を害されたといえないと判示しているのは、その適用例といえよう。しかし、販売形態や市場が違えば即営業上の利益を害されるおそれがないとすると、広義の混同概念の適用が無意味になる可能性があり、要は具体的事実関係に基づき判断されるべき事柄である。

　したがって、周知商品表示又は周知営業表示と同一又は類似の表示が使用されたときは、特段の事情のない限り、両者は、商品主体又は営業主体について混同のおそれがあり、かつそれによって営業上の利益も害される

おそれがあると推認されることになる。

東京地決定平成11.9.20判時1696号76頁「ｉＭａｃ事件」は、債権者商品は、その形状・色彩等に極めて独創性の高い商品であり、これと形態が類似し、誤認混同のおそれのある債務者商品の製造等禁止の仮処分申立てを認容している。

3　差止請求権者

差止請求権を行使し得る者（差止請求訴訟の原告となる適格を有する者）は、「不正競争によって営業上の利益を侵害され」た者、又はこれを「侵害されるおそれのある者」である。

以下、法2条1項1号及び2号の不正競争行為、3号の不正競争行為、4号ないし10号の営業秘密に係る不正競争行為に分けて検討する。

(1)　2条1項1号及び2号の不正競争行為に対する差止請求権者

商品・営業主体混同行為を不正競争と規定した趣旨は他人の商品、営業との誤認混同を生ぜしめる行為を防止することにあるから、この行為によって営業上の利益を侵害され、又は侵害されるおそれのある者は、この不正競争行為により保護されるべき他人、すなわち商品主体ないし営業主体であることを前提とするが、どの範囲の者がその主体と認められるか問題となる。

この点について、最高三小判決昭和59.5.29民集38巻7号920頁「プロフットボール・シンボルマーク事件」は、旧法1条1項1号及び2号について、特定の商品表示又は営業表示の持つ出所識別機能、品質保証機能及び顧客吸引力を保護発展させるという共通目的のもとに同表示の商品化契約によって結束しているグループは右規定にいう他人に含まれる、と判示した上、「1条1項柱書所定の営業上の利益を害されるおそれがある者には、周知表示の商品化事業に携わる周知表示の使用許諾者及び許諾を受けた使用権者であって、同項1号又は2号に該当する行為により、再使用権者に対する管理統制、周知表示による商品の出所識別機能、品質保証機能及び顧客吸引力を害されるおそれのある者も含まれる」と判示している（同旨　東京地判決平成14.12.27判タ1136号237頁「ピーターラビット事件」、東京地判決平成16.7.2判時1890

第4節　I

号127頁「ラ・ヴォーグ南青山事件」)。

　同様の趣旨から、判例は、キャラクターの商品化事業を遂行している者（東京地判決平成2.2.19無体集22巻1号34頁「ポパイキャラクター使用事件」)、輸入販売業者（大阪地判決昭和56.1.30無体集13巻1号22頁「ロンシャン図柄事件」)、フランチャイズ契約におけるフランチャイザー（東京地判決昭和47.11.27無体集4巻2号635頁「札幌ラーメンどさん子事件」）もこれに該当するとしている。

　これらの判例について周知表示の主体以外の者にも差止請求権を認めたものと理解する見解（佐藤雅巳・前掲実務相談181頁以下）があるが、差止請求権者が周知表示を作り出しこれを周知ならしめるため努力してきた者に狭く限定されないという趣旨では正しいとしても、その範囲には限度があり、具体的事案に即して前掲最高三小昭和59.5.29判決の判断基準に従って、差止請求権が認められるか検討する必要がある（高部眞規子「営業上の利益」知的財産関係訴訟法430頁は、ライセンス契約について、独占的な使用を認められ再許諾の権限を有するライセンシーには差止請求権を認められるが、複数のライセンシーが存在する場合や末端のサブライセンシーに認めるには問題があるとしている）。

　東京地判決平成16.12.15判時1928号126頁「饅頭事件」は、商品の製造業者と販売業者が異なる場合に、当該商品の包装紙に付された商品表示がいずれの商品表示であるかが争われた事案において、当該商品が販売業者のオリジナル商品であり、その製造が製造業者に委託されたものと認定して販売業者の商品表示に当たると判断している。東京地判決平成22.4.23裁判所HP「樹液シートgenki21事件」は、OEM契約における商品等表示の主体はOEM供給先であるとし、東京地判決平成23.7.20裁判所HP「常温快冷枕事件」も、OEM供給元がパッケージの作成等に協力していたとしても、OEMにおける商品表示の主体はOEM供給先であるとした。また、東京地判決平成21.7.23裁判所HP「コンバース事件」は、並行輸入業者の商品等表示主体性を否定した（その控訴審である知財高判決平成22.4.27裁判所HP「コンバース事件（控訴審）」も同旨)。

(2)　2条1項3号の不正競争行為に対する差止請求権者

　2条1項3号の不正競争行為に基づく差止請求権等の請求主体についても、

判例が集積している。

　東京高判決平成11.6.24判タ1001号236頁「キャディバッグ事件」は、開発・商品化された商品につき、単に輸入業者として流通に関与し、あるいはライセンシーとして同種製品の製造許諾を受けた者にすぎない者は、法2条1項3号によって保護される営業上の利益を有するとはいえず、上記各請求権の主体とはなり得ないと判断した。他方、前掲大阪地判決平成23.10.3判タ1380号212頁「水切りざる事件」は、「法2条1項3号による保護の主体は、自ら資金、労力を投下して商品化した先行者のみならず、先行者から独占的な販売権を与えられている独占的販売権者のように、自己の利益を守るために、模倣による不正競争を阻止して先行者の商品形態の独占を維持することが必要であり、商品形態の独占について強い利害関係を有する者も含まれる」と判示している（なお、本事案においては、原告は、自ら資金、労力を投下して商品化した先行者でもあると認定されている。）。また、東京地判決平成13.8.31判時1760号138頁「エルメスバーキン輸入事件」は、高級ブランドとして有名なエルメス社製のバッグの模造品を輸入販売する者は、自らが費用、労力を投下して開発した商品を市場に置いた者ではないから、他に同様の模造品を販売する者がいた場合に、自らに対する商品形態模倣の不正競争を行っていることを理由としては、その他人に対して損害賠償を請求することはできないとし、商品化の主体でない者には原告適格を認めないことを明らかにした（原告商品が他社商品を模倣したものであると認定されたケースで、同旨の判例として、東京地判決平成18.4.26判時1964号134頁「ポケット付バッグ事件」）。東京地判決平成14.7.30知財管理53巻4号579頁「携帯電話機用アンテナ事件」では、二段折れ式の携帯電話機用アンテナに関し、台湾メーカーに製造を依頼し、輸入販売していた原告会社が、台湾のメーカーに抽象的アイデアを提示したのみであり、当該台湾メーカーも他の台湾のメーカーが製造した既存の製品を購入して輸出していたにすぎないとの事実認定の下、「形態模倣の対象とされた商品を自ら開発・商品化して市場に置いた者」とはいえないとして原告の請求が棄却された。他方、商品を開発・商品化し、販売も行ったが、製造は行っていなかった者の請求主体性を認めたものとして、東京地判決平成11.4.22判決速報289号13頁「誕生石ブレ

スレット事件」がある。また、東京地判決平成11.6.29判時1692号129頁「プリーツ・プリーズ事件」は、商品形態の開発に共同して加わった者については請求主体となり得ると判断し、東京高判決平成12.12.5「不正競争防止法における商品形態の模倣」437頁「ミニゲーム機事件」（第一審は、東京地平成12.7.12判決）も、原被告らがそれぞれゲームの共同開発者として商品化して市場に置くために費用や労力を分担した場合、当該商品は、相互に「他人の商品」にあたらないと判断した（前掲大阪地判決平成14.4.9「ワイヤーセットブラシ事件」、前掲東京地判決平成23.7.20裁判所HP「常温快冷枕事件」も同旨）。

大阪地判決平成21.6.9判タ1315号171頁「アトシステム事件」は、原告商品の容器の形状自体は、製造業者が従来から有していた金型を使用して作成されたものであったが、「原告商品の商品形態は、容器の形状に尽きるものではなく、その形状に結合した模様、色彩、光沢及び質感から構成されるものである」とした上、原告商品の容器のこれらの形態要素が、原告担当者において製造業者と協議の上、デザイン会社にデザインを依頼して作成されたものであると認定し、「原告商品の商品形態は、全体として、原告が資本、労力を投下して開発し、商品化したものというべきであり、不正競争防止法2条1項3号にいう「他人の商品の形態」に当たる」と判示した。大阪地判決平成23.8.25判時2145号94頁「包丁研ぎ器事件」においても、原告が原告商品の先行開発者であるかが争点となり、商品の開発経緯が具体的に認定された上、結論として原告が開発したと判断されている。

法2条1項3号は、開発・商品化に資金や労力を投下した先行者の開発利益を保護する趣旨から規定されたものである。このような趣旨からすれば、不正競争行為について差止め及び損害賠償を請求できる主体は、「形態模倣の対象とされた商品を、自ら開発・商品化して市場に置いた者に限られる」という結論は、論理的にも、立法趣旨からも当然であろう。損害賠償のみが請求された事案であるが、東京地判決平成24.3.28裁判所HP「ジュース事件」も、法1項3号は、「商品化のために資金や労力を投下した者の開発利益を、当該商品の形態を模倣するという行為を競争上不正な行為とすることにより保護することを目的とするものであり、このような目的からすれば、本号の不正競争につき損害賠償を請求することができる者は、当

該商品を自ら開発、商品化した者又はこれと同様の固有かつ正当な利益を有する者と解すべきである」としている（控訴審である知財高判決平成24.9.19裁判所HPも原告が請求権者にあたらないとした原審の結論を維持）。しかしながら他方、輸出者やライセンサーが不正競争の防止に関心を示さないときに、輸入者やライセンシーが法的手段を講ずることができず窮することになる。この点についてはより柔軟に解決をすべきであり、大阪地判決平成16.9.13判時1899号142頁「ヌーブラ事件」では、「先行者から独占的な販売権を与えられている者（独占的販売権者）のように、自己の利益を守るために、模倣による不正競争を阻止して先行者の商品形態の独占を維持することが必要であり、商品形態の独占について強い利害関係を有する者」も請求主体となり得るとし、また、前掲大阪地判決平成18.1.23「ヌーブラ事件」はさらに、「3号の保護を受け得る者は、商品化を行った開発者のほかには、独占的販売権者のように独占的地位を有する者に限られ」るとし「独占的地位を有する者」を請求主体としていることが注目される。

(3) 営業秘密に係る不正競争行為に対する差止請求権者

旧法は、営業秘密に係る不正競争行為についてはその他の不正競争行為とは別個の規定を設けていたから、差止請求権を行使し得る者は営業秘密を保有する事業者、すなわち「保有者」であることが規定上明記されていたが、平成5年改正法はすべての不正競争行為について統一的規定を設けたため、営業上の利益を侵害され又は侵害されるおそれのある者とのみ規定している。しかし、規定の趣旨からみて、旧法と同様に、不正競争防止法の保護対象である営業秘密（法2条6項）を正当な権原に基づいて保有する事業者であって、その営む事業上の利益を侵害され又は侵害されるおそれのある者が差止請求の請求主体になりうると考えられる。

4　差止請求の相手方

差止請求の相手方（差止請求訴訟の被告となる適格を有する者）は不正競争行為を現に継続している者（停止請求）又は前記行為をする蓋然性が高い者（予防請求）である。単に可能性があるという程度では足りず、客観的にみて

第4節 I

不正競争行為に出る可能性が相当程度高いことを必要とする。

　行為が終了した後は将来再び実施する可能性が高くなければ差止請求は認められない。反復実施を要件としないが、短期に終了する1回的行為については差止請求の実効性がない場合が多い。

　直接の行為者のほか、法律上当該行為により自らも行為をしていると評価できる関係にある者も含まれる。東京高判決平成3.7.4知的裁集23巻2号555頁「ジェットスリムクリニック事件」は、加盟店契約に基づき加盟店を傘下に収め、自己の直営店とともに一つの統一的な営業組織体を形成してこれを統率し、その営業表示として「ジェットスリムクリニック」の表示を使用している者は、加盟店の店舗の看板等に掲げられ、又はその広告宣伝の媒体に掲げられる右表示を自身も使用しているものと認め、営業表示の使用差止請求を認容している。

　法人の代表者、役員、従業員がその法人のためにする行為の効果は法人に帰属するから、これらの者は法人とは独立に個人として不正競争行為をしているのでない限り、被告適格を有しない。

5　差止請求訴訟の提起

　差止請求権者は、差止請求の相手方を被告として地方裁判所（訴訟の目的の価格が140万円を超えない請求については簡易裁判所）に対し、差止請求訴訟を提起することができる（どの地方裁判所に提起できるかは、民訴法4条、5条以下の土地管轄の規定及び6条の2の規定による）。

　訴訟を提起するには、民事訴訟費用法の定める手数料を納付することを要することは、前節2「2　管轄裁判所」において説明した。

　営業秘密の性質上、営業秘密を侵害されたことにより喪失した利益の額の算定は困難な場合が少なくないが、東京地方裁判所知的財産部の訴額算定基準は、次の方式により算定するとしている。「不正競争防止法2条1項4号ないし10号の不正競争行為の差止請求」については、その性質上算定できるものは、「ア　訴え提起時の、被告の当該営業秘密の使用等による原告の年間売上減少額×原告の訴え提起時の利益率×8年×8分の1、イ　訴え提起時の、被告の当該営業秘密の使用等による年間売上推定額×被告の訴え

提起時の推定利益率×8年×8分の1、ウ 当該営業秘密の年間実施料相当額×8年×0.8」のいずれかの方法により、「算定できないもの、又は、算定が著しく困難なものは160万円とする。」。

　訴状には、当事者、法定代理人並びに請求の趣旨及び請求の原因を記載しなければならない（民訴法133条）が、請求の趣旨は、請求を認容する判決主文に対応するもので、例えば「被告は、別紙記載の表示を商品〇〇に使用してはならない」、「被告は別紙第1目録記載の店舗において、別紙第2目録記載の標章を使用してはならない」と記載する（廃棄その他必要な措置請求を伴うときは「被告は前項記載の商品から同記載の表示を抹消し、同表示を印刷する原版を廃棄せよ」等）。

6　請求の特定と営業秘密の記載方法

　営業秘密に係る不正競争行為における請求の趣旨及び原因については、請求の特定と秘密保持との関係をどのように調整するか困難な問題である。

　訴訟がどのように進展するかは、訴提起の段階では予測できないから、訴状の記載事項は必要最低限に留めることは可能であるが、少なくとも、訴えの対象が民訴法上求められている限度で特定されていなければならない。

　まず訴状に記載される請求の趣旨は、請求を認容する判決主文に対応するもので、当該判決の既判力、執行力の及ぶ範囲と関係する。差止請求はいわゆる不作為請求であり、その執行方法は不作為を目的とする債務の執行方法によるのであって（違反行為の発生を要件とするか否かは説が分かれている）、違反行為の禁止を命じ、これに従わないときは遅延の期間に応じて一定金額の支払いを命ずるから、差止判決の主文（したがって、請求の趣旨）は執行できるものであることを要する。

　顧客名簿を例にとると、「被告は、原告が保有する別紙記載の顧客名簿を使用し、又は第三者に開示・使用させてはならない」とする請求の趣旨が考えられる。この場合「保有する」では、被告が既に顧客名簿を複写等の方法により不正取得している場合に対応できるかの問題が残るが、当該顧客名簿を正当な権原に基づいて保有する者が原告であることを示すための表現とみれば、その執行力は被告が既に不正取得している顧客名簿の使

用・開示に及ぶとすることができよう。問題は、別紙には、特定のためにどの程度の記載を要するかである。少なくとも、名簿の名称・作成年月日・作成者・形状・体裁等による特定が必要であるが、それだけで十分特定できるか疑問なしとしない（仮に特定の問題はクリアできても、請求の原因の記載もその程度では、それが不正競争防止法の保護対象たる営業秘密といえるか、判断できないことになりかねない）。当該名簿の書式を具体的に示す（例えば、各頁の事項欄―顧客名・取引担当部署及び担当者氏名・顧客の住所ないし所在地・電話ファクシミリ番号等―の記載内容を例示する、さらには名簿1頁目だけ全内容を抜き出して例示する）等の工夫が必要であろう。

　ノウ・ハウの特定には、さらに困難な問題を伴う。A物質とB物質とを一定の割合で混合して、これに一定量のC物質を添加してなるD組成物の製造方法がノウ・ハウである場合、「原告が保有するD組成物の製造方法」では既判力・執行力のいずれもその限界を画することができない。具体的事案に即して判断されるべき事柄であるが、通常の事案であれば、混合、添加する物質の数量的割合までは記載することは要しないが、A物質とB物質とを混合し、これにC物質を添加してなるD組成物の製造方法であることまでは記載を要するとせざるを得ないであろう。

　営業秘密の特定には、被告の防禦権の行使との関連も考慮すべきであって、実質的にその保障を阻害するようなものであってはならない。

　知財高判決平成19.8.30裁判所HP「ゴムシート製造技術事件」は、「控訴人（原告）は、ノウハウの内容は、『ゴムシートの連続製造技術』、『量産性とシート性能のための成分組成』、『ゴムボートのホットプレス用ポリエステルとの接着性』、『ゴムシートの製造規格』等で、十分に具体的であるとか、ノウハウは、特許技術と異なり、一種の技術秘訣であるから、文書で明確に明文化できるものではないなどと主張するが、たとえ、ノウハウが一種の技術秘訣であろうと、それが、不正競争防止法2条6項所定の『営業秘密』であり、その侵害が同条1項4号に当たるといい得るためには、法的保護に値するか否かを具体的に認定できる程度に『営業秘密』の内容が具体的であることを要するものというべきであり、逆に、そのような具体性を主張立証することのできないものは、ノウハウと呼ぶか否かは格別、不

正競争防止法上の『営業秘密』に当たるものとは到底認めることができないし、この理は不法行為の成否の判断においても同様というべきである」とし、前記の内容では「かかる具体性を具備するに至っていないことは明白である」と判示している（富岡英次「営業秘密の保護」知的財産関係訴訟法486頁以下は、物の製造方法の営業秘密については、被告においてかかる方法のみを使用しており、容易に他の製造方法に変更できないことが立証される場合には、当該製品の製造販売禁止のみを求め、特定の営業秘密を使用した製造であることを請求の趣旨に明記を要しない場合があるが、「請求の原因における営業秘密の特定の要請は、単に訴訟物の特定のためだけではなく、被告の保有、使用している情報と原告の営業秘密との同一性、営業秘密の要件としての非公知性についての議論及び判断のためにも必要である」としている）。

原告が侵害されるおそれがある行為を組成したものとして主張する特定の物件又は方法の具体的態様を被告において否認するときは、自己の行為の具体的態様を明らかにしなければならないこと（6条）、及び裁判所は、当事者の申し立てにより、当該侵害行為を立証するため必要な書類の提出を命ずることができること（7条）は、前節Ⅲ3において詳述した。

7　営業秘密に係る不正競争と被告の抗弁

被告は、抗弁として、当該営業秘密の取得・使用・開示等につき正当な権原があること等を主張し、原告がこれを争うときは、その事実を立証して責任を免れ得ることは既に説明した。

また、営業秘密については、保護期間の定めがないから、秘密管理、有用性、未公知の要件が具備されている限り、特許権や著作権と異なり、無期限に保護される。しかし、保有者がその保有する営業秘密に係る不正行為を知りながらこれを放置し、あるいは営業秘密の不正使用が長期間にわたっている場合において差止請求権の行使を認めることは、取引の安全が著しく損なわれ、法的安定上好ましいとはいえないし、必要以上に権利者を保護することになる（経産省知財室・前掲1問1答97頁は、「営業秘密の使用行為をめぐる社会関係、法律関係の早期確定を図るため」としている）。

そこで、現行法は「第2条第1項第4号から第9号までに掲げる不正競争の

うち、営業秘密を使用する行為に対する第3条第1項の規定による侵害の停止又は予防を請求する権利は、その行為を行う者がその行為を継続する場合において、その行為により営業上の利益を侵害され、又は侵害されるおそれがある保有者がその事実及びその行為を行う者を知った時から3年間行わないときは、時効によって消滅する。その行為の開始の時から20年を経過したときも、同様とする」(15条)と規定している。すなわち、営業秘密に係る不正行為のうちの使用行為について3年の時効期間と20年の除斥期間が設けられている。したがって、被告は、この規定に従い差止請求権の時効消滅又は除斥期間の経過を抗弁として主張することができる。

さらに、前述のとおり、法2条1項4号から9号までに掲げる不正競争については、「取引によって営業秘密を取得した者（その取得した時にその営業秘密について不正開示行為であること又はその営業秘密について不正取得行為若しくは不正開示行為が介在したことを知らず、かつ、知らないことにつき重大な過失がない者に限る）がその取引によって取得した権原の範囲内においてその営業秘密を使用し、開示する行為」(19条1項6号)を、法2条1項10号に掲げる不正競争については、「第15条の規定により同条に規定する権利が消滅した後にその営業秘密を使用する行為により生じた物を譲渡し、引き渡し、譲渡若しくは引渡しのために展示し、輸出し、輸入し、又は電気通信回線を通じて提供する行為」(19条1項7号)を適用除外としているから、被告は、これらの規定に従い適用除外を抗弁として主張することができる。

なお、平成5年改正法は、前述のとおり特許権等の知的財産権の行使と認められる行為について、旧法1条1項1号、2号等の適用を除外する規定（6条）を削除した。もっとも、営業秘密に関する不正競争行為については、営業秘密自体が知的財産権で保護されないとの理由で当初から6条の対象外とされていた。保有者がノウ・ハウとして秘密に管理していた技術的事項であっても、それが既に特許出願され、出願公開された発明の技術的範囲に属するならば、「公然知られていない」との要件を満たさないから、不正競争防止法の保護対象にはならない（保有者が特許出願に係る発明を知らないで自ら発明したものであれば先使用による通常実施権を取得する）。また、ノウ・ハウの不正取得者が特許出願してもいわゆる冒認出願として拒絶される。

特許権が設定登録されてもその登録は無効である。ただ、事実審の口頭弁論終結時までに冒認出願に基づいて出願公開された場合にはもはや営業秘密としての非公知性は失われたとみざるを得ないから、差止請求は認められない（損害賠償請求によるほかない）。

8　廃棄・除去請求

差止請求権の行使に当たっては、これに付随して「侵害の行為を組成した物（侵害の行為により生じた物を含む）の廃棄、侵害の行為に供した設備の除去その他の侵害の停止又は予防に必要な行為を請求することができる」（3条2項）。

廃棄・除去請求の対象物件は具体的に特定することを要し、単に「本件物件の製造に使用した文書、製造行為に供した設備」という表示では足りない。

「侵害の行為を組成した物」とは、侵害行為の必然的内容をなす物、すなわちその物の存在なしには営業上の利益が侵害されなかったであろうところの物をいう。例えば、製品の製造に関するノウ・ハウが営業秘密であれば、機械の設計図、原材料表、仕様書、機械の操作方法・原材料の使用量・使用条件等に関する説明書等であり、侵害行為により生じた物としては、その方法により製造された物である。

「侵害の行為に供した設備」とは、侵害行為の実施に供した設備をいう。前例では、製品の製造に用いる金型・機械等である。

廃棄・除去請求が認容されるためには、被告がその物について所有権その他これを処分する権限を有していることを要し、その権限が第三者に属するときは廃棄・除去請求は認められない。

9　判決の確定と執行

裁判所は、訴訟が裁判をするのに熟したと認めたときは、口頭弁論を終結して判決を言い渡す（民訴法243条1項）。判決に不服の当事者は、控訴、上告によって争うことができる（控訴審は続審であってその口頭弁論終結時を基準として新たな判断をするが、上告審は法律審であって控訴審判決の当否を事後的に審

査するにとどまる)。

差止請求認容の判決が確定したときは、その執行方法は不作為を目的とする債務の執行方法により、違反状態が継続するときはそれが代替的なものでない限り間接強制(民事執行法172条)により、これに付随する廃棄請求の認容判決の執行は代替執行の方法(同法171条)による。その詳細は前節4「2 判決の執行」で説明した。

II 損害賠償請求

1 損害賠償請求権の概要

法4条本文は、「故意又は過失により不正競争を行って他人の営業上の利益を侵害した者は、これによって生じた損害を賠償する責めに任ずる」と規定する。

平成5年の法改正前は、1条ノ2第1項で1条1項各号の不正競争行為につき、1条ノ2第3項で営業秘密に係る不正競争行為につき、それぞれ行為者の損害賠償責任を規定していたが、平成5年改正法では法2条で不正競争を定義した上、これらの不正競争に共通した損害賠償規定を設けた。

ただし、消滅時効に関する15条の規定により差止請求権が消滅した後にその営業秘密を使用する行為により生じた損害については、行為者は賠償の責任を負わない(4条ただし書)。

民法上損害賠償請求権が認められるのは、契約上の債務不履行(民法415条)によって損害が発生した場合と、不法行為(同法709条)により損害を蒙った場合であるが、不正競争防止法はこれとは別に同法4条本文の規定する要件を満たす場合に損害賠償請求を認めたものである。

しかし、不正競争防止法は、損害賠償請求権の要件を定めるだけで、不法行為(同法709条ないし724条)のような詳細な規定は設けていない。そこで、まず民法のこれらの規定を補充的に類推適用できるかが、問題となる。

不正競争防止法は公正かつ自由な競争原理に支配された経済秩序の維持という経済法的機能を果たす点において、私人の財産や身分関係を規律する民法とは制度の趣旨を異にする。しかし、不正競争行為に対する損害賠償と不法行為に対する損害賠償とに限ってみた場合、私人の営業の利益保

護のために故意又は過失によりこれを侵害する行為に対して損害賠償を認めることと、私人の権利や利益保護のために故意又は過失によりこれを侵害する行為に対して損害賠償を認めることは、損害賠償制度によって私人の利益の保護を図る点において共通している。

　したがって、前者の性質に反しない限り、後者の規定の類推適用を認めるべきであろう（小野昌延・松村信夫著「新・不正競争防止法概説第2版」566頁は、救済についてはその性質に反しないかぎり、不法行為に関する民法の規定が補充適用される、としている）。その結果、営業秘密に係る不正行為が25年間継続している場合において、保有者が25年目に当該不正行為を知ったときは、最初の5年分は民法724条により請求権が消滅しているので、使用開始後5年目から差止請求権消滅前の10年目までの分が損害賠償請求権の対象となる（通産省知的財産政策室「営業秘密」109頁は、右記述に続けて、民法709条の請求を排除するものでないから、その要件を満すときは、使用開始後5年目から25年目の不法行為によって生じた損害について、同条に基づく請求をすることは可能である、としている）。

　平成5年改正法は、さらに「不正競争により営業上の利益を侵害された者に対する救済面の充実を図る」、すなわち「不正競争による損害額の立証を容易にし、被害に対する救済を図るため」、「不正競争による損害の賠償請求に関し、特許法等と同様に、損害額の推定規定及び損害額の計算に必要な書類の提出命令規定」を5条・6条（現7条）として新設し（通産省不正競争防止法案提案理由3頁）、さらに平成15年改正法は、逸失利益の立証容易化（5条1項）、計算鑑定人制度（6条の2、現8条）及び立証が極めて困難な場合の損害額認定（6条の3、現9条）規定を新設した。

　なお、不正競争行為について、不当利得の返還請求が認められるか問題がある（小野昌延「注釈民法18巻」567頁以下参照）が、不正競争の目的をもってなされる不正競争行為については、民法703条以下の要件を満たす限り、これを認めることができるというべきである（同旨　山本・前掲書要説284頁）。

2　損害賠償請求の要件

　損害賠償請求の要件は、故意又は過失により不正競争を行ったこと、こ

の行為によって他人の営業上の利益を侵害したこと、この行為によって損害が生じたこと、である。差止請求とは異なり、行為者に故意又は過失があったことを必要とし、また営業上の利益が現に害され、損害を蒙ったことを必要とする。

ここに「故意」とは、2条1項1号ないし16号規定の不正競争に該当することを知って、これを認容し、行為することをいい、「過失」とは、同該当の結果が発生することを認識すべきである（認識することができた）のに、不注意のためこれを認識することなく行為することをいう。認識（予見）可能性の有無は、通常人の注意能力を判断基準とする。不正競争については、特許法103条（商標法39条）のような過失の推定規定はない。しかし、「他人」と同一又は類似の事業を営む者が商品・営業主体混同行為をするときは、通常人であれば、同主体混同の結果の発生を認識できたといえるから、過失が否定される事例は極めて少ない。また、著名表示不正使用行為については、著名性の度合いに応じその不正使用に事実上過失の推定が働くことになろう。営業上の信用毀損行為については、前述のとおり、過失が否定されることがある。

「営業上の利益を侵害された」とは、現実に前記の意味での事業から享受する利益を害されたことをいう。

損害には、財産的損害と非財産的損害（精神的損害としての慰謝料、法人については無形損害）があり、財産的損害には、積極的損害（権利・財産の減失等）と消極的損害（増加すべき損害が不正競争行為によって増加しなかったことによる損害、すなわち逸失利益）がある。

3　損害賠償請求権者

損害賠償請求権を行使し得る者（原告適格を有する者）は、不正競争によって営業上の利益を侵害された者である。ここにいう営業、営業上の利益の意義及び不正競争による営業上の利益の侵害については、差止請求において述べたとおりであるが、現実に営業上の利益が害されたことを要し、害されるおそれがあるだけでは足りない。

なお、営業秘密に係る不正競争について損害賠償請求権を行使し得る者

は、営業秘密を正当な権原に基づいて保有する事業者であって、営業秘密に係る不正行為によりその営業上の利益を侵害された者である（同旨　渋谷・前掲営業秘密387頁は、旧法につき、規定上は「他人」とあるが、差止請求権を行使し得る地位にある者、―営業秘密の保有者―が同時に損害賠償請求権者になる、としている）。

4　損害賠償請求の相手方

　損害賠償請求の相手方は、2条1項1号ないし16号規定の不正競争を行って他人の営業上の利益を侵害した者である。現に右行為を継続している者も含まれるが、行為をするおそれがあるだけでは損害は発生していないから、相手方たり得ない。

　法人の代表者は民法44条により損害賠償責任を負い、株式会社の取締役、監査役は、任務懈怠により損害賠償責任を負う場合がある（会社法423条）。また被用者が事業の執行についてした行為は使用者の責任となるが、被用者の監督者は民法715条2項により損害賠償責任を負うことがある。これらの場合には、法人以外にその代表者等を損害賠償請求の相手方とすることができる。

5　損害賠償請求訴訟の提起

　損害賠償請求権者は、その相手方を被告として地方裁判所（訴訟の目的の価格が140万円を超えない請求については簡易裁判所）に対し、損害賠償請求訴訟を提起（民訴法4条及び6条の2）することができる。訴額は、請求する損害額を基準として、民事訴訟費用法の定めるところによる。

　訴状には、当事者、法定代理人並びに請求の趣旨及び請求の原因を記載しなければならない（民訴法133条）が、請求の趣旨は、例えば「被告は原告に対し金〇〇〇万円及びこれに対する平成〇年〇月〇日から年5分の割合による金員を支払え」と記載する。遅延損害金は不正競争行為のなされた日から請求できるが、訴状送達の日から請求することが多い。

　営業秘密に係る不正競争については、請求の趣旨では営業秘密の特定を要しないが、請求原因事実としては、営業秘密を特定してそれが侵害されたことを主張しなければならない。その意味では差止請求において述べた

ところと共通である。

6　原告の主張・立証責任

　損害賠償請求訴訟において、原告が主張すべき請求の原因は、前節Ⅲ2のとおりである。

　差止請求とは異なり、行為者に故意又は過失があったことを必要とし、また営業上の利益が現に害され、損害が生じたことを必要とする。

7　被告の主張・立証責任

　被告が請求の原因の全部又は一部の事実を否定して争うのは否認であって、そのために提出する証拠は反証である。

　被告は、抗弁として、前節Ⅲ2のとおり当該不正競争とされた行為につき正当な権原があること等を主張し、原告がこれを争うときは、その事実を立証して責任を免れることができる。

8　損害賠償額の算定
(1)　損害賠償の算定の原則と法改正による特則の整備

　不正競争行為により生じる損害は、主として財産的損害であるが、その中心は逸失利益である。

　損害賠償請求が認められるのは、原則として不正競争行為により通常生じるであろう損害であるが、民法416条2項の類推適用により予見可能性があれば特別事情による損害についてもこれを認めることができるであろう。しかし、逸失利益の算定は、現在の利益状態と仮定の利益状態を前提としての算定であり、客観的に将来得るであろう利益を算定することが困難であるため、不正競争行為によって営業者が被った損害の算定には困難を伴うことが多い。

　特許権等の知的財産権については、昭和34年法により民法の不法行為に関する規定の特則が設けられた（特許法102条・実用新案法29条・意匠法39条・商標法38条）。その結果、特許法を例にとれば、侵害者が「その侵害の行為により利益を受けているときは、その利益の額は、特許権者又は専用実施権

者が受けた損害の額と推定」(102条2項) される (この「損害の額」は逸失利益であるとするのが通説である)。また、特許権者又は専用実施権者は、侵害者に対し「その特許発明の実施に対し通常受けるべき金銭に相当する額の金銭を、自己が受けた損害の額としてその賠償を請求することができる」(同条3項) から、特許権侵害及び実施料相当額を立証すれば足り、損害の発生を主張・立証する必要がない (その詳細については、竹田・松任谷前掲要論第4章第4節参照)。

そして、さらに特許法は、民事訴訟法221条・223条に対する特則を設け、「裁判所は、(中略) 当事者に対し、当該侵害の行為による損害の計算をするため必要な書類の提出を命ずることができる。ただし、その書類の所持者においてその提出を拒むことについて正当な理由があるときは、この限りでない」(105条) と規定し、この規定は、実用新案法30条・意匠法41条・商標法39条でそれぞれ準用し、損害額の立証の困難さの解決を図っている。

しかし、旧法は、損害額の算定についての推定規定や書類提出の特則を設けていなかったため、不正競争行為が認められても、損害額立証が困難であり、被害者が救済されない結果が生じる可能性が高かった。

そこで、判例は、当該事案における損害発生の具体的状況に照らしながら、商標法38条 (特許法102条) の規定を類推適用して不正競争行為者がその行為により得た利益を損害額と認定する傾向にあった (行為者の受けた利益につき特許法102条1項を類推適用した例として東京地判決昭和48.3.9無体集5巻1号42頁「ナイロール眼鏡枠事件」等。商品の製造許諾料につき同条2項を類推適用した例として、東京地判昭和57.9.27無体集14巻3号593頁「スペース・インベーダー事件」等。)。大阪地判昭和62.5.27無体集19巻2号174頁「かに将軍事件」が、動く「かに看板」の使用行為は周知営業表示の使用と認めたが、顧客がこの看板の使用により営業主体を誤認して来店したとは認められず、被告の得た利益額を原告の被った損害と認定することは経験則上妥当でないとし、動く「かに看板」の表示の使用を他人に許諾した場合の利益又は対価を損害と判断しているのは、事案の具体的状況に則した解決を図ったものとして注目される。

判例は、このようにして被害を被った営業者の立証困難を救済してきた。

しかし、排他的支配権である特許権等について特許法等が設けた特則を不正競争行為による損害賠償請求に無条件に類推適用できるか、問題があった。

そこで、平成5年改正法は、産業構造審議会知的財産政策部会の中間答申は、「一般に不正競争行為による損害額の立証は困難とされているが、これを過度に厳しくすれば、本来救済されるべき被害者が救われないことにもなりかねない。(中略)不正競争防止法にも特許法等と同様の損害額の推定規定を設けることが適切である」(特許ニュース8511号4頁)との産業構造審議会知的財産政策部会の中間答申を受けて、法5条で新たに損害額の推定に関する規定を設けた。

また、平成15年法が逸失利益の立証の容易化等の規定を設けたことは、前記1において述べたとおりである。このうち、法6条の2(現8条)は、「不正競争による営業上の利益の侵害に係る訴訟において、当事者の申立てにより、裁判所が当該侵害の行為による損害の計算をするため必要な事項について鑑定を命じたときは、当事者は、鑑定人に対し、当該鑑定をするため必要な事項について説明しなければならない」と規定する。損害賠償額の立証は、製品の製造販売に関する書証及びこれを補充するための人証によることが多いが、証拠が侵害者側に偏在しているという問題に加えて、帳簿類のコンピューター管理が進み、高度の会計上の知識経験なしには損害賠償額の算定が困難であるという状況も生じていることから、裁判所が不正競争防止法に係る訴訟において損害賠償額認定のため鑑定(特別の学識・経験を有する者に、その専門的知識又はその知識を利用した判断を訴訟上報告させて、裁判官の判断能力の補助とするための証拠調べ)を採用する場合、特許法105条の2と同様、従来の鑑定にはない侵害者の協力義務の下に、損害の計算を行えるような計算鑑定人の制度を設け、権利者の立証負担を軽減する規定を新設したものである。さらに、法6条の3(現9条)は、損害額立証の困難性を解決するため、特許法105条の3と同様、「損害が生じたことが認められる場合において、損害額を立証するために必要な事実を立証することが極めて困難であるときは、裁判所は、口頭弁論の全趣旨及び証拠調べの結果に基づき、相当な損害額を認定することができる」と規定する。この規定は、ドイツ民訴法287条の規定に依拠した平成8年改正民訴法248条

の特別規定ともいうべきものである。大阪地判平成20年.2.7裁判所HP「CLEAR IMPRESSION事件」は、9条を適用することを明示して損害額を認定した事案である。

(2) 損害賠償額の推定
① 5条1項による算定
　平成15年改正法により新設され、平成27年改正法により条文番号等の調整がなされた現行法5条1項は、次のとおり規定する。
　「第2条第1項第1号から第10号まで又は第16号に掲げる不正競争（同項第4号から第9号までに掲げるものにあっては、技術上の秘密に関するものに限る。）によって営業上の利益を侵害された者（以下この項において「被侵害者」という。）が故意又は過失により自己の営業上の利益を侵害した者に対しその侵害により自己が受けた損害の賠償を請求する場合において、その者がその侵害の行為を組成した物を譲渡したときは、その譲渡した物の数量（以下この項において「譲渡数量」という。）に、被侵害者がその侵害の行為がなければ販売することができた物の単位数量当たりの利益の額を乗じて得た額を、被侵害者の当該物に係る販売その他の行為を行う能力に応じた額を超えない限度において、被侵害者が受けた損害の額とすることができる。ただし、譲渡数量の全部又は一部に相当する数量を被侵害者が販売することができないとする事情があるときは、当該事情に相当する数量に応じた額を控除するものとする。」
　この規定は、民法709条の規定による逸失利益、つまり、侵害行為によって失われた利益、逆にいえば侵害行為がなかったならば得たであろう利益による損害の算定はほとんど利用されていないことに鑑み、因果関係の証明責任を軽減し、その立証を容易にするため特許法102条1項と同様に設けられた規定である。
　請求できる損害賠償の額が「第1号から第10号まで、又は第16号に掲げる不正競争によって営業上の利益を侵害された者（被侵害者）の実施の能力に応じた額を超えない限度において」に限定されるのは、特許法102条1項は、同条2項と同様事実推定規定であって、損害の補填を目的とする不

法行為法の趣旨に鑑み、被侵害者は当該物に係る販売その他の行為を行っていることの主張立証が必要であり、その能力を超えた損害の補填はあり得ないからである。

法5条1項にいう「当該物に係る販売その他の行為を行う能力」は侵害に対応した期間において現実に行うことのできる能力であることを要するが、厳密にこれを要求したのでは、この規定が機能しなくなり、立法の目的が達せられないおそれがある。その意味で一定限度で潜在的な能力であってもよいとする見解（田村善之「損害賠償に関する特許法等の改正について」知財管理49巻3号334頁は、特許法についてであるが、侵害期間を超えて恒常的に需要が見込まれる製品であれば、侵害期間よりはもう少し時間が掛かったかも知れないが、その需要を満足することができたと推認される場合に実施の能力を肯定する。同旨　鎌田薫「特許権侵害と損害賠償」CIPICジャーナル79号21頁）には妥当性があるといえよう。

また、実施主体は、実質的に同一と認められれば足りる。例えば、被侵害者である個人が代表者である会社が実施している場合や被侵害者である親会社が系列会社に実施させている場合がこれに当たる。

本項により認められる損害賠償額は、侵害者が「その侵害の行為を組成した物を譲渡した」場合において、「その譲渡した物の数量」に、被侵害者が「侵害の行為がなければ販売することができた物の単位数量当たりの利益の額を乗じて得た額」である。「侵害の行為がなければ販売することができた物」とは、完全な代替性を要するものではなく、不正競争行為がなければ侵害者の製品の需要者から購入される可能性があったことが認められれば足りる（東京地判決平成23.3.31判タ1399号335頁「青色婦人服事件」）。知財高判決平成20.3.27裁判所HP「イークスマーク事件」は、本項は、「侵害者が譲渡した物と被侵害者が販売する物とが市場において互いに補完する事情のある場合に適用されるというべき」とし、侵害者は侵害者製品を中国に輸出しているのに対し、被侵害者は被侵害者製品を中国に輸出したことはなく、その予定もないとして、本項の適用の前提を欠くと判断した。侵害者の譲渡数量に被侵害者の一個当りの利益額を乗じた額を損害賠償額とした点に特徴がある。侵害者の譲渡行為は有償であると、無償であるとを問

わない。

　この場合、侵害行為と被侵害者の逸失利益との間に相当因果関係を必要とする。

　この場合の利益の算定については、同条2項の侵害者利益の場合と同様に、純利益、粗利益、限界利益の各説が考えられる。侵害者利益については、従来販売額から製造原価を控除した粗利益による説はほとんどなく（権利者に対する過剰に保護となることや損害の塡補を目的とする不法行為制度に親しまないこと等を理由とする）、販売額から製造原価と費用の全部を控除した純利益説がほぼ通説であったが、近時一般的な管理費用等を控除することに合理性がなく、粗利益から製造原価といわゆる変動費用のみを控除した限界利益説（代表的な学説として、田村善之「知的財産権と損害賠償」238頁以下）が有力であり、近時の裁判例はこの説に依拠している。限界利益説に立って5条1項に基づき損害賠償請求を認容した事例としては、東京地判決平成16.9.29裁判所HP「チェーン付カットソー形態模倣事件」、大阪地判決平成18.1.23裁判所HP「ヌーブラ事件」、東京地判決平成19.12.26裁判所HP「楽らく針事件」、大阪地判決平成20.10.14判時2048号91頁「マスカラ容器事件」がある。

　本条の適用に当たっては、主張・立証責任をどのように理解すべきかが1つの論点である。

　主張責任とは、法律効果の要件をなす主要事実が当事者の弁論に現れない結果不利な判断を下される当事者の危険又は不利益をいい、立証責任（挙証責任・証明責任）とは、訴訟上裁判所がある事実の存否を確定できない結果、判決において有利な法律効果の発生又は不発生が認められなくなる当事者の一方の危険又は不利益をいう。理論的には、立証責任に先立って主張責任が問題となるが、主張責任の分配と立証責任の分配とは同一原則に従う（ある事項について主張責任を負う者が立証責任も負う）から、特別の理由がない限り、主張・立証責任と包括的に表現しても差し支えない。

　通常の民事訴訟における立証責任の分配については、法律要件分類説、すなわち権利発生の要件事実は権利の存在を主張する者（原告）が立証責任を負い、権利発生の障害事由たる事実及びいったん発生した権利の消滅

事由たる要件事実は相手方（被告）が立証責任を負う（消極的確認訴訟では、前者の立証責任は被告に、後者の立証責任は原告にある）とするのが通説である。

そして、このような分配法則は、当事者の公平、事案の性質、事物に対する立証の難易等によって立証責任を分配すべきであるとする考え方に立脚していることに照らすと、本文は権利者の主張・立証責任とし、ただし書きの「譲渡数量の全部又は一部に相当する数量を被侵害者が販売することができないとする」ことは侵害者の主張・立証責任とし、この抗弁が認められたときに、はじめて当該事情に相当する数量に応じた額を控除するものと解すべきであろう。

ここに、「販売することができない事情」とは、侵害者の広告宣伝活動による販売量の増加、権利者との地域的不競合、他の競合製品の存在等が挙げられるが、どのような場合にどの限度で控除が認められるかは、裁判所の裁量に負うところが多く、判例による具体的事例の積み重ねにより妥当な解決がはかれるものと考えられる。知財高判決平成26.2.26裁判所HP「電気マッサージ器事件」は、「「販売することができないとする事情」は、侵害品がなければ被侵害者の商品が販売できたであろうという因果関係の推定を覆滅させる事情であり、当該不正競争行為がなく、侵害品が存在しなかった場合を前提にするものであるから、現実に被侵害者が自己の商品を販売できなかったことを減額事情とするのは相当ではない。もっとも、当該不正競争行為開始以降の事情であっても、侵害者が販売した侵害品と同数量を被侵害者が販売できたとする推定を覆す事情として、被侵害者自身の営業力、取引先の開拓力の乏しさなど、侵害者が侵害品を販売したほどには被侵害者が販売できなかったと認められるような事情がある場合には、これを考慮することができるものと解される。」と判示し、3割の減額を認めた。その他、「販売することができない事情」を認めた近時の事例としては、前掲「家庭用包丁研ぎ器事件（控訴審）」（価格差や競合品の存在を理由に3割を減じた）、前掲「水切りざる事件」（近接した期間における譲渡数量の差や価格差を理由に1/2を減じた）、前掲「楽らく針事件」（侵害者独自の販売網を理由に7割を減じた）、前掲「ランプシェード事件」（競合商品の存在や侵害者製品のほうが安価であることを理由に1/2を減じた）などがある。

② 法5条2項による算定
　㋐ 損害の発生の基礎となる事情
「不正競争によって営業上の利益を侵害された者が故意又は過失により自己の営業上の利益を侵害した者に対しその侵害により自己が受けた損害の賠償を請求する場合において、その者がその侵害の行為により利益を受けているときは、その利益の額は、その営業上の利益を侵害された者が受けた損害の額と推定する」(5条2項)。

本項にいう損害の額が認められるためには、特許法102条2項と同様に、被侵害者に、侵害行為がなかったならば利益が得られたであろうという事情等損害の発生の基礎となる事情が存在する必要があると解される。東京地判決平成27.1.29判時2249号86頁「IKEA事件」では、家具等の小売業を行う被侵害者が通信販売を行っておらず、侵害者が、被侵害者に無断で侵害者製品の通信販売サイトを運営し、注文を受けると被侵害者から製品を仕入れてこれを梱包して発送していたという事案において、被侵害者について、侵害者の通信販売サイトによる侵害行為がなかったならば利益が得られたであろうという事情等損害の発生の基礎となる事情があると認めることはできないと判断された。知財高判決平成27.2.19裁判所HP「TOWA事件」も、権利者が製品の営業販売活動を停止したことをもって、2項の推定規定の適用の前提を欠いていると判断している。前掲「イークスマーク事件」も、「被告会社の侵害行為と原告の営業行為が対応する関係にない」として本項の適用の前提を欠くとした。

また、この規定は、特許法102条2項と同趣旨であって、事実推定規定であるが、損害額を推定する規定であって、損害の発生を推定する規定ではない。東京地判決平成22.4.28判タ1396号331頁「コエンザイムQ10事件」では、損害の発生自体が認められない以上、本項が適用される余地もないと判断されている。したがって、不正競争により営業上の利益を侵害された者は、前提として損害の発生について主張立証することを要し、さらに、侵害者が受けた利益の額を損害額と主張し、侵害者が受けた利益の額を立証するときは、その額が自らの受けた損害の額と推定される。

④　損害の額

　特許法102条2項の適用を受ける損害の額は、消極的損害、すなわち逸失利益である。この利益の算定に当たっては、まず売上総額を認定し、その一定割合を純利益率と認定して利益の額を算定する判例と、売上総額から具体的に算定した製造販売諸経費を控除して純利益額を算定している判例が多かったが、最近は特許権侵害訴訟における損害の額は、いわゆる「限界利益」によるのが一般的傾向である。東京地判決平成9.2.21判時1617号120頁「キッズシャベル事件」は、法5条1項（現行5条2項）にいう「利益の額」は、被告商品の売上額からその仕入価格等販売のための変動経費のみを控除した額であり、商品開発費用、人件費、一般管理費等は控除の対象としない旨判示している。また、不正競争防止法2条1項2号の不正競争行為に基づき、法5条2項による損害賠償請求が認められた大阪地判決平成11.9.16判タ1044号246頁「アリナミン事件」は、「侵害者が不正競争行為により受けている利益を算定するに当たっては、侵害品の売上高から不正競争行為のために要した費用のみを差し引くべきである。そして、不正競争行為のために要した費用とは、いわゆる製造原価がそれに当たることは明らかであるが、販売費及び一般管理費にあっては、当該不正競争行為をしたことによって増加したと認められる部分に限って、不正競争行為のために要した費用と認めるのが相当である。なぜなら、一般に販売費及び一般管理費には、製造原価と異なり、当該不正競争行為を行わなかったとしても必要であった費用が多く含まれており、そのような費用については、不正競争行為を行うために要した費用とは認められないからである。」として、限界利益説の立場に立つことを明らかにしている。そのほか、明示的に限界利益説の立場に立った判決として、東京地判決平成13.9.20裁判所HP「携帯電話機用アンテナ事件」、東京地判決平成14.10.22裁判所HP「流通用ハンガー事件」、大阪地判決平成14.12.19裁判所HP「アルミハンディライト事件」、東京地判決平成15.2.20裁判所HP「マイクロダイエット事件」（東京高判決平成15.9.25裁判所HP同事件控訴審判決）、東京地判決平成18.7.26判タ1241号306頁「ロレックス事件」、東京地判決平成19.5.31裁判所HP「オービック事件」、大阪地判決平成21.9.17判時2074号140頁「スイブルスイーパー事

件」、前掲「黒烏龍茶事件」、東京地判決平成26.5.21裁判所HP「バーキン事件」などがあり、近時の判決の多くが限界利益説を採用している（なお、名古屋地判決平成20.3.13判時2030号107頁「ロボットシステム事件」は粗利益の額を本項に基づく推定額としている）。もっとも、「限界利益」は、必ずしも「粗利益」と「純利益」との中間概念と位置づけられるわけではない。変動経費の範囲は判例によって一様でなく限界利益説による場合において、被侵害者の損害の填補の趣旨を損なうことのないような解釈運用が必要である。

なお、東京地判決平成12.11.13判時1736号118頁「墓石顧客名簿事件」は、「被告会社においては、「販売費及び一般管理費」が計上されているが、被告会社が設立した直後の特殊な事情の下において出費した経費を、すべて控除して被告会社の利益額として算定するのは相当でないが、反面、右支出項目の中には、売上に伴って変動する支出も含まれていると解するのが合理的であるから、このような観点を考慮すると、被告会社が右各契約を締結したことによって得た利益を算定するに当たり、売上額に対する10パーセントに相当する金額を控除して算出するのが妥当である」として、事案に即した柔軟な認定を行っている。

前掲大阪地判決平成16.9.13「ヌーブラ事件」は、利益額の算定に当たり、廉価販売を除外し、高額返品については返品の評価額を販売価格と同一として算定している。

　㋑　推定を覆す事情

被告たる行為者は、5条2項の推定を覆すためには、行為者の実際に得た利益の額が原告たる事業者の受けた損害額を超えることを主張・立証することを要する。行為者のした広告宣伝等の営業努力が利益獲得に寄与した事実は、寄与要因として利益額算定に参酌される。寄与度が考慮された近時の事案としては、前掲「黒烏龍茶」事件（被侵害者の商品表示の周知性、侵害者の商品表示と被侵害者の商品表示の類似性の程度、両商品の販売形態、両商品の商品形態の相違等を考慮し、侵害者の商品表示の寄与度を30％と認定）、知財高判決平成26.12.17判時2275号109頁「マスターマインド事件」（侵害者標章が頭蓋骨と骨を組み合わせた特徴ある態様であり、商品購入者に対して相当の顧客吸引力を有するとして寄与度を3割と認定）がある。

㈣　原産地・質量等誤認惹起行為及び営業上の信用毀損行為に関する損害額の算定

　原産地・質量等誤認惹起行為と営業上の信用毀損行為については、損害賠償額の推定規定である不正競争防止法5条のうち、1項及び3項は適用されず、2項のみが適用されることとされている。これは、1項については、本号該当行為は、他人の成果冒用行為ではなく、他人の成果を冒用して被侵害者のシェアを奪っている類型とは必ずしもいえないこと、3項については、本号該当行為については使用許諾が一般的には想定されないこと、が立法趣旨として説明されている。他方、2項については、本号該当行為を行った者の得た利益の額を被害者の損害の額とみなしうる場合は必ずしも多くないものの、条項が推定規定にとどまることを考慮して、不正競争の類型の全てが対象とされ、具体的な適用の可否については、事案における裁判所の判断に委ねることとされたと説明されている。

　上述のとおり、5条の推定規定は、損害の発生をも推定するものではないと解するのが、判例・通説であるところ、裁判所においては、原産地・質量等誤認惹起行為による損害の発生について、相当程度厳格な立証が求められる傾向にある。前掲「電子ブレーカ事件」において、知財高裁は、「競合他社に損害が発生するかどうかは、品質等誤認惹起行為の内容や、その行為が販売にどのように影響するか等を含めて総合的に判断すべきであって、訴訟の当事者が競合関係にあるという事実だけから直ちに損害の発生を事実上推認すべきであるとする控訴人の主張は採用し難い。」と判示しており、多くの事例において弁護士費用以外の損害賠償が否定されている（前掲「ビル排煙ダクト用部材事件」、前掲「ヘアピン事件」、前掲「肩掛けカバン事件」、前掲「電子ブレーカ事件」等）。他方、5条2項の推定を認めた事例としては、前掲「氷見うどん事件」、東京高判決平成12.9.6裁判所HP「コシヒカリ事件」、前掲「ろうそく比較広告事件」、前掲「カーワックス事件」等があり、推定が認められるためには、競業者であるだけでは足りず、取扱商品、販売場所、価格帯、被害者の市場占有率等に照らして、「需要者が品質を誤認した結果、被侵害者の製品の購入をやめ侵害者の製品を購入しているというようなかなり直接的な関係にないとやはり損害を観念できない可能性が

高いと思われる」との指摘がなされている（小松陽一郎「品質等誤認惹起行為と損害賠償額に関する裁判実務の傾向」知的財産訴訟実務大系Ⅱ489頁（青林書院）において、裁判例の詳細な分析がなされている）。

　営業上の信用毀損行為についても、営業上の信用毀損行為に基づいて利益を得たこと及びその額を確定することには困難が伴うことも多い。前掲「ローソク事件」では、原告製ローソクの売上が減少したこと自体は、優に推認することができるとしつつも、売上げの増減に影響する事情は、競業他社の営業努力、新製品の販売、消費者の嗜好の変化など様々な事情にわたるため、虚偽事実の告知行為により減少した売上額を認定することは、極めて困難であるとした上で、不正競争防止法6条の3（現9条）に基づき売上減少額を認定し、それに限界利益率を乗じて算出した額を、売上減少による逸失利益として認定した。前掲「黒烏龍茶事件」では、5条2項に基づく算定がなされている。

③　法5条3項による算定

　不正競争によって営業上の利益を侵害された者は、故意又は過失により自己の営業上の利益を侵害した者に対し、

　ⓐ　商品・営業主体混同行為（1号）、著名表示不正使用行為（2号）については、「当該侵害に係る商品等表示の使用」

　ⓑ　商品形態模倣行為（3号）については、「当該侵害に係る商品の形態の使用」

　ⓒ　営業秘密に係る不正競争行為（4号ないし9号）については、「当該営業秘密の使用」

　ⓓ　ドメイン名に関する不正競争行為（13号）については、「当該侵害に係るドメイン名の使用」

　ⓔ　代理人等の商標不正使用行為（16号）については、「当該侵害に係る商標の使用」

により「受けるべき金銭の額に相当する額の金銭を、自己が受けた損害の額としてその賠償を請求する ことができる」（5条3項）。

　ここに「受けるべき金銭の額」（平成15年改正法により「通常受けるべき」の「通常」が削除された）とは、それぞれの区分に応じてその実施ないし使用の対

価として客観的に相当と認められる額をいう。商品表示の使用が商標であるときは、商標権の通常使用権設定契約における使用料である。前掲「イークスマーク事件」は、被侵害者の標章が世界各国の需要者間に広く認識されていること、被侵害者の標章の付された鋸が市場において非常に高い評価を受けていること、被侵害者の各標章が使用されていること等を考慮し、本項による損害額を、販売金額の15％ないし20％と認定した。

営業秘密の使用がノウ・ハウであるときは、特許権の実施料相当額（その算定方式として国有特許権方式）を参考として定める。前掲「TOWA事件」では、「営業秘密の使用に対して受けるべき対価の額に相当する額は、営業秘密の重要性、不正競争行為の態様、侵害者が不正競争行為によって得た利益、被侵害者と侵害者との営業関係や被侵害者の営業政策等を総合考慮して、算定されるべきである。」とされ、売上高の3％が認定された。知財高判決平成23.9.27裁判所HP「PCプラント事件（控訴審）」では、「本件において営業秘密を不正に開示させられたことによって原告が被った損害額は、その反面において、本件情報が営業秘密から外れて第三者の自由に行使し得る状況に置かれたことを踏まえて算出されるべきであり、本件においては、技術提供の際に固定の金額として定められるライセンス料を基準に認めるのが相当である。」として、他社へのライセンス料を斟酌して算定した。

3項については、5条2項とは異なり、原告は、損害の発生を主張立証する必要はなく、不正競争行為と前記使用料相当額を主張立証すれば足りる。

被告たる行為者は、使用料相当額を争うことができるが、損害が発生していないことを抗弁として主張できるかについては、積極説、消極説の対立がある。法5条3項の規定は民法709条の特則であり、損害賠償法の一環として位置付けられるものである以上、3項は最低限度損害額を法定したものであり、損害の不発生を抗弁として主張できると解する。したがって、前例の商品表示が商標である場合において、専用使用権が設定されているときは、商標権者からの請求に対し、専用使用権の存在が抗弁となる。

法5条1項・2項について、推定が覆滅された部分に同条3項を重ねて適用し得るか否かについては議論のあるところである。前掲東京地判決平成

19.12.26「楽らく針事件」及び前掲東京地判決平成18.7.26「ロレックス事件」は、これを肯定する（前掲東京地判決「ロレックス事件」は、法5条2項に基づき、被告製品の売上金額から製造販売のみのために直接要した費用（変動費）を控除した上、原告製品と被告製品の価格差や販売状況等から、侵害者利益の4分の3については原告がこれを得ることができなかったとして推定の一部覆滅を認めた上で、推定が覆滅された部分に同条3項を適用して売上げの10パーセントをライセンス料相当の損害と認め、また、原告が現在製造販売していない原告製品に類似する被告製品について同条3項を適用して損害賠償請求を一部認容している）。しかし、特許権侵害訴訟において102条1項ただし書により控除された部分について同条3項に基づく実施料を請求することができるかが争われた知財高判決平成24.1.24裁判所HP「ソリッドゴルフボール事件」において、知財高裁は、「特許侵害による損害は、基本的には侵害行為による権利者の逸失利益の填補であり、同条1項ないし3項は、そのために特許法が定めた計算方法である。したがって、特定の期間における侵害行為に対する損害は、原則として1個の算式で決められるべきであり、同条1項によって認められた損害は、逸失利益としての限界であり、それ以上、同条3項を更に適用して、特許権者等が販売することができない数量につき、実施料相当額を損害として認める理由はない。そして、同条3項の実施料相当額も、あくまで、取引による逸失利益が主張し得ない場合において、逸失利益につき、実施の対価という形で擬制した規定と解すべきである。その結果、同条1項による損害額算定において、侵害行為と因果関係のある販売減少数量が一部でも認められた場合には、その数量が特許権者の製品についての市場での評価を代弁するものであり、因果関係が認められなかった数量は、市場で評価されなかったものであって、権利者の逸失利益の全てがそこで評価され尽くしたとみるべきである。」と判示した。その後の特許権侵害訴訟においては、2項についても同様に重畳適用が否定されている。不正競争行為に対する損害賠償について、特許権侵害の場合と別異に解すべき理由はないから、同様の判断がなされることが予想される。

　法5条3項は最低限度損害額としての使用料相当額を法定したものであり、事業者はこの額を超える金額を民法709条あるいは法5条1項、2項によ

り請求することが可能である（5条4項前段）。この場合裁判所は、侵害者に故意又は重過失がないときは、損害賠償額や侵害の態様等を考慮し、その裁量により損害賠償額を減額することができる（5条4項後段）。

なお、前記規定内容は特許法102条と同様であるから、その詳細については竹田・前掲要論第1編第4章第4節を参照されたい。

9　書類の提出

民事訴訟においては、裁判所は、書証、すなわち文書に記載された意味内容が証拠資料となるものの証拠調べのため、当事者からなされた文書の提出の申立を正当と認めたときは、文書提出を命令することができる（民訴法223条1項）が、法7条は、この規定の特則を設け、「裁判所は、不正競争による営業上の利益の侵害に係る訴訟においては、当事者の申立てにより、当事者に対し、当該侵害行為について立証するため、又は当該侵害の行為による損害の計算をするため必要な書類の提出を命ずることができる。ただし、その書類の所持者においてその提出を拒むことについて正当な理由があるときは、この限りでない」と規定した（平成15年改正法により「当該侵害行為について立証するため、又は」の部分が加えられた。特許法105条にも同旨の規定がある）。

この規定のうち、後段は、損害額の立証を容易にするため設けられたものであり、平成8年改正前の民訴法312条は、当事者の文書提出義務を限定的に規定しており、知的財産訴訟における損害の額を立証するための相手方所持文書が提出の対象となるとは限らないので、平成5年改正法により産業財産権四法にならい、裁判所が当事者の申立てにより、当事者に対し、損害の計算をするために必要な書類の提出を命じることができるものとした。裁判所は、当事者の申立て、意見を聞いて、必要と認める範囲において、書類の提出を命じる。貸借対照表・損益計算書等の会計帳簿類・納品伝票・売上伝票等の各種伝票類、確定申告書写し等の税務上の書類がその例である。

申立ての方式・効果等は、第3節Ⅱ3において詳述したとおりである。

損害の計算のため必要な書類であっても、その書類の所持者においてそ

の提出を拒むことについて正当な理由があるときは、提出を命じることはできない。この場合、提出命令がなされても、不提出の効果は生じない。正当な理由があるか否かは、具体的事案に即して裁判所が判断するが、その判断のために、いわゆるインカメラの手続を採り、書類の所持者に文書の提示をさせ、その内容を開示することなく判断することができる（7条2項）。当該書類の内容が営業秘密であることは正当な理由となるかについては争いがある。東京地決定平成27.7.27判時2280号120頁「新日鐵住金営業秘密訴訟」は、「不正競争防止法7条1項は、不正競争による営業上の利益の侵害に係る訴訟において、裁判所が、当事者の申立てにより、当事者に対し、侵害行為について立証するため必要な書類の提出を命ずることができる旨規定するところ、当事者間の衡平の観点から模索的な文書提出命令の申立ては許されるべきではないことや、当事者が文書提出命令に従わない場合の制裁の存在（民事訴訟法224条）等を考慮すると、そこにおける証拠調べの必要性があるというためには、その前提として、侵害行為があったことについての合理的疑いが一応認められることが必要であると解すべきである。」とした上で、「現段階においては、本件技術情報の不正取得及び不正使用があったことの合理的疑いが一応認められるというべきであるから（中略）基本事件の争点との関連性が認められる本件文書については、証拠調べの必要性が認められる。」、「相手方は、さらに、本件文書には相手方の営業秘密を含むものがあり、提出を拒むことについて正当な理由があると主張するが、それ以上に本件文書の開示によりいかなる不利益が生じるのか具体的に明らかにしないところ、営業秘密の保護に関しては、民事訴訟法及び不正競争防止法上の手当がされていること、及び申立人と相手方との間には、平成26年7月16日付け秘密保持契約が締結されていることなどからすれば、本件文書に相手方の営業秘密を含むものがあってもそれだけでは原則として上記正当な理由には当たらないと解すべきであり、前記認定に係る証拠調べの必要性に照らして、単に本件文書が相手方の営業秘密を含むと抽象的に主張するのみでは、相手方においてその提出を拒むことについて正当な理由があるとは到底認められない。」と判示し、相手方が申立人の営業秘密を不正に取得し使用したことに関する文書の提出

を命じた。侵害が認められて損害額の立証に入った段階においても、営業秘密を理由として当然に提出を拒むことはできないというべきであろう。

10　判決の確定と執行

　判決の言渡し、控訴、上告については、差止請求において述べたとおりである。

　損害賠償請求認容の判決が確定したときは、その執行方法は金銭の支払いを目的とする債権の強制執行（民事執行法43条以下）による。

Ⅲ　信用回復措置請求

　一般に、事業者はその事業を営むことにより経済取引社会において一定の経済的評価を受けており、それが事業活動を行う上で必要な経済的信用を形成している。したがって、不正競争行為によりその営業上の信用が害されたときは、その信用を回復する措置を認める必要がある。

　そこで、旧法の1条の2・4項は、他人の営業上の信用を害した者に対して、損害賠償に代え、又は損害賠償とともに「営業上ノ信用ヲ回復スルニ必要ナル措置ヲ命ズルコトヲ得」と規定し、平成5年改正法7条（現14条）は同様に「故意又は過失により不正競争を行って他人の営業上の信用を害した者に対しては、裁判所は、その営業上の信用を害された者の請求により、損害の賠償に代え、又は損害の賠償とともに、その者の営業上の信用を回復するのに必要な措置を命ずることができる」と規定した。

　信用回復措置の請求の要件は、故意又は過失により不正競争行為がなされたこと、この行為によって営業上の信用が害されたことである。ここにいう「信用」は、営業信用侵害行為（2条1項15号）にいう信用、すなわち事業活動等について社会が与える経済的意味での評価である。

　不正競争行為により営業上の信用が害されたか否かは、具体的事案に即し当該不正競争行為の態様と事業者の側の営業活動の実態とこれに対する社会的評価を認定し、判断すべきものである。

　典型的事例として、不正取得したノウ・ハウを使用して事業者が製造販売している物品と誤認混同を生じ易い粗悪品を製造販売するような場合で

ある（通産省知的財産室・前掲営業秘密111頁は、営業情報の営業秘密に係る不正行為による信用毀損の例として、他社の顧客名簿を使用し、他社のイメージを害するような雑誌を当該顧客にのみ送付する場合、又は他社の営業マニュアルを使用し、通信販売等、他社の営業活動と同じ形態で粗悪品を販売する場合を挙げている）。

信用回復措置の請求を認容した判例は、営業信用侵害行為に多いが、周知表示との誤認混同行為でも、行為の態様、営業上の信用毀損の程度によって、謝罪広告の必要性を認めた事例がある（例えば、名古屋地判決昭和51.4.27判時842号95頁「中部機械商事事件」）。

信用回復措置の請求は、新聞雑誌等への謝罪広告の請求としてなされることが多いが、関係人への謝罪文書の送付（商品説明会出席者に対する訂正文の送付を命じた例として、前掲東京地判決平成19.5.25「ローソク事件」）、掲示板への謝罪文の掲示等がある。

その執行は、代替執行の方法（民事執行法171条）による。

Ⅳ　混同防止措置請求

1　概要

ⓐ商品・営業主体混同行為（2条1項1号）、著名表示不正使用行為（同項2号）、代理人等の商標不正使用行為（同項16号）については、自己の氏名を不正の目的でなく使用する等した行為（19条1項2号）、また、ⓑ商品・営業主体混同行為（2条1項1号）、著名表示不正使用行為（同項2号）については、いわゆる先使用行為（19条1項3号、4号）は、いずれも不正競争防止法の適用から除外されることは、前節Ⅲ2「不正競争責任の免除」において説明したとおりである。

しかし、このような自己氏名の使用や先使用が許容されることになると、これらの表示と同一又は類似の周知商品等表示や著名表示とが併存することになり、取引の安定が妨げられる結果となる。

そこで、これらの行為により営業の利益を侵害され、又は侵害されるおそれがある者は、ⓐに掲げる行為については、自己の氏名を使用する者（自己の氏名を使用した商品を自ら譲渡し、引き渡し、譲渡若しくは引渡しのために展示し、輸出し、輸入し、若しくは電気通信回線を通じて提供する者を含む。）に対し、ⓑの

うち19条1項3号に掲げる行為については、他人の商品等表示と同一又は類似の商品等表示を使用する者及びその商品等表示に係る業務を承継した者（その商品等表示を使用した商品を自ら譲渡し、引き渡し、譲渡若しくは引渡しのために展示し、輸出し、輸入し、若しくは電気通信回線を通じて提供する者を含む。）に対し、「自己の商品又は営業との混同を防ぐのに適当な表示を付すべきことを請求することができる」（19条2項）。なお、法19条1項4号の著名表示の先使用については、規定上この請求は認められない（小野・前掲概説561頁は、他人の類似表示が著名になる前からその周知表示を使用していた者が使用の継続をした結果、著名表示所有者がその利益を侵害されても混同防止付加請求ができないのは、実務上妥当でないから、準用によって利益の調整を図るべきであるとする）。

2 混同防止措置請求の内容

混同防止措置の請求の趣旨は、混同を防止するのに適当な表示を付すべきことであり、具体的な表示の特定まで含んでいない（小野・前掲概説562頁）が、請求者から具体的な表示方法を全く請求できないとするのでは、実効性を欠く規定になる（寒河江孝允・前掲実務相談437頁は、旧法につきある程度幅をもった例示を掲げての請求は許されるとし、その例として、「被告〇〇社製なる表示を付加するか、またはこれに類する混同を防止するための適当なる表示を付加せよ」との請求を挙げている）。

3 判決の確定と執行

混同防止措置請求認容の判決が確定したとき、その執行方法として代替執行の方法（民事執行法171条）を採ることは、前記の2に照らし、困難とならざるを得ない。したがって、執行方法としては間接強制（同法172条）によるほかない（小野・前掲概説562頁は、判決が確定しても、表示を付加しないときは、不正の目的での使用者として差止請求により解決を図り得ることを示唆する）。

V 民事訴訟手続と営業秘密の保護

1 概要

不正競争防止法における営業秘密の保護規定は、ガットのウルグァイラ

ウンドTRIPs交渉を直接の契機として、平成2年6月不正競争防止法の一部を改正する法律によって、設けられることになったが、我が国における知的財産制度の充実と、国際的協調の必要という見地からこれを積極的に評価する見解が一般的であることは、既に説明したとおりである。

そこで、この規定が民事訴訟においてどのように機能しているかをみると、著者の調査したところでは、顧客名簿等の営業に関する情報についての差止請求訴訟が注目されるほか、特に営業秘密の保護を訴訟手続に求めようとする顕著な傾向は認められない。このことは、この規定が設けられたことを契機として、企業による営業秘密の管理が契約上の秘密の保全措置と事実上の秘密管理の両面にわたって徹底強化された表れともいえるであろう。また、この規定が営業秘密の不正利用等に対する抑止力として働いていると推測できないではない。しかし、その立法作業は極めて短期間に行われ、関連法規、特に民事訴訟制度との調整等は全く行われなかったことは既に説明したとおりであり、特に、営業秘密を保護するため訴訟上営業秘密を開示する必要があるという矛盾を制度的に解決できないため、訴訟手続の利用が困難であるという面がないとはいえない状況にあった。

知的財産戦略大綱を受けて内閣に設置された知的財産戦略本部は、平成15年7月8日、「知的財産の 創造、保護及び活用に関する推進計画」を決定したが、推進計画の中でも、知的財産に関する裁判について、保護分野の一環として「紛争処理機能を強化する」旨が謳われ、その中で、「証拠収集手続を拡充する」、「特許権等の侵害を巡る紛争の合理的解決を実現する」との項目が掲げられた。

司法制度改革推進本部事務局の知的財産訴訟検討会（座長：伊藤眞東京大学教授、座長代理：中山信弘東京大学教授）は、知的財産に関する事件についての審理の充実のための諸方策について検討を行い、その検討の結果を踏まえ、前述の営業秘密に関わる制度的矛盾を解消し、訴訟手続における営業秘密の保護強化及び侵害行為の立証の容易化を測る観点から、インカメラ手続の整備、秘密保持命令及び当事者尋問等の公開停止制度の創設を内容とする「裁判所法等の一部を改正する法律」（平成16年法律第120号）が制定され、それを受けて平成16年不正競争防止法の改正が行われた。

第4節　V

　以下では、平成16年改正法のうち、これまで本書で触れていない秘密保持命令制度及び当事者尋問等の公開停止制度について解説すると共に、平成16年改正以後における民事訴訟手続における営業秘密に係る不正行為を理由とする訴訟（以下「営業秘密訴訟」という）の運営上の諸問題を検討する。

2　審理の非公開に関する従前の議論

　憲法82条1項は「裁判の対審及び判決は、公開法廷でこれを行ふ」と規定し、ここにいう裁判は口頭弁論や公判手続を指し、民事事件については非訟事件を含まない、とするのが通説・判例であるから、民事訴訟手続において公開、すなわち国民一般の傍聴を認める法廷で口頭弁論を行うことは、憲法上の要請である。もっとも、同条2項は「裁判所が、裁判官の全員一致で、公の秩序又は善良の風俗を害する虞があると決した場合には、対審は、公開しないでこれを行ふことができる。但し、政治犯罪、出版に関する犯罪又はこの憲法第3章で保障する国民の権利が問題となつてゐる事件の対審は、常にこれを公開しなければならない」と規定している（その手続について裁判所法70条参照）から、この範囲では公開は絶対的要請ではない。

　これを営業秘密訴訟についてみると、非訟事件的性質を有し口頭弁論を必要的としない仮処分仮差押等の保全事件を除き、その本案訴訟は口頭弁論を経ることを要するから、その裁判は公開の法廷で行わなければならない。営業秘密訴訟は絶対的公開事由には該当しないが、その公開が公の秩序又は善良の風俗を害するおそれがあるとはいえないから、このことを理由にその審理を非公開とすることはできない。従来の憲法学説に従う限り営業秘密訴訟を非公開とすることは困難であると解していた。

　ただ、民訴法の研究者の間では、民事訴訟における古典的公開主義は、時代の要請に合わないものであり、憲法82条2項の公開制限に該当しない場合でも一定の事由があるときはその審理を非公開とすることができるとする次のような見解がみられた。

　　ⓐ　公開することがかえって基本的人権、個人の尊厳を無視する結果となり、又は正義に合致しないときは公開禁止の決定をしても憲法82条

に違反しないとする見解（鈴木忠一「非訟事件に於ける正当な手続の保障」法曹時報21巻2号292頁）

ⓑ　国際人権規約Ｂ14条が「当事者の私生活の利益のため必要な場合において又はその公開が司法の利益を害することとなる特別の状況において裁判所が真に必要があると認める限度で、裁判の全部又は一部を公開しないことができる」と規定していることを根拠に私生活上の秘密保護のための非公開を認める見解（鈴木重勝「国際人権規約と民事裁判の公開制限」小林孝輔還暦記念504頁以下）

ⓒ　憲法32条は事件の性質に応じた適正な裁判手続を保障するものであり保護に値する企業秘密が容易に外部に漏れるような手続は適正手続といえないとする見解であって、その具体的適用として「裁判の公開によって権利の実効的救済が困難となる場合には、裁判所は当事者の申立または職権に基づいて、裁判官全員一致の判断で、秘密の詳細に関する当事者の立証の場面など必要とする範囲に限って、口頭弁論を非公開とする決定をしなければならない」とする見解（田邊誠「民事訴訟における企業秘密の保護下」判タ777号39頁。同ジュリ1028号95頁）

ⓓ　実定法秩序が営業秘密などの利益を法律上の利益として保護しているときに、審理の公開によってその利益が害されることが定型的に予想されるときには、その法秩序は憲法82条2項の「公の秩序」にあたる見解（伊藤眞「民事訴訟法補訂第2版」222頁）

また、憲法学の立場からも、憲法32条の裁判を受ける権利の保障が意味を持つためにはデュー・プロセスの一環として憲法32条から導かれる基本的人権としての「非公開審理を求める権利」を認め、営業秘密についてはこれが政府によって公開されないことは憲法29条の財産権に含まれる、として営業秘密訴訟の非公開を憲法学上肯定する見解（松井茂記「裁判の公開と『秘密』の保護2」民商法雑誌106巻5号581頁以下）が発表されており、また、憲法82条2項の公開制限を例示的列挙と解することもでき、国民の生命身体の安全にかかわる企業が、企業秘密を主張して非公開審理を求めることが正当化されるかどうかは、その企業が普段から国民に対しどのような情報提供を行ってきたかによって影響される、とする見解（佐藤幸治「公開裁

判原則と現代社会」法学教室145号81頁）も主張されていた。

　これらの見解の背景には、ドイツ連邦共和国やアメリカ合衆国においては、民事裁判の公開は憲法上の原則とされておらず、営業秘密保護のための審理の公開禁止ができるという立法例がある。しかし、これらのいずれの見解も、その理論構成にもそれぞれ問題がある。ⓐ説については、具体的な条文上の根拠を欠くという批判があり得るし、ⓑ説については、国内法秩序としてみた場合憲法が国際条約に優先する、とするのが憲法学説上の通説であって、国際人権規約を非公開の根拠とできるかについては疑問があり、ⓒ説については、憲法32条を根拠に憲法82条の公開禁止制限に内在的制約を認めることができるか疑問がある。「現行憲法のもとでは、営業秘密の保有者が安心して裁判手続に保護を求めることを可能にする、確実な公開制限の方法は存在しないのではないかと思われる」という指摘（小橋馨「営業秘密の保護と裁判公開の原則」ジュリ962号40頁）の持つ説得力を否定できない以上、訴訟手続を主催する裁判所としては少なくとも民訴法の根拠規定もなしに営業秘密訴訟の口頭弁論において審理を非公開とすることは困難であろう。ⓓ説についても同様の批判が考えられるが、裁判の公開という憲法の要請と営業秘密の裁判上の保護を調和させた学説の進展に期待が寄せられていた。

　このように、営業秘密の保護と審理の非公開の問題は、憲法上の公開原則との調和をどのようにして解決するかという困難な課題直面せざるを得ないままに推移した。しかし、平成16年法改正は、前述の知的財産戦略と司法制度の改革の実現のために必要不可欠との視点から秘密保持命令制度及び当事者尋問等の公開停止制度を設けることによりその解決を図ったものである。

3　秘密保持命令

(1)　法改正の経緯

　営業秘密に係る不正競争行為に関する訴訟では、提出されるべき準備書面や取り調べられるべき証拠に当事者の保有する営業秘密が含まれている場合があるところ、当該営業秘密の漏洩を防止するための手段としては、

民訴法92条の閲覧等の制限や不正競争防止法による規制が存在していた。しかし、このような手段は不十分であり、営業秘密であっても裁判所に提出させ、その上で当該営業秘密を保護する制度が必要であるとの指摘がなされていた。

司法制度改革推進本部事務局の知的財産訴訟検討会(座長：伊藤眞東京大学教授、座長代理：中山信弘東京大学教授)は、かかる指摘を踏まえ、訴訟において現出された営業秘密を保護する具体的な制度のあり方について鋭意検討が行われ、その結果、平成16年の「裁判所法等の一部を改正する法律」を受け、平成16年改正法は、証拠等に営業秘密が含まれる場合に、裁判所の命令によって名宛人に当該営業秘密の使用及び開示を禁止する秘密保持命令の制度を導入した(法10条)。同改正法は、平成17年1月6日より施行されている。

(2) 発令の要件・効果

秘密保持命令は、「不正競争による営業上の利益の侵害に係る訴訟」において申し立てられることが必要である(1項柱書本文)。「訴訟」には、不正競争行為の差止めを求める仮処分事件も含まれる(最高三小決定平成21.1.27民事63巻1号271頁「液晶モニター事件」)。「液晶モニター事件」において、最高裁は、特許法下での秘密保持命令制度の趣旨について、「特許権又は専用実施権の侵害に係る訴訟において、提出を予定している準備書面や証拠の内容に営業秘密が含まれる場合には、当該営業秘密を保有する当事者が、相手方当事者によりこれを訴訟の追行の目的以外の目的で使用され、又は第三者に開示されることによって、これに基づく事業活動に支障を生ずるおそれがあることを危ぐして、当該営業秘密を訴訟に顕出することを差し控え、十分な主張立証を尽くすことができないという事態が生じ得る。特許法が、秘密保持命令の制度(同法105条の4ないし105条の6、200条の2、201条)を設け、刑罰による制裁を伴う秘密保持命令により、当該営業秘密を当該訴訟の追行の目的以外の目的で使用すること及び同命令を受けた者以外の者に開示することを禁ずることができるとしている趣旨は、上記のような事態を回避するためであると解される。」とした上で、「特許権又は専用実

第4節　V

施権の侵害差止めを求める仮処分事件は、仮処分命令の必要性の有無という本案訴訟とは異なる争点が存するが、その他の点では本案訴訟と争点を共通にするものであるから、当該営業秘密を保有する当事者について、上記のような事態が生じ得ることは本案訴訟の場合と異なるところはなく、秘密保持命令の制度がこれを容認していると解することはできない。そして、上記仮処分事件において秘密保持命令の申立てをすることができると解しても、迅速な処理が求められるなどの仮処分事件の性質に反するということもできない。特許法においては、「訴訟」という文言が、本案訴訟のみならず、民事保全事件を含むものとして用いられる場合もあり（同法54条2項、168条2項）、上記のような秘密保持命令の制度の趣旨に照らせば、特許権又は専用実施権の侵害差止めを求める仮処分事件は、特許法105条の4第1項柱書き本文に規定する「特許権又は専用実施権の侵害に係る訴訟」に該当し、上記仮処分事件においても、秘密保持命令の申立てをすることが許されると解するのが相当である。」として、これと異なる判断をした原決定を破棄、原々決定を取消し、原々審に差し戻した。

秘密保持命令が発令されるには、

ⅰ　準備書面又は証拠の内容に営業秘密が含まれていること（1項1号）

ⅱ　当該営業秘密が当該訴訟の追行の目的以外の目的で使用され、又は開示されることにより、当該営業秘密に基づく事業活動に支障を生ずるおそれがあり、これを防止するため当該営業秘密の使用又は開示を制限する必要があること（1項2号）

を申立人において疎明することが必要である。

したがって、秘密保持命令の申立ての時までに秘密保持命令の名宛人が当該準備書面又は証拠以外の方法で当該営業秘密を取得し又は保有していた場合は、秘密保持命令で保護すべき営業秘密は存在しないため、発令の対象とはならない（1項柱書但書）。

秘密保持命令の申立ては、名宛人、秘密保持命令の対象となるべき営業秘密を特定するに足りる事実、及び1項各号に該当する事実を記載した書面を提出することにより行われる（2項）。

秘密保持命令を受けるべき者（名宛人）となりうるのは、当事者のほか、

訴訟代理人や補佐人が対象となり、当事者が法人の場合は代表者や使用人等の自然人が対象となる。前述のとおり、秘密保持命令は、「不正競争による営業上の利益の侵害に係る訴訟」において申し立てられることが必要である（1項柱書本文）ため、当該訴訟の当事者その他の関係者が対象となることが通常であろう。もっとも、独立当事者参加がなされた場合には、柔軟に解釈されうる。大阪地判決平成20.4.18判時2035号131頁「ＬＥＤチップ秘密保持命令事件」は、原告と被告Ａ・被告Ｂ間の特許権侵害訴訟において訴訟告知を受けた者（独立当事者参加人）が、特許権侵害訴訟の原告を相手方として、原告が独立当事者参加人に対し特許権に基づく損害賠償請求権等を有しないことの確認を求め、被告Ａを相手方として、被告Ａが独立当事者参加人に対し売買契約の債務不履行に基づく損害賠償請求権を有しないことの確認を求め、これらが特許権侵害訴訟と併合審理されていた案件において、独立当事者参加人が、原告、被告Ａ及び被告Ｂの訴訟代理人等の関係者に対し、秘密保持命令の申立てを行った事案である。裁判所は、独立当事者参加人の原告に対する訴えは、特許法105条の4第1項柱書本文における「特許権又は専用実施権の侵害に係る訴訟」に該当することが明らかであるのに対し、独立当事者参加人の被告Ａに対する訴えはこれに該当せず、独立当事者参加人と被告Ｂとの間には何らの訴訟も係属していないが、併合審理される独立当事者参加人の原告に対する訴訟ないし原告の被告Ｂに対する訴訟が「特許権又は専用実施権の侵害に係る訴訟」に該当する限り、被告Ａ及び被告Ｂの関係者も名宛人となると判断されている。

　申立てに際して名宛人を申立書に記載しなければならないが、名宛人は秘密保持命令の対象となる営業秘密の内容を十分に理解し訴訟追行に資する者でなければ意味がなく、また、秘密保持命令の発令後に訴訟手続を円滑に進めるためには、相手方（原告）の訴訟代理人のうち少なくとも1名以上の者を名宛人にする必要があるであろう。技術内容を検討するにふさわしい名宛人は誰か、訴訟代理人のうち誰を名宛人とすべきかについては、相手方の意見を聞かなければ決められないから、秘密保持命令の申立てをする前には、基本事件の当事者間の協議が重要であり、かつ不可欠である（伊藤眞ほか「座談会　司法制度改革における知的財産訴訟の充実・迅速化を図るため

の法改正について［下］」判タ1162号11頁〔中吉発言〕)。この事前協議の方法については、東京地方裁判所知的財産権部が公表している「秘密保持命令の申立てについて」(平成20年12月)において、裁判所と双方当事者を交えた進行協議期日(民事訴訟規則95条)等の場で事前協議を行い、開示すべき主張及び証拠の範囲、命令の名あて人となる候補者、発令後に名あて人となった相手方従業者等が退職、人事異動した場合の処置等の事後処理などについて協議することが説明されている。裁判所の関与の下で十分な事前協議をすることが望ましい(三村量一＝山田知司「詳報　知的財産権訴訟における秘密保持命令の運用について」判タ1170号4頁、髙部眞規子「秘密保持命令Ｑ＆Ａ」知財ぷりずむ40号25頁参照)。

　次に、営業秘密の特定の仕方に関しては、営業秘密そのものを記載するのではなく、準備書面や書証における記載箇所を形式的に引用する形で営業秘密を特定することが望ましい(前掲近藤ほか266頁は、『例えば、「平成○○年○月○日付け被告第○準備書面○頁○行から○頁○行までに記載された秘密」とか「乙第○号証の○頁○行から○頁○行までに記載された秘密」などのように特定すべきである』とする)。

　秘密保持命令の効果として、名宛人には、当該営業秘密の当該訴訟の追行の目的以外の目的への使用、及び当該営業秘密に係る秘密保持命令を受けた者以外の者への開示が禁止される(1項柱書本文)。

　そこで、決定書に営業秘密記載文書を添付する取扱いがされた場合の名宛人及び基本事件で営業秘密記載文書を副本として受領した名宛人たる訴訟代理人は、決定書及び営業秘密記載文書を厳重に保管する必要がある(髙部・前掲知財ぷりずむ40号28頁参照)。さらに、名宛人となる訴訟代理人は、発令後の準備書面の作成などにおいて営業秘密の内容をできるだけ引用しないようにし、引用する場合は、形式的な特定にとどめるべきことが多いであろう。営業秘密の内容を記載する準備書面を訴訟において提出せざるを得ないときは、その起案、印刷、複写及び裁判所への提出につき、秘密保持命令の名宛人となっていない他の訴訟代理人あるいは法律事務所の他の所属弁護士・事務員などが営業秘密の内容を知り、それを他に漏洩することのないように十分な配慮が必要となる(三村＝山田・前掲判タ10頁参照)。

秘密保持命令によって禁止されるのは、営業秘密記載文書に記載された営業秘密という情報を使用又は開示することであって、当該文書の記載文書そのものの使用又は開示に止まらない。したがって、発令後に、開示が禁止された営業秘密と同一事項を記載した準備書面が提出された場合にも、秘密保持命令の効力は当然にその書面にも及ぶことになる（三村＝山田・前掲タフ頁、髙部眞規子ジュリ1317号189頁「知的財産権訴訟における秘密保護手続の現状と課題」193頁参照）。

秘密保持命令が発せられた場合には、名宛人の手続保障の観点から、その決定書を名宛人に送達すべきものとされ（3項）、秘密保持命令は決定書が送達された時から効力を生ずる（4項）。秘密保持命令の効力は、秘密保持命令を受けた者に決定書が送達されたときから生じ、法11条に基づく取消しが確定するまでその効力は維持されることになる。

秘密保持命令に違反して営業秘密を訴訟外の目的に使用又は開示した場合には、刑事罰の対象となる（法21条2項6号）ほか、不正競争防止法2条1項7号違反が成立する可能性がある。

秘密保持命令を却下した裁判に対しては、申立人は即時抗告をすることができる（5項）。他方、秘密保持命令を発令した決定は直ちに確定し、これに不服ある当事者は、裁判所に対し、命令の取消しを求めていくことになる（法11条）。これは、即時抗告が認められるとなると、抗告審の決定が出るまでの間の営業秘密の漏洩の危険があり、これを防止するためである。

平成18年9月15日、特許法105条の4第1項および不正競争防止法10条1項に基づき、わが国で初めて秘密保持命令が発令された（東京地判決平18.9.15判時1973号131頁「バルナパリンナトリウム注射薬事件」）。基本事件の審理において、申立人（基本事件の被告）の医薬品と非申立人（基本事件の原告）の医薬品との同等性がいかなる程度において厚生労働省により審査されて、申立人の医薬品が同省により承認されたのかが争点となり、申立人が薬事法所定の医薬品輸入承認申請書の添付資料として厚生労働省に提出した資料（具体的には、厚生労働省および医薬品副作用被害救済・研究振興調査機構に提出された、物理化学的同等性に関する資料、酵素化学的同等性に関する資料、毒性学的同等性に関する資料および免疫化学的同等性に関する資料）を書証として提出する際、同資

料に記載された情報の一部が、申立人の営業秘密に該当するものと判断され、かつ、使用及び開示の制限の必要性が肯定されて、原告訴訟代理人を相手方とする秘密保持命令が発令された。使用及び開示の制限の必要性の点について、決定は、「本件情報は、申立人製品の内容及び規格を規定するものその他申立人製品の輸入承認等の許可を得るために必要なものであって、後発医薬品メーカーその他同業他社による同種製剤の製造販売又はその承認等の許可を容易にする情報であると認められる。しかも、申立人製品のような生物由来の後発医薬品については、これに関するノウハウを有する会社が極めて少なく、実際にも、原告製品の後発医薬品の販売は申立人の外には行っていない。そうすると、本件情報が本件訴訟の追行の目的以外の目的で使用されまたは開示されることにより、申立人において他の後発医薬品メーカー等との間の競争上の地位が害されるなど申立人の事業活動に支障を生ずるおそれがあり、これを防止するため当該営業秘密の使用又は開示を制限する必要があると認められる」と判示している。

なお、同決定の主文は、「相手方らは、別紙営業秘密目録記載の営業秘密を、当庁平成18年(ワ)第6363号事件の追行の目的以外の目的で使用し、又は本決定と同内容の命令を受けたもの以外の者に開示してはならない」としている。また、決定書に対象となる営業秘密の内容を記載した文書を添付するかどうかについては議論のあるところであるが、本決定はこれを添付していない。

(3) 秘密保持命令の取消し

秘密保持命令の申立てをした者又は秘密保持命令を受けた者は、訴訟記録の存する裁判所（訴訟記録の存する裁判所がない場合にあっては、秘密保持命令を発した裁判所）に対して秘密保持命令の取消しを請求することができる（法11条）。

取消事由としては、はじめから発令の要件を欠くことと、事後的に発令の要件を欠くに至ったことがある（同条1項）。前者が規定されたのは、秘密保持命令を発した決定は直ちに確定し、即時抗告が認められていないことから、発令の要件を欠くことも、取消事由とする必要があるためである。

後者（事情変更）の例としては、例えば、基本事件において特許権侵害が認められて認容判決が確定した場合は、被告製品や被告方法は、原告の特許権の技術的範囲内に属するものであって、秘密として保護する必要性のないものとなるから、秘密保持命令は取り消されることになろう。大阪地判決平成20.12.25判時2035号136頁「LEDチップ秘密保持命令取消事件」は、

　秘密保持命令の対象とされた情報が、秘密保持命令の名宛人が既に取得していたものであること、営業秘密に該当しないことなどを理由に、前掲「LEDチップ秘密保持命令事件」に係る秘密保持命令が取り消された事案である。一方、原告の特許権の技術的範囲内に独自の技術を付加した利用発明に該当するような場合は、特許権侵害訴訟において被告の敗訴が確定しても、取り消されない場合がある（三村＝山田・前掲判タ10頁、髙部・前掲知財ぷりずむ40号32頁参照）。

　取消しの申立てについての裁判があった場合には、裁判所はその決定書を申立てをした者及び相手方に送達しなければならない（同条2項）。取消しの申立ての裁判に対しては、即時抗告をすることができ（同条3項）、秘密保持命令を取り消す裁判は確定後に効力が生じることとなる（同条4項）。秘密保持命令が複数人に発令され、その後、ある者（一部の名宛人）に対する秘密保持命令が取り消された場合には、他の名宛人にとっては、従前は適法であった当該者への営業秘密の開示が不適法になるという重大な効果が生ずるものであり、当該者からの営業秘密の漏洩の危険も現在化することから、当該者への営業秘密の開示を防止するため、その秘密保持命令を取り消す裁判があった旨を直ちに当該者以外の秘密保持命令の名宛人に通知することとしている（同条5項）。

　取消事由の立証責任については争いがあるが、法10条1項1号及び2号の秘密保持命令発令の要件については、取消しの申立てをした者が秘密保持命令の要件を欠くことを反証程度で立証すれば、秘密保持命令の申立人において上記要件の存在を立証しなければならないと解すべきであろう。秘密保持命令を申し立てた営業秘密の保有者は、通常、営業秘密該当性について最もよく疎明活動を行うことができる立場にあり、実際、発令時にその点の疎明を行っているからである。一方、法10条1項柱書但書の要件に

ついては、これは消極的要件であるから、条文の構成等から考えても、秘密保持命令の名宛人が疎明責任を負うと解すべきである。また、事後的に発令の要件を欠くに至った場合については、「欠くにいたったこと」は、発令時以後の事情変更の事実であって、それは取消しを求める者に有利な法律効果の発生を求めるものであるから、当事者間の公平の観点から、取消しを申し立てた側（秘密保持命令の名宛人）が疎明すべきであると解する（以上につき、高部・前掲知財ぷりずむ40号33頁、三村＝山田・前掲判タ10頁参照）。

(4)　訴訟記録の閲覧等の請求の通知等

　秘密保持命令が発令された場合は、申立人は、基本事件に営業秘密記載文書を提出することになるが、その場合、第三者に閲覧されないようにするために、同時に、閲覧制限の申立て（民訴法92条1項2号）をする必要がある。

　しかし、同条では当事者による閲覧等は禁止されていないため、秘密保持命令の名宛人となっていない当事者の使用人等が当事者の代理人又は使者として閲覧等の請求の手続を行うことが考えられ得る。そこで、法12条1項は、秘密保持命令が発せられた訴訟（すべての秘密保持命令が取り消された訴訟を除く。）に係る訴訟記録について、民訴法92条1項の決定（営業秘密に係る秘密記載部分の閲覧等の請求を当事者に限定する決定）がされている場合において、当事者から民訴法92条1項の秘密記載部分の閲覧等の請求がされ、かつ、その請求の手続を行った者が、当事者等、訴訟代理人又は補佐人のうち当該訴訟において秘密保持命令を受けていない者であるときは、裁判所書記官は、民訴法92条1項の申立てをした当事者（秘密記載部分の閲覧等の請求をした者を除く）に対し、その請求後直ちにその請求があった旨を通知しなければならないものとし、その請求の手続を行った者に対する秘密保持命令の申立ての契機とすることができるようにした（前掲・近藤ほか「司法制度改革概説2　知的財産関係2法／労働審判法」38頁）。

　また、秘密保持命令の名宛人となっていない者が秘密記載部分の閲覧等の請求の手続を行ったときは、その者に対する秘密保持命令の発令を得るのに必要な期間（閲覧等の請求があった日から2週間。その期間内にその者に対する秘密保持命令の申立てがあったときは、その申立てについての裁判の確定までの間）、

閲覧等を制限することとされている（法12条2項）。また、1項の請求をした者に民訴法92条1項の秘密記載部分の閲覧等をさせることについて、営業秘密の保有者である同項の申立てをした当事者のすべての同意があるときは、1項及び2項は適用されない（同条3項）。

(5) 刑事罰

　法21条2項6号は、秘密保持命令による営業秘密の保護の実効性を確保する観点から、秘密保持命令違反の罪を定める。

　営業秘密の保護の実効性を確保するため、一般の民事訴訟手続には類例のない懲役刑（5年以下）若しくは罰金刑（500万円以下）又はその併科による刑事罰の制裁を定めている。

　秘密保持命令違反の罪の審理では、秘密保持命令の対象となった営業秘密の内容が審理に現れることが想定されるところ、刑事裁判手続が公開の法廷で審理されることは憲法上の要請であり、これを非公開にすることは刑事裁判の性質上困難であるため、秘密保持命令によって保護されるべき営業秘密が刑事裁判手続において一層侵害されるリスクを伴うことから、本罪は親告罪とされている（法21条5項）。

　法22条（両罰規定）1項は、秘密保持命令による営業秘密の保護の実効性を確保する観点から、秘密保持命令違反行為を行った者の属する法人又は事業主である人に対しても、罰金刑（法人の場合は3億円以下、人の場合は500万円以下）を科している。

　法22条2項は、1項に規定する両罰規定の場合においても、①行為者の罰則と同様に親告罪であることを確認的に明らかにするとともに、②共犯の場合の告訴不可分の原則（刑事訴訟法238条1項）と同様に、秘密保持命令違反行為を行った者に対する告訴の効力が事業主に対しても不可分的に及ぶことを確認的に明らかにするものである（前掲・近藤ほか「司法制度改革概説2　知的財産関係2法／労働審判法」47頁）。

4　当事者尋問等の公開停止制度の創設

　前述のとおり、知的財産推進計画は、特許権等の侵害を巡る紛争の合理

第4節 Ⅴ

的解決を実現することを謳っていたが、その際に、訴訟手続において営業秘密を公開審理で公開されてしまうことが、訴訟により解決を図ることを躊躇する理由の1つであることが指摘されていた。そして、制度のユーザーである産業界からは、営業秘密の開示が問題となる訴訟における一定の場合の非公開審理を望む声が高まっていた。そして、憲法学者からも、知的財産権訴訟における営業秘密の保護のため一定の場合に非公開の措置をとることは、憲法82条2項にいう「公序を害するおそれ」を避けるための措置として憲法上許容されているとの意見が司法制度改革推進本部の知的財産訴訟検討会に提出された（長谷部恭男教授は、知的財産訴訟検討会に提出した意見書「裁判の公開原則と「公序」概念に関するメモ」において、「当事者が公開の法廷で営業上の秘密にかかる事柄について陳述をすることにより、かえってその営業秘密としての非公知性、秘匿性等が失われ、これによりその当事者の当該営業秘密にもとづく事業活動が著しく損なわれることが明らかであることから、当該事項について十分な陳述をすることができず、かつ、当該陳述を欠くことによって適正な裁判を行うことができないという高度の蓋然性がある場合には、裁判所は全員一致の決定により、対審を公開しないで行うことができると結論すべきことになる」とし、また、戸波江二教授は、意見書「裁判の公開原則と営業秘密に関するメモ」において、「知的財産権訴訟は、特許権訴訟にみられるように知的な活動によって得られた財産的権利を保護し、もって公正な競争秩序を形成することに資するものである。このような分野では、企業の活動の根幹をなす営業秘密は十分に保護されなければならず、それは知的財産権訴訟が有効に機能するための重要な要素とさえいうことができる。したがって、知的財産権訴訟において営業秘密の保護のために裁判の公開停止の制度を設けることには十分に理由があり、その意味で、知的財産権訴訟における営業秘密の保護のための非公開の措置は憲法82条2項にいう公序を害するおそれを避けるための措置ということができる」として、いずれも、一定の範囲で非公開審理に付することは憲法に違反しないとの意見を提出した）。

　そこで、同検討会は、営業秘密との関係で裁判の公開を困難とする真にやむを得ない事情があり、かつ、裁判を公開することによって、かえって適正な裁判が行われなくなるといういわば極限的な場合についてまで憲法が裁判の公開を求めていると解することは出来ず、このような場合には、憲法82条2項にいう「公の秩序又は善良の風俗を害する虞」がある場合に

該当するとの解釈を前提として、不正競争による営業上の利益の侵害を理由とする訴訟において公開停止を行う場合の要件と手続を検討し、パブリックコメント等を踏まえた上で、当事者尋問等の公開停止制度が新設されるに至った（不正競争防止法のほか、特許法及び実用新案法に当事者尋問等の公開停止に関する規定が新設された）。

　法13条は、不正競争による営業上の利益の侵害に係る訴訟における当事者等がその侵害の有無についての判断の基礎となる事項であって当事者の保有する営業秘密に該当するものについて当事者本人若しくは法定代理人又は証人として尋問を受ける場合においては、裁判所は、その当事者等が公開の法廷で当該事項について陳述をすることにより当該営業秘密に基づく事業活動に著しい支障を生ずることが明らかであることから当該事項について十分な陳述をすることができず、かつ、当該陳述を欠くことにより他の証拠のみによっては当該事項を判断の基礎とすべき不正競争による営業上の利益の侵害の有無についての適正な裁判をすることができないと認めるときは、裁判官の全員一致により、決定で、当該事項の尋問を公開しないで行うことができる旨を規定する（1項）。

　公開停止の決定がされるか否かは、営業秘密の保有者である当事者及びその相手方に重大な影響を与える事柄であり、公開の法廷で十分な陳述をできない事情の有無は陳述をする当事者等の意見を直接聴かなければ適切な判断をし難いことから、裁判所は、1項の決定をするに当たっては、あらかじめ当事者等の意見を聴かなければならないものとしている（同条2項）。また、この場合、裁判所は必要があると認めるときは、当事者等が陳述すべき事項の要領を記載した書面を提出させることができるものとしている（同条3項前段）。そして、この書面については、インカメラ手続の場合と同様に、何人も開示を求めることができないが（同条3項後段）、侵害行為の立証の容易化と営業秘密の保護とのバランスを図る観点から、裁判所は、3項後段の書面を開示してその意見を聴くことが必要があると認めるときは、当事者等、訴訟代理人又は補佐人に開示することができる（同条4項）。

　また、尋問を公開しない場合には、公衆を退廷させる前にその旨を理由とともに言い渡さなければならず、当該事項の尋問が終了したときは、再

び公衆を入廷させなければならない（同条5項）。

5　営業秘密に係る民事訴訟運営上の問題点

前記4において詳述したように、平成16年改正法により営業秘密保護の観点から秘密保持命令制度及び当事者尋問等の公開停止制度が法制化された。しかし、その要件は極めて厳格であり、実務においてこれらの規定が適用されるのは例外的にならざるを得ない。

そうすると、営業秘密に係る民事訴訟において、訴訟の運営上解決すべき問題はこれらの制度導入によって大幅に解決された訳でない。しかし、審理の公開を前提としても、営業秘密の訴訟手続上の保護は、訴状記載事項の留意、弁論準備手続の活用、証拠調べにおける適切な訴訟指揮権の行使などによってかなりの範囲で可能であると考えられる（なお、仮処分手続による差止請求の場合は、審理は公開されないからその利用により公開の問題は回避できる。しかし、本案訴訟を提起しないと、民事保全法37条3項により仮処分が取り消される場合を生じることに留意が必要である）。以下、秘密保持命令制度及び当事者尋問等の公開停止制度の適用がない場面での営業秘密に係る民事訴訟運営上の問題点について検討する。

(1)　訴状の記載事項

営業秘密訴訟、特に差止請求訴訟では、請求の特定のために訴状の請求の趣旨に営業秘密を特定して記載する必要がある。また損害賠償請求訴訟でも、請求原因事実として営業秘密を特定してそれが侵害されたことを主張しなければならない。

この記載が省略され、いかなる営業秘密か特定できるだけの記載がなければ、裁判所は原告にこれを特定することを命じ、特定できない限り、請求を棄却するほかない。ただし、訴状での特定は被告の防禦権の行使に必要最低限のものであれば足り、裁判所が訴訟の審理状況に応じて釈明権の行使等適切な訴訟指揮により訴訟手続を進めるべきであろう。

(2) 弁論準備手続の活用

　弁論準備手続は、口頭弁論における審理を集中的に行うため、争点の確定と証拠の整備を目的とする弁論の予行手続である。法律上の主張が錯綜し、あるいは証拠関係の整理に相当の手数が必要である等の場合、口頭弁論を経る前に、単独の裁判官が主催する準備手続に付し（民訴法168条ないし174条、同規則86条ないし90条）、争点の確定と証拠の整備を行う。準備手続は、当事者の事実調査不十分、平成8年改正前の民訴法255条の失権制裁との関係で争点が多くなり、かえって訴訟手続を遅延させる等の問題点があり、一般の民事訴訟手続では、利用されることが少なかった。しかし、東京高裁の知的財産権部では、特許・実用新案審決取消訴訟について、原則として事件を準備手続に付することにより効率的な事件処理を行っており、また各地方裁判所の知的財産権侵害訴訟において準備手続がしばしば利用されている。

　弁論準備手続は、弁論の予行手続であって憲法82条にいう「裁判の対審」に当たらないから、手続を公開する必要がない（伊藤眞「民事訴訟法第3版」245頁）。裁判所は、当事者が申出た者であっても、手続を行う上で支障があれば傍聴を許さないことができる（民訴法169条2項）。

　営業秘密訴訟では、営業秘密の特定や被告の使用している技術又は営業に関する情報の特定と両者の対比をめぐる争点の特定等準備手続によることが適切な整理を可能とすることが多く、また証拠の申請を準備手続で行えばその内容が公開の法廷ですべて晒されることなく審理を行うことができるという利点がある。特に書証については、準備手続でこれを提出し、認否を済ませておけば、口頭弁論では当事者が異議を述べない限り準備手続の結果を一括して陳述するだけで手続を進行させることができるから、準備手続の活用が有効適切といえるであろう。これに対し、準備的口頭弁論（民訴法164条）は、口頭弁論としての性格を有する以上、憲法上の公開要請を無視することはできない。

(3) 証拠調べの方法―書証―

　書証によって営業秘密であることを立証する場合、書証の申出は文書を

提出してする（民訴法219条）が、留置手続（民訴法227条）が採られない限り提出された文書は提出者の手元で保管されるから、申出と同時にその写しを提出することを要し（民訴規則137条）、写しは相手方に交付されると同時に訴訟記録に編綴され、これによって証拠調べの結果が証明される。民事訴訟手続において通常写しの提出が省略されることはない。

　書証の写しを相手方へ交付すると相手方において営業秘密を開示、利用するおそれがあり、また記録への編綴は、閲覧・謄写による第三者への営業秘密漏洩のおそれがある。

　このおそれを解消するには、書証の写しの交付、記録への編綴を省略するほかないが、そのようなことが法的に可能であろうか。この点については、写しの交付・編綴は書証の申出の要件ではなく、これを欠いても書証の申出は有効に行われたことになるとする有力な学説（法律実務講座民事訴訟編4巻281頁等）がある。判例も書証の写しを相手方に送達しなくとも証拠資料として採用できるとし（大審院判決昭和7.7.9法律新聞3451号11頁）、写しの記録への編綴は訴訟法の要求するところでなく実際の便宜上慣行とされているにすぎない（最高二小判決昭和25.6.16民集4巻6号219頁）とする。

　もっとも、そのようにすると、裁判所（特に控訴審・上告審）で証拠調べの結果を記録上知ることができないし、相手方の防禦権の行使にも影響するから、写しの交付・編綴をしない手続を一般的に承認することはできない。ただ、大阪高決定昭和48.7.12判時737号49頁「営業秘密証言拒否抗告事件」は、当該営業秘密が知れることにより企業の受ける打撃が深刻重大で、裁判の公正を犠牲にしてもその結果回避の必要性が極めて高いときは、証言を拒絶できるとしており、この決定を参酌すると、例外的に写しの交付編綴をしない取扱いも可能であろう（民事保全規則8条は、保全命令手続における審尋調書の作成省略、保全異議の手続における参考人等の陳述の記載省略を認めている）。写しの交付・編綴を省略しても、必要に応じ書証の再提示を求めること等により適正に審理を進めることは可能であろう。しかも、営業秘密に係る記録部分は、後述の民訴法92条により閲覧等が制限されるから書証による立証は秘密保護の観点から実効性が高い。

　なお、交付された写し又は記録の閲覧謄写により営業秘密を利用開示す

る行為は法2条1項7号又は8号の保有者から示された営業秘密の不正取得・使用・開示行為に該当するものと解される。

また、文書提出命令と営業秘密保護の関係は法7条に関連して述べたとおりである。

(4) 証拠調べの方法―人証―

人証（証人訊問・当事者訊問）は証すべき事実を表示してする（民訴法180条）が、営業秘密訴訟において、争点である営業秘密の内容について証明するための人証の申出に当たっては、秘密保護のため証すべき事項を簡略抽象的に記載することを許容すべきであろう。

証言拒絶権に関する民訴法197条1項3号の「技術又は職業の秘密」には営業秘密が含まれるから、他人の技術又は職業の秘密を守るべき立場にある者はそのことを理由に当該営業秘密事項について証言を拒絶できる。

しかし、原告は侵害されたとする営業秘密について、その内容に争いがあれば、これを証明しなければならず、そのために証人を尋問する場合は積極的に証人から秘密の内容を聞き出さなければならない（当然その点についての被告の反対尋問がある）。この場合営業秘密保護のためどのような配慮が可能か。尋問に当たって代理人双方が秘密保持を配慮した尋問をするよう裁判所が訴訟指揮権を行使することはできるし、尋問調書は陳述すべてを記載する必要はないから、ある程度は簡略的記載は可能である（速記原本の引用添付も活用できる）。結局は、当事者尋問の公開停止以外には積極的な方策は見当たらないが適切な訴訟運営によって営業秘密の保護を図るべきであろう（民訴法185条1項による裁判所外での証拠調べもできる。公開の法廷における尋問を回避するための採用は困難であるが、営業秘密という法的利益保護のためといえるから「相当と認めるとき」に当たるとする判断することも可能である）。

(5) 判決

判決の言渡しは判決原本に基づき裁判長が主文を朗読して行う（民訴規則155条1項）。主文の朗読に止まるから、金銭請求である損害賠償請求では問題はない。また、主文で別紙を引用するときは、その朗読を省略するの

が慣例であるから、秘密が判決の朗読により開示される懸念はない。

なお、和解の成立・請求の認諾・請求の放棄に伴う調書の作成は、営業秘密の特定ができる程度に記載されていれば足りる（和解については、裁判上の和解とせず、私法上の契約として、訴えを取り下げることもあり得よう）。

問題は判決文の報道機関による開示、判例雑誌等への掲載である。これらの場合不正競業目的ないし加害目的はないから、不正競争防止法によって規制することはできない。しかし、訴訟手続において万全の配慮をしても、判決内容の報道が自由になされると、営業秘密の保護は無に帰する。通常は営業秘密の具体的内容を省略しても、国民の知る権利を害することはないし、法律の解釈、研究に支障を来すことはないから、報道倫理としても、判例登載のあり方としても、営業秘密の具体的内容は開示しない慣行が確立するよう関係者が努める必要がある。

(6) 秘密保護のための訴訟記録の閲覧等の制限

民訴法92条は、「訴訟記録中に当事者の私生活についての重大な秘密が記載され、又は記録されており、かつ、第三者が秘密記載部分の閲覧等を行うことにより、その当事者が社会生活を営むのに著しい支障を生ずるおそれがあること」（1項1号）、「訴訟記録中に当事者が保有する営業秘密（不正競争防止法2条6項に規定する営業秘密をいう。第132条の2第1項第3号及び第2項において同じ。）が記載され、又は記録されていること」（1項2号）について疎明があった場合は、「裁判所は、当該当事者の申立により、決定で、当該訴訟記録中当該秘密が記載され、又は記録された部分の閲覧若しくは謄写、その正本、謄本若しくは抄本の交付又はその複製（以下「秘密記載部分の閲覧等」という。）の請求ができる者を当事者に限ることができる」（1項本文）と規定している。

閲覧等の制限決定は、当事者の申立に基づきなされる。「申立があったときは、その申立についての裁判が確定するまで、第三者は、秘密記載部分の閲覧等の請求をすることができない」（同条2項）。したがって、営業秘密保護のためには、当事者は、口頭弁論等において営業秘密に関する主張又は立証（書証の提出・証人の尋問等）がなされたときは、第三者の閲覧など

が先行することのないよう、速やかに訴訟記録の閲覧等の制限の申立をする必要がある。

　裁判所は、営業秘密の内容と第三者の利害等を比較衡量して閲覧等の制限をすべきか判断するが、営業秘密については、これが第三者に知られると秘密性を失うことになるから、それが秘密性をもつものと認められる限り、閲覧等の制限決定をすべきである。

　この申立を却下した裁判に対しては、即時抗告をすることができる（同条4項）。

　この決定に対しては、「秘密記載部分の閲覧等の請求をしようとする第三者は、訴訟記録の存する裁判所に対し、第1項に規定する要件を欠くこと又は欠くに至ったことを理由として、同項の決定の取消しの申立てをすることができる」（同条3項）。裁判所は、右要件の存否を判断して決定するが、閲覧等の制限決定を取り消す決定は、確定しなければその効力を生じない（同条5項）。また、この申立についての裁判に対しても、即時抗告をすることができる（同条4項）。

　相手方当事者（営業秘密の侵害を理由とする差止請求であれば、その被告）は、制限の対象にならない。相手方に秘密保持義務を負わせる規定は見送られたが、閲覧等によりその内容を知っただけでは、秘密性は失われないというべきであり、またそれが営業秘密と認められる限り、閲覧によりその内容を知った相手方は営業秘密の保持義務を負うというべきである。

(7)　文書提出義務及び検証物提出義務の存否の審理手続

　前述のとおり、平成15年改正法は、対象となる書類中に記載されている営業秘密が不必要に開示されることを避けるため、文書提出義務及び検証物提出義務の存否の審理を、裁判官のみによるインカメラ手続により行えるものとした（7条2項）。さらに、平成16年改正法は、インカメラ手続の際に、裁判所が書類提出を拒む正当な理由があるかどうかについて意見を聴くことが必要であると認めるときは、当事者等に対して当該書類を開示できることとした（7条3項）。また、この際に提示された書類の内容に当事者の保有する営業秘密が含まれ、当該営業秘密が開示されることにより当該

第4節　Ⅴ

営業秘密に基づく当事者の事業活動に支障を生ずるおそれがある場合には、裁判所は当該書類の開示を受けた当事者等に対し、秘密保持命令を発することができることとなった（10条）。

なお、民訴法223条は、「裁判所は、（中略）文書に取り調べる必要のないと認める部分又は提出の義務があると認めることができない部分があるときは、その部分を除いて、提出を命ずることができる」（1項）と規定しているから、立証に必要のない営業秘密保護のためにこれが記載された部分を除いて提出することができる。

第5節　不正競争と刑事責任

I　犯罪論概説

1　罪刑法定主義

　犯罪は国家の刑事法秩序に違反する行為であり、刑罰は犯罪をした者に対して国家が科する制裁である（刑罰の本質については、応報を重視する立場と教育を重視する立場がある）。

　近代国家では、犯罪に対してどのような刑罰を科するかは、法律によって定められており、国家といえども法律に基づかずに刑罰権を行使することはできない。これを罪刑法定主義という。例えば、刑法235条は「他人の財物を窃取した者は、窃盗の罪とし、10年以下の懲役に処する」と規定しているが、この規定は他人の財物を窃取する行為は犯罪であり、その行為者に対しては右に定めた範囲内（ただし総則に定める加重・減軽事由がある）の刑罰が科せられることを意味している。罪刑法定主義は、国民の人権の尊重（人道主義的配慮）と法的安定性の要請に基づくものといえよう。

2　一般刑法と特別刑法

　このように、何が犯罪であり、その犯罪に対してどのような刑罰を科するかは法律によって定められている。その基本法は刑法であり、「第1編　総則」において犯罪の成立と刑の加重・軽減等に関する一般原則を規定し、「第2編　罪」において、基本的かつ重要な犯罪とその刑罰について規定する。

　これに対し、特定の行政分野、特定の地域、特定の身分者等に適用される刑罰法規が特別刑法である（特別刑法の意義については、大塚仁「特別刑法」法律学全集42巻1頁以下参照）。不正競争防止法21条及び22条はこの特別刑法に属する。

3　犯罪の成立

　犯罪に関する基本的法理の一つは、責任主義の原則、すなわち、「責任なければ刑罰なし」という原則である。刑法38条1項は「罪を犯す意思が

ない行為は罰しない。ただし、法律に特別の規定がある場合は、この限りでない」と規定し、故意責任が原則であり、過失を処罰するのは例外的であることを明示している。

「故意」が成立するためには、犯罪の構成要件事実の発生を容認することを要し、確定的故意のほか、未必の故意、すなわち犯罪事実が発生するかもしれないことを知りかつその結果を容認する意思を含む（結果が発生するかも知れないことを認識してもこれを容認しないときは、認識ある過失として故意と区別される）。ただし、具体的事情のもとにおいて犯罪行為をしないことが期待できない、その意味で行為に対する非難可能性がないときは期待可能性がないとして故意の成立を否定するのが現在の刑法理論である（代表的研究論文として佐伯千仭「刑法における期待可能性の思想」）。これに対し、過失とは、犯罪発生の認識を欠いて犯罪の結果を発生せしめたことにつき、行為者に注意義務違反があることをいう。

刑法理論には主観主義と客観主義の対立があるが、いずれの見解を採るにしても、法の定める構成要件に該当する行為（例えば他人の財物を窃取するという行為）がなされ、その行為が違法であり（法令行為・正当業務行為、正当防衛・緊急避難等の違法性阻却事由がなく）、その行為者に責任（故意、又は過失を罰する規定があるときに限り過失）があるときに、犯罪が成立する（犯罪が成立しても同法39条、41条により心神喪失者、14才未満の者の行為等は処罰されない場合がある）。

法律の規定する犯罪の構成要件を充足する行為がなされたときを「既遂」といい、「犯罪の実行に着手してこれを遂げなかった」（刑法43条）ときを「未遂」という（何をもって実行の着手というかについて、犯罪者の犯罪的意思がその行為によって確定的に認められるとき、とする主観説と、構成要件的故意をもって構成要件に該当する行為の一部が行われたとき、とする客観説の対立がある）。未遂罪はこれを処罰する規定がない限り処罰されない（刑法44条）。

「共犯」とは、広義では数人で犯罪を行う場合の当該集団をいうが、狭義では、犯罪を実行する正犯を除いた教唆犯及び従犯をいう。

犯罪の実行者が数人あるときはその数人を「共同正犯」という。数人が共同して犯罪的意思主体を形成し、その中の一人が犯罪を実行した場合「共

謀共同正犯」として全員が共同正犯となる、とするのが通説判例である。共同正犯は皆正犯とされる（同法60条）。

「教唆犯」とは、人に犯罪の実行の決意を生ぜしめる行為をした者をいい、その罪は正犯に準ずる（同法61条1項）。教唆者を教唆する者も同様である（同条2項）。

「従犯」（幇助犯ともいう）とは、正犯を幇助した者（同法62条1項。同条2項によって従犯を教唆した者には、従犯の刑を科する）、すなわち犯罪の実行行為以外の行為であって正犯の実行行為を容易にする行為（例えば、殺人・強盗等に用いる凶器の提供、盗品の売却斡旋等）をした者をいう。従犯の刑は正犯の刑を軽減する（同法63条）。ただし、教唆犯も従犯も拘留又は科料のみに処すべき罪については特別の規定がある場合に限り処罰される（同法64条）。

4　刑罰及び刑の加重・軽減

刑罰は、国家が犯罪行為をした者に対し加える非難であり、刑法の認める刑罰は、死刑、懲役、禁錮、罰金、拘留、科料であり、ほかに附加刑としての没収がある（刑法9条）。

刑罰法規は、刑法、特別刑法を問わず、法律で犯罪に対して科せられる刑罰の種類とその範囲を定めており（これを「法定刑」という）、その中から裁判官が特定の刑罰を選択し、具体的事由に基づき刑の加重・軽減を行い（これを「処断刑」という）、さらに刑の量定をして刑が宣告される（これを「宣告刑」という）。

刑の加重事由は、併合罪と累犯（再犯）である。広義の併合罪、すなわち、特定の犯罪者について数罪が成立する場合（犯罪の競合）において、観念的競合（一個の行為が数個の罪名に触れる場合）及び牽連犯（一個の行為の手段と結果がそれぞれ別の罪名に触れる場合）は、その最も重い刑で処断され（刑法54条）、これに当たらない数罪のうち確定裁判を経ていない数罪及び確定裁判があった罪とその確定裁判前に犯された罪が狭義の併合罪として刑の加重事由（同法47条により各罪の刑の長期を超えない範囲内でその最も重い刑の長期にその半数を加えたもの）となる。

また、累犯は懲役に処せられた者がその刑の執行を終わり又は執行が免

除された日から5年以内にさらに犯罪行為をし有期懲役に処すべき場合であり（同法56条）、その罪について定めた懲役刑の2倍以下が加重される。

これに対し、心神耗弱者の行為（同法39条2項）、従犯（同法63条）、中止犯で刑が免除されないとき（同法43条ただし書）は法律上の必要的軽減事由となり、過剰防衛（同法36条2項）、過剰避難（同法37条1項ただし書）、犯罪法規の不知（同法38条3項ただし書）、自首・親告罪について告訴権者への首服（同法42条）、未遂（同法43条本文）等は法律上の任意的軽減事由であり、ほかに裁判上の任意的軽減事由として情状酌量（同法66条）がある（法律上の軽減事由が重複しても減軽は一回であるが、67条により法律上の酌量をした上でさらに情状酌量することはできる）。刑の減軽は、有期懲役についてはその刑期の二分の一まで、罰金はその金額の二分の一までである（同法68条3号・4号）。加減の順序は再犯加重・法律上の減軽・併合罪加重・酌量減軽の順による（同法72条）。

3年以下の懲役刑、禁錮刑又は50万円以下の罰金刑を宣告する場合において、情状により刑の執行を裁判確定の日から1年以上5年以下の期間猶予することができる。前に禁錮以上の刑に処せられたことがないこと、又は右刑に処せられても執行終了又は執行の免除の日から5年以内に禁錮以上の刑に処せられたことがないことを要件とする（同法25条1項）。刑の執行猶予中であるが、1年以下の懲役又は禁錮の言渡を受け情状特に酌量すべき場合（保護観察付の場合を除く）も同様である（同法25条2項）。

II　刑事訴訟手続

1　犯罪の捜査と公訴の提起

捜査とは、犯罪の嫌疑がある場合に、捜査機関が公訴の準備（提起・追行）のために被疑者・被告人を保全し、証拠を収集保全する手続をいう（平野龍一「刑事訴訟法」82頁）。

捜査機関は、司法警察職員及び検察官・検察事務官である。

捜査には、強制力を用いない任意捜査と、強制力を伴う強制捜査とがあるが、任意捜査が原則であり、強制の処分は刑事訴訟法に特別の定めのある場合に限られる（刑訴法197条1項ただし書）。

捜査は、司法警察職員については犯罪があると思料するときに開始され

(同法189条2項)、検察官については必要と認めたときに開始される。職務質問(警察官職務執行法2条1項)、変死者の検視(刑訴法229条)、告訴(同法230条ないし238条・240条ないし244条)、告発(同法239条・241条ないし243条)等が捜査の端緒となる。

告訴権者は、犯罪により被害を被った者であるが、告発は犯罪があると思料するときは何人もこれをすることができる。「親告罪」については、告訴がなくても捜査は開始できるが、告訴は訴訟条件であって、告訴がない限り公訴を提起できない。

捜査機関は、犯罪の捜査をするについて必要があるときは、被疑者及び被疑者以外の者の出頭を求め取り調べ、調書を作成することができる(同法198条・223条)。また、関係者の任意提出による領置(同法221条)、鑑定(同法223条)、証人尋問(同法226条)等により証拠を収集できる。

被疑者保全のための強制捜査は、逮捕・拘留である。逮捕は、逮捕令状による通常逮捕(同法199条)、重大な犯罪についてその嫌疑が充分で急速を要する場合の緊急逮捕(同法210条、逮捕後に逮捕令状の手続を必要とする)、現に犯罪行為を行っている、又は行い終わった現行犯の逮捕(同法212条、私人についても認められるがその場合犯人を直ちに捜査機関に引き渡さなければならない)等である。

司法警察職員は逮捕後留置を必要と認めるときは48時間内に被疑者を検察官に送致し(同法203条)、検察官は、留置を必要と認めるときは24時間内に(検察官が逮捕したときは48時間内に)裁判官に対し勾留の請求をする(同法204条・205条)。

裁判官は罪を犯したことを疑うに足りる相当の理由があり、かつ被疑者の住居不定、罪証隠滅のおそれ、逃亡のおそれのいずれかがあるときにのみ被疑者を勾留することができる(同法207条、60条)。

起訴前の勾留期間は請求の日から10日以内であり、やむを得ない事由があるときに限り通じて10日を越えない期間勾留延長が認められる(同法208条)。

対物的な強制処分としては、差押・捜索・検証(同法218条ないし220条)、鑑定(同法225条)等がある。

被疑者は、捜査段階においても弁護人を選任することができる(同法30条)。

第5節　II

　公訴は検察官が提起する（同法247条）。刑事訴訟法は起訴便宜主義を採用しており、検察官は「犯人の性格、年齢及び境遇、犯罪の軽重及び情状並びに犯罪後の状況により訴追を必要としないときは、公訴を提起しないことができる」（同法248条）。告訴、告発又は請求があった事件について公訴を提起し、又は提起しない処分をしたときは、告訴人、告発人又は請求人に対しその旨（公訴を提起しないときは請求によりその理由も）通知しなければならない（同法260条・261条）。

　公訴の提起は、起訴状を提出して行い、起訴状には被告人の氏名その他被告人を特定する事項、公訴事実（犯罪構成要件に該当する具体的事実を記載した訴因を明示する）、罪名を記載しなければならない（同法256条）。不正競争防止法21条2項1号違反罪を例に挙げる。「公訴事実　被告人A株式会社は、生鮮食料品の製造、販売業を営むものであり、被告人Bは、その代表取締役としてその業務全般を統括するものであるが、不正の利益を得る目的をもって、平成15年4月10日から同年5月15日までの間、東京都三鷹市〇〇町〇番地の同社工場において、同社が生産した鶏肉の包装・容器に、甲野工業株式会社の業務に係る食肉の包装、容器を表示するものとして需要者の間に広く認識されている別紙1記載の表示と類似する別紙2記載の標章を付して、別紙犯罪一覧表記載のとおりC株式会社及びD株式会社に販売し、もって他人の商品と混同を生じせしめたものである。罪名不正競争防止法21条2項1号違反罪　同法21条2項1号、第2条第1項第1号」

2　公判手続

　公訴が提起されると、裁判所は2か月以内に起訴状の謄本を被告人に送達し（刑訴法271条）、公判期日を定め（同法273条）、公開の公判廷において取り調べる（憲法37条1項・刑訴法282条）。

　被告人の弁護人選任権は憲法上の権利（憲法37条3項）であり、裁判所は被告人に対し、弁護人選任権を告げ、貧困その他の事由により弁護人を選任できないときは国選弁護人を請求できることを告げることを要し（刑訴法272条）、死刑又は無期若しくは長期3年を越える懲役若しくは禁錮に当たる事件（特許法196条・199条違反罪はこれに当たる）は弁護人がなければ開廷で

きない（刑訴法289条）。

公判手続は裁判所又は裁判長の訴訟指揮に従って進行する。犯罪事実の立証責任は検察官にあり、刑訴法は起訴状一本主義を採用しているから、捜査機関が収集した証拠は検察官がすべて公判廷において証拠調べの申請をし、裁判所が厳格な証拠法則（同法319条ないし328条）に従ってその採否を決定し、採用された証拠について刑訴法の定めるところ（同法304条ないし311条）に従って取り調べを行う（公判前整理手続について同法316条の2ないし39）。

事実の認定は証拠により（同法317条）、証拠の証明力は裁判官の自由な判断に委ねられるが、自白を唯一の証拠として有罪とすることはできない（憲法38条3項）から、有罪判決をするためには自白を補強する証拠が必要である。公判廷における自白は憲法38条3項にいう自白でなく、共犯たる共同被告人の自白は本人の自白でないとするのが判例である。

証拠調べが終わると、検察官は事実及び法律の適用について意見を陳述し（刑訴法293条1項。これを論告という）、被告人及び弁護人は意見を陳述することができる（同条2項。これを最終弁論という）。

判決は、口頭弁論に基づいて行われる（同法43条1項）。裁判には理由を付することを要する（同法44条1項）が、有罪判決には、罪となるべき事実、証拠の標目及び法令の適用を示し、犯罪の成立を妨げる法律上の理由及び刑の加重減免の理由となる事実が主張されたときは、これに対する判断を示さなければならない（同法335条）。

被告事件が罪とならないとき又は犯罪の証明がないときは、判決で無罪を言い渡す（同法336条）。終局判決には、有罪判決、無罪判決のほかに、免訴の判決（同法337条）、公訴棄却の判決（同法338条）、公訴棄却の決定（同法339条）等がある（上訴については、刑訴法351条以下参照）。

3　不正競争防止法における刑事訴訟手続の特例

平成21年不正競争防止法改正時の国会における附帯決議において、営業秘密侵害罪に係る刑事訴訟手続に関し、公開裁判を通じて営業秘密が公になるとの懸念から被害者が告訴を躊躇しているとみられることに鑑み、営業秘密保護のための特別の刑事訴訟手続の在り方等について早急に対応す

べきとの指摘がなされた。かかる指摘を踏まえ、平成23年改正により、営業秘密侵害罪に係る刑事裁判における営業秘密を保護するための刑事訴訟手続の特例が規定された。

また、平成27年改正において、「犯罪行為により生じ、若しくは当該犯罪行為により得た財産又は当該犯罪行為の報酬として得た財産並びに同財産の対価として得た財産」に対する任意的没収ないし追徴に関する規定が導入された。

(1) **営業秘密の秘匿決定等（23条関係）**
① **公訴事実に係る営業秘密の秘匿決定（23条1項・2項）**

営業秘密侵害罪における刑事訴訟手続において、裁判所は、被害者等からの申出に応じて、営業秘密の内容を公開の法廷で明らかにしない旨を決定することができる。

23条1項の申出をすることができる者は、当該事件の被害者及びその法定代理人並びにこれらの者から委託を受けた弁護士である。1項の申出がなされた場合、検察官は、裁判所の適切な判断に資するよう、自らが有する情報や資料を踏まえた意見を付して、裁判所に通知する（23条2項後段）。

1項の申出は、申出人の氏名又は名称及び住所等のほか、当該「事件に係る営業秘密を構成する情報のうち、法23条1項の決定の対象とすべき事項に係るもの」を明らかにしてしなければならない（不正競争防止法23条1項に規定する事件に係る刑事訴訟手続の特例に関する規則年最高裁判所規則4号。以下「平成23年最高裁規則」という。）2条1項4号）。裁判所は、被告人又は弁護人の意見を聴いた上で、「相当と認めるとき」に1項の秘匿決定をすることができる。「相当と認めるとき」とは、申出に係る営業秘密を構成する情報の全部又は一部を特定させることとなる事項を秘匿する必要性、秘匿により得られる利益の内容・程度、これを公開の法廷で明らかにすることにより得られる利益等を総合考慮し、秘匿の必要性が認められる場合をいう（経済産業省知的財産政策室編「逐条解説不正競争防止法-平成27年改正版-」247頁）。

秘匿決定がなされた場合、その事件の手続は、当該秘匿決定により公開の法廷で明らかにしないこととされた営業秘密を構成する情報の全部又は

一部を特定させることとなる事項（営業秘密構成情報特定事項）を公開の法廷で明らかにすることなく行われることとなり、必要に応じて、尋問等の制限（25条）や公判期日外の証人尋問等（26条）といった措置が講じられることとなる。

　ある事項が犯罪の証明又は被告人の防御のために不可欠であり、かつ、当該事項が公開の法廷で明らかにされることにより当該営業秘密に基づく被告人その他の者の事業活動に著しい支障を生ずるおそれがあると認める場合であって、相当と認めるときは、その範囲を定めて、当該事項を公開の法廷で明らかにしない旨の決定をすることができる（23条3項）。

　1項の申出の対象となる「当該事件に係る営業秘密」は、営業秘密侵害罪の訴因で特定された営業秘密であって、公開の法廷で明らかにされた場合に被害者の事業活動に著しい支障を生ずるおそれが類型的に高いに対し、3項の申出の対象となる「被告人その他の者の保有する営業秘密」は、有象無象の営業秘密を広く含むものであって、秘匿措置により保護すべき営業秘密を、営業秘密の要保護性の観点から適切な範囲に限定するため、当該営業秘密を構成する情報の全部又は一部を特定させることとなる事項が公開の法定で明らかにされることにより当該営業秘密に基づく被告人その他の者の事業活動に著しい支障を生ずるおそれがあることが要件とされている（経済産業省知的財産政策室編　前掲252頁）。

② 　呼称等の決定（23条4項）
　裁判所は、1項又は前項の決定（以下「秘匿決定」という。）をした場合において、必要があると認めるときは、検察官及び被告人又は弁護人の意見を聴き、決定で、営業秘密構成情報特定事項（秘匿決定により公開の法廷で明らかにしないこととされた営業秘密を構成する情報の全部又は一部を特定させることとなる事項をいう。以下同じ。）に係る名称その他の表現に代わる呼称その他の表現を定めることができる。

　訴訟関係人が公開の法廷で行う尋問、陳述等において営業秘密構成情報特定事項について言及する必要が生ずることが想定され、その場合、当該事項に係る表現を、一般には当該事項が明らかとならず、かつ、訴訟関係

人全員が統一的に使用・理解することができる別の表現に置き換えることができれば、当該事項を公開の法廷で明らかにすることなく当該尋問、陳述等をすることができる。このため、裁判所は、必要があると認めるとき、営業秘密構成情報特定事項に係る名称その他の表現に代わる呼称その他の表現（呼称等）を定めること（以下、「呼称等の決定」という）ができるとされた。

具体的には、たとえば、営業秘密に係る製造方法について「本件製造方法」、当該製造方法において用いる物質について「物質A」というように抽象化した表現が用いられることになる。

裁判所は、検察官や法23条3項の申出をした者に対して、呼称等の決定の対象とすべき営業秘密構成情報特定事項に係る名称その他の表現等、呼称等の決定に当たって参考となる事項を記載した書面の提出を求めることができる（平成23年最高裁規則5条）。

③ 秘匿決定の取消し（23条5項）

裁判所は、秘匿決定をした事件について、営業秘密構成情報特定事項を公開の法廷で明らかにしないことが相当でないと認めるに至ったとき、又は刑事訴訟法312条の規定により罰条が撤回若しくは変更されたため第1項に規定する事件に該当しなくなったときは、決定で、秘匿決定の全部又は一部及び当該秘匿決定に係る呼称等の決定の全部又は一部を取り消さなければならない。

(2) 起訴状の朗読方法の特例（24条関係）

秘匿決定があったときは、刑事訴訟法291条1項の起訴状の朗読は、営業秘密構成情報特定事項を明らかにしない方法で行われる。この場合においては、検察官は、被告人に起訴状を示さなければならない。

刑事訴訟法291条1項の規定により、起訴状は公判廷で朗読しなければならないとされているが、起訴状に営業秘密構成情報特定事項が記載されている場合には、その朗読によって当該事項が公開の法廷で明らかにされるおそれがある。このため、秘匿決定があった場合は、営業秘密構成情報特定事項を明らかにしない方法により起訴状の朗読を行うこととされた。な

お、公判前整理手続調書等の朗読又は要旨の告知、訴因又は罰条を追加、撤回又は変更する書面の朗読、判決の宣告などについても、営業秘密構成情報特定事項を明らかにしない方法により行うこととされている（平成23年最高裁規則第7条第1項）。

(3) 尋問等の制限（25条関係）

　裁判長は、秘匿決定があった場合において、訴訟関係人のする尋問又は陳述が営業秘密構成情報特定事項にわたるときは、これを制限することにより、犯罪の証明に重大な支障を生ずるおそれがある場合又は被告人の防御に実質的な不利益を生ずるおそれがある場合を除き、当該尋問又は陳述を制限することができる。

　刑事訴訟手続においては、公開の法廷で訴訟関係人による尋問及び陳述並びに被告人質問（被告人に対する供述を求める行為）が行われることが想定されるが、これら尋問等が営業秘密構成情報特定事項にわたる場合には、当該事項が公開の法廷で明らかにされるおそれがある。このため、秘匿決定があった場合において、裁判長は、営業秘密構成情報特定事項にわたる尋問等を制限できることとした。「犯罪の証明に重大な支障を生ずる」又は「被告人の防御に実質的な不利益を生ずる」とは、尋問等が制限されると、単に尋問等の仕方を工夫しなければならないという程度の不自由を受けるにとどまらず、犯罪の証明をする上で重要な事実の立証が困難となること又は被告人の防御上必要な特定の事実の主張立証が困難となるなどの不利益を生ずることをいう（経済産業省知的財産政策室編 前掲・258頁）。

　尋問等の制限を受けた検察官又は弁護士である弁護人がこれに従わなかった場合には、裁判所は、処置請求をすることができる（25条2項）。処置請求とは、「検察官については当該検察官を指揮監督する権限を有する者に、弁護士である弁護人については当該弁護士の所属する弁護士会又は日本弁護士連合会に通知し、適当な処置をとるべきことを請求すること」（刑事訴訟法295条5項）をいい、この請求を受けた者は、とった措置を裁判所に通知しなければならない（同条6項）。

(4) 公判期日外の証人尋問等（26条関係）

　裁判所は、秘匿決定をした場合において、証人、鑑定人、通訳人若しくは翻訳人を尋問するとき、又は被告人が任意に供述をするときは、検察官及び被告人又は弁護人の意見を聴き、証人、鑑定人、通訳人若しくは翻訳人の尋問若しくは供述又は被告人に対する供述を求める行為若しくは被告人の供述が営業秘密構成情報特定事項にわたり、かつ、これが公開の法廷で明らかにされることにより当該営業秘密に基づく被害者、被告人その他の者の事業活動に著しい支障を生ずるおそれがあり、これを防止するためやむを得ないと認めるときは、公判期日外において当該尋問又は被告人の供述（刑事訴訟法311条2項及び3項）を求める手続をすることができる。

　秘匿決定がなされた場合であっても、証人等の尋問や被告人の供述を求める手続（被告人質問）に関しては、例えば、証人が営業秘密構成情報特定事項にとっさに言及するなど、尋問等の制限（25条1項）を、実効性をもって行うことが困難な場合や、逆に、呼称等の決定や尋問等の制限を踏まえて、訴訟関係人が尋問又は供述を躊躇したり、萎縮したりして十分な尋問又は供述をすることが困難な場合が想定される。このため、秘匿決定をした場合において、裁判所は、一定の要件が認められるときには、公判期日外において証人等の尋問又は被告人質問をすることができることとされた。

(5) 尋問等に係る事項の要領を記載した書面の提示命令（27条関係）

　裁判所は、呼称等の決定をし、又は前条1項の規定により尋問若しくは被告人の供述を求める手続を公判期日外においてする旨を定めるに当たり、必要があると認めるときは、検察官及び被告人又は弁護人に対し、訴訟関係人のすべき尋問若しくは陳述又は被告人に対する供述を求める行為に係る事項の要領を記載した書面の提示を命ずることができる。

(6) 証拠書類の朗読方法の特例（28条関係）

　刑事訴訟手続において、証拠書類は、刑事訴訟法305条1項又は2項の規定により、公判期日において朗読しなければならないとされているが、この証拠書類に営業秘密構成情報特定事項が記載されている場合には、その

朗読によって当該事項が公開の法廷で明らかにされるおそれがある。このため、秘匿決定があった場合においては、営業秘密構成情報特定事項を明らかにしない方法により証拠書類の朗読を行うこととされた。

(7) 公判前整理手続等における決定（29条関係）
　秘匿決定及び呼称等の決定並びにこれらの決定を取り消す決定をすること（29条1号）、証人尋問等を公判期日外においてする旨を定めること（29条2号）について、公判前整理手続及び期日間整理手続において行うことができるとされた。
　公判前整理手続とは、充実した公判の審理を継続的、計画的かつ迅速に行うため、第1回公判期日前に、事件の争点及び証拠を整理するための公判準備として行われる手続であり（刑事訴訟法316条の2乃至316条の27及び316条の29乃至316条の32）、期日間整理手続とは、審理の経過に鑑み必要と認められるときに、第1回公判期日後に、事件の争点及び証拠を整理するための公判準備として行われる手続である（同法316条の28及び316条の29乃至316条の32）。

(8) 証拠開示の際の営業秘密の秘匿要請（30条関係）
　検察官又は弁護人の請求に係る証拠書類又は証拠物は、刑事訴訟法299条1項の規定により、相手方にこれを閲覧する機会を与えなければならないとされているところ（証拠開示）、これら証拠書類等に営業秘密を構成する情報の全部又は一部を特定させることとなる事項が含まれる場合には、その開示を受けた相手方を通じて当該営業秘密の内容がみだりに他人に知られるおそれがある。このため、検察官又は弁護人は、証拠開示の際、相手方に対し、当該事項がみだりに他人に知られないようにすることを求めること（以下、「秘匿要請」という）ができるとされた。
　本条の秘匿要請がなされた場合、「犯罪の証明若しくは犯罪の捜査又は被告人の防御に関し必要がある場合」を除き、秘匿要請を受けた相手方は、当該営業秘密を構成する情報の全部又は一部を特定させることとなる事項を関係者に知られないように配慮すべき義務を負う。

(9) 最高裁判所規則への委任（31条関係）

　23条から30条までの規定の実施に関し必要な事項については、最高裁判所規則で定めることとされ、「不正競争防止法213条1項に規定する事件に係る刑事訴訟手続の特例に関する規則」（平成23年最高裁判所規則4号）が制定された。

4　犯罪収益の任意的没収・追徴（21条10項、同条12項）

　平成27年改正により、「犯罪行為により生じ、若しくは当該犯罪行為により得た財産又は当該犯罪行為の報酬として得た財産並びに同財産の対価として得た財産」に対する任意的没収ないし追徴に関する規定が導入された。

　営業秘密侵害罪の罰金刑の上限は、営業秘密の不正使用により得られる利益や営業秘密持ち出しの対価として支払われる多額の報酬と比較して、営業秘密侵害に対する抑止力という観点から必ずしも十分とはいえないことから、罰金刑の制裁としての効果を高めるとともに、営業秘密侵害に対する十分な抑止力を働かせる観点から、営業秘密の侵害者が得ている不正な利益を剥奪する（やり得を許さない）ために改正が行われた。没収・追徴が「任意的」とされたのは、営業秘密を侵害した者の不正な利益を没収するにあたっては、民事における被害者救済の原資を確保しておくという観点を考慮したためと説明されている。

　なお、任意的没収・追徴規定の導入に伴い、21条11項として、没収すべき財産がその他の財産と混和した場合の規定を「組織的な犯罪の処罰及び犯罪収益の規制等に関する法律」（平成11年法律第136号）より準用し、第7章（32条〜34条）として没収に関する手続等の特例に関する規定、第8章（35条、36条）として没収及び追徴の保全手続に関する規定、第9章（37条〜40条）として没収及び追徴の裁判の執行及び保全についての国際共助手続等に関する規定、及び、19条の2として没収保全等に関する政令等への委任規定がそれぞれ置かれた。

Ⅲ　不正競争に関する犯罪

1　概説

　不正競争防止法は、同法によって特定の権利を創設し、これを支配的権利として保護するものではなく、同法が自由かつ公正な経済秩序の維持発展のために不正競争と規定した行為を規制することによって、知的財産(Intellectual Proprety)、すなわち、知的生産活動から生じる成果をはじめとする具体的利益を保護するものである。したがって、不正競争防止法は、公正な競争秩序の維持という社会的法益を保護するとともに、個人の財産という個人的法益（その内容は不正競争行為の類型によって異なる）を保護するものといえよう。

　不正競争防止法21条は、同法の規定する不正競争類型のうち、違法性の高い行為を刑事罰の対象とするものであって、基本法である刑法に対して特別刑法の関係にある。同条1項は、同項1号ないし9号のいずれかに該当する者は、「10年以下の懲役若しくは2000万円以下の罰金に処し、又はこれを併科する。」旨規定し、同条2項は、同項1号ないし7号のいずれかに該当する者は、「5年以下の懲役又は500万円以下の罰金に処し、又はこれを併科する。」旨規定している。平成5年改正法では、不正競争の罪の罰則は、「3年以下の懲役又は300万円以下の罰金」と定められていたが、平成17年改正法により、商品形態模倣の罪を除いて罰則の上限が「5年以下の懲役」又は「500万円以下の罰金」に引き上げられ、懲役と罰金の併科が可能となった。さらに、平成18年改正により、営業秘密に関する罪の罰則の上限が「10年以下の懲役」又は「1000万円以下の罰金」に引き上げられ（21条1項）、商品形態模倣の罪の罰則も「5年以下の懲役」又は「500万円以下の罰金」に引き上げられ（同条2項3号）、さらに、平成27年改正により、営業秘密に関する罪の罰金刑の上限が「2000万円以下」に引き上げられた。このように不正競争の罪の罰則は、度重なる法改正により厳罰化が図られている。

　なお、不正アクセス行為の禁止等に関する法律（平成11年法律128号）は、何人も不正アクセス行為をしてはならない（同法3条）と規定し、その違反行為について3年以下の懲役又は100万円以下の罰金に処する旨規定している

(同法11条)。

　法人の代表者または法人若しくは人の代理人、使用人その他の従業者が、その法人又は人の業務に関し、不正競争防止法21条3項1号(同条1項1号に係る部分に限る。)、2号(同条1項2号、7号及び8号に係る部分に限る。)若しくは3号(同条1項2号、7号及び8号に係る部分に限る。)又は4項(同条3項1号(同条1項1号に係る部分に限る。)、2号(同条1項2号、7号及び8号に係る部分に限る。)及び3号(同条1項2号、7号及び8号に係る部分に限る。)に係る部分に限る。)に掲げる規定の違反行為をしたときは、行為者を罰するほか、その法人に対して10億円以下(その人に対して3千万円以下)の罰金刑を科し、21条1項1号、2号、7号、8号若しくは9号(同項4号から6号まで又は同条3項3号(同条1項4号から6号までに係る部分に限る。)の罪に係る違法使用行為(以下この号及び3項において「特定違法使用行為」という。)をした者が該当する場合を除く。)又は4項(同条第1項1号、2号、7号、8号及び9号(特定違法使用行為をした者が該当する場合を除く。)に係る部分に限る。)に掲げる規定の違反行為をしたときは、行為者を罰するほか、その法人に対して5億円以下(その人に対して2千万円以下)の罰金刑を科し、21条2項に掲げる規定の違反行為をしたときは、行為者を罰するほか、その法人に対して3億円以下(その人に対して5百万円以下)の罰金刑を科する(22条1項)。このような規定を両罰規定という。

2　刑事罰の対象となる不正競争行為

(1)　商品・営業主体混同の罪・原産地質量等誤認惹起の罪

　本罪(21条2項1号)の処罰主体は、「不正の目的」をもって法2条1項1号又は14号に掲げる不正競争を行った者であって、「不正の目的」という主観的要素が故意の内容とされる。何をもって「不正の目的」というかについては、法19条1項2号に「不正の利益を得る目的、他人に損害を加える目的その他の不正の目的をいう」と定義されている。法人の両罰規定が適用される(22条1項)。

(2)　著名表示等不正使用の罪

　本罪(法21条2項2号)の処罰主体は、「他人の著名な商品等表示に係る信

用もしくは名声を利用して不正の利益を得る目的」又は「当該信用もしくは名声を害する目的」をもって、法2条1項2号に掲げる不正競争を行った者であって、これらの目的が主観的要素として故意の内容となる。著名表示等不正使用行為のうち、特に悪性の高い行為として、「他人の著名な商品等表示に係る信用もしくは名声を利用して不正の利益を得る目的」で行う行為（いわゆるフリーライド）及び「当該信用もしくは名声を害する目的」で行う行為（いわゆるポリューション）を処罰対象とするものである。平成17年改正により本罪が新設された。法人の両罰規定が適用される（法22条1項）。

(3) 商品形態模倣の罪

本罪（法21条2項3号）の処罰主体は、「不正の利益を得る目的」で法2条1項3号に掲げる不正競争を行った者であり、「不正の利益を得る目的」が主観的構成要件となる。平成17年改正により本罪が新設された。法人の両罰規定が適用される（法22条1項）。

(4) 技術的制限手段無効化装置等提供の罪

本罪（法21条2項4号）の処罰主体は、「不正の利益を得る目的で、又は営業上技術的制限手段を用いている者に損害を加える目的」で法2条1項11号又は12号に掲げる不正競争を行った者である。平成23年改正により本罪が新設された。法人の両罰規定が適用される（法22条1項）。

(5) 原産地質量等虚偽表示の罪

本罪（法21条2項5号）の処罰主体は、法2条1項14号に掲げる不正競争のうち、商品の原産地、品質、内容、製造方法、用途若しくは数量又は役務の質、内容、用途若しくは数量について誤認させるような虚偽の表示をした者（1号に掲げる者を除く。）であり、「不正の目的」を構成要件とすることなく、処罰するものである。法人の両罰規定が適用される（22条1項）。

(6) 秘密保持命令違反の罪

本罪（法21条2項6号）は、裁判所による秘密保持命令（11条）の実効性を

担保する観点から、同命令に違反した者を処罰するものである。本罪は親告罪である（21条5項）。また、外国での犯罪行為を処罰する規定が設けられている（21条7項）。法人の両罰規定が適用される（22条1項）。

(7) 外国の国旗等使用の罪、国際機関標章使用の罪、外国公務員不正利益供与罪（外国公務員贈賄罪）

本罪（法21条2項7号）は、法16条、17条及び18条1項の規定に違反した者を、処罰の対象とするものである。外国公務員不正利益供与罪については、日本国外で本罪を犯した日本国民も処罰対象となる（21条8項・刑法3条）。法人の両罰規定が適用される（22条1項）。

(8) 営業秘密の侵害と刑事責任
① 概説

不正競争防止法は、平成2年改正の際、広く営業秘密の保護規定を設け、その規定は平成5年法律第47号による全面改正の際、改正法に受け継がれた。しかし、改正法も営業秘密の侵害行為について処罰規定は設けなかったし、他の法規にも営業秘密の侵害行為を直接処罰する規定は設けられていなかった（改正刑法草案では企業の生産方法その他の技術に関する秘密の漏洩を処罰する規定を設けることが検討されたが、国家の刑罰権の行使である刑事法を私企業の私益追求保護のため発動させることに対する批判が強かった）。

このような法制度の下においては、営業秘密の侵害行為、特に秘密の漏洩は、秘密事項を記載した文書の持ち出しという形態において行われたとき、行為者がその文書の占有権限を有しないときは窃盗罪（刑法235条）、占有権限を有するときは業務上横領罪（同法253条）、として処罰の対象となる（渋谷達紀「企業秘密侵害行為の諸類型と判例の対応」特許研究7号21頁）。前者の例としては、東京地判決昭和62.9.30判時1250号144頁「京王百貨店事件」、後者の例としては東京地判決昭和60.2.13判時1146号23頁「新潟鉄工事件」がある。そのほか、事務処理者の地位任務によって背任罪に問われることもある。東京地判決昭和60.3.6判時1147号162頁「総合コンピューター事件」はコンピューター・ソフトウェアの開発販売を業とする会社フロッピー

シートの管理を任務とする者がこれを自己が独自に販売するコンピューターに入力し、会社にソフト料相当の財産上の損害を与えたとして背任罪の成立を認めた（否定例　神戸地昭和56.3.27判時1012号35頁「東洋レーヨン事件」）。

　しかし、知的財産戦略大綱が「我が国の企業活動における営業秘密の重要性が一層高まっている中、企業の営業秘密が国内外の競合他社に流出する事例が増加し、企業の競争力が損なわれている。このため、営業秘密の不正取得等に対する民事上の救済措置を強化し、罰則の導入を図るべく、人材流動化に対する抑止効果等、それらに伴って生じうる問題点にも配慮しながら検討を進め、2003年の通常国会に不正競争防止法改正法案を提出することが必要である」（同11頁）との具体的行動計画を示したことを受けて、産業構造審議会では、現行刑法では不可罰とされる違法性の高い行為について刑罰規定を設ける必要がある（同報告書不正競争防止小委員会報告書18頁）との知見のもとに、営業秘密の不正取得、不正使用・不正開示について、処罰する方向で考えるとの意見を提出し、この意見に基づいて内閣提出の法律案は平成15年法律第46号として成立した。そして、その後、平成17年改正、18年改正、21年改正、23年改正、27年改正を踏まえ（詳細は第1章第1節1「不正競争防止法の沿革」参照）、現在の規制は以下のとおりとなっている。

　なお、営業秘密侵害罪は、平成15年改正による導入以来、親告罪とされ、告訴が訴訟条件であって、告訴がない限り公訴を提起できなかったが、平成27年改正により、非親告罪に改正された。そこで、たとえば内部者や関係者による通報によって被疑事実を警察が知るに至った場合、被害者たる企業の告訴の有無に関わらず、立件されうることとなった。改正理由としては、①従来、刑事訴訟の過程において営業秘密が漏えいし、被害企業の被害が拡大する可能性を踏まえ、親告罪とされていたが、平成23年改正により刑事手続における営業秘密の保護につき一定の手当てが行われたこと、②他方において、近年、個人情報や共同開発の場合など、営業秘密の保有者と営業秘密漏えいによる被害者が必ずしも重なり合わないケースが発生しており、営業秘密侵害罪に係る刑事訴訟の可否を一企業の判断のみに委ねることが必ずしも適当とは言い切れず、むしろ公益的観点からの営

業秘密保護の重要性が高まっている状況にあると考えられること、③取引上の力関係から、取引先による営業秘密の不正な使用等について告訴することは現実的には困難であるとの指摘がなされていたことが挙げられる。

不正競争防止法は、同法1条に明記されているように、営業の自由を基本理念とする経済社会において、営業者間の公正な競争を保証するための法制度であるから、単なる事業者利益保護ではなく、広く自由かつ公正な経済秩序の確立を目的とする以上、営業秘密の侵害を被害企業の利益保護の観点から離れて非親告罪とすることは、立法政策としては、肯定できないものとはいえない。しかし、この規定が設けられたからといって、企業の重要資産である営業秘密が侵害された場合に、企業の意思に拘わらず、捜査機関が積極的に企業の経営に介入して捜査を行うことが、営業者間の公正な競争を保証するための法制度の維持に必要かは、今後の法の解釈・運用を見守りつつ検討すべき課題であろう。

② 営業秘密の不正取得の罪

本罰（21条1項1号）の処罰主体は、不正の利益を得る目的又は営業秘密の保有者に損害を加える目的（図利加害目的）で、詐欺等行為（人を欺き、人に暴行を加え、又は人を脅迫する行為をいう。以下同じ。）により、又は管理侵害行為（財物の窃取、施設への侵入、不正アクセス行為（不正アクセス行為の禁止等に関する法律（平成11年法律第128号）2条4項に規定する不正アクセス行為をいう。）その他の保有者の管理を害する行為をいう。以下同じ）により、営業秘密を取得した者である。

本罪は、法2条1項4号の不正取得営業秘密の取得に対応する。処罰の対象となる行為の客体たる営業秘密は法2条6項に規定する営業秘密であって、一定の情報に限定されない。秘密管理性の要件についても同様である。また、損害の発生を要件としないから、図利加害の目的で、詐欺等行為又は管理侵害行為により営業秘密取得する行為が既遂に達すれば、本罪が成立する（後述するとおり、平成27年改正により、未遂罪も処罰の対象となった）。

営業秘密の取得は、「不正の利益を得る目的」又は「営業秘密の保有者に損害を加える目的」でなされることを要する。ここに「不正の利益を得る目的」とは、公序良俗又は信義則に反する形で不当な利益を図る目的の

ことをいい、自ら不正の利益を得る目的（自己図利目的）のみならず、第三者に不正の利益を得させる目的（第三者図利目的）も含まれる。保有者の営業秘密を、自ら不正に使用して不当に収益を上げる目的（自己図利目的）や、開示した者に不正に使用させることによって、その者に不当な収益を上げさせる目的（第三者図利目的）においては、営業秘密の保有者と自己又は第三者とが競争関係にある必要はない。したがって、第三者には外国政府機関等も含まれる。また、公序良俗又は信義則に反する形であれば、その目的は経済的利益か、非経済的利益かを問うものではない。

具体的には、金銭を得る目的で第三者に対し営業秘密を不正に開示する行為や、外国政府を利する目的で営業秘密を外国政府関係者に不正に開示する行為等が本号に該当する。なお、「退職の記念」や「思い出のため」といった自己の満足を図る目的であっても、直ちに「図利加害目的」が否定されるわけではなく、その他の個別具体の事情を踏まえた上で、図利目的又は後述する加害目的が認められる場合もあるのは当然である。

「保有者に損害を加える目的」（加害目的）とは、営業秘密の保有者に対し、財産上の損害、信用の失墜その他の有形無形の不当な損害を加える目的のことをいい、現実に損害が生じることは要しない。具体的には、保有者に営業上の損害を加えるため又はその社会的信用を貶めるために、営業秘密をインターネット上で公開するといった行為が該当する。

詐欺等行為とは、人を欺くこと、人に暴行を加えること、又は人を脅迫することを意味し、これらは、刑法上の詐欺罪、強盗罪、恐喝罪の実行行為である、欺罔、暴行、脅迫にそれぞれ相当する。

「管理侵害行為」とは、財物の窃取、施設への侵入、不正アクセス行為（不正アクセス行為の禁止等に関する法律第2条第4項に規定する不正アクセス行為）その他の保有者の管理を害する行為をいう。これらは、刑法上の窃盗罪、建造物侵入罪、不正アクセス行為の禁止等に関する法律違反の罪の実行行為である、窃取、侵入、不正アクセス行為にそれぞれ相当する。平成21年改正前は、「窃取」の対象物が「書面又は記録媒体」に限定されていたが、試作品などのように、書面や記録媒体以外の対象物に営業秘密が化体している場合も考えられ、そのような場合であっても営業秘密の保護の必要性は

異ならないことから、営業秘密に関係する財物一般に対象物の範囲が拡張された。「施設への侵入」とは、刑法上の建造物等侵入罪の実行行為に相当する。

「施設」とは、営業秘密が現に管理されている施設をいう。「不正アクセス行為」とは、不正アクセス行為の禁止等に関する法律第2条第4項に定義される「不正アクセス行為」を意味する。「その他の保有者の管理を害する行為」とは、他人の営業秘密を不正取得するために保有者の営業秘密の管理を外部から害する行為のうち、条文上列挙されている「財物の窃取」、「施設への侵入」、「不正アクセス行為」を除いたものを指す。これは、将来における情報通信技術等の急速な進歩によって可能となる手口にも適切に対応できるよう、また、不正な取得の類型は多種多様であることを踏まえ、限定列挙ではない形で規定したものとされている（経済産業省知的財産政策室編 前掲203頁）。営業秘密の「取得」とは、営業秘密が記録されている媒体等を介して自己又は第三者が営業秘密自体を手に入れる行為、及び営業秘密自体を頭の中に入れる等、営業秘密が記録されている媒体等の移動を伴わない形で営業秘密を自己又は第三者のものとする行為を意味する（同）。

③ 営業秘密の不正使用・開示の罪

本罪（21条1項2号）は、営業秘密を21条1項1号の手段によって不正に取得した後に、不正の利益を得る目的で、又はその保有者に損害を加える目的で、その営業秘密を不正に使用又は開示するという行為に対し、刑事罰を科すものである。「詐欺等行為」又は「管理侵害行為」によって営業秘密を取得すれば足り、その取得時には「不正の利益を得る目的」又は「保有者に損害を加える目的」を有している必要はない。営業秘密の「使用」とは、営業秘密の本来の使用目的に沿って行われ、当該営業秘密に基づいて行われる行為として具体的に特定できる行為を意味する。具体的には、自社製品の製造や研究開発のために、他社製品の製造方法に関する技術情報である営業秘密を直接使用する行為などが考えられる。

営業秘密の「開示」とは、営業秘密を第三者に知られる状態に置くことをいい、営業秘密を非公知性を失わないまま特定の者に知られる状態に置

くことも含む。
④　保有者から示された営業秘密の不正取得の罪
　本罪（21条1項3号）は、平成21年改正により設けられたものであり、本罪の処罰主体は、営業秘密を保有者から示された者であって、不正の利益を得る目的で、又はその保有者に損害を加える目的で、その営業秘密の管理に係る任務に背き、次のいずれかに掲げる方法でその営業秘密を領得した者である。
　　イ　営業秘密記録媒体等（営業秘密が記載され、又は記録された文書、図画又は記録媒体をいう。）又は営業秘密が化体された物件を横領すること。
　　ロ　営業秘密記録媒体等の記載若しくは記録について、又は営業秘密が化体された物件について、その複製を作成すること。
　　ハ　営業秘密記録媒体等の記載又は記録であって、消去すべきものを消去せず、かつ、当該記載又は記録を消去したように仮装すること。
　「保有者から示された」とは、その営業秘密を不正取得以外の態様で保有者から取得した場合であることを指す。「営業秘密の管理に係る任務」とは、「営業秘密を保有者から示された者」が、保有者との委任契約や雇用契約等において一般的に課せられた秘密を保持すべき任務や、秘密保持契約等によって個別的に課せられた秘密を保持すべき任務を指す。
　営業秘密の「領得」とは、営業秘密を保有者から示された者が、その営業秘密を管理する任務に背いて、権限なく営業秘密を保有者の管理支配外に置く意思の発現行為をいう。「横領」とは、保有者から預かった営業秘密が記録された媒体等又は営業秘密が化体された物件を自己の物のように利用・処分する（ことができる状態に置く）ことをいい、「複製を作成する」とは、印刷、撮影、複写、録音その他の方法により、営業秘密記録媒体等の記載若しくは記録又は営業秘密が化体された物件と同一性を保持するものを有形的に作成することをいい、「消去すべきものを消去せず」とは、営業秘密を消去すべき義務に違反して営業秘密を消去しないことをいう。また、「当該記載又は記録を消去したように仮装すること」とは、実際には記載等を消去していないにもかかわらず、既に消去されているかのような虚偽の外観を作出することをいう。

なお、21条1項3号（海外重罰の場合を含む）については、未遂処罰規定の対象外とされている。これは、営業秘密を領得する行為については、その他の営業秘密侵害行為（不正取得、使用、開示等）に比べて、未遂と評価できる範囲が狭いと考えられることや、主に従業者に適用可能性のある行為類型であることから、従業者の日々の業務活動に無用な萎縮効果が生じないよう細心の注意を払う必要があるといった事情を総合的に考慮して、未遂犯処罰規定の対象外としたものとされている（経済産業省知的財産政策室編 前掲 208頁）。

⑤　保有者から示された営業秘密の不正取得による使用・開示の罪

本罪（21条1項4号）の処罰主体は、営業秘密を保有者から示された者であって、その営業秘密の管理に係る任務に背いて前号イからハまでに掲げる方法により領得した営業秘密を、不正の利益を得る目的で、又はその保有者に損害を加える目的で、その営業秘密の管理に係る任務に背き、使用し、又は開示した者である。本罪については、退職者も処罰対象に含まれる。

⑥　営業秘密正当管理者の不正使用・不正開示の罪

本罪（21条1項5号）の処罰主体は、営業秘密を保有者から示されたその役員（理事、取締役、執行役、業務を執行する社員、監事若しくは監査役又はこれらに準ずる者をいう。）又は従業者であって、不正の利益を得る目的で、又はその保有者に損害を加える目的で、その営業秘密の管理に係る任務に背き、その営業秘密を使用し、又は開示した者である（前号に掲げる者を除く。）。

本罪は、法2条1項7号の不正競争に対応し、保有者から債権関係に基づいて営業秘密を示される場合について、一定の類型、すなわち、企業のため忠実に職務を遂行する義務を負う理事・取締役等と、保有者たる使用者と雇傭契約を締結した場合の従業員のみを処罰対象とするものである。

本罪の主体は、営業秘密を保有者から示されたその役員又は従業者、すなわち、現職の役員と従業者に限定されている。現職の役員と従業者以外の者は、保有者から示された営業秘密を保持する義務の有無が個別の契約関係や取引関係によって定まり、一義的に明確ではないため、取引関係への萎縮効果をもたらすおそれがあること、また、退職者については、その転職の自由にも配慮する必要があることから、定型的に守秘義務を負って

おり、営業秘密の不正な使用又は開示に高い違法性が認められる現職の役員と従業者に本罪の対象が限定されている（⑦で述べるとおり、元従業者等についても、在職中の秘密保持義務の違反が認められる一定の場合に処罰の主体となる）。「これらに準ずる者」とは、事業者の業務執行権限を持つ者に対して影響をもたらし得る、当該事業者の顧問や相談役などの地位にある者をいう（経済産業省知的財産政策室編 前掲211頁）。

⑦ 退任者の営業秘密不正使用・不正開示の罪

　本罪（21条1項6号）の処罰主体は、営業秘密を保有者から示されたその役員又は従業者であった者（すなわち、元役員又は元従業者）であって、不正の利益を得る目的で、又はその保有者に損害を加える目的で、その在職中に、その営業秘密の管理に係る任務に背いてその営業秘密の開示の申込みをし、又はその営業秘密の使用若しくは開示について請託を受けて、その営業秘密をその職を退いた後に使用し、又は開示した者（第4号に掲げる者を除く。）である。

　本罪は、法2条1項7号の不正競争に対応し、役員・従業者として在職中に営業秘密の開示の申込みをし、又は使用・開示について請託を受けて、退職後に使用又は開示をした者を処罰対象とするものである。前述のとおり、元役員・元従業者による不正開示・不正使用については処罰対象とされていなかったが、在職中に不正開示の申込みや不正使用・不正開示についての請託を受けるといった準備行為を行っている場合には、秘密保持の違反が認められることから、平成17年改正により本罪が新設された。「請託」とは、保有者から営業秘密を示された役員又は従業者に対し、営業秘密の保有者からその営業秘密にアクセスする権限を与えられていない第三者が、秘密保持義務のある営業秘密を使用又は開示するよう依頼することであり、「請託を受けて」というためには、その請託を引き受けることが必要であり、単に第三者から依頼されただけでは成立しない。不正の利益を得る目的又はその保有者に損害を加える目的（図利加害目的）は、「開示の申込みをし」「使用若しくは開示について請託を受けて」と「使用」「開示」の双方に係るものである（経済産業省知的財産政策室編 前掲214頁）。

⑧　営業秘密不正開示後の不正使用・不正開示の罪

　不正の利益を得る目的で、又はその保有者に損害を加える目的で、2号若しくは前3号の罪又は3項2号の罪（2号及び3号の罪に当たる開示に係る部分に限る。）に当たる開示によって営業秘密を取得して、その営業秘密を使用し、又は開示した者である。

　本罪は、法2条1項8号の不正競争に対応し、営業秘密の不正開示によってその営業秘密を取得した者（いわゆる「二次的取得者」）が、さらに不正の利益を得る目的で、又はその保有者に損害を加える目的で、その営業秘密を使用し、又は開示した行為を処罰対象とするものである。故意の内容として、営業秘密の取得の際に法21条1項2号若しくは4号から6号までの罪又は第3項第2号の罪に当たる不正開示であることを知っていることが要求されると解される。また、本罪については、不正開示により営業秘密を取得した時点から違法性の認識が必要であると考えられるので、取得の時点及びその後の不正使用又は不正開示の時点のいずれにおいても目的要件を満たさない限り、本罪は成立しない。本罪は、不正に入手した営業秘密を更に使用・開示する行為自体を処罰対象とし、かかる行為を教唆・幇助する者を共犯として処罰することを可能にするために、平成17年改正により新設された。

　「……の罪に当たる開示によって」とは、刑法上の盗品譲受け等に関する罪における「盗品その他財産に対する罪に当たる行為によって」（刑法第256条第1項）と同様の規定であり、前提となる犯罪（2号、4号～6号）は、構成要件該当性・違法性を備えた行為であれば足りると解されている（経済産業省知的財産政策室編　前掲215頁）。

⑨　営業秘密の転得者による不正使用・開示の罪

　本罪（21条1項8号）は、営業秘密の最初の不正開示を通じてその営業秘密を取得した者（いわゆる「二次的取得者」）以降の者からの不正開示を通じ、不正の利益を得る目的で、又はその保有者に損害を加える目的で、その営業秘密を取得した者（いわゆる「三次以降の取得者」）が、さらにその営業秘密を図利加害目的をもって不正に使用又は開示する行為に対し刑事罰を科すものである。改正理由としては、情報通信技術の発達、営業秘密の不正

取得・利用形態の多様化、サイバー空間の拡大等により、不正取得された営業秘密が転々流通し、不正に使用される危険性が増大しているところ、不正に開示されたことを知って営業秘密を取得し、それらを開示・使用する場合には、二次的取得者以降の者による行為であっても、その悪質性は異なるところはないと考えられたことが挙げられる。二次取得者については21条1項7号が適用され、三次以降の取得者について同項8号が適用されることとなる。

⑩　営業秘密侵害品の譲渡・輸出入等の禁止（流通規制の導入）

本罪（21条1項9号）は、平成27年改正により新たに規定された罪であり、不正の利益を得る目的で、又はその保有者に損害を加える目的で、営業秘密侵害品（営業秘密を不正に使用して生産された物品）の譲渡・輸出入等を処罰対象とするものである。

改正理由としては、不正使用等の営業秘密侵害行為に対する抑止力を向上させるためには、現実の立証・摘発が必ずしも容易ではない使用行為のみならず、流通規制が必要であると考えられたことが挙げられる。

⑪　国外犯処罰の範囲拡大

平成27年改正により、保護対象となる営業秘密について、「日本国内で管理」されているものから「日本国内において事業を行う保有者」の保有するものに改正されるとともに、国外における使用・開示行為に加え、国外における取得行為についても、国外犯処罰の対象となった（21条6項）。平成27年改正以前では、不正取得等の時点で「日本国内において管理されていた営業秘密」の国外における「使用・開示」行為のみ（旧法21条4項）であり、日本国内の事業者が保有する営業秘密であっても国外における「取得・領得」行為は、国外犯処罰規定の対象外であるとともに、国内犯としても処罰対象となるか不明確であったところ、海外への業務委託を含め我が国企業がグローバルな事業展開を加速させているとともに、（国外にサーバーが存在することが多い）クラウドが急速に普及しつつある中、物理的に媒体が国外に存在する場合であっても、「日本国内において事業を行う保有者の営業秘密」については、侵害に対して広く刑事罰の抑止力をもって保護すべきである、という点が改正理由として挙げられる。

⑫　未遂罪の導入

　平成27年改正により、故意での営業秘密の取得及び使用・開示行為（21条1項（3号を除く。）並びに21条3項1号（1項3号に係る部分は除く。）、2号及び3号の罪）について、その未遂行為も処罰の対象とされることとなった（21条4項）。改正理由としては、①基幹技術をはじめとする営業秘密が持つ重要性が増大する中で、情報通信技術の高度化を背景に、サイバー攻撃など情報を不正取得するための技術が著しく高度化している中、いったん不正取得されればインターネットを通じて直ちに拡散することが容易であり、未遂の段階で法益侵害の蓋然性が高まっているといえること、②諸外国では、未遂、共謀、独立教唆について制度上処罰する例が多く、実際の摘発件数も相当数みられることが挙げられる。

　具体的に未遂行為に該当する例としては、たとえば、営業秘密を狙って不正アクセス行為を行ったが、セキュリティに阻まれて不正取得に至らなかった場合などが考えられる。

第6節　税関における不正競争防止法違反物品の差止制度

Ⅰ　税関における知的財産権侵害物品の差止制度

1　概要

　知的財産を侵害する物品がいったん海外から国内に流入した場合または国内から海外に流出した場合、その後の流通経路をたどることは一般的に言って極めて困難となる。そこで、税関において水際で知的財産を侵害する物品の流通を食い止めるため、関税法は、特許権、実用新案権、意匠権、商標権、著作権、著作隣接権、育成権等の知的財産権を侵害する物品及び不正競争防止法に違反する物品（以下、「知的財産権侵害物品」と総称する）を輸出入してはならない貨物と定め、税関で輸出入を差止められることとしている（関税法69条の2第1項3号、69条の11第1項9号）。

　不正競争防止法に関しては、①不正競争防止法2条1項1号に掲げる行為を組成する物品（以下「周知商品・営業周知表示混同物品」という）、②同法2条1項2号に掲げる行為を組成する物品（以下「著名表示使用物品」という）、③同法2条1項3号に掲げる行為を組成する物品（以下「形態模倣物品」という）、④同法2条1項11号、12号に掲げる行為を組成する物品（以下「技術的制限手段無効化物品」という）、及び、⑤同法2条1項10号に掲げる行為を組成する物品（以下「営業秘密侵害物品」といい、「周知商品・営業表示混同物品」「著名表示使用物品」「形態模倣物品」「技術的制限手段無効化物品」及び「営業秘密侵害物品」を総称して「不正競争防止法違反物品」という）が輸出入してはならない貨物として定められ、税関での輸出入の差止めが可能となっている（関税法69条の2第1項4号、69条の11第1項10号）。

2　沿革

　税関における取締りの歴史は古く、明治30年の関税定率法成立当初より、特許権、意匠権、商標権、版権（現在の著作権）を侵害する物品は、輸入禁制品として輸入が禁止されると定められていた。

　もっとも、この頃の関税定率法には罰則の定めや没収廃棄処分を定めた

規定がなく、また、対象となる知的財産も限定されていたため、知的財産の保護は必ずしも十分とはいえなかった。

　昭和30年代終わり頃から並行輸入が問題視されるようになると、権利者から税関に対し輸入を差止めてもらいたいとの要請が強くなり、昭和41年には、通達により情報提供制度が導入され、権利者が税関長に対して情報を提供することが可能となった。

　しかしながら、情報提供制度における権利者からの申立ては、単に税関長の職権を促すものにすぎず、税関長の応答義務を伴わないものであった。そこで、平成7年、商標権、著作権及び著作隣接権について、税関長の応答義務を伴う法律上の輸入差止申立制度の創設を義務化するTRIPS協定（第4章「国境措置に関する特別の要件」51条ないし60条）が成立したことに伴い、関税定率法が改正され、商標権、著作権及び著作隣接権について、後述する輸入差止申立制度が導入されることとなった。

　その後、対象となる知的財産の拡大が要請されたため、平成15年関税定率法改正により、特許権、実用新案権、意匠権及び育成権についても輸入差止申立制度が導入され、さらに、平成17年関税定率法改正により、不正競争防止法違反物品についても税関における水際での差止制度が導入されるに至った（なお、平成18年6月1日から、輸入差止制度に関する条項が関税定率法から関税法に移行している）。

　そして、平成18年関税法改正により知的財産侵害物品の輸出取締りが可能となり、また、平成23年の不正競争防止法改正により技術的制限手段無効化装置等の譲渡、輸出入等を行う行為が刑事罰の対象とされたことを踏まえて、関税定率法等の一部を改正する法律（平成23年法律7号）によって、これらの装置等が輸出入してはならない貨物に追加され、さらに、平成27年の不正競争防止法改正（平成27年法律54号）により営業秘密の不正な使用により生じた物（営業秘密侵害品）の譲渡、輸出入等を行う行為が新たに規制の対象となった（同法2条1項10号、21条1項9号）ことを踏まえて、平成28年の関税定率法等の一部を改正する法律（平成28年法律16号）によって、営業秘密侵害品が輸出入禁制品に追加された（平成28年6月1日施行）。

Ⅱ　輸入差止制度

1　輸入差止申立制度

(1)　輸入差止申立制度の意義

　税関長は、輸入貨物の中に知的財産侵害物品に該当する貨物があると思料するとき、当該貨物（疑義貨物）が知的財産侵害物品に該当するか否かを認定する手続（認定手続）を執らなければならない（関税法69条の12第1項）。関税法において「輸入」とは、外国から本邦に到着した貨物又は輸出の許可を受けた貨物を本邦に引き取ることをいう（同法2条1項1号）。しかしながら、膨大な数の輸入申告の中から税関職員が知的財産侵害物品を的確に摘出することは、実際には不可能に近い。そこで、関税法は、特許権者、実用新案権者、意匠権者、商標権者、著作権者、著作隣接権者、育成者権者または不正競争差止請求権者（以下「申立人」という）が、自己の権利又は営業上の利益を侵害すると認める貨物が輸入されようとする場合に、税関長に対して、認定手続を執るべきことを申立てることができることとしている（関税法69条の13第1項）。これを、税関における輸入差止申立制度という。

(2)　輸入差止申立手続

①　申立書の提出

　輸入差止申立ては、輸入差止申立書に必要書類を添付して、いずれかの税関長に提出することにより行う（関税法69条の13第1項、関税法施行令62条の17）。

　不正競争防止法違反物品の輸入差止申立てを行う場合、申立書には、(i)商品等表示、商品の形態又は技術的制限手段の内容（以下総称して「保護対象商品等表示等」という）、(ii)自己の営業上の利益を侵害すると認める貨物の品名、(iii)その貨物が自己の営業上の利益を侵害すると認める理由、(iv)希望する輸入差止申立有効期間（4年以内に限る。なお、輸入差止申立ては更新が可能である（関税法基本通達（蔵関第100号）（以下「基本通達」という）69の13-9））、(v)その他侵害物品を識別するポイント等参考となるべき事項を記載する（関税法施行令62条の17）。

また、税関が大量の輸入貨物の中からどの貨物が不正競争防止法違反疑義物品に該当するのかを見分けることができるよう、輸入差止申立てに係る保護対象商品等表示等と不正競争防止法違反疑義物品を識別することができるポイント及び方法を示したものを申立書に添付することが必要である（基本通達69の13-3(3)）。

その他、申立人が、不正競争防止法違反物品であることを証する資料として、裁判所の判決書もしくは仮処分決定通知書、特許庁の判定書、弁護士等が作成した鑑定書、警告書、輸入者や違反疑義物品に関する情報を確認する資料等を提出することを望む場合には、随時、税関に提出を申し出ることができる（基本通達69の13-4）。「裁判所の判決書」、「仮処分決定通知書」は、税関長の決定を直接拘束するものではないが、司法判断を示したものとして事実上極めて重要な判断資料となる申立人を原告・仮処分債権者、輸入者を被告・仮処分債務者とする場合に限らず、当該貨物と同一の商品等表示あるいは商品形態が不正競争防止法2条1項1号ないし3号に該当することを判断したものであってよいと解される。

② 経済産業大臣の意見書・認定書

以上に加えて、不正競争防止法違反物品の輸入差止申立てを行う場合には、不正競争防止法によって保護される知的財産が権利として登録されておらず、事案ごとに不正競争行為該当性を判断しなければならないという特性に鑑み、経済産業大臣から、不正競争行為の類型毎に以下の事項に関する意見書または認定書を取得し、輸入差止申立時に税関長に提出しなければならないこととされている（関税法69条の13第1項後段、関税法69条の4第1項の規定による経済産業大臣に対する意見の求めに係る申請手続等に関する規則（以下、「規則」という。））。なお、営業秘密侵害品といえるためには、輸出入をしようとする者等の不正であることの認識といった主観面の判断が必要となる（不正競争防止法2条1項10号の要件として、営業秘密侵害品であることを知り、又は知らないことについて重大な過失がない者でないことが必要である）ため、その他の不正競争防止法違反物品とは異なり、経済産業大臣がこの主観面等について「認定」を行う制度とされている（経済産業省知的財産政策室編 前掲293頁）。

不正競争差止請求権者には、意見書または認定書を経済産業大臣に申請

する際、その裏付けとなる資料の提出が求められる（規則2条3項、規則5条2項）。

詳細については経済産業省の水際対策に関するホームページ(http://www.meti.go.jp/economy/chizai/chiteki/mizugiwa.html)を参照されたい。

(3) 申立受理手続
① 輸入差止申立ての公表と意見陳述

輸入差止申立書を受付けた税関は、当該申立てに係る申立人の氏名または名称、経済産業大臣の意見書に記載されている商品等表示（周知表示混同惹起品又は著名表示冒用品の場合）又は商品形態及び商品名（形態模倣品の場合）、輸入差止申立ての対象とされている物品の品名、意見を述べることができる期間等をホームページ上で公表する（基本通達69の13-6(1)）。

これに対して、当該輸入差止めにつき利害関係を有する者は、税関に対して意見を述べることができる（基本通達69の13-6(4)）。

② 申立てにおける専門委員への意見照会

利害関係者から意見書が提出された場合、その他申立人及び利害関係者との間で訴訟等の争いがあり、又は争いが生じる可能性が高いと判断される場合等適当と認められる場合には、申立ての際に提出される経済産業大臣による意見又は認定を求めるべき事項以外の事項（例えば、不正競争防止法19条1項1号から5号の該当性、申立人としての適格性等の事項が考えられる）について、学識経験を有する専門委員に対し、当事者から提出された証拠が申立てに係る不正競争防止法違反の事実を疎明するに足りると認められるかにつき意見を求めることができる（関税法69条の14、財務省関税局通達平成19年6月15日802号（最終改正第646号平成28年5月25日）「知的財産侵害物品の取締りに関する専門委員制度の運用等について」第1章1）。この場合、専門委員は、当事者からの意見陳述等に基づき、申立人より提出された証拠が不正競争防止法違反の事実を疎明するに足りると認められるか否かについて判断し、税関に対し、その結論と理由（または保留（裁判所等の判断が出るまで当該申立てを保留とすること）とすべきかの意見）を述べる。そして、税関は、専門委員の意見に明らかな事実誤認等の特段の事情がない限り、専門委員の多数意見を尊重し

て、受理・不受理・保留のいずれかを決定し（財務省関税局・前掲通達第1章12(1)）、その結果を当事者に対して通知する（同通達第1章12(3)基本通達69の13―7）。

③　輸入差止申立ての受理

専門委員への意見照会が行われたときを除いては、税関の総括知的財産調査官が、申立書及び経済産業大臣の意見書その他の添付資料を考慮して、不正競争行為により営業上の利益が侵害されている事実が疎明されているかにつき審査し、意見書を作成して申立先税関に送付する（財務省関税局通達平成20年3月31日第351号（最終改正平成28年5月25日第646号「知的財産侵害物品に係る差止申立ての審査について」第1章3)。そして、申立先税関は、その意見書の審査結果に基づき当該申立てを受理するか否かを決定する（関税法69条の13第2項）。

税関長は、輸入差止申立を受理した場合には、申立人に受理された旨及び当該申立てが効力を有する期間を、申立てを不受理とした場合には、その旨及び理由を申立人に対し通知しなければならない（関税法69条の13項）。

2　認定手続

(1)　認定手続の開始

輸入差止申立てが受理され、輸入貨物の中に不正競争防止法違反疑義物品が発見された場合には、税関長は、当該貨物（疑義貨物）が不正競争防止法違反物品に該当するか否かを認定するための手続（認定手続）を執らなければならない（関税法69条の12第1項）。認定手続が開始された場合には、税関長は、申立人及び輸入者の双方に対して、認定手続を執る旨や意見・証拠の提出期限等を、書面をもって通知し、併せて申立人に対しては輸入者及び仕出人、生産者の氏名及び住所、輸入者に対しては申立人の氏名及び住所を通知する（関税法69条の12第2項・3項、関税法施行令62条の16第3項及び4項）。

(2)　輸入差止申立てに伴う担保

認定手続が開始された場合には、同手続において当該疑義貨物が不正競争防止法に違反するとの判断が下されるまで（あるいは輸入者による自主

的措置が執られるまで）、輸入申立に係る物品は税関に留め置かれることになるため、輸入者に対して重大な不利益をもたらすことがある。そこで、税関長は、必要があると認めるときは、疑義貨物が不正競争防止法に違反しないものだった場合に輸入者が被るおそれがある損害の賠償を担保するため、相当と認める額の金銭を供託することを申立人に命じることができるとされている（関税法69条の15）。

(3) 意見・証拠の提出

　輸入者は、疑義貨物が不正競争防止法違反物品に該当するかにつき争う場合には、税関長に対し、認定手続が開始された通知を受けた日から起算して10執務日以内（但し、疑義貨物のうち生鮮貨物については、原則として3執務日以内。）にその旨を記載した書面（以下「争う旨の申出」という）を提出しなければならない（関税法施行令62条の16第4項5号、基本通達69-12-1-3）。なお、この提出期限は、過去に認定手続、判決等において侵害物品とされた物品と同一の疑義貨物と認められるときは可能な限り短縮されるものとされている（基本通達69-12-1-3）。輸入者から提出期限延長の申出があり、かつ、やむを得ない場合と認められる場合を除き（基本通達69-12-1-3(3)）、定められた提出期限内に、輸入者から争う旨の申出がなかった場合には、税関長は、申立人及び輸入者から意見及び証拠を提出する機会を与えずに、輸入差止申立書及びその添付資料等により疑義貨物が不正競争防止法違反物品に該当するかを判断することができる（関税法施行令62条の16第1項但書）。

　これに対して、輸入者から、争う旨の申出があった場合には、知的財産調査官又は知的財産担当官は、申立人に対し、輸入者から争う旨の申出があった旨並びに申立人及び輸入者に対して証拠を提出し、意見を述べることが出来る期限を速やかに通知することとされている（基本通達69-12-1ロ）。この場合における意見及び証拠の提出期限は、この通知が到達した日から原則として10執務日以内とされるが、争う旨の申出に係る提出期限と同様の例外がある（基本通達69の12-1-3(3)）。

　申立人及び輸入者が、提出した証拠及び意見は、原則的に相手方に開示され、それぞれ反論の機会が与えられる（関税法施行令62条の16第2項、基本通

第6節　Ⅱ

達69の12-1-4(3)ロ）。

　税関長は、これらの証拠や意見及び経済産業大臣の意見等により、当該貨物が不正競争防止法に違反するか否かを認定手続開始から1ヶ月以内を目途に認定する。但し、認定手続における専門委員意見照会が行われ、申立人または輸入者の要望により意見聴取の場が開催された場合には、認定手続開始から2ヶ月以内を目途に認定を行うこととされている（財務省関税局・前掲「知的財産侵害物品の取締りに関する専門委員制度の運用等について」第2章2）。

(4)　申立人による見本検査

　申立人は、税関長に申請し、承認を受けることにより、不正競争防止法違反疑義物品の見本の分解、分析性能試験等の検査を行うことが出来る（関税法69条の16）。これは、不正競争防止法違反疑義物品を申立人自ら検査しないと自己の主張を裏付ける証拠・意見を提出することができない場合に、一定の要件の下で不正競争防止法違反疑義物品を検査させることによって証拠収集の機会を与えるための制度である。申立人から見本検査承認申請がなされた場合には、税関長は、輸入者に対する意見陳述の機会の付与、申立人の費用及び危険負担、見本検査にかかる供託及び検査により得られた情報の使用制限、税関職員等の立会い等を条件に、申立人による分解または分析検査をおこなうことを許可する（基本通達69の16-1～同69の16-5）。

(5)　経済産業大臣への意見照会

　税関長が必要と認めるとき、すなわち、認定手続において不正競争行為を組成する物品であるか否かについて、申立人と輸入者の主張が対立した場合、又は、申立人及び輸入者によって提出された意見・証拠のみからでは、税関において当該疑義貨物が不正競争防止法に違反すると認定しがたい場合には、税関長は、経済産業大臣に対して、認定のため参考となるべき意見を求めることができる（関税法69条の18第1項、基本通達69-18-2）。これは、あくまで税関長の判断に基づく意見照会であり、当事者から申立てることができない。

　意見照会の実施が決定された場合には、経済産業大臣は、税関長の求め

があった日の翌日から30日以内に意見を述べなければならない（関税法69条の18第2項）。その際、必要な場合には、経済産業大臣は、輸入者や学識経験者から意見を聞くことができる（関税法施行令62条の29第2項）。経済産業大臣から意見が述べられた場合には、税関長は、当事者にその内容を通知し、原則として5日以内にそれに対する意見や証拠を提出させる機会を与えることとされている（基本通達69の18-2(4)）。税関長は、経済産業大臣の意見を参考とし、申立人及び輸入者の意見及び証拠等により不正競争防止法違反物品か否かを認定することとなる。

(6) 認定手続における専門委員意見照会

経済産業大臣への意見照会に加え、税関は、認定手続時においても、申立時と同様、専門委員に意見を求めることができる（関税法69条の19）。認定手続における専門委員意見照会は、輸入差止申立ての際に明らかでなかった新たな争点などにより、認定手続に係る貨物が不正競争防止法違反物品に該当するか否かを判断することが難しい場合に、認定手続において経済産業大臣に意見照会することができる事項以外の事項を対象として行われる。（財務省関税局・前掲「知的財産権侵害物品の取締りに関する専門委員制度の運用等について」2章1）。

(7) 認定手続を取りやめることの手続（通関解放手続）

なお、特許権、実用新案権及び意匠権については、輸入者が決められた期間内に税関に対して認定手続の取りやめを求めることができる通関解放手続が設けられている（関税法69条の20）。

(8) 認定手続の終了

税関長は、疑義貨物について、不正競争防止法違反物品に該当する、あるいは該当しないとの結論に達した場合には、申立人及び輸入者に対し、認定結果とその理由を記載した認定通知書を送付する（関税法69条の12第5項、基本通達69の12-1-8(2)）。これによって、認定手続は終了する。ただし、それまでに、疑義貨物が廃棄、滅却もしくは積戻しなどの理由により輸入され

ないこととなった場合、または申立人の輸入同意書が提出された、もしくは侵害部分が切除されたことにより輸入が可能となった等の場合には、認定手続はその時点で終了することとなる（関税法69の12第6項）。

3 認定手続後の処分

不正競争防止法違反物品に該当すると認定された場合には、輸入者が自発的に廃棄する等の処理（関税法69条の12台6項第1号、基本通達69の12-2）をしない限り、税関長が当該疑義貨物の没収又は積戻し命令を行う（関税法69条の11第2項、基本通達69の12-5）。他方、不正競争防止法に違反しないと認定された場合は、通関が認められ、国内に輸入されることになる（基本通達69の12-3-1(1)）。

これら税関長の処分に不服がある場合、再調査の請求又は審査請求が可能である（関税法89条、91条）。

Ⅲ 輸出差止制度

1 税関における輸出差止制度の新設

従来、税関では知的財産権侵害物品に対する輸出差止めはできなかったが、平成17年6月に知的財産戦略本部が決定した「知的財産権推進計画2005」に、税関での取締りを強化することが盛り込まれたことなどを受け、平成18年関税法改正により、著作権、著作隣接権及び回路配置利用権を除いた知的財産権を侵害する物品の差止めが可能となるとともに、不正競争防止法違反物品の輸出差止めも可能となった（平成19年1月1日より施行）。なお、その後の改正により、平成19年7月1日より、著作権及び著作隣接権を侵害する物品も差止めの対象となっている。また、平成20年法律第5号による関税法（30条、65条の3等）の改正により、知的財産権侵害物品、不正競争防止法違反物品が我が国を経由して第三国へ輸送される場合も取締り対象とされた。

2 概要

関税法において、「輸出」とは、内国貨物を外国へ向けて送り出すこと

をいう（関税法2条1項2号）。輸出差止制度は、申立人による貨物の見本検査がない点及び輸出者に対して争う旨の申出を求めない点を除き、輸入差止制度と同様の手続となっており、不正競争防止法違反物品についていえば、前述したとおり、他の知的財産侵害物品とは異なる手続を執る点（申立時に経済産業大臣の意見書が必要となる点及び認定手続において経済産業大臣への意見照会が可能である点）も輸入差止制度と同様である（関税法69条の4、69条の8）。

Ⅳ　税関による知的財産権侵害物品の差止制度と司法判断

　知的財産権を侵害する物品の通関を阻止するのは行政機関である関税当局の責務であるが、知的財産権を侵害するとはいえないものについては通関を阻止できない。そのために関税法は、税関長が侵害品か否かの認定手続を行うものとしている。

　しかし、知的財産権の侵害品であるか否かの判断はときとして困難を極める。そのために関税法は、前述のとおり、輸入差止申立書に知的財産権侵害物品であることを見分けることができるよう必要書類の添付を義務付け、また、不正競争防止法に規定する商品等表示や商品の形態という保護法益が登録制度によって保護されるものでないため、申立時に経済産業大臣の意見書を税関長に提出を義務付け、さらに税関は必要事項を公表し、利害関係人から意見書が提出されたときは、専門委員に申立人から提出された証拠により不正競争防止法違反の事実が疎明されているか、意見を求めることができる制度を設けている。そして、認定手続が開始され、輸入者が知的財産権侵害物品であることを争うときは、見本検査や経済産業大臣への意見照会も可能である。

　その実効性は今後の運用に待たなければならないが、関税法による知的財産権の保護はあくまで行政手続としての通関の阻止であって、司法手続とは関連なしに行われる。特許権については、特許権の技術的範囲に属するかの認定は、高度の技術専門性と法的判断の両面が必要であり、裁判所がどのような判断をするか予測容易であるとはいえない（不正競争防止法2条1項各号の要件の判断もかなりな専門性を必要とする）。TRIPs協定が特許権・意匠権等については申立制度を義務付けなかったのは、通関業務においてそ

第6節 Ⅳ

のような判断を行って、措置を講ずることが困難であるからと説明されている(尾島明「逐条解説TRIPS協定」233頁は、商標権、著作権に限らず、特許権等を含む広範囲の権利侵害に対応する手続を設けるべきであるとの主張に対し、開発途上国は、これを義務付けることは現実には実施が困難であると主張した結果、51条1項において、商標権、著作権侵害物品に対する暫定的な通関停止措置を規定し、併せてそれ以外の知的財産権についても同様の手続を設けることができると規定することで妥協が成立したとしている)。

特許権等の知的財産権は不正競争防止法の規定する前記保護法益を含め、私人の権利、すなわち私権であり、私人の間の権利義務の確定は三権分立の近代国家においては、伝統的に司法権の領域とされてきたものであって、本来、税関長による認定処分という行政処分とこれに対する行政訴訟により解決すべき問題ではない。

関税法の伝統的な枠組みは、銃砲・麻薬・偽造貨幣の輸入などからの国家的法益の保護であり、知的財産権侵害物品の輸入も刑事罰の対象となっている一面があることが数回にわたる制度改正により保護対象が拡大されてきた理由であろう。模倣品・海賊版対策は、国家の知的財産推進計画の重要な一環であり、現行制度をより効果的な制度に改正する必要性は高いが、これを水際措置の問題として検討するに当たっては、司法手続との関連、整合性について十分に配慮した制度とすべきである。

アメリカでは、国際貿易委員会(ITC)は、職権又は申立に基づいて調査し、不公正な競争輸入又は販売における不公正な競争行為及び不公正な行為と認定したときは、輸入を禁止する決定をし、その決定は原則として税関により執行される(「不正競争防止法を活用した知的財産の保護強化に関する調査研究報告書」知的財産研究所233頁)。また、ドイツでは、特許権侵害物品の差止めについて、権利者側の措置申請に基づいて、対象貨物を発見したときはこれを押収し、輸入者が税関の押収に異議を述べた場合、権利者は裁判所に対し、押収された物品の保管又は権利の制限を命ずる執行可能な決定を求める訴訟を提起し、4週間以内にその決定書を税関に提示すると、税関は没収など必要な装置を講ずる(ドイツ特許法142条a)のであって、税関は基本的に特許権侵害の判断をしない制度となっている。

玉井克哉「関税定率法における知的財産権の保護」裁判実務27巻644頁は、「大きな課題は、行政上の手続と司法手続の接合にある。たとえば、権利侵害認定通知・否認通知の取消訴訟では疑義貨物が権利侵害物品か否かが争われるが、その審理内容は、権利者が輸入もの等に対して輸入の差止めを求める民事訴訟と、実質的にほとんど選ぶところがない。（中略）その反面で、権利者が民事訴訟によって輸入差止の判決（又は保全決定）を得た場合に、それを直裁に水際措置に反映される配慮がなされておらず、認定手続における単なる証拠資料とされるに過ぎない。（中略）将来のわが国が考えるべき方向は、そうした点についての理論的な反省と並行して、私法的手段による輸入差止と税関における輸入禁止措置の機能的な整合を図ることであろう。」と指摘する。この見解は、知的財産戦略本部の権利基盤に関する委員会において述べた私見と共通するところであり基本的に賛同する（ただし、事前に本案訴訟による確定判決を得ることは時間的に困難であり、輸入差止申立による税関長による留置きの制度と一定の短期間内に仮処分命令を得たときは輸入を差止める制度の導入、民事保全法による短期間審理に基づく命令の発布の制度的保障を必要としよう）。

V　認定処分をめぐる行政訴訟

税関長は、疑義貨物について、不正競争防止法違反物品に該当する、あるいは該当しないとの結論に達した場合には、申立人及び輸入者に対し、認定結果とその理由を記載した認定通知書を送付する（関税法69条の12第5項）。この認定通知は実質的に許否又は認容処分として機能しているという意味で処分性を有するものであり、行政事件訴訟法にいう抗告訴訟の対象たる「行政庁の処分」に該当する（最高三小判決昭和54.12.25民集33巻7号753頁。以下「認定処分」という。）。したがって、税関長が疑義貨物について不正競争防止法違反物品に該当するとした通知に対しては輸入者が、該当しないとした通知に対しては権利者が、それぞれ当該認定処分の取消訴訟を提起することができる。

神戸地判決平成18.1.19平成16年（行ウ）29号「税関長認定処分取消事件」は、石製灯籠・同扉を輸入しようとしたところ、神戸税関長から（平成17

第6節　V

年改正前）関税定率法21条1項5号に規定する「特許権侵害品」であって、輸入禁制品に該当するとの認定通知を受け、認定処分の取消訴訟を提起した事案である。同判決は、当該特許には特許法29条2項に該当し進歩性が欠如しているとして、同法123条1項2号の無効理由が存在することから、本件認定処分は違法であるとして取り消した（近藤恵嗣「税関における特許権侵害物品の認定と特許無効」知財管理56巻11号1751頁は、本判旨に賛成する。なお、本訴は控訴審において訴えが取り下げられた）。しかし、特許権は、特許査定に基づいて設定の登録がなされることにより成立し、特許庁に対し、当該特許の無効審判請求がなされ、特許を無効にすべき旨の審決が確定したときに、初めから存在しなかったものとみなされる（特許法125条）であって、特許庁以外の行政機関はその有効性を判断する権限を有しない。行政行為には、公定力、すなわち、「違法の行政行為も、当然無効の場合は別として、正当な権限を有する期間による取消しのあるまでは、一応、適法の推定を受け、相手方はもちろん、第三者も、他の国家機関もその行政行為の効力を無視することができない効力」（藤田宙靖「第四版行政法Ⅰ改正版」210頁）があるとされている。特に特許権に無効理由が存するかの判断は高度の専門性を有する困難な問題であり、通関における時間的制約のもとで、瑕疵の重大明白性の法理を適用する余地はないと考えられる。その意味は同判決の判旨にはにわかに賛成し難い。

　もっとも、不正競争防止法違反物品については、商品等表示、商品の形態が特許権、意匠権、商標権の対象である場合に、当該知的財産権に無効理由が存することは、同法2条1項各号の要件を満たすかどうかとは直接関係がないから、無効理由の存否の判断で結論が直接左右されることはない。

第7節　商号権侵害

I　商号の意義

　商号は、商人が営業活動上自己を他と識別するための名称である（商法11条）。

　商人とは、自己の名をもって商行為をなすことを業とする者をいう（商法4条1項）。自己の名をもって商行為を行うことを業とする会社も商人であるが、現行法では、会社の商号については会社法で定められ、会社及び外国会社（以下これらを「会社」という）以外の商人、すなわち主として個人商人の商号については商法等で定められている（以下、特に明示しない限り、会社以外の商人を「商人」といい、商人と会社に共通する事項については「商人・会社」ということがある）。

1　商人の名称としての商号

　商号は商人・会社の名称である（最高二小判決平成18.6.23判時1943号146頁「イオ信用組合事件」は中小企業等協同組合法に基づいて設立された信用協同組合は商法上の商人に当たらないとする）から、商人・会社でない者の用いる名称（例えば非営利法人たる芸術文化団体の名称）の保護は、商号権とは別個の特定の名称をもって社会活動を行う者の名称保護の問題である（竹田・前掲プライバシー191頁以下参照）。

2　営業活動上の名称としての商号

　商号は、商人・会社が営業活動をなす上において用いる名称であって、これとは切り離された私生活上の名称（氏名・ペンネーム等）とは区別され、かつ営業活動において用いるものであっても特定の商人・会社の営業に係る商品と他の者の営業に係る商品を識別する商標、その他の標章とは区別される。商人・会社でない者の氏名（芸名等を含む）が財産的価値を持つ場合がある。その保護は、次節に説明する氏名の財産的価値の保護、すなわちパブリシティの権利の問題である。

3　営業の終了と商号の消滅

商号の成立は、営業の存在を前提とする。ただし、営業は必ずしも実際に開始されていることを要せず、営業の準備行為が存在すれば足りる（大審院決定大正11.12.8民集1巻714頁）。

商人・会社が営業を廃止すると、その商号は存在の前提を失うから、消滅する（大隅健一郎「商法総則」184頁）が、営業の変更は当然に商号の変更を伴わない。ただし、変更された営業に登記商号について認められる法的保護は及ばない。

4　商号に用いる名称

商号に用いる名称は、会社についてはその種類に従い「株式会社」、「合名会社」、「合資会社」、「合同会社」（会社法6条）の文字を用いることを要し、会社でない者は商号中に会社であると誤認されるおそれのある文字を用いることができない（会社法7条）。

商人は、その氏、氏名その他の名称をもって商号とすることができる（商法11条1項）。なお、会社法の施行に伴う関係法律の整備等に関する法律（以下「整備法」という）の施行（平成18年5月1日）により廃止された有限会社法の規定による有限会社の商号については、同法において以下のように定められた。整備法の施行日以後、有限会社は株式会社として存続するが、その商号中には「有限会社」の文字を用いなければならない（整備法3条1項）。但し、定款変更によりその商号中に「株式会社」の文字を用いる商号に変更することができる（整備法45条1項）。その他、投資法人、特定目的会社等については、各関連法令において、商号に用いる名称に関する規定が定められている（投資信託及び投資法人に関する法律64条、資産の流動化に関する法律15条等）。

商号に用いる文字は、外国文字でも差し支えなく、ローマ字、アラビア数字及び一部の記号を使用することができる（商業登記規則50条1項）。

Ⅱ 商号の一般的保護

1 商号権

　商号には、登記した商号と登記していない商号がある。商人については登記するか否かは自由であるが、会社については商号の登記は、設立登記事項とされている（商法11条1項、会社法49条等）。

　商人・会社は、他人に妨害されることなくその商号を使用できる権利と、他人が不正の目的で名称又は商号を使用することを排斥する権利を有する（商法12条、会社法8条）。商人の場合、その使用する商号が登記されていると否とを問わない。これらの権利を、商号権という。商号は、これを継続的に使用することにより当該商号を使用する者の経済的信用を高めるという意味で取引社会においてこれを権利として保護する必要がある（近藤政昭「商号選定の自由の例外」江頭・門口編「会社法大系Ⅰ」119頁は、「継続的使用によって商号権者の信用力を高め財産的価値を帯びていくという性質を有することから、財産権としての性格と人格権としての性格を併せもつ」とする）。

2 商号権侵害

　何人も不正の目的をもって他の商人・会社であると誤認されるおそれのある名称又は商号を使用してはならない（商法12条1項、会社法8条1項等）。

　不正の目的をもって他の商人、会社であると誤認されるおそれのある名称又は商号を使用する行為は、商号権侵害行為となる。

　なお、平成17年法律第87号による改正（以下本節では「平成17年改正」という）前の商法（「旧商法」）の下では、自己の商号等と同一又は類似する商号を使用された者の救済について、旧商法20条及び21条が設けられていた。これらのうち、登記された商号の使用に対する救済規定であった旧商法20条は、専ら不正競争防止法2条1項1号等に委ねられるものとして廃止された。他方、「不正の目的」による商号の使用に対する救済規定であった旧商法21条は不正競争防止法では十分に保護を受けられない場合がなお存在するものとして、商法12条及び会社法8条に引き継がれた。

(1)「不正の目的」

ここに「不正の目的」とは、他の商人・会社の名称又は商号を自己の商号等として使用することにより、自己の営業を当該商号等の使用により取引者・需要者が認識している者の営業と誤認させる目的をいい、その目的が他の商人・会社と不正に競争する目的、他の商人・会社を害する目的など、特定の目的のみに限定されるものではないが、不正な活動を行う積極的な意思を有することを要する（知財高判決平成19.6.13裁判所HP「ジャパン・スポーツ・マーケティング事件」）。

不正の目的をこのように解する理由として、同判決は、①会社法8条は、故意に信用のある他人の名称又は商号を自己の商号であるかのように使用して一般公衆を欺くというような反社会的な事象に対処すること等を目的として設けられたものであること、②同条は不正競争防止法2条1項1号のように他人の名称又は商号が「周知」であることを要件とせずに、営業上の損害を受けるおそれのある者に差止請求権を付与していること、③後に名称又は商号の使用を行った者が、その名称又は商号の使用を禁止されることの不利益も少なくないこと、を挙げている。

前掲知財高判決平成19.6.13「ジャパン・スポーツ・マーケティング事件」は、平成17年改正後の事案であり、スポーツマーケティングを主な業務とする控訴人「スポーツ・マーケティング・ジャパン株式会社」が同種業務を行う被控訴人「ジャパン・スポーツ・マーケティング株式会社」に対し、被控訴人が不正の目的をもって控訴人と誤認されるおそれのある商号を使用していると主張して、当該商号の使用差止等を求めた事案である。同判決は、会社法8条の「不正の目的」を前述のように解した上で、被控訴人が我が国におけるスポーツマーケティング業界において控訴人を上回る活動歴、信用及び知名度を有していること、並びに商号中の「スポーツマーケティング」は業務の内容を示すものとして、「ジャパン」は我が国を示すものとしてごく一般的な語であること等を考慮して、「不正の目的」を認めることはできないと判示した（他の否定例として、大阪地判決平成21.9.17裁判所HP「青雲事件」など）。

他方、東京地判決平成23.7.21裁判所HP「araisara事件」は、「不正の目的」

とは、不正な行為や状態を欲する意思を要し、具体的には、他の会社を害する目的や違法性のある目的、公序良俗に反する目的等をいうと判示した上で、被告が、原告とのライセンス交渉が決裂し、原告代表者の氏名のアルファベット表記や原告の登録商標と同じ「araisara」を含む「araisara japan株式会社」の商号を保有する実質的な根拠を喪失したにもかかわらず、原告に自己の要求する損害賠償金等を支払わせるために、その支払を社名変更ないし商号変更登記抹消の条件とすることは、原告を害し、不正な状態を欲する意思に基づくものというべきであるとして、「不正の目的」を認めた。

(2) 他の商人・会社との誤認

使用を制限されるのは、取引者・需要者に他の商人・会社であると誤認されるおそれのある名称又は商号である。なお、旧商法21条は、「他人ノ営業ナリト誤認セシムベキ商号ヲ使用」することを禁止しており、被冒用者を商人・会社に限定することなく、広く他人の氏、氏名その他の名称を自己の商号として冒用する場合をいうと解する立場が有力であった。しかし、平成17年改正により、同条の趣旨は商人・会社の用いる商号の保護を目的とするものと整理され、「他の商人・会社であると誤認されるおそれのある名称又は商号を使用」と置き換えられ、保護の客体・差止請求の主体は、「商人・会社」に限定された（郡谷大輔、細川充「会社法の施行に伴う商法および民法等の一部改正」商事法務1741号）。

この規定に違反して名称又は商号を使用する者があるときは、これにより営業上の利益を侵害され、又は侵害されるおそれのある商人・会社は、その使用の差止め、及び損害賠償を請求することができる（商法12条2項、会社法8条2項）。

商法12条2項、会社法8条2項において使用が禁止されるのは、「他の商人・会社であると誤認されるおそれのある名称又は商号」であって、そこでは、類似の名称又は商号であることは要件としていない。前掲東京地判決平成23.7.21では、「会社法 8条 1項が「他の会社であると誤認されるおそれ」と規定するだけであって、「他の会社の商号であると誤認されるおそれ」

と規定していないことからすると、同条は、不正の目的をもって他の会社であると誤認されるおそれのある名称又は商号の使用を禁じることにより、他の会社の営業上の利益を広く保護することにその趣旨があるのであって、他の会社の商号のみを保護することにその趣旨があるのではないと解するのが相当である。そうすると、同条によって保護される対象には、他の会社の商号に限られず、他の会社の商品名や商標等であって他の会社であると誤認されるおそれのあるものも含まれるというべきである。」とし、被告と原告の商号は類似しないが、被告の商号の主要部分が、原告のブランド名、登録商標、原告代表者の氏名のアルファベット表記と同一である事案について、上記要件の充足を認めた。もっとも、第2節Ⅵにおいて詳述したように、多くの場合名称又は商号同士が類似するから誤認混同するのであって、その意味では旧商標法20条の解釈について示された判例は、この要件を判断するに当たって参考となろう。これらの判例の多くは、類似性の判断を経て両社の営業の誤認混同を生ずると結論付けている。

　最高一小判決昭和40.3.18判タ175号115頁「更科事件」は、Xの「更科」なる登記商号とYの「更科信州家」なる商号とは、商号の主要部分が共通であり、かつ全体から受ける印象が極めて近似するのみならず、取引の実際においても両者の営業の混同誤認が生じていたのであるから、両商号は類似商号に該当するとした原審の判断は正当であると判示している。また、前掲東京地判決昭和49.1.30は、Xの「湯浅金物株式会社」なる登記商号とYの「株式会社ユアサ」なる商号は両営業主体の誤認混同を生じているから、類似する商号であると判示する。同様に大阪高決定昭和57.5.31無体集14巻2号387頁「菅次堂事件」は、Xの「株式会社菅次堂」なる登記商号とYの「菅次堂大路店」なる商号は「菅次堂」という主要部分が同一であり、「大路店」はその所在場所を示すにすぎないから、判然区別することができない商号であると判示し、福岡地判決昭和57.5.31無体集14巻2号405頁「蜂屋事件」は、Xの「有限会社新天町蜂屋」なる登記商号とYの「蜂屋」又は「本家蜂屋本陣」なる商号は類似商号であると判示し、さらに、横浜地川崎支判決昭和63.4.28無体集20巻1号223頁「木馬座事件」は、Xの「株式会社劇団木馬座」なる登記商号とYの「株式会社木馬企画」なる商号は一

般取引市場において世人が誤認混同するおそれがあるから類似の商号であると判示している。

これに対し、名古屋高金沢支判決昭和59.1.30判時1118号210頁「日本利器事件」は、Xの「日本利器工業株式会社」なる登記商号とYの商品に付された図形（タマと称呼される）と「日本利器製作所」の結合した標章とは外観・称呼ともに類似せず、類似する商号を使用するものに当たらないと判示し、名古屋地決定昭和59.8.22審決取消訴訟判決集（昭和59年）412頁「浦野設計事件」は、Xの「株式会社浦野設計」なる登記商号又は「浦野設計」なる通称とY「株式会社サンウラノ設計」なる商号とは外観・称呼・観念ともに類似せず、類似する商号を使用するものに当たらないと判示し、東京地判決平成2.8.31無体集22巻2号518頁「ラジオ日本事件」は、不正競争防止法1条1項2号（旧法）の規定による請求についてであるが、「株式会社ニッポン放送」の商号及び「ニッポン放送」の通称と「株式会社アール・エフ・ラジオ日本」の商号及び「ラジオ日本」の略称は観念において類似しないと判示している。

(3) 利益侵害又はそのおそれ

商号の不正使用行為により「営業上の利益を侵害され、又は侵害されるおそれ」とは、商人・会社がその商号を使用して営業活動をすることにより享受する営業上の利益を害されることをいい、かかるおそれのある者には、商号権者のほか商号権者から商号を使用して営業をすることの許諾を受けている者も含まれる。

東京地判決昭和49.12.23無体集6巻2号331頁「漫画社事件」は、旧商法下の事案であるが、X（株式会社漫画アイデアセンター）が自ら「漫画社」と呼び、また取引先も「漫画社」又は「株式会社漫画社」と呼んでいる場合において、同社の役員を退任した者らが「株式会社漫画社」なる商号の会社を設立し、同一内容の事業を営んでいる事例につき、被告会社は原告の営業上の実績、信用等を利用する意図をもって原告の営業と誤認されるおそれのある商号を使用するものであるとして、旧商法21条に基づき商号の使用禁止請求及び商号登記の抹消登記手続請求を認容した（中山・前掲「判例批評」は、

本件は旧商法21条を適用すべきでなく、不正競争防止法1条1項2号（旧法）又は旧商法20条を適用すべきであったとする）。

III　登記商号の保護

商号の登記手続は、商業登記法（27条ないし34条）及び商業登記規則の規定に従って行われる。商号の登記は、前述のように会社については会社の設立事項であり、個人たる商人についてはその自由に委ねられる。

旧商法19条では、「他人ガ登記シタル商号ハ同市町村内ニ於テ同一ノ営業ノ為ニ之ヲ登記スルコトヲ得ズ」と定められ、平成17年改正前の旧商業登記法は、同市町村内における類似商号の登記禁止を定めていた。しかし、これらの規制（類似商号規制）は、平成17年改正の際、その効果が限定的であり合理性に乏しいこと、及び登記手続の簡素・合理化の実現等を理由として廃止された。もっとも、不動産登記等の場面において、法人はその住所と商号によって特定されることから、同一商号・同一住所の会社が複数存在することを認めることは適当でない。そこで、平成17年改正後の商業登記法27条は、商号の登記は、その商号が他人の既に登記した商号と同一であり、かつ、その営業所（会社にあつては、本店）の所在場所が当該他人の商号の登記に係る営業所の所在場所と同一であるときは、することができないと定めている。すなわち、他人が登記した商号と、商号も営業所も同一である場合のみ、登記することができない。

IV　商法12条・会社法8条に基づく請求訴訟

1　差止請求

差止請求権には、①現に継続する行為を停止させる権利としての停止請求権と、②将来生じるおそれのある行為を事前に差し止める予防請求権とがあり、商号権に基づく商号の使用差止請求は、そのいずれであってもよい。

差止請求権者は、営業上の利益を害され、又は害されるおそれのある者である。

請求の相手方は、不正の目的をもって他の商人・会社であると誤認されるおそれのある商号を使用している者である。

請求の内容には、被告に対する当該商号の使用の禁止のほか、これが登記されているときは当該差止めの効果としてその抹消登記を請求できるかという問題がある。

登記者が会社である場合は、商号は定款の必要的記載事項であることから商号の抹消登記は許されず、当該商号が変更登記されたものであって抹消により旧商号が復活するような場合を除き、他の商号への変更登記手続を請求すべきであるとする学説・判例（東京高判決昭和39.5.27判時381号46頁「3愛事件」）がある。そのような請求も許されることは疑いない。最高一小判決昭和44.11.13判時582号92頁は、平成5年改正前の不正競争防止法1条1項に基づく請求についてこれを認め、仙台高判決昭和60.4.24無体集17巻1号188頁「孔文社事件」も同様に商号変更登記請求を認容している。

しかし、登記抹消を認めないと、商号権者の保護が十分でなく、また会社登記が抹消されても登記簿上「抹消前商号」として扱われ（商業登記等事務取扱手続準則62条）、会社の活動に支障がないこと等からみて抹消登記請求を肯定すべきであり（積極説として、服部・前掲総則205頁、紋谷・前掲商号の保護13頁等）、判例も抹消登記請求を認容する傾向（例えば、前掲の横浜地川崎支判決昭和63.4.28等）にある。

近時の裁判例においては、原告が不正競争防止法違反と商法違反の両方を予備的又は選択的に主張する場合、前者のみが認定されることが多いが、その場合も抹消登記請求が認容されている（東京地判決平成16.11.29裁判所HP「読売企画販売事件」、東京地判決平成15.6.27判時1839号143頁「AFTO事件」等）。また、不正競争防止法違反のみが主張され、認定された場合にも、抹消登記請求が認容されている（知財高判決平成25.3.28裁判所HP「日本車輛事件」、東京地判決平成22.1.29（原審）裁判所HP・知財高判決平成22.7.28（控訴審）裁判所HP「三菱信販事件」）。

差止請求の詳細は、不正競争防止法により商号が商品表示として保護される場合における差止請求の問題と共通であるから、第4節「Ⅰ　差止請求」の説明を参照されたい。

使用名称又は商号が登記商号と同一又は類似であっても、これを使用することが法律上許容されるときは、差止請求は成り立たない。その典型的

事例は、使用許諾が認められる場合であるが、ほかに判例に現れた事例として、先使用と権利濫用がある。

神戸地判決昭和25.5.18下民集1巻5号750頁「三宮写真室事件」は、Yの使用商号「阪急三宮写真室」は、Xの登記商号「三宮写真室」と類似するが、その登記前からYの先代が使用していた「三宮写真室」を承継し、これに類似する商号として使用しているから、「不正競争の目的」を欠くとして差止請求を棄却し、宮崎地判決昭和48.9.17無体集5巻2号301頁「村上屋事件」は、Yの使用商号「合資会社村上屋」は、Xの登記商号「株式会社村上屋」と類似するが、Xの登記商号の使用自体がYに対する対抗手段として不正競争の目的でなされたものであり、その商号の使用差止請求をすることは権利の濫用として許されないと判示している。これに対し、名古屋高判決平成8.12.19判タ955号258頁「万屋事件」は、X「万屋食品株式会社」が、その代表取締役の養子と結婚した者Yに対して「株式会社万屋薬品」という商号を使用して営業を行うことを許諾したところ、右養子夫婦が離婚したことから、XからYに対し、商号使用の差止め等を請求し、それに対してYが商号の使用差止請求は信義則違反又は権利の濫用として許されないとして争った事案であるが、右経緯等からしてXのYに対する請求は信義則違反又は権利の濫用に該当しないとした原判決を支持した。

2　損害賠償請求

商法12条及び会社法8条は、旧商法21条2項での「損害賠償ノ請求ヲ妨ゲズ」との文言を採用しておらず、損害賠償請求の可否について何ら規定をしていないが、差止請求に加えて不法行為に基づく損害賠償請求が可能であると解される（民法709条）。損害賠償請求権者及びその相手方は、「1 差止請求」と同様である。

商号侵害によって商号権者に生じる損害は、主として財産的損害のうちの逸失利益であるが、その詳細は、不正競争防止法により商号が商品表示として保護される場合における損害賠償請求の問題と共通であるから、第4節「Ⅱ　損害賠償請求」の説明を参照されたい。

大阪地判決昭和53.4.28特企116号56頁「スナック鶯事件」は、不正競争

目的でXの登記商号「スナック鴬」に類似する「スナックニュー鴬」なる商号を同一の営業のため使用した事案につき、慰謝料10万円及び弁護士費用2万円の損害賠償請求を認めた事例である。

不正競争防止法は損害の額の推定規定（5条）等を設けており、不正競争により営業上の利益を侵害された者に対する救済の充実を図っているが、これらの規定を商号権侵害を理由とする損害賠償請求に類推適用できるか検討の必要がある。

商法12条・会社法8条の規定も、不正競争防止法と同じく不正競争の防止という目的、機能をも有することに照らすと、その類推適用を肯定すべきであろう。

V　商法・会社法による商号の保護と不正競争防止法による商号の保護

不正競争防止法は、「事業者間の公正な競争及びこれに関する国際約束の的確な実施を確保するため、不正競争の防止及び不正競争に係る損害賠償に関する措置等を講じ、もって国民経済の健全な発展に寄与する」（1条）という法の目的に照らし、その目的達成に必要な経済的価値ないし利益を法的保護の対象とするものであって、具体的にそこで保護されるものは、商品等表示・商品形態・営業秘密・商品又は役務の原産地品質内容についての表示・営業上の信用等である（2条）。

人の業務に係る商号も、他人の商品等表示として、それが需要者の間に広く認識されているとき（いわゆる周知であるとき）は、これと「同一若しくは類似の商品等表示を使用し、又はその商品等表示を使用した商品を譲渡し、引き渡し、譲渡若しくは引渡しのために展示し、輸出し、輸入し、若しくは電気通信回路を通じて提供して他人の商品又は営業と混同を生じさせる行為」（2条1項1号）は不正競争とされ、また、著名な商品等表示であるときは、これと「同一若しくは類似のものを使用し、又はその商品等表示を使用した商品を譲渡し、引き渡し、譲渡若しくは引渡しのために展示し、輸出し、輸入し、若しくは電気通信回路を通じて提供する行為」（2条1項2号）は不正競争とされ、この不正競争によって営業上の利益を侵害され、又は侵害されるおそれのある商号権者は、その侵害の停止又は予防

第7節　Ⅴ

を請求することができ（3条）、さらに故意又は過失により不正競争を行って商号権者の営業上の利益を侵害した者は、これによって生じた損害を賠償する責に任ずる（4条）。

　不正競争防止法による商号の保護は、周知性あるいは著名性を要件とする点で、商法・会社法による商号の保護より要件が加重されるが、他面その使用差止に「不正の目的」の主張立証を要しない。また、前述のとおり、商法・会社法の保護の客体・差止請求の主体は商人・会社に限定されるが、不正競争防止法にはかかる限定はない。さらに、不正競争防止法には、商法・会社法では認められない信用回復措置請求（7条）も存する。

　不正競争防止法では、損害の額の推定規定（5条）等を設けることにより不正競争により営業上の利益を侵害された者に対する救済の充実が図られているが、商法・会社法にはそのような規定は存しない（ただし、その類推適用を認めるべきであることは前述のとおりである）。

　しかし、両法による商号の保護は、平成17年改正後においても前記のように要件と効果を若干異にするほか、相当の部分において重複している。したがって、商号権者は、自己の商号の周知性、著名性や相手方の商号使用の実情に応じて選択的な権利行使が可能であり、訴訟の実際においては、両法の適用を予備的又は選択的に主張するのが通例である。

　これに対し、そのような訴訟形態をとっても、商号に周知性がなく、また不正目的の立証が困難なときは、その商号は保護されない。大阪地判決昭和61.12.25無体集18巻3号599頁「中納言事件」、東京地判決昭和62.4.27無体集19巻1号116頁「天一事件」は、その例である。

第8節　財産的価値としての氏名・肖像の侵害

Ⅰ　人格権としての氏名・肖像

1　氏名権

　氏名は、自己を他と区別するために用いるものであり、氏名にはその者の人格が表されている。氏名権は、自己の氏名を独占的排他的に使用することができる権利であって、氏については民法750・751・767条（夫婦）、790・791条（実子）、810・816条（養子）、戸籍法107条（変更）等の規定があり、名については戸籍法49・50条（出生）、107条の2（変更）等の規定がある。

　芸名やペンネーム・雅号等の変名も、その分野において周知となったときは、氏名権の保護を受ける。舞踊・華道・茶道等の芸術文化団体における流派の名称、宗教団体における宗派・寺院教会の名称等も、氏名権の問題として論じられているが、固有の意味での氏名権として保護されるのは、氏と名で構成された個人の人格を示すものであって、これらの名称は氏と名で構成されるものでないから、氏名権の問題ではなく、非営利法人を含む特定の名称をもって社会的活動をする者の名称保護の問題である。

　氏名はその者の人格を表すものであるから、氏名権は人格権の一内容であって、最高三小判決昭和63.2.16民集42巻2号27頁「NHK日本語読み事件」は、「氏名は、社会的にみれば、個人を他人から識別し特定する機能を有するものであるが、同時に、その個人からみれば、人が個人として尊重される基礎であり、その個人の人格の象徴であって、人格権の一内容を構成する」と判示し、氏名権を人格権として承認した。

2　肖像権

　肖像は人の顔容又は社会通念上特定人であることを識別し得る身体的特徴であって、性別・年齢・職業・身分等の如何にかかわらず、その人の人格的価値と認められる。

　刑事事件に関する最高大法廷判決昭和44.12.24刑集23巻12号1625頁は、「肖像権と称するかどうかは別として」との留保付きで「個人の私生活上

の自由の一つとして、何人も、その承諾なしに、みだりにその容ぼう・姿態を撮影されない自由を有する」と判示し、以後刑事法の分野のみならず、民事法の分野においても、肖像権侵害をめぐる問題について、多くの判決が示されている。

　もっとも、民事事件判決をみると、最高一小判決平成17.11.10民集59巻9号2428頁「毒入りカレー事件イラスト画事件」は、「人は、みだりに自己の容ぼう等を撮影されないということについて法律上保護されるべき人格的利益を有する（最高裁昭和40年（あ）第1187号昭和44.12.24大法廷判決・刑集23巻12号1625頁参照）。もっとも、人の容ぼう等の撮影が正当な取材行為等として許されるべき場合もあるのであって、ある者の容ぼう等をその承諾なく撮影することが不法行為法上違法となるかどうかは、被撮影者の社会的地位、撮影された被撮影者の活動内容、撮影の場所、撮影の目的、撮影の態様、撮影の必要性等を総合考慮して、被撮影者の上記人格的利益の侵害が社会生活上受忍の限度を超えるものといえるかどうかを判断して決すべきである。また、人は、自己の容ぼう等を撮影された写真をみだりに公表されない人格的利益も有すると解するのが相当であり、人の容ぼう等の撮影が違法と評価される場合には、その容ぼう等が撮影された写真を公表する行為は、被撮影者の上記人格的利益を侵害するものとして、違法性を有するものというべきである。」とし、肖像権を人格権ではなく、権利性を持たない人格的利益と把握していた。その後の下級審判決においても、肖像権という権利を正面から認めるものと認めないものがあった（東京地決定平成21.8.13判時2053号65頁「ストリップショー写真事件」は、前掲「毒入りカレー事件イラスト画事件」を引用しつつ、「このような人格的利益を違法に侵害された者は、損害賠償を求めることができるほか、人格権としての肖像権に基づき、加害者に対し、現に行われている侵害行為を排除し、又は将来生ずべき侵害を予防するため、侵害行為の差止めを求めることができる」として、肖像権を人格権として認めた。他方、前掲「毒入りカレー事件イラスト画事件」を引用する東京地判決平成22.7.28判タ1362号168頁「ゼロセン漫画事件」は、「人は自己の容ぼう等を描写した図画をみだりに公表されない人格的利益（肖像権）を有すると解するのが相当」であるとして、人格的利益の後に括弧書きで「肖像権」としている。人格的利益の侵害が社会生活上、受忍限度を超える違法

なものとされたその他の事案として、東京地判決平成21.9.29判タ1339号156頁「ロス疑惑事件」がある。)。

　このような中で、パブリシティ権に関する最高一小判決平成24.2.2民集66巻2号89頁「ピンク・レディー事件」において、最高裁は、「人の氏名、肖像等(以下、併せて「肖像等」という。)は、個人の人格の象徴であるから、当該個人は、人格権に由来するものとして、これをみだりに利用されない権利を有すると解される」と判示し、「肖像権」という権利を正面から認めるに至った。現代社会における映像や写真の持つ意義と肖像権の社会的定着を考慮すると、肖像は人格的利益に止まらず、肖像権、すなわち、何人もみだりにその容貌・姿態を撮影されたり、撮影された肖像写真を公表されない権利であり、人格権の一つとしてこれを承認することができる。前者を撮影拒絶権としての肖像権、後者を利用拒絶権としての肖像権ともいう。

　放映に関する裁判例として、東京地判決平成19.8.27判タ1282号233頁「無罪判決ニュース放映事件」(手術を実施した患者の死亡を原因として業務上過失致死罪で起訴された後、無罪判決を受けた医師の保釈時の様子を撮影した映像を放映した行為を違法ではないとした事例(控訴審である東京高判決平成20.10.9判タ1286号170頁も結論維持))、東京地判決平成21.4.14判時2047号136頁「産業廃棄物収集車運転手事件」(原告が産業廃棄物収集車を運転していた様子や収集車から降りて収集車の前で説明している原告の顔などを無断で生放送した行為が肖像権の侵害にあたるとした事例)がある。

Ⅱ　知的財産権としての氏名・肖像

1　氏名・肖像の財産的保護
(1)　氏名の財産的利用

　氏名権は、自己の氏名を独占的に使用し、自己の氏名を冒用する者に対してはその使用を排除することのできる権利であり、この氏名権からは、前掲最高三小判決昭和63.2.16が承認した「他人からその氏名を正確に呼称されることについて、不法行為法上の保護を受ける人格的な利益」等種々の人格的利益が派生するのみならず、自己の氏名を営利目的に使用するこ

とのできる財産的利益も派生する。ここでは、氏名は経済的価値として把握され、経済活動に利用される。

① 商標法と氏名

商標法にいう「商標」とは、「人の知覚によつて認識することができるもののうち、文字、図形、記号、立体的形状若しくは色彩又はこれらの結合、音その他政令で定めるもの」であって、「業として商品を生産し、証明し、又は譲渡する者がその商品について使用をするもの」又は「業として役務を提供し、又は証明する者がその役務について使用をするもの」をいう（同法2条、詳細は商標編参照）。氏名は文字をもって表されるから、氏名の全部又は一部を商標として登録することができる。ただし、それがありふれた氏を普通に用いられる方法で表示する標章のみからなるときは、商標法3条1項4号により登録を受けることができない。商標権の侵害行為（同法37条の間接侵害を含む）に対しては、差止請求（同法36条）、損害賠償請求（同法38条）が認められる。また、自己の氏名を普通に用いられる方法で表示して標章として商品又は役務に使用する場合は、それが他人により商標登録された標章と同一であっても、他人の商標権の効力はこれに及ばない（同法26条1項1号）。

一方、人格権としての氏名権を保護するためには、自己の氏名が無断で商標登録されてはならない。そこで、商標法4条1項8号は、他人の氏名を含む商標については、その他人の承諾を得ているものを除いて商標登録を受けることはできないと規定する。この規定の目的は、他人の氏名等の人格権を保護することにあるとするのが通説・判例である。最高二小判決平成17.7.22判時1908号164頁「国際自由学園事件」は、商標を「国際自由学園」、指定役務を「技芸・スポーツ・又は知識の教授」とする商標について、8号の趣旨は、「人の肖像・氏名、名称等に対する人格的利益を保護することにあり、（中略）人の名称等の略称が8号にいう『著名な略称』に該当するか否かを判断するについても、常に、問題とされた商標の指定商品又は指定役務の需要者のみを基準とすることは相当でなく、その略称が本人を指すものとして一般に受け入れられているか否かを基準として判断されるべきもの」とし、当該商標は、教育関係者を始めとする知識人の間でよく

知られているが、指定役務の需要者である学生等の間に広く認識されていないことを理由に8号に該当しないとした原判決は8号の解釈適用を誤ったとして、原審に差し戻した（差戻審の知財高裁判決平成17.12.27裁判所HPは、この判示に従い、8号該当とした審決を取り消した）。

雅号、芸名、筆名（ペンネーム）は、それが広く知られ著名となったときは、氏名権の保護を受けるから、商標権の効力はこれに及ばないし、これを商標登録することもできない。他人の氏名、雅号、芸名、筆名の著名な略称についても同様である（同法26条1項1号・4条1項8号）。

② 商法と氏名

商人（自己の名をもって商行為をなすことを業とする者であって会社及び外国会社を除く）は、営業活動上自己を他と識別するための「その氏、氏名その他の名称」（商法11条1項）を商号として用いることができる。

商人はその商号を他人に妨害されることなく使用する権利と他人が不正の目的で名称又は商号を使用することを排除する権利を有し（商法12条）かつこれにより営業の利益を侵害されたときは、損害賠償請求をすることができる（民法709条）。

③ 不正競争防止法と氏名

氏名は、人の業務に係る商品又は営業を表示するものとして使用することができる（不正競争防止法2条1項1号）。芸名、ペンネーム、雅号等の変名もここにいう氏名に含まれる。

氏名が商品等表示として需要者の間に広く認識されている場合にこれと同一又は類似の商品等表示を使用する等して他人の商品又は営業と混同させる行為や、氏名が著名な商品等表示である場合にこれと同一又は類似の商品等表示を使用する行為等は不正競争（同法2条1項柱書1号・2号）とされ、これにより営業上の利益が侵害されたときは差止請求及び損害賠償請求（差止請求は侵害されるおそれがあるときを含む）、営業上の信用が害されるときは信用回復措置の請求が認められる。

(2) 肖像の財産的利用

肖像権は、何人も、その承諾なしにみだりにその容貌・姿態を撮影され

たり、撮影された肖像写真を公表されない権利であるが、同時に自己の肖像を営利目的に使用することのできる財産的利益も派生する。

① 商標法と肖像

肖像は、これを図形化又は形状化することにより、それ自体で、又は文字、色彩と結合させて商標として使用することができる。

また、自己の肖像を普通に用いられる方法で表示して標章として商品又は役務に使用する場合は、それが他人により商標登録された標章と同一であっても、他人の商標権の効力はこれに及ばないこと（商標法26条1項1号）、他人の肖像を含む商標については、その他人の承諾を得ているものを除いて商標登録を受けることはできないこと（同法4条1項8号）は、氏名の場合と同様である。

② 商法と肖像

商号は、営業活動上自己を他と識別するための商人の「氏、氏名其ノ他ノ名称」であって、文字をもって表されるから、肖像を商号として用いることはできない。

③ 不正競争防止法と肖像

肖像もこれを商標登録した場合は商標として、そうでない場合でも「その他の商品又は営業を表示するもの」として使用することができる。

商品等表示としての肖像を侵害する不正競争（不正競争防止法2条）に対しては、差止請求及び損害賠償請求、信用回復措置の請求が認められること等は氏名の場合と同様である。

2 パブリシティの権利

(1) 概説

現行法は前述の商標法、商法等により氏名・肖像の経済的価値を把握し、これを利用することを積極的に保護しているが、これだけではその財産的保護が十分とはいえない。商標法による保護は、それが指定商品又は指定役務について商標登録された場合にのみその範囲において認められるものであり、商法による保護は商人が営業活動をするについて用いる商号に限られる。また、不正競争防止法による保護を受けるためには、それが同法

にいう需要者の間に広く認識された商品等表示に該当し、かつこれと同一又は類似の商品等表示を使用する等して商品又は営業と混同させる行為や、それが同法にいう著名な商品等表示であってこれと同一又は類似の商品等表示を使用する等の行為がなされる場合に限られる。

　パブリシティの権利（the Right of Publicity）は、アメリカ法において発達した権利概念であって、氏名、肖像の有する財産的価値を利用する権利である。アメリカでは、1930年代から映画俳優、アナウンサー、フットボール選手の氏名、写真等が独立の財産的価値をもつものとして、その使用をめぐる訴訟事件が起きたが、1953年のハーラン・ラボラトリーズ社対トップス・チューインガム事件（チューインガム業者が有名野球選手の写真の独占使用契約を締結していたところ、競業の他社がその販売するチューインガムに同じ選手の写真を使用した事件）において、連邦巡回裁判所が俳優、野球選手等の有名人は、自己の写真の公開価値（パブリシティ・バリュウ）をもつと判示してリーデングケースとなり、その後の判例で公開価値をもつ有名人の肖像の使用には金銭的代償を伴うとする法理論が確立された。

　著名な俳優、歌手等の芸能人、プロスポーツ選手等は、マス・コミュニケーションを通じてその氏名、肖像が広く知れ渡っており、また、広く知れ渡ることを望んでいる。このような人物にとって、その氏名、肖像自体は独立した財産的価値を有し、各種の情報伝達手段によって商品の宣伝広告等に利用される。この氏名、肖像の有する財産的価値を利用する（コントロールする）権利がパブリシティの権利である（竹田稔「プライバシー侵害と民事責任［増補改訂版］」284頁以下、阿部浩二「新版注釈民法18巻」564頁以下、五十嵐清「人格権法概説」179頁以下、牛木理一「商品化権」230頁以下等。斉藤博「氏名・肖像の商業的利用に関する権利」特許研究15号19頁は、氏名・肖像利用権と名付けている）。

　学説は、一般にパブリシティ権を承認しており、氏名や肖像という人格を具現するもののもつ経済的価値を利用する財産権としてこれを保護すべきものとしている。

　パブリシティ権の法的性質については、パブリシティ権を氏名・肖像からは独立した財産権的価値と把握して氏名・肖像の人格的利益との関連性を遮断された権利として構成する見解と両者を密接不可分とする見解（前

掲・内藤篤・田代貞之「パブリシティ権概説第3版」73頁以下は、前者を「二元的構成説」、後者を「一元的構成説」とする）がある。いずれの見解を採るかは、パブリシティ権の相続性、譲渡性の有無などに影響するが、人格権に由来するものであっても、それ自体独立した財産的価値を有する意味において、氏名・肖像という人格からは切り離して把握すべきものというべきであろう。

　したがって、パブリシティ権は、その一身に専属するものではなく、譲渡性・相続性（その存続期間については、顧客吸引力を維持している限りは保護対象となるとするか、著作権法の規定を参酌して相当の期間を定めるべきかの問題は残されている。）を肯定すべきものと考える。また、氏名権・肖像権が個人の人格の象徴であり、いわば基礎的な人格権ともいえるものであることに鑑みれば、排他的な権利としての差止請求を肯定することができよう。なお、後述する「ピンク・レディー事件」最高裁判決は、これらの争点について判断していないが、同最高裁判決がパブリシティ権を以て顧客吸引力を排他的に利用する権利であると確立したことを踏まえて判例・学説が展開していくことに期待したい。

(2)　判例の動向

　わが国において、パブリシティの権利を実質的に承認した最初の判決は、東京地判決昭和51.6.29判時817号23頁「マーク・レスター事件」である。右判決は、俳優等が自己の氏名や肖像の権限なき使用による人格的利益侵害を理由として損害賠償を求め得るのは、特段の事情が存する場合に限定される反面、俳優等は、「一般市井人がその氏名及び肖像について通常有していない利益を保持しているといいうる。すなわち、俳優等の氏名や肖像を商品等の宣伝等に利用することにより、俳優等の社会的評価、名声、印象等がその商品等の宣伝、販売促進に望ましい効果を収め得る場合があるのであって、これを俳優等の側からみれば、俳優等は、自らかち得た名声の故に、自己の氏名や肖像を対価を得て第三者に専属的に利用させうる利益を有しているのである。ここでは、氏名や肖像が(1)で述べたような人格的利益とは異質の、独立した経済的利益を有することになり、（中略）俳優等は、その氏名や肖像の権限なき使用によって精神的苦痛を被らない場

合でも、右経済的利益の侵害を理由として法的救済を受けられる場合が多い」と判示した。マーク・レスター事件と同じく、外国の映画俳優の肖像をタイアップ広告方式により無断使用したとしてパブリシティの権利侵害が争われた事案として、東京地判決昭和55.11.10判時981号19頁「スティブ・マックィーン事件」があるが、同判決は、これを実施した映画興行権者と映画の世界的配給権をもつ者との契約解釈からパブリシティの権利についての判断を示すことなく、損害賠償請求を棄却している。

　マーク・レスター事件判決に続いて、東京地決定昭和53.10.2判タ372号97頁「王選手肖像メダル事件」は、著名な野球選手の肖像を無断使用した記念メダルの製作販売の差止めを求める仮処分申立てを認容し、東京地決定昭和61.10.9判時1212号142頁「中森明菜カレンダー事件」は、著名な歌手の肖像を表示したカレンダー、ポスターなどの販売展示などの差止めを求める仮処分申立てを認容した。これらの決定には理由は付されていないが、仮処分債権者の主張と決定の内容に照らし、パブリシティの権利を実質的に承認したものと認められる。

　ほかに、判決理由において明確にパブリシティの権利という表現を用いたのは、東京地判決平成元.9.27判時1326号137頁「光GENJI事件」（「パブリシティの権の帰属主体は、氏名・肖像の有する独占した財産的価値を積極的に活用するため、自己の氏名・肖像につき、第三者に対し、対価を得て情報伝達手段に使用することを許諾する権利を有すると解される」）、横浜地判決平成4.6.4判時1434号116頁「土井晩翠事件」（詩人は「氏名や肖像の持つ顧客吸引力そのものをコントロールすることによって経済的利益を得る」ことを目的とするものでないから、「パブリシティの権利が発生する」とは認められない）等であり、俳優の有する経済的利益としての肖像権を肯定し、財産的損害の賠償請求を認めた事例として、富山地判決昭和61.10.31判時1218号128頁「藤岡弘肖像広告事件」（富山県下で洋服類の製造販売等を業とする者が著名俳優の氏名、肖像を無断使用した新聞広告を掲載し、右広告を新聞の折り込みちらしとして頒布し、テレビにコマーシャルとして放映した事案）がある。学説も、一般にパブリシティの権利を承認する傾向にある（前掲阿部・牛木・竹田の各論文及び五十嵐清「人格権」68・74頁等）が、最高裁はもとより高裁の判断すら存しなかった。

このような状況において東京高判決平成3.9.26判時1400号3頁「おニャン子クラブ事件」は注目すべき判断を示した。この事件は、カレンダーの販売業者であるYが「おニャン子クラブ」と称するテレビタレント集団に属するXらの氏名・肖像を掲載したカレンダーをXらの承諾なく無断で販売したので、Xらがその販売行為の差止・廃棄及び損害賠償を請求した事案である。原審（東京地平成2.12.21判決）は、氏名・肖像を排他的な人格的利益として把握し、これを侵害する販売行為の差止と差止を実効あらしめるための廃棄請求を認容し、損害賠償請求については前記氏名・肖像の無断使用行為が氏名・肖像というXらの固有の属性に含まれる財産的価値を侵害する不法行為となるが、その損害は得べかりし利益としてX各自につき1200円ないし2400円に留まるのに対し、Xらの人格的利益の侵害に基づく慰謝料の額は10万円と認められる、として高額の10万円の限度で損害賠償請求を認容した。これに対し、前掲東京高判決は、まず差止請求について、「固有の名声、社会的評価、知名度等を獲得した芸能人の氏名・肖像を商品に付した場合には、当該商品の販売促進に効果をもたらすことがあることは、公知のところである。そして、芸能人の氏名・肖像がもつかかる顧客吸引力は、当該芸能人の獲得した名声、社会的評価、知名度等から生ずる独立した経済的な利益ないし価値として把握することが可能であるから、これが当該芸能人に固有のものとして帰属することは当然のことというべきであり、当該芸能人は、かかる顧客吸引力のもつ経済的な利益ないし価値を排他的に支配する財産的な権利を有するものと認めるのが相当である。したがって、右権利に基づきその侵害行為に対しては差止め及び侵害の防止を実効あらしめるために侵害物件の廃棄を求めることができるものと解するのが相当である」とし、また、損害賠償請求については、この財産的権利としての氏名・肖像利用権の侵害による不法行為の成立を認め、その損害額を氏名・肖像の使用料対価相当額（各自15万円）とし、本件の場合氏名・肖像という人格的利益の侵害はない、として原判決を取り消し、改めて原判決と同様侵害行為の差止・廃棄及び損害賠償請求を認容した（この事件は、最高裁に上告されたが、上告取下により確定した）。

東京地判平成16.7.14判時1879号71頁「ブブカスペシャル事件」は、雑誌

記事に掲載された芸能人の肖像写真がパブリシティ権等を侵害するか否かが問題となった事案に関するものである。同判決は、パブリシティ権について、前掲東京高判決と同様に「固有の名声、社会的評価、知名度等を獲得した著名人の肖像等を商品に付した場合には、当該商品の販売促進に有益な効果、すなわち顧客吸引力があることは、一般によく知られているところであり、著名人は、顧客吸引力を経済的利益ないし価値として把握し、かかる経済的価値を独占的に享受することのできるパブリシティ権と称される財産的利益を有する」と判示した。そして、パブリシティ権侵害の成否については、「他人の氏名、肖像等を使用する目的、方法及び態様を全体的かつ客観的に考察して、上記使用が当該芸能人等の顧客吸引力に着目し、専らその利用を目的とするものであるといえるか否かによって、判断すべきである」との基準を示した。そのうえで、パブリシティ権侵害が争われた写真の一部について、写真を記事の一部に使用する形式を採ってはいるものの、文章部分は極めて少なく、写真を見開き2頁のほぼ前面に掲載しているものであるから、「同写真の使用の態様は、モデル料等が通常支払われるべき週刊誌等におけるグラビア写真としての利用に比肩すべき程度に達しているものといわざるを得ない」としてパブリシティ権の侵害を認めた。もっとも、過去の裁判例には、「本件のように、芸能人の私生活を取り上げる記事の中でどの程度写真を利用するとパブリシティ権侵害となるかが正面から争われ、パブリシティ権侵害が認定された事案はなかった」として、被告らはパブリシティ権侵害につき、違法性の認識可能性がなかったものであり、有責性を欠くと判断し、損害賠償請求を棄却し、プライバシー侵害についてのみ損害賠償請求を一部認容した。

　しかし、控訴審である東京高判平成18.4.26判時1954号47頁は、芸能人のパブリシティ権について、「固有の名声、社会的評価、知名度等を獲得した著名な芸能人の氏名、芸名、肖像等（氏名、芸名を含め、以下「肖像等」という）を商品に付した場合には、当該商品の販売促進に有益な効果、すなわち、顧客吸引力があることは、一般によく知られているところであり、著名な芸能人には、その肖像等が有する顧客吸引力を経済的な利益ないし価値として把握し、これを独占的に享受することができる法律上の地位を

有するものと解される」と判示した。そして、「著名な芸能人の有するパブリシティ権に対して、他の者が、当該芸能人に無断で、その顧客吸引力を表す肖像等を商業的な方法で利用する場合」には、不法行為を構成するとした。そして、雑誌に掲載された芸能人の写真について、当該芸能人の「顧客吸引力を利用して本件雑誌販売により利益を得る目的で」写真を掲載したものでありパブリシティ権を侵害すると判断し、「著名な芸能人の写真が雑誌に掲載される場合、掲載のされ方によっては、そのキャラクターイメージが損われ、また、発売した写真集の売上げに影響があることなどについての認識があること」を理由に一審被告らに一審原告らのパブリシティ権を違法に侵害することについて認識があり、又はその認識がなかったことにつき過失があった」としてパブリシティ権侵害による損害賠償請求を認容した。

これに対して、別件の東京地判平成17.8.31判タ1208号247頁「＠ブブカ事件」は、芸能人の肖像写真の雑誌掲載についてパブリシティ権の侵害の成立を認めなかった。同判決は、一般論として、「氏名及び肖像等に由来する利益ないし価値を現行法上明文で認める規定はないものの、芸能人等の著名人は、こうした経済的利益を侵害する者に対して損害賠償を請求し、侵害が著しい場合には侵害行為を差し止めることが出来る場合があることを否定することができ」ないとした。しかしながら、原告芸能人らをはじめとする著名人が経済的利益を上げる基盤となっているのは情報の自由な流通市場であるから、「制定法上の根拠もなく、慣習としても成立しているとはいえないパブリシティ権を認めるには慎重でなければならず」、「著名人としての顧客吸引力があることだけを根拠としては、著名人に関する情報発信を著名人自らが制限し、又はコントロールできる権利があるとはいえない」と判示した。そして、「著名人の芸能活動を伝える記事や著名人の噂話に関する記事に著名人の写真等が添付、使用されたとしても、そのことだけを理由に著名人の権利（パブリシティ権）が侵害されたということはできない」とし、著名人がこのような情報発信が違法であるとして損害賠償請求や差止請求ができるのは、「著名人に関する肖像、氏名その他の情報の利用という事実のほかに、情報発信行為が名誉毀損、侮辱、不当

なプライバシー侵害など民法709条に規定する不法行為上の違法行為に該当する場合、著名人のキャラクターを商品化したり広告に用いるなど著名人のいわゆる人格権を侵害する場合をはじめとする何らかの付加的要件が必要である」と述べた。結論として、パブリシティ権侵害が争われた写真等の掲載は、原告らの顧客誘因力の利用を目的とするものであるとは認められず、情報の自由市場において許容される著名人の噂話を記載した記事に添付された写真等にすぎないとして、パブリシティ権を侵害するものではないと判示した。その他、パブリシティ権の侵害が争われた事案として、東京地判決平成20.12.24判タ1298号204頁・知財高判決平成21.6.29裁判所HP「美容整形外科広告事件」、東京地判決平成22.4.28裁判所HP「河合我聞事件」、東京地判決平成22.10.21裁判所HP「ペ・ヨンジュン事件」があった。

　このような判例の動向の中で出されたのが、前掲「ピンク・レディー事件」最高裁判決である。「ピンク・レディー事件」では、芸能人の歌唱時の振り付けを利用した婦人雑誌のダイエット記事に、芸能人の写真を掲載した行為がパブリシティ権を侵害するものかが争われた。原審である知財高判決平成21.8.27判時2060号137頁は、「著名人の氏名・肖像の使用が違法性を有するか否かは、著名人が自らの氏名・肖像を排他的に支配する権利と、表現の自由の保障ないしその社会的に著名な存在に至る過程で許容することが予定されていた負担との利益較量の問題として相関関係的にとらえる必要があるのであって、その氏名・肖像を使用する目的、方法、態様、肖像写真についてはその入手方法、著名人の属性、その著名性の程度、当該著名人の自らの氏名・肖像に対する使用・管理の態様等を総合的に観察して判断されるべきものということができる」と判示し、当該記事における写真の使用は、芸能人である控訴人らが社会的に顕著な存在に至る過程で許容することが予定されていた負担を超えて、控訴人らが自らの氏名・肖像を排他的に支配する権利が害されているものということはできないとして、第一審の結論を維持した。

　最高裁は、人の氏名、肖像等は、個人の人格の象徴であるから、当該個人は、人格権に由来するものとして、これをみだりに利用されない権利を

有すると述べた上で、次のとおり判示して芸能人側の上告を棄却した。「肖像等は、商品の販売等を促進する顧客吸引力を有する場合があり、このような顧客吸引力を排他的に利用する権利（以下「パブリシティ権」という。）は、肖像等それ自体の商業的価値に基づくものであるから、上記の人格権に由来する権利の一内容を構成するものということができる。他方、肖像等に顧客吸引力を有する者は、社会の耳目を集めるなどして、その肖像等を時事報道、論説、創作物等に使用されることもあるのであって、その使用を正当な表現行為等として受忍すべき場合もあるというべきである。そうすると、肖像等を無断で使用する行為は、①肖像等それ自体を独立して鑑賞の対象となる商品等として使用し、②商品等の差別化を図る目的で肖像等を商品等に付し、③肖像等を商品等の広告として使用するなど、専ら肖像等の有する顧客吸引力の利用を目的とするといえる場合に、パブリシティ権を侵害するものとして、不法行為法上違法となると解するのが相当である。」「本件各写真は、上記振り付けを利用したダイエット法を解説し、これに付随して子供の頃に上記振り付けをまねていたタレントの思い出等を紹介するに当たって、読者の記憶を喚起するなど、本件記事の内容を補足する目的で使用されたものというべきである。したがって、被上告人が本件各写真を上告人らに無断で本件雑誌に掲載する行為は、専ら上告人らの肖像の有する顧客吸引力の利用を目的とするものとはいえず、不法行為法上違法であるということはできない。」

　なお、本判決には、金築誠志裁判官の補足意見があり、そこでは、顧客吸引力を有する著名人は、様々な意味において社会の正当な関心の対象となり得る存在であるから、その人物像、活動状況等の紹介、報道、論評等を不当に制約することがないよう、侵害を構成する範囲を明確に限定しなければならないこと、本判決の示した3類型と、これ以外のものについてこれらに準ずる程度に顧客吸引力を利用する目的が認められる場合に限定することになれば、パブリシティ権侵害の範囲はかなり明確になることなどの意見を述べられている。

　このように、「ピンク・レディー事件」最高裁判決は、従来の下級審判例、学説を支持し、人の肖像等は、個人の人格の象徴であるから、当該個人は、

人格権に由来するものとしてこれをみだりに利用されない権利があり、肖像等は、商品の販売等を促進する顧客吸引力を有ずる場合があり、このような顧客吸引力を排他的に利用するパブリシティ権は人格権に由来する権利の一内容であることを認めた意味で重要な意義を有する。

そして、「ピンク・レディー事件」最高裁判決は、パブリシティ権侵害の類型を、顧客吸引力の利用の視点から上記3類型に分類したが、不法行為一般の判断基準として用いられることが多い比較衡量によることなく、明確な行為類型を摘示した点が注目される。この点は、金築誠志裁判官が補足意見で述べているようにパブリシティ権は表現行為と密接に関連し、その意味で社会の正当な関心事となり得るから、権利侵害の範囲を明確化したことを評価したい。また、その結論においても、本最高裁判決の示した権利侵害の範囲に照らして妥当な結論といえよう。

もっとも、この分類がパブリシティ権侵害に必要な類型的行為を網羅しているかは、なお検討の余地があるが、この点も金築補足意見にあるように、本判決の示した3類型以外にもこれに準ずる程度に顧客吸引力を利用する目的が認められる場合に限定することになれば、パブリシティ権侵害の範囲はかなり明確になるといえよう。

その後、「ピンク・レディー事件」最高裁判決の基準に従いパブリシティ権侵害を認めた事例として、東京地判決平成25.4.26判タ1416号276頁「ENJOY MAX事件」（女性芸能人の写真をグラビア写真のように使用しつつコメントを付した記事について、そのコメントのほとんどが読者の性的な関心を喚起する内容となっている上、独立した意義が認められないとして、民訴法248条に基づき、毀損されたキャラクターイメージの性質、毀損の態様、使用料相当損害額との関係、掲載頁数等を考慮してパブリシティ権の毀損に係る損害額を認定。）、東京地判決平成25.4.26判時2195号45頁・控訴審知財高判決平成25.10.16裁判所HP「嵐事件」（アイドルグループのメンバーである男性芸能人の写真を掲載した書籍について、パブリシティ権の侵害を認め、各写真の使用を許諾する場合に通常受領すべき金銭に相当する額は、書籍の価格の10％に相当する額に発行部数を乗じた金額を下らないとして、これにより算出した損害の賠償と書籍の差止を認容。）などがある。

Ⅲ　関連問題—キャラクターの法的保護—

1　概説

　前述のように、著名な俳優・歌手等の芸能人、プロスポーツ選手等は、マス・コミュニケーションを通じてその氏名、肖像が広く知れ渡って顧客吸引力を取得し、独立の財産的価値を有するに至る。

　一方、架空の人物・動物等のフィクショナル・キャラクター（牛木理一「商品化権」のように、テレビ・漫画等の視覚によって表現されるファンシフル・キャラクターと、小説・脚本のような言葉によって表現されるフィクショナル・キャラクターとを区別する見解もある）も、マス・コミュニケーションを通じて広く知れ渡ると、顧客吸引力を取得し（この問題の論稿として牛木・前掲のほか、土井輝生「キャラクター・マーチャンダイジング」、谷井精之助「清水編著作権実務百科」12—1以下等）、同様に優れた商品価値を認められるようになる。

　実在の人物と架空の人物・動物等を含め、財産的価値を有する氏名・肖像やフィクショナル・キャラクター等を総称して「商品化権」と呼ぶ研究者も少なくない。また、これらを総合してパブリシティの権利と呼ばれることもある。

　しかし、この両者は法的保護において異なる問題を含んでおり、特に後者の法的保護は一様でなく、複雑多岐にわたる問題がある。

2　キャラクターの法的保護の態様

　フィクショナル・キャラクターの法的保護の態様として問題となる点を列挙すると、次のとおりである。

　第一に著作権法による保護である。漫画等の絵はそれ自体「美術の著作物」（著作権法10条1項4号）として著作権法の保護の対象となり、その変形（同法27条）、複製（同法21条）は著作権侵害となる。しかし、著作物から独立した存在としてのキャラクターが著作物性を持ち得るかは、別個に検討する必要がある。

　旧著作権法の適用事件である東京地判決昭和51.5.26無体集8巻1号219頁「サザエさん事件」は、貸切バスの車体両側に漫画サザエさんの登場人物

を表し、営業に使用したことが漫画サザエさんのキャラクター（連載漫画に登場する人物の容貌・姿態・性格等を表現するもの）を利用したものであって著作権を侵害するとされたが、この判決はキャラクターそれ自体の著作物性を判断していない。東京高判決平成4.5.14知的裁集24巻2号385頁「ポパイ・キャラクター使用事件」は、漫画ポパイの絵と名称を使用した図柄についてポパイの絵の複製による著作権侵害を認めたが、ポパイのキャラクターなるものは「具体的な漫画を離れてこれと別個の創作性を有する外部的表現形式として存在するということはできない」としている（同旨　大阪高判決昭和60.9.26無体集17巻3号411頁「ポパイ事件」）。東京地判決昭和61.9.19判タ624号228頁「キン肉マン事件」は、テレビで放映されたアニメ番組「キン肉マン」のキャラクターの姿態をそのまま三次元的に製作したキン肉マンケシゴム人形の販売、頒布の差止を請求した事案について、また、名古屋地判決昭和61.2.28最新著作権関係判例集Ⅴ430頁「スヌーピー事件」は、漫画スヌーピーのキャラクターを具現化した縫いぐるみ人形の販売による損害賠償請求の事案について、同様の考えを示している。

　最高一小判決平成9.7.17民集51巻6号2714頁「ポパイキャラクター・ネクタイ販売事件」は、このような下級審の見解を是認して次のように判示した。
　「著作権法上の著作物は、『思想又は感情を創作的に表現したもの』（同法2条1項1号）とされており、一定の名称、要望、役割等の特徴を有する登場人物が反復して描かれている一話完結形式の連載漫画においては、当該登場人物が描かれた各回の漫画それぞれが著作物に当たり、具体的な漫画を離れ、右登場人物のいわゆるキャラクターをもって著作物ということはできない。けだし、キャラクターといわれるものは、漫画の具体的表現から昇華した登場人物の人格というべき抽象的概念であって、具体的表現そのものではなく、それ自体が思想又は感情を創作的に表現したものということができないからである。したがって、一話完結形式の連載漫画においては、著作権の侵害は各完結した漫画それぞれについて成立し得るものであり、著作権があるというためには、連載漫画中のどの回の漫画についていえるのかを検討しなければならない。」

　そして、同判決は、連載漫画においては、後続の漫画は、先行する漫画

を原著作物とする二次的著作物であって、これにより新たに付与された創作的部分のみに生じ、後続の漫画に登場する人物と同一人物と認められる限り、当該登場人物については、最初に掲載された漫画の著作権の保護期間によるべきものとし、本件ポパイの絵の著作権は既に消滅しているとの理由で本件図柄のネクタイの販売の差止め、同図柄の抹消を求める請求を認容した原審の判断は誤りであるとして、原判決の当該部分を破棄し、請求を棄却した（同判決の評釈については、三村量一「最高裁判所判例解説民事篇平成9年度中」919頁以下参照）。

この考えに立てばキャラクターは原著作物を通じて保護されることになる（同説　菊池武「漫画のキャラクター」著作権判例百選初版56頁。これに対し、牛木理一・前掲商品化権92頁は、著作物から独立してその著作物性を肯定する）。

また、小説・脚本がそれ自体、著作物であることは当然である（同法10条1項1号）が、小説に登場するキャラクターの名前も、原著作物から独立して著作権法の保護対象となるか問題となる。前掲東京高判決平成4.5.14は、ポパイの名称についてこれを否定する。後記最高二小判決平成2.7.20をもって漫画キャラクターの名前に著作権を認めたとする見解（牛木理一・特許管理41巻3号331頁）もあるが、同判決が商標登録を他人の著作物における人物像の著名性を無償利用したものであってその商標権の行使は権利濫用となると判断したからといって直ちにキャラクターの名前が著作物性を持つことを肯定したとはいえない。

なお、東京地判決平成11.8.30判時1696号145頁「ときめきメモリアル事件」は、原告ゲームソフトの主要登場人物（女子高校生）の図柄を用いて成人向けのビデオに改変、制作した行為について著作権侵害を認めたが、そのキャラクターそのものの著作物性を肯定したものではない。

第二に意匠法による保護である。漫画等の絵として表現されたキャラクターは、これが物品の形状、模様、色彩又はこれらの結合として物品に使用されることにより意匠権の客体たり得るもの（同法2条1項）であり、これが意匠登録されたときは、意匠法の保護対象となる。

第3に商標法による保護である。漫画等のキャラクター（同法2条1項の図形商標）はもちろん、小説・脚本等に登場するキャラクターの名前（同項の

文字商標）も、それぞれ個別に又は両者を結合して商品の出所識別機能をもつ標章として商標登録されることにより商標法の保護を受けることができる。

　第4に不正競争防止法による保護である。キャラクター（又はその名前）が商品等表示として広く認識されると、これと同一又は類似の商品等表示を使用する等して他人の商品又は営業と混同させる行為や、これが著名な商品等表示である場合にこれと同一又は類似の商品等表示を使用する行為等は不正競争（2条1項柱書1号・2号）とされ、これにより営業上の利益が侵害されたときは差止請求及び損害賠償請求（差止請求は侵害されるおそれがあるときも含む）、営業上の信用が害されるときは信用回復措置の請求が認められる。前掲東京高判決平成4.5.14は、ポパイのキャラクターを旧法1条1項1号の周知の商品表示と認めている。

　問題は、ある特定のキャラクターがそれぞれ異なる権利の保護対象とされた場合の相互の抵触をどのように解決するかであろう。この点について、商標法29条は、商標権と特許権、実用新案権、意匠権あるいは著作権が抵触する場合には商標登録出願の前後によって権利関係を調整する規定を設けているが、それだけで十分とはいえない。最高二小判決平成2.7.20民集44巻5号875頁「ポパイ英文表示商品事件」は、ポパイの文字と漫画の主人公（人物像）の図形を用いた標章について商標権を有する者から、そのポパイの文字を英文で表示した商品の使用者に対する商標権侵害訴訟（差止請求と損害賠償請求）において、その使用がポパイの漫画の著作権者の許諾を得た使用であり、ポパイの名称は漫画に描かれた主人公として想起される人物像と不可分一体のものとして世人に親しまれており、この使用について商標権侵害を主張することは公正な競業秩序を乱すものであって権利の濫用に当たるとして、侵害を認めなかった。キャラクターの法的保護を考える上で注目すべき判決である。

　さらに、上記知的財産権法各法による保護とは別に、物自体にパブリシティ権を肯定し、パブリシティ権侵害を理由とする差止や損害賠償請求を認めるべきかどうかが問題となるが、最高二小判決平成16年2月13日民集58巻2号311頁「競争馬パブリシティ事件」は、ゲームソフトの製造販売を業とす

る被告(上告人・附帯被上告人)が、多数の実在の競走馬を登場させる集合型の競馬ゲームを制作、販売したところ、一部の馬主が所有権侵害もしくは物のパブリシティ権侵害を理由として差止めや損害賠償を請求した事案において、次のように判示し、請求を否定している。「一審原告らは、本件各競走馬を所有し、又は所有していた者であるが、競走馬等の物の所有権は、その物の有体物としての面に対する排他的支配権能であるにとどまり、その物の名称等の無体物としての面を直接排他的に支配する権能に及ぶものではないから、第三者が、競走馬の有体物としての面に対する所有者の排他的支配権能を侵すことなく、競走馬の名称等が有する顧客吸引力などの競走馬の無体物としての面における経済的価値を利用したとしても、その利用行為は、競走馬の所有権を侵害するものではないと解すべきである」、「競走馬の名称等が顧客吸引力を有するとしても、物の無体物としての面の利用の一態様である競走馬の名称等の使用につき、法令等の根拠もなく競走馬の所有者に対し排他的な使用権等を認めることは相当ではなく、また、競走馬の名称等の無断利用行為に関する不法行為の成否については、違法とされる行為の範囲、態様等が法令等により明確になっているとはいえない現時点において、これを肯定することはできない」。

第9節　不公正な取引行為

I　独占禁止法における不公正な取引方法

1　概説

(1) 独占禁止法の目的と不公正な取引

　独占禁止法は「私的独占、不当な取引制限及び不公正な取引方法を禁止し、事業支配力の過度の集中を防止して、結合、協定等の方法による生産、販売、価格、技術等の不当な制限その他一切の事業活動の不当な拘束を排除することにより、公正且つ自由な競争を促進し、事業者の創意を発揮させ、事業活動を盛んにし、雇傭及び国民実所得の水準を高め、以て、一般消費者の利益を確保するとともに、国民経済の民主的で健全な発達を促進することを目的」(同法1条)として制定された法律である。

　ここに「不公正な取引方法」の定義は、独占禁止法2条9項1号〜6号に定められている。このうち、1号〜5号 (1号：共同の取引拒絶、2号：差別対価、3号：不当廉売、4号：再販売価格の拘束、5号：優越的地位の濫用) は、平成21年の独占禁止法改正で、不公正な取引方法に課徴金制度を導入する際に、「課徴金の対象となる不公正な取引方法は法律で明示しなければならない」という観点から、従来、旧法及び一般指定で定められていた行為のうち、改正法が課徴金にふさわしいと考えたものを取り出して定められたものである。課徴金の対象とならないものについては、同項6号において、同号イ〜ヘに定める行為 (イ事業者の差別的取り扱い、ロ不当対価取引、ハ不当な顧客誘引・取引強制、ニ不当な拘束条件付取引、ホ取引上の地位の不当利用、ヘ競争者に対する不当な取引妨害・内部干渉) であって、「公正な競争を阻害するおそれのある」もののうち、公正取引委員会が指定するものを不公正な取引方法とすることが定められている (以下、本書では、「公正取引委員会」を、原文を括弧書きで引用する場合を除き、単に「委員会」と略称する)。「不公正な取引方法 (昭和57年6月18日公正取引委員会告示第15号)」は16の行為を不公正な取引方法に指定していたが、平成21年独占禁止法改正時に、法定されたものを除くべく改正され、現在は15の行為を「不公正な取引方法」として指定している。これ

を一般指定といい、ほかに特定の事業分野における特定の行為にのみ適用される特殊指定がある。

そして、委員会が一般指定した不公正な取引方法を項目のみ列挙すると次のとおりである。
　1項　共同の取引拒絶
　2項　その他の取引拒絶
　3項　差別対価
　4項　取引条件等の差別取扱い
　5項　事業者団体における差別取扱い等
　6項　不当廉売
　7項　不当高価購入
　8項　ぎまん的顧客誘引
　9項　不当な利益による顧客誘引
　10項　抱き合せ販売等
　11項　排他条件付取引
　12項　拘束条件付取引
　13項　取引の相手方への役員選任への不当交渉
　14項　競争者に対する取引妨害
　15項　競争会社に対する内部干渉

(2)　不公正な取引方法の行為の類型と不正競争

　独占禁止法が不公正な取引方法を禁止する趣旨は、公正かつ自由な競争秩序を維持するためこれを阻害する取引を禁止することにあり、この意味で独占禁止法が規定する不公正な取引方法は、公正競争阻害性を持つものであるが、その行為類型によって、さらにⓐ自由競争の阻害（競争の減殺）、ⓑ競争手段の不公正さ、ⓒ自由競争基盤の侵害に分類できるとするのが通説的見解である（白石忠志「独禁法と不競法問題の現状と課題」ジュリ1018号48頁、田中寿「不公正な取引方法」別冊NBL9号10頁、根室哲・舟田正之「独占禁止法概説［第5版］」184頁。このような見解に対する批判的意見として、吉田邦彦「不正な競争に関

する一管見」ジュリ1088号46頁)。

　このうち、ⓐ自由競争阻害は、事業者相互の自由な競争あるいは事業者の競争の参加を妨げる行為であって、取引拒絶、差別価格、不当廉売、再販売価格拘束などがこれに当たり、ⓑ競争手段への不公正さは、後述するとおりぎまん的顧客誘引や不当な利益による顧客誘引などがこれに当たり、ⓒ自由競争基盤の侵害は、取引の相手方に対する不当な抑圧による自由な競争基盤の侵害行為であって、優越的地位の濫用などがこれに当たるとされている。ただし、優越的地位の濫用を不公正な取引方法規制の中にどのように位置付けるかについては、学説の対立があり、直接には競争秩序に影響を及ぼすことのないもので、不正競争的な取引方法とは行為の悪性も異なり、異質のものであるとする説と、不公正な取引方法には、取引の場における「力」の不当利用と、競争の場における「力」の不当利用の二つの型の行為を含んでおり、この規定は後者について総括的に定めたとする説(正田彬「全訂独占禁止法」409頁以下)が対立し、また、これを、独占禁止法の目的の一つである経済力の集中規制に関する規定の一つと位置付ける説(来生新「優越的地位の濫用法理の再検討」公法と経済法の諸問題下325頁)、取引主体の自由で主体的な判断により取引が行われることが自由競争の基盤であるから、その侵害は「公正な競争」を阻害するとする説(根岸哲・舟田正之「独占禁止法概説〔第5版〕272頁)、その他の諸説がある。

　このⓐ及びⓒの行為類型は、独占禁止法が独自の政策目的を達成するために禁止する不公正な取引方法であり、その意味では独占禁止法固有の理念に基づくものであって、不正競業と把握する必要性に乏しい。ただし、一般指定6項の「不当廉売」は、不当に低い価格で商品又は役務を供給することにより他の事業者の事業活動を困難にさせるおそれのある行為である点において、重複的にⓑの競争手段の不公平さの行為類型にも含めることができよう(実方謙二「独占禁止法〔第4版〕」372頁以下は、これを「不当な競争手段」として把握している)。

　これに対し、ⓑ競争手段の不公平さは、独占禁止法2条9項6号ハの「不当に競争者の顧客を自己と取引するように誘引し、又は強制すること」及び同号への取引妨害・内部干渉を受けたものであって、不公正な競争手段

を用いて公正な競争を阻害する行為であるから、まさに不正競業そのものであり、一般指定8項ないし10項（ぎまん的顧客誘引、不当な利益による顧客誘引、抱き合せ販売等）及び14項（競争者に対する取引妨害）、15項（競争会社に対する内部干渉）の行為類型がこれに当たるとされている。

なお、不当広告、不当廉売、取引妨害等の不公正な取引方法については、平成5年の不正競争防止法の改正に際し、不正競争行為と位置付けることが検討されたが、「少なくとも現段階においては、不正競争防止法上の不正競争行為として位置付け、行政的規制のみならず、民事的な規制の対象とする社会的コンセンサスが形成されていないものと考えざるを得ず、今後の我が国経済取引社会の実態の推移を慎重に見守りつつ、検討し、必要に応じ、立法的措置を講ずることが適当である」（産業構造審議会知的財産政策部会中間答申）として、今後の検討課題とされるに止まった。そして、これらは、後述する平成12年の独占禁止法の改正によって、民事的な規制の対象となった。

ところで、不正競争防止法と独占禁止法とは、前者が私訴による民事規制を主としているのに対し、後者は委員会による行政規制を主としている点において規制対象に相違がみられるにすぎず、競争秩序の維持、発展という観点から一定の競争行為を規律する意味において本質的な差異はないとする見解（田村・前掲概説（第2版）402頁）がある。

独占禁止法を不公正な競争手段を用いて公正な競争を阻害する行為をも規制し、もって公正な競争を促進するという目的を達成するものであるという側面で把握するならば、そこに差異が見いだせない。

しかし、独占禁止法は、「私的独占、不当な取引制限及び不公正な取引方法を禁止し、事業支配力の過度の集中を防止」することを規制の対象として、「結合、協定等の方法による生産、販売、価格、技術等の不当な制限その他一切の事業活動の不当な拘束を排除」し、もって「公正且つ自由な競争を促進し、事業者の創意を発揮させ、事業活動を盛んにし、雇傭及び国民実所得の水準を高める」という政策目標と効果を達成しようとするものであり、経済社会の根幹に関わる独占禁止政策の実現を目指すという点においては、不正競争防止法よりは広く経済社会活動一般に機能するも

のである。しかも、独占禁止法は、その一部を私人の私訴に委ねているとはいえ、主として国の行政機関である委員会がなす公的規制によって前記行為を規制してその目的を達成するものであるのに対し、不正競争防止法は、専ら私人の私訴に不正競争行為の規制を委ねているのである。このことは、独占禁止法の規定を不正競業の側面から考察する場合に当然配慮しなければならない。

　そこで、本書では、独占禁止法2条9項3号及び一般指定6項（不当廉売）を含め、ⓑの行為類型に当たる不公正な取引方法を不正競業として捉え、その行為内容と公的規制、並びにその私法的効力及び民事訴訟による救済手段について、検討することにしたい。

2　競争手段の不公正

(1)　不当廉売

　独占禁止法2条9項3号は、「正当な理由がないのに、商品又は役務をその供給に要する費用を著しく下回る対価で継続して供給することであつて、他の事業者の事業活動を困難にさせるおそれがあるもの」を法定しており、一般指定6項は、「法第2条第9項第3号に該当する行為のほか、不当に商品又は役務を低い対価で供給し、他の事業者の事業活動を困難にさせるおそれがあること。」と規定する。このように、不当廉売行為が法文と一般指定に分かれて規定されているのは、前者は違法性がより明確であるとして課徴金の対象となるためである。

　ここに「商品」とは、独占禁止法の規制目的に照らし、市場において流通に供されることを目的として生産され、取引される有体物であり、不正競争防止法における商品の定義と共通する。同様に「役務」は、独立して市場における取引の対象となるサービスを意味するといえよう。

　これは、顧客奪取の手段として価格を操作する行為を排除しようとするものであるから、「供給に要する費用」を原価と解するならば、原価以下で販売する場合が対象となる。この点について、「不当廉売に関する独占禁止法の考え方」3(1)アは、総販売原価（通常の製造業では、製造原価に販売費及び一般管理費を加えたもの、通常の販売業では、仕入原価に販売費及び一般管理費を

加えたもの）を意味するとしている。

　東京高決定昭和50.4.30判時776号30頁「中部読売新聞事件」は、Y社が新たに新聞を発行するに際し、その販売価格を500円としたが、同地域における競争紙の販売価格が1300円、販売原価が812円であった事案について、委員会が独占禁止法67条に基づいて申し立てた緊急停止命令に関する。同決定は、「独占禁止法一般に不公正な取引方法を構成するいわゆる不当廉売とは、単に市場価格を下回るというのでなく、その原価を下回る価格をいうと解すべきもの」と判示した上、巨大な資力を有する事業者が一定期間採算を度外視する圧倒的な廉価で商品を提供する等により、当該市場において競争上優位に立とうとする場合、当該事業者としてはその全体の収支の上では損失はないとしても、この対抗を受ける他の競争事業者の被むる損害は甚大であり、公正な競争が阻害されることは明らかである、として「審決があるまで（中略）812円を下回る価格で販売してはならない」との緊急停止命令を発した（今村成和「独占禁止法入門［第4版］」133頁は、原価以下であっても、市場価格を下回らない価格を付することは不当廉売にならないのが当然であり、東京高判決の趣旨は、「単に市場価格を下回るというのでは十分でなく、その原価をも下回る価格をいう」と解すべきであるとする）。勧告審決昭和57.5.28審決集29巻13頁「マルエツ事件」も、量販店が仕入れ価格を著しく下回る価格で継続して販売し、商圏内の牛乳専売店の事業活動を困難にするおそれがあった牛乳の廉売事案について、「不当に」低い対価で牛乳を供給したとして、旧一般指定5項（現行一般指定6項）に該当すると判断し、排除措置命令平成18.5.16平成18年措3号「濱口石油事件」も、石油製品小売業者が仕入れ価格に販売価格を加えた価格（時期によっては仕入れ価格そのもの）を下回る価格で普通揮発油を継続して販売し、他の事業者の事業活動を困難にするおそれがあった事案について、現行一般指定6項に該当すると判断している。

　「正当な理由がない」あるいは「不当」といえない廉売は、公正な競争を阻害するおそれがないものとして除外される。新規参入又は閉店に当たっての廉価販売や、短期間、特別の商品等に限っての顧客誘引のための廉売（季節商品の在庫一掃のための廉売）等は、これに当たる。

また、最高一小判決平成元.12.14民集43巻12号2078頁「都立芝浦屠場事件」は、と畜場法により認可された一般と畜場として都営と民営がある場合において、都が都営のと畜場の料金として永年にわたり原価を大幅に下回る認可料金を徴収してきた行為が不当廉売に当たるかが争われた事案について、認可料金についても不当廉売規制が及ぶことを認めた上で、赤字経営より物価抑制策を優先させる政策目的に基づくものであって、「と畜場事業の競争関係の実態、ことに競争の地理的範囲、競争事業者の認可額の実情、と畜場市場の状況、上告人（民営業者）の実徴収額が認可額を下回った事情等を総合考慮すれば、被上告人（都）の前示行為は、公正な競争を阻害するものでない」と判示した。行為の意図、目的が公益に関わることと、競争関係の実態を総合判断したものであるが、「正当な理由」の存在について、公益目的をどこまで勘案できるかは、今後の問題として残されている。

　この点について、大阪高判決平成6.10.14判時1548号63頁「くじ引付葉書事件」は、郵便葉書の発行、販売は郵便業務そのものには含まれず、国も「事業者」に該当するとした上、図画等のないくじ引付年賀葉書はその販売額が法定されている結果、その法定額である料額印面に表された金額で販売する限り、不当廉売に該当する余地はなく、また、絵入り寄付金付お年玉付年賀葉書、「かもめーる」及び「さくらめーる」は相応の製造経費を要しているのにその分は無償で供給していることになるから、これらの葉書の対価は低廉であるが、国が公共の福祉の増進を目的として郵便事業を行うという郵便法2条の目的に照らし、低廉であることに「正当な理由」があり、それが「不当に」低い対価ともいえないとして一般指定6項に当たらないと判示した（この判示は、最高三小判決平成10.12.18審決集45巻467頁により支持された）。「正当な理由」の存在について前記の公益目的を勘案した一事例といえよう。

　なお、前掲「不当廉売に関する独占禁止法の考え方」3(2)イは、「他の事業者の事業活動を困難にさせるおそれがあること」は、「現に事業活動が困難になることは必要なく、諸般の状況からそのような結果が招来される具体的な可能性が認められる場合を含む」としている。

(2) ぎまん的顧客誘引

一般指定8項は、「自己の供給する商品又は役務の内容又は取引条件その他これらの取引に関する事項について、実際のもの又は競争者に係るものよりも著しく優良又は有利であると顧客に誤認させることにより、競争者の顧客を自己と取引するように不当に誘引すること。」と規定する。

誘引手段の社会的悪性を禁止の根拠とする（実方・前掲379頁）ものであって、ここに「内容」とは、品質、規格等の商品又は役務の性質、属性を意味し、「取引条件」とは、取引に当たり通常定められる価格、数量、支払方法等をいい、「その他の取引に関する事項」とは、当該取引に当たり、合意された前記以外の条件をいう。

「優良」は、主として品質の良さを意味し、「有利」は取引条件一般の有利さを意味する（根岸・舟田前掲概説223頁は、ここに「著しく」とは「当該誘引行為が社会的に見て許容される誇張の限度を超えるか否かで判断される」としている）が、いずれにしても、当該商品又は役務の取引者、需要者に取引事項を誤認させる行為（誤認の方法手段に制限はない）であるから、誤認の誘引が誤認させるような表示を用いたことにあるときは不正競争防止法にいう質量等誤認行為（同法2条1項14号）と重複し、これと交錯する。

なお、フランチャイズ契約をめぐっては様々な法律問題が発生し、それに伴う裁判上の紛争も少なくないが、委員会平成14年4月24日作成（改正：平成23年6月23日）の「フランチャイズ・システムに関する独占禁止法上の考え方について」と題するガイドラインには、「本部が、加盟店の募集に当たり、(中略) 重要な事項について、十分な開示を行わず、又は虚偽若しくは誇大な開示を行い、これらにより、実際のフランチャイズ・システムの内容よりも著しく優良又は有利であると誤認させ、競争者の顧客を自己と取引するように不当に誘引する場合には、不公正な取引方法の一般指定の第8項（ぎまん的顧客誘引）に該当する」との考えが示されている。東京高判決平成5.3.29判時1457号92頁「ベルギー・ダイヤモンド事件」は、豊田商事の系列会社による簡単にあるいは努力次第で高額の収入が得られるかのように誤信させるダイヤ販売商法はぎまん的顧客誘引に該当すると判示している。

これに対し東京地判決平成5.11.30判時1521号91頁「美容室フランチャイズ契約事件」は、XはYとの間で美容室経営についてのフランチャイズ契約を締結し、美容室を開設したが、赤字状態で閉店し、XよりYに対し、独占禁止法の一般指定8項に該当する違法な勧誘があった等として損害賠償を請求した事案について、前記委員会のガイドラインを引用して、事実関係を検討した上、ぎまん的顧客誘引は認められないとして請求を棄却した。同旨の事例として、京都地判決平成3.10.1判時1413号102頁「パン製造販売フランチャイズ事件」があるが、この事案では、フランチャイザーが行った需要予測が客観性を欠き適正な情報を提供すべき信義則上の保護義務に違反したとして、損害賠償請求を一部認容している。そのほかにも、フランチャイズ契約をめぐっては、排他的条件付取引の禁止、不当な拘束条件付取引の禁止、優越的地位の濫用等が問題となっている（東京地判決平成6.1.12判時1524号56頁「コンビニフランチャイズ事件」等）。その意味では、一般指定8項に止まらず、広くフランチャイズ契約と不公正な取引方法との関連が検討されるべきであろう（その詳細については、金井高志「フランチャイズ契約におけるフランチャイジーの秘密保持義務及び競業避止義務」判タ873号47頁以下参照）。

(3) 不当な利益による顧客誘引

一般指定9項は、「正常な商慣習に照らして不当な利益をもって、競争者の顧客を自己と取引するように誘引すること。」と規定する。

経済取引社会において行われている正常な商慣習（慣行として行われている商取引行為）に反する不当な顧客獲得手段を禁止するものであって、過大な景品付販売、供応、過大な見本品の配布等（佐藤一雄等編「テキスト独占禁止法［再訂二版］」176頁）が対象となる（根岸・舟田前掲概説234頁は、ここに「利益」とは、「広く経済上の利益のことであり、取引の相手方にとって通常利益と客観的に認められるものであれば足りる」とする）。

勧告審決昭和50.6.13審決集22巻11頁「ホリディ・マジック社事件」は、化粧品の販売会社がマルチ商法的な不当な利益提供をもって、加入者（販売員）を勧誘した事案について、正常な商慣習に照らし不当な利益をもっ

て競争者の顧客を自己と取引するように誘引するものであって、旧一般指定6項に該当するとしている。

また、顧客との取引関係を維持し、又は拡大する目的で一部の顧客に対して証券会社が行った損失補償は、一般指定9項の不当な利益による顧客誘引に該当するとされている（勧告審決平成3.11.20審決集38巻134頁「野村証券事件」）。東京高判決平成7.9.26判時1549号11頁「野村証券損失補償株主代表訴訟事件」は、右損失補償に関して、株主が当時の代表取締役に対する責任を追求した株主代表訴訟事件において、「証券会社が顧客に対して有価証券の売買などの取引について生じた損失の全部又は一部を補填することは、証券市場の担い手である証券会社が証券投資における自己責任原則を放棄し、証券市場において適正に形成された価格を証券市場外で修正するものであり、証券取引の公正性を害するものであるから、証券業における正常な商慣習に反するものというべきである。そして、本件損失補償は、顧客との取引関係を維持し、又は拡大する目的で一部の顧客に対して行ったものであるから、正常な商慣習に照らして不当な利益をもって競争者の顧客を自己と取引するように誘引するものであって」不公正な取引方法の9項に該当し、独占禁止法19条に違反すると判示し、最高二小判決平成12.7.7民集54巻6号1767頁はこの判断を肯定して上告を棄却した。

前記ぎまん的顧客誘引と不当な顧客誘引行為に関連する法律として、景品表示法がある。景品表示法は、「公正な競争を阻害」する行為を規制するものとして、独占禁止法の特別法として制定されたが、平成21年改正により、「一般消費者による自主的かつ合理的な選択を阻害」する行為を規制するものとされ、規制の範囲も、委員会ではなく、内閣総理大臣により指定されることとなった。もっとも、規制の対象範囲は、改正前と実質的に変わらないと説明されている。

同法は、「この法律で「景品類」とは、顧客を誘引するための手段として、その方法が直接的であるか間接的であるかを問わず、くじの方法によるかどうかを問わず、事業者が自己の供給する商品又は役務の取引（中略）に付随して相手方に提供する物品、金銭その他の経済上の利益であつて、内閣総理大臣が指定するものをいう。」（同法2条3項）、「この法律で「表示」

とは、顧客を誘引するための手段として、事業者が自己の供給する商品又は役務の内容又は取引条件その他これらの取引に関する事項について行う広告その他の表示であつて、内閣総理大臣が指定するものをいう。」(同法2条3項) と規定している。

そして、同法は、「内閣総理大臣は、不当な顧客の誘引を防止し、一般消費者による自主的かつ合理的な選択を確保するため必要があると認めるときは、景品類の価額の最高額若しくは総額、種類若しくは提供の方法その他景品類の提供に関する事項を制限し、又は景品類の提供を禁止することができる。」(同法4条) と規定し、また、商品又は役務の内容について著しく優良と誤認される表示、商品又は役務の取引条件について著しく有利と誤認される表示、商品又は役務の取引に関する事項について誤認されるおそれがある表示であって、内閣総理大臣が指定する表示はしてはならない (同法5条1～3号)、と規定している。

この規定に基づき、より具体的な景品類、表示の対象、提供制限・禁止等は内閣総理大臣の告示に委ねられている。なお、平成21年改正前の景品表示法に基づき、委員会の告示に委ねることの適法性の根拠が争われた事案において、東京高判決昭和56.4.2審決集28巻143頁「栄光時計事件」は、「経済社会における取引方法、競争手段の複雑性、多様性、変転性等にかんがみるときは、景品類の提供を現実に即して規制するためには、公正な競争秩序についての専門的行政機関である公正取引委員会をして具体的に右の規制の内容を定めさせることは合理性がある」と判示している。

(4) 抱き合わせ販売等

一般指定10項は、「相手方に対し、不当に、商品又は役務の供給に併せて他の商品又は役務を自己又は自己の指定する事業者から購入させ、その他自己又は自己の指定する事業者と取引するように強制すること。」と規定する。

広く「強制」という競争手段の性格的悪性に着目して、取引の強制による独占的支配力の拡大や系列取引による市場閉鎖等を規制する (実方・前掲389頁) ものであって、抱き合わせ販売は取引強制の典型例として例示さ

れているにすぎない。その該当事例として、近代化資金の融資に併せて自己の供給する農業機械を購入させる行為を禁止した勧告審決昭和51.3.29審決集22巻144頁「斐川農業協同組合事件」、家庭用電子玩具販売業者がテレビゲームソフトの人気商品を小売業者に販売するに当たり、他のゲームソフトを抱き合わせて購入させる行為を禁止した審決平成4.2.28審決集38巻41頁「藤田屋事件」、パソコンのソフト開発会社が製造販売業者等に対し、表計算ソフトをパソコンに搭載・同梱して出荷する権利をライセンス許諾するに当たって、自己のワープロソフトないしスケジュール管理ソフトを抱き合わせてライセンス許諾する行為を禁止した勧告審決平成10.12.14審決集45巻153頁等がある（根岸・舟田前掲概説244頁は、抱き合せ販売以外の取引強制として「全量購入条件付取引」、「金融上の圧力をもって自己または自己の指定する事業者と取引するように強制すること」を例示する）。

(5) 競争者に対する取引妨害

一般指定14項は、「自己又は自己が株主若しくは役員である会社と国内において競争関係にある他の事業者とその取引の相手方との取引について、契約の成立の阻止、契約の不履行の誘引その他いかなる方法をもつてするかを問わず、その取引を不当に妨害すること。」と規定する。

競争事業者の取引に対する妨害行為を禁止するものであって、魚市場の卸売人である競争事業者のせり参加をせり場の周囲に障壁を設けて妨害する行為（勧告審決昭和35.2.9審決集10巻17頁「熊本魚事件」）、競争事業者の顧客に対し著しく安い価格で販売して顧客を奪取した行為（同意審決昭和56.3.17審決集27巻116頁「関東地区登録衛生検査所協会事件」）、メーカーの全額出資子会社として当該メーカーの保守用部品を一元的に供給していた業者が自社の顧客に比べて独立系保守業者の顧客に対する保守用部品の価格・納期を不当に差別化することで独立系保守業者の業務を妨害する行為（勧告審決平成14.7.26審決集49巻168頁「三菱電機ビルテクノサービス事件」）、公道上のタクシー待機場所を事実上専用し、他のタクシー事業者による待機場所周辺での旅客の獲得を組織的に妨害する行為（大阪高判決平成26.10.31判時2249号38頁「神鉄タクシー事件」）がこれに該当する。

競争事業者を中傷、誹謗してその取引を妨害する行為も本項の取引妨害に該当するから、その結果、競争事業者の信用を毀損するときは、不正競争防止法上の不正競争である営業上の信用毀損行為（同法2条1項15号）と重複する。

(6) 競争会社に対する内部干渉

一般指定15項は、「自己又は自己が株主若しくは役員である会社と国内において競争関係にある会社の株主又は役員に対し、株主権の行使、株式の譲渡、秘密の漏えいその他いかなる方法をもつてするかを問わず、その会社の不利益となる行為をするように、不当に誘引し、そそのかし、又は強制すること。」と規定する。

一般指定14号は、競争事業者の外部的事業活動である取引を妨害する行為を禁止するのに対し、一般指定15号は、競争事業者に対する内部干渉を禁止する。

いかなる方法をもってするかを問わない。重要な営業用資産の譲渡、有力な経営者の引抜き（田中・前掲不公正な取引方法95頁）のほか、損失の発生が確実な取引の実施、有利な事業からの撤退等客観的にみて不利益な行為を含む。

Ⅱ　不公正な取引方法に対する行政措置と私法上の救済手段

1　行政措置

(1) 概要

事業者は、不公正な取引方法を用いてはならない（独占禁止法19条）。

事業者が独占禁止法の規定に違反したときは、委員会は、当該行為の差止め、契約条項の削除その他当該行為を排除するために必要な措置を命ずることができる（同法20条1項）。委員会が、事業者の不公正な取引方法に対して、行政措置を行うためには、その事前手続として独占禁止法が規定する手続を行うことが必要であり、手続の厳格性に着目して準司法手続とも呼ばれている。

また、上述のとおり、平成21年改正により、不公正な取引方法のうち違

法性がより明確である一部の行為については、課徴金命令の対象となった（独占禁止法20条の2～6）。独占禁止法2条1項3号に該当する不当廉売の場合の課徴金の額は、違反行為の対象商品等の売上額の3％（違反事業者が小売業を営む場合は2％、卸売業を営む場合は1％）に相当する額である（独占禁止法20条の4）。

(2) 審査

審査は、一般人の事実の報告と措置を求める申立（独占禁止法45条1項）、職権探知（同条4項）を端緒として独占禁止法違反の疑いがあるときに開始される。

所定の手続を経て審査を終えたとき（通常は、審査官によって被疑事件について独占禁止法及び審査規制に基づいて必要な調査が行われ、委員会に報告書が提出される）は、委員会は、次のいずれかの措置を採る。

① 警告・注意・打切り

不公正な取引方法に該当する事実を認定するに至らなかったものの、違反の疑いがあり、是正の必要があるときは、「警告」とし、後述の排除措置命令等と同様に公表される。また、不公正な取引方法に該当する事実の存在を疑うに足りる証拠は得られないがその行為を放置しておくときは違反行為を起因する疑いのある行為があるときは、「注意」とし、一定の場合にはその内容を公表することもあり得る。これに対し、不公正な取引方法に該当した事実等がなく措置をとる必要がないときは、「打切り」とする。委員会は、適正な措置をとり、又はとらないこととしたときは、速やかにその旨を当該報告をした者に通知しなければならない（同法45条3項）。

最高一小判昭和47.11.16民集26巻9号1573頁「エビス食品企業事件」は、「45条1項は、（中略）審査手続開始の職権発動を促す端緒に関する規定であるにとどまり、上告人（報告者）に対して、被上告人（委員会）に適当な措置をとることを要求する具体的請求権を付与したものであるとは解されない。（中略）したがって、上告人がした報告、措置要求についての不問に付する決定は取消訴訟の対象となる行政処分に該当せず、その不存在確認を求める訴えを不適法とした原審の判断は、正当である」と判示している。

委員会が行う行政処置に関する手続は、平成17年法律第35号及び平成25年法律第100号（以下、本節においては「平成25年改正法」という）により、大幅な改正がなされた。平成17年改正法下では、従前の勧告制度が廃止され、委員会は、違反行為があると認定したときは、所定の手続を経て、行政処分としての排除措置命令を行うことができ、命令に不服の事業者は、審判請求により命令の取消しを求め、審決に不服があれば、審決取消訴訟を提起するものとされていた。しかし、この手続では、不服審査手続の第一審としての審判手続において委員会が検察官と裁判官を兼ねているなどの批判があった。そこで、平成25年改正法は、審判手続を廃止し、命令に対する不服審査手続の第一審機能を地方裁判所に委ねることとし、かつ専門性を確保すべく、これを東京地方裁判所の専属管轄とした。また、手続の充実・透明化のため、行政処分に係る処分前手続として意見聴取手続を新設した。以下では、平成25年改正後の現行制度について解説する。

② 意見聴取手続

　委員会は、排除措置命令等（意見聴取手続に関する規定は、課徴金納付命令・競争回復措置命令にも重用される。独占禁止法62条4項、64条4項）をしようとするときは、当該排除措置命令等の名宛人となるべき者について、意見聴取を行わなければならない（独占禁止法49条）。意見聴取手続は、審判制度の廃止に伴い、従来、審決において示していた公正取引委員会による最終的な判断が、改正後は排除措置命令等において示されることとなるため、改正前の排除措置命令等に係る処分前手続の更なる充実を図る必要があるとの観点から、平成25年改正法において整備されたものである。

　委員会は、意見聴取を行うにあたり、排除措置命令等の名宛人となるべき者に対し、予定される排除措置命令等の内容、委員会の認定した事実及びこれに対する法令の適用、同認定事実を立証する証拠の標目、意見聴取の期日及び場所等を記載した意見聴取通知書を送付する（独占禁止法50条1項、公正取引委員会の意見聴取に関する規則9条）。

　当事者は、意見聴取の通知があったときから意見聴取が終結するまでの間、証拠の閲覧・謄写を求めることができる（独占禁止法52条1項前段）。閲覧対象となるのは、意見聴取に係る事件について委員会の認定した事実を

立証する証拠であり、謄写対象となるのは、閲覧対象の証拠のうち、当事者やその従業員が提出した書面等と、当事者やその従業員の供述調書等である。

　意見聴取手続は、委員会が事件ごとに指定する職員（指定職員）が主催する（独占禁止法53条）。指定職員は、意見聴取の期日において、当該事件を調査した審査官等に、予定される排除措置命令等の内容等を説明させなければならない。当事者は、期日に出頭して、意見陳述や証拠提出をすることができるほか、指定職員の許可を得て審査官等に対して質問をすることもできる（独占禁止法54条）。指定職員は、意見聴取の期日に先立ち、当事者に対し、期日において陳述しようとする事項を記載した書面、提出しようとする証拠又は審査官等に対し質問しようとする事項を記載した書面の提出を求めることができる（規則16条）。

　指定職員や、意見聴取期日における当事者の意見陳述等の経過を記載した調書、当該意見聴取に係る事件の論点を整理して記載した報告書を作成し、委員会に提出する。委員会は、排除措置命令等の議決を行うときは、この調書及び報告書を十分に参酌しなければならない（独占禁止法58条、60条）。

③　排除措置命令

　委員会は、審査の結果、不公正な取引方法に該当する事実があると認める場合には、違反行為者に対し、違反行為を排除し、違反行為の再発防止を図るために、当該行為の差止め、契約条項の削除その他当該行為を排除するために必要な措置をとるように命令することができる（独占禁止法20条）。これを「排除措置命令」という。排除措置命令は、委員会が違反行為者（企業の合併・分割などの場合は承継者）を名宛人として行う行政処分であって、措置の内容は具体的違反行為に対応して行われる。違反行為が既になくなっている場合は、「特に必要があると認められる」ときに限られる。

　排除措置命令は、主として「行為の差止め」のほか、「再発防止措置」（白石忠志「独占禁止法［第3版］」638頁は、「独禁法遵守のための行動指針の作成・改訂、営業担当者に対する独禁法研修、法務担当者による定期的監査」などを例示している）などをその内容とする。

「特に必要があると認めるとき」は、既に違反行為が取りやめられているときも除斥期間（5年）内に限り必要な措置を命ずることができる（同法7条2項）。「特に必要があると認めるとき」とは、「当該違反行為が繰り返されるおそれがある場合や、当該違反行為の結果が残存しており競走秩序の回復が不十分である場合などをいう」（東京高判決平成20.9.26公正取引委員会審決集55巻910頁「ストーカ炉談合排除措置事件」）。その場合の排除措置命令は、違反行為の排除を確保するために必要な措置に限られる。

排除措置命令は、排除措置命令書という文書の謄本を違反行為者に対して送達することでその効力が生じる（同法61条2項）。

④ 課徴金命令

上述したとおり、⑥の行為類型に当たる不公正な取引方法のうち、継続的な不当廉売については、課徴金命令の対象となる。課徴金命令は、課徴金納付命令書という文書の謄本を違反行為者に対して送達することによってその効力が生じる。課徴金納付命令書には、納付すべき課徴金の額、課徴金の計算の基礎及び課徴金に係る違反行為並びに納期限が記載される（独占禁止法62条）。課徴金の納期限は、課徴金納付命令書の謄本を発する日から7月を経過した日である。

(3) 抗告訴訟

公正取引委員会のなした排除措置命令等に不服のある事業者は、委員会を被告として、抗告訴訟を提起することができる（独占禁止法77条）。

排除措置命令等に係る抗告訴訟は、平成25年独占禁止法改正により、東京地方裁判所の専属管轄とされた（独占禁止法85条）。独占禁止法違反事件は、複雑な経済事案を対象とし、法律と経済の融合した分野における専門性の高いものであるという特色があることを踏まえ、判断の合一性を確保するとともに裁判所における専門的知見の蓄積を図るためである。

また、裁判所における慎重な審理を確保すべく、上記抗告訴訟及び独占禁止法25条に基づく損害賠償請求訴訟については、3人の裁判官の合意体により審理及び裁判をすることとされ、事案によっては、5人の裁判官の合議体により審理及び裁判をすることもできることとされた（独占禁止法86

条)。控訴審である東京高等裁判所においても、3人の裁判官の合議体により審理及び裁判されることが原則であるところ、5人の裁判官の合議体により審理裁判することができることとされた(独占禁止法87条)。

さらに、審判制度が廃止されたことに伴い、平成25年独占禁止法改正前に採用されていたいわゆる「実質的証拠法則」（委員会の認定した事実は、これを立証する実質的な証拠があるときには、裁判所を拘束するとの法則）及び新証拠の提出制限に係る規定（委員会が審判手続において正当な理由なく当該証拠を採用しなかった場合等に限り、被処分者は裁判所に対して新たな証拠の申出をすることができる）は、同改正により廃止された。

2　不公正な取引方法に対する私法上の救済手段
(1)　不法行為理論

平成16年法律147号による民法の全面改正前の不法行為を定めた民法709条は、「故意又ハ過失ニ因リテ他人ノ権利ヲ侵害シタル者ハ之ニ因リテ生シタル損害ヲ賠償スル責ニ任ス」と規定しており、この規定を受けて古典的不法行為論は、不法行為の成立には、行為者に故意又は過失があることと、他人の権利を侵害したことを必要とすると理解していた。

このような見解に立つ限り、自由かつ公平な経済秩序を破壊する行為としての不正競争行為であっても、その行為により私法上の権利を侵害されない限り、不法行為の成立する余地はない。不正競争防止法の制定には、権利侵害論を背景として広く不正競争行為を不法行為の特殊類型として捉え、私法上の権利とはいえない営業上の利益の侵害に損害賠償責任を認め、正当な営業活動を行う事業者を保護するという必要性があったことは、歴史的に証明された事実である（小野・前掲概説37頁）。

そして、その後、不法行為論は、権利侵害論から違法性論へと転化し、不法行為の成立には、法的保護に値する利益の侵害があれば足りるとするに至ったことは周知の事実であり、前記全面改正に際し、民法709条は、「故意又は過失によって他人の権利又は法律上保護される利益を侵害した者は、これによって生じた損害を賠償する責任を負う」と改正された。

ところで、一般に、刑罰法規違反行為は被侵害利益種類を問題としなく

とも違法性があるとされるが、保護法規違反行為ないし公序良俗に反する行為（加藤一郎「不法行為〔増補版〕」133頁は、民法90条における公序良俗に反する事項を目的とする法律行為の無効とは直接結びつくわけではなく、不法行為における違法性を判断する上で社会的に許容されないものを指すとする）は、それぞれの場合に応じて具体的にその違法性を判断すべきものとされている。その場合、被侵害利益の種類と侵害行為の態様の両面の相関関係において違法性の有無を判断するのが通説である（幾代通著・徳本伸一補訂「不法行為法」63頁）。

(2) 不公正な取引方法と不法行為の成否
① 独占禁止法25条の損害賠償責任

このような不法行為理論を基にして、独占禁止法における不公正な取引方法と不法行為の成否の問題を検討すると、まず、独占禁止法25条は、「第3条、第6条又は第19条の規定に違反する行為をした事業者（第6条の規定に違反する行為をした事業者にあつては、当該国際的協定又は国際的契約において、不当な取引制限をし、又は不公正な取引方法を自ら用いた事業者に限る。）及び第8条の規定に違反する行為をした事業者団体は、被害者に対し、損害賠償の責に任ずる。」(1項)、「事業者及び事業者団体は、故意又は過失がなかつたことを証明して、前項に規定する責任を免れることができない。」(2項) と規定している。第2項は、第1項に定める私的独占、不当な取引制限等を内容とする国際的協定又は契約を締結し、若しくは不公正な取引方法を行った事業者又は事業者団体にいわゆる無過失責任を課した規定である（村上政博・山田健男「独占禁止法と差止・損害賠償第2版」101頁は、「立法政策的には、きわめて多種多様の行為を規制対象とする3条、19条、6条、8条1項違反行為について、一律に行為者の無過失責任を規定することに無理があり、立証責任の転換にとどめる方が個別違反行為類型やその違反態様に応じて柔軟な処理が可能であり妥当である」としている）。

ここにいう「被害者」には、事業者のみならず消費者も含むとするのが通説・判例（東京高判決昭和52.9.19判時863号20頁「松下電器再販損害賠償事件」）であり、直接の取引の相手方であると間接的な取引の相手方であるとを問わない（東京高判決昭和56.7.17判時1005号32頁「灯油裁判東京事件」）。ただし、この請求権は、排除措置命令や課徴金納付命令が確定した後でなければ行使す

ることができず（独占禁止法26条1項）、かつ命令が確定した日から3年を経過したときは、時効によって消滅する（同条2項）。また、独占禁止法25条の訴えが提起された場合には、裁判所は委員会に対し、同条に規定する違反行為によって生じた損害の額について意見を求めることができるとされている（同法84条）。

　この請求権の法的性質については、独占禁止法が創設した特別の請求権とする説もあるが、独占禁止法25条は不法行為に関する民法709条の特別規定であって、かつ別途民法の規定に基づく損害賠償請求権を行使することもできるとする説が有力である。最高二小判決平成元.12.8民集43巻11号1259頁「灯油裁判鶴岡事件」は、25条、26条の規定の趣旨は、同法違反行為によって「個々の被害者の受けた損害の填補を容易ならしめることにより、審判において命ぜられる排除措置とあいまって同法違反の行為に対する抑止的効果を挙げようとする目的に出た付随的制度にすぎないものと解すべきであるから、この方法によるのでなければ、同法違反の行為に基づく損害の賠償を求めることができないものということはできず、同法違反の行為によって自己の法的利益を侵害された者は、当該行為が民法上の不法行為に該当する限り、これに対する審決の有無にかかわらず、別途、一般の例に従って損害賠償の請求をすることは妨げられない」と判示している。したがって、同法違反行為が民法上の不法行為に該当する限り、審決の有無にかかわらず、独占禁止法の規定とは別途違反行為をした事業者に損害賠償を請求できることになる。

　独占禁止法25条の規定による損害賠償請求訴訟に係る第一審の裁判権は東京地方裁判所に専属する（同法85条の2）。

② 不法行為の成否

　独占禁止法は、「第11章　罰則」（89条以下）において刑事制裁規定を設けているが、不公正な取引方法を用いた行為については罰則の定めがない。したがって、不法行為に関する従来の違法性理論からは、保護法規違反ないし公序良俗違反行為として、被侵害利益の種類と侵害行為の態様の両面の相関関係において違法性の有無を判断し、違法性ありとされたときに、不法行為が成立すると判断されることになる。

これを前記不正競争の範疇に含まれるとした不公正な取引方法についてみた場合、被侵害利益は、主としてこれにより侵害された営業上の利益と考えられる（したがって、原告適格を有するのは、主として営業を侵害された事業者）が、現代経済社会において、自由な競争に基づく営業活動は営業の自由として是認されているところであり、競争関係にある営業者相互間においては、違法性の認められる範囲は狭いということができよう（幾代・前掲不法行為法80頁）。独占禁止法2条9項3号及び一般指定6号の不当廉売のような場合には、価格競争はかえって消費者に利益をもたらす点を要因として考慮すべきである（吉田・前掲論文49頁は、不当廉売が不法行為となるのは、廉売の仕方、規模が大きい等例外的な場合に限られるとする）。

　そうすると、不公正な取引方法即不法行為の成立とすることはできないのであって、個々具体的にその行為の態様を検討して判断すべきものである。ちなみに、不法行為に基づく請求ではなく、貸金債務の不存在確認請求の事案についてであるが、最高二小判決昭和52.6.20民集31巻4号449頁「岐阜信用組合事件」は、旧一般指定10号（現行独占禁止法2条9項5号）の優越的地位の濫用に関する不公正な取引方法に関し、いわゆる拘束された即時両建預金を取引条件とする信用協同組合の貸付が独占禁止法19条に違反する場合でも、貸付契約が直ちに私法上無効になるとはいえず、公序良俗に反するともいえない（利息・損害金約定のみ利息制限法制限利率超過により無効と認める）と判示している。

　問題は、不公正な取引方法について不法行為が成立する場合、事業者の営業上の利益のほか、消費者の利益の侵害が考えられるか、いいかえれば、消費者に原告適格を認めることができるかである。不正競争防止法は、営業上の利益の侵害について損害賠償を認めているから、消費者は同法に基づいて損害賠償の請求はできないのに対し、独占禁止法25条は、消費者にも損害賠償請求権の行使を認めていることは前述のとおりである。しかし、不正競争防止法にしても、独占禁止法25条にしても、不法行為に対する特別規定とするならば、これとは別個の民法上の不法行為の成否に消費者の利益を考慮する余地がないとはいえない。要は、消費者側に不法行為法上の被侵害利益として保護されるべきものがあるかにかかる。一般指定8項

のぎまん的顧客誘引、同10項の抱き合わせ販売等については、消費者が正常な価格で自由に取引できる利益の侵害が考えられる（吉田邦彦・前掲論文50頁は、抱合せ販売について、消費者の「商品選択の自由」との関連でより深刻な問題があり、損害賠償のルートを確保する必要がある、としている）。

　前記独占禁止法の規定する不正競業類型に属する不公正な取引方法について、不法行為の成立を認めた判例としては、大阪地判決平成2.7.30判時1365号91頁「東芝昇降機サービス事件」がある。同判決は、エレベーターの製造販売メーカーの系列下の保守点検業者が、エレベーターの保守点検を系列外の独立系保守点検業者に行わせていたエレベーター所有者からのエレベーターの修理依頼に応じなかった事案（甲事件）及び独立系保守点検業者からのエレベーターの修理依頼に応じなかった事案（乙事件）について、競争関係にある業者との取引を不当に妨害する行為であって、一般指定15号の「競争者に対する取引妨害」に該当し、独占禁止法19条に違反するとし、さらに「独占禁止法は、一般消費者の利益を確保し、かつ国民経済の民主的で健全な発達の促進を図ることをその究極の目的とし、右の目的を達成するために不公正な取引方法を禁止しているのであって、これによって、競争関係にある他の事業者のみならず、他の事業者と取引し、または取引しようとする一般消費者も、自由競争の下で自由な取引をする利益を認められ、かつ保護されている。従って、民法709条との関係においても、特段の事情のない限り、被告の取引妨害行為は違法な行為である」と判示して、いずれも損害賠償請求を認めた。控訴審である大阪高判決平成5.7.30判時1479号21頁は、甲事件については一般指定10号に当たり、乙事件については一般指定15号に当たるとした上、右一般指定に該当し、独占禁止法に違反することを認識していたか、少なくとも認識可能であったから、不法行為に当たるとして結論として原判決を支持し、控訴を棄却した。この判決は、不公正な取引方法の禁止規定を保護法規として把握し、これに違反する行為は、特別の事情のない限り不法行為が成立するとしたもので、不正競業の類型に属する不公正な取引方法一般に妥当する考えといえよう。

　独占禁止法19条該当性を不法行為認定に参酌した事例として、大阪地平

成元.6.5判時1331号97頁「日本機電事件」は、非専属的な下請けメーカーとの他社の競合製品を販売したときは販売額の10倍の損害賠償を支払うとの契約条項は「原告が自己の取引上の地位が相手方より優越していることを利用して、正常な商慣習に照らして不当に相手方に不利益となる取引条件を設定したものとして健全な取引秩序を乱し、かつ公正な商慣習の育成を阻害するものとして公序に反し（独禁法19条、2条9項、昭和57年公正取引委員会告示第1号（不公正な取引方法）14号参照）、民法90条により無効となるものであるというべきである」として、原告の損害賠償請求を棄却した。また、東京高判決平成14.12.5判時1814号82頁「ノエビア化粧品事件」は、原告は、被告と化粧品の販売業務委託契約を締結し、販社として業務を行っていたが、同契約に他社の化粧品を取り扱ったり、販売してはならないなどの約定が存する場合において、原告は被告から過酷な売り上げノルマを課せられて仕入れを増大した結果大量の在庫を抱え被告に返品を通知したところ、被告社員が他社商品の取扱いを理由とする前記契約の解除理由を作出するため、他社への登録を誘導し原告がこれを契機に他社に登録したことを理由に前記契約を解除したことをもって独占禁止法19条の不公正な取引方法に当たるとして損害賠償を請求した事案である（原審東京地裁は請求棄却）。同判決は、被告が傘下の販社及び代理店に対し適切な指導監督をすべき責任があるのにそれを真摯に改善する努力もせず、売上げの拡大を図る方針を続け、原告が深刻な経営危機に陥っていたにもかかわらず、返品要求にも応ぜず原告が他社の取扱いを検討し始めたことを利用し、報復的措置として契約違反の証拠を収集して本件解除に及び、原告との取引を拒絶した行為は、「独占禁止法19条、一般指定15号2項の不当な取引拒絶に該当するおそれがあり、独占禁止法19条の不公正な取引方法に該当する可能性が高い。また、同条に該当しないとしても、その趣旨に反する行為であることは明らかである」として、不法行為による損害賠償責任を認めた（白石忠志・前掲720頁は、「独禁法関係の民法90条事件や民法709条事件において、裁判所は、かりに独禁法違反であるなら上記の要件（筆者注 独禁法違反であることは十分条件か）を満たすことを暗黙の前提として論じている場合がほとんどである」としている）。

これに対し、東京地判決昭和59.9.17判時1128号21頁「都立芝浦屠場事件」

は、一般指定6号の不当廉売該当を理由として不法行為による損害賠償請求を認容したが、控訴審の東京高判決昭和61.2.24判時1182号34頁は不当廉売に当たらないとして請求を棄却し、前述の最高一小判決平成元.12.14民集43巻12号2078頁はこの判断を支持して上告を棄却した。

なお、東京地判決平成9.4.9判時1629号70頁「日本遊技銃協同組合事件」は、遊技銃の製造業者組合（Y）が全国の問屋に対し、業界の自主基準を守っていない製造業者（X）について、傘下の小売店にXとの取引中止を指導するように要請した事案である。そこでXがYに対して民法709条に基づく損害賠償請求をしたところ、裁判所は独占禁止法違反の事実を認め、損害賠償請求を一部認容した。これは、平成12年に独占禁止法が改正されるまで、同法25条に基づく損害賠償請求の対象となるのは事業者の行為に限られており、事業者団体の行為に対しては同法に基づく請求ができなかったことによるものと思われる。これに対し、平成12年の独占禁止法の改正により、同法25条には、新たに事業者団体の行為も含まれることになったため、今後は、右のような事案については、第一次的には、同法25条により審理されることになる。ちなみに、前掲の最高二小平成12.7.7判決は、株主代表訴訟として商法267条（現行の会社法847条）に基づいて会社に対し損害賠償を請求した事案である。

③　差止請求

差止請求権を認める法的根拠については諸説あり、排他性のある権利が侵害された場合にのみ差止請求権を認めるのが、通説・判例である。例外的に不法行為の特殊な効果として、あるいは公害差止請求において、排他的権利の存否を検討することなく、受忍限度論から差止請求を許容した下級審の裁判例も存するが、不法行為の効果としての差止請求権を認めるに至っていない。このことは既に「第1章第2節Ⅲ商品形態模倣行為」において詳しく述べた（なお、横浜弁護士会編「差止訴訟の法理と実務」、総合研究開発機構・高橋宏志共編「差止請求権の基本構造」は、実務的視点から差止請求の問題を集大成したものである）。

もっとも、排他性のある権利でなくとも、法が特に政策的見地から、差止請求権を認める規定を設けた場合は、法律の規定に基づいて差止請求権

を行使できる。不正競争防止法が不正競争について、差止請求を許容する規定を設けているのが、その典型である。

これを独占禁止法についてみると、独占禁止法は前述のとおり、公的規制措置として、不公正な取引方法について当該行為の差止め等の排除措置を規定しているが、平成12年に同法が改正されるまでは被害者に私法的救済としての差止請求権を認める規定は設けていなかった。そこで、例えば、大阪地判決平成5.6.21判タ829号232頁「ジーンズ出荷停止事件」は、継続的なジーンズ製品の供給契約関係がある場合において、出荷停止を独占禁止法19条違反と認めたが、同条は私法上の差止請求権を認めたものではないとして出荷停止差止仮処分申請を却下した。

そこで、被害者に独占禁止法上の差止請求権の行使を認めるのと同様な法的効果をもたらすため、①継続的な営業活動を営業権ないしこれに類似する権利として認めて、この権利に排他性を付与し、営業権侵害（妨害）を理由とする差止めができないか、②当事者間に継続的な契約関係が成立している場合、その契約内容として差止めを許容する約定が含まれていると解釈できないか、あるいは③民事保全法23条2項を利用して、同法の「争いがある権利関係について債権者に生ずる著しい損害又は急迫の危険を避けるためにこれを必要とするとき」と解釈できないか等が議論されてきた。しかしながら、いずれも差止めをなし得るとは解し得ないか、若しくは差止めが可能であっても、その範囲・効果等が不十分であった。

ところが、近時、経済界において、公的な規制・介入を必要最小限度とし、代わりに、自己責任を前提とした市場ルールによって規律していくべきであるという気運が高まってきたところ、その前提として、自らのイニシアティブと責任において、公正な競争秩序を害する行為によって被った不利益を回復するシステムを構築する必要があることが強く認識されるようになってきた。

また、独占禁止法違反行為は、日々行われる事業活動に付随して行われるものであるところ、損害の発生が継続的なものとなる場合が多く、また、同法違反行為によって被害者が回復しがたい損害を被った場合などには発生した損害を事後的に填補する金銭賠償のみでは被害者に対する効果的な

救済にならないケースも多々存在することが分かってきた。

　そこで、独占禁止法は平成12年の改正により、損害賠償規定の充実等を図ると共に、第8条第5号又は第19条の規定に違反する行為によってその利益を侵害され、又は侵害されるおそれがある者は、これにより著しい損害を生じ、又は生ずるおそれがあるときは、その利益を侵害する事業者若しくは事業者団体又は侵害するおそれがある事業者若しくは事業者団体に対し、その侵害の停止又は予防を請求することができる（同法24条）という規定を新設することで、私法上の救済手段の充実を図ることとした（以上、私人による独占禁止法上の差止請求権の新設経緯等に関しては、「不公正な競争行為と民事的救済」別冊NBL43号、「競争環境整備のための民事的救済」別冊NBL44号、「不公正な競争行為に対する民事的救済制度のあり方」別冊NBL49号、「不公正な競争行為に対する民事的救済制度」NBL別冊55号等が詳しい）。

　以下では、同条の規定のうち、各要件について述べる。

ⓐ「8条5号又は19条の規定に違反する行為」

　私人による差止請求権の対象となる行為は、不公正な取引方法に関する違反行為のみであって、不当な取引制限等の行為は該当しない。

　これは、本制度を実効性のあるものとすべく、民事訴訟になじみやすく、かつ、違法行為の存在の立証が比較的容易な行為を対象とすることが適当であると考えられたからであると思われる。

ⓑ「利益」

　前述のとおり、不法行為の成立には、法的保護に値する利益の侵害があれば足りるところ、本条の「利益」も変わるところがない。したがって、本条の「利益」とは、公正かつ自由な競争が行われている市場において取引を行っていく上で得られる経済的価値その他の利益一般をいうものと考えられる。

ⓒ「侵害され、又は侵害されるおそれがある」

　現在損害が生じていないが、近い将来において差止めによる救済を必要とする損害の生じる蓋然性がある場合についても、差止が認められる。他

方、独占禁止法違反は存在しているが、当該私人について、損害が継続し、又は繰り返されるおそれがない場合には、差止めを認める必要はない。

ⓓ 利益を侵害され、又は侵害されるおそれがある「者」
　自然人、法人のほか、法人格のない社団等も含む趣旨であり、事業者・消費者のいずれも差止請求訴訟を提起し得ると解される。大阪地判決平成16.6.9「関西国際空港新聞販売事件」も訴訟物である差止請求権を主張する者であれば、原則として原告適格が認められるとしている。

ⓔ「著しい損害を生じ、又は生ずるおそれがあるとき」
　前述のとおり、不公正な取引方法が、保護法規違反ないし公序良俗違反行為と解される以上、不法行為に関する従来の違法性理論からは、被侵害利益の種類と侵害行為の態様の両面の相関関係として判断されることになる。ただし、差止請求を認容するためには、不法行為に基づく損害賠償請求を認容する場合よりも高度の違法性を要するので、被侵害利益がより大きく、侵害行為の悪性がより高くなければならない（村上政博・山田健男前掲34頁は、「独占禁止法違反行為による差止請求権についてのみ、『損害』で足りず、何故に『著しい損害』が必要であるかについて、論理的に説明することは不可能である」と批判し、これに対し、白石忠志・前掲729頁は、「不公正な取引方法に該当する行為の範囲が広いので差止めに値するものだけに絞る、という理由付けは、本来は、矛盾している」としつつ、「安易な違反要件論によって差止めが認められることのないよう、高度の違法性を要求すると述べることによってダブルチェックをかけることには、一定の合理性がある」としている）。

　実際にどのような場合に「著しい損害」と認められるかは、個別のケースに応じて、裁判所が個々に判断することになる。例えば、不当廉売のため、事業活動が困難となり、市場からの退出を余儀なくされるおそれがある場合などは、「著しい損害」があると認められると考えられる。また、消費者についても、例えば、抱き合わせ販売により、自由に取引先選択や商品選択をする余地がない場合などは「著しい損害」を受けるおそれがあると認められるケースもあると思われる。

この点、前掲「関西国際空港新聞販売事件」の控訴審である大阪高判決平成17.7.5は、「独禁法によって保護される個々の事業者又は消費者の法益は、人格権、物権、知的財産権のように絶対権としての保護を受ける法益ではない。また、不正競争防止法所定の行為のように、行為類型が具体的ではなく、より包括的な行為要件の定め方がされており、公正競争阻害性という幅のある要件も存在する。すなわち、幅広い行為が独禁法19条に違反する行為として取り上げられる可能性があることから、独禁法24条は、そのうち差止めを認める必要がある行為を限定して取り出すために、『著しい損害を生じ、又は生ずるおそれがあるとき』の要件を定めたものと解される」とし、著しい損害があって差止が認められる場合とは、19条違反行為が、「損害賠償請求が認められる場合より、高度の違法性を有すること、すなわち、被侵害利益が同条の場合より大きく、侵害行為の悪性が同条の場合より高い場合に差止が認容されるものというべきであり、その存否については、当該違反行為及び損害の態様、程度等を勘案して判断するのが相当である」としている。　前掲「神鉄タクシー事件」は、個人タクシー事業者が、法人タクシー事業者による組織的な妨害行為（不公正な取引方法）によって、タクシー待機場所において乗客を得るという利益を侵害された事案であるところ、大阪高裁は、「被告は、(中略) 一般指定14項にいう不当な取引妨害によって、競争関係にある事業者である原告 (中略) から、G駅前タクシー待機場所においてタクシー利用者と旅客自動車運送契約を締結する機会をほぼ完全に奪ったものであり、今後も本件各タクシー待機場所において、同様の行為をして原告らからタクシー利用者と旅客自動車運送契約を締結する機会をほぼ完全に奪うことが予想されるのであって、これは、公正かつ自由な競争を促進するという独禁法の目的ないし理念を真っ向から否定するものといい得る。また、その手段としても、待機場所に進入しようとした原告側タクシーの前に立ちはだからせたり、その前に被告タクシーを割り込ませて待機場所への進入や、待機場所内で先頭車両となることを妨害し、先頭車両となった原告側タクシーの扉の横に座り込ませたり、その前に立ちはだからせたりして、原告側タクシーが利用者を乗せて発進することを妨害するという物理的な実力を組織的に用いるとい

うものであるから、このような損害の内容、程度、独禁法違反行為の態様等を総合勘案すると、原告らが被告の独禁法19条違反行為によって利益を侵害され、侵害されるおそれがあることによって生じる損害は著しいものというべきである。」として、差止請求を認容した。

なお、会社法385条には取締役の法令・定款違反行為に対する監査役の差止請求権が規定されているが、同条の「著しい損害」は、本条とほぼ同義として用いられていると思われる。

⑥「その侵害の停止又は予防を請求することができる」

本条に基づき「侵害の停止又は予防」の他「侵害の停止又は予防に必要な行為」も請求できるかが問題となる。

これは、例えば、不正競争防止法3条2項には、「侵害の行為を組成した物（侵害の行為により生じた物を含む。中略）の廃棄、侵害の行為に供した設備の除却その他の侵害の停止又は予防に必要な行為を請求することができる」と規定されているが、本条はこのような規定の仕方にはなっていないことから検討の必要がある。

しかしながら、本条を実効性あるものにして、私人の十分な救済を図るためには、侵害の停止又は予防のみならず、そのために必要な行為も含むと解する必要がある。そこで、被害者は、侵害の停止又は予防の他、侵害の停止又は予防に必要な行為、すなわち、違反行為の実効を確保するための措置のとりやめも請求できると解される（以上、東出浩一編著「独禁法違反と民事訴訟」24頁以下参照）。東京地判決平成26.6.19判時2232号102頁「FTTHサービス事件」では、「不公正な取引方法に係る規制に違反する行為が不作為によるものである場合もあり得ることから考えると、差止請求の対象である「その侵害の停止又は予防」は、不作為による損害を停止又は予防するための作為を含むと解するのが相当である。」と判示されている。

なお、本条の新設に伴い、まず、本条による濫訴の防止を図る必要が生じたことから、被害者の訴えの提起が不正の目的であることを相手方が疎明した場合は、被害者は相当の担保を立てなければならない旨の規定（現独占禁止法78条）が新設された。また、本条による違反行為が認定されるに

当たっては、公正かつ自由な競争秩序という公益侵害の有無や、当該行為の市場における競争に対する影響についての判断が必要になるが、その際、専門の行政機関である委員会の一定の関与を認めることが妥当であることから、本条に基づく訴訟提起があった場合には、その事実を裁判所が委員会に通知すること、裁判所が委員会に意見を求めることができること、逆に委員会側からも意見を述べるように願い出ることができる旨の規定（現独占禁止法79条）も新設された。

(3) 差止め制度新設に伴う関連制度
① 仮処分

独占禁止法違反行為による損害の発生が継続しており、又は損害が生ずる蓋然性がある場合に差止めが求められるものであることから、差止請求訴訟においては、仮処分命令の申立てが行われることが多いと考えられる。

差止めに係る仮処分命令は「仮の地位を定める仮処分命令」に該当し、「債権者に生じる著しい損害又は急迫の危険を避けるためにこれを必要とするとき」（民事保全法23条2項）に発せられるものと考えられ、担保を立てることを条件とすることができる（同法第14条）。そこで、個別の事案について裁判所が適切な判断を行うことにより、妥当な結果が得られるものと思われる。

② 請求異議の訴え

差止請求訴訟において、独占禁止法違反と認められ、判決によって差止が命じられた行為であっても、判決後の市場の状況の変化等によっては、当該行為が同法に違反しないことになる場合が生じ得る。このような場合に、当該行為が差し止められたままであれば、当該事業者の事業活動を過度に制約することになるので、判決の効力を喪失させることが必要となる。そこで、請求異議の訴え（民事執行法35条）により、当該判決を債務名義とする強制執行を回避することが可能であると考えられる。

以上のとおり、不正競争防止法のみならず、独占禁止法においても、損害賠償の規定以外に私人による差止請求の規定が新設されたことによって、不公正な取引方法に対する私法上の救済手段は一応整備されたといえよう。

しかしながら、不公正な取引方法に対する私法上の救済手段としての不正競争防止法、独占禁止法及びその他の法律の規定による救済方法は要件・効果を異にしている。

　そこで、不公正な取引方法に対する私法上の救済は、個々のケースにおいて、どの条文を用いるのが最もふさわしいか等、今後の事例の集積が待たれるが、さらに各法律の改正を進めることで、より充実した救済手段の確立も望まれるところである。

商標編

第2章　商標編

第1節　商標法における「商標」とその機能

Ⅰ　商標の定義

1　概説

(1)　商標法における「商標」

商標法において、商標とは、「人の知覚によって認識することができるもののうち、文字、図形、記号、立体的形状若しくは色彩又はこれらの結合、音その他政令で定めるもの（以下「標章」という。）であつて、次に掲げるものをいう。

　一　業として商品を生産し、証明し、又は譲渡する者がその商品について使用をするもの

　二　業として役務を提供し、又は証明する者がその役務について使用をするもの（前号に掲げるものを除く。）」と規定されている（商標法2条1項）。

標章は、その構成に基づいて、

ⓐ　文字商標（文字のみからなる標章）

ⓑ　図形商標（図形のみからなる標章）

ⓒ　記号商標（文字を符号化した屋号紋章等の記号からなる標章）

ⓓ　立体商標（立体的形状又は立体的形状と平面標章とを結合した標章）

ⓔ　色彩商標（単色又は複数の色彩の組合せのみからなる標章）

ⓕ　動き商標（文字や図形等が時間の経過に伴って変化する標章）

ⓖ　ホログラム商標（見る角度によって変化する標章）

ⓗ　位置商標（文字や図形等の標章を商品等に付す位置が特定される標章）

ⓘ　結合商標（文字・図形・記号・立体的形状・色彩のすべて又はいずれかを組み合わせた標章、あるいは観念又は構成を異にする文字・図形・記号・立体的形状・色彩を組み合わせた標章）

ⓙ　音商標（音楽、音声、自然音等からなる商標であり、聴覚で認識される標章）

に分類される。

また、標章はその機能に基づいて、

ⓚ 商品商標（商品の標識として用いられる標章）

ⓛ 営業商標（営業主体の営業表示として使用される標章が商品にも付せられる標章）

ⓜ 等級商標（特定の事業者がその製造販売する商品の規格・品質等を表すものとして商品に付する標章）等に分類される。

商標は標章（マーク）のうち、商品について使用されるもののほか、役務（サービス）について使用されるものを含む。

商品の特徴を標語で表したスローガン（小野昌延・三山峻司「新・商標法概説」53頁）等は、上記規定にいう商標に該当しない。ただし、広告宣伝のうたい文句であっても、それが広告文書に記載され、特定の商品を示す標語として用いられているときは商標の使用となる（東京高判決昭和59.10.31特企192号61頁商標名「ジューシー」）。

後述するように、商標の本質的機能は、識別機能、すなわち、ある者の営業に係る商品又は役務を他の者の営業に係る商品又は役務と識別する機能であるが、商標法の「商標」の定義には、商標の識別機能に関する文言が含まれていない。一方、諸外国では、「商標」の定義に識別性に関する何らかの要件が含まれていることが一般的である。我が国の商標法における「商標」の定義にも、識別性を追加すべきであるとの指摘が従前よりなされており（松尾和子「商標法の改正と商標の定義について」パテント1995 Vol.48 No.9 2頁、平成7年12月工業所有権審議会「商標法等の改正に関する答申」）、産業構造審議会知的財産政策部会（平成18年2月、平成21年10月、平成22年3月、平成25年9月）においても検討がされているが、未だ導入には至っていない。しかし、知的財産権法全体の整合性を考えても、また、ユーザーにとっての分かりやすさという観点でも、商標法のみが商標の本質を規定していないというのは問題があり、商標とは何かを規定する「商標」の定義には、商標は自他商品又は役務の出所を識別する機能を有する標章であることを明記するとともに、併せて第4節「Ⅳ　いわゆる商標的使用について」において説明する自他商品・役務の出所識別機能を有しない形態における標識の

使用は商標の使用に当たらないことを明記する必要がある。

　識別性を追加するとした場合には、自他商品等を識別するために用いるという使用者の意思があること（主観的識別性）を追加すべきか、それとも商品等との関係で客観的に自他商品等の識別性があること（客観的識別性）を追加すべきか、という論点がある。さらに、後者の場合には、特定の商品等との関係で客観的に識別性があることを要件とするのか、それとも、特定の商品等にかかわらず、何らかの商品等との関係で客観的な識別性（抽象的な客観的識別性）を有しうることで足りるのかという問題がある。自他商品等の識別機能という商標の本質に照らせば、客観的識別性を要件とすべきであり、かつその客観的識別性は、何等かの商品との関係といった抽象的なものではなく、特定の商品等との関係で有することを要件とすべきであろう。商標の定義に客観的な識別性の要件を設けることによって、法25条や37条における商標の使用も、当然に自他商品等の識別機能が発揮される態様における使用を意味することとなり、後に述べるように、形式的には「商標」の使用に該当しても、商標としての使用（商標的使用）でなければ商標権侵害に当たらないとする根拠（26条1項6号）を持ち出すまでもなく、商標権侵害の成否を画することが可能となる。

(2)　「商標」に関する改正の経緯
① 　平成3年改正法施行前における「商標」
　平成3年改正法（後述）施行前の商標法において、商標とは、標章、すなわち文字、図形、記号若しくはこれらの結合又はこれらと色彩との結合であって、業として商品を生産、加工、証明又は譲渡する者がその商品について使用するものを意味した（平成3年改正法施行前の商標法2条1項）。

　平成3年改正法施行前の2条1項の規定では、商標は標章（マーク）のうちの商品に使用されるものに限られ、標章（マーク）であっても、サービス業者がその提供するサービスについて使用するもの、すなわち、いわゆるサービスマークは、上記規定にいう商標には該当しないとされていた（横浜地川崎支判決昭和63.4.28無体集20巻1号223頁商標名「木馬座」は、ぬいぐるみ人形劇のサービス自体やその劇場入場券はサービスの提供であり、これに標章を付する行為は

商品の使用に当たらない、とする)。また、団体に所属する営業者がその団体の構成員であることを表示するための団体標章(網野誠「商標法(第6版)」87頁)も上記規定にいう商標に該当しないとされていた。

② 平成3年改正法における「商標」

平成3年4月25日商標法の一部を改正する法律が国会において可決成立し、同年5月2日平成3年法律第65号として公布され(以下「平成3年改正法」という。)、平成4年4月1日に施行された。

平成3年改正法は、サービス取引が著しく発展していること、商品と異なり無形の存在である役務、すなわちサービスについては、その提供を受ける者にとって、その品質内容をサービスマークによって確認しその出所を識別する必要性が高いこと、国際的取引が増大する一方知的財産権制度全般の国際的協調・見直しの必要に迫られていること等を背景として、サービスマークについて商品に使用する標章と同様商標登録を認め、これを法的に保護することを目的として制定された法律である。

同法は、「この法律で『商標』とは、文字、図形、若しくは記号若しくはこれらの結合又はこれらと色彩との結合(以下『標章』という。)であって、次に掲げるものをいう。

　一　業として商品を生産し、証明し、又は譲渡する者がその商品について使用をするもの
　二　業として役務を提供し、又は証明する者がその役務について使用をするもの(前号に掲げるものを除く。)」(2条1項)

と規定し(平成3年改正前の旧法の「加工」が削除されているが、加工はサービスに該当するとの理解の下で役務のほか加工を規定する必要がないとしたものである)、役務(サービス)について使用する標章も商標登録により保護されることを明記し、これに伴って標章についての「使用」の定義、商標登録出願、審査、商標権、審判等に関する諸規定を改正し、さらにこの改正に伴い必要な経過措置を規定している(改正の概略について、特許庁工業所有権制度改正審議室「商標法の一部改正について」ジュリスト982号84頁)。

③ 平成8年改正法における「商標」

さらに、平成8年6月4日商標法等の一部を改正する法律が国会において可決成立し、同年6月12日平成8年法律第68号として公布され（以下「平成8年改正法」という）、平成9年4月1日施行された（現金納付規定は平成8年8月1日、指定商品書換規定は平成10年4月1日等、一部施行期日が異なる）。

平成8年改正法は、平成6年10月に締結された商標法条約（商標に関する手続の簡素化と国際的調和を目的とする）や平成7年10月発効のマドリッド・プロトコルへの対応と、経済活動や社会環境の変化に対応した商標制度の見直しの必要性から制定された法律である。

同法は、新たにいわゆる立体商標制度を導入した結果、前記2条1項柱書きは、「この法律で『商標』とは、文字、図形、記号若しくは立体的形状若しくはこれらの結合又はこれらと色彩との結合（以下「標章」という。）であって、次に掲げるものをいう」と改正された。したがって、従来の平面商標、すなわち、文字、図形、若しくは記号若しくはこれらの結合又はこれらと色彩との結合からなる商標のほかに、立体商標、すなわち、立体的形状又は立体的形状と平面標章との結合よりなる商標についても、商標登録が認められることになった。

立体商標制度の導入は、これを保護することが国際的趨勢であり、商標制度の国際的調和の観点からその導入が適当であるとの見地（工業所有権審議会答申）からなされたものであるが、その登録要件、効力範囲や不正競争防止法の規定する商品形態の保護との関係、意匠権等他の知的財産権との調整等検討すべき問題点が多い。

また、同法は、新たにいわゆる団体商標制度をも導入した。団体商標は、旧商標法（大正10年法）に設けられており、「同業者及密接ノ関係ヲ有スル営業者ノ設立シタル法人ニシテ団体員ノ営業上ノ共同ノ利益ヲ増進スルヲ目的トスルモノハ其ノ団体員ヲシテ其ノ営業ニ係ル商品ニ標章ヲ専用セシムル為其ノ標章ニ付団体標章ノ登録ヲ受ケルコトヲ得」（27条1項）と規定されていたが、現商標法（昭和34年法）が使用許諾制度を導入したことからその必要性を失ったとして廃止された。しかし、パリ条約7条の2で「同盟国は、その存在が本国の法令に反しない団体に属する団体商標の登録を認

めかつ保護することを約束する」と規定されており、マドリッド・プロトコルでもこれを許容しているところから再度団体商標制度を設けることになったものである。すなわち、「一般社団法人その他の社団（法人格を有しないもの及び会社を除く）若しくは事業協同組合その他の特別の法律により設立された組合（法人格を有しないものを除く。）又はこれらに相当する外国の法人は、その構成員に使用をさせる商標について、団体商標の商標登録を受けることができる」(7条1項。平成18年、平成26年法により一部改正)との規定を設けた。したがって、民法上の公益法人、中小企業等協同組合、農業協同組合、消費生活協同組合等の法律上設立を認められた組合は、その団体に所属する構成員にその団体が登録した商標を使用させることができることになった。

④　平成17年・18年改正法における「商標」

　また、平成17年6月8日に商標法の一部を改正する法律（平成17年法律第56号）が国会で可決成立し、平成18年4月1日より施行された（以下「平成17年改正法」という）。同法は、後述するように、地域団体商標制度を創設し、団体商標の枠組みを用いて地域の名称と商品又は役務名からなる商標の登録が容易になるように措置したものである。

　さらに、平成18年にも商標法が改正され（意匠法等の一部を改正する法律（平成18年法律第55号）以下「平成18年改正法」という）、団体商標の主体の拡大が図られた。具体的には、従来、団体商標の主体は、民法34条の規定により設立された社団法人、特別の法律により設立された組合及びこれらに相当する外国の法人に限られていたところ、これらに該当しない商工会議所、商工会、NPO法人等の社団でも構成員に商標を使用させている実情があること、また公益法人制度改革に伴い民法上の社団法人は一般社団法人に移行する予定であることに鑑み、民法上の社団法人以外の社団（法人格のないもの及び会社を除く）も広く団体商標の主体となりうることとされた（ただし、地域団体商標の主体については変更されなかった）。

⑤　平成26年改正法における「商標」

　平成26年4月25日、特許法等の一部を改正する法律（平成26年5月14日法律第36号）が国会において可決成立し、これによって、改正された商標法（以

下「平成26年改正法」という。）が平成27年4月1日に施行された。同法は、後述する「新しい商標」の保護を認めるものである。また、地域団体商標の登録主体の拡充が図られ、登録主体に、「商工会、商工会議所及び特定非営利活動法人並びにこれらに相当する外国の法人」が追加された。さらに、「商標的使用」でない商標の使用に対する商標権の効力制限が明確化された。

(3) 新しい商標

　従来、商標法において「商標」となりうるのは、「標章」すなわち、「文字、図形、記号若しくは立体的形状若しくはこれらの結合又はこれらと色彩との結合」であり、視覚的に認識しうるものに限られている。しかしながら、企業活動の多様化やネットワーク化に伴い、企業が自己の商品や役務を他社のものと識別するために用いられる商標は、文字や図形等から構成される伝統的な商標に限らず、平成8年法改正により導入された立体的形状、さらには、動き、ホログラム、輪郭のない色彩、位置、トレードドレス、音、香り、味、触覚など新しいタイプの商標（新商標）があり得る。こうした新商標は、多くの諸外国において商標としての保護が図られており、ハーモナイゼイションの観点からも、我が国においても商標としての保護を図ることが検討されていた。そして、平成26年改正法によって、これまで商標として登録し保護することができなかった商標について登録をすることができるようになった。具体的には、平成26年改正法により、「音」、「色彩のみ」、「動き」、「位置」、「ホログラム」の5つを商標の保護対象とするための整備がなされた。

① 音の商標

　音の商標は、音響によって、自他商品の識別標識とするものであるが、音の種類は人間の声・歌、楽器で創出された音、自然音、既存の音楽など様々な種類があり、かつ視覚的な表現では実際の音を表すことにならないので、メロディや歌詞だけでは聴覚から認識される音色などを商標権の説明文で表すことには難点がある。そこで、その音を「MP3形式」で記録したCD-RまたはDVD-Rを提出するとともに、楽譜又は文章により音

を特定することが求められる（5条4項、省令（商標法施行規則）4条の5）。たとえば、久光製薬の「ヒ・サ・ミ・ツ♪」や味の素の「アジノモト♪」など、著名音色から構成された商標が登録されている。

出願人	登録番号	商標	区分／指定商品・役務
久光製薬	第5804299号		5類／薬剤（農薬に当たるものを除く。）
味の素	第5805582号		5類／サプリメント、食餌療法用飲料 他 29類／カレー・シチュー又はスープのもと 他

② 位置商標

位置商標は、商標に係る標章（文字、図形、記号もしくは立体的形状もしくはこれらの結合又はこれらの色彩との結合に限る。）を付する位置が特定される商標をいう（省令4条の6）。位置商標は、図形等の標章と、その付される位置によって特定される。標章に自他識別機能がないとしても、商品等の特定の位置に標章が付されることによって自他識別機能を獲得する。たとえば、以下のようなものが登録されている。

出願人	登録番号	商標	区分／指定商品・役務
ドクターシーラボ	第5804314号		3類／化粧品，せっけん類，歯磨き，香料，薫料
エドウィン	第5807881号		25類／ズボン，長ズボン，半ズボン，ジョギングパンツ，スウェットパンツ，他

③ 動き商標

動き商標は、商標に係る文字、図形、記号、立体的形状又は色彩が変化するものであって、その変化の前後にわたるその文字、図形、記号、立体的形状もしくは色彩又はこれらの結合からなる商標のうち、時間的経過に伴って変化するものをいう（省令4条）。動きの商標は、時の経過に応じて位置・形・状態などが変化することによって、自他商品の識別標識として

機能する商標であって、商標登録出願に際し、動きの特徴を把握するに十分な連続した図面と商標の説明文によって特定する。たとえば、以下のようなものが登録されている。

出願人	登録番号	商標	区分／指定商品・役務
ワコール	第5804316号		25類／被服，ガーター，靴下止め，ズボンつり，バンド，ベルト，履物，仮装用衣服，運動用特殊衣服，運動用特殊靴
エステー	第5804313号		5類／薬剤（農薬に当たるものを除く。），燻蒸剤（農薬に当たるものに限る。），殺菌剤（農薬に当たるものに限る。），殺そ剤（農薬に当たるものに限る。），除草剤，防虫剤（農薬に当たるものに限る。）他

④ ホログラム商標

ホログラム商標は、商標に係る文字、図形、記号、立体的形状又は色彩がホログラフィーその他の方法により変化する商標をいう（商5条2項1号、省令4条の2）。ホログラムは、干渉縞による光解析によって画像を表示するものであって、ホログラム商標は、そこに表示された見る角度によって変化して認識される文字や図形などの構成全体を自他商品の識別標識とするものであって、商標の説明文でホログラム効果（立体的描写となる効果、光により反射する装飾的効果など）、ホログラムが施された場所などを記述することにより特定する。たとえば、以下のようなものが登録されている。

出願人	登録番号	商標	区分／指定商品・役務
三井住友カード	第5804315号		36類／ギフトカードの発行及びこれに関する情報の提供

⑤ 色彩のみの商標

色彩のみの商標は、単色又は複数の色彩の組み合せのみからなる商標をいう（商5条2項3号）。

色彩は、本来一般人が自由に使用できるものであって、色彩の外観を自他商品の識別力の重要な判断要素とすれば、格別顕著な外観を有するもの

第1節　I

でない限り商標として登録要件を充足するとはいえない。その点、単色か複数の色の組み合わせかは、自他商品の識別標識といえるかに影響するところが大きいといえる。たとえば、以下のようなものが登録されている。

出願人	登録番号	商標	区分／指定商品・役務
トンボ鉛筆	第5930334号		16類／消しゴム
セブン-イレブン・ジャパン	第5933289号		35類／身の回り品・飲食料品・酒類・台所用品・清掃用具及び洗濯用品・薬剤及び医療補助品・化粧品・歯磨き及びせっけん類の小売又は卸売の業務において行われる顧客に対する便益の提供他

⑥　その他

　以上のほかに、視覚的に認識できない標識として、香り・匂い、味、触感などがあり、経時的変化、個人的認識の差異など自他商品の識別標識としては機能し難いものを商標の保護対象とすべきか議論されている（知的財産研究所平成20年3月「新しいタイプの商標に関する調査報告書」、前掲ワーキンググループ報告書、商標制度小委員会第24回資料「新しいタイプの商標の特定方法及び出願日変更」等を参照）。しかし、諸外国間のFTA協定では、「標章を視覚で認知できるものであることを義務付けてはならない」、「匂いであることを唯一の事由として登録を拒絶してはならない」等の条項が盛り込まれており、我が国においてどこまで商標の保護対象とするかに慎重に対処すべきである。また、これら新しい標章を保護対象とすることによって、商標の特定方法、権利範囲、著作権など他の知的財産権との調整なども必要となる。

　新しい商標は、一般的には、取引者・需要者において自他商品等を識別する標識として使用されているとは認識されにくいものであることから、商標登録を受けるためには、使用により識別力を獲得し、3条2項の適用を受けることが必要となる場合が多いと考えられる。その際には、立体商標に関する3条2項の適用が参考となるであろう（音の商標について、江幡奈歩「音の商標と商標の音声的使用」知財管理56巻4号561頁以下参照）。

2　商標法における「商品」

　商標法は「商品」についての定義規定を設けていないが、学説上商品とは、「流通市場で交換するため生産された動産」(小野・三山前掲21頁)、「一般市場で交換することを目的として生産され、かつそれ自身使用価値を有する有体動産」(網野誠・前掲64頁)等と定義されている。判例も同旨であって、東京高判決平成元.11.7無体集21巻3号832頁（図形商標）は、その理由を次のように述べている。「商標法において『商標』とは（中略）使用される自己の特定の商品を他の商品から識別する、すなわち、商標の付された商品の出所を表示するためのものである。そして、商標法は、この商標を保護することによって、商標を使用する者の業務上の信用の維持を図り、もって産業の発展に寄与し、あわせて需要者の利益を保護することを目的とする（同法第1条）ものであるから、商標法における「商品」とは、商取引の目的物として流通性のあるもの、すなわち、一般市場で流通に供されることを目的として生産され又は取引される有体物であると解すべきである」(同旨東京高判決昭和63.3.29無体集20巻1号98頁商標名「天一」)。

3　商標法における「役務」

　商標法は、「商品」と同様「役務」についての定義規定は設けていない。
　従来、サービスマークは不正競争防止法2条1項1号にいう「営業を表示するもの」の典型であり、サービスを提供する業者が他人の提供する同一のサービスから自己のサービスを識別するために自己のサービスを表示するものと理解されている(安倉孝弘「田倉・元木編実務相談不正競争防止法」81頁)。
　商標法における「役務」は、商標法の目的や商標の機能に即して定義されるべきであり、商標法が商標を保護することによって、商標を使用する者の業務上の信用の維持を図り、もって産業の発展に寄与しあわせて需要者の利益を保護することを目的とする（1条）ものであること、商標の本質的機能は、役務についていえばある者の営業に係る役務を他の者の営業に係る役務と区別する自他役務の識別機能にあることに照らすと、「役務」とは原則として（平成18年改正法により追加された「小売」役務を除き）独立して商取引の対象となるサービスであり、「役務に係る商標」とは自己の提供

するサービスを他人の提供するサービスと識別するために自己のサービスについて使用する標章をいうと定義する。このように定義することによって従来からの商標法の保護対象である商品に係る商標との間に共通性を持たせることができよう。

したがって、商品の生産や譲渡等に伴い、あるいはサービスの提供に伴い、単に付加的ないし付随的に行われるサービスは、原則として（平成18年改正法により追加された「小売」役務を除き）ここにいう役務には該当しないというべきであろう（特許庁「改正商標法ハンドブック」7頁は、家庭内での活動や、自社内で社員に対して行う社内研修活動のように取引の対象とならないサービス、商品を販売するときに包装紙に包むサービスや注文料理の出前など独立して取引されないサービスは保護対象とならないと同時に、非営利事業でも経済上の収支計算の上にたって継続的に提供され取引の対象となるサービスであれば保護対象になる、とする）。

東京高判決平成12.8.29判時1737号124頁（商標名「シャディ」）は、商標法にいう「役務」とは「他人のためにする労務又は便益であって、付随的でなく独立して市場において取引の対象となり得るものと解すべきであり、他方で、例えば、商品の譲渡に伴い、付随的に行われるサービスは、それが、それ自体のみに着目すれば、他人のためにする労務又は便益に当たるとしても、市場において独立して取引の対象となっていると認められない限り、商標法にいう「役務」には該当しない」とし、カタログ通信販売業におけるカタログを利用したサービスは商標法6条1項の要件を具備しないとした審決を支持した。また、東京高判決平成13.1.31判時1744号120頁（商標名「ESPRIT」）も「役務」について同旨の判示をして商品の小売において提供されるサービスは商標法上の「役務」に当たらないとしている。

このように、従来の裁判例及び実務上、商品の小売等において提供されるサービスは、商品の譲渡に伴い付随的に行われるサービスであるとして、商標法上の「役務」には当たらないと考えられており、小売業者等が使用する商標は、商品商標としての登録が認められることはあっても、役務商標としての登録を受けることはできなかった。

しかしながら、流通の実態及び需要者からの視点からすると、コンビニエンスストア、スーパーマーケット、デパート等の小売業者は、商品の品

揃え、店舗設計、商品陳列、接客等により、需要者の商品選択に対して便宜を図っており、こうした便益の提供は、少なくとも社会通念上はサービスに当たると考えられる。また、小売業者が店舗名、広告宣伝等に使用する標章は、自己の販売する商品について使用する標章というよりも、自己の提供するサービスを他人の提供するサービスと識別するために自己のサービスについて使用する標章であるといえる。さらに、米国、英国、欧州共同体商標意匠庁等においては、小売業者の使用する商標をサービスマークないし役務商標として登録しており、ニース協定の国際分類（11-2017版）においても、「他人の便宜のために各種商品を揃え（運搬を除く）顧客がこれらの商品を見、かつ、購入するために便宜を図ること。」が商品役務区分の35類に属する役務として取り扱われていた。

　このような取引の実態及び国際的な動向にかんがみ、我が国においても小売業者等が使用する商標の役務商標としての保護を認めることとなり、平成18年改正法によって、「前項第2号の役務には、小売及び卸売の業務において行われる顧客に対する便益の提供が含まれるものとする。」との規定（2条2項）が設けられた。小売等役務商標には、事業所内において各種商品を一括して扱う総合小売等役務と、特定の商品の販売等を扱う特定小売等役務とがあるが、顧客に対する商品の便宜の提供を役務とするものであって、自己の商品の出所を識別するために商品に使用する商品商標とは区別される。しかし、小売等役務商標も使用態様によっては商品商標と判断される場合もある（川瀬幹夫「小野昌延・竹内耕三編「商標制度の新しい潮流」23頁は、顧客に対する便宜に提供されるショッピングカート、包装袋などに付される商標は小売等役務商標に該当するが、使用の態様によっては商品商標に該当する場合があると指摘する。）。知財高判決平成23.6.13裁判所HP（商標名「Blue Note」）は、小売等役務商標は「便益の提供」と規定するのみで、提供する便益の内容、行為態様、目的等からの明確な限定はなされていないと判断した上で、「特定小売等役務」については、その専有権の範囲は「小売等の業務において行われる全ての役務のうち、合理的な取引通念に照らし、特定された取扱商品に係る小売等の業務との間で、目的と手段等の関係にあることが認められる役務態様に限定される」と判示し、「総合小売等役務」については、

第1節　Ⅱ

その専有権の範囲は、「小売業務で行われる全ての役務のうち、合理的な取引通念に照らし、「衣料品、飲食料品及び生活用品に係る各種商品」を「一括して取り扱う」小売等の業務との間で、目的と手段等の関係にあることが認められる役務態様に限定される。」と判示して、被告の顧客に対する便宜の供与は原告の業務に係る商品又は役務との間で出所の混同を来すことはない」として請求を棄却した（商品商標との関係については、第6節Ⅰ「8 商品商標と小売等役務商標の異同」参照）。

Ⅱ　標章の使用

1　概説

(1)　商品についての使用

　商品商標は、標章であって業として商品を生産し証明し又は譲渡する者がその商品について使用をするものをいい（2条1項1号）、標章の使用というためには、ⓐ　商品又は商品の包装に標章を付する行為、ⓑ　商品又は商品の包装に標章を付したものの譲渡、引き渡し、譲渡若しくは引渡しのための展示し、輸出し、輸入し、又は電気通信回線を通じて提供する行為、ⓒ　商品に関する広告、定価表、取引書類に標章を付して展示、頒布し、又はこれらを内容とする情報に標章を付して電磁的方法により提供する行為、ⓓ　音の商標にあっては、商品の譲渡若しくは引渡しのために音の標章を発する行為、ⓔ　その他政令で定める行為（同条3項1号・2号・8号・9号・10号）がなされることを要する。

　「業として」商品を生産し証明し又は譲渡するとは、一定の目的と計画とに基づいて経営する経済活動として商品を生産し証明し又は譲渡することをいう（網野誠・前掲145頁は、「一定の目的の下に継続反復して行う行為」であれば営利の目的で行われる行為に限らない（同旨小野・三山前掲323頁）とするが、1条の規定する目的に照らすと少なくとも経済活動の一環としてなされることを要するというべきであろう）。

　「生産」とは、広く物を得る行為をいい、それが農業、水産業等の第一次産業によると、製造業等の第二次産業によるとを問わない。「証明」とは、商品を検査してその品質等を保証することをいい、「譲渡」とは商品に関

する権利を他に移転することをいう。また、「引き渡し」とは、物に対する支配の現実的な移転をいい、「展示」とは譲渡若しくは引渡しを目的として一般に見せることをいい、「輸出」とは、内国貨物を外国へ向けて送り出すことをいい、「輸入」とは外国から我が国に到着した貨物又は輸出の許可を受けた貨物を我が国に引き取ること（関税法2条1項1号・2号参照）をいう。2条3項2号「商品又は商品の包装に標章を付したものを電気通信回路を通じて提供する行為」、同項8号の「商品に関する広告、価格表、取引書類を内容とする情報に標章を付して提供する行為」は、平成14年法律第24号により追加されたものであって、インターネットの普及に伴う電子商取引の拡大と平成12年10月のニース協定の改訂により、新たに「ダウンロード可能な電子出版物」、「ダウンロード可能なプログラム」が商品分類第9類（電子応用機械器具等）に含まれる商品の例示に加えられたことを踏まえ、ネットワークを通じた様々なコンピュータ・プログラムの提供形態に対応するため設けられた規定である。なお、コンピュータ・プログラムを実行したときに端末画面に標章が表示されるように標章を組み込む行為は同項一号の「商品に標章を付する行為」に含まれる（産業構造審議会法制小委員会報告書37頁）。

　従来、「輸出」を商標法の使用にあたるとする明示的規定はなかったが、東京高判決昭和59.2.28無体集16巻1号132頁（商標名「PRINZ」）はOEM契約に基づき専ら輸出目的の商品に商標を付して輸出する行為を商標法上の「使用」と認め、最高裁もこれを支持する。平成18年改正法は、国内における侵害行為を抑止し、水際において侵害品を取り締まるという模倣品海賊版の拡散防止対策の一環として「輸出」を商標の使用に追加した。

　また、平成26年改正法によって、音の商標が認められるようになったことから、機器を用いて再生する行為や楽器を用いて演奏する行為といった、「商品の譲渡若しくは引渡しのために音の標章を発する行為」も「使用」に含まれることとなった（2条3項9号）。さらに、商標法2条1項において「その他政令で定めるもの」が新たに商標と認められるようになったことに伴い、政令で新たな商標が認められた場合には、「使用」の定義についても政令で規定できるよう、ⓔその他政令で定める行為についても「使用」と

認められることとされた（2条3項10号）。

(2) 役務についての使用

　サービスマークは営業活動の主体を表示するものとして経済的価値を有するが、商取引の目的物たる商品に付されるものではないから、サービスマークの使用は、商品についての使用には当たらない。しかし、平成3年改正法は役務商標を認め、役務についての標章の使用も商標の使用とし（2条1項2号）、2条3項3号〜10号は次に掲げる行為を商標の使用と規定する。

ⓐ　役務の提供に当たりその提供を受ける者の利用に供する物（譲渡し、又は貸し渡す物を含む。以下同じ）に標章を付する行為（3号）

ⓑ　役務の提供に当たりその提供を受ける者の利用に供する物に標章を付したものを用いて役務を提供する行為（4号）

ⓒ　役務の提供の用に供する物（役務の提供に当たりその提供を受ける者の利用に供する物を含む。以下同じ）に標章を付したものを役務の提供のために展示する行為（5号）

ⓓ　役務の提供に当たりその提供を受ける者の当該役務の提供に係る物に標章を付する行為（6号）

ⓔ　電磁的方法（電子的方法、磁気的方法その他の人の知覚によって認識することができない方法をいう。）により映像面を介した役務の提供に当たりその映像面に標章を表示して役務を提供する行為（7号）

ⓕ　役務に関する広告、定価表又は取引書類に標章を付して展示し、若しくは頒布し、又はこれらを内容とする情報に標章を付して電磁的方法により提供する行為（8号）

ⓖ　音の商標にあっては、役務の提供のために音の標章を発する行為（9号）

ⓗ　その他政令で定める行為（10号）

　ⓐないしⓕは、サービスマークの使用の実態に即してこれを類型的に掲げたものであり、例えば、食堂経営者が顧客に提供する料理を盛りつけるための食器にサービスマークを付する行為はⓐであり、その皿に料理を盛りつけて提供する行為がⓑであり、食堂においてその皿を展示する行為が

ⓒであり、提供を受ける需要者の所有物にサービスマークを付する行為がⓓであり、ネットワークを利用して利用者のパソコン等の画面を通じてサービスマークを表示する行為がⓔであり、新聞雑誌等にサービスマークを付した広告を掲載する行為はⓕである。

また、平成26年改正法によって、音の商標が認められるようになったことから、ⓖ「役務の提供のために音の標章を発する行為」(2条3項9号)が、また、商標法2条1項において「その他政令で定めるもの」が新たに商標と認められるようになったことから、ⓗその他政令で定める行為(2条3項10号)が、それぞれ「使用」と認められることになったのは、「(1) 商品についての使用」で述べたところと同様である。

そして、2条6項は、「この法律において、商品に類似するものの範囲には役務が含まれることがあるものとし、役務に類似するものの範囲には商品が含まれることがあるものとする。」と規定する。

この規定は、出所の混同は商品と商品の間、役務(サービス)と役務の間に生じるだけでなく、商品と役務の間にも生じることがあり得るため、このような場合も出所の混同となることを明確にしたものである。このような混同は商品の製造販売と役務の提供が同一の事業主体によって、あるいは同一の場所において行われる場合や、商品の用途と役務の用途が一致するような場合に生じやすい。

平成18年法改正によってサービスマークに小売・卸売役務が含まれることが規定され、例えば、デパートやスーパーマーケットのショッピングカート、従業員の制服、レジ袋等における商標の表示も小売役務についての商標の使用に該当することとなった。法改正前には、小売業者は多数の商品につき自己の商標の登録をしていたところ、小売役務の導入により、これらの制度導入前に登録した商品商標について使用しているといえるのかが問題となりうる。この点、知財高判決平成21.11.26判時2086号109頁(商標名「elle et elle」)は、小売業者が店舗の壁や柱等に商標を表示して婦人用下着等を陳列販売したことや、チラシやパンフレットにおいて商標を表示して婦人用下着の広告をしたことについて、指定商品に含まれる「婦人用下着」についての商標の広告的使用(2条3号8号)に該当するとしている。

2 標章の使用の諸形態

(1) 無償譲渡品についての使用

本来商取引の目的物たり得るものであるが、これを無償譲渡する場合、これに標章を付する行為は商標の使用といえるか。例えば、宣伝サービス用のマッチ、石けん、コップ等は、これを製造販売する者にとっては商品であるが、これを業者から買い受けた者が自己の商品の宣伝サービス用に無償で配布するときは、商標の使用といえるか。学説は、一般に無償譲渡品に標章を付する行為は商標の使用に当たらないとする（三宅正雄「商標法雑感」44頁、小野・三山前掲26頁等）。

判例も同様であって、東京地判決昭和36.3.2下民集12巻3号410頁（商標名「趣味の会」）は、会員に無償配布される月刊誌について、会員に対するサービスの意味を持つ宣伝文書であって、このような印刷物に登録商標を使用しても商標権の侵害とならない、と判示している。同旨の判例として、東京高判決昭和52.8.24無体集9巻2号572頁（商標名「日曜夕刊」）、大阪地判決昭和62.8.26無体集19巻2号268頁（商標名「BOSS」）がある。

図3-1

前掲東京高平成元.11.7判決（図3-1）は、製薬会社の登録薬局が「おりがみ」の製造業者からこれを買い受け、薬品等とともに顧客に無償配布する場合、おりがみに標章を付しても商標の使用といえないとし、その理由を次のとおり説明している（判決中「原告おりがみ」とは、原告が登録商標の更新登録出願に際し、その使用を証明する証拠として提出した図3-1Bの「おりがみ」をいう）。「原告おりがみは、タケダ会の登録薬局という特定の者に対して、薬品等の販売品とともに顧客に無償配布されるという特定の目的のもとに引き渡されるのであって、これを買い受ける者にとってその出所は明確であり、本件商標が原告おりがみに付されていることによってその出所を識別する

ものでなく、しかも買い受けたタケダ会の登録薬局は薬品等の販売品とともに宣伝用サービス品としてこれを無償配布するのであるから、原告おりがみをもって、一般市場で流通に供されることを目的とした有体物ということはできない。(中略) 登録薬局において販促品として他の「おりがみ」を購入して使用できることや、原告おりがみ以外の販促品を選択できることは、原告おりがみが商標法上の商品とはいえないとした前記の認定、判断に何ら影響するものでないことは明らかであり、また、原告おりがみを買い受けた登録薬局がこれを消費者に有償で販売していることを認めるに足りる証拠はなく、たまたまそのようなことがあったとしても、原告おりがみがもともと商取引の目的物として流通に向けられているものでない以上、そのことから直ちに原告おりがみをもって商標法の商品であるとすることはできない。」

　もっとも、無償譲渡された景品でありさえすれば、常に商標法上の「商品」に当たらないというわけではなく、当該景品に付された商標が、販売促進等の対象となる主たる商品や役務の出所を表示するものと認識されるに過ぎないか、それとも景品自体の出所表示と認識されるかにより判断すべきである (田村善之「商標法概説第2版」240頁、井上由里子「商標・意匠・不正競争判例百選」4頁)。この点、知財高判決平成19.9.27裁判所HP (商標名「東京メトロ」) は、読者に対して無料で配布される無料誌について、広告主から広告料を得て広告主に納品されていること等に鑑み、「商取引の対象であって、出所表示機能を保護する必要があるもの」に当たるから「商品」に該当するとしている。

(2)　店舗内で消費される物品についての使用

　商品は市場で流通に供されることを目的とした有体物であるから、店舗で販売されるものであっても、その場で消費される飲食物又はその包装に標章を付しても商標の使用とはいえない。前掲東京高昭和63.3.29判決は、店舗内において有償で提供される料理の折詰は商品に該当するから、これに控訴人 (原告) の登録商標である「天一」と同一の標章を付する行為は商標権を侵害するとの主張に対し、次のような判断を示している。「商標

法における『商品』は、商取引の目的物として流通性のあるもの、すなわち、一般市場で流通に供されることを目的として生産される有体物であると解すべきである。そうであれば、(中略)被控訴人店舗で提供され、その場で消費されるものはもとより、被控訴人店舗において飲食した顧客からの注文で例外的に一人前ないし数人前の和食料理を折り箱に詰めて持帰り用として有償で提供する場合の料理物の折詰や、右顧客が料理の残り物を折り箱に入れて持ち帰る場合の右残り物を入れた折詰は、店頭において料理物の折詰を継続的又は反復的に販売し営業する場合と異なり、いわばその場で消費されるものに準ずるものであって、一般市場で流通に供されることを目的として生産された有体物ということはできないから、商標法における商品には当たらないというべきである。」

(3) 商品の包装に関する使用

標章は、商品それ自体に付されることが多いが、商品の性質（例えば、飲食物）によってはその包装に付されることも少なくない。「包装」には、包装用紙のほか、容器、包装箱を含む（網野誠・前掲150頁、小野・三山前掲30頁。反対三宅正雄・前掲53頁は、「商品の包装」とは、商品が中に存在するうわづつみをいい、包装紙は商品の包装でなく商品そのものである、とする）が、商品の包装に標章を付する行為に該当するか否かは具体的使用形態により判断される。

東京高判決昭和63.9.29無体集20巻3号457頁（商標名「オセロスポンジ」）は、スポンジに薄い透明の手袋状のビニールを接着させた商品（スポンジ部分に洗剤を塗布して風呂場等の洗浄の用途に使用する）を登録商標を記載した商品説明書とともに透明のビニール袋に封入した行為について、「商品説明書は本件商品を包み込むビニール袋の内側に接着・固定され、右透明のビニール袋と一体として本件商品を包装し、かつ本件商標を外部から認識し得る状態におかれ、これによって本件商品を他の商品と識別し、かつ他の商品との出所の混同を防止しているものであるから、このことは、商標法第2条第3項第1号にいう『商品の包装に標章を付する行為』に該当するというべきである。」と判示している。

図3-2

　前掲東京高昭和63.3.29判決が示唆しているように店頭において料理物を継続的又は反復的に販売し営業する場合、右料理物はその場で消費されるものと異なり、商標法における商品ということができる。したがって、ファーストフード店内での飲食時に供される容器代わりの紙袋に標章を付しても商標の使用といえないが、それが持ち帰りのため販売されるパン、菓子類を収納する袋に標章を付したといえるならば、商品の包装に標章を付した行為ということができる。東京高判決平成元.8.16取消集(10)397頁（商標名「マイスター」及び「MEISTER」）（図3-2）は、ファーストフード店内で顧客が焼き立てパンを購入した場合、店員が店内飲食か持ち帰りかを確認し、店内飲食であれば登録商標を付した「バーカー袋」と称する袋に入れて顧客に渡し、持ち帰りであればバーカー袋に入れたうえ更に持ち帰り用の外袋に入れて顧客に渡しているときは、「商品の包装に標章を付したものを譲渡する行為」に当たると判断し、上記紙袋の使用が登録商標をその指定商品に使用したことに当たらないとした審決を取り消した。持ち帰り用の焼き立てパンの紙袋として使用されている以上、上記判断は正当であるが、店内飲食の場合でも標章の使用に該当するかのような判示がみられる点には疑問がある。店内で飲食されるものは商標法上の商品ではなく、商品でないものの包装に標章を付しても商標法にいう商品の包装に標章を付したということができないからである（茶園成樹・特許管理41巻872頁は、上記判例研究において本件の場合パン・菓子が店内で消費されることも持ち帰られることもあることを理由に商品としての流通性を認める）。また、東京高判決平成4.6.30知的裁集24巻2号440頁（商標名「tops」）は、商品の包装に登録商標を表示した値

札を貼付して販売する行為は2条3項2号にいう「商品の包装に標章を付したものを譲渡」する行為に当たると判示している（千葉地判決平成8.4.17判時1598号142頁（商標名「WALKMAN」、「ウォークマン」）は商標を付した包装用袋に商品を入れて客に渡す行為、大阪地判決平成6.2.24判時1522号139頁（商標名「MAGAMP」）は商品の陳列棚、レジスター台等に商標を表示する行為を2号、7号（現8号）該当とする。また、知財高判決平成22.2.3判時2087号128頁（商標名「Pink berry」）は、衣料品の下げ札や手提げ袋に商標を表示する行為を1号・2号該当とする）。他方、知財高判決平成22.12.15判時2108号127頁（商標名「エコルクス」）は、商品を包装していない単なる包装紙等に標章を付する行為は、1号所定の「商品の包装に標章を付する行為」に当たらないとする。

また、知財高判決平成21.6.25判時2051号128頁（商標名「忠臣蔵」）は、米の販売業者から米を購入し、その米袋に自己の商標を表示したラベルを貼付して転売する行為が、1号、2号に該当するとしている。

(4) 標章の使用のその他の形態

2条3項2号は商品又は商品の包装に標章を付したものの譲渡、引渡し、譲渡若しくは引渡しのための展示、輸出輸入行為を標章の使用とする。ここに「引き渡し」とは、法律的権利（例えば占有権）の移転ではなく、商品に対する現実的支配の移転である（網野誠・前掲151頁）。また、「輸出」とは、内国貨物を外国に向けて送り出すことをいい、平成18年改正法により追加された。

大阪地判決平成2.10.9無体集22巻3号651頁（商標名「ROBINSON」）は、指定商品第12類「輸送機械器具、その部品及び付属品」についての商標権に基づいて被告が外国メーカーからヘリコプターを輸入し国内で販売するに際し、ヘリコプターの機体等に「ROBINSON」「ロビンソン」なる標章を使用することの差止めと損害賠償を請求した事案について、標章を付したヘリコプターの展示、販売行為はそれが製造業者によってなされたものであっても2条3項2号に該当する、と判示する。

また、2条3項8号は、商品（又は役務）に関する広告、価格表、取引書類又はこれらを内容とする情報に標章を付して展示、頒布、電磁的方法によ

り提供する行為を標章の使用とする。

　ここにいう「広告」に標章を付する行為には、新聞雑誌等の印刷物への広告の掲載（名古屋地判決昭和58.1.31無体集15巻1号15頁商標名「十五屋」は商品を購入した者に交付されるサービス券に標章を付する行為は広告に標章を付する行為に当たる、と判示する）のみならず、看板・ネオン・広告塔・テレビ広告等を含む（店頭看板に標章を使用する行為につき、前掲名古屋地昭和58.1.31判決）が、ラジオ・宣伝カー等により音声を用いてする宣伝行為は、商品に標章を付したとはいえないから、上記行為に該当しない（網野・前掲155頁）。この点は、サービスマークについても同様である。商標の類否判断には称呼、したがって音声による取引も対象となるし、第三者が無権限でラジオ広告等に商標を使用することは商標権侵害になるとするのが通説（小野・三山前掲314頁、田村善之・前掲144頁等）である。

　「取引書類」には、見積書・注文書・納品書・領収書等の伝票類等が含まれる（網野誠・前掲155頁。前掲千葉地平成8.4.17判決は「レシート」を取引書類に当たるとしている）。

　前掲大阪地平成2.10.9判決は、前記ヘリコプターに関するパンフレットを展示、頒布する行為は2条3項3号（現8号）に該当する、と判示する。

　「広告、価格表または取引書類を内容とする情報」とは、例えばウェブサイトに掲載された広告や価格表または取引書類を内容とする情報をいう。知財高判決平成22.2.3判時2093号131頁（商標名「CLUB HOUSE」）は、メールマガジンに多数のリンク（ウェブサイトのURL）が掲載されており、URLをクリックすると商品の写真やCMの画像が掲載されたウェブサイトにアクセスできる仕組みになっているメールマガジンやウェブサイトに標章を表示する行為は、8号の使用に該当すると判示する。

　URLとして標章の文字列を使用することが、商標の使用に該当するかについては、表示態様の如何によっては商標の使用に該当しうる（網野誠・前掲106頁）。大阪地判決平成18.4.18判タ1238号292頁（商標名「サンヨーデル」）は、一般論として「URLに用いられた文字列が、そのURLによって表示される画面に表示された商品ないし役務と関連する文字列であると閲覧した者が認識し得る場合には、当該URLの文字列における使用も、商標として

の使用に該当すると考える余地はある」としつつも、本件事案においては商標としての使用には該当しないと判示した。一方、大阪地判決平成17.12.8判時1934号109頁（商標名「中古車の110番」等）は、インターネットの検索サイトの検索結果画面のいわゆるメタタグへの記述をもって商標の使用としている。

このようにインターネットを利用して商品に商標を付した模倣品を展示販売する行為が少なくない。登録商標と同一又は類似の標章を付した商品の写真や映像をウェブページ上に掲載する行為が2条3項8号に該当することは判例の認めるところであり、したがって、業としてこのような展示販売行為をすることは、商標権侵害に該当する（片山・飯村・設樂編「知的財産関係訴訟」481頁）。

(5) 立体商標の商品又は役務についての使用

平成8年改正法で新設された立体商標も商品又は役務について使用されるものでなければならないことは、これまでに述べた平面商標と異ならないが、商標法2条4項は、商品その他の物の形状自体で立体商標を構成できることを明確にするため、立体商標に関しては、「商品その他の物に標章を付すること」には、「商品若しくは商品の包装、役務の提供の用に供する物又は商品若しくは役務に関する広告を標章の形状とすること」が含まれるものとするとの規定を設けている（2条4項1号）。ここに「その他の物」とは、4項が3項を受けた規定であることからみて、商品の包装、役務の提供の用に供する物及び商品又は役務に関する広告を意味するものと理解される。

商品は、前述のとおり一般市場で流通に供されることを目的として生産され又は取引される有体物であって、土地に定着した建築物は含まれないから、商品や役務を扱う店舗のような建築物自体を立体的形状とすることはここにいう標章の使用に含まれない（ただし、特許庁改正審議室編「平成8年改正工業所有権法の解説」161頁は、商品・役務を扱う建築物全体が立体的識別標識（一種の広告塔）と認識される場合は標章の使用と認める）。

また、「包装」は、商品の容器（アルコールや飲料水のビン等）を含み、「広告」

は、広告塔や人形（店頭に設置し、あるいは看板に付した人物・動物等の人形）を含むが（小野・三山前掲30頁）、後述するように、それが立体商標としての登録要件を備えるためには、商品又は商品の包装の機能を確保するため不可欠の立体的形状のみからなるものであってはならず、商品又は役務としての自他識別機能を有することが必要である。

(6) 音の商標の商品又は役務についての使用

平成26年改正法により音の商標が認められることになったことに伴い、音の商標に関しては、「商品その他の物に標章を付すること」には、「記録媒体に音を記録すること」も含まれるようになった（2条4項2号）。

Ⅲ　商標の機能

1　概説

商標の本質的機能は、識別機能、すなわち、ある者の営業に係る商品又は役務を他の者の営業に係る商品又は役務と識別する機能である。この機能から出所表示機能、品質保証機能、広告機能等が派生するとされている。そうすると、第三者が標章を自他商品又は役務の識別標識として使用していないときは、商標の使用ということはできない。

東京地判決昭和55.7.11無体集12巻2号304頁（商標名「テレビマンガ」）は、次のように判示する。

「商標の本質は、自己の営業に係る商品を他人の営業に係る商品と識別するための標識として機能することにあり、この自他商品の識別標識としての機能から出所表示機能、品質保証機能、広告宣伝機能等が生ずるものである。(中略)同法第1条の同法の目的、第3条の商標登録の要件についての各規定及び前記商標の本質に鑑みれば、同法における商標の保護は、商標が自他商品の識別標識としての機能を果たすことを妨げる行為を排除し、その本来の機能を発揮できるよう確保することにあると解すべきである。さすれば、登録商標と同一又は類似の商標を商品について使用する第三者に対し、商標権者がその使用の差止等を請求しうるためには、右第三者の使用する商標が単に形式的に商品等に表されているだけでは足らず、

それが、自他商品の識別標識としての機能を果たす態様で用いられていることを要するというべきである」(同旨東京地判昭和51.9.29無体集8巻2号400頁(商標名「竜村平蔵製」)、知財高判平成25.1.10判時2181号136頁(右手にスプレーを持ち首筋から背中にかけてスプレーを噴霧して薬剤を使用している人物の様子を表した図形商標)ほか)。

識別機能のない商標も商標であるとする見解(網野誠・前掲130頁以下)があり、東京高判平成3.2.28知的裁集23巻1号163頁(図形商標と「POLA」・「ポーラ」)は、「商標の不使用取消を事由とする商標登録取消しを論ずるときには、(中略)商標がその指定商品について何らかの態様で使用されておれば十分であって、識別標識としての使用(すなわち、商品の彼比識別など商標の本質的機能を果たす態様の使用)に限定しなければならぬ理由は、全く考えられない」と判示する。

しかし、東京地判昭和55.7.11無体集12巻2号304頁(商標名「テレビマンガ」)が指摘するように「商標の本質は、自己の営業に係る商品を他人の営業に係る商品と識別するための標識として機能することにあり」、この機能を果たさない場合には商標の使用に当たらないと解すべきである(前掲東京高平成3.2.28判決の事例では指定商品である果実を収納した箱に標章を使用した紙帯を掛けて顧客に配送する場合の識別機能の存否が問題となるが、これによって商標権者が販売する果実であることを顧客が知ることにより識別機能を果たしていると認めて差し支えない)。後述するとおり、平成26年改正により、この点は立法的解決が図られた。

2　出所表示機能

標章をある者の営業に係る商品又は役務に付することによりその出所を表示する機能を出所表示機能という。出所の表示は製造者に限らず、販売者・役務の提供者等を表示するものを含む(小野・三山前掲56頁)。取引者、需要者の商品又は役務に対する社会的信用が高まる程商標のもつ出所表示機能が発揮される。言い換えれば、商品又は役務はその出所表示機能によって社会的信用を獲得するともいえよう(小野・三山前掲56頁は、出所表示機能といっても、消費者がその商品を見たときに一定の出所を認識すればよいのであって、そ

の製造業者、販売業者等がいかなる商号の者かまで認識することではない、としている)。

最高三小判決昭和39.6.16民集18巻5号774頁（商標名「PEACOCK」）は、旧商標法2条1項9号が商標の不登録事由を「類似ノ商品」まで拡大していることからみて「商標の本質は、商品の出所の同一性を表彰することにもあるもの、と解するのが相当である」と判示する。

3　品質保証機能

商品あるいは役務等に標章を付して使用することにより取引者、需要者はその商品又は役務が一定の品質又は質を有するものと認識するようになり、その結果、商標は商品の品質又は役務の質を保証する機能を果たすことになる（小野・三山前掲56頁は、商標のこの機能は需要者が同一の商標の付された商品・役務には同一の品質が備わっているとの期待に応える作用をいうとしている）。

4　広告機能

商標は、商品又は役務に付されることにより、その出所を表示し、品質を保証する機能を営むだけでなく、このような機能を営むことを通じて取引者、需要者にその商品又は役務を印象付けさらに他の取引者、需要者にその出所、品質等を伝える機能を果たす。これを広告（宣伝）機能という。この広告機能が商標の財産的価値であるといわれている（小野・三山前掲59頁）。

商標の果たすこれらの機能は標章を役務に使用する場合においても同様である（江口俊夫「新しいサービスマークの登録制度」25頁は、役務に係る商標の出所表示機能とは、同一のサービスマークを付けたサービスは常に同一の企業によって提供されたものであることを示す機能であり、品質保証機能とは、同一のサービスマークを付けた店のサービスの内容は常に同一のものであることを示す機能である、としている）。

第2節　商標登録と商標権の効力

I　商標登録の要件

1　商標登録の積極的要件

　商標について登録を受けるためには、商標法の規定に基づいて商標登録の出願をしなければならない（5条）。
　商標登録の積極的要件は、自己の業務に係る商品又は役務について使用する商標であること（3条1項柱書）、識別性のある商標であること、すなわち、取引者、需要者が何人かの業務に係る商品又は役務であることを認識できること（3条1項各号・2項）である。右要件に該当するか否かは査定時を基準時として判断される（商標登録無効審判につき、東京高判決平成3.6.20知的裁集23巻2号461頁商標名「FLOORTOM フロアタム」）。ただし、拒絶査定に対する不服の審判請求がされた時は、審決時となる。
　3条1項柱書が商標登録の要件として自己の業務に係る商品又は役務について使用する商標であることを要求するのは、商標は他人に使用させるために登録を受けることができないことを意味する。ここに「自己の業務」とは、2条1項にいう「業として」と同意義であって、一定の目的と計画とに基づいて自らが経営する経済活動をいい、この業務として生産し証明し又は譲渡する商品に商標を使用し、あるいは役務を提供し又は証明する役務に使用することを要する。現にその業務を開始している場合であると、準備中であるとを問わない。
　東京高判決昭和40.4.22行裁集16巻5号787頁（商標名「寶・タカラ」）は、壜詰酒類等の販売を業とする場合は、容器たる壜についても販売の営業を行っているとし、東京高判決昭和60.8.15取消集（昭和60年度）1450頁（商標名「JESジャパン・エンヂニアリング」）は、一般機械器具卸売業を営む者が「金属製水道管その他本類に属する商品」を指定商品としてする商標登録出願は、3条1項柱書の要件を具備する」と判示する。
　「自己の業務に係る」ことを要するから、商品の製造販売業者（例えば飲食物の製造業者）がその業務に属しない役務（例えば、食堂における飲食物の提供）

について商標登録出願するときは、自己の業務に係るとはいえない。

次に「識別性のある商標」とは、取引者、需要者が何人の業務に係る商品又は役務であるかを識別できる商標であることを意味する（小野・三山前掲110頁は、ここにいう識別性は、パリ条約6条の5B 2の「特別顕著」(distinctiveness)と同意義であって、商標の構成が著しく一般世人の注意をひくということであり、その故にその商標は自己の業務に係る商品と他人の業務に係る商品とを区別可能となる、とする。これを「自他商品の識別力」という。役務も同様に自他役務の識別力をもつといえよう）。

3条1項6号は、自他商品又は役務の識別力についての総括的規定であり、同項1号ないし5号は例示規定であって、同条2項は、1項3号ないし5号に該当する商標であっても、自他商品又は役務の識別力があるもの（使用によって識別力を取得した商標）は商標登録を受けることができる旨規定する（商標審査基準〔改訂第13版〕第2（3条2項）、2、(2)は、「本項に該当するか否かは、例えば、次のような事実を総合勘案して判断する。なお、商標の使用状況に関する事実については、その性質等を実質的に把握し、それによってその商標の需要者の認識の程度を推定する。①出願商標の構成及び態様 ②商標の使用態様、使用数量(生産数、販売数等)、使用期間及び使用地域 ③広告宣伝の方法、期間、地域及び規模 ④出願人以外（団体商標の商標登録出願の場合は「出願人又はその構成員以外」とする。）の者による出願商標と同一又は類似する標章の使用の有無及び使用状況 ⑤商品又は役務の性質その他の取引の実情 ⑥需要者の商標の認識度を調査したアンケートの結果」とする）。

(1)　3条1項1号

実務上問題となるのは、1号の「普通名称を普通に用いられる方法で表示する標章のみからなる商標」に該当するかについてである。

ここに「普通名称」とは、取引者、需要者に商品又は役務の一般的名称として認識されていることを意味する。永年の使用により商品名が普通名称化する場合もあり、逆に普通名称を永年特定の商品に使用することにより特定の商品を示すものとして普通名称とはいえなくなる場合もある。東京高判平成2.4.12無体集22巻1号284頁は、商標名「合資会社八丁味噌」について、八丁味噌は出願人（原告）の祖先が発明した味噌であって識別

力があるとの主張に対し、「現実の商品取引においては、法人組織を表わす『合資会社』の部分を省略し、単に『八丁味噌』として認識されることが少なくないことは経験則に照らし容易に推認し得るところである。(中略)『八丁味噌』とは、愛知県岡崎市八丁町を主産地とし、大豆を原料とする豆味噌の一種であり、『八丁味噌』なる文字は、該商品を指称する普通名称であると認められる。したがって、『八丁味噌』なる文字部分に取引上識別機能があるとは認めることはできない。」と判示する（特許庁「改正商標法ハンドブック」13頁は、役務の普通名称とは、そのサービス業界において、その役務を表す一般的名称として認識されているものをいい、「損保」「空輸」のような略称、「一六銀行」、「呼屋」のような俗称を含む、とする）。

その他、判例において、3条1項1号の普通名称に該当するとした例として、食品添加用調整剤として定着している「カンショウ乳酸」（東京高判決平成13.10.31商標懇・商標関係判決集2巻56頁）、袋物の総称として広く認識されている「sac」（東京高判決平成14.1.30同2巻78頁）、菓子の一種である「ういろう」（東京高判決平成14.6.27同2巻103頁）、樹脂の一つの略称として広く認識されている「PEEK」（知財高判決平成17.7.6同3巻140頁）、節分用の巻き寿司の商品名として一般に認識される「招福巻」（大阪高判決平成22.1.22判時2077号145頁）等がある。

(2) 3条1項3号

また、3条1項3号は、商品の産地、販売地、品質、原材料、効能等は、商品を流通させるために通常必要な表示であり、これを「普通に用いられる方法で」特定の事業者が独占的に使用することは公正な自由競争を著しく阻害させることになるため、登録不許事由としたものである。「普通に用いられる方法」であるか否かは、具体的な商品との関係において取引者、需要者がそのように認識するかによって決められる。最高三小判決昭和54.4.10判時927号233頁（商標名「ワイキキ」）は、3号の「『商品の産地、販売地』というためには、必ずしも、その土地が当該商品の産地、販売地として広く知られていることや、その唯一の産地、販売地であることを要するものとは解されない」としている。同様に、最高一小判決昭和61.1.23判時1186

号131頁（商標名「GEORGIA」）は、3号該当というためには、「必ずしも当該指定商品が当該商標の表示する土地において現実に生産され、又は販売されていることを要せず、需要者又は取引者によって、当該指定商品が当該商標の表示する土地において生産され又は販売されているであろうと一般に認識されることをもって足りる」と判示する（東京高判決平成9.11.11判時1640号155頁（商標名「やんばる、山原」）は「やんばる」は沖縄本島北部の通称でありこの地域において酒類が製造、販売されていることを理由に、東京高判決平成11.9.30判時1699号140頁（商標名「ORGANIC」）はオーガニックが有機農産物の原材料を表示するにとどまることを理由に、3号に該当するとしている）。知財高判平成24.10.3判タ1390号326頁（商標名「HOKOTA BAUM」）は、本件商標が指定商品「鉾田市産のバウムクーヘン」に使用された場合、「鉾田市」の「バウムクーヘン」という意味を有するものとして、取引者、需要者に認識されるところ、これを特定の人に独占使用させることは、公益上適用でないとして、3号に該当するとした。

また、品質、原材料等の表示に関し、東京高判決平成13.7.18判時1766号70頁（商標名「HELVETICA」）は、活字のヘルベチカ書体を表す語であることを理由に3号の品質表示に当たるとした。また、東京高判決平成13.11.8商標懇・商標関係判決集2巻57頁（商標名「BOTTLE FLOWER／ボトルフラワー」）は、一般的な需要者に「瓶状容器に入ったドライフラワー」と容易に認識されることを理由に、知財高判決平成19.2.1裁判所HP（商標名「介護タクシー」）及び知財高裁平成27.11.30裁判所HP（商標名「肉ソムリエ」）は役務の質、内容を表示したものと理解されるとの理由で、知財高判決平成19.3.28判時1981号79頁（商標名「本生」）は、発砲酒の品質を認識させるに過ぎないことを理由に、それぞれ3号に該当するとしている。また、知財高判平成23.12.15判例時報2140号66頁（商標名「MULTI-TOUCH」）は、携帯電話等の入力方式（品質ないし機能）を示すものであり、3号に該当するとした。

これらに対し、東京高判決平成12.10.25判時1743号126頁（商標名「紅豆杉」）は、紅豆杉は中国に自生する薬用植物であって、その存在自体ほとんど知られていないものであり、これを指定商品「茶等」に使用しても原材料表示とはいえず、品質誤認も生じないとし、東京高判決平成14.1.30判時1798

号137頁（商標名「SAC」）は、フランス語で袋類の総称を意味するから、3条1項1号に該当するとしても、指定商品の性状を記述する用語として認識、使用されているといえないとして同項3号を適用した無効審決を取り消した。

(3) 3条1項6号

　自他商品又は役務の識別力についての総括的規定である3条1項6号に関し、東京高判決平成13.10.1判時1769号103頁（商標「住宅公園」）は、「住宅公園」の名称を指定役務「商品の販売に関する情報の提供、建築物における来訪者の受付及び案内」に使用することは指定役務が提供される場所を認識されるにとどまり、識別性はないとして3条1項6号により登録を認めなかった。また、東京地判決平成17.6.21判タ1208号300頁（商標名「IP FIRM」）は、「IP」は知的財産、「FIRM」は事務所をそれぞれ想起し、自他役務の出所識別機能を有しないから、本件登録商標は3条1項6号に該当し、39条が準用する特許法104条の3により権利行使は許されないとして、被告使用標章「TOKYO IP FIRM」の使用差止等請求を棄却した。また、知財高判決平成21.9.8判時2076号89頁（商標名「アイディー」）は、本願商標を指定商品中の電気通信機械器具等に使用しても、取引者・需要者は、コンピューター用語としての「ID」の表音と理解するにとどまり、自他商品の識別標識として認識し得ないとして6号に該当するとした。同様に、知財高判決平成22.1.27判時2083号142頁（商標名「BOUTIQUE9」）は、本願商標の宝飾品、ハンドバッグ、被服、履物等の指定商品への使用は、自他商品識別機能を欠くため商標としての機能を果たし得ないものであり、6号に該当すると判示している。また、前掲知財高判平成25.1.10判時2181号136頁は、右手にスプレーを持ち首筋から背中にかけてスプレーを噴霧して薬剤を使用している人物の様子を表した図形商標は、特定人による独占使用を認めるのにふさわしくないものであるとともに、自他商品の識別力を欠き、商標としての機能を果たし得ないものとして、6号に該当するとした。

(4) 3条2項

　3条2項は、3条1項3号から5号までに該当する商標であっても、使用をされた結果需要者が何人かの業務にかかる商品又は役務であることを認識することができるもの、すなわち自他商品（役務）の識別力を有するに至ったものについては、商標登録を受けることができる旨を規定する。3条2項について、東京高判決平成3.1.19判時1379号130頁（商標名「ダイジェスティブ」）は、需要者の多くに指定商品（菓子、パン）が消化によい又は消化されやすい品質を有するものと認識されるとし、東京高判決平成12.8.10判時1730号128頁（青色縞模様の図形商標）は、指定商品（かばん類等）の地模様と認識され品質表示に該当するとし、東京高判決平成13.2.28判時1752号129頁（ブロックおもちゃの図形に彩色を施した図形商標）は、ブロックおもちゃの図形を普通に用いる方法で表示したものにすぎないとし、東京高判決平成14.1.30判時1782号109頁（商標名「角瓶」）は、指定商品の品質、形状を表示するものであるとしたが、それぞれ使用による識別性が認められるとの理由により、3条2項に該当するとしてこれを認めなかった審決を取り消した（同旨知財高判決平成23.3.24判時2121号127頁商標名「黒糖ドーナツ棒」）。また、「あずきを加味してなる菓子」を指定商品とする「あずきバー」という標準文字からなる商標についても、3条1項3号の品質表示に該当すると認められるものの、使用により識別力を獲得したとして、3条2項により登録が認められた（知財高判平成25.1.24判時2177号114頁（商標名「あずきバー」）。

　出願された商標及び指定商品・役務と、実際に使用されている商標及び商品・役務が同じものでなければならないか否かについては、知財高判平成24.9.13判時2166号131頁（商標名「Kawasaki」）は、当該商標の指定商品又は指定役務が、当該商標が長年使用された商品又は役務とは異なる場合でも、当該商標が指定商品又は指定役務について使用されてもなお出所表示機能を有すると認められるときは、3条2項の該当性は否定されないとしている。

　なお、立体商標について、3条2項該当性を認めた裁判例は、後記「4　立体商標の登録要件」において説明する。

2 指定商品と指定役務

　商標登録出願人は、指定商品又は指定役務並びにその商品及び役務の区分を記載した願書を提出することを要し（5条1項3号）、使用する一又は二以上の商品又は役務を指定して商標ごとにしなければならない（6条1項）。なお、平成3年改正法は、新たに役務に係る商標登録を認めたことに伴い附則5条ないし11条において、使用に基づく特例の適用の主張を伴う商標登録出願（いわゆる特例商標登録出願）の制度を設け、平成11年改正法はマドリッド協定の議定書に基づき商標の国際登録出願に関する諸規定を設けた。

　商品の区分は、商品の性質用途等に照らし定められていたが、平成3年改正法の施行と同時に商標法施行令・商標法施行規則が改正され（平成3年政令第299号）、新たに役務の区分を定めるとともに商品の区分についても国際分類が導入されることになった。

　商標法施行令1条は次のように規定する。「商標法第6条第2項の政令で定める商品及び役務の区分は、別表のとおりとし、各区分に属する商品又は役務は、1967年7月14日にストックホルムで及び1977年5月13日にジュネーヴで改正され並びに1979年10月2日に修正された標章の登録のための商品及びサービスの国際分類に関する1957年6月15日のニース協定第1条に規定する国際分類に即して、経済産業省令で定める」（その経過については、後藤晴男「国際分類の導入について」商標懇8巻30号50頁以下参照）。

　商標法施行規則によれば、第1類〜第34類が商品の区分であり、第35類〜第45類が役務の区分である。

　商品区分は、明治32年法（同年法律第38号）が商品区分を定めて以来、現在の国際分類に基づく区分まで5回にわたり改正が行われているが、明治・大正期の商品区分の権利範囲が不明確である上、その幅も広く、出願時期いかんによって商品区分が不統一となっている等の不都合がある。そこで、平成8年改正法は、平成4年3月31日までにされた商標登録出願に係る商標権を有する商標権者に現行商品区分の書換申請をさせ、旧商品区分の表示をすべて現行区分に改める手続を導入した（商標法附則2条〜30条）。これら書換の規定は平成10年4月1日に施行された（平成8年改正法附則1条3号）。

　商標登録出願は区分内において商標の使用をする一又は二以上の商品又

は役務を指定して、商標ごとにしなければならない。

　ある区分に属する商品又は役務はそれぞれ類似する商品又は役務であることが多いが、この区分は登録審査の便宜のためであるから、これによって商品又は役務の類似の範囲が定められるものではない（6条3項）。

　また、平成8年改正法では、従来の一出願一区分制を改めて、一出願多区分制を採用し、政令で定める商品又は役務の区分に従って区分毎に区分けすれば一出願で多区分にわたる商品又は役務を指定できることになった（6条1項・2項）。

　商標登録がされると、商標権者はその指定商品又は指定役務について登録商標を使用する権利を専有する（25条本文）。

3　商標登録の消極的要件（登録障害事由）

　商標登録の消極的要件（登録障害事由）は、4条1項1号〜19号に規定されている。これらは、公序良俗の見地、他人の業務に係る商品と混同を生じるかどうか、商品の品質の誤認を生ずるかどうか等の見地から、不登録事由とされているものである（特許庁・逐条解説（20版）1407頁）。

(1)　4条1項10号・11号

　従来、実務上最も問題となる消極的要件は、10号の「他人の業務に係る商品若しくは役務を表示するものとして需要者の間に広く認識されている商標又はこれに類似する商標であって、その商品若しくは役務又はこれに類似する商品若しくは役務について使用をするもの」及び11号の「当該商標登録出願の日前の商標登録出願に係る他人の登録商標又はこれに類似する商標であつて、その商標登録に係る指定商品若しくは指定役務又はこれらに類似する商品若しくは役務について使用をするもの」に該当するか否か、特に「商標の類似」と「商品の類似」及び、「役務の類似」の問題である。この点については、次節「商標及び商品・役務の類似」において詳説する。

　10号の「需要者の間に広く認識されている商標」は、一般に、一地方において周知となっている場合でも足りると解されているが、商品の取引の

実情に応じて判断されるべきである。東京高判決昭和58.6.16無体集15巻2号501頁（商標名「DCC」）は、全国的に流通する日常使用の一般的商品（コーヒー）について、「需要者の間に広く認識されている商標」といえるためには、出願当時において、全国にわたる主要商圏の同種商品取扱業者の間に相当程度認識されているか、あるいは、狭くとも一県の単位にとどまらず、その隣接数県の相当範囲の地域にわたって、少なくともその同種商品取扱業者の半ばに達する程度の層に認識されていることを要すると解すべきとしている。知財高判決平成22.2.17判時2088号138頁（商標名「ももいちごの里」）は、本件商標は、徳島県の特定農家において生産されている特産品の「ももいちご」を使用した和菓子屋のいちご大福を表示するものとして、関西地方における取引者、需要者に広く認識されていると認定し、10号該当性を認めた。

(2) 4条1項6号

6号は、公益保護の観点から設けられた規定であり、「国若しくは地方公共団体若しくはこれらの機関、公益に関する団体であつて営利を目的としないもの又は公益に関する事業であつて営利を目的としないものを表示する標章であつて著名なものと同一又は類似の商標」を登録を受けられない商標として規定している。知財高判決平成21.5.28判時2081号106頁（商標名「ISO-Mount-Extender／ISOマウントエクステンダー」）は、6号の規定は、「同号に掲げる団体の公共性にかんがみ、その権威を尊重するとともに、出所の混同を防いで需要者の利益を保護しようとの趣旨に出たもの」であって本願商標は国際標準化機構を表示する「ISO」に類似すると判示する。6号に該当する例としては、YMCA、JETRO、NHK、大学を表示する標章、都市の紋章等がある（特許庁・逐条解説（20版）1410頁）。前掲知財高平成21.5.28判決は、「ISO‐Mount‐Extender」の文字を上段に、「ISOマウントエクステンダー」の文字を下段にそれぞれ配して成る商標が国際標準化機構の著名な略称である「ISO」と類似すると判示している。

(3) 4条1項7号

　商標登録の公益的性格から規定されているのは、7号の「公の秩序又は善良の風俗を害するおそれがある商標」である。商標審査基準〔改訂第13版〕は、「「公の秩序又は善良の風俗を害するおそれがある商標」とは、例えば、以下(1)から(5)に該当する場合をいう。(1)　商標の構成自体が非道徳的、卑わい、差別的、きょう激若しくは他人に不快な印象を与えるような文字、図形、記号、立体的形状若しくは色彩又はこれらの結合、音である場合。なお、非道徳的若しくは差別的又は他人に不快な印象を与えるものであるか否か は、特に、構成する文字、図形、記号、立体的形状若しくは色彩又はこれらの結合、音に係る歴史的背景、社会的影響等、多面的な視野から判断する。(2)　商標の構成自体が上記(1)でなくても、指定商品又は指定役務について使用することが社会公共の利益に反し、社会の一般的道徳観念に反する場合。(3)　他の法律によって、当該商標の使用等が禁止されている場合。(4)　特定の国若しくはその国民を侮辱し、又は一般に国際信義に反する場合。(5)　当該商標の出願の経緯に社会的相当性を欠くものがある等、登録を認めることが商標法の予定する秩序に反するものとして到底容認し得ない場合。」としている。

　商標自体の構成が問題とされた裁判例として、東京高判決平成11.11.30判時1713号108頁（商標名「特許管理士」）は、特許管理業務を行う国家資格を有する者を想起するとの理由により、東京高判決平成15.10.29判時1845号127頁（商標名「管理食養士」）は、需要者、取引者が国家資格である「管理栄養士」に関連した新たな公的職業資格と誤信する可能性があり、国家資格に対する一般国民の信頼性を損なうとの理由により、7号に該当するとされた。また、知財高判平成25.5.30判時2195号125頁（商標名「御用邸」）は、皇室と別邸を意味する本件商標を指定商品について独占使用させることは皇室の尊厳を損ねるものであることから、7号に該当するとされた。

　出願人の意図ないし目的が問題とされた裁判例として、東京高判決平成11.11.29判時1710号141頁（商標名「母衣旗・ほろはた」）は、町を出願人とする事案について公益的な政策目的に便乗して利益の独占を図る意図で商標を取得したとの理由により、東京高判決平成15.7.16判時1836号112頁（商標

名「ADAMS」）は、被告会社の名声に便乗して不正な利益を得るために使用する目的を持って商標登録出願をしたとの理由により、それぞれ7号に該当すると認定された。また、知財高判平成27.8.3裁判所HP（商標名「のらや」）は、被告は、原告チェーン店のフランチャイジーの実質的経営者として、本来、原告使用商標に係る商標権を尊重し、当該商標権の保有・管理を妨げてはならない信義則上の義務を負う立場にあるにもかかわらず、当該商標権の存続期間が満了するのを奇貨としてそれと同一ないし酷似する商標について、原告の業務に係る指定役務及び指定商品を含むものとして商標登録出願をしたのであって、本件出願は、原告使用商標に係る商標権を自ら取得し、その事実を利用して原告との金銭的な交渉を自己に有利に進めることによって不当な利益を得ることを目的として行われたものであり、本件出願に係る商標は、公序良俗を害するおそれのある商標に該当するとした。

さらに、登録を認めることが国際信義上問題であるとされた事例として、東京高判決平成11.12.22判時1710号147頁（商標名「ドゥーセラム・DUCERAM」）は、ドイツの商品「DUCERAM」の輸入のため被告会社を訪ね帰国後同一名称の登録出願をすることが国際的商道徳に反するとの理由により、知財高判平成24.12.19判時2182号123頁（商標名「シャンパンタワー」）は、「シャンパン」の語が「フランスのシャンパーニュ地方で作られる発泡性ぶどう酒」を意味するものとして周知著名であり、これを「飲食物の提供等」に使用することは国際信義に反するとの理由により、それぞれ7号該当を認定している。また、東京高判決平成14.7.31判時1802号139頁（商標名「ダリ／DARI」）は、本件商標は世界的に著名な画家であるサルバドール・ダリを想起させる著名な略称であり、遺族等の承諾なくこれを登録することは公正な取引秩序を乱し、国際信義に反するとの理由により、7号への該当性を認めている。知財高判決平成18.9.20知財管理57巻7号1161頁（商標名「Anne of Green Gables」）は、カナダの小説家であるモンゴメリが著した世界的に有名な小説の原題であるAnne of Green Gables（邦題「赤毛のアン」）を標章とする商標登録出願に関し、「本件著作物のように世界的に著名で、大きな経済的な価値を有し、かつ、著作物としての評価や名声等

を保護、維持することが国際信義上特に要請される場合には、当該著作物と何ら関係のない者が行った当該著作物の題号からなる商標の登録は、『公の秩序又は善良の風俗を害するおそれがある商標』に該当すると解することが相当である」と判示した。また、知財高判平成24.6.27判時2159号109頁（商標名「ターザン」）は、「ターザン」は米国作家の小説に登場する主人公の名前であり、本件商標出願時には当該小説の著作権が存続していたこと、本件商標が「ターザン」のみで構成されていること、「ターザン」の語が一定の顧客吸引力を有していること、商標権者が原作の著作権管理団体の活動に何ら関わっていなかったこと等を考慮して、本件商標登録は、顧客吸引力に便乗しようとする不正の目的に基づくものとは認められないものの、国際信義に反し、公正な取引秩序を乱すものとして、7号に該当するとしている。

　これらに対し、東京高判決平成13.5.30判時1797号150頁（キューピー人形の図形商標）は、他人の著作権と抵触し、その使用が不正競争防止法2条1項2号に該当する商標であっても、公序良俗に反する商標には当たらないと判示している。しかし、この判決は、その使用が前記不正競争に当たる場合は、10号、15号、19号等の規定により規律すべきであるとするものであって、それが当然に登録要件を満たすとするものではないとしている。

　上述した裁判例のように、商標登録を受けるべきでないものからされた商標登録出願について、不正な意図をもって出願されたことや、国際信義に反すること等を理由に7号に該当するとする裁判例は多いが、当事者間の私的な利害関係や公正な競争秩序の問題にまで7号の適用範囲を及ぼすべきではない。知財高判決平成20.6.26判タ1297号269頁（商標名「CONMAR」）は、4条1項7号は、商標の構成に着目した公序良俗違反のみならず、商標登録を受けるべきでない者からされた登録出願について、商標保護を目的とする商標法の精神にもとり、商品流通社会の秩序を害し、公の秩序又は善良の風俗を害することになるとして、適用される例（主体に着目した公序良俗違反）もなくはないとしつつも、「当該出願人が本来商標登録を受けるべき者であるか否かを判断するに際して、先願主義を採用している日本の商標法の制度趣旨や、国際調和や不正目的に基づく商標出願を排除する目

的で設けられた法4条1項19号の趣旨に照らすならば、それらの趣旨から離れて、法4条1項7号の『公の秩序又は善良の風俗を害するおそれ』を私的領域にまで拡大解釈することによって商標登録出願を排除することは、商標登録の適格性に関する予測可能性及び法的安定性を著しく損なうことになるので、特段の事情のある例外的な場合を除くほか、許されないというべきである。」と判示して、7号に該当するとした審決を取り消した。また、知財高平成23.3.17判決判時2123号126頁（商標名「N-S.P.C.ウォール工法」）は、当該商標の登録に至る経緯を認定した上、その経緯が著しく社会的妥当性を欠くものではなく、公の秩序又は善良の風俗を害するおそれがないとして、4条1項7号を理由とする商標権の無効請求をみとめなかった。

また、東京地判決平成24.1.12裁判所HP（商標名「ゆうメール」）は、「ゆうメール」からなる本件商標は、被告（郵便事業株式会社）の商標「ゆうパック」と類似し、被告らの使用を予測して先取り的に登録した不正目的がうかがわれ、公序良俗を害するとの主張に対し、被告標章が現時点において周知・著名であるとしても、本件商標は被告標章の使用開始の4年以上前に不正の目的なく出願され、その後実際に使用されているものであって、事後的に公序良俗に反するものになっても、4条1項7号に該当しないと判示している。

なお、歴史上の人物名を商標登録することに関して、特許庁は、平成21年10月21日、商標審査便覧に「歴史上の人物名（周知・著名な故人の人物名）からなる商標登録出願の取扱いについて」と題する記述を追加する改訂を行った。かかる改訂によって、歴史上の人物名からなる商標登録出願の審査においては、総合的事情の判断により、特に「歴史上の人物の名称を使用した公益的な施策等に便乗し、その遂行を阻害し、公共的利益を損なう結果に至ることを知りながら、利益の独占を図る意図をもってした商標登録出願」と認められるものについては、公正な競業秩序を害するものであって、社会公共の利益に反するものであるとして、商標法第4条第1項第7号に該当するものとされた。4条第1項8号によって拒絶されるのは、現存する者の氏名等に限られるため、歴史上の人物名が商標登録される例が頻発し、地域おこしや地域産業の発展を阻害するおそれが指摘されていたが、

かかる商標審査便覧の改訂後、すでに商標登録されていた「吉田松陰」（登録第5090921号：第29類「乳製品、食肉」など）の商標権については、「観光振興や地域おこしなどの公益的な施策の遂行を阻害することとなり、社会公共の利益に反するものとみるのが相当である」として登録が取り消されている（異議2008-900061）。

(4)　4条1項8号

　8号は、他人の肖像・氏名・名称・著名な雅号、芸名・筆名及びこれらの著名な略称を含む商標権はその他人の承諾を得ているものを除いて商標登録を受けられないと規定している。最高三小判決平成16.6.8判時1867号108頁（商標名「LEONARD KAMHOUT」）は、「その趣旨は、肖像、氏名等に関する他人の人格権を保護することにある」と判示している（同判決は、出願時前記他人の承諾があったとしても査定時にこれを欠くときは商標権登録を受けることができないとする。）。知財高判決平成21.5.26判時2047号154頁（商標名「末廣精工株式会社」）は、出願人が自己の商号を含む商標を出願したところ、実在する別の会社の商号と同一であるとして8号該当性を認めた審決を維持した。同判決は、8号は、出願人と他人との間での商品又は役務の出所の混同のおそれの有無、いずれかが周知著名であるということなどは考慮せず、「他人の肖像又は他人の氏名若しくは名称」を含む商標をもって商標登録を受けること自体、他人の人格的利益の保護を害するおそれがあるものとみなし、その他人の承諾を得ている場合を除き、商標登録を受けることができないとする趣旨と解すべきであると判示している。そして、知財高判平成28.8.10裁判所HP（商標名「山岸一雄」／「山岸一雄大勝軒」）は、8号にいう「他人の氏名」は、「著名又は周知なものに限られるとは解し難く、また、同号の適用が、他人の氏名を含む商標の登録により、当該他人の人格的利益が侵害され、又はそのおそれがあるとすべき具体的事情の証明があったことを要件とするものとも解し難い。」としており、商標登録出願時及び本件審決時の電話帳等において同一の氏名の者が現存していると認められる場合には、それら全ての者からの承諾がない限り、「他人の氏名」を含む商標は8号により拒絶されるとしている。

第2節　I

　東京高判決平成16.8.9判時1875号130頁（商標名「CECIL McBEE」）は、著名な略称と認められるためには、その略称が特定の分野の取引者、需要者にとどまらず、世間一般に広く知られていることが必要であるとし、「CECIL McBEE」は米国のジャズ・ミュージシャンである原告の氏名の著名な略称とは認められないとした。また、商標名を「国際自由学園」とする登録商標権の無効審判請求事件について、東京高判決平成16.8.31商標懇・商標関係判決集2巻64頁は、原告が著名な略称と主張する「自由学園」は、本件登録商標「国際自由学園」の指定役務の需要者である学生等との関係では、周知性を獲得するに至っていたとは認められないこと、本件商標は「国際自由学園」と一体に称呼、観念されることから本件商標に接する学生等が「自由学園」に注意を惹かれ、本件商標が一定の知名度を有する略称を含む商標であると認識するとはいえないとして請求を棄却した。これに対し、上告審である最高二小判決平成17.7.22判時1908号164頁は、8号の「著名な略称」の該当性は、8号が人格的利益の保護の規定であることを理由に、「問題とされた商標の指定商品又は役務の需要者のみを基準とすべきではなく、その略称が本人を指し示すものとして一般に受け入れられているか否かを基準として判断されるべき」であるとして原判決を破棄し知財高裁に差戻した（差戻審である知財高平成17.11.17判決は、原告略称は原告を指し示すものとして一般に受けいれられていたものと認めることができるとして審決を取消した。）。知財高判決平成19.12.20裁判所HP（商標名「INTELASSET」）は、「本件商標に接した需要者は、その文字部分「INTELASSET」から「資産、財産」の観念を感得するとともに、原告の著名な略称である「INTEL」をも認識し、ひいては原告を想起すると認められる。」と判示して8号該当性を認めた。なお、最高小二判決昭和57.11.12民集36巻11号2233頁（商標名「月の友の会」）は、株式会社の場合、「株式会社」を含むその商号全体が「他人の名称」に該当し、「株式会社」を除いた部分は「他人の名称の略称」として「著名」である場合にのみ、登録を受けることができない旨、判示する。

(5) 4条1項15号

　15号は「他人の業務に係る商品又は役務と混同を生ずるおそれがある商標」について規定している。この規定は、10号、11号とは異なり、「商標の類似」、「商品又は役務の類似」を要件とするものではない（したがって、引用商標が著名である場合は商標として非類似でも混同のおそれがある限り15号の適用がある）が、商品又は役務の出所の誤認混同を生ずるおそれを登録障害事由とする点において実質的に共通するものがあり、商標が相紛らわしいことや、商品又は役務が近似している場合には、15号の規定に該当すると判断される場合が多い（田村善之・前掲60頁）。

　最高三小判決平成12.7.11判時1721号141頁（商標名「レールデュタン」）は、15号にいう混同は、当該商品等が他人との間にいわゆる親子会社や系列会社等の関係又は同一表示による商品化事業を営むグループに属する関係にあると営業主の業務に係る商品等であると誤信されるおそれ（広義の混同のおそれ）がある商標を含むとし、かつ「混同のおそれ」は、当該商標の指定商品等の取引者及び需要者において普通に払われる注意力を基準として、総合的に判断されるべきであると判示した（東京高判決平成13.2.22判時1749号146頁は、「株式会社群馬電通」よりなる役務商標は、指定役務を「看板による広告」とするものであるが、引用商標「株式会社電通」の著名性をも考慮し、取引者需要者が同社又はその関連会社の取扱に係る役務と出所を混同するおそれがあると判示して、これを認めなかった審決を取り消している。また、東京高判決平成15.5.21判時1830号124頁商標名「力王」は、本件商標の指定役務「飲食物の提供」の需要者はあらゆる分野の広範な一般消費者であり、役務の提供を受けるにあたり払う注意の程度は高くないこと等を考慮して、広義の混同のおそれを認めている。知財高判平成24.6.6裁判所HP（商標名「SUBARIST/スバリスト」）は、本件商標は固定潤滑剤等を指定商品とするものであるが、「スバリスト」との語が自動車のブランドである「SUBARU」に由来するものであること、当該ブランド名が周知著名であることなどを考慮して、広義の混同のおそれがあると認めている。）。これに対し、前掲東京地平成24.1.12判決は、本件商標「ゆうメール」と被告商標「ゆうパック」とはその類似性が乏しい上、被告商標が一般小包郵便物に利用されているが本件商標の指定役務は「各戸に対する広告物の配布・広告」であって、関連性も大きいものとは

いえないことを理由に本件商標の登録は4条1項15号に違反しないとしている。また、知財高判平成24.3.28判時2156号117頁（商標名「KDDI/Module/inside」）は、本件商標は、「KDDI」の文字が被告を表示するものとして高度の周知性を有していることなどを考慮すると、「Intel/inside」で構成される商標との関係で、4条1項15号いう混同を生じさせるものとはいえないとした。知財高判平成25.3.21裁判所HP（商標名「ROSE O'NEILL KEWPIE/ローズオニールキューピー」）は、「飲食物の提供」以外の指定役務に使用する場合には、非類似であり、かつ、当該役務の取引者及び需要者において普通に払われる注意力を基準としてみれば、原告又は原告と関連する者の業務に係るものであると誤信されるおそれはなく、4条1項15号にいう混同は生じないとしている。

(6) 4条1項16号

16号は、「商品の品質又は役務の質の誤認を生ずるおそれのある商標」について規定する。同号は、商品の品質、役務の質等を普通に用いられる方法で表示する標章のみからなる商標について規定する3条1項3号とともに問題となることが多い。知財高判決平成22.3.29判時2080号80頁（商標名「SIDAMO」）は、本件商標が指定商品「コーヒー、コーヒー豆」について用いられた場合、取引者・需要者は、コーヒー豆の産地そのものというよりは、コーヒー又はコーヒー豆の銘柄又は種類、すなわち、エチオピア産（又はエチオピアのシダモ地方産）の高品質のコーヒー豆又はそれによって製造されたコーヒーを指すものと認識するとして、3条1項3号該当性を否定したが、エチオピアのシダモ地方産以外のコーヒー、コーヒー豆に使用した場合には品質誤認を生ずるおそれがあるとして4条1項16号該当性を認めた。これに対し、前掲東京地平成24.1.12判決は、本件商標は標準文字の「ゆうメール」から構成され、「ゆう」の語は、必ずしも「郵便」の「郵」を意味するとはいえないから「郵便」のサービスを利用した役務を表しているとはいえないし、文字それ自体が役務の品質を表す表示ともいえないとして16号に該当しないとしている。

(7) 4条1項17号〜19号

　17号はTRIPS協定において、加盟国がぶどう酒、蒸留酒の地理的表示に関する商標登録出願がその地理的表示の示す原産地と異なるものについてなされた場合は拒絶又は無効とすることを義務付けるが、原産国において保護されていない地理的表示までも保護する義務を負わないとされたことに基づいて、平成6年改正法により追加された。

　また18号は立体商標登録に関する不登録事由であり（次項「4 立体商標の登録要件」で説明）、19号は著名商標保護のため、その不正使用目的をもってなされる登録出願を排除するものであって、平成8年改正法により追加された。19号にいう「需要者の間に広く認識されている」商標は不正競争防止法2条1項1号のいわゆる「周知性の要件」と共通し、「不正の目的をもって使用する」は同法19条1項2号の「不正の目的」と共通する（右要件に該当するか否かの基準時は、4条3項の規定により、8号・10号・15号・17号・19号については登録出願時となる）。19号該当性を認めた裁判例には、前掲知財高判決平成20.6.26（商標名「CONMAR」）、知財高判決平成20.9.17判時2031号120号（商標名「USBEAR」）等がある。

(8) 周知・著名商標の保護

　国際的に周知・著名商標保護の必要性が求められており（WIPOにおける「周知商標保護に関する勧告決議」等）、特許庁の審査基準についてもその保護のための改正（4条1項10号・11号・15号・16号・19号）がなされた（平成11年7月1日施行）。商標は、単に出所識別機能を有するものとしてでなく、経営活動の中核としての資産価値を有するものとして把握し、保護されるべきものといえよう。

　後記のように、「商標の類否は、対比される両商標が同一または類似の商品に使用された場合に、商品の出所につき誤認混同を生ずるおそれがあるか否かによって決すべきである。それには、そのような商品に使用された商標がその外観、称呼、観念等によって取引者に与える印象、記憶、連想等を総合して全体的に考察すべく、しかもその商標の取引の実情を明らかにしうるかぎり、その具体的取引状況に基づいて判断すべきもの」（最

高三小判決平成9.3.11民集51巻3号1055頁（商標名「小僧」））とすれば、著名商標の保護に繋がる（小野・三山前掲233頁）といえるが、その保護範囲はあくまでも法の規定する趣旨に沿ったものでなけれならない（東京高裁判決平成11.3.24判時1683号138頁商標名「Juventus」は、登録出願後にイタリアのサッカーチーム名「ユベントス」が著名となったことをもって「Juventus」からなる商標に係る商標権を保有することが公序良俗を害するとはいえないとして、4条1項7号の規定に該当するとした無効審決を取り消した）。東京高判決平成14.10.8裁判所HP（商標名「ETNIES」）は、19号は、只乗りのみならず稀釈化や汚染の防止をも目的とした規定であると解した上、不正の目的をもってした出願行為であるとして、登録無効審決を支持した。また、知財高判決平成19.4.17裁判所HP（商標名「Dona Benta」）は、審決が請求人（原告）の使用する「Dona Benta」商標は、周知でなく、被請求人（被告）が不正の目的をもって「Dona Benta」を使用しているものとは認められないと主張したのに対し、原告商標はブラジル国において需要者に広く認識されており、4条1項19号の「不正の目的」とは、不正の利益を得る目的、他人に損害を加える目的その他の不正な目的をいい、原告商標権の名声に便乗することも「不正の目的」にあたるとし、同号を適用して審決を取り消した。

(9) 4条1項3号の廃止

　商標法4条1項3号は、商標権が消滅した日（商標登録を取り消すべき旨の決定又は無効にすべき旨の審決があつたときは、その確定の日）から1年を経過していない他人商標又はこれに類似する商標であって、当該商標権に係る指定商品又は指定役務又はこれに類似する商品又は役務について使用するものは、その登録ができない旨定めていた。その趣旨は当該商標による市場における信用がある期間は残存するので、出所の誤認混同を防ぐため1年間に限りその登録ができないとしたものである。しかし、この規定は、外国の立法例が少ないだけでなく、その実効性よりも権利の迅速な付与を図るべきであるとの趣旨から平成23年改正法により削除され、この制度は廃止されることとなった。

4　立体商標の登録要件

　平成8年改正法は、前述のとおり、立体商標、すなわち、立体的形状又は立体的形状と平面商標との結合よりなる商標についても、商標登録を認める制度を導入した。

　一般に、物の形状は、三次元的（立体的）形状をとることが多いが、これを知的財産権との関係でみると、従来物の形状は知的財産権の各分野でその保護対象とされてきたということができる。

　まず、特許法は、産業上利用することができる発明を登録要件としており、それが物の発明であれ、方法の発明であれ、最終的には商品として経済的価値のあるものの生産と結びついており、発明力が商品の技術的形態に現れることも少なくない。その場合に、その技術的範囲に属する技術形態を持つ商品を製造販売することは、特許権侵害となる。実用新案権についてもこれと同様に理解してよい。

　一方、意匠法は、意匠とは、「物品（物品の部分を含む。第8条を除き、以下同じ。）の形状、模様若しくは色彩又はこれらの結合であって、視覚を通じて美感を起させるものをいう」（2条1項）と規定し、物品の形状そのものが意匠権の保護対象となることを明確にしている。

　そして、商品の形態、すなわち、商品の形状、模様、色彩は、本来商品の機能を発揮させ、あるいはその美感を取引者、需要者に訴えるために選択使用されるものであるが、同時に商品形態の個別化を図ることにより商品に自他識別機能を持たせることも少なくなく、その形態が周知性を取得した場合、これを周知商品表示として不正競争防止法により保護できることは旧法当時からの通説・判例であった。平成2年に改正された不正競争防止法は、商品等表示のほかに、新たに商品形態の模倣をも不正競争と規定することによりその保護を厚くしているが、そこでも解決に至っていない問題の一つとして、商品の形態がその技術的機能に由来する場合にこれを周知商品表示として保護できるかの問題がある。この問題は、主として特定の製品の技術的機能に由来する形態が特許権や実用新案権の技術的範囲に属し、したがってそのような形態の商品を製造販売することが、特定の特許権者あるいは実用新案権者に独占され商品形態としての周知性を得

ている場合にその権利存続期間が終了した後もさらに同一の商品の製造販売が不正競争行為となるかの問題として論じられる。この問題については、消極説（技術的機能除外説）と積極説の対立があり、近時積極説を修正し、混同防止手段を尽くしたか、あるいは模倣盗用であるか等の要件を加味する見解もみられる（その詳細については、本書第1章第2節Ⅲ参照）。ところで、特許権、意匠権等は権利存続期間が法定されており、その期間満了後は、技術は万人のものとして産業発達のために利用されることを前提としているが、商標権は、更新登録により半永久的にかつ独占的にこれを使用することが可能となるから、商品の立体的形状、あるいはこれと平面商標との結合が立体商標として登録保護されることになれば、登録要件や商標権の効力に関する規定の解釈運用次第でこれら知的財産諸法との調整は極めて困難な問題となる余地を残している。

　平成8年改正法は、立体商標制度を導入するにあたり、その登録要件について、3条1項3号の「その商品の（中略）形状（中略）を普通に用いられる方法で表示する標章のみからなる商標」を「その商品の（中略）形状（包装の形状を含む。）（中略）を普通に用いられる方法で表示する標章のみからなる商標」と改め、また、4条1項18号に「商品又は商品の包装の形状であって、その商品又は商品の包装の機能を確保するために不可欠な立体的形状のみからなる商標」を追加した（平成26年改正により新しく保護対象とされる商標について、商品等が当然に備える特徴のみからなる商標について登録を排除できるよう、条文が改正されている）。その結果、立体商標の登録出願は、商品又は商品の包装の形状が普通に用いられる方法で表示する標章のみからなるときは、3条1項3号に該当して不登録となるが、このような標章が使用された結果、3条2項の要件を満たし、自他識別力を持つに至った場合であっても、その商品又は商品の包装の機能を確保するために不可欠な立体的形状のみからなるときは、不登録事由となる（特許庁改正審議室編・前掲解説165頁は、その理由を、商標権は存続期間の更新を繰り返すことにより半永久的に保有できる権利であるためこのような商標登録を認めると、その商品自体又は商品の包装自体についての生産・販売の独占を事実上半永久的に許し、自由競争を制限するおそれがあるため政策的にこれを排除したものであると説明している）。もっとも、立体的形状に識別

力のある平面商標が結合して全体として一個の商標として機能し、自他識別力を持つものであれば、立体商標としての登録要件を満たすことになる。

商品の形状を普通に用いられる方法で表示する標章であるか否かの判断は、平面商標の登録要件の有無の判断においても求められていたことであって、そのこと自体新規なことではない。しかし、商品を普通に用いられる方法で立体的に現したものかどうかの判断は、平面的な観察とは異なった視点を求められるし、特に商品の機能を確保するために不可欠な立体的形状のみからなるかどうかの判断はかなり専門的視点からの観察を必要としよう。また、不正競争行為に該当するか否かの判断では、商品形態の自他識別力は現実に商品として流通している過程での具体的な商品を対象としての判断となるが、商標登録要件の有無の判断においてのそれは抽象的な識別力によらざるを得ない（松尾和子「立体商標の登録制度について−その1、登録の要件」小坂松本古稀記念146頁）という問題もある。

意匠権との関係については、意匠性と商標性の併立は認められてきたのであって、立体商標について別に考える必要はないとの見解（松尾・前掲157頁）もあるが、現実問題としてその両者がかなりの範囲で重複して成立し得ることは否定できないところであり、存続期間に限定のない立体商標制度の運用次第では意匠の権利としての独自性が問われることがないとはいえない（意匠権との抵触は、29条の相互調整の規定のみで調整される）。その意味で、指定商品やその容器の機能的・不可避的な立体的形状そのものである場合には不登録とする厳しい運用をすること（工業所有権審議会答申）は、必要不可欠な要請である（田村善之・前掲187頁は、「商品の形状に関してまで、登録主義を貫徹してしまうと、意匠の保護に関する意匠法の規律が潜脱されることになるばかりか、多くの者が有利な商標登録の方を選択する結果、意匠登録出願のインセンティブが減退し、意匠登録を見ても何が保護されている意匠なのか分からないという事態に陥りかねない」と指摘する）。特許庁は、「立体商標の識別力に関する審査の具体的な取扱いについて」（商標審査便覧41.103.04）次のような基本的な考え方を示している。

「(1) 立体的形状が、商品等の機能又は美感に資する目的のために採用されたものと認められる場合は、特段の事情のない限り、商品等の形状そ

のものの範囲を出ないものと判断する。

(2) 立体的形状が、通常の形状より変更され又は装飾が施される等により特徴を有していたとしても、需要者において、機能又は美感上の理由による形状の変更又は装飾等と予測し得る範囲のものであれば、その立体的形状は、商品等の機能又は美感に資する目的のために採用されたものと認められ、特段の事情のない限り、商品等の形状そのものの範囲を出ないものと判断する。

(3) 商品等の形状そのものの範囲を出ない立体的形状に、識別力を有する文字や図形等の標章が付されている場合（浮彫又は透彫により文字や図形等が付されている場合を含む。）は、商標全体としても識別力があるものと判断する。ただし、文字や図形等の標章が商品又は役務の出所を表示する識別標識としての使用態様で用いられているものと認識することができない場合には、第3条第1項第3号又は第6号に該当するものと判断する。」

通常、商品等の形状に施される特徴的な加工、装飾は、商品等の機能又は美感をより発揮させるために施されるものであり、取引者、需要者には当然商品等の形状を表示したものであると認識させるにすぎない。そのような商品等の形状について、商標登録を認め、独占的使用を許すことは商標制度の本来の目的にも適合しない。

商品等の形状と認識されるものからなる立体的形状からなる標章を商標として保護するためには、商品等の機能には関係のない著しく特異な形状であるか、あるいはそれが自他識別機能を有するものとして使用された結果、その出所を表示するものとして、取引者、需要者間において識別されていると認められる場合に限り、商標登録の要件を具備するものといえよう。

特許庁の運用基準の示すところは、立体商標制度導入の立法趣旨と他の知的財産権制度との整合を図ったものであって、基本的には妥当な判断基準といえよう（田村善之・前掲175頁は、3条1項3号の規定の趣旨を忖度すれば、「商品の機能と関わる形状は、多少、特殊なものであっても、未だ「普通に用いられる方法で表示する」ものの域を出ないというべきであろう」としている）。

立体商標の登録要件をどのように解釈運用すべきかは、特許庁における審査・審判の実務、裁判所の判例の積み重ねの中で確定していくことでは

あるが、前述した商標の本質的機能を踏まえた、そして、知的財産権制度全体の整合性の上に立った解釈運用を行うことが肝要である。

　立体商標の登録要件について、いずれも取引者需要者において、東京高判決平成12.12.21判時1746号129頁（プラスチック製鉛筆形状の立体商標）は筆記用具の形状そのものと、東京高判決平成13.7.17判時1769号98頁（乳酸菌飲料容器形状の立体商標）は乳酸菌飲料容器を表示するものと、東京高判決平成13.12.28判時1808号96頁（釣竿用導糸環の立体商標）は釣竿用導糸環の形状そのものと、東京高判決平成14.7.18裁判所HP（金塊を模した黄金色のチョコレートの立体商標）は商品の包装の形状そのものと、東京高判決平成15.8.29商標懇・商標関係判決集2巻185頁（角瓶の立体商標）はウイスキー瓶の形状そのものとして、それぞれ認識するにとどまり、自他商品の識別機能を有しないとして3条1項3号により登録を認めなかった。これに対して、知財高判決平成20.6.30判時2056号133頁（4種類の魚介類の形を表した板状チョコレートの形状の立体商標）は、チョコレート菓子の形状が新規であり、同一・類似の標章の存在が認められず、標識として足りる程度に十分特徴的であるとして、3条1項3号該当性を認めなかったが、チョコレートの装飾的形状自体は本来的に識別力を有するものではないと考えられ、判決の結論には疑問がある。

　また、知財高判決平成18.11.29判時1950号3頁（ひよ子のお菓子の立体商標）は、特許庁審判部が同商標は出願人が商品「まんじゅう」について、永年盛大に使用した結果、需要者が何人かの業務に係る商品であると認識することができるに至ったものと認められるとして、3条2項を適用して登録すべきものとした商標の無効審判請求を成り立たないとした審決の取消訴訟において、立体商標について3条2項を適用するに当たっては、その要件の有無は、「立体商標を表した書面」による立体的形状について独立して判断すべきであって付随して使用された文字商標・称呼等は捨象して判断すべきこと、特別顕著性を獲得したか否かは日本全体を基準として判断すべきことに留意すべきであるとし、文字商標としては九州地方や関東地方を含む地域の需要者には広く知られていると認められるものの、「立体商標を表した書面」のとおりの形状を有する本件立体商標としては、全国的な周知

性を獲得するまでには至っていないとし、3条2項を適用した審決を取り消した。

これに対し、立体商標の3条2項該当性を認める判決も出ている。知財高判決平成19.6.27判タ1252号132頁（懐中電灯の立体商標）は、「ミニマグライト」という商品名の懐中電灯の形状である本件商標は、3条1項3号に該当するとしたうえで、使用により自他商品識別機能を獲得するに至っているとして、立体商標につき3条2項の該当性を認めた。出願人の商品「ミニマグライト」には、出願人の名称または商品名を示す文字が小さく付されており、出願商標にはこれらの文字がなかったが、同判決は、使用にかかる商標ないし商品等の形状は、出願にかかる商標と原則として実質的に同一である必要があるものの、商品等には、名称・標章等が付されるのが通常であることからすれば、使用にかかる立体形状にそれらが付されていたという事情のみによって直ちに使用による識別力の獲得を否定することは適切ではないと判示した。知財高判決平成23.6.29判時2122号33頁（「Yチェア」として知られる椅子の立体商標）も、用具そのものの形状について立体商標の登録要件を備えたものと認めている。

さらに、知財高判決平成20.5.29判タ1270号29頁（コカ・コーラの瓶の形状の立体商標）は、「商品等は、その製造、販売等を継続するに当たって、その出所たる企業等の名称や記号・文字等からなる標章などが付されるのが通常であり、また、技術の進展や社会環境、取引慣行の変化等に応じて、品質や機能を維持するために形状を変更することも通常であることに照らすならば、使用に係る商品等の立体的形状において、企業等の名称や記号・文字が付されたこと、又は、ごく僅かに形状変更がされたことのみによって、直ちに使用に係る商標が自他商品識別力を獲得し得ないとするのは妥当ではなく、使用に係る商標ないし商品等に当該名称・標章が付されていることやごく僅かな形状の相違が存在してもなお、立体的形状が需要者の目につき易く、強い印象を与えるものであったか等を総合勘案した上で、立体的形状が独立して自他商品識別力を獲得するに至っているか否かを判断すべきである。」と判示して、Coka Cola 等の文字がなく、王冠ではなくスクリューキャップ用の口の形状となっているコカ.コーラの瓶の形状

にかかる立体商標について3条2項の適用を認めた。また、知財高判決平成22.11.16判タ1349号212頁「乳酸菌飲料容器形状の立体商標」、知財高判決平成23.4.21判タ1349号187頁「香水瓶の形状の立体商標」についても、3条2項により登録が受けられると判断されている。

5　地域団体商標の登録要件

　平成17年改正法は、地域団体商標制度を創設した（7条の2）。この制度は、地域産業の活性化を図るための地域ブランドの保護の観点から、地域名と商品名又は役務名とからなる商標について、登録要件を緩和するものである（知財高判決平成18.6.12判時1941号127頁（商標名「三浦葉山牛」）は、同改正法施行前の出願に係る「三浦葉山牛」について、一定程度の著名性を有するブランドであることを認めながら、特定の生産者の商品であることを一般消費者及び取引者において認識することができたとまで認められないとして登録を拒絶した審決を維持した。）。

　前述したように、商標について登録を受けるためには、識別性のある商標であること、すなわち、取引者、需要者が何人かの業務に係る商品又は役務であることを認識できることが必要となる。地域ブランドとして多く用いられる地域名と商品名又は役務名とからなる商標の場合は、それ自体に識別性のある図形等を付加しない限り、3条1項3号等に該当することが多く、登録を受けるためには3条2項の要件を満たす必要があった。しかし、3条2項により自他商品又は役務の識別力があるもの（使用によって識別力を取得した商標）として登録を受けるためには、実務上、識別力を発揮している地理的範囲が全国レベルに及んでいることが要求されていたため、地域名と商品名又は役務名とからなる文字商標の登録は非常に困難であった。こうしたことから、未だ発展段階にある地域ブランドの商標法上の保護を可能とするため、例えば隣接都道府県程度の範囲においてのみ識別性を発揮している商標であっても、商標が周知であると認められ、かつ他の登録要件を満たす限り、登録できるようにしたものである。知財高判決平成22.11.15判時2111号109頁（商標名「喜多方ラーメン」）は、「この要件緩和は、識別力の程度（需要者の広がりないし範囲と、質的なものすなわち認知度）についてのものであり、当然のことながら、構成員の業務との結び付きでも足り

第2節　I

るとした点において3条2項よりも登録が認められる範囲が広くなったのは別としても、(略)需要者(及び取引者)からの当該商標と特定の団体又はその構成員の業務に係る商品ないし役務との結び付きの認識の要件まで緩和したものではない。」と判示するが、妥当である。地域名と商品名又は役務名とからなる商標は、一般に独占に適さないと考えられるため、団体商標制度の枠組みが採用され、組合等の一定の団体が構成員に使用させる商標についてのみ、地域団体商標として登録が認められる。

　地域団体商標の出願人となりうるのは、従来、事業協同組合等の特別法により設立された組合(法人格を有しないものを除き、設立根拠法上、構成員の加入の自由が保障されているもの)又はこれらに相当する外国の法人に限られていたが、平成26年改正法により、これらに加えて、商工会、商工会議所、NPO法人も出願人になりうることとなった。しかし、地方公共団体、株式会社、個人には出願適格は認められていない。地域名と商品名又は役務名とからなる商標は、本来独占に適さないという点が考慮されたものである。

　また、地域団体商標として登録を受けられる商標の構成も限定されており、

ⓐ　地域の名称と商品又は役務の普通名称のみからなる文字商標(7条の2第1項1号)

ⓑ　地域の名称と商品又は役務の慣用名称のみからなる文字商標(7条の2第1項2号)

ⓒ　地域の名称、商品又は役務の普通名称又は慣用名称、及び産地(役務提供の場所)の表示に慣用されている文字のみからなる文字(例えば「産」、「名産」、「本場」、「の」)商標(7条の2第1項3号)

のいずれかであって、その商標が使用された結果自己又は構成員の業務に係る商品又は役務を表示するものとして需要者の間に広く認識されていること(すなわち、3条1項3号に該当するとして通常拒絶されるような商標であること)が要件となる。ここにいう「地域の名称」には、都道府県名や市町村名のみならず、地理的名称が広く含まれる。地理的名称の略称でもよい。ただし、その地域とは商標を使用する商品又は役務と密接な関連性を有する地域(例えば産地である等)であることが必要となる(7条の2第2項)。また、商

品又は役務の名称は、指定商品又は指定役務の名称であることが前提となる。商標審査基準は、具体的事例を挙げて、その登録要件を説明している。

登録された地域団体商標の商標権について、商標権者たる組合の構成員は通常使用権を有する（31条の2）。地域団体商標に係る商標権について通常使用権を設定することはできるが、専用使用権の設定及び譲渡は認められない（30条1項、24条の2第4項）。

登録査定された地域団体商標には、「鵡川ししゃも」、「高崎だるま」、「小田原蒲鉾」、「岐阜提灯」、「京仏壇」、「長崎カステラ」、「関あじ」等がある（特許庁「地域団体商標に係る登録査定について」）。農水産品や伝統工芸品といった商品についての地域団体商標のほか、温泉（温泉入浴施設の提供）のような役務についての地域団体商標も登録されている（「土湯温泉」、「湯河原温泉」等）。

なお、地域団体商標制度を補完する制度として、平成27年6月1日より、「特定農林水産物等の名称の保護に関する法律」（地理的表示法）に基づく地理的表示保護制度が創設された。地理的表示保護制度は、地理的表示（GI）が付された特定の農作物を農林水産省に登録することによって、その地理的表示を知的財産として保護し、地理的表示の不正使用を排除する効力を付与する制度である。これまでに「但馬牛」「神戸ビーフ」「夕張メロン」などが登録されている。

Ⅱ　商標権の効力

1　商標権の効力とその範囲

商標権は、設定の登録によって発生し（18条1項）、商標権者は、指定商品又は指定役務について登録商標を使用する権利を専有する（25条本文）。これが商標権本来の効力であって、専用権又は使用権と呼ばれ、商標権者は、この範囲で第三者の妨害を受けることなく登録商標を使用する権利を専有する。したがって、商標権者は、自己が使用権を専有する範囲で商標権を侵害する者に対し、その侵害の停止（36条1項・2項）及び損害賠償（民法709条）の請求等を、侵害するおそれのある者に対し侵害予防（36条1項）の請求をすることができる。

また、ⓐ登録商標の指定商品又は指定役務について登録商標に類似す

る商標（以下、「類似商標」という）の使用、ⓑ登録商標の指定商品又は指定役務に類似する商品（以下「類似商品」という）又は役務（以下「類似役務」という）について登録商標又は類似商標を使用する行為も商標権の侵害とみなされる（37条1号）。これは、商標権の本来の効力を実効あらしめるために商標法が商標権者に与えた効力であって（小野・三山前掲199頁）、禁止権と呼ばれる。したがって、商標権者はⓐ、ⓑ該当の行為をした者又はするおそれのある者に対しても、前記専用権侵害と同様の請求をすることができるのみならず、これらの予備的行為というべき37条2号ないし8号規定の行為も商標権を侵害するものとみなされて同様の請求が認められる。

　しかし、商標権における禁止権は、類似範囲の商標の使用を禁止、排除する効力を有するだけであって、意匠権（意匠法23条）のようにこの範囲の商標の使用を独占する権利ではない。最高三小判決昭和56.10.13民集35巻7号1129頁（商標名「マック」、「バーガー」）は、商標権は指定商品について当該登録商標に類似する標章を排他的に使用する権能まで含むものではなく、商標権者には上記のような標章を使用する者に対しその使用の禁止を求めること等が認められるにすぎないから商標権者が登録商標に類似する標章を使用する行為は、不正競争防止法旧6条にいう「商標法ニ依リ権利ノ行使ト認メラレル行為」に該当しない、と判示する。

　ここにいう「類似する商標」、「類似する商品」、「類似する役務」の意味は禁止権の範囲を画する上で極めて重要であるが、前述の4条1項10号及び11号のそれと同意義であって、次節「商標及び商品・役務の類似」において詳説する。

　商標権の効力としての専用権及び禁止権がどこまで及ぶかを定めるに当たって、登録商標の範囲は願書に記載した商標に基づいて（27条1項）、指定商品又は指定役務の範囲は願書の記載に基づいて（同条2項）定められる。

　ただし、商標権の効力は、

ⓐ　自己の肖像・氏名・名称、著名な雅号・芸名・筆名・これらの著名な略称を普通に用いられる方法で表示する商標（26条1項1号）

ⓑ　指定商品・これに類似する商品の普通名称・産地・販売地・品質・原材料・効能・用途・数量・形状・価格・生産・加工・使用の方法・

時期、又は指定商品に類似する役務の普通名称・提供の場所・質・提供の用に供する物・効能・用途・数量・態様・価格、提供の方法・時期、その他の特徴を普通に用いられる方法で表示する商標（同項2号）
ⓒ　指定役務・これに類似する役務の普通名称・提供の場所・質・提供の用に供する物・効能・用途・数量・態様・価格、提供の方法・時期又は指定役務に類似する商品の普通名称・産地・販売地・品質・原材料・効能・用途・数量・形状・価格、生産・加工・使用の方法・時期、その他の特徴を普通に用いられる方法で表示する商標（同項3号）
ⓓ　指定商品・指定役務・これに類似する商品役務について慣用されている商標（同項4号）
ⓔ　商品又は商品の包装の形状であって、その商品又は商品の包装の機能を確保するために不可欠な立体的形状のみからなる商標（同項5号）
ⓕ　需要者が何人かの業務に係る商品又は役務であることを認識することができる態様により使用されていない商標（同項6号）

に及ばない。

　これは、登録商標がもともと識別力のない商標であって登録の積極的要件を欠くにもかかわらず、誤って登録された場合、無効審判で無効にされるまでもなく、そのような商標権の効力を排除する必要があるからである（小野・三山前掲269頁は、商標登録後に登録商標が普通名称化し、あるいは慣用商標となって識別力に変化を生じたときも、第三者にこれらの表示の使用が保証される、とする）。なお、平成26年改正法により、商標の定義が変更されたことに伴い、商品等の特徴を普通に用いられる方法で表示する商標（26条1項2号、3号）や商品等が当然有する色彩や音その他の政令で定める商品等の特徴のみからなる商標（同項5号）についても、商標権の権利が及ばないことが明記された。また、自他商品等の識別機能を発揮する形での商標の使用、いわゆる「商標的使用」ではない商標の使用について、商標権侵害は成立しないものとする裁判例の積み重ねを明文化するため、6号が新設された（特許庁・逐条解説（20版）1507頁）。

(1)　26条1項1号〜3号

　26条1項にいう「普通に用いられる方法」であるかは、それぞれの商品・

役務の取引の実態を考慮して決められる。最高三小判決平成9.3.11民集51巻3号1055頁（商標名「小僧」）は、「原審は、被上告人標章三（5）の前掛け部分の『小僧寿し』の文字についても、略称を普通に用いられる方法で表示するものとするが、右標章における『小僧寿し』の文字は、図形標章と一体的に組み合わせて、商標を構成する一部として用いられているものであるから、略称を普通に用いられる方法で表示するものということはできない。」と判示している。

前掲大阪地平成2.10.9判決は、ヘリコプターの製造業者であるロビンソン社がヘリコプターに付した「ROBINSON HELICOPTER」なる表示は、「指定商品の、産地品質形状を普通に用いられる方法で表示する商標」に該当し、「ロビンソン式R22 Beta 型」等の表示は航空法により登録を要する航空機の型式の慣用的表示であって、その使用は26条1項の趣旨に照らし保護され、登録商標の効力が及ばないと判示する。また、東京地判決平成13.1.22判時1738号107頁（商標名「タカラ」）は、「タカラ本みりん入り」の表示は原材料を普通に用いられる方法で表示する場合に該当するとしている。また、東京地判決平成18.10.26判時1974号171頁（商標名「一枚甲」）は、三味線バチの才尻に貼付された一枚甲という文字を記載した六角形のシールは、三味線のバチの品質ないし原材料を普通に用いられる方法で表示するものであるとして、26条1項2号を適用した。

一方、東京地判決平成15.6.27判時1840号92頁（商標名「花粉」）は、「花粉のど飴」の語が、「花粉症に効くのど飴」ないし「花粉症対策用のど飴」を意味する語として、一般的に認識され、使用されているとまでは認めることができないとして、被告標章（「花粉のど飴」）ないしそのうちの「花粉」部分が、26条1項2号に当たるとは認められないとした。

(2) 26条1項6号

需要者が何人かの業務に係る商品又は役務であることを認識することができる態様により使用されていない商標については、いわゆる商標的な使用がされていないものとして、権利行使が認められない。

本号は、自他商品役務識別機能又は出所表示機能を発揮する態様で使用されていない場合は商標権侵害を構成しないとの従前の裁判例が採用して

いた解釈（商標的使用論）について、これを立法上明確化すべきとの議論を受けて、立法化されたものであり、商標的使用に関する事実についての主張立証責任は被告に課せられる抗弁事実に該当するとの考え方（宇井正一「商標としての使用」『裁判実務大系 第9巻 工業所有権訴訟法』）を踏まえ、26条第1項の商標権の効力が及ばない範囲の1つとして規定されるに至ったものである（平成25年9月産業構造審議会知的財産分科会「新しいタイプの商標の保護等のための商標制度の在り方について」10頁）。

知財高判平成27.7.16裁判所HP（商標名「PITAVA」）は、需要者である医師、薬剤師等の医療従事者及び患者のいずれにおいても、「ピタバ」なる標章（被控訴人標章）を付した薬剤に接するとき、ピタバスタチンないしピタバスタチンカルシウムといった薬剤の有効成分の略称として表示されていることを認識しうるから、被控訴人標章から商品の出所を識別したり、想起することはないものと認められるから、被控訴人標章は、商標法26条1項6号所定の「需要者が何人かの業務に係る商品であることを認識することができる態様により使用されていない商標」に該当するとともに、同項2号所定の「商品の品質」である有効成分又は「商品の原材料」である含有成分を「普通に用いられる方法で表示する商標」に該当すると判示した。

(3) 26条3項

前記のとおり、地域団体商標制度を補完する制度として、地理的表示法に基づく地理的表示保護制度が創設されたことに伴い、地理的表示保護制度の下で登録された地理的表示の正当な利用行為が商標権の行使によって阻害されないようにするため、かかる地理的表示の利用行為については、不正競争の目的でなされた利用行為でない限り、商標権の効力が及ばないとした。

2 商標権の存続期間と更新登録

商標権の存続期間は、設定登録の日から10年であり（19条1項）、更新登録の申請により更新することができる（同条2項）。

商標権に存続期間及びその更新の規定が設けられているのは、特許・意匠と異なり商標の使用により営業主体の得た経済的信用は永続的に保護す

るのでなければかえって商品取引を混乱させる事態を招く一方、実際上使用されない空の権利を存在させ他の使用を許さないことは、商品の円滑な流通を阻害することにある。役務に商標を使用する場合についても同様のことがいえる。

　そこで、平成8年改正法施行前は、更新登録の出願をする者は、出願前3年以内に日本国内において商標権者、専用使用権者又は通常使用権者のいずれかが指定商品又は指定役務について登録商標を使用していることを証明しなければならず（旧法20条の2第1号）、使用しないことについて正当な理由がある場合を除き、この証明がないときは更新することができないとされていた（旧法19条2項2号、同条3項）。前掲東京高平成元.11.7判決は、更新登録においては出願時にその前3年以内に指定商品について登録商標を使用していることを証明しなければならないのであって、将来登録商標の使用と認められる蓋然性があることを理由に更新登録を認めることはできない、と判示する。

　登録商標と外観において全く同一の商標が使用されている場合は、登録商標の使用が証明される。しかし、現実の取引では標章は商品の性質・形態等に応じて適宜変化を持たせて使用するのがむしろ通常とさえいえる。そこで、どのような構成の標章の使用が、ここにいう登録商標の使用と認められるかは、取引の実態や取引者需要者の認識との関連において検討すべきものとされていた。

　しかし、平成8年改正法は、商標権の存続期間の更新について、前記実体審査を伴う更新登録出願制度を廃止し、更新登録の申請と料金納付のみで更新登録ができる制度を採用した。これは、商標法条約が更新に際して「標章の使用に関する宣言書又は証拠の提出」（13条4項）及び「実体の審査」（同条6項）を禁止していることに対応したものであって、商標権者の権利保護を厚くしたものといえる。

　その結果、商標権の存続期間は、商標権者の更新登録の申請により更新できるものとされ（19条2項）、商標権者は、原則として存続期間満了前6月から満了の日までの間に（20条2項）、その期間内に申請できないときは、期間の経過後6月以内に（同条3項）同条一項所定の申請書を提出し、同時

に登録料を納付することにより、商標権の存続期間を更新した旨の登録がなされ（23条1項）、その登録があったときは、存続期間は、その満了の時に更新される（19条3項）。上記期間内に更新登録の申請がなされないときは、その商標権は、存続期間の満了時にさかのぼって消滅したものとみなされる（20条4項）が、その場合でも、原商標権者は、その責めに帰することができない理由により申請できなかったことに正当な理由があるときは、その理由がなくなったときから2月以内でその期間の経過後6月以内に限りその申請をすることができる（21条1項）。不責事由は原商標権者が証明することを要するが、その申請が受理されたときは、存続期間は、その満了のときにさかのぼって更新されたものとみなされる（21条2項）。回復した商標権の効力は、登録申請期間の経過後更新登録される前の当該指定商品又は役務についての当該登録商標の使用及び37条各号の行為（間接侵害）には及ばない（22条）。

　なお、平成8年改正法施行前は、更新登録はその登録商標が旧4条1項1号～3号、5号、7号又は16号の公益的不登録理由に掲げる商標となっているとき（19条2項1号）は認められない（特例商標登録出願に係る登録商標については附則8条の適用がある）とされていたが、同改正法では、この点は商標の登録無効事由（46条1項6号）とされた。

3　連合商標の廃止と商標権の分離分割・防護標章

　平成8年改正法施行前、商標権者は、自己の登録商標に類似する商標であってその登録商標に係る指定商品若しくは指定役務について使用するもの又は自己の登録商標若しくはこれに類似する商標であってその登録商標に係る指定商品若しくは指定役務に類似する商品若しくは役務について使用をするものについては、連合商標の商標登録出願をした場合には商標登録を受けることができるとされていた（旧7条1項）。すなわち、連合商標の制度は、登録商標の禁止権の効力の及ぶ範囲内の商標について、当該登録商標の権利者と同一人によって出願された場合に限り、商標登録を認めるものであった。この場合両商標は相互に連合の関係に立ち（旧7条2項）、これを分離して移転することができない（旧24条2項）。

第2節 Ⅱ

　連合商標制度の目的は、同一人が保有する類似商標をすべて連合商標として関連づけ、分離移転の禁止の実効性を確保し、取引者、需要者が商品・役務の出所を混同することを防止することにあった。しかし、現実には、連合商標については不使用取消審判あるいは更新登録における使用の証明に特則が設けられていたこともあって、ストック商標の過剰確保や識別力の弱い商標の商標権取得等本来の趣旨に沿わない利用がされ、これが不使用商標の増大、特許庁における審査事務処理等の負担増を生み出しているとの認識（工業所有権審議会答申）に基づき、平成8年改正法は、この制度を廃止した。

　そして、平成8年改正法は、連合商標制度の廃止に伴い、登録商標に類似する商標の分離移転、登録商標の分割移転を認める規定を新設した。

　すなわち、同一人の類似商標は、連合商標として登録すべきものとし（旧7条）、その一部を分離して移転することができないものとされ（旧24条2項）、また、同一商標について、一部の指定商品・役務に係る部分だけの分割移転はできないものとされていた（旧24条1項ただし書き）が、これらの規定を削除し、「商標権の分割は、その指定商品又は指定役務が二以上あるときは、指定商品又は指定役務ごとにすることができる」（24条1項。同条2項により商標権消滅後に無効審判請求があったときはその事件の係属中であれば分割できる）、「商標権の移転は、その指定商品又は指定役務が二以上あるときは、指定商品又は指定役務ごとに分割してすることができる」（24条の2第1項。国・公益団体等の出願に係る商標権の移転制限につき同条2項・3項。地域団体商標の譲渡禁止につき同条4項。団体商標に係る商標権の移転について24条の3参照）とした。

　その結果、平成8年改正法においては、連合商標制度は廃止されたが、商標権者は、従前どおり類似商標を登録することができ（この登録出願にも登録要件を具備することを要するが、登録商標に類似することを理由に拒絶されることはない）、その場合従来の連合商標における分離移転禁止の制約がないので、登録商標から類似商標を分離して移転することができることになる。類似商標の禁止権の範囲は、ⓐ　類似商標の指定商品又は指定役務について類似商標に類似する商標の使用禁止、及びⓑ　その指定商品又は指定役務に類似する商品又は役務についての類似商標又は類似商標に類似する商標の

使用禁止の範囲である（なお、その基本となる商標の禁止権の範囲は本来の禁止権の範囲にとどまり、類似商標の禁止権の範囲まで拡張されることはない）から、類似商標の分離移転を受けた者は、類似商標の使用権及び上記の範囲での禁止権を有することになる。

　また、商標権の範囲に属する指定商品又は指定役務の一部についての商標権分割移転は、分割される指定商品又は指定役務とそれ以外の指定商品又は指定役務とが類似の関係にないことを要件とすることなく行うことができ、分割移転を受けた者は、分割された指定商品又は指定役務につき、使用権及び禁止権を有することになる。

　そして、商標権の分離分割移転の結果、同一又は類似の商標に係る商標権が互いに競業関係にある者に属し商品・役務の出所の誤認混同が生じることを防止するため、「その一の登録商標に係る商標権者、専用使用権者又は通常使用権者の指定商品又は指定役務についての登録商標の使用により他の登録商標に係る商標権者又は専用使用権者の業務上の利益（当該他の登録商標の使用をしている指定商品又は指定役務に係るものに限る。）が害されるおそれがあるときは、当該他の登録商標に係る商標権者又は専用使用権者は、当該一の登録商標に係る商標権者、専用使用権者又は通常使用権者に対し、当該使用について、その者の業務に係る商品又は役務と自己の業務に係る商品又は役務との混同を防ぐのに適当な表示を付すべきことを請求することができる」(24条の4)。

　混同防止請求の要件としては、業務上の利益が侵害された場合のみならず、侵害のおそれ、すなわち、その具体的危険性があれば足りる（特許庁改正審議室・前掲解説87頁は、例として、「売上げの減少、得意先の喪失、業務上の信用や名声の毀損、登録商標の出所や品質・質の表示機能の毀損」等の具体的危険性を挙げる）。「混同を防ぐのに適当な表示」は、取引者、需要者が当該商標の使用により商品・役務の出所を混同しない程度の具体性をもつものであることを要する。相手方が請求に応じないときは、訴訟を提起することもできるが、その請求の内容と請求認容判決の執行方法については、困難な問題がある（その詳細は、同旨の規定である不正競争防止法11条2項について第1章第4節4参照）。

また、不正競争の目的をもって、前記態様の登録商標を使用することにより、商品・役務の出所の混同を生じたときは、何人も（当事者に限らず、広く公益的立場からの請求を認める）当該商標登録の取消審判を請求することができる（52条の2第1項）。

　また、商標権の効力は、登録商標の指定商品又は指定役務及びこれに類似する商品又は役務以外には及ばないが、登録商標の識別力が強く、著名度が高いときは、これが指定商品又は指定役務と非類似の商品又は役務に使用されて商標権者の信用が害される場合がある。

　そこで、商標権者は、登録商標が自己の業務に係る指定商品を表示するものとして需要者の間に広く認識されている場合において、その登録商標に係る指定商品及びこれに類似する商品以外の商品又は指定商品に類似する役務以外の役務について他人が登録商標の使用をすることによりその商品と自己の業務に係る指定商品とが混同を生ずるおそれがあるときは、そのおそれがある商品又は役務について、その登録商標と同一の標章について防護標章登録を受けることができる（64条1項）。すなわち、防護標章の制度は、商標権保護のために禁止権の範囲を上記規定の限度において指定商品又はその類似商品以外の商品に拡大するものである。役務についても同様の要件で防護標章登録を認める（同条2項）。

　防護標章の登録により、禁止権の範囲は拡大されるとともに、防護標章の指定商品又は指定役務については、同一又は類似の商標登録は拒絶されることになる。防護標章登録に基づく権利の存続期間は、設定の登録の日から10年をもって終了する（65条の2第1項）が、更新登録出願により更新することができる（65条の2第2項、65条の3～65条の6）。平成23年改正法により65条の3は、権利の存続期間の更新登録出願について、「前項の規定により更新登録の出願をすることができる期間内にその出願ができなかったことについて正当な理由があるときは、その理由がなくなった日から2月以内でその期間経過後6月以内に限り、その出願をすることができる。」と改められた（平成27年改正により「経済産業省令で定める期間内に限り」と改正された）。また、防護標章登録に基づく権利は、当該商標権を移転したときは、その商標権に従って移転する（66条2項）が、当該商標権を分割して移転したと

きは消滅する（同条1項）。

東京高判決平成元.7.27取消集(11)495頁（商標名「"Mercedes‐Benz"」）は、「防護標章の制度は、商品混同を生ずるおそれがあることを要件として、登録商標の禁止的効力をその指定商品の非類似商品にまで拡大させるものであるから、登録商標の標章と同一の標章、すなわち登録商標の標章そのものでない限り防護標章登録を受け得ない」とし、商標名「"MERCEDES-BENZ"」の防護標章登録を拒絶した審決を支持している。

また、東京高判決平成8.1.30判時1563号134頁は、旧69類「電磁音響再生機用音響記録テープ、その他本類に属する商品」を指定商品とする「SCOTCH」なる登録商標権者が同一標章について旧19類「台所用品、日用品」等を指定商品として防護標章登録出願をしたところ、特許庁が周知著名な標章は小文字の「scotch」であることと両商品が生産者、販売店舗、用途等を著しく異にすることを理由として拒絶した事案について、小文字の「scotch」が著名となることにより大文字の「SCOTCH」も著名性を有するに至っており、また他人が台所用品等に本件商標を付して販売した場合出所の混同を生ずるおそれがあるから、本願は防護標章の登録要件を満たすとして、審決を取り消した。

4　商標権の制限

商標権者は、（4条2項に規定する国・公共団体等の設定する商標権及び地域団体商標に係る商標権を除き）専用使用権を設定することができる（30条1項）。

その場合、専用使用権者は、設定を受けた範囲内において指定商品又は指定役務に商標を使用する権利を専有する（同条2項）から、商標権者は、その範囲についてはこれを使用することができない（25条ただし書）。

商標権者は、（前記4条2項の商標権を除き）通常使用権を許諾することができ（31条1項）、その場合、商標権者は、その設定契約の内容に従いその権利行使につき一定の制限を受ける。しかし、通常使用権者は、単に商標権者に商標の使用を容認すべきことを請求する権利を有するにすぎず、登録しない限り排他的効力（第三者に対する対抗力）を有しない。したがって、商標権が第三者に譲渡されると、ライセンス契約が当該譲受人に承継され

ない限り、譲受人に対抗できず、形骸化した旧商標権者との契約関係が残存するにすぎない。つまり、通常使用権は、実質的に効力を失う。特許法、実用新案法及び意匠法については、平成23年改正法により、登録を備えていなくとも、特許権等の譲受人等に当然対抗できる制度が認められたが、商標法については、商標の法的性質と使用状況からみて、一つの製品に多数の商標ライセンス契約が締結されているという状況は考えられないなどの理由によりこの制度は導入されず、従来の登録によるほかない。したがって、商標の通常使用権の登録対抗制度を維持するため、31条4項に「通常使用権は、その登録をしたときは、その商標権若しくは専用使用権又はその商標権についての専用使用権をその後に取得した者に対しても、その効力を生ずる。」との規定、34条2項に「通常使用権を目的とする質権の設定、移転、変更、消滅又は処分の制限は、登録しなければ、第三者に対抗することができない。」との規定を新設した。しかし、商標の通常使用権者を商標権の譲渡行為から保護する必要のあることは、特許権等の場合と変わらないはずであって、「企業の事業活動の安定性、継続性を確保する」（産構審特許制度小委員会「特許制度に関する法制的な課題について」23頁）という目的からみて商標権についても当然対抗制度の導入を引き続き検討すべきであろう。独占的通常使用権の設定とその効力については、特定の者に限って実施権を設定し他に実施権を許諾しない約定が存することになるので、権利を実施による市場の独占できない法的利益を有するので第三者の実施による不法行為の成立を認めるべきであろう。しかし、その場合でも、損害賠償請求権に限られ、差止請求権の行使は認められない（竹田・松任谷編212頁）。

　団体商標及び地域団体商標に係る商標権については、その団体の構成員は、当該法人の定めるところにより、（専用使用権が設定されているときは、その専有範囲を除き）その商標を使用する権利（通常使用権）を有する（31条の2第1項・第3項）。

　また、商標権者は、商標法が定めた法定の商標を使用する権利（32条の規定する先使用権、33条、60条等の規定する中用権、33条の2、33条の3の規定する特許権等存続期間満了後の使用権）による制限を受ける場合もある。また、再審に

より回復した商標権は、再審請求登録前の指定商品又は指定役務についての登録商標の善意使用には及ばず、登録前の37条所定の行為について禁止権を行使することもできない（59条1号・2号）。

　さらに、商標権者は、指定商品又は指定役務についての登録商標の使用がその使用の態様により、その商標登録出願日前の出願に係る他人の特許権、実用新案権、意匠権又はその商標登録出願日前に生じた著作権もしくは著作隣接権と抵触するときは、指定商品又は指定役務のうち抵触する部分についてその態様により登録商標を使用することができない（29条）。

図3-3

図3-3B

　最高二小判決平成2.7.20民集44巻5号875頁（原審大阪高判決昭和60.9.26無体集17巻3号411頁（図3-3）は、指定商品を第36類「被服、手巾、釦鈕及び装身用ピンの類」とする、「POPEYE」と「ポパイ」の文字の間にポパイの漫画の図形を用いたものについて商標権を有する者が著名な漫画ポパイの著作権者から複製の承諾を得てマフラーにポパイの漫画の図形とこれに付随し説明的に結合した名称からなる丙標章と、「POPEYE」の文字だけからなる乙標章（図3-3B参照）を付して販売した者に対し、差止と損害賠償請求を求めた事案である。前掲最高二小判決は、「商標法29条は、商標権がその商標登録出願日前に成立した著作権と抵触する場合、商標権者はその限りで商標としての使用ができないのみならず、当該著作物の複製物を商標に使用する行為が自己の商標権と抵触してもその差止等を求めることができない旨を規定していると解すべきである。」と判示した上、丙標章は原著作物の漫画における想像上の人物である「ポパイ」の複製に当たるから、商標権の侵害といえないが、乙標章は著作物から独立した著作物性を持ち得ず、著作

物の複製とはいえないと判断し、さらに「本件商標は右人物像の著名性を無償で利用しているものに外ならないというべきであり、客観的に公正な競業秩序を維持することが商標法の法目的の一つとなっていることに照らすと、被上告人が、『ポパイ』の漫画の著作権者の許諾を得て乙標章を付した商品を販売している者に対して本件商標権の侵害を主張するのは、客観的に公正な競業秩序を乱すものとして、正に権利の濫用というほかない」との判断を示した。商標法29条の著作権との抵触にその複製物を商標に使用する行為を含めた解釈についても、また、商標権の行使を権利の濫用として制限した点においても、注目すべき判例である。

専用権の行使と認められる行為と不正競争防止法との関係についても同様であり、形式的には専用権の行使に該当する行為であっても、客観的に公正な競業秩序を乱し、権利の濫用に該当すると判断される場合には、不正競争防止法に基づく当該商標権者に対する請求（例えば、2条1項1号に基づく請求）が認められることになる。

第3節　商標及び商品・役務の類似

I　概説

　4条1項1号～19号は、商標登録の消極的要件（登録障害事由）、すなわち商標登録できない商標を規定していること、このうち実務上最も問題となる消極的要件は、10号の「他人の業務に係る商品若しくは役務を表示するものとして需要者の間に広く認識されている商標又はこれに類似する商標であつて、その商品若しくは役務又はこれらに類似する商品若しくは役務について使用をするもの」及び11号の「当該商標登録出願の日前の商標登録出願に係る他人の登録商標又はこれに類似する商標であつて、その商標登録に係る指定商品若しくは指定役務又はこれらに類似する商品若しくは役務について使用をするもの」に該当するか否か、特に「商標の類似」と「商品の類似」の問題であることは、第2節 I「3商標登録の消極的要件」において述べた。4条1項には、10号及び11号のほかにも、「類似の商標」（1号～4号・6号・14号・19号）、「類似の標章を有する商標」（5号・9号）及び「類似の商品又は役務」（5号）、「類似する商品若しくは役務」（14号）が規定されている。

　また、① 登録商標の指定商品又は指定役務について類似商標を使用する行為、② 類似商品又は類似役務について登録商標又は類似商標を使用する行為も商標権の侵害とみなされ（37条1号）、これは商標権の本来の効力を実効あらしめるために商標法が商標権者に与えた効力であって禁止権と呼ばれていること、この類似商標、類似商品若しくは類似役務における類似の意味が禁止権の範囲を定める上で極めて重要であることは、第2節 II「1商標権の効力とその範囲」において述べた。

　そのほか、8条は、「同一又は類似の商品又は役務について使用をする同一又は類似の商標」について、「異なつた日に二以上の商標登録出願」があったときは、「最先の商標登録出願人のみが」（1項）、「同日に二以上の商標登録出願」があったときは、「商標登録出願人の協議により定めた一の商標登録出願人のみが」（2項）その商標について商標登録を受けることがで

きる旨規定する。

このように、商標法においては、登録商標等に「類似する商標」、登録商標等に係る指定商品又は指定役務に「類似する商品又は役務」の概念を明らかにすることが極めて重要である。

前記商標登録の要件や出願手続、さらに商標権侵害とみなされる行為について「類似する商標」、「類似する商品又は役務」が規定されている制度理由や意義は同一でなく、それぞれ独自の機能を持つものである（元木伸「商標、商品の類否」裁判実務大系9巻417頁は、商標権侵害の判断において、商標又は商品が類似しているか否かについては、4条1項の規定に基づく商標登録の際の類否判断の基準が参考になるが、出願手続の場面における判断は登録商標が指定商品について用いられた場合に商品の出所混同がおこるかという一般的・抽象的事実を対象とするのに対し、商標権侵害の場面における判断は、ある商標の使用行為が商標権を侵害しているかという個別的具体的事実を対象としており、両者の類否判断が当然のごとく一致するものではない、とする）。しかし、前記諸規定における「類似する商標」、「類似する商品又は役務」は、商標の本質的機能に由来するものであって、その具体的適用に当たり、その制度的意義を考慮した解釈運用がなされるべきことは当然としても、その基本的概念、判断手法は共通であると理解すべきである。

Ⅱ　商標の類似

1　「商標の類似」の概念

商標の基本的機能は、自他商品又は役務の識別機能にあり、この標識の識別力から、出所表示機能、品質保証機能、広告機能等が生じるとされている。商標法の目的は、このような自他商品又は役務の識別機能を有する商標を保護することにある。

したがって、一般に商標の類似とは、対比する両商標が商品又は役務に付されたとき相紛らわしいため両商品、両役務又は商品と役務の出所の混同を生じることをいう。

これを商品に係る商標についての商標権侵害行為における商標の類似についていえば、取引において、登録商標と第三者の製造販売するある商品

に付された商標とを対比したとき、両商標が相紛らわしいためその商品の出所の混同を生じることをいう（同旨小野・三山前掲221頁）。最高三小判決昭和43.2.27民集22巻2号399頁（図形と「硝子繊維」「氷山印」「日東紡績」の文字の結合商標）は、「商標の類否は、対比される両商標が同一または類似の商品に使用された場合に、商品の出所につき誤認混同を生ずるおそれがあるか否かによって決すべきである」としてその趣旨を明らかにしている（右判例評釈として、矢野邦雄「最高裁判所判例解説（民事編）昭和43年度」56頁。商標の類似についての特許庁の実務上の取扱いは、中村英夫著「商標の実務」240頁以下参照）。

2　学説とその検討

網野誠「続商標法の諸問題」65頁以下は、商品に係る商標の類似について、我が国で主張されている見解として次の三つを挙げている。

ⓐ　商標の類似とは、取引の経験則に照らし商標の外観、称呼、観念のうちいずれか一つが類似している場合をいい商標が相紛らわしいため取引者、需要者が商標の外観、称呼、観念上彼此混同する場合を指称するとの見解（古くより我が国で採用されている見解）。

ⓑ　商標の類似とは、原則として一般的出所の混同を生じるおそれのある商標のことであり、このような商標を定型化して外観、称呼、観念のいずれか一つ以上が相紛らわしい商標は類似する商標であるとする実践例を積み重ねることによって形成された概念であるとする見解（網野誠「商標法第6版」430頁）。

ⓒ　商標の類似とは、標識自体の誤認混同をいうのでなく、対比される商標が同一又は類似の商品について使用された場合に取引者需要者の心理に商品の出所について混同が生じるような場合をいい、したがって、商標の類否は出所の混同が生じるか否かによって定められるべきであり、外観、称呼、観念の類否は商標の類否を判断する一つの材料にすぎないとする見解（渋谷達紀「商標法の理論」335頁）。

上記は商標の類否についての判例・学説の分析を示したものとして参考となる。しかし、判例は、前掲最高三小昭和43.2.27判決が、商標の類否は

出所の混同が生じるか否かによって決すべきであるとした上、「それには、そのような商品に使用された商標がその外観、観念、称呼等によって取引者に与える印象、記憶、連想等を総合して全体的に考察すべく、しかもその商品の取引の実情を明らかにしうるかぎり、その具体的取引状況に基づいて判断するのを相当とする」と判示しているように、商標の類否は出所の混同が生じるか否かによって決定すべきであるとする点では共通しており、その判断の手法として、対比される両商標を外観、称呼、観念の各観点から具体的な取引状況に基づいて類似を判断しているのであり、そのような手法が多くの学者によって支持されているとみるべきであろう。この点、前掲最高三小昭和43.2.27判決（図3-4）は、上記の判断基準を示したのに続き、糸一般を指定商品とし「しょうざん」の称呼をもつ商標（図3-4B）と、硝子繊維糸のみを指定商品とし「ひょうざん」の称呼をもつ商標（図3-4A）とでは、外観及び観念が著しく異なり、かつ、硝子繊維糸の取引では商標の称呼のみで商標を識別し、ひいて商標の出所を知り品質を認識することはほとんど行われていないとして両商標を類似でないと判断している。

　特に今日のように情報媒体が多様化し、時間的空間的に大きな広がりのなかで経済取引が行われている状況においては、そのような取引に適応した類否判断の基準を考えていかなければならない。その意味において、具体的な取引状況に基づく類否判断の必要性がますます高くなっているといえよう。

図3-4A　　　　　　　　図3-4B

　最高三小判決平成9.3.11民集51巻3号1055頁（商標名「小僧」）が、「商標の類否は同一又は類似の商品に使用された商標が外観、観念、称呼などによっ

て取引者、需要者に与える印象、記憶、連想等を総合して全体的に観察すべきであり、かつその商品の取引の実情を明らかにし得る限り、その具体的な取引状況に基づいて判断すべきものである。右のとおり商標の外観、観念、又は称呼の類似は、商標を使用した商品につき、出所を誤認混同するおそれを推測させる一応の基準にすぎず、したがって、右3点のうち、類似する点があるとしても、他の点において著しく相違するか、または取引の実情等によって何ら商品の出所を誤認混同するおそれが認められないものについては、これを類似商標と解することはできない。」と判示しているのは、商標権侵害訴訟における裁判所の現在の商標の類否判断基準を示している。

　この点をさらに具体的に判示しているのは、東京高判決平成7.3.29判時1565号131頁（商標名「Gibelty」、「ギベルティ」と猫の図形の結合商標）であって、同判決は、前掲最高三小昭和43.2.27判決を引用した上、「今日のように情報媒体が多様化し、情報量が飛躍的に増大した社会において、世人は多量の情報を識別認識することに慣れ、個々の情報間の差異に敏感に反応する習性が培われていることは、当裁判所に顕著な事実であり、特に、限られた時間内に自己商品の特徴を取引者・需要者に訴え、顧客の購買力を喚起しなければならない広告媒体・商品表示等においては、従来から、一見して認識可能な図形の持つ情報伝達力が重視されて来ており、現時においては、これに限られず、図形の持つ情報伝達力が文字の持つ情報伝達力と比肩するに足りる大きさを有するに至っている分野が多くなっているということができることも、経験則上明らかな事実である。このことからすると、商標の類否の判断において、商標の外観、観念、称呼の各要素は、あくまでも、総合的全体的な考察の一要素にすぎず、また、図形と文字の結合商標にあっては、文字部分のみをいたずらに重視して図形部分の持つ情報伝達力を軽んずることは、特段の理由のない限り許されず、当該商標における図形部分と文字部分の相互関係を慎重に検討しなければならないというべきである。」と判示し、本願商標から「ギベルティー」の称呼が生じ、引用商標の「ギバルティ」と近似していても、結合商標である本願商標を総合的全体的に考察すれば引用商標に類似しているとはいえないと判示し

て審決を取消した。

　なお、東京高判決平成5.2.17判タ829号215頁（商標名「WRANGLER」）は、本願商標「WRANGLER」（ラングラー）、引用商標「LANGLEY」の文字商標についても同様の理由で両商標の類似性を否定し、東京高判決平成8.4.17知的裁集28巻2号406頁（「SPA」の文字と図形の結合商標）は、本願商標と「SPAR スパー」の登録商標とは称呼において類似するが、外観、観念及び現実の使用状況に照らして類似しないと判示している（同旨知財高判決平成23.11.14「スーパー」と「みらべる」を2段にした商標）。

図3-5

　また、東京高判決平成2.9.10無体集22巻3号551頁（「Kodak」の文字と図形の結合商標）（図3-5）は、引用商標「コザック」と称呼を異にするとした上、「本願商標は極めて著名な商標であり、また引用商標も著名な商標であるから、本願商標がたとえ『化学品』について著名でないとしても、本願商標をその指定商品に使用し、あるいは「コダック」の称呼をもって取引された場合、その取引者、需要者は、当該商品は、原告の製造販売にかかるものであると認識する蓋然性が極めて高く、それが引用商標の商標権者の製造販売にかかるものであるかのような印象を一般に与え、商品の出所につき混同を生ぜしめるおそれがあるものとは認めがたく、この点において、本願商標は、引用商標に類似しないものと解するのが相当である」と判示し、商標の著名性を具体的取引状況に織り込んだ判断を示している。また、最高三小判決平成4.9.22判時1437号139頁（商標名「大森林」）は、「大森林」からなる本件商標と「大林森」からなるイ号商標とは、外観、観念において紛らわしい関係にあり、取引の状況によっては需要者が両者を見誤る可能性があるとして、両商標を非類似とした原判決を破棄して原審に差し戻した。

3　外観、称呼、観念と類否の判断手法

　商標の類否判断は、二つの商標を対比観察することによって行われるが、「外観の類似」とは、視覚を通して文字、図形、記号、色彩等外観に現れた形象を観察した場合両商標が相紛らわしいことをいい、「称呼の類似」とは、文字、図形、記号、色彩等の標章の構成からその標章を読みかつ呼ぶ場合その読み方呼び方において両商標が相紛らわしいことをいい、「観念の類似」とは、文字、図形、記号、色彩等の標章の構成から一定の意味を把握する場合その意味において両商標が相紛らわしいことをいう（網野誠・前掲473頁以下参照）。

　両商標を対比観察した場合、外観、称呼、観念において共通するか否かは、具体的事案に基づいて検討するほかないが、これまでの判例、審決例を調べると、審判官あるいは裁判官の考え方（価値観）によってその判断基準にある程度の違いがあることは否定できない。

　4条1項11号に規定する「他人の登録商標に類似する商標」に該当するか否かが争点となる審決取消訴訟も含め、これまでの実務経験から、判断基準として共通の事項を指摘すると次のとおりである。

　ⓐ　商標の類否の判断は、当該商標が付された商品又は役務の取引者、需要者が通常払う注意力を基準としてなされなければならない。この場合指定商品又は役務についての一般的な取引者、需要者の注意力が判断基準となるのであって、指定商品又は役務の一部についての特定の業者の注意力を基準とすべきではない。東京高判決平成2.4.24無体集22巻1号311頁（商標名「ちぎり花びら」）は、「審決が摘示する『花びら餅』と称せられる和菓子が存在すること、一部の一般向け辞典類にはこれを『花びら』と略称することもあることの記載があることが認められるものの、右の略称が和菓子関係業者及び和菓子類に特に関心を有する需要者の域を越え、本願商標の指定商品である『菓子、パン』の需要者の間に深く浸透しているものと即断することはできない」とし、「ちぎり花びら」なる一連の語全体が自他商品の識別機能を有するとし、引用商標「契り」とは称呼を異にすると判示している。また、東京高判決平成3.1.24知的裁集23巻1号25頁は、称呼が一見似通っていても、その称呼の全部又は一部が明らかに特定の観念を

生じさせることを取引者、需要者が認識できるときは、両商標は相紛れることのない別異の商標であるとし、本願商標「MICROLON」と引用商標「MAKROLON」とはその語頭を占める「マイクロ」と「マクロ」とが正反対の意味を有する外来語として日常生活において理解されているから類似しないと判示している（同旨東京高判決平成13.12.12判時1780号137頁商標名「痛快！」は、図案化した「TSU」と「Kai」を左斜め上がり2段に併記した引用商標と称呼は類似しても、外観・観念等全体的に観察すると類似するといえないとしている）。

さらに、東京高判決平成10.8.4判時1660号2頁（商標名「御柱祭」その右側に「みはしらまつり」と付記）は、地域によって商標の理解・認識が異なる場合において、一部の地域で引用商標「御柱」と類似の商標と認識されることがあっても、一般人が「御柱」を「御柱祭」の別称又は略称と認識、使用していたとは認められないから観念において類似とはいえないと判示する。知財高判決平成23.7.21判時2129号108頁（商標名「HORECA」）は、指定商品16類「幼児用おしめ」等とする商標の類否判断の主体は、食品業者に限らず広く一般の消費者を含むとし、「HORECA」及び「ホレカ」の2段表記からなる引用商標に類似すると判断した。また、知財高判平成23.4.27判時2131号131頁（商標名「Gold Loan」）は、本願商標「Gold Loan」と引用商標「CitiGold Loan」とは、外観、称呼において類似せず、本願商標は特定の金融機関によるローンを想起させないのに対し、引用商標はシティグループが提供するローンとの観念を生じさせるものであるから、役務の出所に誤認を生じさせるおそれがあるとはいえないとして、両者は類似しないと判断した。知財高判平成24.2.15判タ1397号192頁（商標名「ONE」）は、たばこの取引者・需要者は取引にあたり商標の細部の差異にも十分な注意を払うものであるから、指定商品「たばこ」については非類似だが、マッチについてはそのような取引の実情が認められないから類似であると判断している。

　ⓑ　商標の類否の判断は、対比する商標の全体を観察してなされるべきであり、その上で全体としての一体性が弱く、付加的と認められる部分があるときは、これを除いた要部について観察してなされるべきである。結合商標については特に図形と文字との相互関係から生じる識別力に留意す

る必要がある（東京高判決平成10.6.30判時1666号131頁（「KELME」と動物の足跡の結合商標）をはじめとし、この点を指摘する判例がみられる）。

```
                    ㈠ PIANO PLUS
                    ㈡ Piano Plus
                    ㈢ ピアノプラス
    プラス            ㈣ レコーダー・プラス
                    ㈤ RHYTHM PLUS
                    ㈥ Rhythm Plus
                    ㈦ リズム・プラス
                    ㈧ SOUND PLUS
                    ㈨ サウンドプラス
```

図3-6A　　　　　　　図3-6B

　大阪地判決昭和63.2.9無体集20巻1号47頁（図3-6）は、指定商品を22類「楽器、蓄音機並びにその各部及び付属品」とする登録商標「プラス」（図3-6A）と被告使用標章「ピアノプラス」、「レコーダー・プラス」等（図3-6B）とを対比し、被告標章において、前半部分は商品の種類等を示す語で後半部分は商品とは本来直接関連性のない語であるから、自他商品の識別という観点からは、後半部分「プラス」が聞く者の注意を引き、その要部は後半部分の「プラス」にあるとして、登録商標に類似すると判断しているが、好適な一例である。東京地判決平成10.10.30判時1673号144頁（商標名「ELLE エル」）は、登録商標の著名性を考慮して要部認定をしたもので、「ELLE MARINE」は「ELLE」を要部とする登録商標に類似するとしている。大阪地判決平成20.6.10判時2032号146頁（商標名「人と地球HITO TO CHIKYU」）は、「人と地球に貢献します。」との表示部分は記述的表示であり商品主体の識別力が高いものとはいえないとして、他の表示部分を要部と認定し商標との類似性を否定した。また、知財高判決平成21.10.13判時2062号139頁（商標名「Agatha Naomi」）は、本件商標は、「Agatha」と「Naomi」の二つに分離して観察することが取引上不自然と思われるほど不可分に結合しているとまではいえないとし、また登録商標「AGATHA」の周知性を考慮して、「Agatha Naomi」という一連の称呼・観念に加え、「Agatha」という称呼・観念も生じうるとして、登録商標と類似するとした。

　これに対し、東京高判決平成3.11.12知的裁集24巻1号1頁は、著名な新聞

第3節　Ⅱ

の略称である「日経」と「ギフト」を結合した「日経ギフト」は一体として認識されるから「ギフト」なる登録商標に類似しないとする。東京高判決平成4.7.28知的裁集24巻2号528頁も「別冊フレンド」は取引の具体的状況を考慮すると、一体に称呼されるから「フレンド英和辞典」なる引用商標とは類似しないとしている（同様の理由から、東京高判決平成9.6.25知的裁集29巻2号520頁は、登録商標「TEX-SIM」と引用商標「テック」とは非類似し、東京高判決平成13.1.31判時1745号120頁は、本願商標「開運花子」と引用商標「開運」とは非類似とする）。最高二小判決平成20.9.8判時2021号92頁（商標名「つつみのおひなっこや」）は、複数の構成部分を組み合わせた結合商標と解されるものについて、商標の構成部分の一部を抽出し、この部分だけを他人の商標と比較して商標そのものの類否を判断することは、その部分が取引者、需要者に対し商品又は役務の出所識別標識として強く支配的な印象を与えるものと認められる場合や、それ以外の部分から出所識別標識としての称呼、観念が生じないと認められる場合などを除き、許されないというべきであるとした上で、「つつみのおひなっこや」という商標について、その構成中の「つつみ」の文字部分を取り出して観察することを正当化するような事情を見いだすことはできないから、類否判断に当たっては、その構成部分全体を対比するのが相当であるとして、引用商標「つゝみ」「堤」とは類似しないとした。また、大阪高判平成25.8.27裁判所HP（商標名「SAMURAI」）は、「SAMURAI」と「JAPAN」からなる3つの被告標章について、「SAMURAI」部分の大きさを考慮し、「SAMURAI」より「JAPAN」の文字が小さいものについては、「SAMURAI」部分が要部であり本件商標と類似すると認め、「JAPAN」の文字が大きいものについては、「SAMURAI」部分を分離観察して要部と認めることはできず非類似とした。知財高判平成24.7.12裁判所HP（商標名「ファンタジーライフ」）は、「fantasy LIFE」「mabinogi/マビノギ」から成る引用商標の「mabinogi/マビノギ」の部分は出所識別標識として支配的な印象を与えるのに対し、「fantasy LIFE」の部分は支配的な印象を与えないから、「fantasy LIFE」の部分だけを抽出して本願商標「ファンタジーライフ」と対比することは許されず、本願商標と引用商標とは類似しないとした。

ⓒ　商標中に当該指定商品の品質又は役務の質を表示する部分があるときは、通常その部分は出所識別標識として機能しない。

例えば、商標名「PIONEERSUPER パイオニアスーパー」における「SUPER」「スーパー」は、「上等の」、「優れた」という品質を表す語であって識別機能が低く（東京高判決昭和63.12.22取消集(4)474頁）、商標名「SOFT—JOY」における「SOFT」は指定商品たる履物の品質、履き心地を表示し識別機能を果たさない（東京高判決平成2.9.6取消集(19)437頁）。東京地判決平成15.8.29判 時1886号106頁（商標名「ENOTECA」）は、「ENOTECAKIORA」という被告標章のうち「ENOTECA」部分は、「ワインを販売する店」ないし「ワインを提供する飲食店」という、当該店舗の種類ないし性格を意味するものであり、この部分が強力な自他役務の出所識別機能を果たしているとはいえないとして、登録商標と類似しないと判断している。

最高二小判決平成5.9.10民集47巻7号5009頁（十字の図形内にEYE等の文字を配した結合商標）は、時計及び眼鏡等を指定商品とする引用商標「SEIKO EYE」の称呼、観念について、「SEIKO」は著名な時計等の製造販売業者の取扱商品ないし商号の略称であり、「EYE」は右商標が眼鏡について使用された場合は目に関連する一般的、普遍的な文字であるから、「SEIKO EYE」若しくは「SEIKO」の部分としてのみ称呼、観念が生ずるとしている。しかし、本願商標も引用商標も「時計」を指定商品とするものであり、右商標が時計に使用された場合「SEIKO」の部分のみでは、当該商標権者の他の取扱商品と識別できないことになり、合理的根拠に欠ける。右の場合「SEIKO EYE」又は「EYE」の称呼が生じ、引用商標と称呼が類似すると考えるべきでなかろうか。

ⓓ　一個の商標から生じる称呼、観念は一個とは限らない。

最高一小判決昭和38.12.5民集17巻12号1621頁（図形と「リラタカラズカ」「寶塚」「LYRATAKARAZUKA」の文字の結合商標）が指摘するように、簡易、迅速をたっとぶ取引の実際においては、各構成部分の一体性が弱ければ必ずしもその構成部分全体の名称によって称呼、観念されず、しばしばその一部だけによって簡略に称呼、観念されることは経験則の教えるところである（上判例評釈として、吉井参也「商標・商号・不正競争判例百選」58頁）。

ただ安易な分離観察は取引の実態から遊離する危険がある。単純に称呼が長すぎるとの理由で構成を分離して称呼を検討するのでなく、ⓐで指摘したように、当該商標が付された商品の取引者、需要者が通常払う注意力を基準としてどのような称呼が生じるかを検討すべきである。東京高判決平成2.6.11取消集(17)521頁（商標名「KITCHEN HOUSE」）は、「KITCHEN」と「HOUSE」の間に主従、軽重の関係がなく、いずれも平易かつ日常みられる英語であり、自然に「キッチンハウス」と称呼でき、不可分一体の商標であるとして引用商標（家の図形と「HOUSE」「ハウス」の文字の結合商標）とは称呼・観念を異にすると判示している。

ⓔ　実際の商品取引又は役務の提供においては、状況は時代とともに変化するものであり、それにともない取引者、需要者の認識、商標に対する注意の払い方も変化するものである。商標の類否の判断が取引者、需要者の通常払う注意力を基準としてなされる以上、その点についての十分な配慮が必要である。

なお、商標の類否についての商標審査基準〔改訂第13版〕のうち主要なものは次のとおりである。

a)商標の類否の判断は、商標の有する外観、称呼及び観念のそれぞれの判断要素を総合的に考察しなければならない。

b)商標の類否の判断は、商標が使用される商品又は役務の主たる需要者層（例えば、専門的知識を有するか、年齢、性別等の違い）その他指定商品又は指定役務の取引の実情（例えば、日用品と贅沢品、大衆薬と医療用医薬品などの商品の違い）を考慮し、需要者の通常有する注意力を基準として判断しなければならない。

c)結合商標の類否は、その結合の強弱の程度を考慮し、例えば、次のように判断するものとする。

① 　識別力を有しない文字を構成中に含む場合

指定商品又は指定役務との関係から、普通に使用される文字、慣用される文字又は商品の品質、原材料等を表示する文字、若しくは役務の提供の場所、質等を表示する識別力を有しない文字を有する結合商標は、原則として、それが付加結合されていない商標と類似する。

② 需要者の間に広く認識された商標を構成中に含む場合

　指定商品又は指定役務について需要者の間に広く認識された他人の登録商標と他の文字又は図形等と結合した商標は、その外観構成がまとまりよく一体に表されているもの又は観念上の繋がりがあるものを含め、原則として、その他人の登録商標と類似するものとする。ただし、その他人の登録商標の部分が既成の語の一部となっているもの等を除く。

③　商標の構成部分中識別力のある部分が識別力のない部分に比較して著しく小さく表示された場合であっても、識別力のある部分から称呼、観念を生ずるものとする。

④　商標の一部が、それ自体は自他識別力を有しないものであっても、使用により識別力を有するに至った場合は、その識別力を有するに至った部分から称呼、観念を生ずるものとする。

　そこに示された判断基準はおおむね妥当性を有するものであるが、問題はその具体的運用において、適正な判断がなされるかにかかっている。

4　新しい商標と類否判断

　平成26年改正法により、新たに商標登録が可能となった「動き商標」「ホログラム商標」「色彩のみの商標」「音商標」「位置商標」の類否の判断について、商標審査基準〔改訂第13版〕は以下のように示している。

(1)　動き商標の類否について

　動き商標の類否の判断は、動き商標を構成する標章とその標章が時間の経過に伴い変化する状態から生ずる外観、称呼及び観念のそれぞれの判断要素を総合して、商標全体として考察しなければならない。原則として、動きそのものについて、独立して自他識別標識としての機能を果たし得る部分（要部）として抽出することはしない。

(ア)　動き商標間の類否について

ⓐ　例えば、以下の図に示すように、自他識別機能が認められない標章の変化（移動）する状態が、軌跡として線で表されることで、文字や図形等の自他識別機能が認められる標章を形成する動き商標と、その軌跡により形成される標章と同一又は類似の軌跡からなる標章を形成する動き商標

は、原則として、類似するものとする。

（■の軌跡が「Sun」の文字を描く動き商標）　（▲の軌跡が「Sun」の文字を描く動き商標）

ⓑ　例えば、以下の図に示すように、自他識別機能が認められる非類似の標章が同一又は類似の変化（移動）をするが、変化の状態が軌跡として残らないような動き商標同士は、原則として、類似しないものとする。

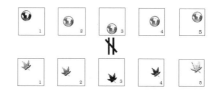

(イ)　動き商標と文字商標等との類否について

ⓐ　例えば、以下の図に示すように、標章の変化する状態が、軌跡として線で表されることで、文字等の自他識別機能が認められる標章を形成する動き商標と、その軌跡により形成される標章と同一又は類似の標章からなる文字商標等とは、原則として、類似するものとする。

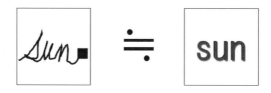

（■の軌跡が「ｓｕｎ」の文字を描く動き商標）　　　（文字商標）

ⓑ　例えば、以下の図（上段）に示すように、文字や図形等の自他識別機能が認められる標章が変化する動き商標と、その標章と同一又は類似の標章からなる図形商標等とは、原則として、類似するものとする。

また、以下の図（下段）に示すように、動き商標の標章の軌跡が線で表

されることで、文字等の自他識別機能が認められる標章を形成する動き商標と、その軌跡により形成される標章と同一又は類似の標章からなる文字商標等とも、原則として、類似するものとする。

(ウ) 自他識別機能が認められる標章が変化する動き商標の場合、その変化の前後の標章と当該標章からなる図形商標等とは、原則として、類似するものとする。

(2) ホログラム商標の類否について

(ア) ホログラム商標の類否の判断は、文字や図形等の標章とそれがホログラフィーその他の方法による視覚効果（立体的に描写される効果、光の反射により輝いて見える効果、見る角度により別の表示面が見える効果等）により変化する状態を総合して、商標全体として考察しなければならない。立体的に描写される効果、光の反射により輝いて見える効果等の文字や図形等の標章を装飾する効果が施されているホログラム商標については、表示面に表された文字や図形等の標章から生ずる外観、称呼及び観念をもとに類否判断するものとする。見る角度により別の表示面が見える効果が施され、ホログラム商標が複数の表示面から構成されている場合には、それぞれの表示面に表された文字や図形等の標章から生ずる外観、称呼及び観念をもとに類否判断するものとする。この場合には、その表示面の商標全体に占め

る割合、表示される文脈、他の表示面の標章との関連性等を総合して、商標全体として考察しなければならない。

(イ) ホログラム商標と文字商標等との類否について

ⓐ 例えば、以下の図に示すように、単語及び熟語等が複数の表示面に分割されて表される等、もともとは一つの単語や熟語等であることが明らかな場合には、当該単語及び熟語等の一部からなる文字商標等、一つの表示面の標章と同一又は類似の標章からなる文字商標等とは、原則として、類似しないものとする。

（見る角度によって文字が異なるホログラム商標）　　　（文字商標）

ⓑ 例えば、以下の図に示すように、特段の意味を有しない造語等の標章が複数の表示面にそれぞれ表され、各表示面の標章の商標全体に占める割合が低くない等、複数表示面の標章を分離して観察することが取引上不自然でない場合には、各表示面に表示された標章と同一又は類似の標章からなる文字商標や図形商標等とは、原則として、類似するものとする。

　（例）　原則として、類似する場合

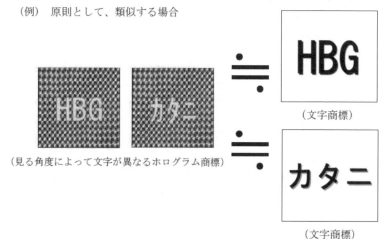

（見る角度によって文字が異なるホログラム商標）
（文字商標）
（文字商標）

(3) 色彩のみからなる商標の類否について

(ア) 色彩のみからなる商標の類否の判断は、当該色彩が有する色相（色合い）、彩度（色の鮮やかさ）、明度（色の明るさ）を総合して、商標全体として考察しなければならない。色彩を組み合わせてなる商標の場合は、これに加え、色彩の組合せにより構成される全体の外観を総合して、商標全体として考察しなければならない。

(イ) 色彩を組み合わせてなる商標と単色の商標との類否について

例えば、以下のように、色彩を組み合わせてなる商標を構成する一色と、その一色と同色の色彩のみからなる商標とは、原則として、類似しないものとする。

（色彩を組み合わせてなる商標）　　　　　（単色の商標）

(ウ) 「単色の商標」と「文字と色彩の結合商標」との類否について

「単色の商標」と「文字と色彩の結合商標」とは、原則として、類似しないものとする。

(エ) 「単色の商標」と「文字商標」との類否について

文字商標との類否判断においては、称呼及び観念において同一又は類似であるとしても、色彩のみからなる商標は、主として色彩の外観が重要な判断要素となることから、原則として、類似しないものとする。例えば、以下の2つは原則として類似しない。

（単色の商標）　　　　　　　　（文字商標）
（注：赤の単色）

(オ) 「図形と色彩の結合商標」と「色彩を組み合わせてなる登録商標」との類否

「図形と色彩の結合商標」を本願とした場合の「色彩を組み合わせてなる登録商標」との類否については、色彩の配置や割合等が同一又は類似であれば、原則として、類似するものとする。例えば、以下の2つは原則として類似する。

(図形商標)　　　　　(色彩を組み合わせてなる登録商標)

(4) 音商標の類否について

(ア) 音商標の類否の判断は、音商標を構成する音の要素及び言語的要素(歌詞等)を総合して、商標全体として考察しなければならない。なお、音の要素とは、音楽的要素(メロディ、ハーモニー、リズム又はテンポ、音色等)及び自然音等をいう。

(イ) 音楽的要素のみからなる音商標間の類否について

音商標を構成する音の要素について、自他識別機能を有する部分とそうでない部分とに分け、自他識別機能を有する部分について、メロディが同一又は類似であるか否かを判断する。

(ウ) 言語的要素を含む音商標間の類否について

音商標に含まれる音の要素と言語的要素が、分離観察が取引上不自然なほどに、不可分に結合していないときは、それぞれの要素を要部として抽出するものとする。音楽的要素及び言語的要素いずれにも自他識別機能が認められる場合には、それぞれの要素の自他識別機能の強弱を考慮して、自他識別機能を有する部分を抽出し、その部分に関し、類否を判断する。

例えば、以下の例のように、両商標の音楽的要素は同一のものであっても、言語的要素の自他識別機能が非常に強く、言語的要素が非類似である場合には、両者は原則として非類似とされる。

(音商標A)		(音商標B)
言語的要素：ジェーピーオー 音楽的要素：自他商品・役務の 　　　　　識別機能が非常に弱い		言語的要素：エイビイシイ 音楽的要素：自他商品・役務の 　　　　　識別機能が非常に弱い

　他方、音楽的要素が著名なものであり自他識別機能が非常に強く、それに比して言語的要素の自他識別機能が相当程度低いと考えられる場合には、音楽的要素のみが要部として抽出される場合があるものとする。

　(エ)　言語的要素を含む音商標と文字商標との類否について

　　言語的要素が要部として抽出される場合には言語的要素について類否の判断を行う。例えば、以下の例では、「ジェーピーオー」と「JPO」とが類似するので、両者は、原則として、類似商標とされる。

(5)　位置商標の類否について

(ア)　位置商標の類否の判断は、文字や図形等の標章とその標章を付する位置を総合して、商標全体として考察しなければならない。原則として、位置そのものについて、要部として抽出することはしない。

(イ)　位置商標間の類否について

　①　標章に自他識別機能が認められない場合

　商品に付される位置等によって需要者及び取引者に与える印象、記憶、連想等を総合して全体的に考察しなければならない。

　例えば、指定商品第28類「動物のぬいぐるみ」に関する位置商標として以下の3つがある場合、動物の種類は、それぞれ「うさぎ」「ねずみ」「ぞう」と異なるが、動物の左耳上部に付された赤いタグそのものには自他識別機能が認められないため、需要者には、「動物の左耳上部に赤いタグが付されている」という印象・記憶等を与える。従って、これらは原則として類似するとされる。

第3節 Ⅱ

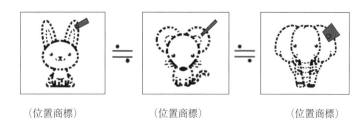

（位置商標）　　　　　（位置商標）　　　　　（位置商標）

②標章に自他識別機能が認められる場合

標章が同一又は類似であれば、その標章を付する位置が異なる場合でも、原則として、商標全体として類似するものとする。例えば、以下の2つは原則として類似する。

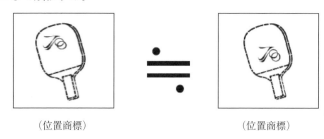

（位置商標）　　　　　　　　　（位置商標）

(ｳ) 位置商標と図形商標等との類否について

位置商標を構成する標章が要部として抽出されない場合は、上記（ｲ）①と同様とし、位置商標を構成する標章が要部として抽出される場合は、標章が同一又は類似の図形商標等とは、原則として、商標全体として類似するものとする。

（位置商標）　　　　　（図形商標）

指定商品 第28類　　　指定商品 第28類

「卓球のラケット」　　「卓球のラケット」

5　役務に係る商標の類似

　役務に係る商標の類似の問題は、基本的には商品に係る商標の類似と同様に理解することができる。

　役務に係る商標の本質的機能は、ある者の営業に係る役務を他の者の営業に係る役務と区別する自他役務の識別機能にあり、この機能は商品に係る商標の本質的機能が自他商品の識別機能にあることと共通している。そして、商品に係る商標の類否は、この商標の本質的機能に着目して、対比される両商標が同一又は類似の商品に使用された場合に、商品の出所につき誤認混同を生ずるおそれがあるか否かによって決すべきであるとし、その判断手法として商標の外観・称呼・観念の各観点から検討し、その類似判断がなされてきたのであるから、役務に係る商標についても、同様の判断手法を用いサービスの出所につき誤認混同を生ずるおそれがあるか否かによって類否を決するのが相当だからである。

　平成3年改正法によりサービスマークが商標として保護されるまでは、サービスマークの不正使用について法的保護を求めるには、不正競争防止法による差止請求が最も有効な法的手段であったが、そのためにはそのサービスマークが取引者、需要者に広く知られている、すなわち周知であることを必須の要件とした。しかし、平成3年改正法は役務に係る商標、すなわち自己の提供するサービスを他人の提供するサービスと識別するために自己のサービスについて使用する標章の商標登録を認めたから、上記標章を使用する者は、商標登録することによって、周知性の立証を必要とせず、過失があったものとの推定の下に、専用権のみならず禁止権の範囲についてまで損害賠償請求権・差止請求権を行使することが可能となったのである。

III　商品の類似

1　「商品の類似」の概念

　商標法の目的は、商品に係る商標については、前述のとおり自他商品の識別機能を有する標章を保護することにあるが、現代の経済社会において取り扱われる商品が多様化し、経営が多角化し、それに起因して取引者、

第3節　Ⅲ

需要者による商品と営業との識別が困難化していること等に照らすと、商品の類似とは、対比される商品に同一又は類似の商標を付した場合、当該商品の取引者、需要者に同一の出所（営業体）の製造販売に係る商品と誤認されるおそれがあることをいうと解すべきである。これを商標権侵害についてみれば、付される商標は登録商標又はその類似商標であり、対比される商品は、その登録商標の指定商品と商標権者が侵害とする当該商標を付した商品である。

　最高三小判決昭和36.6.27民集15巻6号1730頁（商標名「橘正宗」）は、「指定商品が類似のものであるかどうかは、原判示のように、商品自体が取引上誤認混同の虞があるかどうかにより判定すべきものではなく、それらの商品が通常同一営業主により製造又は販売されている等の事情により、それらの商品に同一又は類似の商標を使用するときは同一営業主の製造又は販売にかかる商品と誤認される虞があると認められる関係にある場合には、たとえ、商品自体が互に誤認混同を生ずる虞がないものであっても（中略）類似の商品にあたると解するのが相当である」としている（判例評釈として、平尾正樹「商標・意匠・不正競争判例百選」38頁）。

　前述の私見及び前掲最高裁判決は、商品の類否の判断を出所の混同があるか否かに求めるものであり、学説にも同旨の見解が多いが、これと異なり、商品の類否判断を、抽象的、観念的に同一営業から出たものと認識されるか（豊崎光衛「工業所有権法新版・増補」370頁）、商品自体の属性、すなわち商品の材質の共通性、用途の同一性等に求める見解（兼子一・染野義信「特許・商標新装版」383頁等）がある（学説の詳細については、渋谷達紀「商標法の理論」325頁以下参照）。また、商品の類否判断に際して使用を想定すべき商標は、「平均的な周知性及び標識力を備えた仮定的な同一商標」である、とする見解もある（渋谷達紀・前掲328頁は、その理由付けとして次のように述べている。「商品の類否判定は、やはり対比される商品に商標を使用した状態を想定して、商品の出所混同のおそれが存するか否かを基準に行なうことが基本的に妥当と思われる。しかし（中略）出所混同を生じうる商品の範囲は、それに使用されている個々の具体的な商標の周知性または標識力、さらには対比される商標相互の近似の程度如何によって、変動せざるをえないから、それらの要素を捨象しないまま商品の出所混同をメルクマールとした

のでは、救済範囲の抽象化・画一化を図るために商品の類似性の充足を要求した立法の趣旨が没却されるおそれがある」)。商品に付される商標との関連を捨象して商品の類否を判断することは前述の趣旨から相当でなく、また、「平均的な周知性及び標識力を備えた仮定的な同一商標」なるものは商品の類否判断の手法として抽象的にすぎ、実務的とはいえない。

2　判例に現れた商品の類似

　判例、特に戦前の大審院判例は、商品の類否の判断は商品の品質・用途等を観察し、商品自体の対比により判断すべきものとしていた（例えば、大審院判決昭和12.6.23民集16巻15号995頁キリンの図形と「GIRAFFE」の文字の結合商標）。しかし、ⓐ　前掲最高三小昭和36.6.27判決に続き、ⓑ　最高三小判決昭和39.6.16民集18巻5号774頁（商標名「PEACOCK」）は、「商標の本質は、商品の出所の同一性を表彰することにある」とし「商標の本質が右のごときものである以上、商標の類否決定の一要素としての指定商品の類否を判定するに当たっては（中略）商品の品質、形状、用途が同一であるかどうかを基準とするだけでなく、さらに、その用途において密接な関連を有するかどうかとか、同一の店舗で販売されるのが通常であるかどうかというような取引の実情をも考慮すべき」であると判示し、ⓒ　最高三小判決昭和41.2.22民集20巻2号234頁（商標名「寶」を母子円輪郭で囲んだ結合商標）は、「両者の商品は、本来品質、形状、用途を異にするものであっても、同一店舗において取り扱われることが多いという取引の実態に徴し、補助参加人の商標に印象づけられている多数需要者は、購入に際し類似商標を使用する他の業者の商品を補助参加人の商品と誤認しやすく、そこに出所の混同を生じる虞がある」と判断した原判決を正当とし、ⓓ　最高二小判決昭和43.11.15民集22巻12号2559頁（商標名「三国一さんこくいち」）は、「本件商標の指定商品が、旧43類『菓子及麺麭ノ類』からとくに上告人の有した商標の指定商品たる『餅』を除外したものであって、また、それが餅とは品質・形状・用途等を異にする商品を含むものであるとしても、これら両者の指定商品は、必ずしもつねにその製造・発売元を異にするものとはいえないから、同条1項10号にいう『類似ノ商品』に該当する」と判示した。

第3節 Ⅲ

　これらの判例はいずれも旧商標法に関するもの（ⓐ、ⓑ判決は旧商標法2条1項9号、ⓒ判決は同項11号、ⓓ判決は同項10号に関する）であるが、現行商標法の解釈にそのまま適合する。その後の判例は、ほぼ上記最高裁判例の趣旨に沿ったものといえよう。東京高判決昭和57.2.16無体集14巻1号50頁（商標名「ミネフードみねふーどMINEFOOD」）、東京高判決昭和60.10.31無体集17巻3号535頁（商標名「ナイト」）等がその一例である。東京地判決平成10.9.29判時1666号136頁（商標名「CONTINENTAL」「コンチネンタル」）はⓐ判決を挙げて、指定商品「産業用機械器具」とスロットマシンは商品として類似しないと判示し、また、東京高判決平成16.7.26判時1874号122頁（商標名「SUMCO」）は、ⓐ判決及びⓑ判決に触れた上で、出願商標の指定商品「半導体ウエハ」は、引用商標の指定商品「電子応用機械器具（医療用機械器具に属するものを除く）。」とは類似しないと判示している。また、知財高判平成28.2.17裁判所HP（商標名「デュアルスキャン/Dual Scan」）は、本件商標は、指定商品を（家庭用の）「脂肪計付き体重計、体組成計付き体重計、体重計」（第9類）とするところ、引用商標は、指定商品を（医療用の）「体脂肪測定器、体組成計」（第10類）とするが、医療用と家庭用の体組成計、体重計は、需要者が重なり、性能も近づきつつある上に、精度の違いは一般消費者に識別し難い場合があるから、指定商品の分類が異なっていても、誤認混同のおそれがある類似した商品に属すると判示している。

　商標審査基準〔改訂第13版〕は、次のように定めている。

　「商品の類否を判断するに際しては、次の基準を総合的に考慮するものとする。この場合には、原則として、類似商品・役務審査基準によるものとする。

　① 生産部門が一致するかどうか
　② 販売部門が一致するかどうか
　③ 原材料及び品質が一致するかどうか
　④ 用途が一致するかどうか
　⑤ 需要者の範囲が一致するかどうか
　⑥ 完成品と部品との関係にあるかどうか」

　この審査基準自体を否定した判例はないとの審査官の見解が示されてい

る（中村英夫・前掲235頁）が、この基準はかつての通説・判例によるものとの指摘もあり（豊崎光衛・前掲379頁）、商品が通常同一営業主により製造又は販売されている等の事情により、それらの商品に同一又は類似の商標を使用するときは同一営業主の製造又は販売にかかる商品と誤認される虞があると認められる関係にある場合についての検討なしに商品の類否が判断されているならば、前掲最高裁判決との間に齟齬を来すおそれなしとしない（そもそも審査基準は行政庁たる特許庁の行政処分上の基準であって、これが裁判所の判断を拘束しないことはもとより、裁判所が具体的事件を離れてその当否を判断すべきものでもないが、法的安定性を図るという視点からの考察は必要である）。

Ⅳ　役務の類似

Ⅲ「1　商品の類似」の概念において述べたのと同様に、商標法の目的は、役務に係る商標についていえば、自他役務の識別機能を有する標章を保護することにあるが、現代の経済社会において取り扱われる役務がいかに多様化しているかは、国際分類に基づいて定められた役務の区分第35類〜第45類に掲げられた役務の内容に照らしても明白であり、それに伴う経営の多角化、サービス提供の態様の多様化複雑化とそれに起因する取引者、需要者のサービスの出所の識別の困難性が増大することは否定し難い。このような観点からすれば、役務の類似とは、対比される役務（サービス）に同一又は類似の標章（サービスマーク）を付した場合、当該役務の取引者、需要者に同一の出所（営業体）の提供に係る役務と誤認されるおそれがあることをいうと解すべきである。

そして、より具体的には、提供するサービスに関係する物品が一致しているか（例えば、航空機による輸送）、提供の手段方法（例えば船舶）・目的（例えば輸送）が一致しているか、事業内容が社会的にみて取引者、需要者に同一のものと認識されるか（例えば貨物自動車による輸送と軽車両による輸送）等によって判断されるべきであろう（取引者、需要者が共通のサービス業務は事業内容が同一と認識される場合が多いであろうし、同一の事業主体によって扱われることが多いサービス業務も同様である）。そうすると、航空機による輸送はプロペラ機による輸送とヘリコプターによる輸送であるとを問わず類似の役務に属

するということができ、船舶による輸送についても貨物船による輸送であるとタンカーによる輸送であるとを問わず類似の役務に属するといえよう。

このようにみてくると、役務の区分の各項目は役務の類似の手がかりとして重要な意味を持つ。しかし、役務の区分は、本来審査の便宜等の要請によるものであって、それ自体から役務の類否を判断することはできない。

例えば、第36類の「2　資金の貸付け及び手形の割引」と「5　有価証券の貸付け」、「3　内国為替取引」と「12　外国為替取引」は項目は分かれていても、役務としては多分に類似性をもつ。むしろ前記の判断手法からすれば「1　預金の受入れ」等から「13　信用状に関する業務」まで類似の役務に分類されるということもできよう。

そして、もう一つ重要なことは、役務の類否は、抽象的観念的に定めるのではなく、経済社会における取引の実態に即して定められなければならないということである。特に商標権侵害においては、使用される商標は登録商標又はその類似商標であり、対比される役務はその登録商標の指定役務と商標権者が侵害とする当該商標を付した役務であり、取引の実態を踏まえて出所の混同を生じるかについて具体的な検討がされなければならない。

大阪地判平16.4.20最高裁HP（平14（ワ）13569号・平15（ワ）2226号）〔指定役務：電子計算機通信ネットワークによる広告の代理、広告文の作成〕は、「役務が類似するか否かは、両者の役務に同一又は類似の商標を使用したときに、当該役務の取引者ないし需要者に同一の営業主の提供に係る役務と誤認されるおそれがあるか否かによって決すべきであると解するのが相当である」とした上で、「この類否の判断に当たっては、取引の実情を考慮すべきであり、具体的には、役務の提供の手段、目的又は場所が一致するかどうか、提供に関連する物品が一致するかどうか、需要者の範囲が一致するかどうか、業種が同じかどうかなどを総合的に判断すべきである。」と述べ、「被告は、インターネットという電子計算機通信ネットワークを利用して、採用希望企業の名称、所在地、給与、勤務時間、職務内容等の求人事項、並びに、当該企業の経営理念や活動目的、将来像、それらに適合する採用傾向等の情報を、興味・関心を惹くような構成に整理編集した上で、誰もが閲覧し得る状況に置くことによって、提供している」、「求人情報の提供、

広告、広告代理といった業種を同一企業が営んでいる例があり、被告自身も広告代理をその業務の1つとしている（なお、商標法施行令及び同法施行規則による役務の区分において、『求人情報の提供』は、従前は、気象情報の提供と並べて第42類に分類されていたが、平成13年の改正により、『広告』と同じ第35類に移されていることも、現代では両者が近い関係にあるとされていることを示しているといえる。）」、「役務の提供の手段、目的又は場所の点においても、提供に関連する物品（本件の場合は情報）においても、需要者の範囲においても、業種の同一性においても、被告が被告サイトにて行っている業務は、広告代理業務と同一ないし類似するということができる」として類似性を肯定した。大阪地判平24.12.13判時2208号116頁〔指定役務：「建物の管理、建物の貸借の代理又は媒介、建物の貸与、建物の売買、建物の売買の代理又は媒介、建物又は土地の鑑定評価」等〕は、被告の提供する役務である建築工事請負は、建物の売買と密接な関係があり、これに本件商標が使用された場合、原告の有する本件商標権と誤認混同が生じるといえるとして、類似性を肯定した。一方、東京地判平17.3.31最高裁HP〔指定役務：広告等（旧役務区分第35類）〕は、被告が被告サイトにおいて行っている宿泊施設に関する情報提供は、宿泊契約締結の媒介業務の一部として行われているにすぎず、広告主のために広告主を明示して広告主の商品等の情報を表示することにより対価を得るという広告役務（第35類）とは異なるとし、さらに、原告による役務の類似性に係る主張に対し、「契約の媒介を業として行う場合には、必然的に、不特定多数の顧客に対して契約の対象や契約内容についての情報の提供を行う行為を伴うものであり、そのような行為を採り上げて第35類の『広告』に類似する役務と解することができない」としている。

商標審査基準〔改訂第13版〕では、次のように定めている。

「役務の類否を判断するに際しては、次の基準を総合的に考慮するものとする。この場合には、原則として、類似商品・役務審査基準によるものとする。

① イ提供の手段、目的又は場所が一致するかどうか
② 提供に関連する物品が一致するかどうか
③ 需要者の範囲が一致するかどうか

④ 業種が同じかどうか
⑤ 当該役務に関する業務や事業者を規制する法律が同じかどうか
⑥ 同一の事業者が提供するものであるかどうか」

　商品に類似するものの範囲に役務が、役務に類似するものの範囲に商品が含まれることがあること（2条5項）は、第1節Ⅱ「2 役務についての使用」において説明した。東京地判平11.4.28判時1691号136頁〔指定役務：電子計算機のプログラムの設計・作成又は保守〕は、「役務に商品が類似するとは、当該役務と当該商品に同一又は類似の商標を使用した場合に、当該商品が当該役務を提供する事業者の製造又は販売に係る商品と誤認されるおそれがあることをいうものと解されるところ、ウイルス対策用ディスクと本件指定役務はその内容からともにコンピュータ利用者を需要者とするものであると認められるから、両者は需要者が同一である上、ウイルス対策用ディスクは、電子計算機のプログラムの保守に使用されるものであるから、ウイルス対策用ディスクの商品の内容と本件指定役務の内容は共通することを考慮すると、ウイルス対策用ディスクに本件商標に類似する被告標章を使用すれば、本件指定役務を提供する事業者においてこれを製造又は販売しているものと需要者に誤認されるおそれがある」として、被告商品のウイルス対策用ディスクと本件指定役務の類似性を肯定している。このほか、東京地判決平成11.10.21判時1701号152頁（商標名「ヴィラージュ」の商標）は、建物の売買等を指定役務にする登録商標に類似する標章を分譲マンションの名称に使用する行為は、役務に類似するものの範囲に含まれる商品の使用であるとして商標権の侵害を認め、東京高判決平成12.10.10 判時1737号118頁（商標名「Alcom」／「Al&communication」）は、「電子計算機用プログラムを記憶させた磁気ディスクの貸与等」を指定役務とする登録商標と、「電子計算機用プログラムを記憶させた磁気ディスク等」を指定商品とする引用商標「ICOM」「アイコム」とは、取引対象・形態・流通経路等を異にし、役務と商品が類似しないとの理由で商標法4条1項10号の適用を否定した。また、知財高判平成25.3.7（商標名「モンシュシュ」）は、商品「洋菓子」と役務「洋菓子の小売」の類似性を認めている。

　なお、前記商標審査基準は、商品と役務の類否について、次のように定

めている。「商品と役務の類否を判断するに際しては、例えば、次の基準を総合的に考慮した上で、個別的具体的に判断するものとする。この場合には、原則として、類似商品・役務審査基準によるものとする。

① 商品の製造・販売と役務の提供が同一事業者によって行われるのが一般であるかどうか
② 商品と役務の用途が一致するかどうか
③ 商品の販売場所と役務の提供場所が一致するかどうか
④ 需要者の範囲が一致するかどうか」

第4節　商標権侵害行為

I　直接侵害

　商標権者は指定商品又は指定役務について登録商標を使用する権利を専有する（25条本文）、すなわち専用権を有するから、第三者が権限なく指定商品又は指定役務と同一の商品又は役務に登録商標を使用する行為は商標権侵害となる。

　商品に係る商標については、商標が付された商品が指定商品と同一であるか否かは商品の性質、用途等から社会通念に従って同一と認められるかによって判断すべきであるとされている（小野・三山前掲212頁）。

　東京高判決平成元.10.26取消集（11）508頁（商標名「クリン」）は、50条の適用についてであるが、指定商品を第7類「本類に属する各種タイル、その他の建築又は構築専用材料、セメント・石材、ガラス」とする場合において、タイル工事施工の際にタイルとタイルの目地部分に用いられるジョイント金具は第7類中の「建築又は構築専用材料」に該当する、と判示する（同旨東京高判決平成13.7.12判時1759号120頁商標名「INTEGRAN」、「インテグラン」は、医療補助品について取引の実情から指定商品「薬剤」に該当するとしている）。

　また、第三者の使用する商標の構成が登録商標の構成と全く同一の場合、両商標は同一であるという。外観・観念・称呼のいずれかが異なれば同一商標とはいえない。どこまでを同一と見るかは商標法上「商標の同一」が問題となるすべての場合に共通とはいえない（例えば、50条の不使用取消における「登録商標の使用」と、64条の防護標章登録における「登録商標と同一の標章」では同一の範囲は同じとはいえない）。ただ、商標権侵害については、類似商標についても間接侵害が認められるから、同一と類似を厳密に区分けする実益は大きくない（ただし、刑事責任については平成18年改正法により78条と78条の2が同一商標と類似商標の侵害の刑罰を区別したことにより、同一と類似の区分けが重要な意味を持つ。）。

　しかし、商品の同一にせよ、商標の同一にせよ、「社会通念に従って」という判断基準は漠然として具体性に欠ける。当該商品の取引者、需要者

が通常認識するところを基準とし、同一の商品、同一の商標と認識される範囲内の商品あるいは商標であるか否かによって判断すべきであろう。

標章が指定商品について使用されているか否かは、商標法に規定する商品に使用されているかという観点から判断されるべきである。

完成品の一部品としてこれに組み込まれるものに標章を使用した場合、その商品に標章を使用しているとはいえるか。東京高判決昭和63.4.12無体集20巻1号175頁（商標名「アミロック」）は、50条の適用についてであるが、指定商品を第9類「管継ぎ手その他本類に属する商品」とする「アミロック」なる登録商標が加湿器の部品として組み込まれる管継ぎ手に付された場合について、第9類中の「化学機械器具」についての登録商標の使用にならないとし、次のように判示している。「管継ぎ手は、それ自体独立して商取引における目的物としての流通性を有するものであるから、特定の登録商標を管継ぎ手に使用するときは、独立の商品たる管継ぎ手についてその商標を使用しているものとされるが、右管継ぎ手が機械器具の部品として用いられ、他の部品とともにその機械器具の一要素を成すときは、商取引の目的物として流通するものは、その機械器具であって、管継ぎ手ではない。すなわち、管継ぎ手は部品として機械器具に組み込まれることによって商品としての独立性を失うに至るものである。したがって、管継ぎ手に本件商標を使用しているからといって管継ぎ手それ自体とは独立の商取引の目的物たる化学機械器具について本件商標を使用していることにはならないというべきである」。

同様に、東京地判決平成3.2.27取消集（22）505頁は、指定商品を「開閉器、その他本類に属する商品」とし商標名「ベゼル」とする商標権侵害に基づく差止等請求について、被告は開閉器の付属品である化粧用枠に被告標章「ベゼル」を使用しているものであって、開閉器自体に被告標章を使用しているものではなく、また「ベゼル」は化粧用枠の普通名称に該当するから、本件商標権の効力は26条1項2号により被告標章に及ばない、と判示する。

これに対し、最高一小決定平成12.2.24判時1715号173頁（商標名「SHARP」）は、商標権侵害罪が問われた事件において、完成品であるパチスロ機に組み込まれた部品である主基板のCPUについて、パチスロ機の外観上は視

認できないが、その流通過程において中間の販売業者やパチンコ店関係者に視認される可能性があったとして、商標権侵害罪の成立を認めた（本決定の評釈として、山内貴博「商標・意匠・不正競争判例百選」52頁）。

　また、数名が共謀して権限なく登録商標をその指定商品に付して販売すべく、それぞれが部品を製造しこれを組み立て販売する場合には、商標権侵害の共同不法行為が成立する。部品の製造者が商標を付した商品を販売することを知ってこれを補助するため部品を提供する行為も幇助行為として商標権侵害行為となる。なお、知財高判平成24.2.14判時2161号86頁（楽天事件）は、インターネットショッピングモールにおいて商標権侵害を構成する商品の出店がなされた場合、インターネットショッピングモールの運営者が、出店者による商標権侵害があることを知ったとき又は知ることができたと認めるに足りる相当の理由があるときから合理的期間内に侵害内容の削除をしない場合には、当該運営者に対しても、商標権侵害を理由に、出店者に対するのと同様の差止請求及び損害賠償請求をすることができると判示している。

　商標権者は、指定商品又は指定役務について登録商標を使用する権利を専有し、一方標章を付した商品の使用は、商標の使用となるから、商標権者又はその許諾を受けた使用権者から登録商標を付した商品を適法に譲り受けた者がこれを自ら使用し、あるいは他に転売する行為は、商標権侵害の外観を呈する。しかし、このような譲渡・転売行為等は商標権侵害とならないことは異論をみない。大阪地判決平成7.7.11判時1544号201頁（商標名「Ys」）も、一般論として商標権者によって適法に標章の付された商品がその意思に基づいて流通過程に置かれたときは、その商品を取得して販売する行為は、商標権侵害としての違法性を欠くと判示する。その理由として、商品が商標権者らによって登録商標を付して適法に拡布されたときは、当該商品に関する限り、当該商標権はその目的を達して消滅したとする商標権消尽（用尽）の理論が有力である。

　しかし、このことは、適法に取得した登録商標の付された商品を当該商標の本質的機能を害することなく利用する場合についていえることであって、商標の出所表示機能、品質保証機能、広告機能等を害する形態での処

分行為を許容するものではなく、このような処分行為は商標権侵害を構成するというべきである。その意味では、商品に化体した商標権者の信用まで消尽されるものではないといえよう。

　前掲大阪地平成7.7.11判決は、サンプル品、キズ物、売れ残り等のため廃棄処分の対象となった登録標章の付された商品を消費者に小売りする行為は、商標権侵害行為であると認定している。また、東京地判決平成4.5.27知的裁集24巻2号413頁（商標名「Nintendo」）は、商標権者において登録商標を付して販売した家庭用カセット式テレビゲーム機を、通常の販売経路で購入した者が、商品販売価格の54％に及ぶ部分に改造を加え、販売した行為は、両商品の同一性を欠く上、改造商品に当該登録商標が付されていることにより、その出所表示機能及び品質表示機能が害されるおそれがあるから、商標権を侵害すると判示しているが、商品の同一性の問題を除いても、その結論は正当である。同様に、東京地判決平成14.2.14判時1817号143頁（商標名「アステカ」）は、パチスロ機の中古品を改造して別の遊技機に作り替えた場合に消尽論適用の余地はないとしている。

　さらに、大阪地判決平成6.2.24判時1522号139頁（商標名「MAGAMP」）は、外国法人である商標権者から我が国における独占的販売契約に基づいて商品（大袋詰めの園芸用化成肥料）を輸入し販売する者から適法にこれを買い受けた者が、当該商品を小分けして袋に詰め替えて登録商標を明示した形態で店舗において販売する行為について商標権侵害を認める。同判決は、その理由として、このような行為は、「商標権者が適法に指定商品と結合された状態で転々流通に置いた登録商標を、その流通の中途で当該指定商品から故なく剥奪抹消することにほかならず、商標権者が登録商標を指定商品に独占的に使用する行為を妨げ、その商品標識としての機能を中途で抹消するものであって、商品の品質と信用の維持向上に努める商標権者の利益を害し、ひいては商品の品質と販売者の信用に関して公衆を欺瞞し、需要者の利益をも害する結果を招来するおそれがあるから、当該商標権の侵害を構成する」と判示している。しかし、当該行為により商品の品質低下を来す等商標権の本質的機能が害されることが明らかであれば別として、単に小分け販売という理由だけで、商標権者の許諾を得ない限り商標権侵

害になるといってよいか問題があろう。

なお、商標権者が指定商品又は指定役務に供する物に付した登録商標を破棄、抹消等によりその機能を喪失させ、これに他の商標を付する行為は、商標権侵害とはいえないが、誤認表示の使用として不正競争防止法2条1項14号に該当する（田村善之・前掲150頁）。

II 侵害とみなす行為

商品取引の実際においては、指定商品について登録商標と同一の商標が使用されることよりも、指定商品又はこれと類似の商品について登録商標と類似する商標を使用されることが起こりやすい。したがって、第三者のかかる行為に対して登録商標を保護しなければ商標権制度を設けた実質的意義が失われるおそれがある。

そこで、商標法は、一定の行為があったときは、当該商標権又は専用使用権を侵害するものとみなすという規定（37条1号～8号）を設けている。この侵害行為は、前述の直接侵害に対し、「間接侵害」と呼ばれることが多い。しかし、特許法における間接侵害は、特定の特許発明の構成要件の一部を充足するにすぎない行為であっても、他者がその行為を利用して当該特許発明の他の構成要件を充足する行為をすることが明かな場合にはこれを侵害行為として特許権の保護を全うするものである。これに対し、37条は商標権の本来の効力（専用権）の実効性を確保するために、37条1号において登録商標に類似する商標の使用等を侵害行為とみなすものであり、また、同条2号～8号は専用権の直接侵害の予備的行為を侵害行為とみなすものであり（その意味で特許法101条の3号、6号と同趣旨の規定といえる）、侵害とみなされる行為である点においては共通するが、特許法における101条1号、2号、4号、5号の間接侵害とは性質を異にする。

前掲最高三小平成9.3.11判決が指摘するように、「商標権は、指定商品について当該登録商標を独占的に使用することができることをその内容とするものであり、指定商品について当該登録商標に類似する標章を含めてこれらを排他的に使用する権能までも含むものではなく、ただ、商標権者には右のような類似する標章を使用する者に対し、商標権を侵害するものと

してその使用の禁止を求めること等が認められるにすぎない」。

①　指定商品若しくは指定役務についての類似商標の使用又は類似商品若しくは類似役務についての登録商標又は類似商標の使用（1号）

1号の規定する商標の使用禁止は商標権者の権利としてみた場合、専用権に対し、登録商標の本来的な効力を実効あらしめるための禁止的効力という意味で「禁止権」と呼ばれることは既に述べた。また、類似商標及び類似商品・類似役務の概念、判断基準については、前節において説明した。

ここに商標の「使用」とは、2条3項に規定する標章の使用を意味し、商人が自己を表示するために用いる商号であっても、これが商品の識別標識として機能するときは1号にいう商標の「使用」となる。名古屋地判決昭和60.7.26無体集17巻2号333頁は指定商品を旧第32類「食肉、卵、食用水産物、野菜、加工食品」とする商標名「東天紅」の商標権侵害請求について、このことを明らかにした上、「東天紅本店」なる標章を印刷した広告用チラシを中華食料品の包装箱に入れ顧客に配布する行為、及び中華食料品を販売する店舗に「東天紅本店」の広告塔、文字看板等を設置する行為は、商品に関する広告に標章を付して展示する行為に当たり、37条1号の商標の使用に該当する、と判示する（控訴審である名古屋高判決昭和61.5.14無体集18巻2号129頁は、原判決の判断を相当とする）。

②　指定商品又は類似商品であって、その商品又はその商品の包装に登録商標又は類似商標を付したものを譲渡、引渡し又は輸出のため所持する行為（2号）

最高三小決定昭和46.7.20刑集25巻5号739頁（商標名「ハイ・ミー」）は、「正当な権限がないのに指定商品の包装に登録商標を付したものを販売する目的で所持する場合、その中身が商標権者自身の製品でしかも新品であることは商標法37条2号、78条の罪の成立になんら影響を及ぼさないものであり、次に、特段の美観要素がなく、もっぱら、運搬用商品保護用であるとしても、商品を収容している容器としての段ボール箱は同法37条2号にいう『商品の包装』にあたり、また、同条号の行為は必ずしも業としてなされることを必要としないものというべきである」と判示する。

平成18年改正法により、2条3項の「使用」に商品又は商品の包装に標章

を付したものの「輸出」が追加された（同項2号）ことに伴い、輸出目的の所持が加えられた。

　③　指定役務又は類似役務の提供に当たり供与物に登録商標又は類似商標を付したものを当該役務提供のために所持し又は輸入する行為（3号）

　④　指定役務又は類似役務の提供に当たり供与物に登録商標又は類似商標を付したものを当該役務提供のために譲渡し引き渡し又は譲渡若しくは引渡のために所持し又は輸入する行為（4号）

　⑤　指定商品若しくは指定役務又は類似商品若しくは類似役務について登録商標又は類似商標の使用をするために登録商標又は類似商標を表示する物を所持する行為（5号）

　⑥　指定商品若しくは指定役務又は類似商品若しくは類似役務について登録商標又は類似商標の使用をさせるために登録商標又は類似商標を表示する物を譲渡し引き渡し又は譲渡若しくは引渡のために所持する行為（6号）

　⑦　指定商品若しくは指定役務又は類似商品若しくは類似役務について登録商標又は類似商標の使用をし又は使用をさせるために登録商標又は類似商標を表示する物を製造し又は輸入する行為（7号）

　⑧　登録商標又は類似商標を表示する物を製造するためにのみ用いる物を業として製造し譲渡し引き渡し又は輸入する行為（8号）

②ないし⑧の行為は、いずれも商標権侵害の予備的行為について間接侵害の成立を認めたものである。ここにいう「譲渡」、「引き渡し」、「輸出」、「輸入」の意味は、「第1節Ⅱ1「(1)商品についての使用」において説明したとおりである。

②については「譲渡、引渡し又は輸出のため」、③及び④については「役務提供のため」、⑤については「使用をするため」、⑥については「使用をさせるため」、⑦については「使用をし又は使用をさせるため」、⑧については「製造するため」という主観的要件が必要である。

また、67条1号～7号は登録防護標章について、登録防護標章をその指定商品に使用する行為等を商標権侵害とみなしている。

そして、商品に類似するものの範囲には役務が含まれることがあり、役務に類似するものの範囲には商品が含まれることがある（2条6項）から、

商品に係る商標については指定商品に類似する役務に登録商標又は類似商標を使用する等の行為、役務に係る商標については指定役務に類似する商品に登録商標又は類似商標を使用する等の行為は、いずれも当該商標権又は専用使用権を侵害する行為となる。

Ⅲ　真正商品の並行輸入と商標権侵害

「いずれかの同盟国において正規に登録された商標は、他の同盟国（本国を含む）において登録された商標から独立したものとする。」（パリ条約6条3項）。すなわち、商標権については、いわゆる属地主義がとられ、これが国際的に承認されたものとなっている。

この原則からすれば、外国において商標権の設定登録がなされていても、我が国における第三者の当該商標の使用について（不正競争防止法違反の問題は別として）商標権侵害を主張することはできない。むしろ、外国の著名商標が我が国において他者によって先に商標登録されており、外国の著名商標の国内における使用が商標権侵害とされる場合も生じ得る。これとは逆に外国の著名商標を有する者が我が国においても同一商標につき商標登録を受けているとき、商標権者の承諾を得ることなくその指定商品について登録商標の使用をするために登録商標を付した物を輸入する行為は商標権侵害である。

真正商品の並行輸入と商標権侵害の問題は、外国の著名商標を有する者が我が国においても同一商標につき商標登録を受け、特定の者にその我が国における専用使用権を設定している場合（著名商標権者と密接な関係を有する者が我が国において同一商標権を有する場合を含む）に専用使用権者（総代理店等）を経ることなく真正商品を並行輸入することが商標権侵害となるかの問題である。

輸入業者が模倣品を真正商品と誤認して並行輸入した場合であっても過失の推定が働くから、商標権侵害となる（名古屋地判決平成18.6.8判時1954号144頁商標名「NGK」）。

前記の原則からすれば、専用使用権者（総代理店）を経ることなく真正商品を並行輸入することは商標権侵害となる。東京地決定昭和39.6.1判例

第4節 Ⅲ

集未登載（商標名「PARKER」。事案の概要は「商標・商号・不正競争判例百選」130頁参照）は、この原則に従って専用使用権者の輸入者に対する商品の差止請求仮処分申請を認容した。しかし、商標権者が一度商標を付した商品を頒布したときは、第三者のその後の頒布は商標権侵害とならないといういわゆる商標権の消尽理論や偽造商品でない真正商品の並行輸入を商標権侵害と主張することは権利の濫用であるとする理論があり、これを認める諸外国の判例・学説も見られる（桑田三郎・前掲百選131頁、田村善之・前掲471頁等）ため、真正商品の並行輸入については、前記の原則の適用を制限すべきであるという理論が台頭してきた。

大阪地判決昭和45.2.27無体集2巻1号71頁（商標名「PARKER」）は、上記のような事案について、「商標法は、商標の出所識別及び品質保証の各機能を保護することを通じて、当該商標の使用により築き上げられた商標権者のグッドウイルを保護すると共に、流通秩序を維持し、需要者をして商品の出所の同一性を識別し、購買にあたって選択を誤ることなく、自己の欲する一定の品質の商品の入手を可能ならしめ、需要者の利益を保護しようとするものである。（中略）権利者が商標権侵害を理由に第三者の行為を差止めるには、その行為が形式的に無権利者の行為であることのほか、実質的にも違法な行為であることが必要であると解すべきである。」とし、「PARKER」の商標の付された指定商品が輸入販売されても、需要者に商品の出所品質について誤認混同を生ぜしめる危険は全くなく、商標権者の業務上の信用その他営業上の利益も損なわれない等の事実を認定し、「本件真正パーカー製品の輸入販売の行為は、商標保護の本質に照らし、実質的に違法性を欠き、権利侵害を構成しない。」と判示した（この判決を契機として税関実務においても同様の要件で並行輸入を認める扱いとしている。）。

本件判決が商標の機能の保護を重視し真正商品の輸入によってその本質を害されることがないとした判断は注目すべきものがあり、判旨に賛成の学説も多かった（松尾和子・判例評論152号136頁、土井輝生・商事法務研究530頁、桑田三郎・法学新報77巻4・5・6号147頁、豊崎光衛・ジュリスト473号146頁等）。

その後の真正商品の並行輸入に関する主要判例を挙げると次のとおりである。

ⓐ 東京地判決昭和59.12.7無体集16巻3号760頁（鰐図形の中にLacosteの文字で表された結合商標）（図3-7）フランス法人を商標権者とし、日本法人をその専用使用権者とする輸入業者に対する（図3-7A）の商標権侵害に基づく差止請求について、上記商標の類似商標（図3-7B）が付された商品の輸入販売が真正商品の並行輸入に該当するとして請求を棄却。

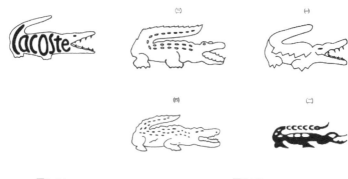

図3-7A　　　　　　　　　　図3-7B

ⓑ 名古屋地判決昭和63.3.25判時1277号146頁（上段にBBSの大きな文字と下段にMAGNESIUM ALLOYROAD WHEELSの小さな文字からなる商標）日本法人の商標権者（西ドイツのBBS社と同一企業体と同視されるような特殊な関係にある）の輸入業者に対する商標権侵害に基づく差止請求について、上記商標の類似商標が付された西ドイツのBBS社商品の輸入販売が真正商品の並行輸入に該当するとして請求を棄却（川島富士雄・ジュリスト992号136頁は、本判決は内外国商標権の同一人性の要件を緩かに解釈したと指摘する）。

ⓒ 東京地判決平成2.12.26無体集22巻3号873頁（「GUESS?」及び図3-8A（二）の文字と図形の結合商標）（図3-8）商標権者が被告に対し、図3-8Bの標章の使用差止と標章を付した被服の廃棄を求めた事案につき、被告はアメリカ合衆国所在の被服等の輸出入業務を行っている業者から別掲の標章を付した原告の製造販売に係る商品（ジーンズ）を輸入販売したもので、その行為は商標法1条の目的に反することなく、商標の出所表示機能及び品質保証機能を害することもないとして、請求を棄却。

第4節 Ⅲ

GUESS ？

図3-8　　　　　　図3-8A　　　　　　図3-8B

ⓓ　東京地判決平成11.1.28判時1670号75頁（商標名「FRED PERRY」）は、外国商標権者から標章の使用許諾を受けている者が契約に違反して製造販売した商品を輸入する行為について、契約が解除されていない以上、真正商品であって、商標権侵害の実質的違法性を欠くとして請求を棄却。

　以上の判例は、いずれも外国の商標権者又はこれと密接な関係のある者が我が国においても商標権を有する場合における真正商品の並行輸入であって、その行為が商標の本質を害することがないとされた場合に限られる。

　このような事例外の輸入行為については、東京地判決昭和48.8.31無体集5巻2号261頁（商標名「MERCURY」）、東京地判決昭和53.5.31無体集10巻1号216頁（商標名「TECHNOS」）、大阪地決定平成2.1.22取消集（25）604頁（商標名「DANCER ダンサー」ほか）等真正商品の並行輸入に該当し商標権侵害に当たらないとする抗弁を認めていないことに留意する必要がある（小野・三山前掲336頁は、並行輸入が許される典型は、「内国権利者が同一商標商品を、a）外国事業で製造し、輸入するとき、b）内国で製造輸出し、再輸入されるときである」とする）。また、大阪地判決平成5.7.20知的裁集25巻2号261頁（商標名「モエシャンドン」）は、並行輸入業者が国際的に著名な登録商標の付されたフランスのシャンパンワインの偽造品を輸入販売した行為につき、並行輸入業者として通常要求される注意義務を尽くしていないとして損害賠償責任を認めている。東京地判決平成11.1.18判タ997号262頁（商標名「エレッセ」）は、国内商標権者と外国商標権者との間に、同一人と同視し得る特別な関係がないとして、違法性を欠くとの抗弁を排斥し、差止請求を認容している。さらに、大阪地判決平成8.5.30判時1591号99頁（「Crocodil」の文字と「わに」の図形の結合商標）は、「国内の商標権者が登録商標の宣伝広告等によって当該商標について独自のグッドウイルを形成し、当該商標と国外で適法に付

された商標の表示又は保証する出所、品質が異なるものであると認められるときは、前記商標権の機能からして、真正商品の並行輸入として許容されるものでない」と判示して商品の差止請求を認容する。また、東京地判決平成14.3.26判時1805号140頁（商標名「バイアグラ」）は、真正商品を輸入して小分けし包装し直して販売する行為について違法性は阻却されないとする。

このような状況において、最高一小判決平成15.2.27判時1817号33頁（「FRED PERRY」の文字商標と月桂樹の図形商標）は、真正商品の並行輸入として、商標侵害の実質的違法性を欠く要件を次のとおり挙げた。「(1) 当該商標が外国における商標権者又は当該商標権者から使用許諾を受けた者により適法に付されたものであり、(2) 当該外国における商標権者と我が国の商標権者とが同一人であるか又は法律的若しくは経済的に同一人と同視し得るような関係があることにより、当該商標が我が国の登録商標と同一の出所を表示するものであって、(3) 我が国の商標権者が直接又は間接的に当該商品の品質管理を行い得る立場にあることから、当該商品と我が国の商標権者が登録商標を付した商品とが当該登録の保証する品質において実質的に差異がないと評価される場合」。以後は、この要件に従って判断されている。東京地判決平成15.12.18判時1852号140頁（商標名「PUMA」等）は、この要件に照らし、輸入された商品に付された標章が外国における商標権者又は当該商標権者から使用許諾を受けた者により適法に付されたものとは認められないとして、輸入業者の行為が真正商品の平行輸入として実質的違法性を欠くということはできないと判示した。また、東京地判決平成15.6.30判時1831号149頁（商標名「ボディグローヴ」）は、「登録商標と同一又は類似の商標を付した商品を輸入する行為は、当該商標が外国における商標権者又は当該商標権者から使用許諾を受けた者によって付されたものであり、当該外国における商標権者と我が国の商標権者とが同一視できるような関係があれば、原則として、商標権侵害としての実質的な違法性を欠くといえるが、上記のような場合であったとしても、我が国の商標権者が、自己の出所に係る商品の品質ないし信用の維持を図ってきたという実績があり、外国における商標権者の出所に係る商品が輸入されることによって、

第4節　Ⅳ

そのような品質ないし信用の維持を害する結果が現に生じたといえる特段の事情があるときは、商標権侵害を構成するというべきである」とした上で仮にライセンス契約中の販売地制限条項違反及び一定の文言を商品下げ札等に表記することを禁止する旨の条項の違反があったとしても、輸入行為は真正商品の並行輸入に当たり、実質的違法性を欠くと判示した。また、東京地判決平成18.12.26判時1963号143頁（商標名「BURBERRY」等）は、前掲最高裁判決の三要件は違法性阻却事由として被告に主張立証責任があり、被告がどこの国で商標を付されたか分からない旨述べ、この点の事実関係について的確な主張立証をしないから、要件(1)を認めるに足りないとして並行輸入の抗弁を排斥し、差止及び損害賠償請求を認容した。また、大阪地判決平成16.11.30判時1902号140頁（商標名「DUNLOP」）は、国外の商標権者が間接的にも品質管理を行うことができない製品については、上記要件(2)を充足しないとして並行輸入の適法性を認めなかった。

Ⅳ　いわゆる商標的使用について

商標権侵害訴訟において、登録商標と同一又は類似の標章が商品に使用されてもいわゆる商標的使用、すなわち、出所表示機能を有する態様での標章の使用に該当しないときは商標権侵害とならないとする判決が相次いで出されていた。

商品に係る商標の本質的機能は、自他商品の識別機能にあるから、第三者が標章を商品に付してもその標章が自他商品の識別標識として使用されていないときは、商標として使用されているといえない、とする判例理論である（商標的使用については、宇井正一「商標としての使用」裁判実務大系9巻429頁、後藤憲秋「出所表示機能を有しない標章の使用と商標権の侵害」発明86巻5号54頁。なお、土肥一史「商標的使用と商標の効力」パテント2009 Vol.62 No.4 223頁は、商標の効力範囲が商品等に商標を付す行為から広告への使用等に拡大している中で、商標の出所表示機能に限定した商標的使用の概念を維持することには矛盾が生じると指摘する。）。ぶどうの一品種である「巨峰」と同じ名称の登録商標（図3-9A）を有する商標権者が紙製容器に「巨峰」という標章（図3-9B）を付した業者に対して製造差止めを求めた事件で、右標章はその内容物たるぶどうを表示する

目的のもとで印刷されたもので商品（段ボール箱）の出所を表示する目的で表示されたものでないとして商標権侵害を理由とする仮処分申請を却下した福岡地飯塚支判決昭和46.9.17無体集3巻2号317頁（商標名「巨峰キョホゥー」及び連合商標）（図3-9）をはじめ多数の判決が紹介されているが、東京地判決昭和62.8.28無体集19巻2号277頁（商標名「通行手形」）は、その法理を次のように説明している。

図3-9

「商標の本質は、自己の営業にかかる商品を他人の営業にかかる商品と識別するための標識として機能することにあるというべく、（中略）このような商標の本質、商標法の規定に鑑みると、商標権者等の差止請求権を規定する商標法36条は、商標が自他商品の識別標識としての機能を果たすのを妨げる行為を排除し、商標本来の機能を発揮できるようにすることを目的としていると解せられる。したがって、登録商標と同一又は類似の標章を使用する第三者に対し、商標権者がその使用の差止め等を請求しうるためには、右第三者の使用する標章が単に形式的に商品等に表示されているだけでは足らず、それが、自他商品の識別標識としての機能を果たす態様で用いられていることが必要である。」

さらに、東京地判決昭和63.9.16無体集20巻3号444頁（商標名「POS」）は、36条1項にいう商標権の侵害は25条の登録商標の使用権の侵害であり、ここに登録商標の使用とは出所表示機能を有しない態様での標章の使用を含まず、37条のみなし侵害についても同様に解すべきであるとして、その条文上の根拠を明らかにしている（判例評釈として、石井誠・特許管理39巻9号1081頁）。

商標の本質的機能に着目して商標権侵害における登録商標の使用権を限定的に解釈する判例理論は理由があるが、商品に標章が付されている場合、それが商品の出所を表示するものか商品の内容物を表し、あるいは商品に模様、図柄等を付したものかは、具体的事案によっては、かなり微妙な判

断となる場合も起こり得る。ある商品に付された標章が後者に当たる場合であっても、同時に商品の出所を表示するものであるときは、商標の使用というべきである。その意味で、東京地判決平成2.1.29取消集(15) 437頁（商標名「HEAVEN ヘバン」）（図3-10A）が、ベビーティーシャツの胸部に大きく「Heaven」と表示した標章（図3-10B）は、一つの模様とも見ることができるが、それ自体商品の出所を表示する機能をも有することを理由に「HEAVEN」と「ヘバン」とを上下二段に構成した登録商標（図3-10A）の使用権の侵害と認めたのは正当である。同旨の判例として、大阪地判決昭和62.3.18無体集19巻1号66頁（VとLを重ねて組み合わせた商標）は、商標と意匠とは排他的択一的な関係にあるものでなく、意匠となり得る模様等であっても、それが自他識別機能を有する標章として使用されている限り、商標としての使用となる、とする。

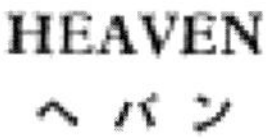

HEAVEN　　　　Heaven
ヘ　バ　ン

図3-10A 　　　　図3-10B

　商標は文字、図形、記号、立体的形状若しくは色彩又はこれらの結合、音その他政令で定めるものであり、意匠は物品の形状、模様若しくは色彩又はこれらの結合であって、ある図形、模様又はこれらの結合が商標、意匠いずれの保護対象にもなり得る場合がある。その意味では商標と意匠とは排他的、択一的関係にあるのではない。しかし、商標と意匠とはこれを保護する法的目的、機能を異にするものであり、商標権侵害となるか否かは、あくまでもある商品に付された標章が自他識別標識として機能しているか否かにより客観的に判断すべきものである。このことは、意匠の類否につき混同説を採る立場と何ら矛盾するものではない。

　標章の装飾的使用に関する裁判例には、上記に挙げたもののほか、次のものがある。大阪地判決昭和51.2.24無体集8巻1号102頁（商標名「POPEYE」）は、アンダーシャツの胸部前面に大きく描かれたポパイの図柄については、商品の出所表示として表示されたものではないとした。一方、前掲最高二

小平成2.7.20判決は、マフラーのワンポイントマークとして表示された「POPEYE」の文字は、商標としての使用に該当するとした。また、東京地判決平成12.6.28判タ1032号281頁（商標名「501、505」等）は、ジーンズのバックポケットのステッチについて商標としての使用であると認めている。商標的使用性を否定した事例として、東京地判決平成22.9.30判時2109号129頁（ピースマークの図形商標）は、Tシャツに被告のキャラクターの背景の一部として模様的に描かれたピースマークは、出所表示機能を果たす態様で使用されているものではなく、商標的使用に当たらないとしている。東京地判決平成10.7.16判タ983号264頁（商標名「一二支箸」）は、正月用の祝い箸に付された十二支に属する動物の絵柄は、用途に対応して付された箸袋の習俗的装飾であり、専らその装飾的効果ないし意匠的効果を目的として用いられているものであり、自他商品識別機能を果たす態様で使用されていないと判示した。

　原材料等を示す表示について商標的使用に当たらないとした判決として、前掲東京地平成13.1.22判決は、被告が販売する商品「つゆ」、「だし」に「タカラ本みりん入り」と表示することは、「タカラ本みりん」が原料ないし素材として入っていることを説明する記述であって商標的使用に当たらないとしている。同様に、東京高判決平成8.10.2知的裁集28巻4号695頁（商標名「CALGEN」）は、いちごのパック詰めの容器に付した透明樹脂フィルム中の「天然カルシウムカルゲン使用」の文字「カルゲン」は目立って表示されていても、一般消費者に商品商標と認識される態様で使用されているものではないから自他商品の識別機能を有しない、とする。

　前掲東京地昭和55.7.11判決（商標名「テレビマンガ」）は、被告標章「テレビまんが」の表示は、かるたの絵札に表示される登場人物のキャラクター等がテレビ漫画映画に由来するものであることを表示するにすぎず、自他商品識別機能を果たす態様で使用されていないとした。これに対し、知財高判決平成22.6.28判例時報2091号84頁（商標名「Bio」）は、商品の包装箱における「"Bio" Form」との文字は、商標権者が開発した人工歯の形態である「バイオ」形態を採用していることを示すものとして使用されているが、ある商標が商品名・製造者ではなく商品の形態として使用されている

第4節　Ⅳ

場合であっても、その商標が自他識別機能・出所表示機能を有しないということにはならないと判示して、商標の使用を認めている。

　用途を示すための使用に関するものとして、東京地判決平成16.6.23判時1872号109頁（商標名「brother」、「ブラザー」）は、被告が原告製造に係るファクシミリに使用するインクリボンの外箱に「for brother」、「ブラザー用」と表示する行為は商標的使用に当たらないとしている。一方、大阪地判決平成17.7.25判時1926号130頁（商標名「SVA」）は、SVA という型式を有する船舶用ポンプに用いられる部品の包装や納品書等の取引書類に「型式SVA-200」のように型式名として表示した事案において、商標的使用ではないとはいえないとして、商標権侵害を認めている（吉田広志「商標・意匠・不正競争判例百選」48頁は、本件は限界線上の事例であるとする。同旨事案について知財高判決平成23.3.28判時2120号103頁（商標名「ドーナツ」）。

　著作物の題号に関する判例として、東京地判決平成7.2.22知的裁集27巻1号109頁（商標名「UNDER THE SUN」）があり、シンガーソングライターの楽曲を複数収録したコンパクトディスク盤及びジャケットに付された登録商標と同一の標章の出所表示機能を否定している。また、前掲東京地昭和63.9.16判決（商標名「POS」）は、書籍の題号への「POS」との文字の使用について、出所表示機能を否定する（田村善之・前掲229頁以下は、著作物の創作活動を制限しないようにするためには書籍の題号は自由に選択できるようにすべきであり、また、著作権法の存続期間の規律を無にしないためには、存続期間経過後の著作物の題名に対して商標権の行使を許すべきではないとして、書籍の題号、音楽DCやビデオ・ソフトのタイトルは、原則として商標的「使用」を否定すべきであるとするが、上述した意匠との関係と同様に、あくまでも標章が自他商品識別機能を発揮する態様で使用されているか否かにより客観的に判断すべきものと思われる）。また、著作者名の表示に関する裁判例として、東京高判決平成2.3.27無体集22巻1号233頁（商標名「高嶋象山」）は、「商標の使用といい得るためには、当該商標の具体的な使用方法や表示の態様からみて、それが出所を表示し自他商品を識別するために使用されていることが客観的に認められていることが必要である」とし、書籍の表紙、背表紙に「高嶋象山」と表示しても登録商標「高嶋象山」を使用したとは認められないと判断している。

キャッチフレーズに関する判決として、東京地判決平成10.7.22判時1651号130頁（商標名「オールウエイ」）は、コカコーラの缶に付された「ALWAYS」や「オールウェイズ」等の文字は、キャッチフレーズの一部と認識するものであり、いずれも商品を特定する機能ないし出所を表示する機能を果たす態様で用いられているものとはいえないから商標的使用に当たらないと判示した。ただし、一般にキャッチフレーズだからといって、常に出所表示機能を有さず、商標的使用に該当しないとは言えない（上野達弘「キャッチフレーズと商標的使用」パテント2009 Vol.62 No.4、22頁）。この点、知財高裁平成21.10.8判決裁判所HP（商標名「DEEP SEA」）に係る事案は、商標権者販売に係る時計の文字盤に本件商標と同じ構成の「DEEP SEA」との表示がある場合に、商品の識別標識として使用されているかどうかが争われた事案であって、審決は、前記文字盤に「DEEP SEA」との表示に続いて次の行に「660ft ＝200M」と表示されていることから、水深200mの深海でも使用できる耐水性を有するとの機能を表示するものと判断したが、判決は、たとえ需要者がそのように理解するとしても、同時に自他商品を識別させるために付されている商標であるとも解されるから自他識別機能を有すると判断した。

　このように実務上確立されてきた「商標的使用」の判例理論は、平成26年改正により、「需要者が何人かの業務に係る商品又は役務であることを認識することができる態様により使用されていない商標」（第26条第1項第6号）について商標権の効力が及ばないことが商標法の条文に明記されるに至った。今後は同条項の適用により、商標的使用に対する権利行使が適切に制限されることが期待される（前掲知財高判平成27.7.16裁判所HP（商標名「PITAVA」））。

第5節　商標権侵害訴訟

I　総論

1　概説

　商標権侵害行為の態様を商標及び商品又は役務についての使用の観点からみると、次の四つの態様を含む。
- ⓐ　指定商品又は指定役務に登録商標を使用する行為
- ⓑ　類似商品又は類似役務に登録商標を使用する行為
- ⓒ　指定商品又は指定役務に類似商標を使用する行為
- ⓓ　類似商品又は類似役務に類似商標を使用する行為

　このほか、37条2号～8号に規定する行為も侵害とみなされることは前節「II　侵害とみなす行為」において述べた。

　商標権者は、自己の商標権を侵害する者又は侵害するおそれのある者に対し、その侵害の停止又は予防の請求（36条1項・2項）及び損害賠償の請求（38条1項～4項、民法709条）をすることができる。また、損害賠償に代え、又は損害賠償とともに業務上の信用を回復するために必要な措置（謝罪広告、謝罪文の配布等）を請求することができる（39条、特許法106条）。ほかに、民法703条による不当利得返還請求権を行使することも可能である。

　商標権侵害に対する有効な救済手段は、差止請求権の行使である。差止請求権には、侵害行為の事前抑制、すなわち、侵害のおそれがある場合に事前に侵害を差し止める権利（妨害予防請求）と既に発生し継続する侵害行為を停止・除却する権利（妨害停止排除請求）とがあるが、最も有効な手段が前者であることはいうまでもない。そして、商標権侵害行為に有効適切に対応するには、まず民事保全法に基づく仮処分申請が選ばれることになろう。信用回復の措置として謝罪広告請求が認められる場合もある。

　また、商標権者が登録商標を指定商品又は指定役務に使用していないため不使用による取消審判請求が可能な状態にある場合商標権を行使することができるか。商標権が現に取り消されることなく有効に存在している以上、これを保護することが著しく信義則に反すると認められるような事情

があるときを除き商標権の行使は許される、というべきである。東京地判決昭和63.2.12取消集(2) 603頁（商標名「VOGUE」）は、仮処分債権者は登録商標を指定商品に全く使用していない（この点は当事者間に争いがない）から誤認混同を生じる商標権者の商品が存在しないのに商標権侵害を主張することは権利の濫用であって許されないとの仮処分債務者の主張に対し、不使用に至った経過を認定した上「債権者が、本件登録商標を使用しないことには、無理からぬ一面がないではなく、これを権利のうえに眠れるものと評することはできず、本件仮処分申請による権利の行使が濫用であるということもできない。」と判示している。

2 訴訟の提起

商標権侵害行為がなされ、あるいはなされるおそれがある場合に当事者間で自主的解決ができないときは、商標権者は、侵害者を相手取って差止請求あるいは損害賠償請求等の訴訟を提起する。

裁判所に対し、自己の名において裁判権の行使を求める者を原告、その相手方を被告というが、商標権侵害訴訟における原告適格、被告適格、管轄裁判所（ただし、民訴法6条の2により管轄地方裁判所は本来の土地管轄裁判所のほか、名古屋高等裁判所管内より東は東京地方裁判所、大阪高等裁判所管内より西は大阪地方裁判所が重畳的に管轄権を有する。この点は、東京地方裁判所、大阪地方裁判所が専属管轄を有するとされる特許権等に関する訴えと異なる。）、訴状の記載事項等は、「知的財産権訴訟要論 特許編 第7版」（竹田・松任谷 220頁）「訴訟の提起」において、審理の基本的法理、口頭弁論・準備手続、証拠調べと営業秘密の保護は「知的財産権訴訟要論 特許編 第7版」（竹田・松任谷231頁）「訴訟の審理」において、判決と上訴、判決の執行、判決以外の訴訟の終了は「知的財産権訴訟要論 特許編 第7版」（竹田・松任谷282頁）「訴訟の終了と判決の執行」において、それぞれ述べたとおりである。

3 保全命令

商標権侵害を理由とする保全命令は、商標権侵害行為がなされ、あるいはなされるおそれがある場合に本案判決確定まで商標権者の権利を保全す

るために行われる。本案訴訟の提起前が多いが、本案訴訟と平行して進行する場合もある。

　登録商標又は類似商標を付した指定商品又は類似商品の製造販売等を差し止めるためには、商標権に基づく差止請求権を被保全権利として差止めを命ずる仮処分を申請し、損害賠償を得るためには損害賠償請求権を被保全権利として不動産・動産・債権等の仮差押を申請する。

　保全命令手続は民事保全法及び同規則の定めるところに従って行われ、この点に関する諸問題は竹田・松任谷「知的財産権訴訟要論特許編　第7版」(292頁)「保全命令」において、述べたとおりである。

　保全命令が認められるためには、被保全権利の存在のほかに、保全の必要性が存することを要し、特に、差止仮処分は、いわゆる満足的仮処分、すなわち仮処分債権者（商標権者）の被保全権利を仮に実現（満足）する内容の仮処分であるから、保全の必要性については厳格な判断が求められる（民事保全法24条参照）。

　札幌地判決昭和59.3.28判タ536号284頁（商標名「COMPUTERLAND」）は、次のように説示して本案判決確定前に保全処分を求める必要性を認めている。「弁論の全趣旨によれば、パソコン小売販売業は短期間に成長し、また現在においても成長しつつある業種で競争は熾烈を極めて各会社とも広範な宣伝活動により企業イメージの確立と知名度の向上に努めていることから、かかる現状においての営業活動、あるいは商品についての誤認混同は、企業に莫大な損害をもたらす危険のあることが一応認められ、とくに債権者は、前記のとおり日本全域に亘って統一イメージによるフランチャイズチエーンの拡大を目指すフランチャイジーとして営業活動を開始したところであることに照らすと、本案判決の確定まで債務者の行為を放置するときは、債権者に回復困難な損害を被らせる。」

II　商標権侵害訴訟における主張・立証

1　原告の主張・立証責任

　差止請求訴訟においては、原告は、
　ⓐ　原告が権利者（商標権者ないし専用使用権者）であること

ⓑ　被告が次のいずれかの行為をし又はするおそれがあること
「指定商品又は指定役務に登録商標を使用する行為・類似商品又は類似役務に登録商標を使用する行為・指定商品又は指定役務に類似商標を使用する行為・類似商品又は類似役務に類似商標を使用する行為・その他37条2号～8号に規定する行為」

を主張することを要する。

類似商標、類似商品又は類似役務については、それが登録商標、指定商品又は指定役務に類似していることは、原告が主張し、立証すべき事項である（商標権侵害訴訟における主張立証責任については、宇井正一「商標としての使用」裁判実務大系9巻434頁以下参照）。

損害賠償請求訴訟においては、ⓐ・ⓑにより権利侵害行為が行われたことに加え、

ⓒ　ⓑの行為をなすにつき被告に故意又は過失があること
ⓓ　ⓑの侵害行為により原告が損害を蒙ったことを主張すること

を要する。

いずれの場合でも、類似商品又は類似役務、類似商標についてはそれが指定商品又は指定役務、登録商標と類似することは原告の主張、立証責任に属する。

被告が請求原因たる事実の全部又は一部を争うときは、原告はその事実を立証しなければならないが、商標法は、特許法と同じく、商標権者の権利行使を容易にするため損害額の推定（38条）及び過失の推定（39条による特許法103条の準用）について特別の規定を設けている。

2　被告の主張・立証責任

(1)　概説

被告が、侵害行為に当たらないと主張し、あるいは商標権の侵害に当たらないとして原告の主張を争うのは、否認であって、そのために提出する証拠は反証である。

なお、前記のとおり、他人の商標権又は専用使用権を侵害した者はその侵害行為について過失があったものと推定されるが、この推定規定は、い

第5節　Ⅱ

わゆる事実推定の規定であり、被告は、その前提事実が存してもなお推定事実が存しないことを主張、立証することができる。

被告は、抗弁として、商標の使用等につき正当な権原があることを主張し、原告がこれを争うときは、その事実を立証してその責を免れることができる。

正当な権原を有する場合としては、

ⓐ　専用使用権の設定を受けた場合（30条）

ⓑ　通常使用権の許諾を受けた場合（31条）

ⓒ　自己の登録商標の使用（25条）、先使用権（32条）、無効審判請求登録前の使用（いわゆる中用権・33条）、特許権等の存続期間満了後の特許権者、実施権者等の商標の使用（33条の2、33条の3）、再審により回復した商標権に基づく商標の使用（60条）、改正法附則により認められる継続的使用権（後述）等によりその商品又は役務について商標を使用する権利が認められる場合

ⓓ　商標権、専用使用権又は通常使用権を目的として質権を設定（34条）した場合において質権者が登録商標を使用することを許諾したとき等がある。なお、団体商標又は地域団体商標に係る商標権を有する法人の構成員は、（その商標権について専用使用権が設定されているときは、その専有する範囲を除き）当該商標を使用する権利を有する（31条の2第1項）。

また、被告の標章の使用が商標権の効力の及ばない範囲であること（26条）、被告の標章の使用が登録商標と抵触する意匠権、特許権、実用新案権あるいは著作権の行使であること（29条）等も被告の標章の使用を正当ならしめる（もっとも29条については、商標権者は抵触する登録商標の使用ができないだけで、他人の使用を禁止できないわけではないという見解もあり得る。この見解を採れば、29条該当は被告の抗弁とはならない）。

継続的使用権は、役務商標制度等の導入に伴い、制度導入前からの商標の使用を一定の範囲で保護するために認められた権利である。平成3年改正法は、同改正法施行日（平成4年4月1日）から6か月を経過する前から日本国内において不正競争の目的でなく役務に係る商標を使用していた者が、当該商標を継続して使用する場合には、施行日から6か月を経過する際現にその商標の使用をしてその役務に係る業務を行っている範囲において継

続的使用権を有することを認めた（平成3年改正法の附則3条）。平成8年改正法（施行日平成9年4月1日）による立体商標登録制度の導入、及び平成18年改正法（施行日平成19年4月1日）による小売等役務商標制度の導入に伴い、立体商標の継続使用、及び小売等役務に係る商標の継続使用についても、同様の規定（ただし、それぞれ施行日前から使用しているかどうかが基準である）が設けられている（平成8年改正法の附則2条、平成18年改正法の附則6条）。平成26年改正法（施行日平成27年4月1日）により、「動き商標」「ホログラム商標」「色彩のみの商標」「音商標」「位置商標」が認められたことに伴い、同法の施行前から既に使用している商標についても、同様に、一定の条件の下に継続的使用権を認める規定が設けられている（平成26年改正の附則5条3項から7項）。

　なお、継続的使用権者は、その範囲で商標を使用できるにとどまり、他人の商標の使用を差止めることはできない。後述の先使用権のように周知性を要件としない点で成立要件が緩和されている（詳細な解説文献として、広瀬文彦「継続的使用権」パテント45巻2号3頁以下がある）。大阪地判決平成9.12.9判タ967号237頁（商標名「古潭」）は、上記範囲は、その商標を使用していた事業場所に限られず、蓄積されてきた既存の評価、信用とこれを基礎として形成された取引秩序が及ぶと認められる地域をも含むと判示する。東京地判決平成14.3.25判時1785号74頁（商標名「RAYDENT／レイデント」）は継続使用の抗弁を認めた事例である。

　また、平成8年改正法は、立体商標制度の導入に伴い、商標登録出願の日前又はこれと同日の特許出願に係る特許権が商標登録出願に係る商標権と抵触する場合において、特許権の存続期間が満了したときは、特許権者は原特許権の範囲内において、その専用実施権者、登録通常実施権者は原権利の範囲内において、商標を使用する権利を有するものとした（33条の2、33条の3の各1項）。この規定は、実用新案権、意匠権についても準用されている（同条の各3項）。

(2)　先使用権

　先使用権は、他人の商標登録出願前から日本国内において不正競争の目

的でなくその商標登録出願に係る指定商品若しくは指定役務又は類似商品若しくは類似役務についてその商標又は類似商標を使用した（すなわち他人の商標登録出願前の善意による使用の）結果、その商標出願の際、現にその商標が自己の業務に係る商品又は役務を表示するものとして需要者の間に広く認識されているとき（すなわち周知性が認められるとき）、その者（当該業務を承継した者を含む）が継続してその商品についてその商標を使用する（すなわち使用の継続の）場合に認められる。

商標の使用により信用を蓄積した先使用者の利益保護を図った（小野・三山前掲295頁）ものであり、これによって登録主義との調整が保たれているといえよう。その意味では特許法79条、意匠法29条と同趣旨の規定である。

ここに「不正競争の目的でなく」とは、競争者の経済活動上の信用を害しあるいはその活動と混同を生じさせるような行為をする目的でなくという意味である。

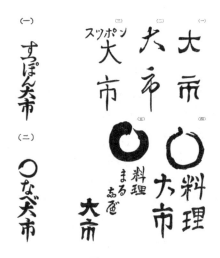

図3-11

先使用権が認められるためには、その商標が自己の業務を表示するものとして需要者に広く認識されていること、すなわち周知であることを要する。周知であるか否かは、その商標の使用の期間、使用範囲・数量・当該商品の取引の実情等が考慮されなければならない。

長年の使用による先使用権を認めた例として、大阪地判決昭和46.12.24無体集3巻2号455頁（図3-11）は、原告が先使用権を有することを理由として商標名「すっぽん大市」、「なべ大市」（図3-11）の商標権者に対し原告が「大市」を要部とする標章の使用権を有することの確認を求めた請求について、江戸時代中期に「大市」という商号ですっぽん料理店を開業し以後その子孫が右料理店を経営し、すっぽん料理業界及び食通の間では原告の名が著名となっている事実を認定して原告の先使用権を認めている。また、東京地判平成27.1.29裁判所HP（商標名「政界往來」）は、被告が「政界往来」ないし「政界往來」の題号の雑誌を発行していた事案において、被告が使用していた標章は、「政界往来」と「政界往來」とで一文字異なるが、「來」は「来」の旧字体であることから両者は社会通念上同一であるから、被告標章の継続的な使用の事実が認められるとした。

　周知の程度については、4条1項10号の「需要者の間に広く認識されている」と同様に取引者、需要者間に広く知られて業務上の信用の基礎になっている客観的な状態をいうとする説（豊崎光衛・前掲365頁・419頁、松尾和子「先使用権の要件である『広く認識せられたる』（旧商標法第9条1項、現行法第32条1項）の意義」判例商標法858頁以下ほか）と、先使用権は商標の使用状態の利益保護のためであるから4条1項10号の場合より緩やかに解すべきであるとする説（渋谷達紀・前掲283頁・小野・三山前掲297頁、田村善之・前掲80頁、平尾正樹「商標法〔第2次改訂版〕」390頁、網野誠・前掲778頁）が対立している。前説では先使用権の認められる商標が存在すれば商標登録の消極的登録要件（登録阻害要件）となるが、後説では先使用権の認められる商標が存在しても、必ずしも登録が拒絶されることにはならない。

　判例では、東京高判決平成5.7.22判時1491号131頁（商標名「ゼルダ」）が、「商標法32条1項所定の先使用権の制度の趣旨は、識別性を備えるに至った商標の先使用者による使用状態の保護という点にあり、しかも、その適用は、使用に係る商標が登録商標出願前に使用していたと同一の構成であり、かつこれが使用される商品も同一である場合に限られるのに対し、登録商標権者又は専用使用権者の指定商品全般についての独占的使用権は右の限度で制限されるにすぎない。そして、両商標の併存状態を認めることにより、

登録商標権者、その専用使用権者の受ける不利益とこれを認めないことによる先使用者の不利益を対比すれば、後者の場合にあっては、先使用者は全く商標を使用することを得ないのであるから、後者の不利益が前者に比し大きいものと推認される。かような事実に鑑みれば、同項所定の周知性、すなわち『需要者間に広く認識され』との要件は、同一文言により登録障害事由として規定されている同法4条1項10号と同一に解決する必要はなく、その要件は右の登録障害事由に比し緩やかに解し、取引の実情に応じ、具体的に判断するのが相当というべきである。」とし、後説に立つことを明示する（同旨名古屋地判決平成20.2.14裁判所HP 商標名「BRIDE」）。

両規定とも先願主義に対する例外として機能する規定であり、商標登録の側面における登録要件としての「需要者に広く認識された」と商標権侵害の側面における先使用者保護のための「需要者に広く認識された」とを区別して取り扱うだけの合理的根拠があるとはいえないから、前説が正当であるが、具体的事件において需要者にどの程度認識されたとき、先使用者として保護すべきかの観点からみれば、大きな差異は生じないであろう（田村善之・前掲89頁以下は、登録商標と類似する範囲内にある表示が出願後周知となり全国的に知られている場合に商標権者の差止、損害賠償請求が権利の濫用として許されないものとする）。

先使用権が認められるのに必要な周知性の地域的範囲については、次のような判例がある。

古い判例であるが、山形地判決昭和33.10.10判時13号26頁（商標名「白鷹」）は、交通通信の便否・取引の方法態様・同種商品の取引の一般的規模と販路の広狭等を考慮して、山形県楯岡地方で周知の商標「倭志良白鷹」につき先使用権を認めた。また、大阪地判決昭和50.6.7判タ329号282頁（商標名「競馬ファン」）は、「競馬ファン」なる題号の競馬新聞が発行されて来た期間（戦時中の約6年間の休刊を除き約40年間）及び発行部数などに照らし、少なくとも関西地区の中央競馬の関係筋やファンの間では周知であったとして先使用権を認める。

他方、広島地福山支判決昭和57.9.30判タ499号211頁（商標名「DCC」）は、「荒挽きコーヒー加工販売業者の使用商標が需要者の間に広く認識されたとい

えるためには、一県及びその隣接県の一部程度にとどまらず、相当広範な地域において認識されることを要する」とする。これについては、要件が厳しすぎるとの批判もある（渋谷達紀「知的財産法講義Ⅲ第2版」508頁）。

　大阪地判決平成9.12.9判タ967号237頁（商標名「古潭」）は、「商標が必ずしも日本国内全体に広く知られているまでの必要はないとしても、せいぜい二、三の市町村の範囲内のような狭い範囲の需要者に認識されている程度では足りない。」とする。また、東京高判決平成13.3.6裁判所HP（商標名「ベークノズル」）は、「必ずしも全国的に周知である必要はなく、相当範囲において知られていれば良いと解するのが相当」とし、近畿地区での周知性を認めた上で、先使用権を認めている。大阪地判決平成21.3.26判時2050号143頁（商標名「ケンちゃんギョーザ」）は、商品の売上げやCMによる一般消費者への宣伝実績等を考慮して、関東甲信越地域（1都11県）における周知性を認め、先使用権を認めている。

　地域団体商標に関しても先使用権の規定（32条の2）が設けられているが、通常の先使用権と異なり、商標が周知であることは要件とされていない。これは、地域団体商標については商標権者である団体の構成員となっていない事業者による同一又は類似商標の使用も想定されるところ、かかる事業者の使用する商標が周知性を有していないとの理由で先使用権が認められないとすると、商標権者と第三者たる事業者との利益のバランスを失すると考えられたことによるものである。

　先使用権者から当該標章を付した商品を取得して販売する者も先使用権の抗弁を主張できる（東京地判決平成3.12.16知的裁集23巻3号794頁（商標名「BATTUE CLOTH」）、米国法人が日本国内においてバッグ類について上記商標を使用する先使用権を有している場合に同社の輸入総代理店が、上記標章を付したバッグ類を輸入販売した事案につき先使用権の抗弁を認める。東京高判決平成5.3.31知的裁集25巻1号156頁控訴棄却）。

　また、先使用権は、使用者（当該業務を承継した者を含む）が継続してその商品又は役務についてその商標を使用する場合に認められるから、正当な事由なく使用を中断するとこの要件を欠き先使用権を主張できない（小野・三山前掲298頁は、季節的な使用の中断・社会経済上のやむを得ない事由で中断してい

る場合はこの要件は欠けたものとされない、とする）。東京地判決平成3.12.20知的裁集23巻3号838頁（商標名「ゼルダ」）は、使用の中止が自らの発意でなく第三者の使用中止警告のため取引先等に迷惑がかかることを懸念したことによる一時中止にすぎないときは「継続してその商品についてその商標を使用する場合」に該当すると判示している（東京高判決平成5.7.22知的裁集25巻2号296頁控訴棄却）。

なお、先使用権が認められる場合においても、商標権者又は専用使用権者は、混同防止のための適当な表示を付すべきことを請求することができる（32条2項、32条の2第2項）。東京高判決平成14.4.25判時1829号123頁（商標名「真葛」等）は、先使用権を認め、先使用者による使用の実態からみて表示の請求が不合理であるときは、表示の付加を請求する権利は認められないとしている。

(3) 中用権

中用権は、無効審判請求登録前に商標登録に無効事由があることを知らないで登録商標権者等（33条1項1号～3号所定の者）が当該商標を使用することを保護するもので、ⓐ指定商品若しくは指定役務又は類似商品若しくは類似役務に登録商標又は類似商標を使用すること、ⓑその商標が自己の業務に係る商品又は役務を表示するものとして需要者に広く認識されていること、ⓒその者が継続してその商品又は役務にその商標を使用することを要件として認められる（33条1項本文）。

中用権の成立を認めて商標使用差止を求める仮処分申請を却下した事例として、大阪高判決昭和47.3.29無体集4巻1号117頁（商標名「野路菊」）がある。

(4) 権利の濫用

商標権侵害をめぐる紛争は、私人間の紛争であり、民事法的秩序の支配する領域の問題である。商標権も私権であり、私権は社会全体の福祉と調和する限りにおいて存在し得るものである。したがって商標権の行使がこのような民事法的秩序に反するものであるときは、権利の濫用として許されない。

特に国際的取引が増加している現在の経済社会においては、外国商標権や著作権その他の無体財産権と我が国における商標権の行使とが抵触した場合、その調整が重要な課題となる。商標法もそのために必要な規定を設けているが、それだけでは解決できない問題が種々発生する。外国商標との調整を考慮する場合、属地主義及び商標権独立の原則とどう調和させるかの問題を避けることができず、産業の発達への寄与という商標法の目的と国際的取引秩序の確立に配慮しつつ、権利濫用理論の適用も考慮されるべきであろう。

DROTHEÉ-BIS
図3-12

dorothée bis
図3-12B

　神戸地判決昭和57.12.21 特許管理33巻8号1939頁（商標名「DROTHEÉ-BIS」）（図3-12）は、商標権に基づく「dorothée bis」なる標章（図3-12B）の使用差止請求について、本件商標登録は訴外会社が有する世界的に著名な「dorothée bis」商標が我が国において出願登録されていないことを奇貨としてしたものであり、原告は外国商標権者との間で締結した合弁契約に基づく商標の使用に伴う紛争を未然に防止するため訴外会社から本件商標を譲り受けた事実を認定した上「本件商標が権利として有効に存続すること自体は、前示の属地主義及び商標権独立の原則からしてやむを得ないところであるが、国際的な商標秩序維持の公正な理念からすると決して好ましいものではなく、就中、本件商標権者が、「dorothéebis」商標の創作者で、フランス共和国等における登録商標権者でもあり、かつ、これを世界的に著名なものとしたE・ジャコブソン（中略）らとの契約等により右商標を使用する正当な権利を有する者らとの関係で問題となるとき、その不当性は顕著なものになるものというべく、従ってかかる場合、本件商標権の成立の経緯やその後の事情等を斟酌して権利行使の社会的適合性を判断し、場合によってはこれを制限することもなんら属地主義及び商標権独立の原則に反するものではない」とし、前記経緯を勘案して「本件商標権に基づき、イ号標章の使用の差止、損害賠償及び謝罪広告を求める本訴請

求は、権利の社会性に反する濫用行為というべきである。」と判示している（判例評釈として、満田重昭・判例商標法733頁以下）。

最高二小判決平成2.7.20民集44巻5号875頁（原審大阪高判決昭和60.9.26無体集17巻3号411頁）は、「POPEYE」と「ポパイ」の文字の間にポパイの漫画の図形を用いたものについて商標権を有する者が著名な外国漫画ポパイの著作権者から複製の承諾を得てマフラーにポパイの漫画の図形とこれに付随し説明的に結合した名称からなる丙標章と、「POPEYE」の文字だけからなる乙標章を付して販売した者に対し、差止と損害賠償請求を求めた事案（図3-3参照）について、乙標章は著作物から独立した著作物性を持ち得ず、著作物の複製とはいえないが「本件商標は右人物像の著名性を無償で利用しているものに外ならないというべきであり、客観的に公正な競業秩序を維持することが商標法の法目的の一つとなっていることに照らすと、被上告人が、『ポパイ』の漫画の著作権者の許諾を得て乙標章を付した商品を販売している者に対して本件商標権の侵害を主張するのは、客観的に公正な競業秩序を乱すものとして、正に権利の濫用というほかない。」との判断を示したことは既に説明した。

東京地判決平成11.5.31判時1692号122頁（商標名「KING Cobra」の文字、蛇の図形の結合商標）は信義則に反して取得した商標権に基づき標章の使用差止等の請求することが権利の濫用に当たるとして棄却された事例である。東京地判決平成12.3.23判時1717号132頁（商標名「Juventus」）は、本件商標権者がイタリアのプロサッカーチーム「JUVENTUS」から許諾を得て、そのオフィシャルグッズを輸入販売する行為の差止及び損害賠償請求をすることは権利の濫用に当たると判示している。また、東京地判決平成14.10.15判時1821号132頁（商標名「Budweiser」）は、「Budweiser」の語は13世紀以来チェコのチェスケ・ブジェヨビチェ（ドイツ語名称Budweis）において醸造されるビールを意味する名称として使用されてきたという経緯や被告であるチェコのビール会社による標章の使用態様等の事情に照らせば、被告の標章の使用に対する原告の商標権の行使は、権利の濫用として許されないと判示している。

著名な外国商標や著作が問題とならず、専ら国内で商標を使用している

者に対する商標権行使の場合にも、同様に権利濫用理論が適用され得る。

　東京地判決平成11.4.28判時1691号136頁（商標名「ウイルスバスター」）は、本件商標が出所識別力に乏しく原告の使用を化体するものでもなく、被告が本件商標に類似する商標を使用しても出所識別機能を害することはほとんどないのに対し、被告は標章を原告の出願前から継続的に使用し被告商品を認識させるものとして著名になっている事実に基づいて本件商標権の行使は権利の濫用に当たるとし、また、東京地判決平成14.5.31判時1800号145頁（商標名「ぼくは航空管制官」）は、ゲームソフトを開発し「ぼくは航空管制官」の商標を付して販売していた会社から非独占的な製造・販売権を有していた原告が同名の商標登録をした上、同じく製造販売の許諾を受けて同一の標章を付してゲームソフトを販売する被告に対し、商標権に基づく権利行使をすることは権利の濫用に当たると判示している。

　大阪地判決平成15.9.30判時1860号127頁（商標名「KYOKUSHIN」等）は、空手流派の創始者の死後、後継者を巡ってグループの分裂が生じた事案において、「複数の事業者から構成されるグループが特定の役務を表す主体として需要者の間で認識されている場合、その中の特定の者が、当該表示の独占的な表示主体であるといえるためには、需要者に対する関係又はグループ内部における関係において、その表示の周知性・著名性の獲得がほとんどその特定の者に集中して帰属しており、グループ内の他の者は、その者からの使用許諾を得て初めて当該表示を使用できるという関係にあることを要する」として、グループの一構成員が個人で取得した商標権に基づき、創始者から承認を得て商標を用いた空手の教授や空手大会の興行等を行った他の構成員に対して、商標の使用差止めを求めることは権利濫用に当たると判示している。また、東京地判決平成24.1.26裁判所HP（商標名「KAMUI」）は、被告が製造するゴルフクラブに付された標章のうち、「KAMUI」については先使用権を認めるとともに、「KAMUITyphoonPro」と「KAMUI」と「PRO」の2段表記の標章については先使用権を否定したが、「KAMUI」について先使用権が認められることと、原告は被告との共同事業を解消した後、被告が「KAMUI」、「KAMUI PRO」や「KAMUITOUR」などの名称を使用したゴルフクラブの販売に異議を述

べたことがなく、被告においてゴルフクラブの販売店に「KAMUITOUR」の販売中止を要請したことに対する報復目的で本件商標権を行使したもので権利の濫用として認められない旨判示している。東京地判平成28.3.31裁判所HP（商標名「Indian」「MOTOCYCLE」及びインディアンの頭部の図柄等）においても、本件各商標の商標登録出願は、米国における他社及び被告の宣伝広告に便乗し、被告の事業目的を妨げる目的で行われたものと認められるので、少なくとも原告の被告に対する本件各商標権の行使は、権利濫用として許されないとされている。

(5) 商標権行使制限の抗弁

　学説・判例は、一般に特許法が無効審判制度を設け、審判前置主義を定めるとともに、審決取消訴訟の第一審を東京高裁（知財高裁）の専属管轄に服せしめていること（特許庁と裁判所の権限配分）等を理由に、現行法制の解釈論としては、侵害訴訟において特許無効を審理判断することは原則として許されないとしてきたが、最高三小平成12.4.11判決が「特許権に基づく差止め、損害賠償等の請求は、当該特許に無効理由が存在することが明らかであるときは、特段の事情がない限り、権利の濫用に当たり許されない」と判示し、以後下級審判例はこの判決を指導的判例として運用してきた。

　商標権侵害についても、この法理が適用され、商標に無効理由が存在することが明らかであるときは、特段の事情がない限り、当該商標権に基づく差止、損害賠償等の請求をすることは権利の濫用に当たり許されないとされてきた。東京地判決平成13.9.28判時1781号150頁（「〇の中にMを表し、Mosriteと表記した商標」）は、本件商標には4条1項10号が定める無効事由があり、かつ不正競争の目的で登録を受けたことが明らかであるとして（設定登録から5年を経過した事案であっても、47条の除外事由があり）、本件商標権に基づく請求は権利濫用というべきであるとした。また、東京地判決平成13.2.12裁判所HP（商標名「カンショウ乳酸」）は、本件商標は普通名称のみからなる商標であって、無効理由が存することが明らかとして差止及び損害賠償請求を権利濫用として棄却した。この他、商標に無効理由が存在する

ことを理由に商標権者による差止請求又は損害賠償請求等を権利濫用であるとして排斥した判決として、商標権が4条1項10号に該当することを理由とする前掲東京高平成15.7.16判決、3条1項柱書きが定める登録要件を欠くことを理由とする東京地判決平成24.2.28裁判所HP（商標名「GRAVE GARDEN」）等がある。

　平成16年改正法により、上記最高三小平成12.4.11判決の考え方が明文化され、特許法104条の3第1項に「特許権又は専用実施権の侵害に係る訴訟において、当該特許が特許無効審判により無効にされるべきものと認められるときは、特許権者又は専用実施権者は、相手方に対しその権利を行使することができない。」との規定が設けられ、39条でこの規定が準用されている。同規定により商標権者による権利行使が許されないと判示した判決として、商標権が3条1項6号に該当することを理由とする前掲東京地平成17.6.21判決、4条1項10号に該当することを理由とする知財高判決平成20.8.28判時2032号128頁（商標名「モズライト」）等がある。

　このように商標権等の侵害訴訟において、当該商標が「無効審判により無効にされるべきものと認められるとき」には権利行使が制限されることとなるが、後述するように、一定の無効理由については商標権の設定登録の日から5年経過後は無効審判請求ができないという除斥期間が定められているため（47条）、この除斥期間の定めによってある無効理由に基づく無効審判を請求することができない場合であっても、当該無効理由を根拠に商標法39条で準用する特許法104条の3に基づく無効の抗弁、又は一般法理に基づく権利濫用の抗弁を主張しうるかが問題となりうる。

　特許法104条の3に基づく無効の抗弁については、条文上「特許無効審判により無効にされるべきものと認められるときは」と規定されていることもあり、主張することは認められないとする見解が多い（渋谷達紀「知的財産法講義Ⅲ第2版」481頁、平尾正樹「商標法第2次改訂版」406頁、小野昌延編「注解商標法〔新版〕（下）」1114頁〔村林隆一〕、工藤莞司・判例評論569号177頁、森義之「商標・意匠・不正競争百選」66頁、飯田圭「9商標権の行使と商標登録の無効理由又は不使用取消理由について」牧野利秋ら編「知的財産法の理論と実務3」105頁）。

　他方、一般法理に基づく権利濫用の抗弁については、前掲東京地平成

13.9.28判決、同判決の控訴審である東京高判決平成14.4.25裁判所HP、及び東京地判決平成17.4.13裁判所HP（商標名「レガシィクラブ」）が、無効事由についての除斥期間経過後、例外的に無効審判請求をすることができる事由（不正競争の目的、又は不正の目的で商標登録を受けたという事由）が存しない場合は、当該無効事由に基づく権利濫用の抗弁は成立しないとの立場に立っているものと解される。いずれも特許法104条の3が施行される（平成17年4月1日）前の事件である。

これに対し、東京地判決平成17.10.11 判時1923号92頁（商標名「GEROVITAL H 3」）は、「商標登録に無効理由が存在し、それが本来登録されるべきでないものであったのにもかかわらず、過誤により登録された場合には、仮に無効審判請求により無効とされることがなくても、そのような無効理由が存在することが明らかな商標権に基づく請求は、衡平に反し、権利の濫用として許されない」とし、商標法47条が規定する除斥期間経過後、不正競争の目的で商標登録を受けたという事由が存しない場合でも、無効理由があれば、権利濫用の抗弁が認められるとした。

学説には、権利濫用の抗弁が認められるとする説（飯田・前掲107頁、髙部眞規子「特許法104条の3を考える」知的財産法政策学研究11号135頁）と、認められないとする説（渋谷・前掲482頁、田村・前掲313頁、森・前掲67頁）がある。

この点に関し、最判平成29年2月28日裁判所HP（商標名「エマックス」）は、商標法4条1項10号を理由とする無効審判請求がないまま設定登録日から5年間を経過した場合、その後、商標権侵害訴訟の相手方は、当該無効理由を根拠に商標法39条で準用する特許法104条の3に基づく無効の抗弁を主張することが許されないが、一般法理に基づく権利濫用の抗弁を主張しうることを明らかにした。具体的には、登録商標がある周知商標に類似しているため商標法4条1項10号に該当するものであるにもかかわらず同号の規定に違反して商標登録がなされた場合に、当該周知商標の使用者に対してまで、商標権者が商標権侵害を主張して当該周知商標の使用の差止め等を求めることは、特段の事情がない限り、商標法の法目的の一つである客観的に公正な競争秩序の維持を害するものとして、権利の濫用に当たり許されないとした。

確かに、除斥期間は、無効の登録商標権が存在する状態が長期にわたり継続している場合に商取引秩序の安定を図る趣旨から設けられたことからすると、除斥期間経過後に権利濫用の抗弁を認めるべきではないとする見解にも理由があるが、特許法104条の3は、私法秩序の基本法である民法1条2項の規定を排除しているとまではいえないから、具体的事案が信義則に違反し権利の濫用に当たる場合には、権利濫用の抗弁は認められる余地があるといえよう。

(6)　登録商標不使用の抗弁の成否
① 　差止請求訴訟と登録商標不使用の抗弁
　商標権は、登録によってその権利を行使することができるとする登録主義（登録に商標権設定の効果を付与する）からすれば、差止請求において不使用の抗弁を認めることは商標権が排他性のある独占権であることの性質に反することになろう。しかも、我が国の商標制度は、不使用商標の効力消滅を専門官庁である特許庁による不使用取消審判制度に委ね、その審決に不服があるときは知的財産高等裁判所に出訴できるとすることにより権限配分を図っているのであるから、この手続とは別個に商標権侵害訴訟において登録商標不使用を抗弁として主張することは許されないというべきである。ただし、保全訴訟では、差止請求権を行使する権利者が現に登録商標を使用しておらず、将来も使用の意思がない場合には保全の必要性の要件を欠くものとして申請を却下すべきであろう。また、本案訴訟においても、このような事案では権利の濫用として請求が排斥される場合があり得る。
　この点について、ドイツでは登録商標不使用の抗弁を認め、米国では反訴として取消請求ができるとされていることから、我が国でも立法によって不使用登録商標に基づく権利行使を制限すべきであるという意見もある。
　現在の世界各国における商標法は、基本的に登録主義を採りながら使用主義（登録しても使用しない限り商標権設定の効果を付与しない）的要素をも採り入れて（例えば、先使用権）、登録主義の弊害を少なくしている傾向にあり、その意味では登録商標不使用の抗弁を認めることはより使用主義的要素を採り入れることを意味する。

しかし、このような立法措置は、前記の裁判所と特許庁との権限配分の問題からみて相当でないだけでなく、これを認めても、それが抗弁である以上、事実審の口頭弁論の終結時までに主張することを要し、その時点が抗弁成否の判断時点となるから、権利者としては訴え提起時には使用していなくとも、被告の抗弁を待って事実審の口頭弁論の終結時までに使用すればよいことになり、その実効性が疑われる。また、抗弁が認められても、その訴訟では権利行使できないというに止まり、それ以上には商標権の効力には影響しない。登録商標と類似する商標を使用する必要のある者にとっては、不使用取消審判を請求するほかない。したがって、より実効性のあるものとするには、登録商標取消を反訴で請求できるところまで規定しなければならないが、それはまさに前記の権限配分に抵触し、制度の基本に関わる問題に直面する。

② 損害賠償請求訴訟と登録商標不使用の抗弁

不法行為の一般的理論からすれば、権利侵害により損害が発生したというためには、その権利を使用していることが必要であり、その意味では、民法709条あるいは38条1項に基づいてする商標権侵害による損害賠償請求訴訟では、登録商標の使用は請求原因事実ということができる。

しかし、不法行為法の特則というべき38条3項に基づいてする損害賠償請求訴訟では、同項は、受けるべき金銭の額、すなわち実施料相当額を損害の額として規定しているので、商標権者において商標権侵害及び実施料相当額を主張立証すればよく、損害の発生を主張立証する必要がないとする見解が有力である（損害の不発生が抗弁となり得ることについては最高三小判決平成9.3.11民集51巻3号1055頁（商標名「小僧」）参照）。この見解に立てば、不使用の抗弁は成り立ち得ないことになる。

Ⅲ 侵害標章（イ号標章）と使用商品・役務の特定

1 侵害標章の特定

商標権侵害は、相手方（被告）が指定商品又は類似商品、あるいは指定役務又は類似役務に登録商標又は類似商標を使用する、あるいは37条2号～8号所定の行為をすることによって行われるから、被告が使用している

標章(イ号標章)の構成を文字又は図面、写真等によって具体的に特定して主張しなければならない(通常は別紙記載のとおり「○○」の漢字を縦書きにしてなる標章、あるいは「○○」の欧文字と○○の図形を組み合わせてなる標章等の表現で特定する)。

被告が既にイ号標章を商品に付して製造販売している場合にはその販売品に表示された標章によりイ号標章を特定することができるから、その特定に格別の困難はない。

スリック

図3-13A

SLIC－CAR　　キャンナム・スリックカーサーキット　　SLICK CAR RACING　　スリックカーレージング

図3-13B

大阪地判決昭和63.7.28無体集20巻2号360頁(商標名「スリック」(図3-13A)は「『スリック』ないしは『SLICK』を付加して表示する標章」の使用差止及びその印刷物の廃棄請求は、対象たる標章が不特定である、との被告の主張に対し、観念的には標章の内容が包括的ではあるが、対象商標の特定が4つの具体的商標(図3-13B)を挙げたうえで右標章その他という形でなされており、この特定の程度でも被告らの防禦には支障がないとして右主張を排斥している(右判例批評として、土肥一史・判例商標法575頁以下)。

製造準備段階で侵害予防の請求をする場合も商標権者がその標章を調査して特定しなければならないが、特許や意匠と異なり標章の構成は通常複雑でないから、比較的容易であろう。

2　使用商品・役務の特定

相手方(被告)が指定商品又は類似商品あるいは指定役務又は類似役務に登録商標又は類似商標を使用していることをもって商標権侵害と主張する場合には、その指定商品又は類似商品あるいは指定役務又は類似役務を特定する必要がある。特定は具体的であることを要し、現実に製造販売されている商品名又は提供されている役務名をもって特定するのが通常である。

原告としては、イ号標章とこれが付された商品又は役務を特定すれば足りる。標章の使用形態によりいわゆる商標的使用が争われることのあることは既に述べたが、商標的使用に当たらないことは、抗弁的事実として、被告にその主張立証責任がある（26条1項6号）。

IV　差止請求

商標権者は、指定商品又は指定役務について登録商標の使用をする権利を専有する。すなわち、商標権は独占権であり、排他性のある権利であって、このことは、商標権の内容の完全な実現が何らかの事情により妨げられているときは、これを妨害する者に対し、法律上その妨害を差し止め、あるいは排除し、権利内容の完全な実現を可能ならしめる行為を請求できる権利であることを意味する。

そこで、36条1項は「商標権者又は専用使用権者は、自己の商標権又は専用使用権を侵害する者又は侵害するおそれがある者に対し、その侵害の停止又は予防を請求することができる。」旨規定する。

侵害の停止は現に継続する侵害行為の停止を意味し、侵害の予防は将来生じるおそれのある侵害行為を事前に差し止めることを意味する。侵害が直接侵害であると、間接侵害であるとを問わないが、「侵害するおそれ」は、客観的にみて侵害が発生する可能性が極めて高いことを意味する。

また、商標権者又は専用使用権者は、前記差止請求をするに際し、「侵害の行為を組成した物の廃棄、侵害の行為に供した設備の除却その他の侵害の予防に必要な行為を請求することができる。」（同条2項）。

侵害の差止めは、侵害の停止、すなわち現に継続する侵害行為の停止を意味し、侵害の予防は、将来生じるおそれのある侵害行為を事前に差止めることを意味する。「侵害するおそれ」は、客観的にみて侵害が発生する危険性がきわめて高いことを意味する。また、「侵害の行為を組成する物」とは、侵害行為に必須の内容をなす物であって、その物の存在なしには、商標権の侵害がなされなかったであろう物、その方法を実施するために必要な装置・道具等である。予防に必要な措置としては、相手方に対しその占有を解いて執行官に保管を命ずる措置を執ることができる。廃棄に替え

て引き渡しを求めることは規定の趣旨に鑑み許容されないというべきである。いずれの場合においても、当該物についた相手方がその物を保有する権限を有している場合であることを要し、第三者が処分権限を有する場合は含まれない。

V　損害賠償請求

　商標権は、不法行為法上の法的保護の対象となる権利であるから、これが侵害されたときは、商標権者又はその専用使用権者は侵害者に対し損害賠償請求をすることができる。

　通常使用権者については、商標法に規定がないが、通常使用権者は、許諾者に対し登録商標の使用を受忍する債権を有するにすぎないから、特許権の通常実施権者の場合と同様損害賠償請求権を有せず、ただ独占的通常使用権者に限り、損害賠償請求権を認めるべきであろう。大阪地判決平成3.12.25取消集28号469頁（商標名「SACHICO CLUB」）は、独占的通常使用権侵害による損害賠償責任を認めている。また、東京地判決平成15.6.27判時1840号92頁（商標名「花粉」）は、独占的通常使用権者に固有の損害賠償請求権を認めるにしても、それは独占的通常使用権者が契約上の地位に基づいて事実上登録商標の使用権を専有しているという事実状態が存在することを前提とするものであるところ、本件においてはこのような前提を欠くとして、原告が独占的通常使用権者であった期間についての損害賠償請求を認めなかった。

　不法行為が成立するためには、侵害行為が故意又は過失によってなされたことを必要とするが、39条の準用する特許法103条により「他人の商標権又はその専用使用権を侵害した者は、その侵害の行為について過失があったものと推定」される。

　損害額は損害賠償請求権を行使する者（原告たる商標権者又は専用使用権者）が主張立証しなければならない。

　不法行為による損害は、ⓐ　財産的損害と非財産的損害（精神的損害としての慰謝料、法人についての無形損害）であり、財産的損害には、積極的損害（権利・財産の滅失等）と消極的損害（増加すべき利益が不法行為によって増加しなかっ

第5節 V

たことによる損害—逸失利益と呼ばれる—）があること、ⓑ 商標権は財産権であり、その侵害によって生じる損害は主として財産的損害であるが、特に逸失利益がその中心をなすこと、ⓒ 無体財産権の算定は、物の利用が妨げられる有体物とは異なり、他人が無権原で登録商標を使用してもこれによって商標権者の登録商標の使用が妨げられるわけではないから、現在の利益状態が侵害行為の結果によって生じたものかどうか極めて不明確であること等はすべて特許権侵害の場合と同様である。そこで、38条1項～4項は、損害額算定の困難を解消するため損害額の算定に関し特許法と全く同一の規定を設けている。

1　38条1項について

本項は、侵害商品の譲渡数量に、商標権者がその侵害行為がなければ販売することができた商品の利益の額を乗じて得られた額を、商標権者の使用の能力の範囲内で損害額とするものである。ここで「商標権者がその侵害行為がなければ販売することができた」というために、侵害された商標に一定の顧客吸引力があることを前提とする、とする見解がある（松村信夫「小野昌延編注解商標法〔新版〕（下）」928頁）。かかる見解と同様の立場に立ち、東京地判決平成13.10.31判時1776号101頁（楓の図形と「Canadian maple syrup」、「カナディアンメープルシロップ」の結合商標）は、本件商標権侵害がなければ商標権者が自己の商品を販売できたという関係が存在しないとして、38条1項、2項の適用を否定し、3項による使用料相当額のみ認めている。他方、その控訴審である東京高判決平成15.5.28判タ1139号262頁は、38条1項の適用を否定すべき事情（本件商標権侵害がなければ商標権者が自己の商品を販売できたであろうという補完関係が成立しないとの事情）を認めることはできないとして同項の規定の適用は認めたが、同項ただし書き所定の「譲渡数量の全部又は一部に相当する数量を商標権者…が販売することができないとする事情」を認めて、商標権侵害がなければ原告（商標権者）が販売できた商品の数量は多くても被告商品の譲渡数量全体の5％程度であるとした。なお、前掲名古屋地平成18.6.8判決は、模倣品と判明した後にその大半を回収し、被告の負担で正規品と交換した場合、当該数量部分を損害算定から除外し

ている。

2　38条2項について

　38条2項の適用において、同項にいう「利益」とは純利益を意味すると解するのが通説・判例であるが、純利益の算出が困難な問題となることが多い。大阪地判決昭和60.6.28無体集17巻2号311頁（商標名「エチケット」）は、「38条1項（現2項）の適用にあたっては、証拠上被告の純利益を把握しえたときはこれによるべきものであるが、その場合原告側が粗利益額について一応の立証を遂げていれば、純利益額を算出するためのこれを減額する要素は、被告側にその主張・立証責任を負わせるのが相当である」と判示し、その理由としてそうでなければ「原告の損害額の立証の困難性を緩和するために特に設けられた右推定規定の活用が困難となり、右推定規定が設けられた立法趣旨にも反する結果となる」とし、被告が減額要素の主張・立証をしないので粗利益額をもって損害額と認定している（判例批評として、羽柴隆「損害額の算定と利益計算」判例商標法621頁以下）。必要経費をどのように算定するかの問題もあるが、上記判決のように一種の挙証責任の転換を認めるよりも、経験則等により控除すべき項目費用額等を認定して純利益額を算定するか、この点についての証拠がないから推定規定による利益の額は当事者の主張する粗利益額と同額と認める方が理論的であるという指摘（羽柴隆・前掲636頁）がされている。

　近時は、「利益」について、売上額から全ての製造販売諸費用を控除した純利益ではなく、侵害品の製造、実施等のために必要となった変動経費のみを控除した額を「利益」とする限界利益説も有力に唱えられている。東京高判決平成16.8.31判時1883号87頁（商標名「インクボトル」）は、38条2項の利益の算定に当っては、侵害品の売上高から、侵害行為のために要した費用（侵害行為と相当因果関係が認められる費用）のみを差し引くべきであり、かかる費用の主張立証責任は侵害者側が負うものと解するのが相当であるとしている。また、大阪地判決平成17.12.1判時1937号137頁（商標名「GUCCI」）は、利益の額は、侵害者が侵害品の販売によって得た売上額から、侵害者が侵害品を販売するために追加に要した費用（仕入費用等の売上原価に限られ

第5節　Ⅴ

ず、販売費又は一般管理費を含む）を控除することによって算定されるとする。

　もっとも、被告が標章を付した商品の販売によって得た利益も種々の要因によって生じたものであって、登録商標又は類似商標の使用が直ちに利益の全額に寄与したとはいえない。判例はその多くが利益の全額を原告の受けた損害額と認定している（この点に関する裁判例については一宮和夫「損害」裁判実務大系9巻431頁以下参照）が、その利益にどの程度寄与したかも寄与度の問題として考慮しなければならない。このような判例の傾向は主張・立証責任をどうみるかの問題も関連しており、侵害者（被告）側が主張・立証しない限り判断しないのが一般的といえよう。

　寄与度を考慮して損害額を限定した判例として、大阪高判決昭和56.2.19無体集13巻1号71頁（商標名「にしじん」、「ビーナス」等）は、粗利益を被控訴人の事業年度の営業利益率約6％から営業努力等他の要因を考慮しその約2％と認定している。また、名古屋高判決昭和56.7.17判時1022号69頁（商標名「花紋」、「オリオン」、「カペラ」）は純利益の20％、東京地判決昭和57.10.22無体集14巻3号732頁（「制糖」の文字と小用をしている子供及び蟻の図形の結合商標）も、利益額の20％と認定している。さらに、ⓐ　東京地判決平成15.6.27判時1840号192頁（商標名「花粉」）は被告標章の寄与率を利益額の5％と認定し、ⓑ　東京地判決平成16.5.26号裁判所HP（商標名「カラオケ館」）は利益の2％を下らないと認定し、ⓒ　東京地判決平成17.12.21判タ1141号245頁（黒字の短形図形に白抜きで「本当にあったH（エッチ）な話」との文字を配した商標）は利益の10％と認定し、ⓓ　東京地判決平成18.2.21裁判所HP（商標名「TOMY」）は利益の20％と認定し、ⓔ　大阪地判決平成18.12.21裁判所HP（商標名「ウォークバルーン」）は売上の10％と認定している。理論的には、寄与度を考慮して損害額を限定する見解（一宮和夫・前掲455頁）には説得力があるが、原告がこれを立証することの困難さを考慮すると、被告がその点について相当の反証を提示しない限りこの点を参酌しない（利益額全額を損害額と推定する）実務運用に合理性があるのではなかろうか。

　なお、本項による損害賠償請求の他に、不正競争防止法違反に基づく損害賠償請求が認められる場合、両請求権は、連帯債権の関係にあるとする裁判例がある（大阪地判決平成21.9.17判タ1332号267頁 商標名「SWIVEL

SWEEPER」）。

3　38条3項について

　本項は、実施料相当額を損害の額と推定する規定である。そこで、実施料相当額をどう算定するかが問題となるが、これについては取引の実情等を考慮して個別具体的に判断される（例えば、老人介護施設について商標権侵害を認めた東京地判決平成22.7.16判時2104号111頁（「シルバーヴィラ」）は、介護保険に係る施設である点、当該施設の利用者の地域性等を考慮して、被告施設による売上額の0.5％を実施料相当額と認めている。その他の個別事例における実施料率については、例えば、江幡奈歩・中村閑「38条解説」『商標法コンメンタール』604頁以下等を参照されたい。）

　なお、登録商標に顧客吸引力が全く認められず、登録商標に類似する標章を使用したとしても侵害者の売上に全く寄与していない場合には、実施料相当額の損害も生じていないというべきであるから、侵害者は本項の適用を免れることができる（前掲最高三小平成9.3.11判決）。

Ⅵ　商標権侵害に基づくその他の請求

　商標権侵害に対しては、差止請求・損害賠償請求のほか、民法703条の規定する一般的な不当利得の成立要件を満たすときは不当利得返還請求も認められる。

　不当利得返還制度は、利得者と損失者との財産上の均衡を図り、公平の理念を実現しようとする制度であって（我妻栄「債権各論下巻931頁」）、民法は、703条以下に規定を設け、利得者が法律上の原因なくして得た利得を損失者に返還すべき旨を定めている。

　したがって、商標権者は侵害行為によって被った損害を不法行為（その特則である商標法38条の適用を含む）による損害賠償請求を求めることができるだけではなく、不当利得返還請求権を行使することにより損失の回復を図ることも可能である。

　不当利得返還の成立要件は、商標権侵害につき、不当利得返還請求を認めた事例として、大阪地判決昭和62.10.14無体集19巻3号389頁（商標名「樋

屋奇應丸」）（控訴審大阪高判決平成元.3.3無体集21巻1号88頁）がある。

　39条により特許法106条が準用され、信用回復措置の請求も認められる。信用回復措置の請求について、
- ⓐ　経済取引で必要とされる業務上の信用は業務活動等の業務の執行について社会が経済的意味で行う評価であること
- ⓑ　故意又は過失によって商標権又は専用使用権が侵害されたことのほかこれらの者の経済的意味での社会的評価が侵害されたことを要件とすること
- ⓒ　このような社会的評価が侵害されたか否かは具体的事案に即し侵害行為の態様と商標権者側の業務活動の実態・これに対する社会的評価を認定し、判断すべきものであること
- ⓓ　信用回復措置の具体的内容を特定されていないからそれが業務上の信用を回復するに必要な措置と認められれば許容されること

及びその具体的内容は竹田・松任谷編「知的財産権侵害要論（特許編）第4章第5節「Ⅱ　信用回復措置の請求」で述べたとおりである。

　信用回復請求を認めた判例（いずれも謝罪広告）として、東京地判決昭和27.4.30判決下民集3巻4号603頁（商標名「TOMBOW」の文字商標及びトンボの図形商標）、福岡地判決昭和33.9.24判決下民集9巻9号1897頁（にわかの仮面の図形商標）、岐阜地判決昭和40.5.10判タ178号200（商標名「赤札堂」）、大阪地判決昭和59.4.26特企187号82頁（商標名「エフモール」）、京都地判決平成13.5.24裁判所HP（商標名「西川」）、大阪地判決平成20.3.11判時2025頁145号（商標名「DAKS」）等がある。

　商標の審査手続には、従来出願公開の制度はなかったから、その効果としての補償金請求は存しなかった。また、平成8年改正法施行前は出願公告の制度が設けられていたが、特許法と異なりその効果としての仮保護の権利は存しないから、これに基づく請求はない（小野昌延・「商標法概説初版」253頁は、その理由として、商標出願のみではまだその客体に実体的内容たる業務上の信用が化体しているとは限らないことを挙げていた）。

　しかし、マドリッド・プロトコルに対応するため設けられた工業所有権審議会の商標小委員会の平成10年11月26日付報告書は、「商品・サービス

のライフサイクルが短縮している等の経済環境の下で、広告等企業の経済活動を通じて商標が有する信用力、顧客吸引力等が設定登録前に発生する可能性があるケースが増加しており、出願段階においても一定程度の保護を与える必要性がある」とし、出願情報を広く世の中に対して迅速に知らしめるよう「出願公開制度」の導入を前提として、出願時に遡って損害賠償請求権の行使が可能とされる規定が設けるべきであるとし、これを受けて平成11年改正法は、商標法に12条の2として出願公開制度を新設する規定を設け、さらに13条の2として登録前の金銭的請求権制度を新設する規定、つまり、「商標登録出願をした後に当該出願に係る内容を記載した書面を提示して警告」することを要件として、「業務上の損失に相当する額の金銭の支払いを請求する」(13条の2第1項) ことを認めた。この規定は、特許法における出願公開後の補償金請求に対応する規定であって、商標権者は、この規定の要件を満たすときは、商標権の設定登録後に (同条2項)、請求権を行使することができる。

Ⅶ 判決と執行

　差止請求・損害賠償請求を伴う商標権侵害訴訟においては、一般に侵害論についての主張、立証 (権利無効の抗弁等についての主張、立証を含む) を終了した段階で裁判所が侵害の有無について形成した心証に従い、侵害と認める時は裁判官の訴訟指揮によって損害論に入り、その審理を経て終局判決に至る。判決に不服の当事者は、地方裁判所のした判決に対しては高等裁判所に対する控訴、さらに控訴審判決に対しては最高裁判所に対する上告によってこれを争うことができる。

　また、上記請求認容の判決が確定したときは、給付判決としての執行力を持ち、民事執行法の手続に従って執行することができる。

　平成23年改正法施行前は、請求認容の判決確定後に商標の無効・取消審判によって当該商標の無効・取消の審決がなされ確定したときは、その確定が再審事由 (民事訴訟法338条1項8号) となり得るので、再審が開始され、原判決が取り消されて「請求棄却」の判決がなされれば、被告は原告に対し不当利得として交付した損害賠償金の返還が請求できた。平成23年改正

法は、商標法38条の2に、「商標権若しくは専用使用権の侵害又は第13条の2第1項（第68条第1項において準用する場合を含む。）に規定する金銭の支払の請求に係る訴訟の終局判決が確定したときは、当該訴訟の当事者であった者は、当該終局判決に対する再審の訴え（当該訴訟を本案とする仮差押命令事件の債権者に対する損害賠償の請求を目的とする訴え並びに当該訴訟を本案とする仮処分命令事件の債権者に対する損害賠償及び不当利得返還の請求を目的とする訴えを含む。）においては、当該審決又は決定が確定したことを主張することができない。1 当該商標を無効にすべき旨の審決 2 当該商標を取り消すべき旨の決定」と規定した。

商標法には、特許法に存しない登録異議の申立に対する登録の取消決定、商標不使用取消審判請求に対する登録の取消審決があるが、前者は38条の2第2号に含まれ、後者は38条の2第1号には含まれない。この差異は、前者においては、商標登録に無効理由があることを争点とすることができ無効審判の請求理由と一部共通しているが、後者では専ら所定期間内の商標使用の有無が争点であって、無効審判の請求理由とは共通するものでなく、登録無効の審判請求とは制度の目的を異にするからである（商標制度小委員会報告書「特許法改正検討項目の商標法への波及について」6頁）。

Ⅷ 相手方の対抗手段としての訴訟

特定の個人ないし企業が自ら創案した商標であると確信して当該商標を商品又は役務に用いて商品を販売し又は役務を提供して事業を営んでいるのに拘わらず、商標権者から権利侵害の警告を受け、取引先にその旨通告され、さらには侵害訴訟を提起される場合や、商標権の使用契約の成否・履行をめぐって紛争がある場合、相手方としては、

ⓐ その訴訟において消極的防禦手段を講ずるだけでなく、
ⓑ 差止請求権不存在確認訴訟
ⓒ 損害賠償請求権不存在確認訴訟
ⓓ 自己が使用する商標について、これを使用する権利の存在の確認訴訟を提起することができ、さらに、
ⓔ 商標権者の取引先等第三者に対する通告宣伝に対して不正競争防止

法に基づく虚偽事実陳述流布行為の差止・損害賠償等請求訴訟を提起できる場合がある。

　先使用権の主張を行う訴訟形態としては、先使用権を有することを理由とする差止請求権不存在確認訴訟のほかに、先使用権確認請求訴訟がある。

　請求が認容された例として、前者については前掲東京地判決平成3.12.20（商標名「ゼルダ」）、後者については前掲大阪地判決昭和46.12.2（商標名「すっぽん大市」「なべ大市」）、前掲大阪地判決平成21.3.26（商標名「ケンちゃんギョーザ」））がある。

　その他の理由で、差止請求権不存在確認請求訴訟が提起され、認容された例としては、東京地判決昭和62.8.28無体集19巻2号277頁（商標名「通行手形」、商標を記述的に用いたものであるとして請求認容）、東京地判決平成15.6.30判時1831号149頁（商標名「ボディグローヴ」、いわゆる真正商品の並行輸入として実質的違法性を欠くとして請求認容）、前掲大阪地判決平成15.9.30（商標名「KYOKUSHIN」、商標権行使が権利濫用であると認めて請求認容）、大阪地判決平成20.6.10判時2032号146頁（商標名「人と地球」、商標部分は記述的表示であるとして請求認容）等がある。

第6節　税関における差止制度

　関税法は、税関において税関長が商標権等の知的財産権を侵害すると判断する貨物について、輸出入を差し止める制度を定めている（関税法69条の2第2項、69条の11第2項）。かかる制度は不正競争防止法違反物品に関するものと類似していることから、詳細な説明は「不正競業編」「第6節　税関における差止制度」を参照されたい。

　商標権等の知的財産権を侵害する物品の輸入は、関税法により禁じられており（同法69条の11第1項9号・10号）、これらの物品が貨物で輸入されようとした場合には、税関長は、当該貨物の没収・廃棄又は積戻しを命じることができる（同法69条の11第2項）。税関長が、当該貨物が輸入の禁止されている貨物に該当するか認定するための手続を認定手続という（同法69条の12）。しかし、実際には知的財産権の侵害品の発見や侵害か否かの判断は困難を極める。

　そこで、関税法は、商標権者等の権利者から、税関長に対して当該貨物について自己の権利を侵害する事実を疎明して、認定手続を執るよう申し立てることを認めている（関税法69条の13第1項）。

　申立てがなされると、税関長は、申立てに係る侵害の事実が証拠によって疎明されているかを判断し、疎明されていると判断する場合には、申立てを受理する（同法69条の13第2項）。その際、提出された証拠から当該貨物が申立人の権利を侵害するかが明らかでないなど必要があると認めるときは、税関長は、知的財産権に関し学識経験を有する専門委員に申立人が提出した証拠が申立てに係る侵害の事実を疎明するのに足りると認められるかの判断を委嘱することができる（同法69条の14）。

　申立てが受理された後、当該侵害疑義貨物が輸入されようとしたとき、税関長は認定手続を開始する。認定手続開始にあたって、税関長は、当該貨物の輸入者及び申立人双方に対して、認定手続を執る旨や意見・証拠の提出期限等を、書面をもって通知しなければならない（同法69条の12第1項。なお、商標権に関する輸入差止申立てに係る貨物についての認定手続においては、簡素化手続が採用されている（関税法施行令62条の16第3項7号、

関税法基本通達69の12－1－2(2)))。これを受けて、輸入者は、当該貨物が知的財産権の侵害物品であることを争う場合には、定められた提出期限内に意見及び証拠を提出する。税関長は、認定をするために必要があると認めるときは、専門委員に対して参考となるべき意見を求めることができる（関税法69条の19）。

認定手続の結果、当該貨物が申立人の権利を侵害する物品に該当すると認定された場合には、税関長は、当該貨物の没収・廃棄又は積戻しを命じる（同法69条の11第2項）。他方、当該貨物は申立人の権利を侵害する物品に該当しないと認定された場合には、通関が許可され、国内に輸入されることになる。

輸出されようとする貨物についても同様に、関税法は、商標権者等の権利者から、税関長に対して自己の権利を侵害する事実を疎明して、認定手続を執るよう申立てることを認めている（同法69条の4第1項）。

第7節　商標登録取消審判請求と無効審判請求

I　不使用による商標登録取消審判請求

1　概説

継続して3年以上日本国内において商標権者、専用使用権者又は通常使用権者のいずれもが各指定商品又は指定役務について登録商標を使用していないときは、何人も、その指定商品又は指定役務に係る商標登録の取消審判を請求できる（50条1項）。

商標権者は、指定商品又は指定役務について登録商標を独占的に使用する権利を有するが、商標法は、この商標を保護することによって、商標を使用する者の業務上の信用の維持を図り、産業の発展に寄与すること等を目的とする（1条）のであるから、登録商標を使用しないで放置している商標権者はいわば権利の上に眠れる者であってこれを保護するに値しないのみならず、これを容認することは、かえってその商標の使用を欲する第三者の利用を妨げ、商標法の前記目的に反することになる。商標法が登録商標の不使用取消の審判制度を認めた趣旨は、この点にあるといえよう（登録商標の不使用取消制度の立法趣旨、外国の立法例等については、後藤晴男「特許法等の一部改正について(13)」特許ニュース4317号1頁以下、同(14)特許ニュース4318号1頁以下参照）。

この制度は、請求人が商標の登録出願をしたところその指定商品について出願商標と同一又は類似の商標が既に登録されていることを理由に拒絶理由通知を受けたが、その商標が現実に使用されていない場合に最も利用されている。また、登録商標権者から商標権侵害の警告を受け、さらに侵害訴訟を提起された場合にその登録商標が不使用のため登録取消の要件を満たしている場合にも機能する。

しかし、平成8年改正法施行前の状況は、必ずしも、この制度が十分に機能しているとはいえなかった。このことは、平成5年の知的財産研究所の調査によれば、登録商標約130万件のうち、現在使用中の商標34.7%、将来使用予定の商標18.1%に対し、過去に使用し現在使用していない商標

は15.3％、将来とも不使用の商標は31.8％に及んでいることからも明らかであろう。そこで、工業所有権審議会の「商標法等の改正に関する答申」(平成7年12月13日)は、「商標制度の目的の一つは、商標の保護を通じて商標に化体されている商標権者の業務上の信用を保護することである。この信用は、その商標を使用した商品やサービスの質（内容）、価格などに満足した結果蓄積されて形成されるものである。したがって、不使用の状態が継続している商標は、そのような信用が顕在化することがない形骸的存在にすぎないものであるから、本来商標制度をもって保護するに値しないものである。ところが、近年の不使用商標の異常なまでの累積は、商標登録を受けようとする者の商標採択の幅を狭め、かつ、特許庁及び出願人によるサーチ負担を増大させるといった弊害までも生じさせている状況になっている。他方、今次加入を予定している商標法条約では、手続面における国際的調和及びユーザーフレンドリーの観点から、更新手続とリンクした形での使用チェックや出願時の業務記載の義務付けが禁止されており、むしろこの点は不使用商標の累積を悪化させる方向に働くおそれがある。このため、従来の不使用商標対策に代わる別途の措置を講じ、使用を促し、不使用商標を排除していく必要がある」としている。

　平成8年改正法は、この答申を受けて、前述の連合商標に関する規定を廃止し、類似商標の分離移転・同一商標の分割移転と誤認混同防止措置の規定を設けるとともに、後述するように、不使用取消審判における「請求人適格の緩和」、「駆込み使用の防止」、「取消効果の遡及」について立法的措置を講じた。

2　審判請求の利益

　平成8年改正法施行前は、登録商標不使用取消の審判請求をするには、当該登録商標の登録を取り消すことについて法律上正当な利益を有することが必要であると解されていた。東京高判決平成元.1.26取消集(5)485頁（商標名「Q.P.KOWA」）は「50条は（中略）右審判の請求人適格について特段の定めをしていないが、右審判は、同条にいう商標登録の取消しを求めるについて法律上正当の利益を有する者に限り請求することができるものと解

すべきである。」と判示し、東京高判決平成元.7.11取消集(9)409頁(商標名「ファミリア」)は「被告出願商標は本件商標を引用した拒絶理由通知を受けているものであり、本件商標が登録されていることにより、被告出願商標を設定登録することができないおそれがある以上、本件商標の存在は被告出願商標にとって具体的な障害となっているものといわざるを得ず、被告の本件審判請求の利益は肯認すべきである。」と判示する。

しかし、平成8年改正法は「何人も」審判を請求することができると規定した。前記「1　概説」の不使用商標の累積の解消を図る趣旨であって、その結果、審判請求の利益は必要とされなくなった。しかし、請求人はいわば公衆の利益を代弁する者であるから、濫用的な請求には歯止めが必要であろう（特許庁改正審議室・前掲解説60頁は、「当該審判の請求が被請求人を害することを目的としていると認められる場合には、その請求は権利濫用として認められない」としている）。

3　使用の証明

被請求人（商標権者）は、審判請求登録前3年以内に指定商品又は指定役務のいずれかについて登録商標を使用していることを証明することを要し、これを証明できないときは、不使用に正当な理由があることを明らかにしない限り、その指定商品又は指定役務に係る商標登録の取消しを免れない（50条2項）。

民事訴訟における挙証責任の分配においては、公平の観点から事実の不存在が要件事実（例えば債務不存在）である場合、相手方に反対事実（債権の存在）を証明させるのが原則であり、上記規定もこの趣旨に基づくものである。

使用の証明は、取消の対象である指定商品又は指定役務についてする。

したがって、例えば、指定商品を改正前の第1類「化学品・薬剤・医療補助品」とする登録商標についてその指定商品全部の取消請求に対しては、指定商品のいずれかについて使用の証明をすれば取消を免れるが、指定商品中薬剤のみについて取消請求がされているときは、薬剤（薬剤中のいずれか）について使用を証明する必要がある。取消しを求めた指定商品に、商

標権者の使用に係る商品が含まれるか否かを判断するにあたっては、単に形式的、画一的に考察すべきでなく、取引の実情や需要者、取引者の認識、社会通念等を総合して考察すべきであるとされる（知財高判決平成23.5.30裁判所HP（商標名「信濃のくるみっ子」））。

　取消審決が確定した場合における登録商標の効力の及ぶ指定商品の範囲を決定づけるという意味で審判請求書の「請求の趣旨」の記載は、客観的で明確なものであることを要する（知財高判決平成19.6.27判時2004号137頁（商標名「ココロ／KOKORO」））。同判決を受けて、特許庁審判部の運用も変更され、取消しを求める「指定商品」の記載として、「○○及びこれに類似する商品」との記載は不明瞭と取り扱われている（平成20年9月「商標登録の取消・無効審判の請求の趣旨中『○○及びこれに類似する商品』の表示の取扱について」）。

　商標権者が審判手続で登録商標の使用を証明しなかった場合、審決の取消訴訟において、その使用を証明し、審決取消を求めることができるか。東京高判決昭和62.11.30取消集（昭和62年度）1237頁（商標名「CHEYZTOI シェトア」）は、商標権者が審判手続で何らの主張も立証もしなかった事案について、審決取消訴訟においては、審決時に50条2項の要件が存在したか否かを判断すべきであって、審決時に登録商標の使用証明がされていたか否かだけを判断すべきものではないとし、その理由を次のとおり説明している。

　「商標法50条1項、2項の要件を対比検討すれば、同条1項は商標登録取消審決の要件に関する限り無意味な規定であり、同条は同条2項本文の（中略）及び同項ただし書きの（中略）要件が認められないことを商標登録取消審決の要件としたもの（換言すれば同条2項本文、ただし書きの右要件を商標登録取消審判の請求を成り立たないとする審決の要件としたもの）と解するのが相当である。このように解することは、(1) 昭和50年法律46号による改正後の商標法50条の立法趣旨は不使用による商標登録取消の審判を実効あらしめることにあるところ、客観的には使用されているが審判においてその証明がなかった商標登録を取消すことまでも右立法趣旨が要求しているとはいえないこと、(2) 右のように解することにより、不使用商標登録取消の審判と制度の趣旨を共通にする存続期間更新登録についての商標法19条2項ただし書き2号、21条1項2号と要件の定め方において一致すること、(3) 不使

用商標取消の審判においてのみ商標法56条が準用する特許法150条1項、153条1項が定める審判手続における職権探知主義を排除しているものと解する根拠がないことに照らしても正当であることが明らかである」。

上記判決の結論は正当であるが、その理由は次の点から説明するのが適切である。すなわち、商標登録の不使用取消の審判において審理の対象となるのは、登録商標を指定商品について審判請求登録前3年以内に使用しているかという事実であり、具体的に何時どのような態様で使用していたかを明らかにすることは訴訟における抗弁事実とこれを証するための証拠の提出にすぎない。審決という行政処分がなされた時点で登録商標が指定商品に使用されていたという防禦方法を訴訟において事実審の口頭弁論終結時まで提出することは、それを許さないとする特別の規定がない限り民事訴訟の理論に基づき当然許容されることである。また、公平の観点から見ても、審判手続で主張しないと当該行政手続が未だ確定していないのに与えられた商標権を喪失してしまうという結論には妥当性がない。

この点について、最高大法廷判決昭和51.3.10民集30巻2号79頁（メリヤス編機）を引用してこの判決の趣旨からも上記東京高裁判決の判断に疑問を呈する見解（神谷巌「不使用取消審判と審決取消訴訟」特許管理38巻4号437頁）がある。しかし、登録商標不使用による取消の審判は大法廷判決の射程範囲外であり、また、大法廷判決が根拠とした「専門官庁の審理判断を経ていない」という点は、登録商標を指定商品に何時使用したかという事実認定には当てはまらない。さらに、大法廷判決のような事案では、審判請求人が再度別の公知例で無効審判を請求できるが、登録商標の不使用による登録取消の審判でこの主張が許されないと商標権者はその権利を失い争う機会がない点で根本的に相違する。

したがって、商標権者は、審判手続で使用の事実を主張した場合に、訴訟において新たな使用の態様を主張し、又は審判手続での主張を立証するための新たな証拠を提出することはもちろん、審判手続で登録商標の使用について、何らの主張も立証もしなかった場合において、審決取消訴訟を提起し、その使用を証明し、審決の取消しを求めることができるというべきである。

前記東京高昭和62.11.30判決の上告審である最高三小判決平成3.4.23民集45巻4号538頁は、「商標登録の不使用取消審判で審理の対象となるのは、その審判請求の登録前3年以内における登録商標の使用の事実の存否であるが、その審決取消訴訟においては、右事実の立証は事実審の口頭弁論終結時に至るまで許されるものと解するのが相当である。商標法50条2項本文は（中略）登録商標の使用の事実をもって商標登録の取消しを免れるための要件とし、その存否の判断資料の収集につき商標権者にも責任の一端を分担させ、もって右審判における審判官の職権による証拠調べの負担を軽減させたものであり、商標権者が審決時において右使用の事実を証明したことをもって、右取消しを免れるための要件としたものではないと解されるから、右条項の規定をもってしても、前記判断を左右するものではない」と判示しているが、正当として是認できる（塩月秀平・ジュリスト986号86頁は、判例解説において、使用の事実の存否という審理の範囲内で被請求人が審判でいかなる主張立証をしたのかしなかったのかは上記最高裁大法廷判決で問題となった審理の対象の範囲の問題の射程外であること、この出願人の訴訟での証拠の提出の拒否は、一般の民事訴訟理論の基本から導かれるべきで、これによると、事実審の口頭弁論終結時までに、審決時における使用の事実についての証拠の申出が許されることになる、と指摘する。この判決には、50条2項本文は取消しの処分を決める審判において登録商標使用の事実について証明することを要するとしたものであり、審判では立証も応答もしなかった場合には新たな立証は許されない、とする坂上壽夫裁判官の反対意見がある。しかし、この規定を右意見のように理解することは困難であり、公平の観点からも妥当性を欠くことは前述のとおりである）。

4　「使用」の要件

　「使用」とは、商標法2条3項及び4項に列挙されたものをいう。平成18年の法改正後は、商標を付した商品の「輸出」も50条の「使用」に含まれる。知財高判決平成19.10.31判時2005号70頁（商標名「COMPASS」）は、法改正前に輸出用商品に商標を付する行為は「登録商標の使用」に該当しないとし、知財高判決平成21.10.22判時2067号129頁（商標名「タフロタン」）は、法改正後に商品に商標を付して輸出する行為が50条の「使用」にあたるとし

第7節　I

た事案である。

　また、商標の使用があるというためには、商標法2条3項及び4項に定義される標章の「使用」同様、商標法上の商品または役務たるものとの具体的関係において商標が使用されていることが必要である（東京高判決平成13.2.2商標・意匠・不正競争判例百選41事件（商標名「DALE CARNEGIE」）、知財高判決平成22.4.14判時2093号131頁（商標名「CLUBHOUSE／クラブハウス」）、知財高判平成27.1.29裁判所HP（商標名「JAS」））。最高三小判決平成23.12.20判タ1366号89頁（商標名「ARICA」）は、本件指定役務である「商品の販売に関する情報の提供」（平成13年経済産業省令第202号による改正前の商標法施行規則別表第35類3）は、商業等に従事する企業に対して、その管理、運営等を援助するための情報を提供する役務と解するのが相当であって、商品の最終需要者である消費者に対し商品を紹介することなどは、これにあたらないとして、商標の使用を認めなかった。

　商標の不使用取消審判においても、いわゆる商標的使用に関する判例理論（本章第4節「Ⅳ　いわゆる商標的使用について」参照）が妥当するかについては、見解が分かれている（中村仁「商標法50条における商標の使用」パテント別冊第1号141頁）が、商標の本質は商標を使用することによって自己の商品又は役務の出所を表示する自他商品・役務の識別機能にあるから、このような機能を有しない態様での標章の使用は商標の使用とは言い難く、肯定すべきであると解する（本章第1節Ⅲ「1　概説」も参照）。多くの判例は肯定の立場を採っていると解され、かかる立場を前提に商標的使用であるか否かの認定判断を行った例として、知財高判決平成21.10.8判時2066号116頁（商標名「DEEP SEA」）、知財高判決平成22.4.28判時2079号104頁（商標名「つゝみ」）、知財高判決平成22.6.28判時2091号84（商標名「Bio／バイオ」）等がある。知財高判決平成21.6.25判時2051号128頁（商標名「忠臣蔵」）は、米の販売業者から米を購入した再販売業者が、販売業者の商標とは別に、米袋に自己の商標を貼付する行為は、再販売業者としての出所を明らかにし、その商標に化体した信用を米に与えることができるものであるとして、50条1項の「使用」にあたるとしている。他方、知財高判平成27.11.26判時2296号116頁（商標名「アイライト」）は、商標法50条所定の「使用」は、当該商標がその指定商品又は指

定役務について何らかの態様で使用されていれば足り、出所表示機能を果たす態様での使用に限定されるものではないとしている。

商標の登録出願においても、特許出願と同じく、登録出願から商標権登録に至るまでの経過は、商標権の存続の適否の判断に影響を及ぼす。知財高判決平成22.7.28判時2114号111頁（商標名「ECOPAC」）は、本件商標からは、「経済的で環境に配慮した包装用容器」という観念を有すると解する余地があるが、原告は本件商標の出願経過において構成文字に相応して「エコパック」の称呼のみ生じ特定の観念を生じ得ない造語であることを繰り返し主張して登録査定されたことを理由に、商標不使用取消審決取消訴訟において、その使用標章である「エコパック」から、「環境に優しい包装」の観念を生じると主張することは禁反言則に違反し許されないとして、不使用取消を認めた審決の判断を是認して請求を棄却した。

5　登録商標と同一と認められる標章の使用

平成8年改正法施行前では、存続期間の更新登録において使用を証明しなければならないのは、指定商品又は指定役務についての登録商標の使用であり、登録商標の取消審判請求において商標権者が登録の取消しを免れるため使用を証明しなければならないのも同様である。登録商標に類似する商標の使用が含まれないことは、規定上明確である。

しかし、このことから登録商標と外観において全く同一の商標を使用することを求められているとすることはできない。商品取引においては、商品に付する標章もその商品の性質形状や使用時の取引の実情に応じて適切なものが選択されるのであり、登録商標と同一と認められる範囲の標章の使用を排除する理由はない。役務についても同様である。この点は、防護標章が制度の趣旨からして登録商標の標章そのものでない限り登録を受け得ない（前掲東京高平成元.7.27判決（商標名「Mercedes-Benz」））のとは異なる。

平成8年改正法施行前は、この点規定上明確な定めがなかったので、何を判断基準として登録商標と同一の標章の使用と認めるかが問題となったが、社会通念上同一の商標と認識されるかによって定めるとする見解が有力であった（小野昌延「商標法概説初版」121頁、旧商標審査基準第10.365頁）。

第7節　I

　平成8年改正法は50条1項の「登録商標」の意義について括弧書きを加え、「登録商標（書体のみに変更を加えた同一の文字からなる商標、平仮名、片仮名及びローマ字の文字の表示を相互に変更するものであつて同一の称呼及び観念を生ずる商標、外観において同視される図形からなる商標その他の当該登録商標と社会通念上同一と認められる商標を含む。以下この条において同じ。）」と改正した。知財高判平成25.3.21判タ1413号179頁（登録商標：「rhythm」、使用商標：「NEO RHYTHM」「NEORHYTHM」）は、商標法50条1項において、「社会通念上同一」と認められる商標として、①書体のみに変更を加えた同一の文字からなる商標、②平仮名、片仮名及びローマ字の文字の表示を相互に変更するものであって同一の呼称及び観念を生じる商標、③外観において同視される図形からなる商標が例示されていることを踏まえ、このことに鑑みるならば、同項にいう「社会通念上同一」と認められる商標とは、上記①ないし③に準じるような、これと同程度のものをいうと解されるとし、事案における判断としては、使用商標は登録商標と社会通念上同一とはいえないとした。しかし、「社会通念上同一」という概念は、商標の同一を判断する基準として未だ漠然としている。商標の本質的機能に照らせば、当該商品又は役務の取引者、需要者が通常認識するところを基準として、これらの者に同一の商標と認識される場合にその標章は社会通念上登録商標と同一であるというべきであろう。

　いかなる場合に社会通念上同一と言えるかについて、例えば東京高判決昭和57.9.30特許管理34巻5号569頁（六稜星の図形と「DIAMETRING」「ダイヤメトリング」の文字の結合商標）は、「例えば商標の要部ではない附記的な部分を多少変更して用いるとか、横書きの文字商標を縦書にして用いるとかの場合」であると判示する。

図3-14

　東京高判決平成2.2.20判時1350号134頁（商標名「LITTLWORLD リトルワー

ルド」)は、指定商品第24類「おもちゃその他本類に属する商品」とするLITTLWORLDを上段にリトルワールドを下段に上下二段に横書きした構成の登録商標(図3-14)の不使用取消審判請求を認容した審決の取消訴訟判決に関する。原告(商標権者)は、おもちゃ(ヨーヨー)に、リトルワールドを上段にLITTLEWORLDを下段に上下二段に円周上に丸く配置した構成の標章(図3-14B)を使用していることを理由に右審決の取消しを求めた。前掲判決は、両標章の同一を判断するに当たり、登録商標を使用標章のように表示変更することは「同一性の範囲にとどまる程度の変更、つまり、商標の識別性に影響を与えない程度の表示態様の変更と認めるのが相当である」と認定し、さらに、両標章の構成のうち、リトルワールドの部分は外観称呼及び観念が同一であり、LITTLWORLDとLITTLEWORLDの間にはEの欠落という相違があるが、両者の外観は酷似し、同じ称呼及び観念(小さい世界)を生じるから、「全体として観察すると、両者は社会通念上同一の範囲を出ない」と判断している。

　また、東京高判決平成8.11.26判時1593号97頁(「Princess Cruises」の文字と風に髪をなびかせた女性の顔の図形の結合商標)は、登録商標のうちの文字部分のみの標章を使用しても図形を付加しない以上、社会通念上同一の標章の使用とは認められないと判示する。

　登録商標をその一部に含む使用商標が、登録商標と「類似」するか否かの判断においては、使用商標の全体としての一体性や、自他商品の識別力を有する部分がどこかという観点から要部を認定した上で、類否判断が行われるが(「本章第3節Ⅱ「3 外観、称呼、観念と類否の判断手法」ⓑ参照)、50条1項の登録商標と使用商標が「社会通念上同一」か否かの判断の場合にも、同様の判断手法が用いられている。このような事案において、社会通念上の同一性を否定した例として、東京高判決平成13.6.27前掲百選42事件(登録商標:「Magic」の欧文字を横書きしてなる商標、使用商標:「ALOE」と「MAGIC」の各欧文字を上下2段に横書きした商標、「LIP MAGIC」の商標、及び「MAGIC COLOR」の商標)がある。また、社会通念上の同一性を肯定した例として、知財高判決平成18.6.29判時2000号95頁(登録商標:「速脳速聴」、使用商標:「速脳速聴基本プログラム」)、知財高判決平成23.3.17判時2117号104頁(登録商標:

「JIL」、使用商標：二重に描いた円の中の二重円部分の上部に「(社)日本照明器具工業会」との記載がされ、二重円の真ん中に「適合」又は「S」の文字、二重円部分の下部に「JIL5002」などと記載されている構成を有する商標）がある。）。知財高判平成24.2.21裁判所HP（登録商標：大きさがほぼ同じ「ももいちご」と「百壱五」の二段、使用商標：「百壱五」が「ももいちご」より小さく、他の文字も使用されている）は、使用商標は、登録商標と使用態様が異なるが、文字の色や大きさから「ももいちご」の部分に自他識別機能があり、本件商標と社会通念上同一の商標が使用されていると判示した。

他方、対比する両標章が商標の要部である外観において顕著に相違するときは称呼・観念が同一であっても登録商標と使用標章とは同一ということはできないとする判例がある。東京高判決昭和60.9.3判時1170号139頁（図3-15）は、〇内に米の文字を図形化しその下部に「まるよね」と表した登録商標（図3-15A）と使用標章（図3-15B）とは称呼が同一でも構成上の重要な部分が相違し同一商標の使用といえないとする。しかし、平成8年改正法の下では、「書体のみに変更を加えた同一の文字からなる商標」として登録商標と認められることになろう。「登録商標の使用」と認められる範囲が従来の判例より拡大されたといえよう。

図3-15A

図3-15B

「平仮名、片仮名及びローマ字」でなくとも、需要者に認知されている文字であれば、同一の称呼及び観念を生ずると商標であると認められる場合がある。知財高判決平成23.1.25判時2107号143頁（商標名「YUJARON／ユジャロン／「ユジャロン」のハングル」）は、登録商標がハングル文字を含んでいたが、使用商標にはハングル文字が含まれていなかったという事案において、需要者はハングル文字部分を図形としてよりも文字として認識するとし、本件商標からは、「YUJARON」と「ユジャロン」の部分を合わせて一体とし

て「ユジャロン」との称呼が生じるとした上、外観の相違にもかかわらず使用商標と本件商標は社会通念上同一であると認められると判示した。

なお、前掲知財高判決平成22.4.28（商標名「つゝみ」）では、原告が商標法3条2項のいわゆる特別顕著性を認められて登録された商標については、登録商標の使用と認められる範囲は通常より狭いと解されると主張したが、同判決は、商標登録の根拠法条により登録商標の使用と認められる範囲について広狭の差を設ける合理的理由はない、として、かかる主張を排斥している。

6　不使用についての正当理由

被請求人（商標権者）は、審判請求登録前3年以内に指定商品又は指定役務のいずれかについて登録商標を使用していることを証明できない場合でも、不使用に正当な理由があることを証明してその指定商品又は指定役務に係る商標登録の取消しを免れることができる（50条2項ただし書）。

商標を保護することによって商標を使用する者の業務上の信用の維持を図り産業の発展に寄与するという商標法の目的（1条）と、登録商標を使用しないで放置している商標権者はこれを保護するに値しないのみならず、これを容認することは、かえってその商標の使用を欲する第三者の利用を妨げ、商標法の前記目的に反することになるという登録商標の不使用取消制度の趣旨に照らすと、ここに「正当の理由」とは、当該登録商標の指定商品又は指定役務の属する分野の取引者、需要者からみて、登録商標を指定商品又は指定役務に使用しなかったことがやむを得ないと認める理由をいうと解すべきである（小野・三山前掲516頁は、正当事由の存否は具体的個別的に考察し、社会通念からみて決定されるべき性質のものである、とする）。具体的には、当該事案について、諸般の事情を斟酌して判断すべきであるが、大規模火災（類焼）や水害・地震等の天災、法令の施行・改正等国の政策による一時的な使用不能等が挙げられている。

学説には、「使用の具体的準備が進められている等、真摯なる使用の意思が認められる場合にも正当な理由ありとして差し支えない…商標法の目的との関係において、弾力的に運用されるべき」とする見解もある（網野

第7節 I

誠「商標第6版」895頁）が、「正当な理由」による例外は、厳格に解するのが判例・通説である。東京高判決平成14.9.20裁判所HP（商標名「ブルー」）、知財高判決平成17.12.20前掲百選43事件（商標名「PAPA JOHN'S」）は、いずれも商標権者が、使用の具体的準備を進めていたが、実際に商標を日本国内で使用するに至っていなかった事案において、「正当な理由」の存在を否定する。

指定商品の輸入や製造販売に行政上の許可等を要する場合にも、当該許可等がまだおりていないというだけで直ちに「正当な理由」があるものと認められるわけではない。知財高判決平成18.5.25知財管理57巻3号425頁（商標名「WHITE FLOWER」）は、医薬品の輸入承認申請書の提出が、商標登録後の約9年6か月後であったこと、その間の申請を妨げる事情も認められないことなどから、「正当な理由」を否定した。また、知財高判決平成22.6.2裁判所HP（商標名「久遠水」）は、実際に医薬品の製造販売を企図しながら、薬事法上の製造販売の承認との関係で、製造販売を見合わせざるを得なかったとの事実を認めるに足りる証拠がなく、医薬品製造販売指針によれば承認はなされないとの原告の見込みは憶測にすぎないとして、「正当な理由」なしとした。

東京高判決昭和56.11.25無体集13巻2号903頁（商標名「GOLDWELLゴールドウェル」）は、商標権の譲渡又は使用権の許諾があった場合において、不使用についての正当な理由の有無の判断に当たっては、当該譲渡又は許諾後の事情のみならず、それ以前の不使用の事実ないし状況も考慮すべきである、と判示する。

なお、東京高判決平成14.6.19判時1794号119頁（商標名「壁の穴」）は、「使用」の事実が認められないとして請求不成立の審決を取消した判決の拘束力に従ってなされた再度の審決の認定判断を違法とすることは許されないとする。

7 駆込み使用の防止

平成8年改正法は、50条3項を新設し、「第一項の審判の請求前3月からその審判の請求の登録の日までの間に、日本国内において商標権者、専用使

用権者又は通常使用権者のいずれかがその請求に係る指定商品又は指定役務についての登録商標の使用をした場合であって、その登録商標の使用がその審判の請求がされることを知った後であることを請求人が証明したときは、その登録商標の使用は第一項に規定する登録商標の使用に該当しないものとする。ただし、その登録商標の使用をしたことについて正当な理由があることを被請求人が明らかにしたときは、この限りでない。」と規定した。

　この規定は、商標権者らが商標登録の不使用取消審判請求をすることを知って、これを免れるために審判請求の直前に登録商標を使用する、いわゆる駆込み使用を防止することを目的とする。

　先例として、東京高判決平成5.11.30知的裁集25巻3号601頁（商標名「VUITTON」）がある。本事案の概要は、次のとおりである。被告（審判請求人）が特許庁に対し「ビトンハイ」、「VITON HI」等の商標について登録出願をしたところ、原告を商標権者とする本件商標「VUITTON」を引用した拒絶理由通知を受けたので、被告担当者は、原告の日本法人担当者に対し本件商標の使用権設定又は許諾を求め、これが得られないときは不使用取消審判を請求する用意がある旨告げた。被告は原告からこれを拒絶されたので、本件商標の不使用取消の審判を請求したが、この請求後であってその旨の登録がなされる前に、新聞紙上に、原告の扱う指定商品「香水」に本件商標を付した広告が掲載された。原告は、広告の掲載をもって、登録商標の使用に当たると主張したが、同判決は、不使用取消審判制度の趣旨について前記「1　概説」とほぼ同旨の説示をした上、「単に不使用取消審判を免れる目的で名目的に商標を使用するかのような外観を呈する行為があっただけでは、改正前商標法2条3項3号にいう商品に関する広告に標章を付して展示又は頒布する行為には該当せず、したがって同法50条による不使用取消の審判請求を免れることはできない」と判示した。このような事案は、当然前記改正法の50条3項の規定に該当することとなる。不使用取消審判請求がなされることを知った理由は問わない。通常は、前例のような使用権設定ないし譲渡交渉により知ることが多いであろう。

　請求人は、被請求人（商標権者ら）がこの事実を知ったことを主張立証し

なければならない。これに対し、被請求人は、当該期間に登録商標を使用したことに正当な理由があること（例えば、この期間前から使用の具体的な準備的行為をしていたこと）を主張立証したときは、登録商標の使用と認められる。

8　商品商標と小売等役務商標の異同

　平成18年改正法による小売等役務商標制度の導入により、商品商標と小売等役務商標との関係をいかに解するかが問題となる。不使用取消審判との関係では、小売業者等である商標権者が商品商標と小売等役務商標を有する場合に、それぞれにつきどのような使用をしていなければ、不使用として取り消されるおそれがあるかという問題として、重要である。

　第1説は、小売等役務商標が認められるようになった以上、商品の小売業を識別する機能は小売等役務商標に、商品の製造元、発売元を識別する機能は商品商標に役割分担すべきであるとの見解である（田村善之「知財立国下における商標法の改正とその理論的な含意」ジュリ1326号94頁、古関宏「小売サービスの登録制度の導入について」パテント59巻10号50頁）。この見解によれば、小売業者の店舗内の商品の値札、小売業者が施す商品の包装、店員の制服、店舗の看板や広告などに店舗名を示す態様で商標を表示するのは、小売等役務商標としての使用であり、他方で、出荷時から印刷されている商品のビニル包装への商標の印刷や、陳列棚や広告などで商品を示すための表示として商標を使用するのは、商品商標としての使用ということになる。

　第2説は、小売業者がその小売店で販売する商品について使用する商標は、小売業（店舗名等）を示す態様で表示されていても、法改正前と同様、商品商標であり、小売等役務商標は、小売業者が小売りの業務において行う顧客への「便益の提供」（2条2項）について使用されるものであるとする見解である。この見解によれば、小売業者の店舗内の商品の値札、小売業者が施す商品の包装などに店舗名を表示するのは、商品商標としての使用であり、店員の制服やショッピングカート等に商標を使用するのが、小売等役務商標としての使用ということになる。なお、第2説は、前掲古関・54頁には特許庁の見解として紹介されているが、特許庁の「平成19年度小売等役務商標制度説明会テキスト」を見る限り、特許庁の立場は明確では

ない。

　第3説は、小売業者がその小売店で販売する商品について使用する商標が、小売業（店舗名等）を示す態様で表示されている場合、小売等役務商標であると同時に、小売業者としての商品の出所を表示するものとして商品商標でもあるとする見解である。判例は、「商標を小売等役務について使用した場合に、商品についての使用とは一切みなされないとまではいうことができない。…すなわち、商品に係る商標が『業として商品を…譲渡する者』に与えられるとする規定（商標法2条1項1号）に改正はなく、…その使用に当たる行為（同法2条3項）が重なることもあり得るからである。」などとしており、この見解に立っているように見受けられる（知財高判決平成21.11.26判時2086号109頁（商標名「elle et elles」）、知財高判決平成22.2.3判時2087号128頁（商標名「Pink berry」））が、これらはいずれも小売等役務商標制度導入前の商標使用の有無が問題となった事案であり、制度導入前に保護されていたものが、制度導入の一事をもって保護されなくなることに伴う混乱回避を理由とした判示もなされていることから、制度導入後に出願された商標についても同様の結論となるかどうか、今後の裁判例が注目される。なお、知財高判決平成23.9.14判時2128号136頁（商標名「BlueNote」の文字間に音符の図形を配した商標）は、小売等役務を指定役務とする商標の専有権の範囲は、小売等の業務において行われる全ての役務のうち、合理的な取引通念に照らし、特定された取扱商品に係る小売等の業務の間で、目的と手段等の関係があることが認められる役務態様に限定されると判示している。

9　取消の効果

　登録商標不使用取消の審判請求が理由があると認められたときは、その請求する指定商品又は指定役務に係る商標登録を取り消す旨の審決がされる。請求の範囲を越えて取消の審決をすることはできない。例えば、指定商品を改正前の第一類「化学品・薬剤・医療補助品」とする登録商標について、薬剤のみについて取消請求がされているときは、「指定商品中薬剤についての商標登録を取り消す」旨の審決がされる。

　従来、商標登録を取り消す旨の審決が確定したときは、商標権は（その

取消の範囲内において)その後消滅する(54条)と規定されていた。商標登録は、登録査定という行政処分に基づいてなされるものであり、不使用取消審決は、行為者たる行政庁が当該行政処分後にその効力を存続せしめ得ない新たな事由が発生したことを考慮して、不使用取消審決という確認的処分によって将来にわたってその効力を消滅させるものであるから、「取消」という用語が使われていても、いわゆる「行政行為の取消」とは異なり、講学上はいわゆる「行政行為の撤回」（田中二郎「行政法総論」359頁）という法的性質を有するものである。

しかし、平成8年改正法は、この規定を54条1項としてそのまま残した上、新たに54条2項を新設し、「前項の規定にかかわらず、第50条第1項の審判により商標登録を取り消すべき旨の審決が確定したときは、商標権は、同項の審判の請求の登録の日に消滅したものとみなす」旨規定した。

この規定は、従来の規定と異なり、効力消滅を審判請求登録日まで遡及させるものである。このような規定を設けた理由は、登録主義の建前を維持しつつも、実質的には使用主義の考え方を最大限採り入れ、商標を不使用の状況に置くことに対して大きな負担を与えることにある（特許庁改正審議室・前掲解説65頁）と説明されているが、改正法の採り入れた限定的遡及効が行政行為の撤回の理論に抵触することは否めない。この点については、実体法（商標法）上は審判請求登録日に既にその効力が消滅していたものを事後的処分により確認したものと構成することも可能であるが、登録主義のもとでの使用主義との調和という立法政策的考慮から定められた、「限定的遡及を伴う行政行為の撤回」という新たな類型と理解するのが相当である。

Ⅱ 不正使用による商標登録取消審判請求

1 概説

何人も、商標権者が故意に指定商品若しくは指定役務についての類似商標の使用、又は類似商品若しくは類似役務についての登録商標又は類似商標の使用により、商品の品質若しくは役務の質の誤認又は他人の業務に係る商品若しくは役務と混同を生ずるときは、その商標登録の取消審判を請

求できる（51条1項）。使用権者の不正使用についても、53条に同様の規定がおかれている。なお、特例商標登録出願に係る登録商標については平成3年改正法の附則10条（特例により重複登録が認められた商標のうちの一つが、他の重複登録されている商標に係る役務と混同を生じるような形で、不正競争の目的をもって使用された時には、取消審判を請求できる）の適用がある。

商標権者は、指定商品又は指定役務について登録商標を使用する権利を専有するとともに、禁止権の範囲内において他人の登録商標の使用を排除してこれを使用する権利を有する。しかし、商標権者が取引者、需要者にその出所や商品の品質、役務の質の混同を生じさせることを知りながら禁止権の範囲内で登録商標又は類似商標を使用することは、経済取引秩序を混乱させ、取引者、需要者に不測の損害をもたらす結果となり、かかる形態の商標使用を保護することは商標法の目的に反することになる。そこで、商標法は、このような不正使用がなされるときは、商標登録そのものを取り消すことができるようにしたものである。

商標権者の不正使用による商標登録取消審判は、何人も請求することができる。不正使用による取消制度が一般公衆の利益を保護するという公益的性格を持つことに由来するから、最高三小判昭和61.4.22判時1207号114頁（商標名「株式会社ユーハイム・コンフェクト」）は、51条1項の規定に基づく審判請求であっても、右請求が信義則に反するときはこれを許さない、とする。

この取消請求には除斥期間の定めがあり、商標権者の51条に規定する商標使用の事実がなくなった日から5年を経過した後は請求できない（52条）。

2　商標登録取消の要件

商品に係る商標の不正使用による商標登録取消の要件は、次のとおりである。

a）　商標権者がⓐ指定商品若しくは指定役務について類似商標を使用する行為、ⓑ類似商品若しくは類似役務について登録商標を使用する行為、ⓒ類似商品若しくは類似役務について類似商標を使用する行為のいずれかの行為をしたこと

第7節 Ⅱ

b）商標権者の右行為により商品の品質若しくは役務の質の誤認又は他人の業務に係る商品若しくは役務と混同を生じたこと

品質の誤認とは、商品の性質・用途あるいは評価等について取引者、需要者に誤った認識を生じさせることをいい、商品の混同とは、取引者、需要者に商品の出所につき誤った認識を生じさせることをいう。役務の質、役務の混同もこれに準ずる。

商標法51条1項にいう「混同を生ずる」について、知財高判決平成21.12.10判時2089号134頁（商標名「INDIAN ARROW」）は、「商標権者が使用する商標と引用する他人の商標との類似性の程度、当該他人の商標の周知著名性及び独創性の程度、商標権者が使用する商品等と当該他人の業務に係る商品等との間の性質、用途又は目的における関連性の程度並びに商品等の取引者及び需要者の共通性その他取引の実情などに照らし、当該商品等の取引者及び需要者において普通に払われる注意力を基準として、総合的に判断されるべきものである」と判示する（知財高判平成24.12.26判時2191号126頁（商標名「MultiProGreens/マルチプログリーン」）も同旨）。役務又は商品の出所の混同を生じるおそれがあるかが問題となった知財高判決平成22.1.13判時2095号120頁（図形部分とその下に配置した「NANYO」の文字部分からなる商標）、及び知財高判決平成23.9.6裁判所HP（商標名「Kent Avenue」）においても、まずは引用する他人の商標が周知性を獲得しているかについて、判断がなされている（いずれも51条1項該当性を否定）。知財高判決平成21.2.24 判時2043号127頁（商標名「ELLEGARDEN」）は、CDへの商標の具体的表示態様（アーティスト名かCDの表題を表す表示態様）に照らし、需要者にファッション雑誌「ELLE」ブランドとの誤認混同のおそれはないとして、51条1項該当性を否定した。また、知財高判平成24.2.28（商標名「ABBEYROAD/アビーロード」）は、指定商標を「かばん類、袋物」とする本件商標は、原告が販売する著名なロックバンドのアルバムタイトルと類似するが、原告やこのロックバンドがこのアルバムタイトル以外に、日本においてこの表示を使用して商品を販売した実績がないことや、この表示がもともと英国の通りの名称であったことが広く知られていることなどから、混同のおそれがあるとは認められないとして、51条1項該当性を否定した。

c）商標権者が右行為をすることによりb）の結果が生じることを知っていた、すなわち故意があったこと

　ここに故意とは、不正競争の目的まで必要としないことに異論はないが、他人の商標との誤認混同を生じることを知っていることを要するとする説（蕚優美「改正工業所有権法解説四法編」810頁）と、他人の商標が存在することを知っているだけで足りるとする説（小野・三山前掲524頁、兼子一・染野義信「工業所有権法改訂版」835頁は故意が成立するためには誤認の目的である商品の品質を知っており、他人の商標を使用した商品を知っていたことが必要である、とする）とがある。

　最高三小判決昭和56.2.24判時996号68頁（商標名「中央救心」）は、「商標法51条1項の規定に基づき商標登録を取り消すには、商標権者が指定商品について登録商標に類似する商標を使用し又は指定商品に類似する商品について登録商標若しくはこれに類似する商標を使用するにあたり、右使用の結果商品の品質の誤認又は他人の業務にかかる商品と混同を生じさせることを認識していたことをもってたり、所論のように他人の登録商標又は周知商標に近似させたいとの意図をもってこれを使用していたことまでを必要としない」と判示する。

　51条の文理解釈からすれば、「故意に」は「商品の品質若しくは役務の質の誤認」又は「混同」にかかり、その認識を含むと解するのが相当であるが、指定商品・役務又は類似商品・役務に係る分野の業者が他人の商標の存在を知って当該商品又は役務に前記標章を使用する行為に及ぶときは誤認・混同の未必の故意を推定できる場合が多いであろう。東京高判決平成8.7.18知的裁集28巻3号694頁（商標名「トラピスチヌの丘」）は同趣旨の理由を示して他人の業務に係る商品と出所の混同を生じさせることを当然認識していたと認定している（同旨東京高判決平成10.6.30知的裁集30巻2号396頁（商標名「アフタヌーンティー」、「AFTERNOON TEA」））。なお、知財高判決平成24.3.8裁判所HP（商標名「オゾン＆アクアドライ」）は、商標法51条1項違反に基づく商標登録取消請求を不成立とした審決取消訴訟において、審決には、審判長が被告の答弁書提出から8ケ月を経過して答弁書とともに、審決謄本を送達したのは、商標法56条1項の準用する特許法134条3項に違反するとして審決を取り消したが、同判決において、迅速な紛争解決のためとし

て、51条1項違反に関する実質的な取消理由を判断し、いずれも理由がないと判示しているが、手続をやり直しても登録を取り消すべき原告主張の理由は存しないことを判決中で明示した点において注目される。

3 使用権者の不正使用

専用使用権者又は通常使用権者が指定商品若しくは指定役務又は類似商品若しくは類似役務について登録商標又は類似商標を使用することによって商品の品質又は役務の質の誤認又は他人の業務に係る商品と混同を生ずる場合、何人もその商標登録の取消審判を請求できる（53条1項、除斥期間については53条3項により52条準用）。

指定商品についての登録商標の使用を含み、使用権者に故意がある場合に限らず、過失についても適用される。この規定は、使用権者の誤認混同行為について商標権者の監督責任を認めた規定とされている。ただし、当該商標権者がその事実を知らなかった場合において相当の注意をしていたときは、商標の登録取消は認められない（この事実は商標権者が主張・立証しなければならない）。役務に係る商標についても同様である。

図3-16

東京高判決平成元.7.11取消集(9)387頁（商標名「ミネフードみねふーどMINEFOOD」）(図3-16)は、53条1項に基づく登録商標取消審判請求について、審決が「その使用方法は、本件商標を不当に変更して使用しているものとは認められない」から請求を成り立たないとしたのに対し、同条はそのように限定して適用すべき根拠はないとした上、本件商標の被使用許諾者が使用している商標は原告（請求者）の有する引用商標（商標名「MINEFEEDミネフィード」）と称呼において共通し、引用商標を使用した原告商品と混同を生ずるとして本件商標の登録を取り消すべきものとした。通常使用権者による商標の使用が、他人の著名又は周知商標と類似し、他人の業務に

係る商品と混同を生ずるとして、53条1項該当性を認めた判例として、東京高判決平成11.12.21判時1707号155頁（商標名「Polo club」「ポロクラブ」、引用商標は乗馬しているポロ競技者の図形の商標）、東京高判決平成16.8.31判時1888号138頁（商標名「WORLD BEAR」）、知財高判決平成19.2.28判時2006号107頁（商標名「イブペイン」、引用商標は「イブ」「EVE」）、知財高判決平成20.4.9判時20007号89頁（くまの図形商標、引用商標はくまの図形商標にBear USA との文字を組み合わせた商標）、知財高判決平成22.3.26知財管理59巻9号1157頁（商標名「BRIDE」）等がある。

　なお、分割により商標権が異なる商標権者に帰属するに至った場合、一方の専用使用権者又は通常使用権者による登録商標又は類似商標の使用が、商標法53条1項の「他人の業務に係る商品又は役務と混同を生ずるものをしたとき」に該当するためには、法52条の2の規定の趣旨を類推し、使用商標と他人の商標の同一性又は類似性及び使用商品ないし役務と他人の業務に係る商品・役務の類似性をいうだけでは足りず、専用使用権者又は通常使用権者が、登録商標又はその類似商標の具体的な使用態様において、…不正競争の目的で他の商標権者等の業務に係る商品・役務と混同を生じさせる行為と評価されるような態様により、客観的に、他人の業務に係る商品・役務と具体的な混同のおそれを生じさせるものをしたことを要するとされる（知財高判平成27.5.13判時2270号98頁（商標名「Admiral」））。

4　商標権移転後の不正使用

　また、第2節Ⅱ「3　商標権の分離分割」において説明したとおり、商標権の移転により出所の混同が生じた場合にも商標登録取消審判を請求できる。すなわち、商標権が移転された結果、同一の商品・役務について使用する類似の登録商標、又は類似の商品・役務について使用する同一もしくは類似の登録商標にかかる商標権が異なる商標権者に帰属することになった場合、一方の商標権者が不正競争の目的で指定商品・役務について登録商標を使用し、他の登録商標に係る商標権者、専用使用権者、通常使用権者の業務に係る商品・役務と混同を生じるものをしたときは、何人もその商標登録の取消審判を請求できる（商標法52条の2）。不正競争の目的が必要

とされたのは、利益を害されている側（例えば、名声をフリーライドされている側）の商標まで「混同」を理由に取り消されかねず、妥当性を欠く結論となるおそれがあるからである（特許庁・逐条解説（20版）1607頁）。

5 外国商標権者等の代理人による不正登録

不正使用に類似の制度として外国商標権者等の代理人による商標の不正登録取消審判がある。外国商標権者の権利に係る商品、役務又は類似商品、類似役務について、これを日本に輸入する代理業者等が正当な理由なくその承諾を得ないで商標登録した場合において、その商標に関する権利を有する者に当該商標登録の取消審判請求を認めたものである（その要件は53条の2に規定され、また53条の3により5年の除斥期間が規定されている）。東京高判決昭和58.12.22無体集15巻3号832頁（商標名「CASITE」）は、53条の2所定の取消事由があるとした審決の取消訴訟において、外国商標商品の一手輸出店の顧客であり、右商品の単なる輸入業者にすぎない者のした商標登録であり右外国商標権者の代理人のした商標登録でない、として右審決を取り消している。知財高判決平成23.1.31裁判所HP（商標名「アグロナチュラ」）は、商標登録出願後3か月余を経過して、イタリア国法人である被告との間で独占的販売契約が締結された事案において、商標登録出願がなされた1年前までの間に「代理人」ではなかったとして、53条の2の適用を認めなかった。知財高判平成24.1.19判時2148号121頁（商標名「Chromax」）においては、外国商標権者の代理人と認められる原告による商標登録出願が「正当な理由」によるものかが争われたが、判決は、原告は外国商標権者から日本における独占的販売権を付与されていたわけではなく、外国商標権者と継続的な取引を続けていたとの事実があるにすぎないことなどから、原告による商標登録出願は「正当な理由」によるものとはいえないと判示した。

6 取消の効果

不正使用・不正登録による商標登録の取消審判請求（51条、52条の2、53条、53条の2）に理由があると認められたときは、商標登録を取り消す旨の審決がされる。不使用による商標登録の取消審判とは異なり、指定商品の一部

について不正使用が認められれば、全部について商標登録が取り消される。したがって、指定商品の一部についての不正使用による商標の登録取消審判請求は認められない（小野・三山前掲526頁）。

　商標登録を取り消す旨の審決が確定したときは、商標権はその後消滅する（54条1項）。すなわち、取消の効果は遡及しない。しかし、商標権者であった者（53条については専用使用権者又は通常使用権者であった者を含む）は、審決確定の日から5年を経過した後でなければ、その商標登録に係る指定商品若しくは指定役務又は類似商品若しくは類似役務についてその登録商標又は類似商標についての商標登録を受けることができない（51条2項・53条2項）。

　Ⅲ　無効審判請求

　商標権に、本来初めから登録されるべきでなかった瑕疵が存する場合や設定登録された後の事由により権利としての存続を認めるべきでない場合があり、このような場合に、商標権者に独占的権利の行使を許すことは、商標を保護することにより、商標を使用する者の業務上の信用の維持を図り、産業の発達に寄与するとともに需要者の利益を保護するという商標法の趣旨、目的（1条）に反することになるからこれを無効とする制度が必要となる。そこで、商標法は商標登録の無効審判についての規定を設けている（46条）。

　無効審判請求制度が社会的に機能するのは、特定の標章を使用した商品を業として生産し、販売する者、又はその準備をしている者が、商標権者から商標権侵害を主張された、あるいは主張されるおそれがある場合に、その製造販売を継続し、あるいは開始するための防禦手段としてである。

　請求人適格について、従前、明示的な規定はないが利害関係人のみが請求人適格を有すると解釈されていたところ、平成26年改正において、特許法123条2項における請求人適格を明確化したことに倣い、商標登録に係る無効審判の請求人適格を利害関係人に限定する旨を明文化する規定が置かれた（商標法46条2項、逐条解説（20版）1591頁）。

　なお、東京高判決平成11.9.30判時1704号131頁（商標名「財団法人日本美容医学研究会」）は、法人格を有しない団体であっても無効審判を請求する利

益を有するとしてこれを認めなかった審決を取り消している。知財高判決平成22.3.29判時2080号80頁（商標名「SIDAMO」）は、コーヒーの輸出入・卸売を業とする者等を会員とする社団法人（社団法人全日本コーヒー協会）にも、無効審判請求人適格を認めている。

　無効審判を請求する者は、56条により準用される特許法131条に規定された事項（請求の趣旨・理由等）を記載した請求書を特許庁長官に提出する（47条所定の無効事由については設定登録の日から5年経過後は請求できない）。

　請求の趣旨は、「登録第〇〇号商標の登録を無効とする」であるが、商標登録に係る指定商品又は指定役務が二以上のものについては、指定商品又は指定役務ごとに請求することができる（46条1項本文後段）。請求の理由は、46条1項各号に規定された事項に該当する具体的理由である。

　46条1項は、商標登録無効事由を次のとおり規定する。登録商標の無効審判請求における無効事由はその多くが4条1項11号（特に称呼が類似することにより両商標が相紛らわしいといえるか）であり、商標の類否判断の重要性が顕著である。

　ⓐ　その商標登録が3条［商標登録の要件］、4条1項［商標登録を受けることができない商標］、7条の2第1項［地域団体商標］、8条1項・2項・5項［先願］、51条2項（52条の2第2項〔出所の混同が生じた場合の取消審判の場合の再登録禁止〕において準用する場合も含む）・53条2項［商標登録取消の場合の再登録禁止］、又は77条3項において準用する特許法25条［外国人の権利の享有］の規定に違反してされたとき

　ⓑ　その商標登録が条約に違反してされたとき

　ⓒ　その商標登録が5条5項に規定する条件を満たしていない商標登録出願に対してされたとき

　ⓓ　その商標登録がその商標登録出願により生じた権利を承継しない者の商標登録出願に対してされたとき

　ⓔ　商標登録がされた後において、その商標権者が77条3項において準用する特許法25条の規定により商標権を享有することができない者となったとき、又はその商標登録が条約に違反することとなったとき

　ⓕ　商標登録がされた後において、その登録商標が4条1項1号ないし3号、

5号、7号又は16号に掲げる商標に該当するものとなっているとき
ⓖ 地域団体商標の商標登録がされた後において、ⅰ その商標権者が組合等に該当しなくなったとき、ⅱ 又はその登録商標が商標権者若しくはその構成員の業務に係る商品若しくは役務を表示するものとして需要者の間に広く認識されているもの若しくは7条の2第1項各号に該当するものでなくなっているとき（ⅰは、7条1項に定める地域団体商標の主体要件を充足しなくなったときを意味し、ⅱは周知性が失われているとき、又は商標中の地域の名称にかかる地域と団体又は構成員が商標を使用する商品（役務）との密接関連性がなくなっているときを意味する。）

ただし、これらの無効事由のうち、47条1項所定の特定の事由については、商標権の設定登録の日から5年を経過した後は無効審判請求をすることができない。また、登録時に地域団体商標の周知性の要件を満たしていなかったことを理由とする無効審判請求は、商標権の設定登録の日から5年を経過し、かつ請求時において商標が周知性を獲得している場合にはすることができない（同条2項）。

なお、平成3年改正法の附則による特例商標登録出願については、特例商標登録の要件を満たさないのに誤って登録されたこと等を理由として無効審判を請求することができる（附則7条2項）。

審判請求書の請求の理由として「4条1項15号違反としてされたものであるから、同法46条1項により無効とされるべきものである。詳細な理由は追って補充する」とのみ記載されており、除斥期間経過後に審判長の手続補正指令に基づいて具体的な理由を補充する書面を提出した場合、適法な審判請求といえるかが争われた事案がある。最高二小判決平成17.7.11判時1907号125頁（商標名「RUDOLPH VALENTINO」）は、「15号違反を理由とする商標登録の無効の審判請求が除斥期間を遵守したものであるというためには、除斥期間内に提出された審判請求書に、請求の理由として、当該商標登録が15号の規定に違反するものである旨の記載がされていることをもって足り、15号の規定に違反すべき具体的な事実関係等に関する主張が記載されていることまでは要しない」と判示して、審判請求を適法とした。

特許法平成23年改正法においては、冒認出願に基づく真の権利者の救済

第7節 Ⅳ

装置に関する立法措置がなされたが、商標法については、このような措置は講じられなかった。商標法においては、当初から無権限者が出願する場合はなく、出願後に無権利者による名義変更が生じる場合があるにすぎず、商標出願手続に照らし特許出願の場合のような商標登録後の権利移転を認める必要性が低いことがその理由とされている。

共有に係る商標登録出願を拒絶する審決に対する審決取消訴訟の提起は固有必要的共同訴訟とするのが判例であるが、最高三小判決平成14.2.22判時1779号81頁（商標名「ETNIES」）及び最高三小判決平成14.2.28判時1779号87頁（商標名「水沢うどん」）は、いったん登録された共有に係る商標について、登録無効の審決がされた場合の審決取消訴訟は保存行為として共有者の一人が提起することができるとした。

無効審判の審理手続、無効審決の効力、審決に対する不服申立等すべて本書第2章第6節「Ⅲ 無効審判」を参照されたい。平成23年改正法により、「審決は、審判事件ごとに確定する。ただし、指定商品又は指定役務ごとに請求された第46条第1項の審判の審決は、指定商品又は指定役務ごとに確定する。」として、特許無効審判と同様に一部無効の概念を導入した。また、商標法56条1項で準用する特許法167条が改正され、いわゆる無効審判等の確定審決に対する第三者効が廃止されたため、該確定審決に係る当事者及び参加人以外の者は「同一の事実及び同一の証拠」に基づく再度の審判請求が許容されることとなった。

Ⅳ 商標権付与後異議申立制度

1　付与後異議申立制度の創設

従来、審査官は、商標登録出願について拒絶の理由を発見しないときは、出願公告をすべき旨の決定をしなければならず（旧16条1項）、その決定があったときは、特許庁長官は、商標公報に掲載して出願公告をすることを要し（同条2・3項）、出願公告があったときは、何人もその日から2月以内に特許庁長官に対し、登録異議の申立てをすることができる（旧16条の4）と規定されていた。この異議申立ては商標権登録前になされるものであって、瑕疵のない商標権を成立させて商標制度の安定をはかる点において、特許

付与前異議申立てと同趣旨であった。

　特許付与前異議申立制度は、既に平成6年改正法により、出願公告制度とともに廃止され、新たに特許付与後異議申立制度が設けられた。

　平成8年改正法は、商標法についても、同様に付与前異議申立制度と出願公告制度を廃止し、新たに付与後異議申立の制度を設けたものである。

　審査官は、商標登録出願について拒絶の理由を発見しないときは、直ちに商標登録をすべき旨の査定をし（16条）、登録料が納付されると、商標権の設定登録がなされる（18条2項）。

　付与後異議申立制度は、商標権の設定登録後に第三者がその効力を争う制度である点においては、商標登録無効審判制度と本質的に異ならないが、この制度を設けた基本的理由は、無効審判制度は、商標権侵害をめぐる紛争解決のための法的攻撃・防禦手段として機能するのに対し、付与後異議申立制度は、旧法の付与前異議申立てと同様の機能を果たすものである点において、制度の趣旨を異にするといえよう。

　平成15年改正法は、特許法については、付与後異議申立制度を廃止して、無効審判制度との一本化を実現したが、商標法については付与後異議申立制度を存続させた。商標法については特許制度のような同一当事者による両制度の繰り返し利用等の両制度の併存による問題点が顕在化していないこと、及び商標は商標の誤認混同を避けることにより需要者の利益の保護を図ることを主目的の一つとしており、瑕疵ある商標権は簡便な異議申立制度により早期に取り消されることが望ましいこと（産業構造審議会紛争処理小委員会報告書102頁）を理由とする。

2　付与後異議申立制度の概要

　何人も、商標掲載公報の発行の日から2月以内に限り、特許庁長官に対し、次の一に該当することを理由として、特許異議の申立てをすることができる（43条の2第1項）。

　　ⓐ　その商標登録が3条［商標登録の要件］、4条1項［商標登録を受けることができない商標］、7条の2第1項［地域団体商標］、8条1項・2項・5項［先願］、51条2項（52条の2第2項［出所の混同が生じた場合の取消審判の

第7節　Ⅳ

　　　場合の再登録禁止〕において準用する場合を含む)、53条2項〔商標登録取消
　　　審判の場合の再登録禁止〕又は77条3項の準用する特許法25条〔外国
　　　人の権利の享有〕の規定に違反してされたこと
　　ⓑ　その商標登録が条約に違反してされたこと
　　ⓒ　その商標登録が第5条第5項に規定する要件を満たしていない商標登
　　　録出願に対してされたこと
　異議申立適格に制限がないこと、申立期間に制限があること、申立理由が公衆の利益に反するものに限定されていることにおいて商標登録無効審判請求と異なる。
　異議申立ては、複数の指定商品又は指定役務に係る商標登録については、指定商品又は指定役務ごとに申し立てることができるが、特許制度において改善多項制の導入以降請求項ごとに可分に扱い、請求項ごとに部分的に確定する取扱がなされていることに伴い、平成23年の商標法改正では、43条の14に、「登録異議の申立てについての決定は、登録異議申立事件ごとに確定する。ただし、指定商品又は指定役務ごとに申し立てられた登録異議の申立てについての決定は、指定商品又は指定役務ごとに確定する。」との規定が新設された。
　商標登録異議申立ての審理は、審判官の合議体が原則として書面審理により行い（43条の3第1項・43条の6第1項)、前記ⓐからⓒの一に該当するときは、その商標登録を取り消す旨の決定（43条の3第2項）を、これに該当すると認めないときは、その商標登録を維持する旨の決定（同条4項）をする。
　商標登録を維持する旨の決定に対しては、不服を申し立てることができない（同条5項）が、取消決定に不服があるときは、東京高等裁判所に対して取消決定の取消訴訟を提起することができる（63条1項）。
　取消決定取消訴訟の訴訟物は、決定の違法性であり、その審理手続は、審決取消訴訟と同様に解される。
　取消決定が確定したときは、その商標権は、初めから存在しなかったものとみなされる（43条の3第3項）。

第8節　商標権侵害等と刑事責任

商標法は商標権侵害等の刑事責任について規定する。

ⓐ　侵害の罪　商標権又は専用使用権を侵害した者は10年以下の懲役又は1000万円以下の罰金又はこれらの併科（78条）。37条又は67条により商標権又は専用使用権を侵害する行為とみなされる行為を行った者は、5年以下の懲役若しくは500万円以下の罰金又はこれらの併科（78条の2）。

　従来は、直接侵害と同じ5年以下の懲役又は500万円以下の罰金であったが、平成18年の法改正により大幅に罰則を強化するに当たり、直接侵害と区別された。両罰規定（82条）が適用され法人に対しては3億円以下の罰金刑を科す。

ⓑ　詐欺の行為の罪　詐欺の行為により商標登録、防護標章登録、商標権若しくは防護標章登録に基づく権利の存続期間の更新登録、登録異議の申立てについての決定又は審決を受けた者は3年以下の懲役又は300万円以下の罰金（79条）。両罰規定（82条）が適用され、法人に対しては1億円以下の罰金を科する。

ⓒ　虚偽表示の罪　虚偽表示禁止の規定（74条）に違反した者は3年以下の懲役又は300万円以下の罰金（80条）。両罰規定（82条）が適用され、法人に対しては1億円以下の罰金を科する。

ⓓ　偽証等の罪　宣誓した証人、鑑定人又は通訳人が特許庁又はその嘱託を受けた裁判所に対し虚偽の陳述、鑑定又は通訳をしたときは3月以上10年以下の懲役（81条1項）。自白は刑の減軽又は免除事由となる（同条2項）。

ⓔ　秘密保持命令違反の罪　秘密保持命令（商標法39条で準用する特許法105条の4第1項）に違反した者は5年以下の懲役若しくは500万円以下の罰金又はこれらの併科（81条の2）。平成16年の法改正により新設された。両罰規定（82条）が適用されるが、平成18年の法改正により法人に対する罰金刑の上限が3億円に引き上げられた。親告罪である（81条の2第2項）。また、同改正により、国外犯処罰規定（81条の2第3項）が設け

第8節

られた。

　犯罪の成立と刑事手続、構成要件及びその解釈は、すべて特許法に準じる（各罪の法定刑は前記のとおり）から、竹田・松任谷著「知的財産権訴訟要論特許編第7版」第7章「特許権侵害等と刑事責任」を参照されたい。

　37条1号は指定商品又は指定役務についての類似商標の使用あるいは類似商品又は類似役務についての登録商標又は類似商標の使用（1号）を侵害とみなす行為と規定しており、ここに商標の類似とは、登録商標と第三者の製造販売するある商品又は提供するある役務に付された商標とを対比したとき、両商標が相紛らわしいためその商品又は役務の出所の混同を生じることをいい、商品の類似とは、第三者の製造販売する商品に登録商標又はこれに類似する商標を付した場合、当該商品の取引者、需要者に商標権者と同一の出所（営業体）の製造販売に係る商品と誤認されるおそれがあることをいう（役務の類似も同様である）と解すべきことは、第3節「商標及び商品・役務の類似」において説明したとおりである。

　また、37条1号ないし8号の規定する間接侵害の具体的な内容については、第4節「Ⅱ　侵害とみなす行為」の説明を参照されたい。

　前掲最高三小昭和46.7.20決定は、「正当な権限がないのに指定商品の包装に登録商標を付したものを販売する目的で所持する場合、その中身が商標権者自身の製品でしかも新品であることは商標法37条2号、78条の罪の成立になんら影響を及ぼさないものであり、次に、特段の美観要素がなく、もっぱら、運搬用商品保護用であるとしても、商品を収容している容器としての段ボール箱は同法37条2号にいう『商品の包装』にあたり、また、同条号の行為は必ずしも業としてなされることを必要としないものというべきである。」と判示する。また、最高一小判決平成12.2.24判時1715号173頁（商標名「SHARP」）は、パチスロ機の部品（CPU）に「SHARP」の商標を組み込んでパチスロ機を販売する行為について、CPUについての商品識別機能は保持されているとして商標権侵害罪の成立を認めた。

　商標権侵害の犯行が継続して行われたときは、登録商標一個ごとに包括一罪となり（最高三小決定昭和41.6.10刑集20巻5号429頁商標名「ホワイト・ホース」ほか）、登録商標と類似の商標を類似の商品に不正に使用し、この商品を

販売する行為（東京高判決昭和27.3.4高刑集5巻4・5号461頁商標名「ミツゲン」、「MITSUGEN」）、登録商標を指定商品の包装に付し、かつ譲渡のために所持する行為（東京高判決昭和42.1.30高刑集20巻1号14頁商標名「ハイ・ミー」）も同様包括一罪である。これに対し一個の行為で二個の商標権を侵害した場合は刑法54条1項前段の観念的競合となる（2種類の標章が付された空瓶にウイスキー等を詰めかえた場合につき前掲最高三小昭和41.6.10決定）。一個の行為で商標権侵害罪と不正競争防止法違反罪を侵した場合（東京地判決昭和62.10.22 判時1258号142頁商標名「MARIO BROTHERS」ほか）も同様観念的競合である。

事 項 索 引

【アルファベット】

ICANN……………………………… 155
TRIPS協定……………………………17

【あ行】

新しい商標………………… 419, 493
ありふれた形態………………… 103
位置商標………………… 420, 499
一出願多区分制………………… 447
一般刑法………………… 305
一般指定………………… 380
一般条項……………………14
インカメラ手続………………… 238
受けるべき金銭の額………………… 275
動き商標………………… 420, 493
営業……………………45
営業上の情報………………… 131
営業上の信用………………… 188
営業秘密………………… 130
営業秘密侵害行為………………… 102
営業秘密侵害品の譲渡・輸出入等
　の禁止………………… 331
営業秘密正当管理者の不正使用・
　不正開示の罪………………… 328
営業秘密の転得者による不正使用・
　開示の罪………………… 330
営業秘密の秘匿決定………………… 312
営業秘密の不正取得の罪………… 324
営業秘密の不正使用・開示の罪
　………………… 326

営業秘密不正開示後の不正使用・
　不正開示の罪………………… 330
役務………………… 177, 383, 423
役務の区分………………… 446
役務の類似………………… 505
音の商標………………… 419, 498
おとり広告………………… 182

【か行】

外観の類似………………… 60, 487
外国国旗等類似記章………………… 207
外国周知……………………55
外国商標権者等の代理人による
　不正登録………………… 582
外国政府等類似記号………………… 208
外国の国の紋章………………… 208
外国の国旗………………… 208
外国の国旗等使用の罪, 国際機関
　標章使用の罪, 外国公務員不正
　利益供与罪………………… 322
開示………………… 143
駆込み使用………………… 572
過失………………… 262, 306
貸し渡し………………… 102
課徴金命令………………… 395
仮処分命令の取消し………………… 246
関税法………………… 334, 558
間接侵害………………… 514
観念の類似………………… 60, 487
稀釈化………………… 68, 83

593

事項索引

技術上の情報……………………… 130
技術的形態除外説………………… 39
技術的制限手段…………………… 153
技術的制限手段の試験又は研究… 229
技術的制限手段無効化装置等提供
　の罪……………………………… 321
既遂………………………………… 306
寄生広告…………………… 183, 203
起訴状の朗読方法の特例………… 314
ぎまん的顧客誘引………………… 386
キャッチフレーズ………………… 35
キャラクター……………………… 34
キャラクターの法的保護………… 374
狭義の混同………………………… 68
教唆犯……………………………… 307
競争会社に対する内部干渉……… 391
競争関係…………………………… 189
競争者に対する取引妨害………… 390
共同正犯…………………………… 306
業として…………………………… 426
業務………………………………… 24
虚偽広告…………………………… 182
虚偽事実の告知，流布 …………… 191
寄与度……………………………… 552
禁止権………… 468, 475, 476, 481, 515
具体的態様の明示義務…………… 235
警告………………………………… 192
警告・注意・打切り……………… 392
経済産業大臣への意見照会……… 340
刑事責任…………………………… 589
継続的使用権……………………… 532
形態………………………………… 102
景品表示法………………………… 388
結合商標…………………………… 492
限界利益説………… 269, 272, 273, 551
原産地……………………………… 178
原産地・質量等誤認惹起行為…… 176
原産地質量等虚偽表示の罪……… 321

権利の濫用………………………… 538
故意……………………………… 262, 306
公開停止…………………………… 295
広義の混同………………… 68, 88, 455
広告………………………………… 177
広告（宣伝）機能………………… 27, 47
広告機能…………………………… 439
抗告訴訟…………………………… 395
更新登録…………………………… 471
公然と知られていない…………… 139
高度の疎明………………………… 244
公の秩序又は善良の風俗を害する
　おそれがある商標……………… 449
公判期日外の証人尋問…………… 316
公判前整理手続等における決定… 317
抗弁…………………………… 220, 532
小売等役務商標…………………… 425
顧客吸引力………………… 27, 47, 68, 84
顧客情報…………………………… 131
顧客名簿…………………………… 131
国際機関類似標章………………… 208
国際商取引における外国公務員
　に対する贈賄の防止に関する条約
　…………………………………… 209
告知………………………………… 191
呼称等の決定……………………… 313
誇大広告…………………………… 182
誤認表示…………………………… 179
混同………………………………… 68
混同のおそれ……………… 71, 455
混同防止請求……………………… 475
混同防止措置……………………… 211
混同防止措置請求………………… 281
混同を生じさせる行為…………… 71
混同を防ぐのに適当な表示……… 475

【さ行】

罪刑法定主義……………………… 305
サイバースクワッティング… 156, 163
先使用権…………………………… 533
先使用権確認請求訴訟…………… 557
差止請求…………………………… 548
差止請求権…………………… 211, 247
差止請求権者……………………… 249
JPドメイン名紛争処理方針 …… 157
色彩のみからなる商標の類否…… 497
色彩のみの商標…………………… 421
識別性のある商標………………… 441
事業………………………………… 137
事業活動に有用…………………… 137
自己氏名の使用…………………… 224
自他営業の識別機能………………‥46
自他商品(役務)の識別力……… 445
自他商品の識別機能………………‥27
実質的違法性……………………… 521
実質的同一性説…………………… 109
指定役務…………………………… 446
指定商品…………………………… 446
氏名…………………………… 28 , 47
氏名権……………………………… 359
重大な過失………………………… 144
周知・著名商標…………………… 457
周知性の判断基準時………………‥57
周知性の要件………………………‥51
周知表示の承継……………………‥57
従犯………………………………… 307
主張・立証責任……………… 218, 269
出願公開制度……………………… 555
出所表示機能………… 27, 46, 438 , 445
取得………………………………… 142
需要者………………………………‥55
需要者の間に広く認識されている
　商標…………………………… 447
準司法手続………………………… 391
準備的口頭弁論…………………… 240
使用…………………………… 66, 143
使用権者の不正使用……………… 580
商号………………………… 28, 48 , 347
商号権……………………………… 349
証拠開示の際の営業秘密の秘匿
　要請…………………………… 317
証拠書類の朗読方法の特例……… 316
称呼の類似…………………… 60, 487
消尽理論…………………………… 518
上訴………………………………… 241
肖像権……………………………… 359
譲渡…………………………… 67, 426
商人………………………………… 347
商標…………………………………‥29
商標・標章…………………………‥49
商標権移転後の不正使用………… 581
商標権行使制限の抗弁…………… 542
商標権消尽(用尽)……………… 512
商標権侵害………………………… 510
商標権侵害訴訟における主張・
　立証…………………………… 530
商標権の制限……………………… 477
商標権の存続期間………………… 471
商標権の分離分割………………… 473
商標的使用…… 469, 471, 522, 548, 566
商標登録の消極的要件(登録障害事由)
　………………………………… 447, 481
商標登録の積極的要件…………… 440
商標の機能………………………… 437
商標の使用………………………… 515
商標の同一………………………… 510
商標の類似………………………… 482
商品…………………… 101, 177, 383, 423
商品・営業主体混同行為……………‥23
商品・営業主体混同の罪・原産地
　質量等誤認惹起の罪…………… 320

595

商品化権……………………………… 374
商品形態模倣行為………………………90
商品形態模倣の罪…………………… 321
商品等表示………………………………23
商品の概念………………………………25
商品の区分…………………………… 446
商品の形態…………………………… 104
商品の形態と商品表示…………………36
商品の類似…………………………… 501
証明…………………………… 244, 426
職業選択の自由……………………… 120
除斥期間……………………………… 258
処置請求……………………………… 315
書面による準備手続………………… 240
侵害とみなす行為…………………… 514
侵害の行為に供した設備…………… 259
侵害の行為を組成した物…………… 259
親告罪………………………………… 309
真正商品……………………………… 517
尋問等に係る事項の要領を記載した
　書面の提示命令…………………… 316
尋問等の制限………………………… 315
信用回復措置………………… 211, 554
信用回復措置請求…………………… 280
信用毀損行為………………………… 188
推定規定の導入（不正競争防止法
　5条の2）…………………………… 220
税関における差止制度……………… 558
税関における知的財産権侵害物品
　の差止制度………………………… 333
請求の認諾…………………………… 243
請求の放棄…………………………… 243
生産…………………………………… 426
責任主義……………………………… 305
先使用………………………………… 225
専門委員……………………………… 337
専門委員制度………………………… 214
専用権………………………………… 467

総合小売等役務……………………… 425
属地主義……………………………… 517
訴訟記録の閲覧等の制限…………… 302
訴訟上の和解………………………… 242
訴訟の提起…………………………… 529
訴の取下……………………………… 243
疎明…………………………………… 244
損害賠償額の推定…………………… 267
損害賠償請求………………………… 549
損害賠償請求権……………………… 211

【た行】

退任者の営業秘密不正使用・
　不正開示の罪……………………… 329
対比観察……………………………… 487
タイポス書体……………………………25
代理人等の商標不正使用行為…… 205
ダイリューション……… 68, 83, 85, 88
抱き合わせ販売……………………… 389
只（ただ）乗り………… 69, 83, 85, 88
他人の営業上の信用の侵害……… 190
団体商標制度………………………… 417
地域団体商標………………………… 537
地域団体商標制度…………………… 418
地域団体商標の登録要件………… 465
地域ブランドの保護………………… 465
忠実義務……………………………… 124
中用権………………………………… 538
直接侵害……………………………… 510
著名表示…………………………………86
著名表示等不正使用の罪…………… 320
著名表示不正使用行為…………………83
地理的表示…………………………… 457
地理的表示法………………… 467, 471
地理的表示保護制度………… 467, 471
通関解放手続………………………… 341
通常有する形態……………………… 103

596

停止請求権	247	比較広告	179, 203
適用除外	221	引き渡し	67, 427
デッド・コピー	92, 100	非公知性	140
展示	67, 427	秘匿決定の取消し	314
統一ドメイン名紛争処理方針	156	人の業務	24
統一トレード・シークレット法	113	秘密管理性	133
登録商標に類似する商標の分離移転	474	秘密として管理	132
登録商標の分割移転	474	秘密保持義務	116, 118
登録対抗制度	78	秘密保持命令	286
登録前の金銭的請求権制度	555	秘密保持命令違反の罪	321
独占的通常使用権	549	標章	29
特定小売等役務	425	標章の使用	426
特定商品等表示	170	品質保証機能	27, 47, 439
特別刑法	305	不公正な取引方法	379
ドメイン名	155, 171	不使用による商標登録取消審判請求	560
ドメイン名裁判外紛争処理手続	157	不正競争行為	21
ドメイン名を使用する権利	173	不正競争防止法の保護法益	17
図利加害目的	168	不正競争防止法の目的	15
取引に用いる書類	178	不正使用による商標登録取消審判請求	576
取引に用いる通信	178	不正な手段	142

【な行】

		不正の目的	350
認定手続	338	不正の利益を得る目的	148
ノウ・ハウ	113	普通に用いられる方法	223, 442, 469
のみ要件	154	普通名称	27, 441

【は行】

		普通名称等	222
		不当な利益による顧客誘引	387
		不当利得返還請求	553
		不当廉売	383
廃棄・除去請求	259	付与後異議申立制度	586
排除措置命令	394	フリーライド	69, 83, 85, 88, 321
パブリシティの権利	364	文書提出命令	237
パリ条約	6, 16, 51	並行輸入	233, 517
判決	241	平成8年改正民訴法	213
判決の執行	241	平成15年改正民訴法	214
犯罪収益の任意的没収・追徴	318	弁論準備手続	240
反証	220	防護標章	473, 476

保全異議……………………………… 245
保全命令……………………………… 243, 529
保有者………………………………… 146
保有者から示された営業秘密の不正
　取得による使用・開示の罪…… 328
保有者から示された営業秘密の不正
　取得の罪…………………………… 327
保有者に損害を加える目的……… 148
ポリューション……………………… 321
ホログラム商標……………………… 421, 495

【ま行】

未遂…………………………………… 306
見本検査……………………………… 340
無効化行為…………………………… 154
無効審判請求………………………… 583
模倣…………………………………… 108

【や行】

有用性………………………………… 137
輸出…………………………………… 67, 427
輸出差止制度………………………… 342
輸入…………………………………… 67, 427
輸入差止申立制度…………………… 335
容器・包装……………………………… 30
要部……………………………………… 62
予防請求権…………………………… 247

【ら行】

離隔的観察……………………………… 62
立証責任……………………………… 219, 269
立体商標……………………………… 436
立体商標制度………………………… 417
立体商標の登録要件………………… 459
流通規制……………………………… 151
類否判断………………………………… 59
流布…………………………………… 191
歴史上の人物名……………………… 452
レジストラ…………………………… 155
連合商標の廃止……………………… 473

判　決　索　引

大審院決定大正11.12.8民集1巻714頁 …………………………………………… 348
大審院判決大正14.11.28民集4巻670頁「大学湯事件」……………………… 92, 120
大審院判決昭和7.7.9法律新聞3451号11頁 …………………………………… 300
大審院判決昭和12.6.23民集16巻15号995頁商標名「GIRAFFE」…………… 503
神戸地判決昭和25.5.18下民集1巻5号750頁「三宮写真室事件」…………… 356
最高二小判決昭和25.6.16民集4巻6号219頁 ………………………………… 300
東京高判決昭和27.3.4高刑集5巻4・5号461頁商標名「ミツゲン」………… 591
東京地判決昭和27.4.30判決下民集3巻4号603頁商標名「TOMBOW」……… 554
東京地判決昭和28.10.20下民集4巻10号1503頁「プレイガイド事件」…… 223
広島高判決昭和32.8.28判時132号16頁「原田商店事件」…………………… 122
大阪地判決昭和32.8.31下民集8巻8号1628頁「三国鉄工事件」…………… 232
福岡地判決昭和33.9.24判決下民集9巻9号1897頁「にわかの仮面の図形商標」554
山形地判決昭和33.10.10判時13号26頁商標名「白鷹」……………………… 536
最高二小決昭和34.5.20刑集13巻5号755頁「ニューアマモト事件」……… 53
東京地判決昭和36.3.2下民集12巻3号410頁商標名「趣味の会」…………… 430
最高三小判決昭和36.6.27民集15巻6号1730頁商標名「橘正宗」………… 502, 503
東京地判決昭和36.6.30下民集12巻6号1508頁「ライナービヤー事件」…… 186
東京地判決昭和36.7.15下民集12巻7号1707頁「東京研数学館事件」……… 46
東京地判決昭和37.11.28下民集13巻11号2395頁「京橋中央病院事件」…… 46
最高一小判決昭和38.12.5民集17巻12号1621頁商標名「リラタカラズカ」… 491
大阪高判決昭和38.8.27下民集14巻8号1610頁「本家田辺家事件」………… 30
東京高判決昭和39.5.27判時381号46頁「3愛事件」………………………… 355
最高三小判決昭和39.6.16民集18巻5号774頁商標名「PEACOCK」…… 439, 503
東京地決定昭和39.6.1判例集未登載商標名「PARKER」…………………… 517
最高一小判決昭和40.3.18判タ175号115頁「更科事件」…………………… 352
東京高判決昭和40.4.22行裁集16巻5号787頁商標名「寶・タカラ」……… 440

599

判決索引

岐阜地判決昭和40.5.10判タ178号200商標名「赤札堂」……………………… 554
東京地判昭和40.6.26判時419号14頁「大日本印刷事件」…………………… 144
名古屋地判昭和40.8.6判時423号45頁「つゆの素事件」…………………… 222
東京地判昭和40.12.21不正競業法判例集826頁「永大産業事件」…………… 68
最高大判昭和40.12.24刑集23巻12号1625頁 ………………………………… 360
長崎地佐世保支判昭和41.2.21判タ190号95頁「山縣西部駐車場事件」……… 59
最高三小判昭和41.2.22民集20巻2号234頁商標名「寶」…………………… 503
大阪高判昭和41.4.5高民集19巻3号215頁「三菱建設事件」………………… 47
最高三小決定昭和41.6.10刑集20巻5号429頁商標名
　　「ホワイト・ホース」……………………………………………… 590, 591
東京地判昭和41.8.30下民集17巻7・8号729頁「ヤシカ事件」………… 69, 232
東京高決定昭和41.9.5判時464号34頁「ワウケシャ事件」…………… 129, 150
東京地判昭和41.10.27不正競業判例集945頁「ワイキキパール事件」……… 59
東京地判昭和41.11.22判時476号45頁「組立式押たんすセット事件」……… 39
東京高判昭和42.1.30高刑集20巻1号14頁商標名「ハイ・ミー」………… 591
東京地判昭和42.9.27判タ218号236頁「アマンド事件」…………………… 223
最高三小判昭和43.2.27民集22巻2号399頁結合商標名「氷山印」 483, 484, 485
金沢地判昭和43.3.27判時522号83頁「中部機械製作所事件」……………… 120
最高二小判昭和43.11.15民集22巻12号2559頁
　　（商標名「三国一さんこくいち」）…………………………………… 503
大阪高判昭和43.12.13判時564号85頁「バイトセブン事件」………………… 62
東京地判昭和44.3.19判時559号60頁「フシマンバルブ事件」……………… 226
最高一小判昭和44.11.13判時582号92頁 ……………………………………… 355
最高大判昭和44.12.24昭和40年（あ）第1187号刑集23巻12号1625頁 359, 360
大阪地判昭和45.2.27無体集2巻1号171頁「パーカー事件」………………… 234
大阪地判昭和45.2.27無体集2巻1号71頁商標名「PARKER」……………… 517
東京高判昭和45.4.28無体集2巻1号213頁「長崎タンメン事件」…………… 30
最高大法廷判決昭和45.6.24民集24巻6号652頁「八幡製鉄政治献金事件」… 124
奈良地判昭和45.10.23判時624号78頁「フォセコ・ジャパン事件」… 122, 125
名古屋地判昭和46.1.26無体集3巻1号1頁
　　「モノフィラメント製造装置事件」………………………………… 204

京都地峰山支判決昭和46.3.10判時625号38頁
　　「日本計算器労組員解雇事件」……………………………………　120
大阪地判決昭和46.6.28無体集3巻1号245頁「積水開発事件」…………　 69
最高三小決定昭和46.7.20刑集25巻5号739頁商標名「ハイ・ミー」……　515, 590
福岡地飯塚支判昭和46.9.17無体集3巻2号317頁商標名
　　「巨峰キョホウー」……………………………………………………　523
大阪地判決昭和46.12.24無体集3巻2号455頁商標名「すっぽん太市」…　535, 557
東京地判決昭和47.3.17無体集4巻1号98頁「フイゴ履事件」……………　196
大阪高判決昭和47.3.29無体集4巻1号117頁商標名「野路菊」…………　538
東京地判決昭和47.11.1労働判例165号61頁「久田製作所事件」…………　120
東京地判決昭和47.11.7判時706号99頁「日本軽金属事件 ……………　120
最高一小判昭和47.11.16民集26巻9号1573頁「エビス食品企業事件…………　392
東京地判決昭和47.11.27無体集4巻2号635頁
　　「札幌ラーメンどさん子事件」…………………………………　48, 250
大阪地判決昭和48.1.31判タ302号307頁「ピロビタン事件」……………　199
東京地判決昭和48.2.19判時713号83頁「日経マグロウヒル事件」………　117
東京地判決昭和48.3.9無体集5巻1号42頁「ナイロール眼鏡枠事件」…………　265
大阪高決定昭和48.7.12判時737号49頁「営業秘密証言拒否抗告事件」………　300
東京地判決昭和48.8.31無体集5巻2号261頁商標名「MERCURY」………　520
宮崎地判決昭和48.9.17無体集5巻2号301頁「村上屋事件」……………　356
大阪地判決昭和48.9.21無体集5巻2号321頁「大阪第一ホテル事件」……　65
東京高判決昭和48.9.25判タ301号205頁「フイゴ履事件」………………　192
金沢地小松支判決昭和48.10.30無体集5巻2号416頁「八番ラーメン事件」…　247
東京地判決昭和49.1.30無体集6巻1号1頁「ユアサ事件」………………　226, 352
東京高判決昭和49.7.29「洋服生地英国地名表示事件」…………………　186
東京高判決昭和49.7.29刑裁月報6巻7号814頁「洋服生地英国地名表示事件」　178
大阪地判決昭和49.9.10無体集6巻2号217頁「チャコピー事件」…………　196
東京地判決昭和49.12.23無体集6巻2号331頁「漫画社事件」……………　353
東京高判決昭和50.4.28高刑集28巻2号200頁「清酒特級事件」…………　176, 186
東京高決定昭和50.4.30判時776号30頁「中部読売新聞事件」……………　384
大阪地判決昭和50.6.7判タ329号282頁商標名「競馬ファン」……………　536

601

判決索引

大阪地判決昭和51.2.24無体集8巻1号102頁商標名「POPEYE」…………… 524
最高大法廷判決昭和51.3.10民集30巻2号79頁（リヤス編機）…………… 564
名古屋地判決昭和51.4.27判時842号95頁「中部機械商事事件」…… 62, 201, 281
東京地判決昭和51.5.26無体集8巻1号219頁「サザエさん事件」…………… 374
東京地判決昭和51.6.29判時817号23頁「マーク・レスター事件」………… 366
東京地判決昭和51.9.29無体集8巻2号400頁商標名「竜村平蔵製」………… 438
札幌地判決昭和51.12.8無体集8巻2号462頁「バター飴容器事件」…………… 30
広島地判決昭和51.12.23判時858号91頁「寄生虫検査業者事件」…… 199, 204
大阪地判決昭和52.3.4無体集9巻1号195頁「ミスターサンアイ事件」……… 225
最高二小判決昭和52.6.20民集31巻4号449頁「岐阜信用組合事件」………… 399
東京高判決昭和52.8.24無体集9巻2号572頁商標名「日曜夕刊」…………… 430
東京高判決昭和52.9.19判時863号20頁「松下電器再販損害賠償事件」……… 397
東京地判決昭和52.12.23無体集9巻2号769頁「第一次伝票会計用伝票事件」…40
東京地決定昭和53.10.2判タ372号97頁「王選手肖像メダル事件」………… 367
最高一小決定昭和53.3.22刑集32巻2号316頁…………………………… 177
大阪地判決昭和53.4.28特企116号56頁「スナック鴬事件」………………… 356
東京高判決昭和53.5.23刑裁月報10巻4・5号857頁
　　　「原石ベルギーダイヤ事件」…………………………………… 182
東京地判決昭和53.5.31無体集10巻1号216頁商標名「TECHNOS」………… 520
大阪地判決昭和53.6.20無体集10巻1号237頁「公益社事件」……………… 223
東京地判決昭和53.10.30無体集10巻2号509頁「投釣り用天秤事件」…………40
最高三小判決昭和54.4.10判時927号233頁商標名「ワイキキ」…………… 442
大阪高決定昭和54.8.29判タ396号138頁「都山流尺八事件」……………… 223
最高三小判決昭和54.12.25民集33巻7号753頁 …………………………… 345
東京地判決昭和55.1.28無体集12巻1号1頁「香りのタイプ事件」…… 183, 187
東京地判決昭和55.11.10判時981号19頁
　　　「スティブ・マックィーン事件」……………………………… 367
大阪地判決昭和55.3.18無体集12巻1号65頁「少林寺拳法事件」…… 46, 62, 223
東京地判決昭和55.7.11無体集12巻2号304頁商標名
　　　「テレビマンガ」………………………………………… 437, 438, 525
大阪高判決昭和55.7.15判タ427号174頁「階段䒭止め事件」…………… 190, 192

大阪地判決昭和55.7.15無体集12巻2号321頁
　「プロフットボール・シンボルマーク事件」……………………………47
大阪地決定昭和55.9.19無体集12巻2号535頁「ボトル・キャビネット事件」…40
大阪地判決昭和56.1.30無体集13巻1号22頁「ロンシャン図柄事件」……　32, 250
札幌高決定昭和56.1.31無体集13巻1号36頁「バター飴容器抗告事件」…………58
大阪高判決昭和56.2.19無体集13巻1号71頁商標名「にじじん」………………　552
最高三小判決昭和56.2.24判時996号68頁商標名「中央救心 ……………　579
東京高判決昭和56.2.25無体集13巻1号134頁「香りのタイプ事件」…………　184
神戸地昭和56.3.27判時1012号35頁「東洋レーヨン事件」………………　323
大阪地決定昭和56.3.30無体集13巻1号507頁「花柳流名取事件」………　47, 224
東京高判決昭和56.4.2審決集28巻143頁「栄光時計事件」………………　389
大阪高決定昭和56.6.26無体集13巻1号503頁………………………………　224
東京高判決昭和56.7.17判時1005号32頁「灯油裁判東京事件」…………　397
名古屋高判決昭和56.7.17判時1022号69頁商標名「花紋」………………　552
大阪高判決昭和56.7.28無体集13巻2号560頁等
　「プロフットボール・シンボルマーク事件」……………………………70
最高三小判決昭和56.10.13民集35巻7号1129頁
　「マクドナルド事件」………………………………………… 233, 248, 468
東京高判決昭和56.11.25無体集13巻2号903頁商標名
　「GOLDWELLゴールドウエル」……………………………………　572
東京地判決昭和56.12.21無体集13巻2号952頁
　「タクシー用社名表示灯事件」……………………………………………　196
東京高判決昭和57.2.16無体集14巻1号50頁商標名「ミネフードみねふーど」
　　………………………………………………………………………………　504
東京高判決昭和57.4.28無体集14巻1号351頁「タイポス書体事件」……… 25, 97
大阪高決定昭和57.5.31無体集14巻2号387頁「菅次堂事件」………………　352
福岡地判決昭和57.5.31無体集14巻2号405頁「峰屋本陣事件」……………　232
福岡地判決昭和57.5.31無体集14巻2号405頁「蜂屋事件」…………………　352
東京地判決昭和57.9.27無体集14巻3号593頁
　「スペース・インベーダー事件」………………………………………31, 265
東京高判決昭和57.9.30特許管理34巻5号569頁「DIAMETRING」…………　568

広島地福山支判決昭和57.9.30判タ499号211頁商標名「DCC」……………… 536
名古屋地判決昭和57.10.15判タ490号155頁「ヤマハ特約店事件」……… 183, 196
東京地判決昭和57.10.22無体集14巻3号732頁商標名「制糖」…………… 552
最高小二判決昭和57.11.12民集36巻11号2233頁商標名「月の友の会」…… 454
神戸地判決昭和57.12.21 特許管理33巻8号1939頁商標名
　　「DROTHE?BIS」………………………………………………………… 539
名古屋地判決昭和58.1.31無体集15巻1号15頁商標名「十五屋」………… 435
大阪高判決昭和58.3.3判時1084号122頁「コルム貿易事件」………… 125, 127
東京高判決昭和58.4.26無体集15巻1号340頁「ヤギ・ボールド事件」……… 98
東京高判決昭和58.6.16無体集15巻2号501頁（商標名「DCC」）…………… 448
浦和地判決昭和58.6.24判タ509号177頁「リバーカウンター事件」………… 116
東京高判決昭和58.6.27無体集15巻2号569頁「エーゲ海に捧ぐ事件」……… 187
最高二小判決昭和58.10.7民集37巻8号1082頁「マンパワー事件」… 59, 64, 65, 70
大阪地判決昭和58.10.14無体集15巻3号630頁「内外工芸事件」…………… 177
大阪高判決昭和58.10.18無体集15巻3号645頁
　　「神戸フロインドリーブ事件」………………………………………… 230
東京高判決昭和58.11.15無体集15巻3号720頁「第一次伝票会計用伝票事件
　　（控訴審）」……………………………………………………………… 41
東京高判決昭和58.12.22 無体集15巻3号832頁「CASITE」……………… 582
大阪地判決昭和58.12.23無体集15巻3号894頁「ウエット スーツ事件」……… 32
東京地判決昭和58.12.23判タ519号259頁「ルイ・ヴィトン図柄事件」… 178, 186
東京地八王子支判決昭和59.1.13判時1101号109頁
　　「ノーパン喫茶ニナ・リッチ事件」……………………………………… 83
東京地判決昭和59.1.18判時1101号110頁「ポルノランド・ディズニー事件」… 84
福岡高宮崎支判決昭和59.1.30判タ530号225頁「ほっかほか弁当事件」…… 223
名古屋高金沢支判決昭和59.1.30判時1118号210頁「日本利器事件」………… 353
東京高判決昭和59.2.28無体集16巻1号132頁商標名「PRINZ」…………… 427
大阪高判決昭和59.3.23無体集16巻1号164頁「少林寺拳法事件」……… 62, 223
札幌地判決昭和59.3.28判タ536号284頁「コンピュータランド事件」……… 55
札幌地判決昭和59.3.28判タ536号284頁商標名「COMPUTERLAND」…… 530
大阪地判決昭和59.4.26特企187号82頁商標名「エフモール」……………… 554

最高三小判決昭和59.5.29民集38巻7号920頁
　「「プロフットボール・シンボルマーク事件」………… 28, 70, 232, 249, 250
大阪地判決昭和59.6.28判タ536号266頁「アサヒベンベルグ事件」………… 67
名古屋地決定昭和59.8.22審決取消訴訟判決集（昭和59年）412頁
　「浦野設計事件 ………………………………………………… 353
名古屋地判決昭和59.8.31無体集16巻2号568頁「マグネット式筆入れ事件」 192
東京地判決昭和59.9.17判時1128号21頁「都立芝浦屠場事件」………… 401
大阪地判決昭和59.10.26判タ543号171頁「競馬騎手用手袋事件」………… 192
東京高判決昭和59.10.31特企192号61頁商標名「ジューシー」………… 414
東京地判決昭和59.11.28判時1157号129頁「外務調査員転職違約金事件」… 119
東京高判決昭和59.11.29無体集16巻3号740頁「ゴールデン・ホース事件」…… 63
東京地判決昭和59.12.7無体集16巻3号760頁商標名「Lacoste」………… 519
東京地判決昭和60.2.13判時1146号23頁「新潟鉄工事件」………… 322
福岡地判決昭和60.3.15判時1154号133頁
　「第二次伝票会計用伝票事件」…………………………………… 42
東京地判決昭和60.3.6判時1147号162頁「綜合コンピューター事件」… 148, 322
仙台高判決昭和60.4.24無体集17巻1号188頁「孔文社事件」………… 355
大阪高判決昭和60.5.28無体集17巻2号270頁「ウエット スーツ事件」………… 32
大阪地判決昭和60.5.29判時1174号134頁「アルバム台紙事件」………… 193
大阪地判決昭和60.6.28無体集17巻2号311頁商標名「エチケット」………… 551
名古屋地判決昭和60.7.26無体集17巻2号333頁商標名「東天紅」………… 515
東京高判決昭和60.8.15取消集（昭和60年度）1450頁商標名
　「JESジャパン・エンヂニアリング」……………………………… 440
東京高判決昭和60.9.3判時1170号139頁「まるよね」………… 570
大阪地判決昭和60.9.26無体集17巻3号411頁「ポパイ事件」… 375, 479, 539, 540
東京地判決昭和60.10.30無体集17巻3号520頁「私の散歩道事件」…………98
東京高判決昭和60.10.31無体集17巻3号535頁商標名「ナイト」………… 504
最高一小判決昭和61.1.23判時1186号131頁商標名「GEORGIA」………… 442
東京地判決昭和61.1.24判時1179号111頁「第三次伝票会計用伝票事件」………42
東京高判決昭和61.2.24判時1182号34頁「都立芝浦屠場事件」………… 402

名古屋地判昭和61.2.28最新著作権関係判例集Ⅴ430頁
　「スヌーピー事件」………………………………………………… 375
最高三小判決昭和61.4.22判時1207号114頁商標名
　「株式会社ユーハイム・コンフェクト」………………………… 577
名古屋高判昭和61.5.14無体集18巻2号129頁商標名「東天紅」……… 515
最高大法廷判決昭和61.6.11民集40巻4号872頁「北方ジャーナル事件」……… 99
東京地判決昭和61.9.19判タ624号228頁「キン肉マン事件」………………… 375
名古屋地判決昭和61.9.29判時1224号66頁「美濃窯業炉事件」…………… 118
東京地決定昭和61.10.9判時1212号142頁「中森明菜カレンダー事件」……… 367
鹿児島地判決昭和61.10.14無体集18巻3号334頁「くろず事件」…………… 223
富山地判決昭和61.10.31判時1218号128頁「藤岡弘肖像広告事件」………… 367
大阪地判決昭和61.12.25無体集18巻3号599頁「中納言事件」………… 26, 358
東京地昭和62.3.10判決「アイ・シー・エス事件」……………………… 150
東京地判決昭和62.3.10判決1265号103頁「アイ・シー・エス事件」…… 119, 127
大阪地判決昭和62.3.18無体集19巻1号66頁VとLを重ねて組み合わせた
　商標……………………………………………………………… 524
神戸地判決昭和62.3.25無体集19巻1号72頁「ホテルシャネル事件」……… 70, 84
東京地判決昭和62.4.27無体集19巻1号116頁「天一事件」………………… 358
大阪地判決昭和62.5.27無体集19巻2号174頁「かに将軍事件」………… 49, 265
大阪地判決昭和62.8.26無体集19巻2号268頁商標名「BOSS」…………… 430
東京地判決昭和62.8.28無体集19巻2号277頁商標名「通行手形」……… 523, 557
東京地判決昭和62.9.30判時1250号144頁「京王百貨店事件」………… 142, 322
福岡高宮崎支判決昭和62.9.7無体集19巻3号302頁「くろず事件」………… 223
大阪地判決昭和62.10.14無体集19巻3号389頁商標名「樋屋奇應丸」……… 553
東京地判決昭和62.10.22 判時1258号142 頁商標名
　「MARIO BROTHERS」………………………………………… 591
東京高判決昭和62.11.30取消集（昭和62年度）1237頁商標名
　「「CHEYZTOI シェトア」………………………………… 563, 565
名古屋高金沢支判決昭和62.12.7無体集19巻3号530頁「ポルシェ事件」……… 70
東京地判決昭和63.1.22無体集20巻1号1頁「写真植字機用文字盤事件」…… 233
東京地判決昭和63.2.12取消集（2）603頁商標名「VOGUE」………… 529

最高三小判決昭和63.2.16民集42巻2号27頁「NHK日本語読み事件」… 359, 361
大阪地判決昭和63.2.9無体集20巻1号47頁商標名「プラス」…………… 489
名古屋地判決昭和63.3.25判時1277号146頁商標名「BBS」…………… 519
東京高判決昭和63.3.29無体集20巻1号98頁商標名「天一」………… 423, 431, 433
東京高判決昭和63.4.12無体集20巻1号175頁商標名「アミロック」………… 511
横浜地川崎支判決昭和63.4.28無体集20巻1号223頁「木馬座事件」…… 352, 355
横浜地川崎支判決昭和63.4.28無体集20巻1号223頁商標名「木馬座」……… 415
最高三小判決昭和63.7.19民集42巻6号489頁「アースベルト事件」………… 57
東京地判決昭和63.7.1判時1281号129頁「電子楽器事件」……… 95, 127, 204
大阪地判決昭和63.7.28無体集20巻2号360頁
　「スリックカート事件」………………………………… 64, 223, 547
東京地判決昭和63.9.16無体集20巻3号444頁商標名「POS」………… 523, 526
東京高判決昭和63.9.29無体集20巻3号457頁商標名「オセロスポンジ」…… 432
東京高判決昭和63.12.22取消集(4)474頁 ………………………………… 491
東京高判決平成元.10.26取消集（11）508頁商標名「クリン」…………… 510
大阪地判決平成元.1.23特許管理別冊平成元年Ⅲ1頁「阪急綜合開発事件」……77
東京高判決平成元.1.24無体集21巻1号1頁「写真植字機用文字盤事件」　72, 231
東京高判決平成元.1.26取消集?485頁商標名「Q.P.K?WA」…………… 561
東京地判決平成元.3.27無体集21巻1号200頁「ぺんたくん事件」………………81
大阪高判決平成元.3.3無体集21巻1号88頁商標名「樋屋奇應丸」…………… 554
大阪地判決平成元.3.8無体集21巻1号93頁
　「モリサワ・タイプフェイス事件」………………………………………99
大阪地判決平成元.5.31特許管理別冊平成元年Ⅲ383頁 …………………………77
京都地判決平成元.6.15判時1327号123頁「袋帯事件」……………………… 94
東京高判決平成元.7.11取消集?387頁商標名「ミネフード」…………… 580
東京高判決平成元.7.11取消集?409頁商標名「ファミリア」…………… 562
東京高判決平成元.7.27取消集(11)495頁商標名
　「"Mercedes‐Benz"」…………………………………………… 477, 567
東京高判決平成元.8.16取消集(10)397頁商標名「マイスター」……………… 433
大阪地判決平成元.9.11判時1336号118頁「ヴォーグ事件」………………………76
大阪地判決平成元.9.13判決無体集21巻3号677頁「森田ゴルフ事件」…………77

判決索引

東京地判決平成元.9.27判時1326号137頁「光GENJI事件」……………………… 367
大阪地判決平成元.10.9無体集21巻3号776頁「元禄寿司事件」…………………54
東京高判決平成元.11.7無体集21巻3号832頁図形商標……………… 423, 430, 472
東京地判決平成元.11.10無体集21巻3号845頁「動書事件」………………………98
大阪地判決平成元.12.5判時1363号104頁「学習塾開設事件」………………… 120
最高二小判決平成元.12.8民集43巻11号1259頁「灯油裁判鶴岡事件」…… 398
最高一小判決平成元.12.14民集43巻12号2078頁「都立芝浦屠場事件」… 385, 402
東京高判決平成元.12.25無体集21巻3号1066頁……………………………… 81
東京地判決平成元.12.28無体集21巻3号1073頁「配線カバー事件」……… 65, 73
大阪地決定平成2.1.22取消集（25）604頁商標名「DANCER ダンサー」… 520
東京地判決平成2.1.29取消集（15）437頁商標名「HEAVEN ヘバン」…… 524
東京高判決平成2.2.20判時1350号134頁商標名「LITTLWORLD」………… 568
東京地判決平成2.2.28判時1345号116頁
　　「ミッキーマウス・キャラクター使用事件」……………… 34, 73, 250
東京地決定平成2.2.28無体集23巻1号108頁「究極の選択事件」…………………50
名古屋地判決平成2.3.16判時1361号123頁「アメ横事件」……………… 47, 54, 58
東京高判決平成2.3.27無体集22巻1号233頁商標名「高嶋象山」………………… 526
大阪地判決平成2.3.29判時1353号111頁「ゲラン事件」………………………77
福岡地判決平成2.4.2判時1389号132頁「西日本ディズニー事件」………………77
東京高判決平成2.4.12無体集22巻1号284頁商標名「合資会社八丁味噌」…… 441
東京地判決平成2.4.17判時1369号112頁「進学塾開設事件」………………… 122
東京高判決平成2.4.24無体集22巻1号311頁商標名「ちぎり花びら」………… 487
京都地判決平成2.4.25判時1375号127頁「本みりん事件」………………… 186
東京高判決平成2.6.11取消集?521頁商標名「KITCHEN HOUSE」………… 492
最高二小判決平成2.7.20民集44巻5号875頁
　　「ポパイ英文表示商品事件」……………………… 377, 479, 524, 539
東京地判決平成2.7.20特許管理別冊平成2年Ⅰ390頁「カシオ電気事件」………77
東京地判決平成2.7.20無体集22巻2号430頁　………………………………93
大阪地判決平成2.7.30判時1365号91頁「東芝昇降機サービス事件」………… 400
東京地判決平成2.8.31特許管理別冊平成2年Ⅱ509頁「キーホルダー事件」……73
東京地判決平成2.8.31無体集22巻2号518頁「ラジオ日本事件」………… 82, 353

東京高判決平成2.9.6取消集(19)437頁 …………………………………………… 491
東京高判決平成2.9.10無体集22巻3号551頁「Kodak」と図形の結合商標 … 486
大阪地判決平成2.9.13無体集22巻3号573頁
　　「模型レーシングカー用スターター事件」………………………………… 196
大阪地判決平成2.10.9無体集22巻3号651頁商標名
　　「ROBINSON」 ……………………………………………… 434, 435, 470
東京地平成2.12.21判決「おニャン子クラブ事件」………………………… 368
東京地判決平成2.12.26無体集22巻3号873頁「GUESS?」及び図形 ………… 519
東京高判決平成3.1.19判時1379号130頁商標名「ダイジェスティブ」……… 445
東京高判決平成3.1.24知の裁集23巻1号25頁 ……………………………… 487
京都地判決平成3.1.31特許管理別冊平成3年Ⅲ911頁「アパレル事件」………73
東京地判決平成3.2.27取消集（22）505頁 ………………………………… 511
東京高判決平成3.2.28知的裁集23巻1号163頁図形商標と「POLA」………… 438
最高三小判決平成3.4.23民集45巻4号538頁 ……………………………… 565
京都地判決平成3.4.25特許管理別冊平成3年Ⅲ918頁「アルミホイール事件」…73
大阪地判決平成3.4.26知の裁集23巻1号264頁「クリスピー事件」…………74
東京地判決平成3.5.31特許管理別冊平成3年1255頁　　……………………73
東京高判決平成3.6.20知の裁集23巻2号461頁商標名
　　「FLOORTOM フロアタム」 ……………………………………………… 440
東京高判決平成3.7.4知的裁集23巻2号555頁
　　「ジェットスリムクリニック事件」……………………………… 55, 64, 77, 226
福岡地判決平成3.7.19平成2年1732号「西日本ディズニー事件」………………84
東京高決定平成3.9.12判時1397号109頁「チョコレート菓子事件」 …… 36, 56,74
東京高判決平成3.9.26判時1400号3頁「おニャン子クラブ事件」…………… 368
京都地判決平成3.10.1判時1413号102頁
　　「パン製造販売フランチャイズ事件」……………………………………… 387
大阪地判決平成3.10.15労働判例596号21頁「新大阪貿易事件」……………… 122
大阪地判決平成3.10.30知的裁集23巻3号775頁「ミキハウス事件」……………78
東京高判決平成3.11.12知的裁集24巻1号1頁 ……………………………… 489
東京地判決平成3.11.27特許管理別冊平成3年Ⅰ570頁
　　「泥砂防止用マット事件」………………………………………………………74

判決索引

東京地判決平成3.12.16知的裁集23巻3号794頁商標名
　「BATTUE CLOTH」……………………………………………… 537
東京高判決平成3.12.17知的裁集23巻3号808頁
　「木目化粧紙事件」………………………………… 92, 93, 99, 211
東京地判決平成3.12.20知的裁集23巻3号838頁商標名「ゼルダ」……… 538, 557
大阪地判決平成3.12.25取消集28号469頁商標名「SACHICO CLUB」……… 549
大阪地判決平成4.1.30知的裁集24巻1号70頁「籾袋事件」………………40
仙台高判決平成4.2.12判タ793号239頁「アースベルト事件」……………… 57
東京高判決平成4.3.17知的裁集24巻1号199頁「封緘具事件」……………… 42, 44
東京地判決平成4.4.27知的裁集24巻1号230頁「測定顕微鏡事件」………………81
東京地判決平成4.4.27判タ819号178頁「リッツ事件」……………………76
東京高判決平成4.5.14知的裁集24巻2号385頁
　「ポパイ・キャラクター使用事件」……………………… 375, 376, 377
東京高判決平成4.5.14知的裁集24巻2号385頁
　「ミッキーマウス・キャラクター使用事件」………………………73
東京地判決平成4.5.27知的裁集24巻2号413頁商標名「Nintendo」……………… 513
東京地判決平成4.6.29判時1480号150頁「アメックス事件」……………………78
東京高判決平成4.6.30知的裁集24巻2号440頁商標名「tops」……………… 433
横浜地判決平成4.6.4判時1434号116頁「土井晩翠事件」……………… 367
大阪地判決平成4.7.23判時1438号137頁「無線操縦用模型飛行機事件」………74
東京地判決平成4.7.28知的裁集24巻2号528頁 ……………………………… 490
大阪地判決平成4.9.22知的裁集24巻3号607頁「ミキスポーツ事件」………75
最高三小判決平成4.9.22判時1437号139頁商標名「大森林」……………… 486
大阪高判決平成4.9.30知的裁集24巻3号757頁「クリスピー事件（控訴審）」…74
東京地判決平成4.10.23判時1459号142頁「格安航空券事件」……………… 187
東京高判決平成5.2.17判タ829号215頁商標名「WRANGLER」……………… 486
京都地判決平成5.2.18判タ829号219頁「古美術事件」……………… 32, 75
東京地判決平成5.2.24判時1455号143頁「ワールドファイナンス事件」… 78, 82
東京高判決平成5.2.25知的裁集25巻1号33頁「配線カバー事件（控訴審）」……73
東京高判決平成5.3.29判時1457号92頁「ベルギー・ダイヤモンド事件」…… 386
東京高判決平成5.3.31知的裁集25巻1号156頁 ……………………………… 537

東京高判決平成5.4.28判時1480号153頁「アメックス事件（控訴審）」………78
大阪地判決平成5.6.21判タ829号232頁「ジーンズ出荷停止事件」……………403
東京地判決平成5.6.23判時1465号136頁「つぼはち事件」………………………78
東京地決定平成5.6.26判時1505号144頁……………………………………………27
神戸地判決平成5.6.30判タ841号248頁「神鋼不動産・開発事件」………………78
東京地判決平成5.7.16特許管理別冊平成5年Ⅰ402頁
　　「学研映像制作室事件」…………………………………………… 230
大阪地判決平成5.7.20知的裁集25巻2号261頁
　　「シャンパンワイン事件」………………………………………… 75, 520
東京高判決平成5.7.22知的裁集25巻2号296頁 ………………………… 538
東京高判決平成5.7.22判時1491号131頁商標名「ゼルダ」…………… 535
大阪地判決平成5.7.27判タ828号261頁「阪急電機事件」…………………………79
大阪高判決平成5.7.30判時1479号21頁
　　「東芝昇降機サービス事件（控訴審）」……………………………… 400
最高二小判決平成5.9.10民集47巻7号5009頁十字の図形内に文字を配した
　　結合　商標 ……………………………………………………… 491
大阪地決定平成5.10.15知的裁集25巻3号455頁「M事件」………………………79
東京地判決平成5.10.22判時1497号122頁「エヌ・ジー・エス事件」…… 61
大阪高判決平成5.11.30知的裁集25巻3号476頁
　　「アルミホイール事件（控訴審）」……………………………………74
東京高判決平成5.11.30知的裁集25巻3号601頁商標名「VUITTON」……… 573
東京地判決平成5.11.30判時1521号91頁
　　「美容室フランチャイズ契約事件」……………………………… 387
最高一小平成5.12.16判決「アメックス事件（上告審）」………………………78
最高一小判決平成5.12.16判時1480号146頁「アメックス事件」……………57
東京地判決平成5.12.22知的裁集25巻3号546頁「折りたたみコンテナ事件」…40
東京高決定平成5.12.24判時1505号136頁「モリサワタイプフェース事件」……25
東京地判決平成6.1.12判時1524号56頁「コンビニフランチャイズ事件」…… 387
大阪地判決平成6.2.24判時1522号139頁商標名「MAGAMP」………… 434, 513
東京高判決平成6.3.23知的裁集26巻1号254頁「コイル状マット事件」…… 42, 45

判決索引

東京高判決平成6.3.23知的裁集26巻1号254頁
　「泥砂防止用マット事件（控訴審）」………………………………… 74
東京地判決平成6.3.28判時1498号121頁「AsaX事件」………………… 61
東京地判決平成6.9.21知的裁集26巻3号1095頁
　「折りたたみコンテナ事件」……………………………………………… 40
東京高判決平成6.9.29知的裁集26巻3号1133頁「スナックシャネル事件」… 84
大阪高判決平成6.10.14判時1548号63頁「くじ引付葉書事件」……………… 385
東京地判決平成6.11.30判時1521号139頁「京の柿茶事件」…………… 178, 179
神戸地決定平成6.12.8知的裁集26巻3号1323頁「ハートカップ事件」……… 226
大阪高判決平成6.12.26判時1553号133頁「三和化工事件」………… 125, 148
横浜地川崎支決定平成7.2.15審決取消訴訟判決集55号326頁
　「オリエンタルダイヤ事件」……………………………………………… 147
東京地判決平成7.2.22知的裁集27巻1号109頁商標名
　「UNDER THE SUN」……………………………………………… 526
東京高判決平成7.2.22知的裁集27巻1号61頁
　「ワールドファイナンス事件（控訴審）」………………………………… 78
東京地判決平成7.2.27知的裁集27巻1号137頁 ……………………………… 74
大阪地判決平成7.2.28判時1530号96頁
　「ビル排煙ダクト用部材事件」…………………………… 177, 179, 274
東京高判決平成7.3.1知的裁集27巻1号17頁
　「歌謡スナックシャネル事件」…………………………………………… 84
東京高判決平成7.3.29判時1565号131頁商標名
　「Gibelty」の図形の結合商標 ……………………………………… 485
大阪地判決平成7.5.30知的裁集27巻2号427頁「its事件」………………… 32
京都地判決平成7.6.22判タ893号277頁「アーバンホテル伏見事件」……… 82
金沢地決定平成7.6.8知的裁集27巻2号472頁「セブンスター事件」……… 30
東京地決定平成7.10.16判時1556号83頁「司法試験塾開業事件」……… 123, 126
仙台地判決平成7.12.22判時1589号103頁「コメット事件」………………… 145
大阪地判決平成7.7.11判時1160号116頁「テーブル事件」………… 37, 513
大阪地判決平成7.7.11判時1544号201頁商標名「Ys」………………… 512
仙台地判決平成7.7.28判時1547号121頁「東北アイチ事件」……… 56, 248

大阪地判決平成7.8.31審決取消訴訟判決集53号382頁「ぬいぐるみ事件」… 199
東京高判決平成7.9.26判時1549号11頁
　　「野村証券損失補償株主代表訴訟事件」………………………… 388
大阪地判決平成7.9.28知的裁集27巻3号580頁「清流音羽流事件」……… 79, 231
大阪地判決平成7.9.28判タ901号245頁「バーキンセブン事件」………… 235
東京高判決平成8.1.25知的裁集28巻1号1頁「AsaX事件」………………… 61
大阪地判決平成8.1.25判時1574号100頁「東京フレックス事件」………… 79
東京高判決平成8.1.30判時1563号134頁…………………………………… 477
大阪地判決平成8.2.29判時1573号113頁「ガスセンサ事件」………… 36, 67
大阪地決定平成8.3.29知的裁集28巻1号140頁「サンダル事件」……… 30, 75, 104
大阪地判決平成8.4.16判タ920号232頁
　　「かつら顧客名簿事件」…………………………… 131, 137, 142, 143
東京高判決平成8.4.17知的裁集28巻2号406頁「SPA」と図形の結合商標 … 486
千葉地判決平成8.4.17判時1598号142頁商標名「WALKMAN」 ……… 434, 435
大阪地判決平成8.5.30判時1591号99頁「Crocodil」の文字と図形の結合商標 520
東京高判決平成8.7.18知的裁集28巻3号694頁商標名「トラピスチヌの丘」… 579
京都地判決平成8.9.5判決速報257号12頁「コトブキ事件 ………………… 65
東京高判決平成8.9.12判決速報259号「リヴェール事件」………………… 80
大阪地判決平成8.9.26判決速報258号12頁「ヘアピン事件」………… 178, 274
東京高判決平成8.10.2知的裁集28巻4号695頁商標名「CALGEN」 ……… 525
神戸地判決平成8.11.25判時1603号115頁「ホテルゴーフルリッツ事件」……… 79
東京高判決平成8.11.26判時1593号97頁
　　「Princess Cruises」と図形の結合商標…………………………… 569
大阪地判決平成8.11.28知的裁集28巻4号720頁「長尺ホース事件」………… 105
名古屋高判決平成8.12.19判タ955号258頁「万屋事件」…………………… 356
東京地判決平成9.2.21判時1617号120頁「キッズシャベル事件」…… 36, 75, 272
東京地判決平成9.3.7判時1613号134頁「ピアス孔用保護具事件」………… 111
最高三小判決平成9.3.11民集51巻3号1055頁商標名
　　「小僧」………………………………………… 457, 470, 484, 514, 553, 546
大阪高判決平成9.3.25判時1626号132頁「音羽流事件」…………………… 47
東京地判決平成9.3.31判時1607号94頁「龍村帯事件」……………… 36, 56, 75

東京地判決平成9.4.9判時1629号70頁「日本遊技銃協同組合事件」………… 402
東京高判決平成9.6.25知的裁集29巻2号520頁 …………………………… 490
東京地判決平成9.6.27判時1610号112頁「キャリーバッグ事件」………… 104
最高三小判決平成9.7.1民集51巻6号2299頁「BBS事件」………………… 234
東京地判決平成9.10.6判時1630号127頁「塩酸セトラキサート事件」……… 141
東京高判決平成9.11.11判時1640号155頁（商標名「やんばる, 山原」…… 443
大阪地判決平成9.12.9判タ967号237頁商標名「古潭」………………… 533, 537
東京高判決平成10.2.26判時1644号153頁
　　「ドラゴン・ソードキーホルダー事件」………………………… 109, 111
東京地判決平成10.2.27判タ974号215頁
　　「エレクトリックギター事件」………………………………………… 55
東京地判決平成10.3.13判時1639号115頁「東急高知事件」………………… 47, 80
東京地判決平成10.3.20判例不競法1162-2-35頁
　　「トラサルディ事件」……………………………………………………… 86
東京高判決平成10.3.25知的裁集30巻1号102頁
　　（意匠に係る物品名「ゴム紐」）………………………………………… 239
東京高判決平成10.6.30 知的裁集30 巻2号396頁商標名
　　「アフタヌーンティー」………………………………………………… 579
東京高判決平成10.6.30判時1666号131頁「KELME」と足跡の結合商標 … 489
東京高判決平成10.7.16判タ983号264頁商標名「一二支箸」……………… 525
東京高判決平成10.7.22判時1651号130頁商標名「オールウエイ」………… 527
東京高判決平成10.8.4判時1660号2頁商標名「御柱祭」…………………… 488
最高一小判決平成10.9.10判時1655号160頁「スナックシャネル事件」…… 71, 85
東京地判決平成10.9.10判時1656号137頁「水処理装置構造情報事件」…… 135
大阪地判決平成10.9.10判時1659号105頁「タオルセット事件」…………… 110
大阪地判決平成10.9.17判タ1021号258頁
　　「オーブントースター用網焼プレート事件」………………………… 110
東京地判決平成10.9.29判時1666号136頁商標名「CONTINENTAL」……… 504
東京地判決平成10.10.30判時1673号144頁商標名「ELLE エル」………… 489
最高三小判決平成10.12.18審決集45巻467頁……………………………… 385
大阪地判決平成10.12.22知的裁集30巻4号1000頁「タンク事件」… 124, 148, 150

東京地判決平成11.1.18判タ997号262頁商標名「エレッセ」‥‥‥‥‥‥‥ 520
東京地判決平成11.1.28判時1670号75頁「ポロシャツ並行輸入事件」‥‥‥ 197
東京地判決平成11.1.28判時1670号75頁商標名「FRED PERRY」‥‥‥‥ 520
東京地判決平成11.2.19判時1688号163頁 ‥‥‥‥‥‥‥‥‥‥‥‥‥ 33, 82
名古屋地豊橋支部判決平成11.2.24判タ1026号279頁
　「健康食品販売組織事件」‥‥‥‥‥‥‥‥‥‥‥‥‥‥‥‥‥‥‥‥ 199
東京地判決平成11.2.25判時1682号124頁「エアソフトガン事件」‥‥‥‥ 107
大阪地判決平成11.3.11判タ1023号257頁「セイロガン糖衣A事件」‥‥‥‥87
東京高裁判決平成11.3.24判時1683号138頁商標名「Juventus」‥‥‥‥‥ 458
東京地判決平成11.4.22判決速報289号13頁「誕生石ブレスレット事件」‥‥ 251
東京地判決平成11.4.28判時1691号136頁商標名「ウイルスバスター」‥‥ 541
東京地判決平成11.5.31判時1692号122頁商標名
　「KING Cobra」の文字と図形の結合商標 ‥‥‥‥‥‥‥‥‥‥‥ 540
東京高判決平成11.6.24判タ1001号236頁「キャディバッグ事件」‥‥‥‥ 251
東京地判決平成11.6.29判時1693号139頁
　「プリーツ・プリーズ事件」‥‥‥‥‥‥‥‥ 36, 43, 53, 75, 110, 252
東京地平成11.7.23判決‥‥‥‥‥‥‥‥‥‥‥‥‥‥‥‥‥ 133, 143, 144
東京地判決平成11.7.23判時1694号138頁「美術工芸品顧客名簿事件」‥‥‥ 131
東京地判決平成11.8.30判時1696号145頁「ときめきメモリアル事件」‥‥ 376
大阪地判決平成11.8.31「コンクリート用連結枠事件」‥‥‥‥‥‥‥‥‥ 197
大阪地判決平成11.8.31判決速報294号17頁「コンクリート用連結枠事件」‥ 190
東京地判決平成11.8.31判時1702号145頁 ‥‥‥‥‥‥‥‥‥‥‥‥‥‥‥33
大阪地判決平成11.9.16判タ1044号246頁「アリナミン事件 ‥‥‥‥ 87, 272
東京地決定平成11.9.20判時1696号76頁「iMac事件」‥‥‥‥‥ 36, 75, 249
東京高判決平成11.9.30判時1699号140頁商標名「ORGANIC」‥‥‥‥‥ 443
東京高判決平成11.9.30判時1704号131頁商標名
　「財団法人日本美容医学研究会」‥‥‥‥‥‥‥‥‥‥‥‥‥‥‥‥‥ 583
東京地判決平成11.10.21判時1701号152頁商標名「ヴィラージュ」‥‥‥‥ 508
東京地判決平成11.11.17判決速報296号16頁「キューピー事件」‥‥‥‥‥‥87
東京高判決平成11.11.29判時1710号141頁商標名「母衣旗・ほろはた」‥‥ 449
東京高判決平成11.11.30判時1713号108頁商標名「特許管理士」‥‥‥‥‥ 449

判決索引

大阪高裁平成11.12.16 ……………………………………………………… 80
東京高判決平成11.12.21判時1707号155頁商標名「Polo club」…………… 581
東京地判決平成11.12.21判時1709号83頁
　「電路支持材事件 ……………………………………………………… 37, 96
東京高判決平成11.12.22 判時1710号147頁
　（商標名「ドゥーセラム・DUCERAM」）…………………………… 450
大阪高判決平成11.12.27裁判所HP「遊戯銃部品事件」………………… 197
東京地判決平成12.1.17判時1708号146頁「ポップ書体事件」…………… 26
東京高判決平成12.2.17判時1718号120頁「空調ユニット事件」………… 227
最高一小決定平成12.2.24判時1715号173頁商標名「SHARP」………… 511, 590
東京高判決平成12.2.24判時1719号122頁「エレキギター事件」………… 95
東京地判決平成12.3.23判時1717号132頁商標名「Juventus」…………… 540
大阪地判決平成12.3.30裁判所HP「プラスチック製ハンガー事件」…… 196
最高三小平成12.4.11判決 ……………………………………………… 542, 543
東京地判決平成12.4.26判時1716号118頁「紙幣印刷機事件」…………… 117
東京地判決平成12.5.30裁判所HP「フェロコンハード事件」…………… 197
東京地判決平成12.6.28判タ1032号281頁商標名「501, 505」…………… 525
東京地判決平成12.6.28判時1713号115頁「ジーンズ事件」…………… 32, 75
最高三小判決平成12.7.11判時1721号141頁商標名「レールデュタン」… 455
東京地平成12.7.12判決「ミニゲーム機事件」…………………………… 252
東京地判決平成12.7.18判時1729号116頁「リズシャルメル事件」……… 86
最高二小判決平成12.7.7民集54巻6号1767頁 ………………………… 388, 402
東京高判決平成12.8.10判時1730号128頁青色縞模様の図形商標 ……… 445
大阪地判決平成12.8.29裁判所HP「ガス点火器事件」………………… 55, 76
東京高判決平成12.8.29判時1737号124頁商標名「シャディ」………… 424
東京高判決平成12.9.6裁判所HP「コシヒカリ事件」…………………… 274
最高一小判決平成12.9.7民集54巻7号28481頁「ゴナ書体事件」……… 98
東京地判決平成12.9.28判時1764号104頁「医療器具顧客名簿事件」…… 135
東京高判決平成12.10.10 判時1737 号118 頁商標名「Alcom」………… 508
東京高判決平成12.10.25判時1743号126頁商標名「紅豆杉」………… 443

東京地判決平成12.10.31判タ1097号275頁
　　「放射線測定機械器具顧客名簿事件」……………………… 131, 133, 143
大阪地判決平成12.11.9裁判所HP「肩掛けカバン事件」…………… 180, 274
東京地判決平成12.11.13判時1736号118頁
　　「墓石顧客名簿事件」……………………………… 131, 133, 142, 273
東京高判決平成12.12.5「不正競争防止法における商品形態の模倣」437頁
　　「ミニゲーム機事件」………………………………………………… 252
富山地判決平成12.12.6判時1734号3頁「JACCS事件」 ………… 50, 87, 166, 172
東京地判決平成12.12.7判時1771号111頁
　　「運行管理業務顧客情報事件」………………………………… 135, 138
大阪地判決平成12.12.14裁判所HP「舞茸栄養補助食品事件」……… 206
東京高判決平成12.12.21判時1746号129頁プラスチック製鉛筆形状の
　　立体商標…………………………………………………………… 463
東京地判決平成12.12.26判時1742号128頁「磁気活水機事件」……… 110, 111
東京地判決平成13.1.22判時1738号107頁商標名「タカラ」…………… 470, 525
東京地判決平成13.1.29裁判所HP「SONYBANK.CO.JP事件」……… 166
東京地判決平成13.1.30判時1742号128頁「小型ショルダーバッグ事件」…… 110
東京高判決平成13.1.31判時1744号120頁商標名「ESPRIT」………… 424, 490
東京高判決平成13.2.2商標・意匠・不正競争判例百選41事件商標名
　　「DALE CARNEGIE」………………………………………………… 566
仲裁センター裁定平成13.2.5「goo.co.jp事件」………………………… 160
大阪高判決平成13.2.8裁判所HP「自動車補修用塗料事件」………… 186
東京地判決平成13.2.12裁判所HP商標名「カンショウ乳酸」………… 542
東京高判決平成13.2.22判時1749号146頁 ……………………………… 455
大阪地判決平成13.2.27裁判所HP「ブランドバッグ事件」…………… 180
東京高判決平成13.2.28判時1752号129頁ブロックおもちゃに彩色を施した
　　図形商標…………………………………………………………… 445
東京高判決平成13.3.6裁判所HP商標名「ベークノズル」…………… 537
仲裁センター裁定平成13.3.12「itoyokado.co.jp事件」………………… 163
東京地判決平成13.3.27判時1750号135頁「システム什器事件」……… 37
仲裁センター裁定平成13.3.30「icom.ne.jp事件」……………………… 158

判決索引

東京地判決平成13.4.24判時1755号43頁
　　「J-PHONEドメイン名事件」………………………………… 167, 172, 197
京都地判決平成13.5.24裁判所HP商標名「西川」………………………… 554
仲裁センター平成13.5.29裁定「MP3.CO.JP事件」……………………… 169
東京高判決平成13.5.30判時1797号150頁キューピー人形の図形商標 ……… 451
東京高判決平成13.6.27前掲百選42事件登録商標
　　「Magic」の欧文字を横書きして ………………………………… 569
東京高判決平成13.7.12判時1759号120頁商標名「INTEGRAN」………… 510
東京高判決平成13.7.17判時1769号98頁乳酸菌飲料容器の立体商標……… 463
東京高判決平成13.7.18判時1766号70頁商標名「HELVETICA」……… 443
東京地判決平成13.7.19判時1815号148頁「呉青山学院事件」……………… 87
東京地判決平成13.8.27裁判所HP「消防試験情報事件」………………… 135
東京地判決平成13.8.28判時1775号143頁
　　「パチスロ訴訟記者会見事件（原審）」……………………………… 197
東京地判決平成13.8.31判時1760号138頁「エルメスバーキン輸入事件」…… 251
東京地判決平成13.9.20裁判所HP「携帯電話機用アンテナ事件」………… 272
東京地判決平成13.9.20判時1801号113頁「金属粉末特許侵害告知事件」…… 200
東京高判決平成13.9.26判時1770号136頁「小型ショルダーバッグ事件」 105, 110
東京地平成13.9.28判決東京地判決平成17.4.13裁判所HP商標名
　　「レガシィクラブ」………………………………………………… 543
東京地判決平成13.9.28判時1781号150頁「○の中にMを表した商標」……… 542
東京地判決平成13.9.6判時1804号117頁「宅配鮨事件」…………… 96, 104, 106
東京高判決平成13.10.1判時1769号103頁商標「住宅公園」……………… 444
東京高判決平成13.10.31商標懇・商標関係判決集2巻56頁………………… 442
東京地判決平成13.10.31判時1776号101頁楓の図形と
　　「「Canadian maple syrup」の結合商標 ……………………………… 550
東京高判決平成13.11.8商標懇・商標関係判決集2巻57頁商標名
　　「BOTTLE FLOWER」………………………………………… 443
東京地判決平成13.11.28裁判所HP「ペットフード事件」………………… 186
東京高判決平成13.12.12判時1780号137頁商標名「痛快！」……………… 488
東京高判決平成13.12.19判時1781号142頁「ルービック・キューブ事件」… 43

東京高判決平成13.12.26判時1780号103頁「ジーンズ事件」……………… 32, 76
東京地判決平成13.12.27裁判所HP「医師保管情報事件」………………… 132
東京高判決平成13.12.28判時1808号96頁釣竿用導糸環の立体商標 ………… 463
東京高判決平成14.1.30判時1782号109頁商標名「角瓶」………………… 442, 445
東京地判決平成14.1.30判時1782号117頁「パイプ・ジョイント事件」………… 37
東京地判決平成14.1.30判時1798号137頁商標名「SAC」…………………… 443
東京高裁判決平成14.1.31判時1815号123頁「エアソフトガン事件」…… 107, 240
東京地判決平成14.2.14判時1817号143頁商標名「アステカ」……………… 513
最高三小判決平成14.2.22判時1779号81頁商標名「ETNIES」…………… 586
最高三小判決平成14.2.28判時1779号87頁商標名「水沢うどん」………… 586
東京地判決平成14.2.5判時1802号145頁「ダイコク原価セール事件」……… 132
東京地判決平成14.3.26判時1805号140頁「バイアグラ事件」………… 67, 521
大阪地判決平成14.4.9「ワイヤーセットブラシ事件」……………………… 252
大阪地判決平成14.4.9判時1826号132頁「ワイヤーブラシセット事件」…… 105
東京地判決平成14.4.24裁判所HP「パネル体事件」………………………… 193
東京高判決平成14.4.25裁判所HP商標名「レガシィクラブ」……………… 543
東京高判決平成14.4.25判時1829号123頁商標名「真葛」…………………… 538
東京地判決平成14.4.26裁判所HP「goo.co.jp事件」………………………… 166
東京地判決平成14.5.31判時1800号145頁商標名「ぼくは航空管制官」…… 541
東京高判決平成14.5.31判時1819号121頁「電路支持材事件」………………… 37
東京高判決平成14.6.19判時1794号119頁商標名「壁の穴」………………… 572
東京高判決平成14.6.26判時1792号115頁「パチスロ訴訟記者会見事件」…… 191
東京高判決平成14.6.27商標懇・商標関係判決集2巻103頁………………… 442
名古屋地判決平成14.6.28「防災平板瓦事件」………………………………… 105
名古屋地判決平成14.6.28裁判所HP「防災平板瓦事件」…………………… 106
大阪高判決平成14.7.5判タ1113号245頁「歌川事件」………………………… 47
東京地判決平成14.7.15判時1796号145頁「mp3.co.jp事件」………………… 168
東京高判決平成14.7.18裁判所HP金塊を模したチョコレートの立体商標 … 463
東京地判決平成14.7.30知財管理53巻4号579頁
　　「携帯電話機用アンテナ事件」…………………………………………… 251
東京高判決平成14.7.31判時1802号139頁商標名「ダリ／DARI」………… 450

判決索引

東京高判決平成14.8.29判時1807号128頁
　「金属粉末特許侵害告知事件（控訴審）」……………………………… 201
東京高判決平成14.9.20裁判所HP商標名「ブルー」…………………………… 572
東京地判決平成14.10.1裁判所HP「クレープハウス・ユニ事件」………… 128
東京高判決平成14.10.8裁判所HP商標名「ETNIES」………………………… 458
東京地判決平成14.10.15判時1821号132頁「Budweiser事件」………… 87, 88, 540
東京地判決平成14.10.22裁判所HP「流通用ハンガー事件」………………… 272
東京地判決平成14.11.27判時182号138頁「カタログ販売衣料事件」………… 110
東京高判決平成14.12.5判時1814号82頁「ノエビア化粧品事件」…………… 401
東京地判決平成14.12.12判時1824号93頁「無洗米事件」…………………… 193
大阪地判決平成14.12.19裁判所HP「アルミハンディライト事件」………… 272
東京地判決平成14.12.19判時1823号135頁「コンクリート製斜面受圧板事件」 43
福岡地判決平成14.12.24判タ1156号225頁
　「半導体全自動封止機械装置等技術情報事件」……………………… 144
東京地判決平成14.12.27判タ1136号237頁「ピーターラビット事件」… 76, 249
東京地判決平成15.1.28判時1828号121頁「PIM事件」……………………… 102
東京地判決平成15.2.20裁判所HP「マイクロダイエット事件」……………… 272
東京地判決平成15.2.20判時1824号106頁「無洗米製造装置事件」………… 193
大阪地判決平成15.2.27「セラミックコンデンサー設計図事件」…………… 141
大阪地判決平成15.2.27知財管理54巻1号69頁
　「「セラミックコンデンサー設計図事件」…………………………… 134
最高一小判決平成15.2.27判時1817号33頁
　「FRED PERRY」と月桂樹の図形商標 ……………………………… 521
最高一小判決平成15.2.27民集57巻2号125頁「並行輸入商標権侵害事件」… 234
東京高判決平成15.5.21判時1830号124頁商標名「力王」…………………… 455
東京高判決平成15.5.28判タ1139号262頁 ……………………………………… 550
東京地判決平成15.6.27判時1839号143頁「AFTO事件」……………… 58, 355
東京地判決平成15.6.27判時1840号92頁商標名「花粉」………… 470, 549, 552
東京地判決平成15.6.30判時1831号149頁商標名「ボディグローヴ」… 521, 557
東京地判決平成15.7.9判時1833号142頁「ユニット家具事件」………… 37, 104
東京高判決平成15.7.16判時1836号112頁商標名「ADAMS」…………… 449, 543

名古屋地判決平成15.7.24判時1853号142頁「刺しゅう糸事件」……………34
東京高判決平成15.8.29商標懇・商標関係判決集2巻185頁角瓶の立体商標… 463
東京地判決平成15.8.29判時1886号106頁 商標名「ENOTECA」………… 491
東京地判決平成15.8.29判時1886号106頁「エノテカ事件」………………61
東京高判決平成15.9.25裁判所HP「マイクロダイエット事件」………… 272
大阪地判決平成15.9.30 商標名「KYOKUSHIN」………………………… 557
東京高判決平成15.9.30判時1843号143頁「サイボウズ事件」…………… 199
大阪地判決平成15.9.30判時1860号127頁商標名「KYOKUSHIN」 …… 541
東京高判決平成15.10.29判時1845号127頁商標名「管理食養士」……… 449
東京地判決平成15.10.30判時1861号110頁「モデルハウス事件」……… 106
東京地判決平成15.10.31「換気口用フィルタ事件」……………………… 106, 111
東京地判決平成15.10.31判時1849号80頁「換気口用フィルタ事件」……96
東京地判決平成15.11.13「人材派遣業顧客名簿事件」…………………… 150
東京地判決平成15.11.13判例百選196頁「人材派遣業顧客名簿事件」…… 148
仲裁センター裁定平成15.11.18「IBM-NET.CO.JP事件」……………… 159
東京地判決平成15.12.18判時1852号140頁商標名「PUMA」…………… 521
東京地判決平成16.1.28判時1847号60頁「常時接楽事件」……………… 193
最高二小平成16.2.13民集58巻2号311頁「競争馬パブリシティ事件」…… 377
大阪地判決平成16.2.19裁判所HP「jiyuuken.co.jp事件」………………… 169
東京地判決平成16.3.15判時1871号113頁「さわやかさん事件」………… 193
東京地判決平成16.3.31判時1860号119頁「ECHOR CLUB事件」……… 193
東京高判決平成16.3.31判時1865号122頁「流通用ハンガー事件」………34
東京地判決平成16.3.5判時1854号153頁「成城調剤薬局事件」……………83
東京地判決平成16.4.13判時1862号168頁
　「ノックスエンタテインメント事件」…………………………………… 136
東京高判決平成16.4.22知財管理55巻6号699頁「武蔵情報システム事件」…… 148
東京地判決平成16.5.26号裁判所HP商標名「カラオケ館」……………… 552
東京地判決平成16.5.28判時1868号121頁「KITAMURA事件」……………83
大阪地判決平成16.6.1 ……………………………………………………… 187
最高三小判決平成16.6.8判時1867号108頁商標名
　「LEONARD KAMHOUT」……………………………………………… 453

判決索引

大阪地判決平成16.6.9「関西国際空港新聞販売事件」……………………… 405
東京地判決平成16.6.23判時1868号131頁「耐震補強金具事件」……………… 193
東京地判決平成16.6.23判時1872号109頁商標名「brother」………………… 526
東京地判決平成16.7.14判時1879号71頁「ブブカスペシャル事件」………… 368
最高一小判決平成16.7.15判時1870号15頁「新・ゴーマニズム宣言事件」… 191
大阪地判決平成16.7.15判例百選198頁「maxellgrp.com事件」……………… 169
東京高判決平成16.7.26判時1874号122頁商標名「SUMCO」………………… 504
東京地判決平成16.7.28判時1878号129頁「カルティエ事件」………………… 76
東京地判決平成16.7.2判時1890号127頁「ラ・ヴォーグ南青山事件」……… 249
東京高判決平成16.8.9判時1875号130頁商標名「CECIL McBEE」………… 454
東京高判決平成16.8.31商標懇・商標関係判決集2巻64頁「国際自由学園」… 454
東京地判決平成16.8.31判時1876号136頁「ジャストシステム事件」………… 199
東京高判決平成16.8.31判時1883号87頁商標名「インクボトル」…………… 551
東京高判決平成16.8.31判時1888号138頁商標名「WORLD BEAR」………… 581
大阪地判決平成16.9.13「ヌーブラ事件」……………………………………… 273
大阪地判決平成16.9.13判時1899号142頁「ヌーブラ事件」…………………… 253
東京地判決平成16.9.22判時1887号149頁
　「トーレラザールコミュニケーションズ事件」………………………… 122
東京地判決平成16.9.29裁判所HP「チェーン付カットソー形態模倣事件」… 269
仲裁センター裁定平成17.1.7「TOEIC.CO.JP事件」……………………… 174
東京地判決平成16.9.30裁判所HP「ペットサロン開業事件」………………… 128
東京高判決平成16.10.19判時1904号128頁「コジマ価格表示事件」………… 185
大阪地判決平成16.11.9判時1897号103頁「ミーリングチャック事件」…… 43, 97
東京地判決平成16.11.24判時1896号141頁「ドール用素体事件」…………… 193
東京地判決平成16.11.29裁判所HP「読売企画販売事件」…………………… 355
大阪地判決平成16.11.30判時1902号140頁商標名「DUNLOP」……………… 522
東京地判決平成16.12.15判時1928号126頁「饅頭事件」……………………… 250
東京地判決平成17.2.15判時1891号147頁「マンホール足掛具事件」………… 43
東京地判決平成17.2.23判タ1182号337頁「アートネイチャー事件」………… 123
東京地判決平成17.2.25判時1897号98頁「薬品リスト事件」………………… 135
東京高判決平成17.3.16裁判所HP「アザレ東京事件」………………………… 24

東京地判決平成17.3.30判時1899号137頁
　「ノースリーブ型カットソー事件（控訴審）」………………… 107
東京地判決平成17.4.13裁判所HP商標名「レガシィクラブ」……………… 543
大阪高判決平成17.4.28判例不正競業法1178号363頁
　「ろうそく比較広告事件」…………………………………… 184, 274
大阪地判決平成17.5.24裁判所HP「工業用刃物事件」…………………… 128, 136
東京地判決平成17.5.24判時1933号107頁
　「マンホール用足掛け具事件」……………………………… 43, 105
東京地判決平成17.6.21判タ1208号300頁商標名「IP FIRM」……………… 444
大阪高判決平成17.7.5 ……………………………………………………… 406
知財高判決平成17.7.6商標懇・商標関係判決集3巻140頁 ……………… 442
最高二小判決平成17.7.11判時1907号125頁商標名
　「RUDOLPH VALENTINO」……………………………………… 585
最高二小判決平成17.7.22判時1908号164頁「国際自由学園事件」……… 362, 454
大阪地判決平成17.7.25判時1926号130頁商標名「SVA」………………… 526
仲裁センター裁定平成17.8.10「WALMART.JP事件」 …………………… 163
知財高判決平成17.8.10等裁判所HP「カーワックス事件」……………… 187, 274
大阪地判決平成17.8.25判時1931号92頁「文化自動車部品工業事件」…… 127
東京地判決平成17.8.31判タ1208号247頁「＠ブブカ事件」……………… 370
大阪地判決平成17.9.8判時1927号134頁「ヌーブラ事件」……………… 106, 111
大阪地判決平成17.9.22判時1935号148頁
　「レンジフードのフィルタ装置事件」……………………………… 194
知財高判決平成17.10.6裁判所HP「ヨミウリ・オンライン事件」………… 97
東京地判決平成17.10.11 判時1923号92頁商標名「GEROVITAL　H 3」…… 544
知財高判決平成17.10.27裁判所HP「超時空要塞マクロス事件」………… 34
最高一小判決平成17.11.10民集59巻9号2428頁
　「毒入りカレー事件イラスト画事件」……………………………… 360
知財高判決平成17.11.17「国際自由学園」……………………………… 454
大阪地判決平成17.12.1判時1937号137頁商標名「GUCCI」 …………… 551
知財高判決平成17.12.5裁判所HP「ノースリーブ型カットソー事件」…… 107
大阪地判決平成17.12.8判時1934号109頁商標名「中古車の110番」……… 436

東京地判決平成17.12.13判時1944号139頁
　「エスカレーターハンドレール広告フィルム事件」………………… 194
知財高判決平成17.12.20前掲百選43事件商標名「PAPA JOHN'S」………… 572
東京地判決平成17.12.21判タ1141号245頁
　「本当にあったH（エッチ）な話」…………………………………… 552
知財高裁判決平成17.12.27裁判所HP「国際自由学園事件」………………… 363
名古屋地判決平成18.1.11裁判所HP「suzuken-fc.com事件」………………… 172
東京地判決平成18.1.13判時1938号123頁「PTPシート事件」………………… 32, 33
神戸地判決平成18.1.19平成16年（行ウ）29号
　「税関長認定処分取消事件」…………………………………………… 345
最高二小判決平成18.1.20民集60巻1号137頁「天理教豊文分教会事件」……… 46
大阪地判決平成18.1.23裁判所HP「ヌーブラ事件」………………… 106, 253, 269
東京地判決平成18.2.21裁判所HP商標名「TOMY」………………………… 552
東京地判決平成18.3.30判時1958号115頁「平成電電事件」………………… 132
仲裁センター裁定平成18.4.3「MERCEDES.JP事件」………………………… 163
大阪地判決平成18.4.18判タ1238号292頁商標名「サンヨーデル」………… 435
大阪高判決平成18.4.19平成17年2866号裁判所HP
　「ヌーブラ事件（控訴審）」………………………………………… 106, 110
東京高判決平成18.4.26判時1954号47頁
　「ブブカスペシャル事件（控訴審）」………………………………… 369
東京地判決平成18.4.26判時1964号134頁「ポケット付バッグ事件」………… 251
東京地判決平成18.5.24判時1956号160頁
　「プロジェクトマネジメント業務事件」……………………………… 122
知財高判決平成18.5.25知財管理57巻3号425頁商標名
　「WHITE FLOWER」…………………………………………………… 572
東京地判決平成18.5.25判タ1234号222頁「PTPシート事件」………………… 30
名古屋地平成18.6.8判決 ……………………………………………………… 550
知財高判決平成18.6.12判時1941号127頁商標名「三浦葉山牛」…………… 465
最高二小判決平成18.6.23判時1943号146頁「イオ信用組合事件」………… 347
知財高判決平成18.6.29判時2000号95頁登録商標：「速脳速聴」」………… 569
名古屋地判決平成18.6.8判時1954号144頁商標名「NGK」………………… 517

東京地判決平成18.7.26判タ1241号306頁「ロレックス事件」……… 76, 272, 277
大阪地判決平成18.7.27判タ1229号317頁「正露丸事件」……………………82
東京地判決平成18.7.6判時1951号106頁「養魚飼料用添加物事件」………… 194
神戸地判決平成18.8.4判時1960号125頁「ダニ捕りマット事件」……… 35, 186
東京地判決平成18.9.15判時1973号131頁
　　「パルナパリンナトリウム注射薬事件」………………………………… 135
知財高判決平成18.9.20知財管理57巻7号1161頁商標名
　　「Anne of Green Gables」………………………………………………… 450
東京地判決平成18.9.26判時1962号147頁「キューピー事件」………………… 194
東京地判決平成18.9.28判時1954号137頁「耳かき事件」………………………43
知財高判決平成18.10.18判例百選206頁
　　「キシリトールガム比較広告事件」……………………………… 179, 184, 203
東京地判決平成18.10.26判時1974号171頁商標名「一枚甲」………………… 470
仲裁センター裁定平成18.11.6「STARBUCKS.JP事件」……………………… 159
大阪地判決平成18.11.16判時1978号141頁「背負いリック事件」…………… 111
仲裁センター裁定平成18.11.21「RABITON.CO.JP事件」…………………… 162
知財高判決平成18.11.29判時1950号3頁お菓子の立体商標……………………… 463
大阪地判決平成18.12.21裁判所HP商標名「ウォークバルーン」…………… 552
東京地判決平成18.12.26判時1963号143頁商標名「BURBERRY」………… 522
仲裁センター裁定平成19.1.25「CYBERLINK.JP事件」……………………… 163
東京地判決平成19.1.26判タ1240号320頁「杏林ファルマ事件」………………80
大阪地判決平成19.1.30判時1984号86頁
　　「ファミリア・ピーターラビット事件」………………………………… 178
知財高判決平成19.2.1裁判所HP商標名「介護タクシー」…………………… 443
大阪地判決平成19.2.15裁判所HP「生理活性物質測定法事件」……………… 194
知財高判決平成19.2.28判時2006号107頁商標名「イブペイン」…………… 581
東京地判決平成19.3.13裁判所HP「dentsu.vc等事件」……………………… 169
大阪地判決平成19.3.22判時1992号125頁「大阪みたらし元祖だんご事件」… 187
知財高判決平成19.3.28判時1981号79頁商標名「本生」……………………… 443
知財高判決平成19.4.17裁判所HP商標名「Dona　Benta」………………… 458
大阪地判決平成19.4.26判時2006号118頁「連結ピン事件」……………………44

知財高判決平成19.5.15「レンジフードのフィルタ装置事件（控訴審）」……201
大阪地判決平19.5.24判時1999号129頁「減速機部品図事件」………………135
東京地判決平19.5.25判時1989号113頁「ローソク事件」………………197, 272
東京地判決平19.5.31裁判所HP「オービック事件」」……………………………272
大阪地判決平19.6.11裁判所HP「ジムニーパーツ事件」………………………196
知財高判決平19.6.13裁判所HP
　　「ジャパン・スポーツ・マーケティング事件」………………………………350
知財高判決平19.6.27判タ1252号132頁懐中電灯の立体商標 ………………464
知財高判決平19.6.27判時2004号137頁商標名「ココロ／KOKORO」……563
大阪地判決平19.7.26裁判所HP「ウェブサイトリンク設定事件」…………197
大阪地判決平19.7.3判時2003号130頁「めしや食堂事件」……………………49
東京地判決平19.8.27判タ1282号233頁「無罪判決ニュース放映事件」……361
知財高判決平19.8.30裁判所HP「ゴムシート製造技術事件」…………………254
知財高判決平19.9.27裁判所HP商標名「東京メトロ」………………………431
大阪高判決平19.10.11判時1986号132頁「正露丸事件」…………………27, 82
東京地判決平19.10.23裁判所HP「人工魚礁事件」…………………………111
名古屋高裁金沢支部判決平成19.10.24判時1992号117頁
　　「氷見うどん事件 ………………………………………………………186, 274
東京地判決平19.10.30裁判所HP
　　「ハウスメーカー営業担当者情報事件」………………………………………138
知財高判決平19.10.31判時2005号70頁商標名「COMPASS」………………565
知財高判決平19.10.31判時2028号103頁
　　「アクティブマトリクス型表示装置事件」……………………………………202
仲裁センター裁定平成19.12.14「MOZILLA.JP事件」………………………163
大阪高判決平19.12.20裁判所HP「東京データキャリ事件」………………127
知財高判決平19.12.20裁判所HP商標名「INTELASSET」…………………454
東京地判決平19.12.20判時1998号114頁「プラスチックシート事件」……200
東京地判決平19.12.26裁判所HP「楽らく針事件」…………………………269, 276
知財高判決平20.1.17裁判所HP「婦人服デザイン事件」……………………107
仲裁センター裁定平成20.1.4「firefox.jp事件」………………………………163
名古屋地判決平成20.2.14裁判所HP 商標名「BRIDE」……………………536

大阪地判決平成20.3.11判時2025頁145号商標名「DAKS」……………… 554
名古屋地判決平成20.3.13判時2030号107頁「ロボットシステム事件」……… 273
知財高判決平成20.3.19平成19年10057号裁判所HP「ELLE事件」……………80
知財高判決平成20.3.27裁判所HP「イークスマーク事件」………………… 268
知財高判決平成20.4.9判時20007号89頁くまの図形商標……………………… 581
大阪地判決平成20.4.18判時2035号131頁
　　「LEDチップ秘密保持命令事件」 …………………………………… 289
大阪地判決平成20.5.20裁判所HP
　　「建機・仮設レンタル業向けソフトウェア事件」……………………… 194
知財高判決平成20.5.29判タ1270号29頁瓶の立体商標………………………… 464
大阪地判決平成20.6.10判時2032号146頁商標名「人と地球」………… 489, 557
知財高判決平成20.6.26商標名「CONMAR」…………………………… 457
知財高判決平成20.6.26判タ1297号269頁商標名「CONMAR」……… 451
知財高判決平成20.6.30判時2056号133頁
　　（魚介類の形を表した板状チョコレート）…………………………… 463
東京地判決平成20.7.4裁判所HP「プチホルダー事件」………………………… 227
大阪高平成20.7.18「袋物製品営業情報」……………………………… 134
大阪地判決平成20.7.30裁判所HP「馬券予想情報事件」………………… 135
名古屋地一宮支判決平成20.8.28「取引先奪取事件」…………………… 128
知財高判決平成20.8.28判時2032号128頁商標名「モズライト」……………… 543
知財高判決平成20.9.17判時2031号120号商標名「USBEAR」 ……… 457
東京高判決平成20.9.26公正取引委員会審決集55巻910頁
　　「ストーカ炉談合排除措置事件」…………………………………… 395
東京地判決平成20.9.30裁判所HP「健康食品事件」………………………… 187
東京地判決平成20.9.30平成19年35028号「tokyu事件」……………………89
最高二小判決平成20.9.8判時2021号92頁商標名「つつみのおひなっこや」… 490
大阪高裁判決平成20.10.8平成20年（ネ）第1700号「時効の管理事件」………33
東京高判決平成20.10.9判タ1286号170頁
　　「無罪判決ニュース放映事件（控訴審）」…………………………… 361
大阪地判決平成20.10.14判時2048号91頁「マスカラ容器事件」……………… 269

判決索引

大阪地判決平成20.10.14平成19年（ワ）1688号裁判所HP
　「毛化粧料容器・包装事件」……………………………………………76
仲裁センター裁定平成20.10.6「ALFAROMEO.JP事件」………………… 163
東京地判決平成20.11.18判タ1299号216頁「トータルサービス事件」……… 122
東京地判決平成20.11.26判時2040号126頁「仕入先情報事件」…… 121, 123, 133
大阪地判決平成20.11.4裁判所HP「発熱セメント体情報事件」……………… 138
東京地判決平成20.11.6裁判所HP「Make People Happy事件」……………50
東京地判決平成20.12.24判タ1298号204頁「美容整形外科広告事件」……… 371
大阪地判決平成20.12.25判時2035号136頁
　「LEDチップ秘密保持命令取消事件」……………………………… 293
東京地判決平成20.12.26判時2032号11頁「黒烏龍茶事件」……… 60, 88, 204, 273
大阪地判平成20年.2.7裁判所HP「CLEAR IMPRESSION事件」……………… 267
東京地判決平成21.1.19判時2049号135頁「ソリューション事件」…………… 119
最高三小決定平成21.1.27民事63巻1号271頁「液晶モニター事件」………… 287
知財高判決平成21.2.24 判時2043号127 頁商標名「ELLEGARDEN」……… 578
東京地判決平成21.2.27裁判所HP「マジックコンピュータ事件」……… 153, 154
大阪地判決平成21.3.26判時2050号143頁商標名
　「ケンちゃんギョーザ」……………………………………………… 537, 557
東京地判決平成21.3.27裁判所HP「ハッピーラッキーボンバー事件」……… 102
名古屋高判決平成21.3.5裁判所HP「取引先奪取事件」……………………… 128
東京地判決平成21.4.14判時2047号136頁「産業廃棄物収集車運転手事件」… 361
大阪地判決平成21.4.23裁判所HP「ARK事件」………………………………80
東京地判決平成21.4.27判時2051号132頁「アルゼ事件」…………………… 190
東京地判決平成21.5.14裁判所HP「シェ・ピエール事件」……………………54
知財高判決平成21.5.26判時2047号154頁商標名「末廣精工株式会社」……… 453
知財高判決平成21.5.28判時2081号106頁商標名「ISO-Mount-Extender」… 448
大阪地判決平成21.6.4裁判所HP「マグボトル事件」………………………… 112
大阪地判決平成21.6.9判タ1315号171頁「アトシステム事件」……… 111, 252
知財高判決平成21.6.25判時2051号128頁商標名「忠臣蔵」……………… 434, 566
知財高判決平成21.6.29裁判所HP「美容整形外科広告事件」………………… 371
東京地判決平成21.7.23裁判所HP「コンバース事件」……………………… 250

東京地決定平成21.8.13判時2053号65頁「ストリップショー写真事件」…… 360
知財高判決平成21.8.27判時2060号137頁「ピンク・レディー事件」………… 371
知財高判決平成21.9.8判時2076号89頁商標名「アイディー」……………………… 444
大阪地判決平成21.9.17裁判所HP「青雲事件」……………………………………… 350
大阪地判決平成21.9.17判タ1332号267頁商標名「SWIVEL　SWEEPER」… 552
大阪地判決平成21.9.17判時2047号140頁「スイブルスイーパー事件」… 76, 272
東京地判決平成21.9.29判タ1339号156頁「ロス疑惑事件」……………………… 361
知財高判決平成21.10.13判時2062号139頁商標名「Agatha Naomi」………… 489
知財高判決平成21.10.22判時2067号129頁商標名「タフロタン」…………… 565
知財高裁平成21.10.8判決裁判所HP商標名「DEEP SEA」……………… 527, 566
知財高判決平成21.11.26判時2086号109頁商標名「elle et elle」………… 429, 575
東京地判決平成21.11.27判時2072号135頁
　　「マンション売買仲介業情報事件」…………………………………… 136, 140, 143
大阪地判決平成21.12.10裁判所HP「フロントテーブル事件」……………… 111
知財高判決平成21.12.10判時2089号134頁商標名「INDIAN ARROW」…… 578
知財高判決平成22.1.13判時2095号120頁図形部分と「NANYO」の商標 … 578
大阪地判決平成22.1.19裁判所HP「インテリジェル事件 ……………………………37
大阪高判決平成22.1.22判時2077号145頁 ……………………………………… 442
知財高判決平成22.1.27判時2083号142頁商標名「BOUTIQUE9」…………… 444
東京地判決平成22.1.29裁判所HP「三菱事件（第一審）」……………… 87, 355
知財高判決平成22.2.17判時2088号138頁商標名「ももいちごの里」………… 448
知財高判決平成22.2.3判時2087号128頁商標名「Pink berry」　……… 434, 575
知財高判決平成22.2.3判時2093号131頁商標名「CLUB HOUSE」…………… 435
東京地判決平成22.3.4裁判所HP「エンジニア引抜事件」……………… 127, 133
最高一小平成22.3.25民集64巻2号562頁「取引先奪取事件」……………… 128
知財高判決平成22.3.26知財管理59巻9号1157頁商標名「BRIDE」………… 581
知財高判決平成22.3.29判タ1335号255頁「塗料事件」……………………… 188
知財高判決平成22.3.29判時2080号80頁商標名「SIDAMO」…………… 456, 584
東京地判決平成22.3.30裁判所HP「PCプラントその1事件」…………… 134, 150
知財高判決平成22.4.14判時2093号131頁商標名
　　「CLUBHOUSE／クラブハウス」…………………………………………… 566

判決索引

東京地判決平成22.4.23裁判所HP「樹液シートgenki21事件」………… 54, 250
知財高判決平成22.4.27裁判所HP「コンバース事件（控訴審）」……… 250
東京地判決平成22.4.28裁判所HP「河合我聞事件」……………………… 371
知財高判決平成22.4.28判時2079号104頁商標名「つゝみ」……………… 566, 571
東京地判決平成22.4.28判タ1396号331頁「コエンザイムQ10事件」… 136, 143, 271
大阪地判決平成22.6.17裁判所.HP「日本拳法事件」……………………… 48, 53
知財高判決平成22.6.28判例時報2091号84頁商標名「Bio」……………… 525, 566
知財高判決平成22.6.2裁判所HP商標名「久遠水」………………………… 572
大阪地判決平成22.6.8裁判所HP「電話占い事件」………………………… 134
東京地判決平成22.7.16判時2104号111頁「シルバーヴィラ事件」……… 62, 533
知財高判決平成22.7.28裁判所HP「三菱信販事件（控訴審）」………… 87, 355
東京地判決平成22.7.28判タ1362号168頁「ゼロセン漫画事件」………… 360
知財高判決平成22.7.28判時2114号111頁商標名「ECOPAC」………… 567
東京地判決平成22.8.31判時2127号87頁「Chupa Chups事件」………… 67
東京地判決平成22.9.17裁判所HP「SCRATCH事件」……………………… 36
東京地判決平成22.9.30判時2109号129頁ピースマークの図形商標 ……… 525
東京地判決平成22.10.21裁判所HP「ペ・ヨンジュン事件」……………… 371
大阪地判決平成22.10.21裁判所HP「不動産顧客情報事件」……………… 135
東京地判決平成22.10.21判時2120号112頁「ドーナツクッション事件」……… 66
東京地判決平成22.11.4裁判所HP「第2次プチホルダー事件」………… 227
東京地判決平成22.11.12裁判所HP「交換ランプ事件」…………………… 37
知財高判決平成22.11.15判時2111号109頁商標名「喜多方ラーメン」……… 465
知財高判決平成22.11.16判タ1349号212頁
　　「乳酸菌飲料容器形状の立体商標」…………………………………… 465
東京地判決平成22.11.18裁判所HP
　　「TRIPP　TRAPP（平成22年）事件」……………………………… 36, 61
知財高判決平成22.12.15判時2108号127頁商標名「エコルクス」……… 434
大阪地判決平成22.12.16判時2118号120頁「西松屋事件」………………… 50
知財高判決平成23.1.25判時2107号143頁商標名「YUJARON」………… 570
知財高判決平成23.1.31裁判所HP商標名「アグロナチュラ」…………… 582
東京地判決平成23.2.3裁判所HP「セキュアガード事件」………………… 140, 149

大阪高判決平成23.2.17裁判所HP「日本拳法事件（控訴審）」………… 48, 63
知財高判決平成23.2.24判時2138号107頁「雄ねじ部品事件」……… 201
東京地判決平成23.2.25裁判所HP「自動排泄処理装置事件」………… 227
東京地判決平成23.2.25裁判所HP「美顔パック事件」…………………37
東京地判決平成23.3.10裁判所HP「冬虫夏草事件」…………………… 110
知財高判決平成23.3.17判時2123号126頁商標名「N.S.P.C.ウオール工法」… 452
知財高判決平成23.3.17判時2117号104頁登録商標：「JIL」…………… 569
知財高判決平成23.3.24裁判所HP「SCRATCH事件（控訴審）」………36
知財高判決平成23.3.24判時2121号127頁商標名「黒糖ドーナツ棒」………… 445
知財高判決平成23.3.28判時2120号103頁
　「ドーナツクッション事件（控訴審）」………………………… 66, 526
東京地判決平成23.3.31判タ1399号335頁「青色婦人服事件」………… 111, 268
東京地判決平成23.4.20裁判所HP「レンタルオフィス事件」………… 198
知財高判決平成23.4.21判タ1349号187頁「香水瓶の形状の立体商標」……… 465
東京地判決平成23.4.26裁判所HP「青色デニムパンツ事件」………… 111
東京地判決平成23.4.26判タ1360号220頁「PCプラントその2事件」…… 134, 150
知財高判決平成23.4.27判時2131号131頁商標名「Gold Loan」……… 488
知財高判決平成23.5.19裁判所HP「交換ランプ事件（控訴審）」……………37
知財高判決平成23.5.30裁判所HP商標名「信濃のくるみっ子」……… 563
知財高判決平成23.6.13裁判所HP商標名「Blue Note」……………… 425
東京地判決平成23.6.17裁判所HP「デジタル歩数計事件」…………… 110
大阪地判決平成23.6.23裁判所HP「書道用和紙事件」……………………37
知財高判決平成23.6.29判時2122号33頁（椅子の立体商標）………… 464
東京地判決平成23.6.30裁判所HP「プリンター用薬袋事件」……………37
知財高判決平成23.6.30判時2121号55頁
　「LPガス供給顧客名簿事件」……………………………… 117, 129, 136
大阪地判決平成23.7.14判時2148号124頁「コモバスケット事件」………… 227
東京地判決平成23.7.20裁判所HP「常温快冷枕事件」……………… 250, 252
東京地判決平成23.7.21裁判所HP「araisara事件」………………… 350, 351
知財高判決平成23.7.21判時2129号108頁商標名
　「HORECA」………………………………………………………… 488

知財高判決平成23.7.21判時2132号118頁
　「セキュアガード事件（控訴審）」………………………………… 140, 149
大阪地判決平成23.8.25判時2145号94頁「包丁研ぎ器事件」……………… 252
知財高判決平成23.9.6裁判所HP商標名「Kent Avenue」……………………… 578
東京地判決平成23.9.7裁判所HP「シャネル事件」…………………………………47
東京地判決平成23.9.14裁判所HP「服飾品販売業者名簿事件」……………… 136
知財高判決平成23.9.14判時2128号136頁商標名
　「BlueNote」と音符形を配した商標 ……………………………………… 575
大阪地判決平成23.9.15裁判所HP「黒糖ドーナツ棒事件」………… 61, 194, 526
知財高判決平成23.9.27裁判所HP
　「PCプラントその1事件（控訴審）」……………………………… 134, 150, 276
東京地判決平成23.9.29裁判所HP「ディーラー名簿事件」………………… 136
大阪地判決平成23.10.3判タ1380号212頁「水切りざる事件」……… 41, 111, 251
東京地判決平成23.10.13裁判所HP「べったら漬事件」………………………………62
東京地判決平成23.11.8裁判所HP「投資用マンション事件」… 134, 140, 148, 150
知財高判決平成23.11.14「スーパー」と「みらべる」の商標 ……………… 486
大阪地判決平成23.12.15裁判所HP「Gold Glitter事件」…………………… 186
知財高判決平成23.12.15判例時報2140号66頁商標名「MULTI-TOUCH」… 443
最高三小判決平成23.12.20判タ1366号89頁商標名「ARICA」……………… 566
東京地判決平成23.12.26裁判所HP「ごみ貯蔵機器事件」…………………… 191
東京地判決平成24.1.12裁判所HP商標名「ゆうメール」………… 452, 455, 456
知財高判決平成24.1.19判時2148号121頁商標名「Chromax」……………… 582
知財高判決平成24.1.24裁判所HP「ソリッドゴルフボール事件」………… 277
東京地判決平成24.1.25裁判所HP「編みぐるみバックチャーム事件」……… 105
東京地判決平成24.1.26裁判所HP商標名「KAMUI」………………………… 541
知財高判決平成24.12.26判時2191号126頁商標名「MultiProGreens」……… 578
最高一小判決平成24.2.2民集66巻2号89頁「ピンク・レディー事件」…… 361
知財高判決平成24.2.14判時2161号86頁（楽天事件）……………………… 512
知財高判決平成24.2.15判タ1397号192頁商標名「ONE」…………………… 488
知財高判決平成24.2.21裁判所HP登録商標：「ももいちご」と「百壱五」… 570
知財高判決平成24.2.22判時2149号119頁「スペースチューブ事件」………… 198

東京地判決平成24.2.23裁判所HP「釣り★スタ事件」……………………31
東京地判決平成24.2.28裁判所HP 商標名「GRAVE　GARDEN」………… 543
知財高判決平成24.2.28商標名「ABBEYROAD/アビーロード」…………… 578
知財高判決平成24.3.8裁判所HP商標名「オゾン＆アクアドライ」………… 579
東京地判決平成24.3.21裁判所HP
　「ドライビングアシストコントローラー事件」……………………………… 195
東京地判決平成24.3.28裁判所HP「ジュース事件」………………………… 252
知財高判決平成24.3.28判時2156号117頁商標名「KDDI/Module/inside」… 456
大阪地判決平成24.4.19裁判所HP「デザインポスト事件」……………………38
東京地判決平成24.4.26裁判所HP「水門凍結防止装置事件」……… 136, 191
東京地判決平成24.5.29裁判所HP「有機EL素子事件 ……………………… 201
知財高判決平成24.6.6裁判所HP商標名「SUBARIST/スバリスト」………… 455
大阪地判決平成24.6.7裁判所HP「ウィンカー装飾品事件」………………… 110
大阪地判決平成24.6.7判時2173号127頁「HEΛRT nursing事件」……………33
東京地判決平成24.6.11判タ1404号323頁「印刷用フィルム事件」………… 121
知財高判決平成24.6.27判時2159号109頁商標名「ターザン」……………… 451
東京地判決平成24.6.28裁判所HP「PLUS事件」………………………………80
東京地判決平成24.6.29裁判所HP「花柳流事件」………………………………81
東京地判決平成24.7.4裁判所HP「ペアルーペ第1事件」………………………37
知財高判決平成24.7.4裁判所HP
　「投資用マンション事件（控訴審）」………………………… 134, 148, 150
知財高判決平成24.7.12裁判所HP商標名「ファンタジーライフ」………… 490
東京地判決平成24.7.19裁判所HP「日本車両事件」……………………………57
東京地判決平成24.7.30判タ1390号345頁「ペアルーペ第2事件」……………37
知財高判決平成24.8.8判時2165号42頁「釣り★スタ事件（控訴審）」………31
大阪地判決平成24.9.13裁判所HP「阪急住宅株式会社事件」…………………62
大阪地判決平成24.9.13判タ1392号304頁「電子部ブレーカ事件」………… 186
知財高判決平成24.9.13判時2166号131頁商標名「Kawasaki」)……………… 445
知財高判決平成24.9.19裁判所HP「ジュース事件（控訴審）」…………… 253
大阪地判決平成24.9.20裁判所HP「ヘアードライヤー事件」………………… 37
大阪地判決平成24.9.20判タ3194号330頁「セイロガン事件」……… 63, 438,444

判決索引

大阪地判決平成24.10.23裁判所HP「カラーコンタクトレンズ事件」......... 38
東京地判決平成24.10.25裁判所HP「桜葉塩漬事件」.................. 181
知財高判決平成24.10.3判タ1390号326頁商標名「HOKOTA BAUM」...... 443
東京地判決平成24.11.29裁判所HP「カスタマイズドール事件」............38
大阪地判決平成24.12.6裁判所HP「撹拌造粒装置事件」................. 140
大阪高判決平成24.12.7裁判所HP「デザインポスト事件（控訴審）」.........38
知財高判決平成24.12.19判時2182号123頁商標名「シャンパンタワー」...... 450
大阪地判決平成24.12.20裁判所HP「自動車用ホイール事件」............. 111
東京地判決平成24.12.25判時2192号122頁
　　「携帯ゲーム機用タッチペン事件」....................... 107, 111
知財高判決平成24.12.26判時2178号99頁
　　「ペアルーペ第2事件（控訴審）」........................... 37, 38
東京地判決平成25.1.18裁判所HP「JYJ事件」..................... 198
知財高判決平成25.2.28裁判所HP「一般社団法人花柳流花柳会事件」...... 225
知財高判決平成25.2.6裁判所HP「ペアルーペ第1事件（控訴審）」..........37
知財高判平成25.3.7商標名「モンシュシュ」....................... 508
知財高判決平成25.3.21裁判所HP（商標名「ROSE O'NEILL KEWPIE」)... 456
知財高判決平成25.3.21判タ1413号179頁登録商標：「rhythm」........... 568
知財高判決平成25.3.25裁判所HP「有機EL素子事件（控訴審）」.......... 201
東京地判決平成25.3.27裁判所HP「空気清浄加湿器事件」................41
東京地判決平成25.3.28裁判所HP「植物ミネラル含有清涼料水事件」....... 198
知財高裁判決平成25.3.28裁判所HP「電子部ブレーカ事件（控訴審）」...... 186
知財高判決平成25.3.28裁判所HP「日本車両事件（控訴審）」...... 57, 81, 355
大阪地判決平成25.4.11判時2210号94頁「中古車顧客情報事件」........... 134
東京地判決平成25.4.12裁判所HP「キャディバッグ事件」................. 111
大阪高判決平成25.4.18裁判所HP「家庭用包丁研ぎ器事件」............... 228
東京地判決平成25.4.26判タ1416号276頁「ENJOY MAX事件」........... 373
東京地判決平成25.4.26判時2195号45頁「嵐事件」.................... 373
大阪地判決平成25.5.30裁判所HP「婦人用ハンドバッグ事件」............. 110
知財高判決平成25.5.30判時2195号125頁商標名「御用邸」............. 449
東京地判決平成25.7.10裁判所HP「CENTURY21.CO.JP事件」........... 169

大阪地判決平成25.7.16判時2264号94頁「ソースコード事件」……………… 149
東京地判決平成25.7.19裁判所HP「小型携帯電気マッサージ器事件」……… 111
大阪地判決平成25.8.27裁判所HP「しっくい事件」……………………………… 181
大阪高判平成25.8.27裁判所HP商標名「SAMURAI」…………………………… 490
知財高判決平成25.8.28裁判所HP「口紅事件」…………………………………… 195
知財高判決平成25.9.10判時2207号76頁「労働者派遣事業事件」……………… 198
大阪地判決平成25.9.19裁判所HP「テレビ台事件」………………………………41
知財高判決平成25.9.25裁判所HP「行政書士ブログ事件」……………………… 191
大阪高判決平成25.9.26裁判所HP「セイロガン事件（控訴審）」…… 28, 63, 87
知財高判決平成25.1.24判時2177号114頁商標名「あずきバー」……………… 445
東京地判決平成25.10.10裁判所HP「子連れ狼事件」…………………………… 195
知財高判決平成25.10.16裁判所HP「嵐事件（控訴審）」………………………… 373
東京地判決平成25.10.17裁判所HP「販売先顧客情報事件」…………………… 134
東京地判決平成25.10.23裁判所HP「熱海ふふ事件」………………………………60
東京地判決平成25.11.13裁判所HP「ストッキング事件」……………… 110, 111
東京地判決平成25.11.21裁判所HP「メディカルケアプランニング事件」……81
東京地判決平成25.11.29裁判所HP「プロ野球カードゲーム事件」……………32
東京地判決平成25.12.6裁判所HP「株取引書籍事件」…………………………… 181
東京地判決平成25.12.19裁判所HP「三菱合同丸漁業事件」…………………… 87
東京地判決平成25.12.25裁判所HP
　「パチンコ・スロット用呼出ランプ事件」……………………………………… 136
知財高判決平成25.12.26裁判所HP「ランプシェード事件」…………………… 228
東京地判決平成26.1.20裁判所HP「FUKI事件」……………………………………24
東京地判決平成26.1.24裁判所HP「全国共通お食事券事件」……………………35
福岡高判決平成26.1.29判時2273号116頁「博多帯事件」…………………………56
知財高判決平成26.2.26裁判所HP
　「小型携帯電気マッサージ器事件（控訴審）」………… 103, 110, 111, 270
知財高判決平成26.3.27裁判所HP「子連れ狼事件」……………………………… 195
東京地判決平成26.4.17裁判所HP
　「TATSUYA　IDEA　KITCHEN事件」……………………………… 38, 111

東京地判決平成26.4.17裁判所HP
　「TRIPP　TRAPP（平成26年）事件」………………………… 36, 61
東京地判決平成26.4.17裁判所HP「登録モデル情報事件」………………… 134
大阪地判決平成26.4.22裁判所HP「シュエッティーベアその1事件」……… 111
東京地判決平成26.4.24裁判所HP「接触角計算プログラム事件」…………… 133
東京地判決平成26.5.16裁判所HP「脱臭装置事件」………………………… 181
知財高大合議決定平成26.5.16判時2224号89頁
　「アップル対サムスン事件」…………………………………………… 203
東京地判決平成26.5.21裁判所HP「バーキン事件」…………………… 87, 273
東京地判決平成26.5.23裁判所HP「j-mpa.jp事件」………………………… 166
知財高判決平成26.5.29裁判所HP「株取引書籍事件（控訴審）」………… 182
東京地判決平成26.6.19判時2232号102頁「FTTHサービス事件」………… 407
大阪地判決平成26.7.17裁判所HP「電子教材事件」………………………… 195
知財高判決平成26.8.6裁判所.HP
　「パチンコ・スロット用呼出ランプ事件（控訴審）」………………… 136
大阪地判決平成26.8.21裁判所HP「シュエッティーベアその2事件」……… 111
東京地判決平成26.8.29裁判所HP「巻くだけダイエットその1事件」…… 33, 38
東京地判決平成26.8.29裁判所HP「巻くだけダイエットその2事件」…… 33, 38
知財高判決平成26.10.30裁判所HP「全国共通お食事券事件（控訴審）」………35
大阪高判決平成26.10.31判時2249号38頁「神鉄タクシー事件」……………… 390
知財高判決平成26.11.19裁判所HP「熱海ふふ事件（控訴審）」………… 54, 60
知財高判決平成26.12.17判時2275号109頁「マスターマインド事件」… 56, 273
東京地判決平成26.12.18判時2253号97頁「流量制御弁事件」………………… 190
東京地判決平成26.12.26裁判所HP「バケツ事件」……………………………41
知財高判決平成27.1.29裁判所HP「巻くだけダイエットその2事件（控訴審）」33
知財高判決平成27.1.29裁判所HP商標名「JAS」………………………… 566
東京地判決平成27.1.29裁判所HP商標名「政界往來」…………………… 535
東京地判決平成27.1.29判時2249号86頁「IKEA事件」…………………… 271
東京地判決平成27.1.29判時2249号86頁「イケア事件」……………………81
東京地判決平成27.2.18判時2257号87頁「ブルーレイディスク事件」……… 203
知財高判決平成27.2.19裁判所HP「TOWA事件」………………………… 271

知財高判決平成27.2.19裁判所HP「販売先顧客情報事件（控訴審）」 … 134, 151
知財高判決平成27.2.25裁判所HP
　「巻くだけダイエットその1事件（控訴審）」……………………………33
大阪地判決平成27.3.12裁判所HP「学習塾事件」………………………… 123
東京地判決平成27.3.20裁判所HP「スピードラーニング事件」……………………35
東京地判決平成27.3.24裁判所HP「コピーガード済み光記録媒体事件」…… 195
大阪地判決平成27.3.26判時2271号113頁「高座椅子事件」…………………… 195
知財高判決平成27.4.14判時2267号91頁
　「TRIPP　TRAPP（平成26年）事件（控訴審）」 …………… 36, 61
知財高判決平成27.5.13判時2270号98頁商標名「Admiral」 ………………… 581
知財高判決平成27.7.16裁判所HP「能力開発教室事件」………………… 191
東京地判決平成27.7.16裁判所HP「婦人服事件」………………………… 111
知財高判決平成27.7.16裁判所HP商標名「PITAVA」……………… 471, 527
東京地決定平成27.7.27判時2280号120頁「新日鐵住金営業秘密訴訟」……… 279
東京地判決平成27.8.27裁判所HP「二重打刻鍵事件」…………………… 139
知財高判決平成27.8.3裁判所HP商標名「のらや」………………………… 450
東京地判決平成27.9.25裁判所HP「ネット誹謗中傷対策事件」………… 191
大阪地判決平成27.9.29裁判所.HP「モーノポンプ事件」………………………63
知財高判決平成27.9.29裁判所HP
　「コピーガード済み光記録媒体事件」審）」……………………… 195
東京地判決平成27.9.30裁判所HP「デザイン画事件」…………………… 104
東京地判決平成27.10.22裁判所HP「名刺帳事件」………………………… 138
大阪地判決平成27.10.29裁判所HP「草刈機保護カバー事件」…………… 108
知財高判決平成27.11.10裁判所HP「スピードラーニング事件（控訴審）」……35
東京地判決平成27.11.11裁判所HP「防災用キャリーバッグ事件」…… 38, 111
東京地判決平成27.11.13裁判所HP「dhc-ds.com事件」………………… 170
東京地判決平成27.11.13判時2313号100頁「DHC事件」………………… 61, 89
知財高判決平成27.11.26判時2296号116頁商標名「アイライト」………… 566
知財高裁平成27.11.30裁判所HP商標名「肉ソムリエ」…………………… 443
東京地判決平成27.12.10裁判所HP「吸水パイプ事件」……………………38
東京地判決平成28.1.14判時2307号111頁「スティック加湿器事件」………… 102

判決索引

知財高判決平成28.2.9裁判所HP「発光ダイオード事件」……………………… 202
東京地判決平成28.2.15裁判所HP「美容室顧客情報事件」………………………… 136
知財高判平成28.2.17裁判所HP商標名「デュアルスキャン」………………… 504
大阪地判決平成28.3.15裁判所HP「アクシスフォーマー.com事件」 ……… 171
東京地判決平成28.3.31裁判所HP（商標名「Indian」等の文字と図柄）…… 542
東京地判決平成28.4.27裁判所HP「電子データ持ち出し事件」………………… 143
知財高判決平成28.4.27判時2321号85頁
　　　「接触角計算プログラム事件（控訴審）……………………………… 133
大阪高判決平成28.5.13裁判所HP「モーノポンプ事件（控訴審）」……………63
大阪地判決平成28.5.24裁判所HP「スーツケース事件」……………………………36
知財高判決平成28.6.13裁判所HP「DNA会員名簿事件」 …………………… 139
大阪地判決平成28.6.23裁判所HP「臨床検査顧客情報事件」…………………… 137
東京地判決平成28.6.30裁判所HP「印章自動製作販売装置事件」……………　41
東京地判決平成28.7.19判時2319号106頁「フェイスマスク事件」…… 38, 103,105
知財高判決平成28.7.20裁判所HP「骨塗料事件」……………………………… 195
大阪地判決平成28.7.21裁判所HP「錫合金組成事件」………………………… 141
知財高判決平成28.7.27判時2320号113頁「エジソンのお箸事件（控訴審）」…41
知財高判決平成28.8.10裁判所H商標名「山岸一雄」……………………………… 453
知財高判決平成28.11.30裁判所HP「スティック加湿器事件（控訴審）」…… 101
知財高判決平成29.2.23裁判所HP「吸水パイプ事件」………………………… 195
最高三小判決平成29.2.28裁判所HP商標名「エマックス」……………………… 544

著者紹介

竹田　稔（たけだみのる）

　昭和31年3月中央大学法学部卒業、同年4月司法修習生、33年4月宇都宮地方裁判所判事補、その後東京地方裁判所判事等を経て、58年4月東京高等裁判所判事、平成3年3月同部総括判事、平成10年4月弁護士登録、現在に至る。
平成16年4月～平成20年3月慶應義塾大学法科大学院客員教授。
主要著書　「知的財産権侵害要論(特許商標編)」（発明推進協会）、「特許審決等取消訴訟の実務」（発明協会）、「特許審査・審判の法理と課題」（監修・共著、発明協会）、「特許審決取消訴訟の実務と法理」、（編集・共著、発明協会）、「ビジネス方法特許―その特許性と権利行使」（編集・共著、青林書院）、「民事執行の実務Ⅰ、Ⅱ」（酒井書店）、「名誉・プライバシー侵害に関する民事責任の研究」（酒井書店）、「プライバシー侵害と民事責任」（判例時報社）、「人格権に基づく差止請求」現代損害賠償法講座所収（日本評論社）、「増改築と修繕」現代借地借家法講座所収（日本評論社）「医療と特許医薬特許発明の保護と国民の生命・健康維持のための制度的寄与IIP 研究論集14」（一般財団法人知的財産研究教育財団編創英社／三省堂書店）等。

服部　誠（はっとりまこと）

　平成6年 慶応義塾大学法学部卒業、平成10年阿部・井窪・片山法律事務所入所、平成13年～平成14年経済産業省知的財産政策室にて勤務、平成14年～平成16年ペンシルバニア大学法学修士号取得、マックス・プランク知的財産研究所研究員、平成18年～平成21年一橋大学大学院法学研究科非常勤講師、平成19年～平成28年慶應義塾大学理工学部（修士課程）非常勤講師、平成21年～平成25年工業所有権審議会試験委員（弁理士試験委員・意匠法、特許法・実用新案法）、平成23年～平成26年日本弁護士連合会知的財産センター事務局次長、平成28年～ 神戸大学大学院法学研究科客員教授
主要著書　「逐条解説不正競争防止法（平成13年改正版）」（共著・有斐閣）、「実務 企業統治・コンプライアンス講義」（分担執筆・民事法研究会）、「Domain Name Law and Practice」（日本編担当・Oxford University Press）、「実務に効く　知的財産判例精選」（分担執筆・有斐閣）、「企業情報管理実務マニュアル」（分担執筆・民事法研究会）、「平成27年改正不正競争防止法における営業秘密の保護」（自由と正義2012年1月号）、「特許侵害疑義物品に対する輸入差止手続」（知財研フォーラム100号・一般財団法人知的財産研究所）、「商標法コンメンタール」（分担執筆・レクシスネクシス・ジャパン）、「商標実務入門 ブランド戦略から権利行使まで〔第2版〕」（分担執筆・民事法研究会）等。

知的財産権訴訟要論〔不正競業・商標編〕
第4版から改題

1997年（平成9年）6月25日	初　版	発行
2003年（平成15年）10月29日	改訂版	発行
2009年（平成21年）3月18日	第3版	発行
2018年（平成30年）2月15日	第4版	発行

著　者　　竹田　　稔
　　　　　服部　　誠

Ⓒ2018　TAKEDA Minoru
　　　　HATTORI Makoto

発　行　　一般社団法人発明推進協会

発行所　　一般社団法人発明推進協会

所在地　〒105-0001 東京都港区虎ノ門2―9―14
編　集　電話　東京　03（3502）5433
販　売　電話　東京　03（3502）5491
　　　　Fax.　東京　03（5512）7567

ISBN978-4-8271-1293-1 C3032　　印刷　巴工芸株式会社
Printed in Japan
カバーデザイン　株式会社廣済堂
乱丁・落丁本はお取替えいたします。
本書の全部または一部の無断複写複製を
禁じます（著作権法上の例外を除く）。

発明推進協会HPアドレス http://www.jiii.or.jp/